Spanisches Tarifrecht

Schriften der Deutsch-Spanischen Juristenvereinigung

Band 18

PETER LANG
Frankfurt am Main · Berlin · Bern · Bruxelles · New York · Oxford · Wien

Ilja I. Selenkewitsch

Spanisches Tarifrecht

Mit spezieller Betrachtung der arbeitszeitrechtlichen Regelungen

PETER LANG
Europäischer Verlag der Wissenschaften

Bibliografische Information Der Deutschen Bibliothek
Die Deutsche Bibliothek verzeichnet diese Publikation in der Deutschen Nationalbibliografie; detaillierte bibliografische Daten sind im Internet über <http://dnb.ddb.de> abrufbar.

Zugl.: Trier, Univ., Diss., 2004

D 385
ISSN 1433-884X
ISBN 3-631-53796-X

www.peterlang.de

Meinen Eltern

Vorwort

Die vorliegende Arbeit wurde im Wintersemester 2003/2004 vom Fachbereich Rechtswissenschaft der Universität Trier als Dissertation angenommen.

Dem „Arbeitskreis Wirtschaft und Recht" im Stifterverband für die Deutsche Wissenschaft danke ich sehr herzlich für die großzügige und unbürokratische Gewährung eines Doktorandenstipendiums, ohne welches ich meinen zweijährigen Forschungsaufenthalt an der Rechtswissenschaftlichen Fakultät zu Sevilla und anderen Forschungseinrichtungen – wie dem Consejo Económico y Social oder an der Universidad Complutense in Madrid – nicht hätte finanzieren können.

Ferner bedanke ich mich ebenfalls herzlich bei der Deutsch-Spanischen Juristenvereinigung für die Verleihung ihres wissenschaftlichen Ehrenpreises in Salamanca am 28. Mai 2005 und für die Aufnahme in die Schriftenreihe der Vereinigung. Mit diesem „Premio" hat die Arbeit eine äußerst bedeutende Aufwertung erfahren und spornt möglicherweise andere junge Wissenschaftler an, sich der Erforschung und dem Verständnis der spanischen Rechtskultur zu widmen. M.E. bedarf es zahlreicher weiterer Arbeiten, um auf der Basis dieser einzelnen „Puzzelstückchen" die Grundlage für eine möglichst harmonische und von dogmatischen Verfehlungen freie Rechtsetzung auf Europäischer Ebene voranzutreiben. Wer, wenn nicht wir „Jungen Wilden" soll diese Funktion denn auch erfüllen?

Des Weiteren schulde ich meinem hochgeschätzten Lehrer, Prof. Dr. Horst Ehmann, tiefen Dank. Er spornte mich an und unterstützte mich, wo es nur ging. Ihm verdanke ich es auch, dass die Promotionssatzung in Trier geändert wurde und ich die erste Europäische Dissertation im Fachbereich Rechtswissenschaft ablegen durfte.

Übergroßer Dank gebührt auch meinem Betreuer vor Ort an der Rechtswissenschaftlichen Fakultät der Universität zu Sevilla, Herrn Prof. Dr. Antonio Ojeda-Avilés. Er verschaffte mir freien Zugang zur Universitätsbibliothek und ich genoss das Privileg, seinen Vorlesungen folgen und ihm zahlreiche Verständnisfragen stellen zu dürfen, die er stets wissenschaftlich versiert, geduldig und sehr charmant beantwortete. Er nahm überdies die Mühe auf sich, das Zweitgutachten zu erstellen und extra von Sevilla zum Rigorosum nach Trier zu reisen.

Meinem Freund Dr. Thomas Lambrich danke ich für das mehrfache Lesen und Korrigieren der Entwürfe sowie die zahlreichen inhaltlichen Anregungen. Bedanken möchte ich mich auch bei meinem Freund Prof. Dr. Emilio Guichot-Reina, der mir vor Ort stets geduldig für fachliche Diskussionen zur Verfügung stand, ebenso wie Herrn Prof. Dr. Juan Gorelli-Hernández.

Schließlich bedanke ich mich bei Matilde Bañasco-Regaña für ihre Geduld und Nachsicht und die positive Energie, die mir die Kraft gegeben hat, diese Arbeit zu vollenden.

Berlin, im Oktober 2005 Ilja Selenkewitsch

Inhaltsverzeichnis

Abkürzungsverzeichnis

a.A.	andere Ansicht
a.a.O.	an anderem Ort
a.D.	außer Dienst
A.d.V.	Anmerkung des Verfassers
a.E.	am Ende
a.F.	alte Fassung
ABC	Tageszeitung (Internetkontakt: www.abc.es)
abgedr.	abgedruckt
ABI	Acuerdo Básico Interprofesional de 1979 de 10 de julio de 1979 (Überberufliches Grundabkommen, unterzeichnet von UGT und CEOE)
ABl. der EG	Amtsblatt der Europäischen Gemeinschaften
Abs.	Absatz
ACARL	Asociación de Cajas de Ahorros para Relaciones Laborales (Verein der Sparkassen für Arbeitsbeziehungen)
acto de conciliación y juicio	streitige Verhandlung, bei welcher der Arbeitsrichter auf eine gütliche Streitbeilegung hingewirkt haben muss
administrativo	kaufmännischer Angestellte
AEB	Asociación Española de Banca Privada (Spanischer Arbeitgeberverband für Privatbanken)
AEDIPE	Asociación Española de Dirección de Personal (Spanische Gesellschaft für Personalleitung, die ihre eigene Zeitschrift, das Boletín de AEDIPE, verlegt)
AEI	Agrupación Empresarial Independiente (Arbeitgeberverband, der sich Juni 1977 auflöste)
AES	Acuerdo Económico y Social de 1985/1986 (Wirtschafts- und Sozialabkommen)
AFL-CIO	American Federation of Labor – Congress of Industrial Organisations (Dachverband der Gewerkschaften der USA)
ago.	agosto (August)
ähnl.	ähnlich
AI	Acuerdo Interconfederal de 15 de febrero de 1983 (Spitzenverbandsabkommen, unterzeichnet von UGT, CC.OO. und CEOE)
AiB	Arbeitsrecht im Betrieb
AIC	Agrupacion Independiente de Citroën (Unabhängige Gruppe der Arbeitnehmer von Citroën)
AIFCPV	Acuerdo Interprofesional sobre Formación Continua en la Comunidad Autónoma del País Vasco (Überberufliches Desaffektierungsabkommen über Ausbildung in der Autonomen Gemeinschaft Baskenland vom 28.09.1995)

AINC	Acuerdo Interconfederal sobre Negociación Colectiva (Spitzenverbandsabkommen zur Tarifverhandlung, welches am 28. April 1997 von CEOE, CEPYME sowie CC.OO., UGT unterzeichnet wurde)
AISSP	Administración Institucional de Servicios Socioprofesionales (Institutionelle Verwaltung sozialberuflicher Dienstleistungen – spanisches Pendant der deutschen Treuhandgesellschaft zur Auflösung des franquistischen Gewerkschaftsapparates OSE)
AL	Actualidad laboral (juristische Zeitschrift)
Alt.	Alternative
ámbito de aplicación	Anwendungsbereich
AMEP	Acuerdo Marco Estatal de pastelería, confitería, bollería, heladería, repostería y platos combinados (Staatl. Rahmenvereinbarung für Kuchenverkäufer, Süßwarenladen, Feinbäcker, Speiseeisverkäufer, Konditorei und Menüs, BOE 11.03.1996)
AMI	Acuerdo Marco Interprofesional de 5 de enero de 1980 (Überberufliches Rahmenabkommen, unterzeichnet von UGT und CEOE, abgedr. in: RCL 1980, N° 178 oder BOE 24.01.1980)
AMIBP	Asociación de Mandos Intermedios de Banca Privada (Berufsgewerkschaft für leitende Angestellte im privaten Banksektor)
amortización de puestos de trabajo	Arbeitsplatzabbau
AN	Audiencia Nacional (ein in Deutschland nicht bestehendes Gericht mit Sitz in Madrid, was in der Hierarchie ungefähr einem „Landesarbeitsgericht" entsprechen würde. Zwar erkennt es ebenso wie die direkt einem „Oberlandesgericht" entsprechenden „Tribunales Superiores de Justicia" in Streitigkeit ersten Grades, wobei allerdings im Unterschied zu jenen die Prozessbedeutung den räumlichen Bereich einer Autonomen Gemeinschaft [@ Land] überschreiten und das gesamtspanische Territorium erfassen muss, z.B. Anfechtung von gesamtstaatlich geltenden Branchentarifverträgen oder Überprüfung von der Satzung einer gesamtstaatlich agierenden Gewerkschaft etc. Die Revisionsinstanz für Urteile der Audiencia Nacional ist der „Oberste Gerichtshof" [Tribunal Supremo], vgl. Art. 67 LOPJ, 8 LPL.)
ANE	Acuerdo Nacional para el Empleo vom 09.06.1981 (Nationales Übereinkommen für Beschäftigung, unterzeichnet von UGT, CC.OO. und CEOE)
Anm.	Anmerkung

año de servicio	Beschäftigungsjahr
antigüedad	Betriebszugehörigkeit
AP	Arbeitsrechtliche Praxis
arb.-rechtl.	arbeitsrechtlich
ArbG	Arbeitgeber
ArbN	Arbeitnehmer
ArbN-Statut	Arbeitnehmerstatut – Estatuto de los Trabajadores, ET
ArbR	Arbeitsrecht
ArbuR	Arbeit und Recht
ArbZ	Arbeitszeit
ArbZG	Arbeitszeitgesetz vom 6. Juni 1994
ArbZR	Arbeitszeitrecht
ArbZ-RL	Richtlinie 93/104/EG des Rates vom 23. November 1993 über bestimmte Aspekte der Arbeitszeitgestaltung
archivo de actuaciones	Verfahrenseinstellung
Art.	Artículo – Artikel
AS	Aranzadi Social (private Sammlung von Entscheidungen der Arbeits- und Sozialrechtsprechung, teilweise auch mit juristischen Beiträgen)
asamblea de trabajadores	Betriebsversammlung
ASEC	Acuerdo sobre Solución Extrajudicial de Conflictos Laborales (Übereinkommen zur außergerichtlichen Beilegung von arbeitsrechtlichen Streitigkeiten), Resolución de 29 de enero de 1996, de la Dirección General de Trabajo, por la que se dispone la inscripción en el Registro y posterior publicación del Acuerdo sobre Solución Extrajudicial de Conflictos Laborales, BOE 08.02. 1996
ASEI	Asociación Sindical Eléctrica Independiente (Unabhängige Gewerkschaft von in der Elektrizitätsbranche Beschäftigten)
ASNC	Acuerdo Sectorial Nacional de la Construcción (Nationale Vereinbarung für die Baubranche zwischen UGT, CC.OO. und CNC)
ASO	Asociación Sindical Obrera (ehem. Gewerkschaft, die der franquistischen Zwangsgewerkschaft OSE entsprang)
Asociación empresarial/ asociación de empresarios/ „la patronal"	Arbeitgeberverband
ATSI	Asociación de Titulados Superiores Independiente (unabhängige Berufsgewerkschaft von Abgängern mit höherem Berufsabschluss)

ATST	Asociación de Titulados Superiores de Telefónica (Gewerkschaft leitender Angestellter von Telefónica, der spanischen Telekom)
Aufl.	Auflage
AuR	Arbeit und Recht
ausdr.	ausdrücklich
ausf.	ausführlich
Aut.	Autor/-en
auto	Beschluss eines Gerichtes
Autoridad Laboral	Arbeitsaufsichtsbehörde
aviso	Mahnung
AZO	Arbeitszeitordnung
BAG	Bundesarbeitsgericht
BArbBl.	Bundesarbeitsblatt
BAT	Bundesangestelltentarif
BB	Betriebs-Berater
BCE	Boletín Círculo de Empresarios (Zeitschrift der Arbeitgeber)
Bd.	Band
BDA	Bundesvereinigung der Deutschen Arbeitgeberverbände, welchem 62 Mitgliedsverbände angeschlossen sind, vgl. den Internetkontakt: www.bda-online.de
belg.	belgisch
BeschFG	Beschäftigungsförderungsgesetz
BetrVG	Betriebsverfassungsgesetz von 1972
BGB	Bürgerliches Gesetzbuch
BGBl.	Bundesgesetzblatt
BKom.	Betriebskomitee
Bl. dt-int. Pol	Blätter für deutsche und internationale Politik
BND	Bundesnachrichtendienst (Auslandsgeheimdienst der Bundesrepublik Deutschland)
BOA	Boletín Oficial de Aragón (Amtliches Gesetzblatt der Autonomen Gemeinschaft Aragón), vgl. den Internetkontakt: www.aragob.es/sid/boaboa.htm
BOC	Boletín Oficial de Cantabria (Amtliches Gesetzblatt der Autonomen Gemeinschaft von Kantabrien)
BOCLM	Boletín Oficial de Castilla La Mancha (Amtliches Gesetzblatt der Autonomen Gemeinschaft Castilla La Mancha), vgl. den Internetkontakt: www.jccm.es/-docm/indice.htm
BOCyL	Boletín Oficial de la Comunidad de Castilla y León (Amtliches Gesetzblatt der Autonomen Gemeinschaft Castilla y León)
BOE	Boletín Oficial del Estado (Amtliches Gesetzblatt des

	Staates, in dem Tarifverträge, Rechtsvorschriften, Verfassungsgerichtsurteile, Amtsentscheidungen etc. veröffentlicht werden), vgl. den Internetkontakt: www.-derecho.org/boe/indey.html
BOIC	Boletín Oficial de las Islas de Canarias (Amtliches Gesetzblatt der Canarischen Inseln), vgl. den Internetkontakt: www.gobcan.es/boc/bonidx.htm
BOJA	Boletín Oficial de la Junta de Andalucía (Amtliches Gesetzblatt der Autonomen Gemeinschaft Andalusien)
Bol.	Boletín (Bulletin; Amtsblatt)
Bol. EL	Boletín de Estatísticas Laborales, vom spanischen Arbeitsministerium – Ministerio de Trabajo y Asuntos Sociales – Internetkontakt: www.mtas es
BOM	Boletín Oficial de la Comunidad Madrid (Amtliches Gesetzblatt der Autonomen Gemeinschaft Madrid), vgl. den Internetkontakt: www.comadrid.es/bocm/
BON	Boletín Oficial de Navarra (Amtliches Gesetzblatt der Autonomen Gemeinschaft Navarra), vgl. den Internetkontakt: www.cfnavarra.es/bon/bonidx.htm
BOP	Boletín Oficial de la Provincia (Amtliches Gesetzblatt der Provinz)
BOPV	Boletín Oficial del País Vasco (Amtliches Gesetzblatt des Baskenlandes) – Internetkontakt: www.euskadi.net/bopv/ indice-i. htm
BRat; Bräte	Betriebsrat; Betriebsräte
Bsp.	Beispiel
Bspr.	Besprechung
BürgStaat	Der Bürger im Staat (Zeitschrift)
BVB	Banco de Vizcaya de Bilbao (Spanische Privatbank)
BVerfG	Bundesverfassungsgericht
bzw.	beziehungsweise
C	Celsius
Camacho Abad, Eulegio Marcelino	ehem. Generalsekretär der kommunistischen Gewerkschaft CC.OO.
Cap.	Capítulo (Kapitel)
Carrillo Solares, Santiago	ehem. Generalsekretär der kommunistischen Partei Spaniens PCE
CC	Código Civil
CC.AA.	Comunidades Autónomas (Autonome Gemeinschaften @ Bundesländer)
CC.OO.	Comisiones Obreras (Arbeiterkommissionen – Gewerkschaft). Im Jahre 1956 wurde in Vizcaya der I Congreso de Trabajadores abgehalten, was sich als

Geburtsstunde der CC.OO. ansehen lässt. Um 1957 gründete sich im asturianischen La Camocha eine „Arbeiterkommission" (Comisión Obrera) und 1964 organisierte sich in Madrid die Comisión Obrera Provincial de Metal, welche drei Jahre später vom Obersten Gerichtshof für illegal erklärt und von da an verfolgt wurde. Im Jahre 1966 wurde im Untergrund der 1. Nationalkongress in Madrid abgehalten. Die Verfolgung erreichte mit dem berühmten Prozess „1.001" gegen die Anführer, wie die Gewerkschaftler Camacho, Sartorius, García Salve, Juanín, Saborido, seinen Höhepunkt. Vgl. den Internetkontakt: www.cc.oo.es

CCNCC — Comisión Consultiva Nacional de Convenios Colectivos (Nationale Beratungskommission für Tarifverträge)

CDJ — Cuadernos de Derecho Judicial (Zeitschrift)

CDU — Christlich-Demokratische Union

CE — Constitución Española (spanische Verfassung)

CEA — Confederación de Empresarios de Andalucía (Andalusischer Arbeitgeberverband)

CECE — Confederación Española de Centros de Enseñanza (Gesamtstaatlich tätiger Arbeitgeberverband der privaten Bildungsbranche)

CEE — Confederación Empresarial Española (Arbeitgeberverband, der sich am 29.06. 1977 auflöste)

CEEP — Centro Europeo de Empresas Públicas

CEIM — Confederación Empresarial de Madrid – CEOE (Arbeitgeberverband Madrid)

CEMSATSE — Convergencia Estatal de Médicos y ATS (Berufsgewerkschaft für Ärzte und medizinisch-technische Angestellte)

Centros de Mediación, Arbitraje y Conciliación (CEMAC) — Stellen für Schlichtung, Schiedssprüche und Streitbeilegung, die von den meisten Autonomen Gemeinschaften (@ Länder) eingerichtet wurden, und welche auch für das vorgeschaltete Güteverfahren zuständig sind

CEOE — Confederación Española de Organizaciones Empresariales (Tariffähiger Dachverband der span. Arbeitgeberverbände), der am 22. September 1977 gegründet wurde und dessen erster Präsident Carlos Ferrer Salat war. Die drei Arbeitgeberverbände „Confederación Empresarial Española (CEE)", „Confederación General de Empresarios (CGE)" und „Agrupación Empre-

	sarial Independiente (AEI)" verschmolzen in der CEOE. Vgl. den Internetkontakt: www.ceoe.es/ceoe.htm
CEPYME	Confederación Española de la Pequeña y Mediana Empresa (Verband der kleinen und mittelständischen Betriebe, welcher seit 1980 der CEOE angeschlossen ist). Vgl. den Internetkontakt: www.cepyme.es
CES	Consejo Económico y Social (staatlicher Wirtschafts- und Sozialausschuss). Vgl. den Internetkontakt: www. ces.es
CES	Confederación Europea de Sindicatos (Europäischer Gewerkschaftsbund – EGB, gegründet am 8. Februar 1973)
cese total de la actividad empresarial	Unternehmensstillegung
cesión de trabajadores	Arbeitnehmerüberlassung
CGC	Confederación General de Cuadros (Berufsgewerkschaft von Fachangestellten, die 1978 aus der Fusion der vier Gewerkschaften Asociación Profesional de Ejecutivos y Técnicos, Confederación General de Cuadros y Mandos, Federación Española de Cuadros sowie Confederación Sindical de Cuadros entstand)
CGE	Confederación General Española de Empresarios (Arbeitgeberverband, der sich am 29.06.1977 auflöste)
CGPJ	Consejo General del Poder Judicial (Richtergremium mit bestimmten Zuständigkeiten)
CGT	Confédération Générale du Travail (französische Gewerkschaft)
CGT	Confederación General de Trabajo (anarchistische Gewerkschaft Spaniens, welche sich im Gegensatz zur abgespalteten CNT am sozialen Leben beteiligt)
christl.	christlich
CIA	Central Intelligence Agency (US-amerikanischer Geheimdienst mit über 18.000 Vollzeitbeschäftigten allein in Washington während der 80-er Jahre. Die CIA wird manchmal auch als Department of Dirty Tricks bezeichnet)
cierre patronal	Aussperrung
CIG	Converxencia Intersindical Galega: Galicisch-nationalistische Regionalgewerkschaft, die erst am 02.04.1990 gegründet wurde und in welcher sich die beiden galizischen Zentralen, die INTG und CXTG, zusammenschlossen. Beide kamen bei den Wahlen zur Einheitsvertretung im Jahre 1986 nicht auf 11 % der in Galizien zu vergebenden Einheitsvertretungsposten.

Cinco Días	Wirtschaftszeitschrift (Interntkontakt: www.cinco.dias.es)
CIOSL	Confederación Internacional de Organizaciones Sindicales Libres (Internationaler Bund freier Gewerkschaften – IBFG). Vgl. den Internetkontakt: www.icfu.org/
circular	Verwaltungsanweisung
CiU	Convergencia i Unió (bürgerlich-liberale Regionalpartei Kataloniens)
CL	Carta Laboral (Zeitschrift)
CNC	Confederación Nacional de la Construcción (nationaler Arbeitgeberverband der Baubranche)
CNS	Central Nacional Sindical (franquistische Gewerkschaftszentrale, aus der anschliessend über ein „Organisches Staatsgesetz" im Jahre 1967 die OSE hervorging und die ihr Vorbild in den mussolinischen Institutionen fand)
CNT	Confederación Nacional de Trabajo (radikal-anarchistisch-marxistische Gewerkschaft, die sich heute noch jeglicher Beteilung in der staatlicherseits zur Verfügung gestellten Tarifordnung enthält („NO a las elecciones sindicales"). Im Oktober/November 1910 wurde sie gegründet, konnte damals von Pestaña und Seguí angeführt bis 1935 ca. 1 Millionen Mitglieder für sich gewinnen und spaltete sich von der gemäßigten CGT ab. Politisches Führungszentrum der CNT war der Geheimbund FAI. 1936 gaben CNT-FAI die traditionelle Parole des Wahlboykotts auf und man beteiligte sich vor und während des Bürgerkrieges an der Generalitat (Regierung; mittelalterlich für „Stadtrat") von Katalonien und der Regierung der span. Republik. Hauptsächlichen Einfluss hatte sie im Gegensatz zur in Madrid tonangebenden UGT in der Schwerindustrie von Barcelona) und wurde beeinflusst von den Ideen Bakunins, Fernand Pelloutiers sowie Proudhons. Internetkontakt: www.cnt.es/Campaign/CamNoe.htm
CO	Comité Obreros (ehem. kommunistische Gewerkschaft, die linker Arm der Partei Unión de Marxistas Leninistas [UML] war, welche später zur „Plattform des Arbeiterkampfes" [Plataforma de Lucha Obrera – PLO] wurde; diese Plattform reihte sich ihrerseits anschließend bei der CC.OO. ein)
COAE	Comisiones Obreras Anticapitalistas de Euskadi (ehem. baskische Gewerkschaft)

col.	colectivo (kollektiv)
colocación	Einstellung
ComConst.	Comisión Constitucional (Kommission für Verfassungsfragen)
comité de empresa	Betriebskomitee (bei Betrieben mit über 49 Arbeitnehmern)
comité de empresa europeo	Europäischer Betriebsrat
comité intercentro	Überbetriebliches Komitee (ähnl. dem deutschen Gesamtbetriebsrat)
COMME	Federación de Cofradías de Pescadores de Guipúzcoa-Colegio Oficial Marina Mercante (Gewerkschaft der Bruderschaften der Fischer von Guipúzcoa und offizielle Berufskammer der Handelsmarine)
comportamiento antisindical, maniobra antisindical	gewerkschaftsfeindliche Verhaltensweise, die nach der Generalklausel des Art. 12 LOLS untersagt ist
ComTrab.	Comisión de Trabajo (Arbeitskommission im Parlament)
conciliación	Schlichtung
condiciones de trabajo	Arbeitsbedingungen
Confl.	Conflicto (Streitigkeit)
conflicto colectivo	kollektivrechtliches Sonderverfahren im Arbeitsprozess
CONS	Central Obrera Nacional Sindicalista (ehem. falanguistisch/franquistisch-faschistische Gewerkschaft)
ConsConf.	Consejo Confederal CC.OO. (Konföderaler Rat der CC.OO.)
cont.-adm.	contencioso-administrativo (verwaltungsrechtliche Streitigkeit)
contratación temporal	befristetes Arbeitsverhältnis
contratación temporal en cadena	befristetes Kettenarbeitsverhältnis
contrato a tiempo parcial	Teilzeitarbeitsvertrag
contrato de relevo	Ablösungsvertrag im Rahmen der Altersteilzeit
contrato indefinido	unbefristeter Arbeitsvertrag
contrato temporal/ contrato por tiempo definido/contrato „basura“	befristeter Arbeitsvertrag (contrato „basura“ = „Müllverträge“ als abwertende Bezeichnung für befristete Verträge)
convenio colectivo (estatutario)	statutarischer Tarifvertrag, der nach den gesetzlichen Vorschriften zustande gekommen ist im Gegensatz zum außerstatutarischen Tarifvertrag (convenio colectivo extraestatutario)

convenio colectivo de empresa/ convenio colectivo de ámbito empresarial	Firmentarifvertrag, Haustarifvertrag, Unternehmens-tarifvertrag
convenio colectivo extraestatutario/pacto colectivo extraestatutario	außerstatutarischer Tarifvertrag, der nicht die gesetzlichen Voraussetzungen zum Zustandekommen eines statutarischen Tarifvertrages (convenio colectivo estatutario) beachtet
COPYME	Confederación General de la Pequeña y Mediana Empresa del Estado Español (Arbeitgeberverband klein- und mittelständischer Unternehmer, welcher mit der CEOE fusionierte)
COS	Coordinadora de Organizaciones Sindicales (Gewerkschaftskoordinierungsstelle mit CC.OO., UGT und USO, die am 22.07.1976 gegründet wurde und mit dem Austritt der UGT am 29.03.1977 schon scheiterte)
cotización a la Seguridad Social	Sozialversicherungsbeitrag
CRL	Cuadernos de Relaciones Laborales (Zeitschrift)
CSI-CSIF	Confederación Sindical Independiente y Sindical de Funcionarios (Gewerkschaft unabhängiger Arbeitnehmer und Beamtenbund)
CSO	Confederación Sindical Obrera (ehem. Gewerkschaft, die der franquistischen Zwangsgewerkschaft OSE entsprang)
CSU	Christlich-Soziale Union
CSUT	Confederación de Sindicatos Unitarios de Trabajadores (ehem. CC.OO.-nahe Gewerkschaft)
CT	Code du travail
CTC	Confederación de Trabajadores y Técnicos Cristianos (ehem. Gewerkschaft, die der franquistischen Zwangsgewerkschaft OSE entsprang)
d.h.	das heißt
DAG	Deutsche Angestelltengewerkschaft
DB	Der Betrieb
DDR	Deutsche Demokratische Republik (República Democrática de Alemania – RDA)
Def.	Definition
delegado de personal	Belegschaftsvertreter (in Kleinbetrieb mit einer Belegschaft zwischen 6 – 49 Arbeitnehmern)
dementspr.	dementsprechend
derecho comunitario	Gemeinschaftsrecht der EG

ders.	derselbe/-n
descuento	Abzug
despido	Kündigung
despido colectivo	Massenkündigung, welche von der zuständigen Arbeitsaufsichtsbehörde (autoridad laboral) in einem ex-ante Verfahren genehmigt werden muss
despido disciplinario	verhaltensbedingte Kündigung
despido improcedente	rechtswidrige Kündigung
despido nulo	nichtige Kündigung
despido objectivo/despido por causas objectivas	Kündigung aus „objektiven Gründen", d.h. Kündigungen, bei denen die Anzahl der entlassenen Arbeitnehmer unter den Schwellenwerten für die Massenkündigung liegt
despido por causas económicas, técnicas, organizativas o de producción	Kündigung wegen wirtschaftlicher, technischer, organisatorischer Gründe oder Gründen in der Produktion
despido procedente	rechtmäßige Kündigung
desplazamiento temporal	zeitweilige Versetzung an einen anderen Arbeitsplatz, ohne Beteiligung der betrieblichen Interessenvertretungen
DGB	Deutscher Gewerkschaftsbund; Internetkontakt: www.dgb.de
DGT	Dirección General de Trabajo
Di.	Dienstag
dic.	diciembre (Dezember)
dies.	dieselbe
diesbzgl.	diesbezüglich
dimisión	Eigenkündigung
Dir.	Director/Dirección (Leiter/Leitung)
Dir. Gener. Rel. Lab.	Dirección General de Relaciones Laborales (Generaldirektion für Arbeitsbeziehungen)
Directiva de la Comunidad Europea	Richtlinie der EG
distribución del tiempo de trabajo	Verteilung der Arbeitszeit
DL	Documentación Laboral (Zeitschrift)
DM	Deutsche Mark (ehem. deutsche Währung – im Jahre 1998 entsprach 1 ? nach der offiziellen Festlegung 1,95583 DM und 166,386 Ptas)er offiziellen Festlegung 1,95583 DM und 166,386 Ptas)
Do.	Donnerstag

DOCE	Diario Oficial de las Comunidades Europeas (Amtsblatt der Europäischen Gemeinschaften) – Internetkontakt: europa.eu.int/eur-lex/es/oj/index.html oder: http://europa.eu.int/eur-/lex/
documentación	Nachweis
DOE	Diario Oficial de Extremadura (Amtliches Gesetzblatt der Autonomen Gemeinschaft Extremadura)
DOGV	Diario Oficial del Gobierno Valenciano (Amtliches Gesetzblatt der Autonomen Gemeinschaft Valencia) – Internetkontakt: www.gva.es/infociuda/index.html
DPG	Deutsche Gewerkschaft für Telekommunikation, Postdienste und Postbank – Internetkontakt: www.dpg-hv.de
Dr.	Doctor (Doktor)
DS	Droit social (Zeitschrift)
DSCD	Diario de Sesiones del Congreso de los Diputados (Abgeordnetenkongress-Drucksache)
dtsch.	deutsch
DyE	Documentos y Estudios (Zeitschrift)
ed.	edición/edita/editores/editorial/Editore (Auflage/-druckt/Verleger/Verlag/Editorial)
Edersa	Editoriales de Derecho Reunidas, S.A. (Verlag)
EdJ	Estudios de Jurisprudencia
EG	Europäische Gemeinschaft. Internetkontakt zur vollständigen und kostenfreien Einsicht der Richtlinien der EG: http://europa.eu.int/eur-/lex/
EGB	Europäischer Gewerkschaftsbund – EGB (auf spanisch: CES), gegründet am 8. Februar 1973
EH	Euskal Herritarrok (radikal baskisch-nationalistisches Parteiforum, das 1998 neu gegründet wurde und zu großen Teilen identisch ist mit der Partei Herri Batasuna, welche der Terrororganisation ETA nahe steht. Ebenfalls eng mit EH ist die Gewerkschaft LAB verbunden)
ehem.	ehemalig
EinhVertr.	Einheitsvertretung
EIRR	European Industrial Relations Review (Zeitschrift)
El Mundo	Tageszeitung (www.elmundo.es)
EL PAÍS	Tageszeitung (www.elpais.es)
ELA-STV	Euzko Langilleen Alkartasuna – Solidaridad de Trabajadores Vascos (baskisch-national/christliche Regionalgewerkschaft, die am Sonntag, den 23.07.1911 in Bilbao gegründet wurde, neben dem Baskenland auch in Navarra stark vertreten ist und der baskisch-nationalistischen Partei PNV nahe steht)

empleado	Arbeitnehmer
empresa	Unternehmen
empresario/empleador	Arbeitgeber
engl.	englisch
entspr.	entsprechend
ET	Estatuto de los Trabajadores (Arbeitnehmerstatut – Gesetz)
ETA	Euskadi Ta Askatasuna (Terroristische Organisation), in der Übersetzung soviel wie „Baskisches Vaterland und Freiheit"
etc.	etcetera
ETT	Empresa de Trabajo Temporal (Zeitarbeitsunternehmen)
EuGH	Europäischer Gerichtshof (vgl. TJCE)
europ.	europäisch
Europ. Info-Bull.	Europäischer Informationsbulletin für Gewerkschaften
evtl.	eventuell
EWG	Europäische Wirtschaftsgemeinschaft
excedencia	vorübergehender Ruhestand
expediente de regulación de empleo	behördliches Genehmigungsverfahren zur Durchführung der Massenkündigung (despido colectivo)
extrajud.	extrajudical (außergerichtlich)
EyG	Confederación de Centros de Educación y Gestión (Gesamtstaatlich wirkender Arbeitgeberverband in der privaten Bildungsbranche)
EzA	Stahlhacke, Entscheidungssammlung zum Arbeitsrecht
f.j.	fundamento jurídico (Rechtsgrund)
FAI	Federación Anarquista Ibérica (radikale Anarchistengruppe, die im Juli 1927 in Valencia im Untergrund während der Diktatur von Primo de Rivera geboren wurde und sich als politisches Führungszentrum aus der CNT abspaltete)
Falange	Falange Española de las Juntas de Ofensiva Nacional Sindicalistas. 1934 aus der Vereinigung verschiedener faschistischer Gruppen hervorgegangen. Erster Parteiführer war der Dikator José Antonio Primo de Rivera, der 1936 im republikanischen Teil Spaniens zum Tode verurteilt wurde. 1937 wurde die Falange zur faschistischen Einheitsorganisation zur Unterstützung Francos umgeformt.
FASGA-UP	Federación de Asociaciónes Sindicales de Grandes Almacenes (Föderation der Gewerkschaftsbünde von Großhandelsunternehmen)

febr.	febrero (Februar)
fecha	Kalendertag
FEMV	Federación Empresarial Metalúrgica Valenciana (Arbeitgeberverband Metall der Provinz Valencia)
Ferrer Salat, Carlos	ehem. Generalsekretär des Arbeitgeberverbandes CEOE
FETICO	Federación de Trabajadores Independientes de Comercio (Gewerkschaft unabhängiger Arbeitnehmer in der Handelsbranche)
ff.	folgende
FFE	Fundación Friedrich Ebert (Friedrich-Ebert-Stiftung, Madrid)
FITC	Federación Indepentiente de Trabajadores del Crédito (Unabhängige Gewerkschaft der Arbeitnehmer im Kreditwesen)
Fn.	Fußnote
FNCP	Federación Nacional de Cofradías de Pescadores (Nationale Gewerkschaft der Bruderschaft von Fischern)
FOGASA	Fondo de Garantía Salarial (Lohngarantiefond, der dem Ministerium für Arbeit und soziale Angelegenheiten nachgeordnet, jedoch eigenständiges Rechtssubjekt ist; bei Kleinbetrieben trägt er einen nicht unerheblichen Teil der Abfindungen für betriebsbedingte Kündigungen)
fomento de empleo	Beschäftigungsförderung
FOU	Frente Obrero Unido (ehem. Gewerkschaft, die der franquistischen Zwangsgewerkschaft OSE entsprang)
Fr.	Freitag
franz.	französisch
FSPCPV	Federación Sindical Provincial de Cofradías de Pescadores de Vizcaya (Provinzielle Gewerkschaft der Bruderschaft der Fischer von Vizcaya)
GDS	Gaceta de Derecho Sindical (Gewerkschaftszeitschrift der CC.OO.)
GewerkS	Gewerkschaft
GewMoHefte	Gewerkschaftliche Monatshefte
GG	Grundgesetz
ggfs.	gegebenenfalls
ggü.	gegenüber
González Márques, Felipe	ehem. Regierungschef und Generalsekretär der sozialistischen Partei PSOE
Grds.	Grundsatz
grds.	grundsätzlich
GS	Gaceta Sindical (Gewerkschaftsblatt der CC.OO.)

Guerra, Alfonso	ehem. Vize-Generalsekretär der sozialistischen Partei PSOE
h	Stunde, Uhrzeit
H.d.V.	Hervorhebung durch den Verfasser
h.M.	herrschende Meinung
HB	Herri Batasuna (radikal baskisch-nationalistische Partei, die als politischer Arm der Terrororganisation ETA gilt und sich seit 1998 in einem Parteiforum sammelt, was sich Euskal Herritarrok nennt; HB ist eng mit der Gewerkschaft LAB verbunden)
HBV	Gewerkschaft Handel (Einzel-Großhandel), Banken, Versicherungen, Ersatzkassen, Betriebskrankenkassen – Internetkontakt: www.hbv-org.de
hinsichtl.	hinsichtlich
horario	Arbeitszeitlage
horas complementarias	Komplementärstunden nach der neuen Gesetzeslage beim Teilzeitarbeitsvertrag, die es vorher in dieser Form nicht gab
horas extraordinarias	außergewöhnliche Stunden – Überstunden
Hrsg.; hrsg.	Herausgeber; herausgegeben
HS	Halbsatz
huelga	Streik
huelga de brazos caídos	Streik der „hängenden Arme", was soviel wie „Dienst nach Vorschrift" oder Langsamarbeit bedeutet
i.d.F. (v.)	in der Fassung (von)
i.d.R.	in der Regel
i.E.	im Ergebnis
i.S.e.	im Sinne eines
i.V.m.	in Verbindung mit
IAO	Internationale Arbeitorganisation (International Labour Office [ILO]; Bureau International du Travail [BIT]; Organización Internacional del Trabajo [OIT]), dessen für die Bundesrepublik geltende Übereinkommen im neuesten Fundstellennachweis B – Völkerrechtliche Vereinbarungen usw., hrsg. vom Bundesminister der Justiz (erscheint in Verbindung mit dem Bundesgesetzblatt), unter dem Stichwort ILO/IAO zu finden sind
Ibárruri, Dolores (La Pasionaria)	Große alte Dame der PCE seit 1932, die bei der Verteidigung Madrids im Bürgerkrieg die bekannte Formel aussprach: „¡No pasarán!" (Sie werden nicht durchkommen!) und lange Zeit im Moskauer Exil verbrachte.
IBFG	Internationaler Bund freier Gewerkschaften (ICFTU)

ICFTU	International Confederation of Free Trade Unions (Internationaler Bund freier Gewerkschaften – IBFG)
IES	Instituto de Estudios Sociales
IG-Medien	Industriegewerkschaft Medien – Internetkontakt: www.ig-medien.de
IL	Información Laboral (Zeitschrift, lex nova)
indemnización	Abfindung, Schadensersatz, Schmerzensgeld (die spanische Terminologie unterscheidet hier nicht)
INEM	Instituto Nacional de Empleo (Staatliches Arbeitsamt @ Bundesanstalt für Arbeit)
informe	Stellungnahme
INI	Instituto Nacional de Industria (Nationales Industrieinstitut)
insbes.	insbesondere
Inspección de Trabajo	Arbeitsinspektion, die über Einhaltung arbeitsrechtlicher Schutzbestimmungen wacht
IOE	International Organisation of Employers (Internationale Arbeitgeberorganisation; OIE – Organización Internacional de Empleadores)
ital.	italienisch
IU	Izquierda Unida („Vereinigte Linke", Sammelgruppe linker Parteien, u.a. der Kommunistischen Partei Spaniens, der PCE)
JCo	Jurisprudencia Constitucional sobre Trabajo y Seguridad Social (Kommentare zu Entscheidungen des Verfassungsgerichtes mit arbeits- oder sozialrechtlichen Bezügen)
jornada laboral	Arbeitszeitdauer
JPrud.	Jurisprudencia (Jurisprudenz)
JS	Juzgado de lo Social (Arbeits- und Sozialgericht, was bis zur Gerichtsverfassungsreform von 1992 die „Magistratura de Trabajo" war, vgl. Art. 92 LOPJ, 6, 10 LPL)
JS-If	Jurisprudencia Social – Instituciones financieras (Arbeitsrechtliche Entscheidungssammlung in der Branche der Finanzdienstleistung)
jubilación	Ruhestand (gesetzlich ab dem 65. Lebensjahr)
jun.	junio (Juni)
JZ	Juristenzeitung
Kapovaz	kapazitätsorientierte variable Arbeitszeit
kath.	katholisch
KfZ	Kraftfahrzeug
komm.	kommunistisch
konkl.	konkludent

KPdSU	Kommunistische Partei der Sowjet Union (Partido Comunista de la Unión Soviética)
krit.	kritisch
KritJustiz	Kritische Justiz (Zeitschrift)
KrPolÖkon	Kritik der politischen Ökonomie (Beiträge des internationalen Marxismus [trotzkistische Zeitschrift])
LAB	Languille Abertzale Batzrdeak – Asamblea de Trabajadores Vascos (radikal baskisch-nationalistische Regionalgewerkschaft, die der Terrororganisation ETA sowie derem politischen Arm, HB, bzw. heute EH nahe steht)
lab.	laboral (arbeitsrechtlich)
Labour	Review of Labour, Economics and Industrial Relations (Zeitschrift)
LAG	Landesarbeitsgericht
LAK	Languille Abertzale Komunistak – Comité de Trabajadores Patriotas Comunistas (ehem. baskisch-nationalistisch-kommunistische Gewerkschaft)
Largo Caballero, Francisco (1869-1946)	Pflasterarbeiter, der seit 1925 Vorsitzender der PSOE und Generalsekretär der UGT und von September 1936 bis Mai 1937 Ministerpräsident der span. Republik war
lat.	lateinisch
LCT	Ley de Contrato de Trabajo ([Gesetz über den Arbeitsvertrag], Buch I, verabschiedet durch „Decreto 26.01.1944“. Das Buch II, wurde verabschiedet durch „Decreto 31.03. 1944“)
LE	Libre Empresa – Publicación bimestral de la Asociación de Estudios Empresariales (Zeitschrift)
Le.	Lección (Lektion)
Ley de bases	Rahmengesetz des Abgeordnetenkongresses, zur Überlassung der näheren Ausgestaltung anhand eines „Königlichen Ausführungsgesetzes“ (Real Decreto-Legislativo) durch die Regierung oder um verschiedene Gesetzestexte in einem Werk zusammenzufassen (häufig gebraucht, um EG-Richtlinien und nationale Gesetze miteinander zu vereinen)
LISS	Ley 8/1988, de 7 de abril, sobre Infracciones y Sanciones en el orden Social (Gesetz über Verstöße und Ahndungen im Sozialrecht), BOE 15.04.1988
lit.	litera (Buchstabe)
Lit.	Literatur
LKW	Lastkraftwagen

LLJ	Labor Law Journal (Zeitschrift)
LOLS	Ley Orgánica 11/1985, de 2 de agosto, de Libertad Sindical (Organgesetz über die Gewerkschaftsfreiheit)
LOPJ	Ley Orgánica 6/1985, de 1 de julio, del Poder Judicial (Organgesetz zur Gerichtsverfassung)
LPL	Texto refundido de la Ley de Procedimiento Laboral, aprobado por el Real Decreto Legislativo 2/1995, de 7 de abril (Gesetz über den arbeitsgerichtlichen Prozess, RCL 1144 und 1563)
LRJAP	Ley del Régimen jurídico de las Administraciones Públicas y del Procedimiento Administrativo Común, de 26.11.1992 (Gesetz über die Ordnung der öffentlichen Verwaltung und des allgemeinen Verwaltungsverfahrens)
LRL	Ley 16/1976, de 8 de abril, de Relaciones Laborales (Gesetz über Arbeitsbeziehungen)
lt.	laut
m.E.	meines Erachtens
m.w.A.	mit weiteren Angaben
m.w.N.	mit weiterem Nachweis
Mag.	Magistratura de Trabajo (ehem. unter Franco mit Decreto vom 13.05.1938 und Gesetz vom 17.10.1940 eingerichtetes Arbeitsgericht, was bis zum Jahre 1992 durch den Juzgado de lo Social abgelöst wurde. Seinerseits war es der Nachfolger der sog. Jurados Mixtos und Tribunales Industriales, der II. Republik)
marg.	marginales (Randnummern)
max.	Maximal
mensualidad	Monatslohn
Mi.	Mittwoch
min.	Minute
MM.	Mindermeinung
Mo.	Montag
MOPT	Ministerio de Obras Públicas y Transporte (Ministerium für Öffentliche Bauvorhaben und Transport)
movilidad funcional	Tätigkeitsänderung
movilidad geográfica	Versetzung, die einen Wohnortwechsel erforderlich macht
Mrd.	Millarde
MTAS	Ministerio de Trabajo y Asuntos Sociales (Arbeits- und Sozialministerium, was früher Ministerio de Trabajo y Seguridad Social, kurz: MTSS hieß)
n.F.	neue Fassung
N°	número (Nummer)

NATO/OTAN	North Atlantic Treaty Organization/ Organización del Tratado del Atlántico Norte (Nordatlantikpakt-Organisation)
niederl.	niederländisch
NJW	Neue Juristische Wochenschrift
Nov.	November
Nr.	Nummer
núms.	números (Nummern)
NZA	Neue Zeitschrift für Arbeitsrecht
o.ä.	oder ähnliches
o.g.	oben genannt
obrero	Arbeitnehmer
OCN	Organización Corporativa Nacional (faschistische Einheits- und Zwangsgewerkschaft nach mussolinischem Vorbild während der Diktatur von Primo de Rivera, die über Real Decreto-Ley vom 26.11.1926 (mit Überarbeitung vom 08.03.1929) eingerichtet und dann unter Francos Regime am 21.04.1938 zur CNS sowie anschließend zur OSE wurde)
oct.	octubre (Oktober)
OIE	Organización Internacional de Empleadores (Internationale Arbeitgeberorganisation)
OIT	Organización Internacional de Trabajo (Internationale Arbeitsorganisation – IAO mit Sitz in Genf)
OM	Orden Ministerial (Ministererlass)
Opus Dei	1928 in Spanien gegründete, geheime, reaktionär-katholische Laienorganisation, die nach 1939 durch ihre enge Verknüpfung mit dem franquistischen Staatsapparat zunehmend an Bedeutung gewann. In den 60-er Jahren bestimmen ihre Technokraten die Hauptlinien der Wirtschaftspolitik.
Ordenanza laboral	arbeitsrechtliche Verwaltungsanweisungen, die mittlerweile derogiert sind, auf die aber dennoch in einigen Tarifverträgen bis heute als Orientierungspunkt und Leitfaden zurückgegriffen wird
ordtl.	ordentliche
OSE	Organización Sindical Española (staatliche und gleichgeschaltete Einheitsgewerkschaft Spaniens unter Franco, die im Jahre 1967 aus der CNS über ein „Organisches Staatsgesetz“ ohne wesentliche Strukturänderungen hervorging)
ÖTV	Gewerkschaft Öffentlicher Dienst, Transport und Verkehr – Internetkontakt: www.oetv.de
OVG	Oberverwaltungsgericht

p.	parte (Teil)
paro de advertencia	Warnstreik
PCE	Partido Comunista de España (kommunistische Partei Spaniens, die 1921 gegründet und 1977 legalisiert wurde)
período de cómputo	Berechnungszeitraum
PersDir.	Personaldirektor
planta	Zweigstelle
plantilla	Belegschaft
plazo de caducidad	Ausschlussfrist
plazo de preaviso	Kündigungsfrist
PNV	Partido Nacionalista Vasco (baskisch-christdemokratische Nationalpartei, die der Gewerkschaft ELA-STV nahesteht)
poder directivo	Direktionsrecht
Pol-ZeitG	Beilage zur Wochenzeitschrift „Das Parlament": Aus Politik und Zeitgeschichte
PP	Partido Popular (konservative Partei)
prestación asistencial (por desempleo)	Arbeitslosenhilfe (zwischen 75% und 100% des gesetzlichen Mindestlohnes bei einer Höchstdauer von 18 Monaten – vgl. „subsidio por desempleo")
prestación contributiva (por desempleo)	Arbeitslosengeld (vgl. „prestación por desempleo")
prestación por desempleo	Arbeitslosengeld (in den ersten 180 Tagen beläuft es sich auf 70%, dann 60% des Durchschnittslohns der letzten sechs Monate vor der Arbeitslosigkeit, ohne Einberechnung der Sondervergütungen. Im Höchstfalle beträgt sie 170% oder 220%, zumindest aber 75% zuzüglich 1/6 des gesetzlichen Mindestlohnes. Der von der Beitragsdauer abhängige Höchstbezugszeitraum liegt bei 720 Tagen. Kein Anspruch besteht, wenn die Rechtmäßigkeit einer verhaltensbedingten bzw. disziplinarischen Kündigung gerichtlich festgestellt wurde – vgl. prestación contributiva)
principio de la condición más beneficiosa	Prinzip der günstigeren Bedingung (@ übertarifliche Leistungen des Arbeitgebers)
principio de la norma más favorable	Prinzip der vorteilhafteren Norm (@ Günstigkeitsprinzip)
procedimiento de arbitraje	Schlichtungsverfahren
prof.	profesor (Professor)
PSOE	Partido Socialista Obrero Español: Sozialdemokrati-

	sche Partei Spaniens, die 1879 gegründet wurde. Sie rief 1888 den Sozialistischen Gewerkschaftsbund UGT ins Leben. Wegen des Streites über den Beitritt zur Kommunistischen Internationale spaltete sich von der UGT die PCE ab.
Ptas	Pesetas (ehem. spanische Währung)
Pymes	Pequeñas y medianas empresas (kleine und mittelständische Unternehmen)
quiebra	Insolvenz/Konkurs
ramo	Branche
RASEC	Resolución de 29 de enero de 1996, de la Dirección General de Trabajo, por la que se dispone la inscripción en el Registro y posterior publicación del Reglamento de Aplicación del Acuerdo sobre Solución Extrajudicial de Conflictos Laborales, BOE 08.02. 1996 (Entschließung vom 29.01.1996 der Generaldirektion des Arbeitsministeriums, über welche die Einschreibung in das Register und die nachträgliche Veröffentlichung der Rechtsverordnung zur Anwendung des Übereinkommens zur außergerichtlichen Beilegung von arbeitsrechtlichen Streitigkeiten verfügt wird)
RC	Revista Colex (Zeitschrift)
RCL	Repertorio Cronológico de Legislación de la Editorial Aranzadi (Sammlung verschiedener Rechtsvorschriften, Tarifverträge, Verfassungsgerichtsurteile, Behördenentscheidungen etc.)
RD	Real Decreto (Königliche Rechtsverordnung)
RdA	Recht der Arbeit
RD-Legislativo	Real Decreto Legislativo – „Königliches Ausführungsgesetz“ (vom Abgeordnetenkongress auf Regierung per „Rahmengesetz“ [Ley de bases] delegierte Befähigung, Vorschriften mit Gesetzesrang zu erlassen)
RD-Ley	Real Decreto-Ley – Königliches provisorisches Eilgesetz (provisorisches Eilgesetz der Regierung in bestimmten Fällen der „außergewöhnlichen und eiligen Notwendigkeit“, welches anschließend vom Abgeordnetenkongress innerhalb von 30 Tagen bestätigt werden muss; ohne Bestätigung wird es ohne weiteres unwirksam)
RDS	Revista de Derecho Social (Zeitschrift)
readmisión	Wiederaufnahme der Arbeit bei rechtswidriger Kündigung. Der Arbeitgeber kann sie allein dann umgehen, wenn er die gesetzlich vorgeschriebene Abfindung zahlt.

recurso de amparo	Verfassungsbeschwerde
recurso de inconstitucionalidad	abstrakte Normenkontrolle
REDA	Revista Española de Derecho Administrativo (Zeitschrift)
REDC	Revista Española de Derecho Constitucional (Zeitschrift)
Redondo Urbieta, Nicolás	ehem. Generalsekretär der sozialistischen Gewerkschaft UGT
REDT	Revista Española de Derecho del Trabajo (Zeitschrift)
REIS	Revista Española de Investigaciones Sociológicas (Zeitschrift)
relación laboral	Arbeitverhältnis
RENFE	Red Nacional de Ferrocarriles Españoles (spanische Eisenbahn)
REP	Revista de Estudios Políticos (Zeitschrift)
representantes de los trabajadores	Arbeitnehmervertreter
RES	Revista de Estudios Sociales (Zeitschrift)
Resol.	Resoluciones; resolución (Entschließungen; Entschluss)
REST	Revista de Economía y Sociología del Trabajo (Zeitschrift)
retención	Abzug, Einbehalt
RevTreb	Revista de Treball (Zeitschrift – Katalonien)
RFDUC	Revista de la Facultad de Derecho de la Universidad Complutense (Zeitschrift der rechtswissenschaftlichen Fakultät der Universität Complutense in Madrid)
RJ	Repertorio de Jurisprudencia (Rechtsprechungssammlung für Zivil-, Straf-, Verwaltungs-, Militär-, Arbeits- und Sozialrecht)
RL	Richtlinie
RL	Relaciones Laborales (Zeitschrift)
RLSS	Relaciones Laborales y Seguridad Social (Zeitschrift)
RMTAS	Revista del Ministerio de Trabajo y Asuntos Sociales (Zeitschrift)
RO	Real Orden (Königlicher Erlass)
RPS	Revista de Política Social (Zeitschrift)
Rspr.	Rechtsprechung
RT	Revista de Trabajo (Zeitschrift)
RTCo	Repertorio del Tribunal Constitucional (Sammlung von Urteilen und Entscheidungen des Verfassungsgerichtes)
RTCT	Repertorio de Sentencias del Tribunal Central de Trabajo, Editorial Aranzadi (Rechtsprechungssammlung für Arbeits- und Sozialrecht)

RTDPC	Rivista Trimestrale di Diritto e Procedura Civile (Zeitschrift)
RTSS	Revista de Trabajo y Seguridad Social (Zeitschrift)
RVO	Rechtsverordnung (Real Decreto – Königliche Rechtsverordnung)
S.	Seite
S.A.	Sociedad Anónima (Aktiengesellschaft)
s.o.	siehe oben
s.u.	siehe unten
Sa.	Samstag
salario, sueldo	Lohn, bzw. Gehalt (in Spanien wird nicht zwischen Lohn und Gehalt unterschieden)
SAN	Sentencia de la Audiencia Nacional (Urteil der AN)
SATBE	Sindicato Autónomo de Trabajadores del Banco de España (Unabhängige Gewerkschaft der Arbeitnehmer der [Bundes-] Bank von Spanien)
SATT	Sindicato Asambleario de Trabajadores de Telefónica (Gewerkschaft der Arbeitnehmer-Versammlungsbewegung der Telefónica)
SdlS – Sala de lo Social	Kammer für Arbeits- und Sozialrecht
SEC	Sindicat D'Estalvi de Catalunya (Gewerkschaft der katalonischen Bankbranche)
sector	Branche
seg.	segundo/-a (Zweiter, Zweite)
SEMAF	Sindicato de Maquinistas y Ayudantes Ferroviarios (Gewerkschaft der Maschinisten und Hilfsarbeiter der Eisenbahn)
sep.	separata (getrennt)
sept.	septiembre (September)
SERCLA	Sistema Extrajudicial de Resolución de Conflictos Colectivos Laborales de Andalucía, BOJA N° 147, 26.12.1998, S. 15.781 ff. (andalusisches Verfahren zur außergerichtlichen Beilegung von arbeitsrechtlichen Streitigkeiten von 1998), welches seinerseits auf dem Acuerdo Interprofesional para la Constitución del Sistema de Resolución extrajudicial de Conflictos Colectivos Laborales de Andalucía beruht (BOJA N° 48, 23.04.1998, S. 4.172 ff. = RL 1998, Suplemento Especial)
Servicio de Mediación y Arbitraje	vgl. Centros de Mediación, Arbitraje y Conciliación
SIB	Sindicato Independiente de Baleares (Unabhängige Gewerkschaft der Balearen)
sindicato	Gewerkschaft

SJS	Sentencia del Juzgado de lo Social (Urteil des Arbeits- und Sozialgerichtes)
SMAG	Verwaltungsdienst der staatlichen oder autonomen Verwaltung mit den Aufgaben zur Schlichtung, Schiedssprüchen oder Streitbeilegung in Ersetzung des IMAC (Servicio Administrativo, de la Administración del Estado o de las Comunidades Autónomas, con las funciones de mediación, arbitraje y conciliación creado en sustitución del IMAC)
SMag.	Sentencia de la Magistratura de Trabajo (Urteil des Arbeitsgerichtes)
SMI	Salario Minimo Interprofesional (staatlicher branchenübergreifender Mindestlohn)
So.	Sonntag
sog.	sogenannt
soz.	sozialistisch
Sp.	Spalte
span.	spanisch
SPD	Sozialdemokratische Partei Deutschlands
Ss	Sentencias (Urteile)
SS	Seguridad Social (Sozialversicherung)
SSdlS – Sentencias Sala de los Social	Urteile der Kammer für Arbeits- und Sozialrecht
ST	Sociología de Trabajo (Zeitschrift)
STC	Sindicato de Trabajadores de la Construcción (ehem. Gewerkschaft, die der franquistischen Zwangsgewerkschaft OSE entsprang)
STCo	Sentencia del Tribunal Constitucional (Urteil des Verfassungsgerichtes)
STCT	Sentencia del Tribunal Central de Trabajo (Urteil des Obersten Gerichtshofes)
STJCE	Sentencia del Tribunal de Justicia de las Comunidades Europeas (Urteil des Europäischen Gerichtshofes)
StreikR	Streikrecht
STS	Sentencia del Tribunal Supremo (Urteil des Obersten Gerichtshofes)
STSJ	Sentencia del Tribunal Superior de Justicia (Urteil des „Landesarbeitsgerichtes“)
SU	Sindicato Unitario (ehem. Gewerkschaft, die sich von der CC.OO. abspaltete)
Suárez, Adolfo	ehem. Regierungschef und Generalsekretär der Zentrumspartei UCD
subsidio por desempleo	Arbeitslosenhilfe (vgl. prestación asistencial)
sucesión de empresa	Betriebsübergang

Supl.	Suplemento (Beilage in Zeitschriften)
SZ	Süddeutsche Zeitung
t.	tomo (Buchband)
TCo	Tribunal Constitucional (Verfassungsgericht)
TCT	Tribunal Central de Trabajo (ehem. Oberster Gerichtshof in Arbeitsrechtssachen, was dem deutschen Bundesarbeitsgericht entsprach; im Jahre 1935 eingerichtet, wurden nach und nach einige seiner Aufgabenbereiche, wie Individualstreitigkeiten den Tribunales Superiores de Justicia (und hier insbes. dem TSJ Madrid, was folglich für die Zeit um 1990 seine Aufgaben stellvertretend wahrnahm) sowie dem Tribunal Supremo übertragen, wobei er die Zuständigkeit für Kollektivstreitigkeiten (Tarif-, Streikrecht etc.) behielt [Ley Orgánica 6/1985, de 01.07.1985 del Poder Judicial]. Ende 1988 löste man ihn letztendlich auf und übertrug alle Zuständigkeiten der „IV., Sala de lo Social" des Tribunal Supremo [Ley 38/1988, de 28.12.1988, de Demarcación y Planta Judicial sowie Real Decreto-Legislativo 2/1995, de 7 de abril, que aprueba el Texto Refundido de la Ley de Procedimiento Laboral])
técnico	Fachangestellter
Tesorería de la Seguridad Social	Schatzkammer der Sozialversicherung
tiempo de trabajo	Arbeitszeitdauer
TIJCLLIR	The international Journal of Comparative Labour Law and Industrial Relations (Zeitschrift)
Tit.	Título (Titel)
TJCE	Tribunal de Justicia de las Comunidades Europeas (Europäischer Gerichtshof – EuGH)
TL	Temas Laborales, Revista Andaluza de Trabajo y Bienestar Social (Zeitschrift)
trabajador	Arbeitnehmer
trabajo a tiempo parcial	Teilzeitbeschäftigung
TS	Tribuna Social (Zeitschrift)
TS	Tribunal Supremo („Oberster Gerichtshof", was bei arbeitsrechtlichen Streitigkeiten dem deutschen Bundesarbeitsgericht entspricht und er entscheidet als Revisionsinstanz über Urteile der verschiedenen Tribunales Superiores de Justicia (TSJ) oder der Audiencia Nacional (AN); der Oberste Gerichtshof besitzt verschiedenen Kammern, wie der „IV., Sala de lo Social", in welcher arbeits- und sozialrechtliche Streitigkeiten gelöst werden oder der „III., Sala de lo Contencioso-administrativo", in der über verwal-

tungsrechtliche Streitigkeiten gerichtet wird sowie „I., Sala de lo Civil" [Zivilkammer] und „II., Sala de lo Penal" [Strafrechtskammer] etc., vgl. Art. 123 Verfassung, 53, 217 ff. LOPJ und Art. 9, 13, 14, 15 LPL)

TSJ — Tribunal Superior de Justicia (dies würde in etwa einem „Landesarbeitsgericht" entsprechen, vgl. Art. 152 Verfassung, 70, 7 LOPJ, 11 LPL)

TUC — Trade Union Company (englische Gewerkschaftszentrale)

TV — Tarifvertrag/Tarifverträge/Television

TVG — Tarifvertragsgesetz

u.a. — unter anderem/und andere

u.g. — unten genannt

u.U. — unter Umständen

UCD — Unión de Centro Democrático (ehem. Zentrumspartei Spaniens und heute zumindest hälftig in der Volkspartei PP enthalten)

UGT — Unión General de Trabajadores (sozialistischer Gewerkschaftsbund, der 1888 in Mataró unter maßgeblicher Beteiligung von Pablo Iglesias gegründet wurde und unter Einfluss von Ángel Pestaña sowie Largo Caballero stand sowie bis 1935 auf ca. 1 Millionen Mitglieder anwuchs. Schon seit damals besaß sie eher gemäßigte „bakunistische" Züge im Gegensatz zur radikal marxistisch-anarchistischen CNT. Ihr Einflussbereich lag in Madrid im Gegensatz zu dem der vorwiegend in der Schwerindustrie Barcelonas Zuspruch findenden CNT) – Internetkontakt: www.ugt.es

UGT — Zeitschrift der Gewerkschaft UGT, die von Dezember 1944 (N° 1)-Oktober 1969 (N° 299) „Boletín de la Unión General de Trabajadores de España en Francia", von 1969 (N° 300)-1979 (N° 409) „UGT: boletín de la Unión General de Trabajadores de España", von 1979-1981 „UGT Informa: boletín confederal de información" hieß und seit 1981 „Unión/UGT. Secretaría Confederal de Prensa e Información" heißt

U-Haft — Untersuchungshaft

UIMM — Unión de Industrias Minero Metalúrgicas (Arbeitgeberverband in Metallbranche)

umbral — Schwellenwert

UML — Unión de Marxistas Leninistas (ehem. linke Partei)

UNICE — Unión de Industrias de la Comunidad Europea (Vereinigung der Industrie- und Arbeitgeberverbände Europas in Brüssel, Union des Industries dans le Com-

	munautée Européenne)
USO	Unión Sindical Obrera (christlicher Gewerkschaftsbund, der 1960 gegründet wurde)
uso de empresa	betriebliche Übung
usw.	und so weiter
v.	von; vom
v. Chr.	vor Christi Geburt
Var.	Variante
ver.di	Vereinte Dienstleistungsgewerkschaft als Fusion zwischen ÖTV, HBV, IG-Medien, DAB und DPG – Internetkontakt: www.verdi-net.de
Verf.-Rspr.	Verfassungsrechtsprechung
VerfBeschw.	Verfassungsbeschwerde
VerfG	Verfassungsgericht
vgl.	vergleiche
Vol.	Volumen/Volume (Buchband)
VR	Verwaltungsrundschau
VV.AA.	Varios Autores (verschiedene Autoren)
WGG	Wegfall der Geschäftsgrundlage
WRV	Weimarer Reichsverfassung
WSI-Mitteilungen	Monatszeitschrift des Wirtschafts- und Sozialwissenschaftlichen Instituts des Deutschen Gewerkschaftsbundes
z. Ztp.	zum Zeitpunkt
z.B.	zum Beispiel
z.T.	zum Teil
Zaguirre, Manuel	Generalsekretär der katholischen Gewerkschaft USO
ZfA	Zeitschrift für Arbeitsrecht
ZIAS	Zeitschrift für ausländisches und internationales Arbeits- und Sozialrecht
ZPO	Zivilprozessordnung
ZRP	Zeitschrift für Rechtspolitik
Ztp.	Zeitpunkt
zust.	zustimmend

I. Kapitel: Einführung

A. Einleitung

Beim Wort „Spanien" entzündet die Phantasie selbst bei Leuten, die das Land noch nie betreten haben, unweigerlich ein wahres Feuerwerk bunter Vorstellungen: Spontan denken die einen an mit *Olé*-Rufen ausgefüllte Stierkampfarenen, in welchen die *Matadores* mit ihren farbigen Kostümen aufmarschieren und sich in arrogant wirkendem Stolz dem heranstürmenden Stier entgegenstellen.[1] Andere träumen vom *Flamenco*, seiner erotischen Glut und glauben, in jeder Spanierin die Reinkarnation der rassigen *Carmen* zu sehen. Weitere sind wiederum davon überzeugt, dass jenseits der Pyrenäen Afrika beginne, und finden in den abseits auf Landwegen anzutreffenden Eselsgefährten, den rustikalen *Bodegas* mit ihrer leicht beschwipsenden *Sangría* sowie dem Abhalten der langen Mittags-*Siesta* die Bestätigung für ihre Annahme. Die Nächsten kennen das geflügelte Wort vom „stolzen Spanier", weshalb sie in jedem ein Stückchen dieses Wesenszuges vom tragikomischen *Don Quijote* vermuten wollen, und schließlich gibt es diejenigen, welche einfach von der Sonnengarantie träumen, dem lichtblauen Himmel, dem dunkelblauen Meer sowie der sorgenfreien Muße im Jahresurlaub *à la* LTU-Katalog. Kurz gesagt handelt es sich bei Spanien immer noch um einen Mythos und das wohl offenkundigste Eingeständnis der Ratlosigkeit in Begegnung mit der spanischen Kultur ist die Umschreibung eines vollkommen unerklärlichen oder rätselhaften Tatbestandes anhand der Redewendung *„das kommt mir spanisch vor."*[2]

Solch eine Unwissenheit verschärft sich nochmals, sobald es um die spanische Rechts*kultur* und konkret um das spanische Arbeitsrecht geht. Während der französische und angelsächsische Rechtsraum von zahlreichen Arbeiten „abgegrast" ist, findet man für Spanien kaum einmal eine zusammenhängende wissenschaftliche Darstellung. Welcher deutsche Arbeitsrechtler weiß etwa, was sich hinter den Abkürzungen für die beiden Gewerkschaftszentralen *„UGT"*, *„CC.OO."* sowie den Arbeitgeberverband *„CEOE"* versteckt, und wie oft kann man in deutschen Zeitungen fundierte sozioökonomische Nachrichten über das fast 1.000 km entfernte Spanien lesen? Der karge Informationsfluss schwillt allenfalls dann etwas an, wenn Heerscharen rückreisewilliger deutscher Sonnenanbeter für einen Tarifpoker bei einem Pilotenstreik der *Iberia* plötzlich als „Geiseln" ausgenutzt und in ihrer Urlaubsidylle festgesetzt werden.[3] Dieser Zustand dauert an, obwohl sich gerade in der Wirtschaftspraxis eine angeregte grenzüberschreitende Tätigkeit ausmachen lässt, was Fabriken von *Ford*, *Opel*, *Daimler*, Kooperationen

---

[1] Stierkämpfe sind in Zeitungen wie *El País* oder *El Mundo* genau zwischen dem Kultur- und Sportteil detailliert beschrieben.

[2] Auf Spanisch dagegen: „Das kommt mir chinesisch vor" (*esto me suena chino).*

[3] In umgekehrter Hinsicht erstaunt es, dass *„la DGB" fast jedem span. Arbeitsrechtler ein Begriff ist und zahlreiche, mitunter allerdings diffuse Kenntnisse des dtsch. ArbR vorhanden sind.*

zwischen *Volkswagen* und *Seat*, *Lufthansa* sowie *Spanair*, Beteiligungen zwischen *La Caixa* und *Deutsche Bank*[4], Werke von *Siemens*, *Bosch*, Produktionsstätten fast aller namhaften *Chemie*- sowie *Pharmaunternehmen* unter Beweis stellen.[5]

Wie schon im Jahre 1833 vom Deutschen Zollverein für das Deutsche Reich vorexerziert, so verwandelt sich derzeit Europa von Schottland bis Andalusien in einen einzigen Wirtschaftsraum, wo Unternehmer mit spitzem Bleistift über wirtschaftliche Schwachstellenanalysen die Vor- und Nachteile der verschiedenen nationalstaatlichen Rechtsordnungen auszuloten haben. Zu eben dieser Analyse gehört nicht nur die Lohn-, sondern auch die Arbeitszeitfrage. Dort entscheidet sich, ob Maschinenlaufzeiten möglichst optimal ausgenutzt werden, wie rasch sich Unternehmer in umsatzstarken oder umsatzschwachen Zeiten auf wechselnden Arbeitsanfall einrichten können, ob Rückgriff auf Zeitarbeitsunternehmen genommen werden muss usw. Die Arbeitszeit bildet deswegen einen der wesentlichsten Indikatoren für die Attraktivität in- und ausländischer Investitionen. Ohne sogleich einer arbeitsrechtlichen „*el dorado*-Euphorie" Vorschub leisten zu wollen[6], betrug beispielsweise im Jahre 1996 die tarifliche Jahressollar-

---

[4] *Der Tagesspiegel 20.10.1999, S. 27: „Größte Sparkasse Europas wird zweitgrößter Aktionär".*

[5] Umgekehrt sind aber allein 21 span. Unternehmen oder Konzerne in Deutschland tätig, von denen lediglich 4 Niederlassungen hier besitzen: *Schnelle, Europ. BRat, 1999, S. 30, Fn. 27.*

[6] Eingedämmt wird sie durch Kündigungsabfindungen, die 1997 stolze 14.827,00 Euro *pro ArbN (= 36% der rechnungsmäßig im Industrieregister erfassten Buchhaltungsposten der Unternehmen) ausmachten. Bei den betriebsbedingten Kündigungen wird diese bei ca. 7.669,40 Euro niedriger liegen. In Betrieben unter 25 ArbN, wo der Lohngarantiefond FOGASA 40 % der Abfindungssumme übernehmen kann, betrug sie um die 5.112,92 Euro. Deshalb wachen die ArbG über jede Einstellung mit „Argusaugen": VV.AA., Memoria en 1997, 1998, S. 292; El País, Andalucía 05.10.1998, S. 1: „Die andalusischen ArbG geben jedes Jahr 183 Mio. Euro für Kündigungsabfindungen aus". Dabei ergeben sich sehr starke Unterschiede je nach Region, Stadt etc.; z.B. betrug die Abfindungssumme in Andalusien im Schnitt 11.759,00 Euro und national ca. 14.827,00 Euro, wobei sie in Sevilla (Andalusien) bei 15.338,00 Euro und in Almería (ebenfalls Andalusien) bei 6.340,00 Euro lag. Lt. CC.OO. sank 1997 im Gegensatz zum Vorjahr die Höhe der Abfindungskosten um 5,5 Mio. Euro, was auf die Reform von 1997 zurückgeführt wird. Vgl. auch Sagardoy, Flexibilität, ZIAS 1987, S. 354 (365 f.). Die dtsch. Arbeitsgerichte verurteilen im Schnitt zur Zahlung von 1.022,00 Euro pro Dienstjahr und die LAG zu ca. 1.533,00 Euro, wobei in den Sozialplänen Abfindungssummen von um die 7.158,00 Euro pro gekündigtem ArbN erreicht werden: Zachert, Lecciones, 1998, S. 145 ff.; VV.AA., Memoria en 1997, 1998, S. 293.* Wie eng arbeitsrechtliche Flexibilität mit anderen Faktoren verbunden ist, zeigt sich beim span. Wohnungsmarkt. Dort hatte der Mieter z.Zt. *Francos (mit dem Gesetz Boyer von 1985 und der Reform von 1994) eine faktisch unkündbare Position und die Mieten durften kaum erhöht werden. Deshalb investierte niemand in den Wohnungsbau und der Staat finanzierte mit enormen Hilfen Eigentumswohnungen, so dass ca. 70 % der spanischen Haushalte über Immobilien verfügt. Dies führt zu geringer beruflicher Mobilität, da ein ArbN aus Sevilla nicht so einfach nach Santander ziehen wird. Eine Versetzung von einer Stadt in eine andere erlangt deswegen auch eine vollkommen andere Dimension als in Deutschland und folglich ist dieses Thema im span. Arbeitsrecht genauestens geregelt (Art. 40 Arbeitnehmerstatut): Martínez Abascal, Flexibilidad, REDT 1994, S. 745 ff.; Sagardoy a.a.O., S. 354 (354 ff.): „In Spanien...lässt sich ohne jeden Zweifel feststellen, dass die Gesellschaft nicht mobil ist, dass die familiären, organisatorischen, wirtschaftlichen und politischen Strukturen wenig flexibel sind und dass auf der individuellen Ebene der Spanier ziemlich verwur-*

beitszeit für Arbeitnehmer des verarbeitenden Gewerbes in Deutschland 1.573 Stunden. Ihre spanischen Kollegen kamen dagegen auf 1.782 Stunden und es leuchtet ein, dass unser Land für Investoren zumindest beim Faktor „Arbeitszeitdauer" kaum Magnetwirkung ausüben dürfte: Legt man einen Acht-Stunden Tag zugrunde, betrug die Differenz jährlich mithin volle 26 Arbeitstage![7]

Das Ziel dieser Untersuchung liegt allerdings nicht darin, solche doch eher leicht ausmachbaren Unterschiede darzustellen oder aber ennuyante „technische Sonderregelungen" wie die „Höchstarbeitszeitdauer in Druckkammern"[8] detailliert zu besprechen. Viel packender erscheint das Wagnis eines Querschnitts durch die für Spanien typischen Probleme des Tarifrechts am Beispiel der Arbeitszeitregelung. Bei deren Würdigung ist also zu fragen: Warum ist dieser oder jener Rechtssatz so und nicht anders; von welcher Tatsache ließ sich der Gesetzgeber leiten, und welche Ziele werden letzten Endes verfolgt? Nur auf diese Weise gewinnt man Aufschluss darüber, wie dieses Mitglied der Europäischen Union auf den verschärften internationalen Konkurrenzdruck reagiert und welche modernen Antworten Rechtsprechung sowie Schrifttum auf derartige Herausforderungen geben.[9] Allerdings sind auch die rechtstatsächlichen Umstände so gut wie möglich mit zu berücksichtigen, denn, so machte schon *Rudolf von Ihering* aufmerksam:[10]

---

zelt ist in seinen Lebensumständen, in seiner Heimat und seinem Status, wobei ich auf den fortschreitenden Wandel aufmerksam mache, der sich i.H.a. all diese Aspekte innerhalb der letzten Dekade vollzogen hat."

[7] Quelle: BDA. Allerdings werden in dieser Rechnung weder die aufgrund von Streik oder Krankheit ausgefallenen Stunden noch die Produktivität dtsch. und span. ArbN mit einbezogen. Dennoch drängt sich einem die provokante Frage auf, ob das dtsch. ArbR wegen seiner Wettbewerbsschädlichkeit eine Maßnahme innereurop. „Entwicklungshilfe" bildet, vgl.: *Adomeit, ArbR, NJW 1989, S. 155 (156 ff.).*

[8] Vgl. im Gesetzesanhang Nr. III Art. 30 *„Königl. RVO über Sonderarbeitszeiten 1.561/1995".*

[9] Wobei rasch klar wird, dass sich jene zumindest nicht in grundlegender Form von den oft zu dtsch. Eigentümlichkeiten abgestempelten unterscheiden. Die Leiden der Tarifsysteme moderner Wirtschaftssysteme unterscheiden sich anscheinend nur um Nuancen. Siehe die Schlagworte *„Krise des Standortes Deutschland", „Flucht aus dem FlächenTV", „Flucht aus Deutschland", „Korridorlösung" und die Problematik des Konkurrenzverhältnisses zwischen Betriebsvereinbarung sowie TV, um für eine stärkere Dezentralisierung sowie eine betriebsnähere Tarifpolitik zu sorgen (Verlagerung der Entscheidungskompetenz von der Tarif- zur Betriebsautonomie): Adomeit, Regelung, 1996, S. 11 ff.; Ehmann, Standortfrage, Die Neue Ordnung, Sonder-Nr. April 1996, S. 10 ff., 47 ff., 51 ff., 60 ff.; ders., Tarifbindung, in: VV.AA., FS Zöllner, 1999, S. 715 ff.; ders., Regelungsbefugnis, ZRP 1996, S. 314 ff.; ders., Tarifautonomie, Bitburger Gespräche, Jahrbuch 1985, Sonderdruck, S. 19 ff.; Ehmann/Lambrich, Subsidiaritätsprinzip, NZA 1996, S. 346 ff.; Ehmann/Schmidt, Betriebsvereinbarungen, NZA 1995, S. 193 ff. Vgl. ebenfalls die sämtl. Aspekte abdeckende Dissertation von Lambrich aus Trier zu diesem Thema: Tarif- und BetrAuton, 1999. Vgl. aus dem span. Schrifttum: Rodríguez-Piñero, Transformaciones, in: Klebe/u.a., FS Däubler, 1999, S. 50 (51, 58 ff., Fn. 47).*

[10] In: Geist des römischen Rechts, 1924, S. 50.

„Kein Gesetzbuch, keine theoretische Zusammenstellung des Rechts irgend einer Zeit und irgend eines Volkes läßt sich daher ohne die Kenntnis der realen Zustände dieses Volkes und dieser Zeit begreifen. Warum die Rechtssätze da sind, was sie sollen, wie sie durch das Leben in ihrer Wirksamkeit beeinträchtigt oder unterstützt werden usw. – auf alle diese Fragen erteilt nur das Leben selbst eine Antwort."

Eine Auseinandersetzung mit fremden Rechtskulturen erscheint zudem vor europarechtlichem Hintergrund notwendig. Bislang glauben anscheinend immer noch einige europäische Behörden, und allen voran der Europäische Gerichtshof, die angestrebte *„harmonische* Rechtsvereinheitlichung" ohne exaktes Detailwissen der verschiedenen nationalen Rechtsordnungen herbeiführen zu können. Aus solch einer Haltung resultieren nicht selten systemfremde Eingriffe, die dann in den Mitgliedsstaaten scharfen Protest hervorrufen und dogmatische Dissonanzen hinterlassen.[11] Vor dem eher bombastisch anmutenden Endziel einer echten europäischen „Rechtsvereinheitlichung" bedarf es zunächst einmal der sehr viel bescheideneren „Kenntnis" von den anderen Rechtsordnungen.

B. These der vorliegenden Arbeit

Dem Leser soll auf den folgenden Seiten am Beispiel der Arbeitszeitregelung ein komplexes kollektives Verhandlungssystem nahe gebracht werden, welches auf den ersten Anschein kaum Gemeinsamkeiten mit dem deutschen vorweist. Letztlich sind aber auch in Spanien, wie in jeder anderen Industrienation, die Interessenkonflikte nahezu identisch, weshalb ein Blick hinüber, zu anderen Rechtsordnungen lohnt. Zwar lassen sich die spanischen Ansätze sicherlich nicht unmittelbar zur Lösung deutscher Probleme übertragen, die unter anderem in Schlagwörtern wie „Standortproblematik Deutschland", „Krise des Flächentarifvertrags" oder „Flucht aus dem Flächentarifvertrag" ihren Ausdruck finden, aber zumindest wird das deutsche Publikum nachvollziehen, dass es sich nicht nur um Schwierigkeiten handelt, die allein in Deutschland

---

[11] Nicht ohne Grund veranlasste dies einige Autoren schon zum Verfassen von so alarmierenden Aufsatztiteln wie bei *Zwanziger: Die Rspr. des EuGH: Ein Sprengsatz für das nationale ArbR-System?, BB 1995, S. 1404 ff.; Broschüre der BDA, Sozialpolitische Interessenvertretung und Dienstleistung für die Wirtschaft, S. 14: „Europ. Rechtsangleichung – Bei der Beurteilung von Entwürfen der EG-Kommission und anderen EU-Initiativen zeigt sich häufig eine Kollision verschiedener Rechtsgrundlagen, wenn die europ. Regelungsentwürfe mit der innerstaatl. Rechtsdogmatik nicht übereinstimmen und der nationalen rechtspolitischen Entwicklung zuwiderlaufen. I.E. werden wichtige Bereiche des ArbR nicht mehr wie bisher von der dtsch. Rspr. gebildet und fortentwickelt. Immer häufiger übernimmt diese letztinstanzliche Funktion der EuGH. Dies hat zu einer erhebl. Veränderung und Erweiterung der inhaltl. und prozeduralen Kategorien des ArbR geführt.". Vgl. Entscheidungen wie „Paletta", „Christel Schmidt" u.a. Siehe die Forderungen von Zitscher „keine Erschütterung des nationalen Rechts, keine Begriffsverwirrungen durch notwendigen Rückgriff auf Systembegriffe der nationalen Rechtsordnungen", in: Probleme, RabelsZ 1990, N° 60, S. 648 (657 ff.). Ähnl.: Mäder, Sozialpolitik, NZA 1990 (Beilage 22), S. 10 (12 ff.); Birk, Einführung, in: ders., Europ. ArbR, 1990, S. 1 ff.*

auftreten. Manchmal werden im Ausland phantasievollere, unbekümmerte und politisch mutigere Wege beschritten, mitunter aber auch bestimmte strukturelle und hierzulande offen angesprochene Defizite stillschweigend unter den Tisch gekehrt oder sie finden schlichtweg keine Beachtung, weil diesbezüglich das Problembewusstsein noch nicht so ausgeprägt erscheint.

Die Wahl gerade Spaniens als Gegenstand der Beobachtung war für den Verfasser keine zufällige. Vielmehr hat er Gelegenheit gehabt, dieses Land in seinen wesentlichen Teilen kennen zu lernen sowie durch längere Aufenthalte in Andalusien, Madrid und Katalonien eine tiefe Verbundenheit zur spanischen Kultur und eben auch Rechtskultur aufzubauen. Derartiges erscheint aber notwendig, um so das Einfühlungsvermögen zu erwerben und den Geist spanischer Gesetze zu erfassen, zumal ein fast absoluter Mangel an brauchbarer Arbeitsrechtsliteratur in Deutschland besteht.[12] Möglicherweise lässt sich Spanien etwas entmystifizieren und es wird dann weniger Äußerungen wie die von 1928 geben:[13]

„Spanien ist nicht Europa; Spanien ist nicht Afrika. Spanien ist Spanien, und nichts als Spanien! Etwas höchst Eigenes, Rätselvolles, Dunkles, Seltsames liegt in ihm. Spanien ist ein ewiges Rätsel für den, der nicht unendliche Mühe auf das Verständnis der Heimat des Cervantes verwendet."

Genau diesem Mangel und dieser Unkenntnis versucht die Arbeit abzuhelfen und vielleicht kommen dem interessierten Leser nach der Lektüre einige Aspekte des spanischen Arbeitsrechts etwas weniger *„spanisch"* vor.

C. Gang der Darstellung

Um dem Leser die Verständlichkeit der späteren Darstellung zu erleichtern, sollen zunächst grob die Eckpunkte des spanischen „Koalitions-, Tarif- und Arbeitskampfrechts" erklärt werden, um im Anschluss daran die zum Verständnis des heutigen Arbeitsrechts in Spanien die wichtigsten Entwicklungen der „jüngeren Geschichte", insbesondere unter *Franco* und der Wendezeit von der Diktatur zur Demokratie zu skizzieren. Die dort enthaltenen Informationen bilden ein Fundament, ohne das sich manche Phänomene und Vorschriften von heute nicht verstehen lassen.

Danach sollen die „Grundlagen des Tarif- sowie Koalitionsrechts" erklärt und an einigen Punkten auch näher erläutert werden. Dies soll insbesondere an den Stellen ausführlicher geschehen, an denen sich Unterschiede zu den Begrifflichkeiten, die auch das deutsche Arbeitsrecht kennt, auftun.

Sodann sollen die „Flächentarifverträge" vorgestellt werden, deren Erscheinungsart sich in Spanien aufgrund eines stark interventionistischen Rechtssystems zweigeteilt hat (statutarische und außerstatutarische Flächentarifverträge). In diesem Rahmen müssen

---

[12] Mit einigen wenigen und löblichen Ausnahmen: *Abele, TarifR, Diss. Trier, 1996.*

[13] *Stoye, ArbR, 1928, S. 8.*

Kritikpunkte und Bedenken an diesem System geäußert werden und es sollen eigene Vorschläge zur Lösung von Schwierigkeiten vorgestellt werden, die sich meines Erachtens aus der zu rigorosen gesetzlichen Ordnung ergeben.

Nach Vorstellung des Flächentarifvertrags werden die „Firmentarifverträge" und die spezifischen Organe zur Interessenvertretung der Arbeitnehmer auf der Ebene des Betriebs oder Unternehmens sowie des Konzerns und die Sonderform des Berufsgruppentarifvertrags erläutert, wobei auch hier die Unterteilung in statutarische und außerstatutarische Tarifverträge zur besseren Übersichtlichkeit beibehalten wird.

Im Anschluss daran werden die in Spanien geltenden „Prinzipien" des Tarifrechts vorgestellt, um jene danach im Rahmen der „Konkurrenzen und Kombinationen" von tariflichen Regelungen verschiedener Ebenen auf ihre konkrete Anwendbarkeit hin zu untersuchen, so dass in jedem einzelnen Verhältnis in systematischer Weise das jeweils anzuwendende Prinzip erläutert und gegebenenfalls auf die Unterschiede zum deutschen Arbeitsrecht hingewiesen werden kann. Auch hier entwickelt der Verfasser einen eigenen Ansatzpunkt, mit dessen Hilfe einige Unzulänglichkeiten des geltenden Tarifsystems beseitigt werden können.

Nachfolgend wird die „gesetzliche Regelung" zur Arbeitzeitfrage erläutert, die auch von den Tarifverträgen eingehalten werden muss, um dann noch jeweils spezifische Probleme und kollektive Instrumente zu erläutern.

Weiter ist die gesetzliche „Öffnungsklausel" für Tarifverträge zu untersuchen, anhand derer auf „betrieblicher Ebene" im Bereich der Arbeitzeitregelungen bestimmte Änderungen eingeführt werden dürfen, die sich von den Vorgaben der Tarifverträge unterscheiden und schließlich endet die Arbeit mit der „Schlussbetrachtung".

D. Kurzüberblick über das spanische Tarif- und Verbandswesen

Nur kurz soll vorweggeschickt werden, dass die Spanier den zweifelhaften „Vorteil" besaßen, erst spät aus einer Diktatur, nämlich mit dem Tode *Francos* am 20. November 1975, entlassen zu werden. Zu dieser Zeit hatten sich in allen westlichen europäischen Staaten schon längst Arbeitsrechtsordnungen etabliert, die auf demokratischen und rechtsstaatlichen Fundamenten ruhten. So konnten die spanischen Arbeitsrechtler ihre neugierigen Blicke über die eigenen Landesgrenzen hinaus schweifen lassen und sich Ideen und Anregungen zur Schaffung einer eigenen Arbeitsrechtsordnung von den europäischen Nachbarn holen. Dies ist im übrigen der Grund dafür, weshalb der Verfasser während seines Forschungsaufenthalts kaum spanische Rechtswissenschaftler kennen lernte, die nicht für längere Zeit im Ausland verweilten und sich dort neben soliden Sprach- auch fundierte Rechtskenntnisse zu eigen machten. Im Wesentlichen richteten sie sich bei

---

[14] Beispielsweise dachte man in den ersten Entwürfen, ähnl. wie in Italien und Frankreich nach dem II. Weltkrieg, noch über ein Zusatzkriterium für die Zuerkennung der „Repräsentativität" nach: Die Verhaltensweise der GewerkS unter der Diktatur *Francos sollte mit einbezogen werden, so dass anstelle der gesamtstaatl. 10 % EinhVertr.-Posten oder den autonomen 15 % immerhin 5 % hätten erlassen werden sollen: Vicens i Giralt (Grupo Mixto del Congreso, Ezquerra Republicana de Catalunya), Cortes Generales, DSCD,*

ihrer „Umschau" an der kontinentaleuropäischen Arbeitsrechtsordnung aus und dort an den drei großen „funktionierenden" Systemen in Frankreich, Italien und nicht zuletzt Deutschland.[14] Da jeweils die besten und sinnvollsten Grundgedanken aus diesen drei Ordnungen kopiert und danach noch auf die spanischen Verhältnisse angepasst wurden, kam allerdings eine „Mixtur" zustande, die nicht frei von Widersprüchen ist und in der aus dogmatischen Gesichtspunkten noch grundlegende Probleme auf eine Lösung warten. Auf jeden Fall sind in Spanien wegen dieses Rückgriffes nicht zuletzt auf die deutsche Tarifordnung ungefähr dieselben Grundbegriffe bekannt, weshalb in dieser Arbeit auf langwierige Ausführungen dazu verzichtet werden soll. Auch in Spanien ist beispielsweise die Unterteilung des Tarifvertrags in einen normativen und obligatorischen Teil[15]

ComConst., II Legislatura, N° 149, 11.04.1984, S. 4775 f.; Serrano Carvajal, Tendencias, 1984, S. 58. Die Spanier nahmen sich auch ein Beispiel an der italienischen Rechtsordnung. In Italien verzichteten die GewerkS auf das durch Art. 39.4 italienische Verfassung von 1948 angebotene Tarifsystem mit einer ebenfalls automatischen Allgemeinverbindlichkeit. Dafür wäre, wie dies in Spanien heute der Fall ist, eine „Repräsentativität" der ital. GewerkS notwendig gewesen, die sich allerdings nach der Mitgliederzahl und nicht nach der Anzahl der eroberten EinhVertr-Posten hätte ausrichten müssen. Wegen der damit verbundenen Offenlegung der Mitgliederstärke und der Registrierungspflicht durch staatl. Organe, fürchteten die ital. GewerkS nach den Erfahrungen unter Mussolini staatl. Kontrolle und wiesen diesen Versuch zurück. Zudem sahen sie das Ausführungsgesetz des Verfassungsauftrages als staatl. Einmischung in ihre Tarifautonomie an. Damit strandete das staatl. intendierte Tarifsystem. Die ital. Arbeitsgerichte billigen den GewerkS dennoch das Recht zu, TV des „gemeinen Rechts" abzuschließen, womit nur die Mitglieder in GewerkS oder ArbG-Verbänden ihren Regelungen unterworfen sind. Die Wirkung der Allgemeinverbindlichkeit bleibt diesen TV des gemeinen Rechts allerdings versagt. Durch die Rspr. wirken diese „vertragl." (im span. Sinne: „außerstatutarischen") TV aber normativ: Mancini, Costituzione, 1976, S. 133 ff. Ähnl. Überlegungen standen nach Überwindung des Franco-Regimes auch in Spanien neben anderen Schwierigkeiten, nicht zuletzt „technischer" Art (wie sollten, ganz praktisch betrachtet, die Mitgliederzahlen festgestellt werden, welche die GewerkS selbst noch nicht einmal kannten?) im Vordergrund, so dass man auf das Kriterium der Mitgliederstärke verzichten musste und den für die span. GewerkS „risikofreieren" Weg über die EinhVertr.-Posten ging (noch am 23.02.1981 wurde Spanien von einem Putschversuch des „rechten" Teniente Coronel Antonio Tejero der Polizei Guardia Civil heimgesucht – vgl. in Deutschland zum ähnl. Problem die Entstehung der im Ausland unbekannten Rechtsfigur des „nichtrechtsfähigen Vereins" nach §§ 54 ff. BGB, 50 ZPO; Sinzheimer, Tarifgedanke (1915), ArbR und RSoz, Bd. I, 1976, S. 1589). Welches Kriterium zur Feststellung der tatsächl. GewerkS-Macht sollte Anwendung finden? Was für Subjekten sollte überhaupt die Tariffähigkeit auf Betriebsebene und überbetriebl. Ebene überantwortet werden – GewerkS, EinhVertr., Betriebsversammlungen, GewerkS-Sektionen, ein aus GewerkS und BRäten zusammengemischtes Organ, sog. órgano mixto (von der CC.OO. favorisiert und von der UGT abgelehnt, vgl. S. 80 ff. und Fn. 100)? Martín Valverde, Constitución, REDT 1988, N° 33, S. 55 (59); Molero, DerSina, 1996, S. 540; Baylos, a.a.O., S. 131 ff.; Mozo, Asambleismo, CRL 1993, N° 3, S. 95 ff.; Giugni, Negociación, in: VV.AA., Trabajadores, CDT 1978, N° 4, S. 63 (65 ff.); Ghezzi/Romagnoli, DirSind, 1997, S. 138 f. (Rn. 180 f.); Barrionuevo, Sindicatos, in: VV.AA., Trabajo, 1980, S. 117 (151 ff.); Art. 3 „Königliches provisorisches Eilgesetz über Arbeitsbeziehungen 17/1977" vom 4. März 1977 (asamblea, consejo); Gómez Abelleira, Negociación, REDT 1995, S. 227 (239 ff.); Ojeda, Sindicalismo, in: VV.AA., Cuestiones, 1990, S. 561 (583).

[15] *Ojeda, Compendio, 1998, S. 292 ff.*

ebenso wie die Friedenspflicht bekannt, weshalb solche *„basics"* vorausgesetzt werden können. Statt dessen versucht der Verfasser über das konkrete Aufzeigen der Anwendung und des Eingreifens dieser Begriffe das geltende Tarifrecht in verständlicher Weise vorzustellen, wobei dann jeweils an „Ort und Stelle" der Anwendung der allgemeinen Grundsätze auf die möglichen Differenzen und Nuancen zum deutschen Recht aufmerksam gemacht werden kann.

Manchmal lassen sich dabei allerdings bestimmte Fragestellungen nicht beantworten, da weder Rechtsprechung noch Literatur zu diesem Thema auffindbar war, obwohl diese Probleme in der Praxis durchaus auftreten und dem Verfasser bisweilen sogar selbst während seiner Tätigkeit bei einer spanischen Kannzlei im Arbeitsrecht untergekommen sind. Dies liegt daran, dass sich mitunter Arbeitgeber oder Gewerkschaften schlichtweg nicht trauen, den Gerichten bestimmte Fragestellungen in „explosiven" und „delikaten" Bereichen zur Entscheidung vorzulegen.

Gleichermaßen Kennzeichen und Dilemma der spanischen Tarifordnung ist eine den Koalitionen korsettartig vom Gesetzgeber Anfang der achtziger Jahre in den Wirren der „Wendezeit" von der Diktatur Francos zur Demokratie übergestülpte und recht komplizierte Reglementierung, in der sich nunmehr auf gesamtspanischem Gebiet zwei „tonangebende" Gewerkschaften, der sozialistische Gewerkschaftsbund *„Unión*

---

[16] Die im Jahre 1888 gegründete *Unión General de los Trabajadores. Heutiger Generalsekretär ist Cándido Méndez, mit 86 % der Stimmen im XXXVII. Kongress wieder gewählt: El País vom 15.03.1998. Die UGT gehört dem EGB an. Zur Geschichte: de la Vega, GewerkS-Bewegung, Bl. dt-int. Pol. 6/1978, S. 717 (732 ff.); Franz/Tovar, Spanien, 1976, S. 117 ff.; Abele; TarifR, Diss., 1996, S. 64 ff.*

[17] Im Jahre 1956 wurde in Vizcaya der *I Congreso de Trabajadores abgehalten, was sich als Geburtsstunde der CC.OO. ansehen lässt. Schon 1957-1958 gründete man in den Umkleideräumen im asturianischen La Camocha bei Gijón eine „Arbeiterkommission" und 1964 in Madrid die „Comisión Obrera Provincial de Metal", welche am 16.02.1967 vom Obersten Gerichtshof für illegal erklärt und von da an verfolgt wurde. Die Verfolgung erreichte mit dem „Prozess 1.001/72" gegen die Anführer (vgl. Fn. 56) seinen Höhepunkt. Gegenwärtiger Generalsekretär ist José María Fidalgo. Die CC.OO. wurde erst am 14.12.1990 in den EGB aufgenommen (obwohl sie dies zwölf Tage nach Gründung des EGB am 20.02.1973 forderte), wobei von den damals vierzig GewerkS-Organisationen sich allein zwei der Stimme bei der Aufnahmeabstimmung enthielten (die franz. Force Ouvriere sowie die CFTC. Die 59. Konferenz des Weltgewerkschaftsbundes nahm aber 1974 die CC.OO. als Delegationsmitglied auf (neben der UGT, USO, ELA-STV): CC.OO., GS 1990, N° 90, S. 40 f.; Franz, Klassenkämpfe, 1975, S. 46 ff.; Moreno/González, Ingreso, GS 1990, N° 111, S. 42 ff.). Zum Streben der CC.OO. und der ablehnenden Haltung insbes. des deutschen DGB: Führer-Ries, GewerkS, 1991, S. 134 ff.; Franz, Klassenkämpfe, 1975; de la Vega, GewerkS-Bewegung, Bl. dt-int. Pol. 6/1978, S. 717 (735 ff.).*

[18] Gründungsdatum 22.09.1977 unter dem damaligen Vorsitzenden *Carlos Ferrer Salat. Es fusionierten am 29.06.1977 die CGE, die CEE und im Juni 1977 die AEI zur heutigen CEOE: de la Villa, Antología, 1983, S. 61. Im März 1980 schlossen sich CEPYME als Verband kleiner sowie mittelständischer ArbG und COPYME an, um lt. Mitteilung der drei fusionierten Verbände „einen einzigen ArbG-Verband gesamtstaatl. Zuschnitts zu schaffen, mit einer einzigen und verantwortl. Stimme": Rivero, Flexibilización, DL 1998, N° 56, S. 19 (25). Die CEPYME beharrte allerdings auf Beibehaltung des eigenständigen Verbandsstatus, um sich so besser gegen die Bestrebungen der Großunternehmer wehren zu können: Führer-Ries, GewerkS, 1991, S. 195 ff. Die CEOE ist territorial und nach Branchen unterteilt und die wichtigsten Mitglieder sind die AEB (Banken),*

General de los Trabajadores" (im folgenden: *UGT*)[16] sowie der Kommunisten, die „*Comisiones Obreras*" (*ab jetzt: CC.OO.*),[17] und als Arbeitgeberverband die „*Confederación Española de Organizaciones Empresariales*" (*CEOE*)[18] gegenüberstehen. Bei den tariflichen Auseinandersetzungen treten wegen dieser sozialpolitischen Realität nicht nur zwischen dem Gewerkschaftsblock und dem Arbeitgeberverband Konflikte auf, sondern auch die beiden Gewerkschaften untereinander befehden sich gegenseitig. Jener *inter*-gewerkschaftliche Konflikt potenziert noch einmal die sowieso schon vorhandenen Schwierigkeiten, eine Tarifverhandlung unter den vom Gesetzgeber vorgesehenen „Spielregeln" durchzuführen.

Das spanische Tarifrecht differenziert im Hinblick auf den Geltungsbereich eines Tarifvertrags zwischen der Ebene „über" dem Unternehmen, was also nach deutschem Sprachgebrauch einem „Flächen- oder Branchentarifvertrag" gleichkommt, und der Ebene des „Unternehmens" selbst oder einem „darunter liegenden Anwendungsbereich", weshalb es sich mithin um einen „Firmentarifvertrag" handelt. Je nach räumlicher Geltungsebene sind dann auch unterschiedliche Parteien tariffähig.

Die Flächentarifverträge können auf, von den Koalitionen frei zu vereinbarenden Tarifgebieten für ganz Spanien, für eine oder mehrere „Autonome Gemeinschaften" (*Comunidades Autónomas* – in etwa gleichzusetzen mit einem deutschen „Land"), für eine oder mehrere Provinzen etc. gelten und werden in der Praxis zudem nach Branchen unterteilt. Zu ihrem Abschluss müssen Koalitionen tätig werden, bei denen amtlich festgestellt wurde, dass sie „repräsentativ" sind. Der in Deutschland in dieser Form unbekannte Begriff der „Repräsentativität" erfüllt in etwa die Aufgabe, die hierzulande unter dem Begriff der „sozialen Mächtigkeit" oder „gewissen Durchsetzungskraft" den Koalitionen abverlangt wird. Über dies Merkmal sollen nicht ausreichend mächtige Koalitionen daran gehindert werden, konform mit dem Gesetz zustande kommende Tarifabschlüsse zu tätigen.

Die Repräsentativität der Gewerkschaften bestimmt sich nicht etwa wie in Deutschland bei der „sozialen Mächtigkeit" nach der Anzahl der Mitglieder einer Gewerkschaft, sondern nach der Prozentzahl der Mitglieder der Einheitsvertretung (Betriebskomitee oder Belegschaftsdelegierte), welche die Gewerkschaften bei den Wahlen zur Einheitsvertretung von den ca. 230.000 Posten für sich gewinnen können. Auf gesamtstaatlichem Gebiet sind nach den derzeitigen Verhältnissen allein die beiden oben genannten Gewerkschaften *UGT* und *CC.OO.* als repräsentativ anerkannt. Auf dem Gebiet einiger Autonomer Gemeinschaften, wie im Baskenland, in Navarra oder Galizien besitzen einige Regionalgewerkschaften jenen Repräsentativitätsstatus.

Auf Arbeitgeberseite hat zum Abschluss eines wirksamen Flächentarifvertrags ein Verband zu handeln, dem je nach Geltungsbereich eine Mindestprozentzahl an Arbeit-

---

ACARL (Sparkassen), CONFEMETAL (Metall) und ANGED (Großkaufhäuser), vgl.: http://www.ceoe.es/-ceoe.htm. Sie ist auf europäischen und internationalem Parkett der UNICE und der IAO (OIE) angeschlossen. Siehe: Valdés, Modelo, in: VV.AA., Negociación, 1982, S. 17 (110 ff., 113 ff.); Rivero, Flexibilización, DL 1998, N° 56, S. 19 (25 f.). Zu den Satzungen von CC.OO., UGT, USO, CNT sowie der CEOE: Barrionuevo, Sindicatos, in: VV.AA., Trabajo, 1980, S. 117 (138 ff., 141 ff.); VV.AA., GewerkS-Bewegung, Europ. GewerkS-Institut, Info 17, 1986, S. 19 ff. Zur Geschichte: Valdueza, GewerkS-Bewegung, 1982, S. 42 ff.

gebern angehören muss, die ihrerseits eine gewisse Mindestprozentzahl an Arbeitnehmern zu beschäftigen haben. In der Praxis erreicht dieses Erfordernis auf gesamtspanischem Gebiet allein die *CEOE*. Auf der Ebene einer Autonomen Gemeinschaft (Land) oder einer Provinz sind kleinere und zumeist der *CEOE* angeschlossene Arbeitgeberverbände repräsentativ.

Zur wirksamen Vereinbarung eines Flächentarifvertrags ist neben dem Erfordernis der Repräsentativität noch eine zweite gesetzliche Hürde zu nehmen. Bei der Schlussabstimmung muss eine besonders hohe Zustimmungsmehrheit zum Tarifentwurf in der Verhandlungskommission erreicht werden.[19] In der Praxis macht dies ein Zusammengehen der beiden Gewerkschaftszentralen *UGT* und *CC.OO.* notwendig. Eine Gewerkschaft alleine kann nach der seit über zwanzig Jahren herrschenden realen Kräfteverteilung zwischen *UGT* und *CC.OO.* keinen Tarifvertrag abschließen, der die gesetzlichen Anforderungen erfüllt. Die beiden Gewerkschaften sind aber oft uneins und häufiger weigert sich eine der beiden, in Koalition mit der anderen, den Tarifentwurf zu unterzeichnen. Die logische Konsequenz daraus wäre, dass dann auch gar kein Tarifvertrag gelten würde, weil der Gesetzgeber für derartige Situationen keine gesetzliche Auflösung zur Hand gab. Um aus dieser Situation herauszuhelfen, entwickelten Rechtsprechung und Literatur als „Rettungsversuch" die Figur eines Tarifvertrags, der sich außerhalb des vom Gesetzgeber gewünschten und normierten Systems bewegt. Diese Figur wird nach spanischer Diktion als „außerstatutarischer" Tarifvertrag bezeichnet, während die in Übereinstimmung mit dem gesetzlichen System abgeschlossenen Tarifverträge „statutarisch" sein sollen.

Bei beiden Endprodukten der Kollektivverhandlung handelt es sich um wirksame, d.h. also um „legale" und nicht um illegale Kollektivinstrumente, die sich allein in ihrer Wirksamkeit und Wertigkeit voneinander unterscheiden. Damit besteht in Spanien eine Dualität des Tarifrechts: Zum einen werden Tarifverträge ausgehandelt, die sich an die vom Gesetzgeber vorgegebenen Verfahrensschritte und Voraussetzungen halten (*statutarische Tarifverträge*), zum anderen bildete sich wegen einiger Dissonanzen der gesetzlichen (*Wunsch-*) Tarifordnung zur sozialen Realität mit zwei konkurrierenden Gewerkschaften eine durchgängig anerkannte Möglichkeit zum Abschluss von Tarifverträgen, die eben diese Voraussetzungen nicht einhalten können oder wollen (*außerstatutarische Tarifverträge*).

Zahlenmäßig kommen die statutarischen Tarifverträge am häufigsten vor und erfassen den weitaus größten Anteil der spanischen Arbeitnehmerschaft. Bei den außerstatutarischen Tarifverträgen handelt es sich allein um pathologische Ausnahmen von der durch den Gesetzgeber zur Verfügung gestellten Tarifordnung.

Aufgrund gesetzlicher Anordnung wirken die statutarischen Tarifverträge „normativ" und *per se* „allgemeinverbindlich", d.h. also auch für nichtorganisierte Arbeitgeber oder Arbeitnehmer, die vom Geltungsbereich dieses Tarifvertrags erfasst werden.

Die außerstatutarischen Tarifverträge wurden vom Gesetzgeber bislang noch nicht kodifiziert. Hinsichtlich ihrer Wirkungsweise besteht also dieselbe Rechtslage, die vor der Tarifvertragsordnung von 1918 für Deutschland galt. Nach einhellig vertretener

---

[19] Vgl. näher zu den Zahlen: S. 124 ff.

Rechtsprechung entfalten außerstatutarische Tarifverträge mangels gesetzlicher Bestimmung keine normative, sondern allein „obligatorische" Wirkung und ihr Inhalt muss in den Einzelarbeitsvertrag „inkorporiert", bzw. nach dem Grundsatz *„pacta sunt servanda"* beachtet werden.

Im Hinblick auf den persönlichen Geltungsbereich herrscht Klarheit, dass außerstatutarische Tarifverträge nicht allgemeinverbindlich wirken. Stattdessen erfassen sie in beschränkter Weise allein die Organisierten, deren Koalition einen derartigen außerstatutarischen Tarifvertrag unterzeichnet. Zur Begründung muss die spanische Arbeitsrechtswissenschaft dann auf die allgemeinen Grundsätze des Zivilrechts (*z.B. das Stellvertretungsrecht*) zurückgreifen. Über die Rechtsfigur des von der Rechtsprechung und Literatur entwickelten „Beitritts" können sich auch einzelne Nichtorganisierte, selbst gegen den Willen der unterzeichnenden Koalitionen, den Bedingungen des außerstatutarischen Tarifvertrags anschließen, bzw. in deren Genuss kommen. Hiermit soll sichergestellt werden, dass kein „tarifliches Vakuum" entsteht und, wenn schon kein allgemeinverbindlich wirkender statutarischer Tarifvertragsabschluß erreicht werden konnte, sich möglichst viele Einzelarbeitsverhältnisse nach demselben (*außerstatutarischen*) Tarifvertrag richten, um über diesen Verbreitungseffekt eine gewisse „Ruhe" unter der Arbeitnehmerschaft einkehren zu lassen.

Auf der Ebene des Unternehmens selbst oder eines darunter liegenden Anwendungsbereiches (*Firmentarifvertrag*) stellt sich die Lage wie folgt dar: Auch in Spanien besteht ein zweigleisiges System der Arbeitnehmervertretung. Auf der Ebene über dem Unternehmen sind ausschließlich die Gewerkschaften zur Interessenvertretung berufen, während dieses Recht auf der Firmenebene exklusiv der sog. „Gewerkschaftssektion" oder „Einheitsvertretung" anvertraut ist. Die Gewerkschaftssektion ist nicht direkt vergleichbar mit den „gewerkschaftlichen Vertrauensleuten" in Deutschland. Sie kann von den Gewerkschaftsmitgliedern je nach Satzung der entsprechenden Gewerkschaft gewählt werden, und zwar auf der Ebene des Unternehmens, eines Betriebes oder eines noch kleineren Bereiches. Formal ist sie unabhängig von der Gewerkschaftszentrale.

Die Einheitsvertretung entspricht nach deutschem Sprachgebrauch dem Betriebsrat und unterteilt sich in ihre konkreten Erscheinungsformen, die „Belegschaftsdelegierte" für Kleinbetriebe und die „Betriebskomitees" für Großbetriebe. Die Betriebskomitees ihrerseits können als „Gemeinsames Betriebskomitee" gebildet werden, um für mehrere Betriebe in einer Provinz ein Vertretungsorgan zu schaffen, oder als „Überbetriebliches Komitee", welches als „Komitee der Komitees" dem deutschen Gesamtbetriebsrat ähnelt. Die Möglichkeit zur Errichtung eines „Konzernkomitees" sieht der Gesetzgeber nicht vor.

Obwohl die Einheitsvertretung unabhängig von den Gewerkschaften ist, existiert in der Realität aber eine „Vergewerkschaftlichung" zu 96%, wobei den „Löwenanteil" mit 80% der Einheitsvertretungsposten die beiden Gewerkschaftszentralen *CC.OO.* und *UGT* unter sich aufteilen. Dies hat zur Folge, dass die Konflikte, die auf der Ebene über dem Unternehmen zwischen beiden Gewerkschaftszentralen herrschen, mit in das Unternehmen „hineingetragen" werden und auch dort für zahlreiche Probleme praktischer sowie dogmatischer Art mit teilweise kuriosen Lösungsansätzen durch die Rechtsprechung sorgen.

Beide Organe sind grundsätzlich tariffähig, d.h. in Spanien kann alternativ entweder die Gewerkschaftssektion oder auch die Einheitsvertretung echte (*statutarische*) Firmentarifverträge abschließen, die normativ und allgemeinverbindlich wirken, falls sie die vom Gesetzgeber hierfür vorgesehenen spezifischen Voraussetzungen erfüllen. Schaffen sie dies nicht, so steht unter Umständen der Weg frei für einen außerstatutarischen Firmentarifvertrag. Um ein Druckmittel zum Abschluss derartiger statutarischer oder außerstatutarischer Firmentarifverträge zu haben, besitzen beide Organe das Streikrecht. In der Praxis werden die weitaus meisten Firmentarifverträge von der Einheitsvertretung abgeschlossen und die Gewerkschaftssektionen haben höchstens noch in Großunternehmen Einfluss.

Nach dem gerade Gesagten wäre es theoretisch möglich, dass aufgrund der gesetzlich angeordneten Allgemeinverbindlichkeit derselbe Arbeitnehmer gleichzeitig von statutarischen Tarifverträgen unterschiedlicher Ebenen (*z.B. gesamtstaatlicher, Provinz- und Firmentarifvertrag*) erfasst wird. Damit entsteht die Situation der in Deutschland systemimmanent selten auftretenden Tarifkonkurrenz. Diese wird in Spanien grundsätzlich über das (*dispositive*) Prioritätsprinzip gelöst, also im Verhältnis verschiedener statutarischer Tarifverträge untereinander soll der zuerst abgeschlossene Tarifvertrag Vorrang haben. Über ein kompliziertes System gab der Gesetzgeber aber den für repräsentativ befundenen Gewerkschaften noch die Möglichkeit, die statutarischen Tarifverhandlungen auf sämtlichen Ebenen zu „koordinieren". Mit Hilfe von Konkurrenzklauseln in den Flächentarifverträgen oder über sog. „Rahmentarifverträge", deren einziger Sinn meist darin besteht, die Tarifstruktur der ihm untergeordneten Geltungsbereiche zu „strukturieren", können die beiden nationalweit als repräsentativ anerkannten Gewerkschaften *CC.OO.* und *UGT* das Tarifgeschehen inhaltlich beeinflussen und einzelne Regelungsbereiche den untergeordneten Verhandlungseinheiten vollkommen entziehen. Dieses und noch einige andere gesetzliche Instrumente haben mit Schützenhilfe der Rechtsprechung dazu geführt, dass in der Praxis, ähnlich wie in Deutschland ausdrücklich im Machtvorbehalt zugunsten der Gewerkschaften nach § 77 Absatz 3 Betriebsverfassungsgesetz manifestiert, in statutarischen Firmentarifverträgen nur noch subsidiäre Gesichtspunkte geregelt werden dürfen. Immerhin kann über außerstatutarische Firmentarifverträge unter Anwendung des Günstigkeitsprinzips der Inhalt eines Flächentarifvertrags noch verbessert werden.

Über eine grundlegende Reform der Tarifordnung im Jahre 1994-1995 gab der Gesetzgeber den Regionalgewerkschaften die Möglichkeit, der Machtanhäufung und Zentralisierung in den Händen der beiden Gewerkschaften *UGT* und *CC.OO.* über die zuvor genannten tariflichen Konkurrenzklauseln und Rahmentarifverträge entgegenzuwirken. Mit sog. „Desaffektierungsabkommen" können jene Regionalgewerkschaften nun in „ihrem Hoheitsbereich" das Tarifgeschehen wieder autonom und in Abweichung der gesamtspanischen Vorgaben durch *UGT* oder *CC.OO.* regeln, wenn sie die gesetzlichen Tatbestandsvoraussetzungen dazu erfüllen. In der Praxis sind jedoch allenfalls die Gewerkschaften in Galizien, Navarra und dem Baskenland hierzu in der Lage.

Ebenfalls über die Reform von 1994-1995 führte der Gesetzgeber eine weitere wichtige Neuerung ein: Neben der Möglichkeit, Firmentarifverträge zu vereinbaren, können Einheitsvertretung oder Gewerkschaftssektion mit dem Arbeitgeber in bestimmten und gesetzlich aufgeführten Materien sog. „Vereinbarungen zwischen dem Unternehmen und den Arbeitnehmervertretern" aushandeln. Diese „Vereinbarungen" sind auch möglich in bestimmten Angelegenheiten, die mit dem Arbeitszeitrecht in Verbindung stehen. Da die Gewerkschaftszentralen im Laufe der Zeit immer mehr Kompetenzen an sich zogen und die Flächentarifverträge das beherrschende Instrument zur kollektiven Festlegung von Arbeitsbedingungen wurden, ordnen sie nicht selten sogar sekundäre Regelungen wie die Festlegung der Arbeitszeitlage etc. an.

Durch Einführung einer Ermächtigungsvorschrift dürfen die betrieblichen Arbeitnehmervertretungen heute die Anordnungen von statutarischen Tarifverträgen jedweder Ebene durchbrechen und mit Hilfe der „Vereinbarung" im Verfahren der „wesentlichen Änderung der Arbeitsbedingungen" eine andere Regelung treffen. Gesetzestechnisch handelt es sich bei dieser Möglichkeit um eine „zwingende Öffnungsklausel". So dürfen bei Vorliegen von wirtschaftlichen, technologischen, organisatorischen Gründen oder Gründen, welche in der Produktion liegen, die Arbeitszeitlage, der Schichtplan, das Entgelt-, das Arbeits-, das Leistungssystem geändert werden und die Zustimmung der betrieblichen Interessenvertretung ist dafür sogar unabdingbar.

Bei außerstatutarischen Tarifverträgen erstreckt sich die Befugnis zur Änderung auf sämtliche Bereiche, also sowohl auf die Arbeitszeitdauer, die Arbeitszeitlage als auch die Lohnhöhe etc. *De facto* wird damit ein System eingerichtet, was dem von §§ 77 Absatz 3, 87 Absatz 1 Einleitungssatz Betriebsverfassungsgesetz ähnelt und den Gewerkschaften die essentiellen Materien wie Arbeitszeitdauer und Lohnhöhe überantwortet sowie den Einheitsvertretungen oder Gewerkschaftssektionen die sekundären Aspekte überlässt.

Nach alldem schafft diese stark durchreglementierte Tarifordnung vor allem mit seiner Allgemeinverbindlichkeit für die Arbeitnehmer keinen Anreiz, einer Gewerkschaft beizutreten, weshalb Spanien mit 11 bis 15% einen der niedrigsten Organisationsgrade Europas aufweist. Der Gesetzgeber hegte während der Wendezeit von der *Franco*-Diktatur die Hoffnung, mit dieser Tarifordnung den sich damals gerade bildenden Gewerkschaften zu helfen. Heute hat sich jedoch gezeigt, dass dieses System zu äußerst schwachen und stark von den „fetten Subventionströgen" abhängigen Gewerkschaften führt, die den Arbeitgebern keinesfalls so viel Gegenmacht entgegenstellen können, wie dies in Deutschland beim omnipotenten *Deutschen Gewerkschaftsbund* (*DGB*) der Fall ist. Den beiden als repräsentativ anerkannten Gewerkschaften *UGT* und *CC.OO.* gehören nach eigenen Angaben gerade einmal je 700.000 bis 800.000 Mitglieder an. Da nach einem Verfassungsgerichtsurteil und einer daraus abgeleiteten Gesetzesvorschrift ohne ausdrückliches Einverständnis kein Solidaritätsbeitrag erhoben werden darf, befinden sich die Gewerkschaften in ständiger Finanznot und können noch nicht einmal für ihre wenigen Mitglieder Streikkassen unterhalten. Bei rechtmäßigen Streiks ist auch in Spanien das Arbeitsverhältnis suspendiert und mangels Lohnzahlung sowie der hohen Arbeitslosigkeit und fehlender Unterstützung aus Streikkassen halten die Gewerkschaften keine längeren Arbeitskämpfe durch. Das Streikrecht ist in Spanien verfassungsrechtlich verankert und wird jedem einzelnen Arbeitnehmer in der Gruppe, den Gewerkschaften, Einheitsvertretungen, Gewerkschaftssektionen oder auch der Betriebsversammlung zuerkannt. Zur Rechtmäßigkeit müssen die Streikdurchführung und die Gründe hierfür dem Arbeitgeber sowie der Arbeitsaufsichtsbehörde fünf Tage vorher mitgeteilt werden. Zudem ist ein Streikkomitee zu bilden, dem die Pflicht zur Verhandlung und gegebenenfalls die Streikbeendigung obliegt. Ferner wird gesetzlich eine „relative Friedenspflicht" angeordnet, die während der Geltungsdauer eines Tarifvertrags greift. Der Vereinbarung zu einer Streikbeendigung kommt dann dieselbe Wirkung zu wie einem statutarischen Tarifvertrag, d.h. sie gilt „allgemeinverbindlich" und „normativ". In der Praxis können die finanzschwachen Gewerkschaften die Arbeitnehmerschaft nur zu äußerst kurzfristigen Arbeitsniederlegungen von wenigen Stunden oder Tagen motivieren. Mehrmonatige und vollständige Arbeitsniederlegungen sind in Spanien, anders als in Deutschland, praktisch nicht durchführbar.

Insgesamt erschließt sich dem Betrachter damit eine Tarifordnung, die im Prinzip an denselben Schwächen leidet, wie die deutsche: Nach Jahren der „*bonanza*", also der günstigen Konjunkturlage, trat mit Beihilfe der Arbeitgeber eine starke Zentralisierung des Tarifgeschehens in den Händen der großen Gewerkschafts- und Arbeitgeberzentralen ein, die nun in Zeiten der „*vaca flaca*", der „dünnen Kuh", d.h. also der Konjunkturschwäche ein Hindernis darstellt, um aus dem Teufelskreis von Arbeitslosigkeit und Schwarzarbeit herauszukommen. Ein probates Mittel zum Weg aus der Krise stellt m.E. eine Neuinterpretation des Verhältnisses der außerstatutarischen zu den statutarischen Tarifverträgen dar. Freilich ist in Spanien die Arbeitsrechtswissenschaft noch eindeutig dominiert von den klassischen und „herrschenden" Auffassungen, wobei sich allerdings auch dort einige erfrischende Stimmen mit neuen Ideen melden und ungewöhnlichere Beiträge als Lösungsansätze vorschlagen. Es bleibt abzuwarten, ob sich der Gesetzgeber hiervon überzeugen lassen wird.

II. Kapitel: Historische Entwicklung des modernen spanischen Tarif- und Verbandswesens

Um die heutigen Ausgestaltungen und Probleme der spanischen Tariforodnung zu verstehen, bedarf es eines kleinen Schwenks in die „jüngere“ Vergangenheit, um das Wesentliche der jüngeren geschichtlichen und politischen Voraussetzungen zu skizzieren:[20]

A. Die erste Phase der Franco-Diktatur: Autarkie und Interventionismus

Das vierzigjährige Regime von *Francisco Paulino Hermenegildo Teódulo Franco y Bahamonde Salgado Pardo*, kurz: *Franco* lässt sich grob in zwei Phasen unterteilen.[21] Nach Beendigung des Bürgerkrieges und zu Beginn der franquistischen Diktatur bestand die Regimepolitik des „Neuen Staates“ (*Estado Nuevo*) in einer ersten Autarkie- und Interventionismusphase[22] zwischen 1939 und 1958 noch strikt auf einer Festlegung sämtlicher Arbeitsbedingungen durch Regierungshand.[23] Sie untersagte schärfstens Streiks

---

[20] Vgl. zu einem sehr guten Überblick seit dem Ende des 18. Jahrhunderts: *Abele, TarifR, Diss., 1996, S. 48 ff.*

[21] *Abele; TarifR, Diss., 1996, S. 90 ff.*

[22] Die westlichen Industriestaaten befanden sich noch im Wiederaufbau nach dem Krieg, so dass kaum Außenhandel betrieben wurde und die span. Unternehmer den inneren Markt monopolartig unter sich aufteilen konnten: *Valdueza, GewerkS-Bewegung, 1982, S. 5 ff.; vgl.: Bernecker, GewerkS-Bewegung, 1985, S. 187 ff.; VV.AA., Wandel, 1984, S. 95 ff.; ders., Arbeiterbewegung, 1993, S. 105 ff., 145 ff.*

[23] *Monopolio estatal und planificación. Eines der Rechtsinstrumente, welche der Staat zur Ordnung der betriebl. Arbeitswelt gebrauchte, hieß „Rechtsverordnung zur inneren Ordnung“ (reglamentos de régimen interior). In seinem Art. 66 erklärte zunächst das „Arbeitsvertragsgesetz von 1931“ und später in Art. 21, 22 „Gesetz der arb.-rechtl. Verordnungen“ von 1942 sowie des „Dekretes vom 12.01.1961“ die Pflicht, solche in Industrie- und Handelsbetrieben mit über 50 Belegschaftsmitgliedern anzuordnen. Es handelte sich bei ihnen um „eine systematische Menge an Ordnungsvorschriften für das Unternehmen in arb.-rechtl. Hinsicht, welche einseitig vom ArbG oder in Zusammenarbeit mit den ArbN (über ihre gesetzl. Vertretung) ausgearbeitet werden, und die durch die zuständigen staatl. Stellen gebilligt werden müssen und deren Zweck darin liegt, die Arbeitsorganisation im Unternehmen zu erleichtern...“: Alonso García, Introducción, 1987, S. 119 f. Siehe auch: „Declaración III, 4 Fuero del Trabajo“: „...der Staat legt die Grundvorschriften zur Regelung der Arbeitsbedingungen fest, wobei ihnen die zwischen den ArbN und Unternehmen entstehenden Beziehungen unterworfen werden.“ Vollzogen wurde dies über die beiden Rechtsinstrumente „Arbeitsreglementierungen“ (reglamentos de trabajo) und die sog. „arb.-rechtl. Verwaltungsanweisungen“ (ordenanzas laborales). Vgl. Hartmann, Spanien, Pol-ZeitG 31/1979, S. 29 (30 ff.). Zur franquistischen Arbeitsrechtsordnung näher: Valdueza, GewerkS-Bewegung, 1982, S. 9 ff. Vgl. Art. 1 „Decreto de 31.03.1944“: „Alle durch den ArbG eingegangenen Vereinbarungen, welche für die Belegschaft zu Lohnerhöhungen des in arb.-rechtl. Rechtsverordnungen oder Gesetzesvorschriften festgelegten Mindestlohnes führen, sind nichtig und haben keine Bedeutung und Wirkung und werden rechtl. als nicht existierend aufgefaßt“ (serán nulos y carecerán de todo valor y efectos, considerándose jurídicamente inexistentes, todos los acuerdos adoptados por los empresarios que entrañen elevaciones del salario mínimo señalado para su personal por*

sowie Kollektivvereinbarungen und verfolgte wütend alle Aktionen, die den staatlichen Allmachtsanspruch in Frage stellen konnten. Im gesamten Land breitete sich nach den Wirren des Bürgerkriegs der gespenstische „Friede Francos" (*la paz de Franco*) aus, freilich mehr „Grabesstille" denn „Friede", da Verfolgung, Exekution und Emigration die politischen und gewerkschaftlichen Gegner nicht nur mundtot machten. Ferner konnte sich Spanien bis Anfang der fünfziger Jahre nicht von den Zerstörungen des Bürgerkriegs erholen und musste, zunächst anders als Deutschland mit Hilfe des „Marshallplans", wegen seiner außenpolitischen und außenwirtschaftlichen Isolierung die sog. „Hungerjahre" (*años del hambre*) durchleben. Etwa zur gleichen Zeit brach dann jedoch die Isolierung mit der wirtschaftlichen Öffnung (*apertura económica*) auf, da insbesondere die USA als Gegenspieler des *Warschauer Paktes* das strategisch wichtige (über die Achse „Paris-Madrid-Rabat" waren die Ölvorkommen in der Sahara das Ziel der Einflussnahme) und noch bis 1986 neutrale Spanien mit dem militärischen Stützpunktabkommen für Atomwaffen von 1953 und als Gegenleistung dafür, einer üppigen Wirtschaftshilfe, stärker an das westliche Verteidigungsbündnis *Nato* binden wollten.[24]

B. Die zweite Phase des Franco-Regimes: Korporatismus und Zwangsgewerkschaft OSE

Während der zweiten Phase der spätfranquistischen Diktatur durfte dagegen ab dem „Gesetz über gewerkschaftliche Tarifverträge" vom 24. April 1958 die „gleichgeschaltete" und „vertikale" Zwangsgewerkschaft *Organización Sindical Española* (*im folgenden: OSE*)[25] als

---

reglamentación o normas de trabajo.). Nach dem „Decreto de Política Salarial" vom 16.01.1948 durften übertarifl. Zahlungen u.a. 25 % des Höchstlohnes nicht überschreiten. Zum allmähl. Aufweichen dieser starren Verbotshaltung: Brösse, WirtschaftsO, 1965, S. 45 ff.; García González, Pactos, RPS 1976, N° 110, S. 5 (6 ff.); González Ortega, Negociación, in: VV.AA., Ideologías, 1978, S. 161 (171 ff.); Alonso Olea, Pactos, 1955, S. 138-144. Zur Entwicklung zwischen 1976-1981: Martín Valverde, Transformaciones, in: VV.AA., Comentarios, 1985, S. 17 ff.; Setién, Movimiento, 1982, S. 10 ff.; Valdueza, a.a.O., S. 2 ff.; Valdueza, a.a.O., S. 4 ff.; Molinero, Franquismo, CRL 1993, N° 3, S. 33 (39 ff.); Franz, Klassenkämpfe, 1975, S. 11 ff.; Bernecker, Sozialgeschichte, 1990, S. 309 ff., 316; Führer-Ries, GewerkS, 1991, S. 50 ff.; González Ortega, Negociación, in: VV.AA., Ideologías, 1978, S. 161 (173 ff.); Borrajo, Introducción, 1996, S. 160 f. (Lec. XIII-IV/5), 284 ff. (Lec. XXII-VIII/3); Aparicio, Sindicalismo, 1980, S. 20 ff.

[24] Spanien trat der Nato 1986 bei. Vgl. auch: *Zelinsky, Wende von 1959, in: VV.AA., Sozialer Wandel, 1984, S. 279 ff.; Abele; TarifR, Diss., 1996, S. 95 ff. Kurios ist, dass im Rahmen der Volksabstimmung über den Beitritt zur Nato die ArbG gerichtlich das „Real Decreto 214/1986" vom 31.01.1986 angingen, weil jenes die Entlohnung der zur Wahl freizustellenden vier Stunden anordnete. Vgl.: Art. 28.2, 76.4, 78.4 „Ley Orgánica de reforma del régimen electoral general 1/1987" vom 02.04.1987 und den auf diesen Streit hin eingefügten Art. 37.3.d) Arbeitnehmerstatut; Alonso Olea, Tiempo, 1992; B. Quintanilla, Configuración (I), AL 1991-1, VI, S. 55 ff. und (y II), VI, S. 67 ff.; Rayón, Descanso, in: VV.AA., Comentarios, f. VII, 1982, S. 293 (340 ff.); Rivero, Horarios, DL 1995, N° 47, S. 13 (45 f.); Alonso/Barreiro, El ET, 1995, Art. 37.5.d).*

[25] Es handelte sich um einen öffentl.-rechtl. Zwangsverband für die gesamte arbeitende Bevölkerung

verlängerter Arm der Diktatur begrenzt in das soziale Geschehen eingreifen. Bei der mit 34.000 Mann üppig bürokratisierten und anhand von unter der Arbeitnehmerschaft verhassten Pflichtbeiträgen finanzierten *OSE* handelt es sich um das umgerechnet 77 Millionen Euro[26] reiche Pendant zur „Deutschen Arbeitsfront".[27] Ähnlich wie in der nationalsozialistischen Tarifordnung konnte sie nach umständlichen Schritten des Verwaltungsverfahrens sowie unzähligen Behördenkontrollen sog. *„gewerkschaftliche"* Tarifverträge (*convenios colectivos sindicales*) unterzeichnen, die anschließend im amtlichen

---

(principio de la totalidad) und sie ging aus ihrer franquistischen Vorgängerorganisation, der CNS, bzw. OCN, hervor, die ihrerseits – unter dem Titel „Opferung der Einzelinteressen für die Interessen der Gesamtheit, für die Erweckung des beruflichen Verantwortungs- und des nationalen Solidaritätsgefühls" – ihr Vorbild in Institutionen mussolinischen Verschnitts fand (vgl.: Stoye, ArbR, 1928, S. 45 ff., 52 ff., 62 ff.). Ihre Parole hieß: „Einheit, Allumfassenheit und Hierarchie" (Unidad, Totalidad y Jerarquía). Vgl. Martínez Quinteiro, Sindicato, vol. II, 1997, mit Beleuchtung der erfolgreichen Versuche des franquistischen Regimes, die OSE 1956 international als echte Gewerkschaft in die IAO einziehen zu lassen. Vgl. dazu die Protestnote der UGT: Bernecker, GewerkS-Bewegung, 1985, S. 113 ff. Untergliedert war der Dachverband OSE in seine 24 (ebem. 27) „Nationalen GewerkS" (Sindicatos Nacionales – vgl.: Stoye, a.a.O., S. 64 ff.). Mit fortschreitendem Erfolg der subversiven CC.OO. konnte diese innerhalb der OSE immer stärkeren Einfluss gewinnen, was anfängl. sogar toleriert wurde. Als Anfang 1967 sich zu den rein wirtschaftl. Unmutsäußerungen der CC.OO.-Führer aber auch noch politische gesellten und eine immer stärkere Unterwanderung der am Anfang weltanschaul. neutralen CC.OO. durch die PCE deutl. wurde, schwenkte die Toleranz in Verfolgung um und fand ihren Höhepunkt im „Proceso 1.001/72", den in Spanien jedes Schulkind kennt, vgl.: Valdueza, GewerkS-Bewegung, 1982, S. 204 ff.; Franz, Klassenkämpfe, 1975, S. 46 ff.; Bernecker, GewerkS-Bewegung, 1985, S. 126 ff.; Ojeda, Sindicalismo, in: VV.AA., Cuestiones, 1990, S. 561 (581, Fn. 24). Vgl.: Molinero, Franquismo, CRL 1993, N° 3, S. 33 (34 ff.); Führer-Ries, GewerkS, 1991, S. 48 ff. Mit der Declaración XIII del Fuero de Trabajo von 1938 erklärte man die OSE zum „Instrument des Staates" und konkretisierte diese Vorstellung durch verschiedene Gesetze (Gesetze vom 26.01.1940; 06.12.1940; 23.06.1942 usw.). Von potestad normativa (der Fähigkeit, Normen zu erlassen) sowie von „Ehe zwischen Staat und GewerkS" spricht Borrajo, Convenios, RES 1979, N° 1, S. 37 (40); Desdentado, Eficacia, El País 23.02.1980, S. 36; Brösse, WirtschaftsO, 1965, S. 24 ff.; ders., Syndikate, GewMoHefte 1/1967, S. 20 ff.; Schick, Gesetz, RdA 1973, S. 93 ff.; Bernecker, a.a.O., S. 29 ff.; ders., Arbeiterbewegung, 1993, S. 117 ff.; Aparicio, Sindicalismo, 1976; Schütze, Freiheit, 1969, S. 48 ff. Beachte auch das „Gesetz über die GewerkS-Einheit" vom 26.01.1940 sowie die Gründung der GewerkS-Organisation am 06.12.1940 und die erzwungene GewerkS-Eingliederung vom 23.06.1941, womit der gleichgeschalteten EinheitsgewerkS OSE der Weg bereitet wurde. Der Staat behielt sich die Kontrolle der Lohnpolitik vor und so bedurften Verbesserungen über Kollektivvereinbarungen stets einer behördl. Zustimmung: „Decretos de política de salarios" vom 08.06.1956 sowie 21.03.1958. Vgl.: Brösse, Syndikate, GewMoHefte 1/1967, S. 20 ff.

[26] 45 Millarden Peseten: *Sala, DTrab, 1997, S. 71 (Tema 1/2/C/f); Ramírez Martínez, Curso, 1997, S. 37 ff. (Lec. 1/5/5.6 ff.).*

[27] Dort wurde die dtsch. Parole *„Kraft durch Freude" durch „Erziehung und Erholungszeit" ersetzt, vgl.: Barón (PSOE), Empresa, DyE, N° 3, 1978, S. 6 (7); zu den Zahlen: Nohlen/Huneeus, Elitenwettbewerb, in: VV.AA., Sozialer Wandel, 1984, S. 349 (351). Vgl. zur franquistischen ArbR-Ordnung: Valdueza, GewerkS-Bewegung, 1982, S. 9 ff.*

Gesetzblatt veröffentlicht wurden und denen allgemeinverbindliche Wirkung zukam.[28] Der Art. 13 „Gesetz über arbeitsrechtliche Gewerkschaftstarifverträge" (*Ley de Convenios Colectivos Sindicales de Trabajo*)[29] Gesetzes lautete:

> „Ist einmal der gewerkschaftliche Tarifvertrag zwischen den Parteien verabschiedet worden, wird dieser, je nach seinem Geltungsbereich, an den Gewerkschaftsdelegierten der Provinz oder des Gesamtstaates weiter nach oben gereicht, die ihn gegebenenfalls mit höchster Eile und begleitet vom zwingend zu erstellenden Bericht zur Verabschiedung entweder an die Provinzdelegation des Arbeitsministeriums oder an den Generaldirektor verweisen. In der Frist von fünfzehn Werktagen nach Empfang durch die zuständige Arbeitsbehörde hat jene den Tarifvertrag zu verabschieden, die Nichtigkeit aufgrund eines wesentlichen und nicht zu heilenden Mangels festzustellen oder ihn ohne Verabschiedung zurückzuweisen, wobei der Gewerkschaftsorganisation [*OSE*][30] die Entscheidungsgründe mitzuteilen sind ..."

Diese „gewerkschaftlichen" Tarifverträge stellten eher ein von oben diktiertes „*Gesetz* der Arbeiterklasse" dar als einen Tarif*vertrag*, und das Schrifttum jener Zeit tendierte nicht ohne Grund dahin, ihnen stärker verordnungsrechtlichen denn (*tarif-*) vertraglichen Charakter zuzusprechen.[31] In diesen misstrauisch überwachten offiziellen gewerkschaftlichen Tarifverträgen konnten, ohne das Druckmittel des Streiks gebrauchen zu dürfen, in gewissem Maße Ergänzungen und Verbesserungen zu den staatlichen

---

[28] Vgl. *Ley de Convenios Colectivos Sindicales de trabajo, abgedr. bei: Bernecker, GewerkS-Bewegung, 1985, S. 133 ff. Dieses Gesetz wurde immer weiter modifiziert, in seinen wesentl. Grundzügen bis zur Demokratie jedoch nicht geändert: Gesetze vom 20.09.1962, vom 22.05.1970, vom 19.12.1973, „Decreto Ley" vom 22.05.1975. Vgl. Valdueza, GewerkS-Bewegung, 1982, S. 25 ff.; Franz, Klassenkämpfe, 1975, S. 54 ff.; González Ortega, Kollektivverhandlungen, in: Däubler, Spanien, 1982, S. 86 (94 ff.); Brösse, Syndikate, GewMoHefte 1/1967, S. 20 (22 ff.); ders., WirtschaftsO, 1965, S. 46 ff.; Quintanilla, Convenios, 1998, S. 19 ff.; Molero, DerSind, 1996, S. 215 ff.; Bernecker, a.a.O., 1985, S. 241 ff.; Jiménez García, Participación, 1994, S. 127 ff. (Cap. III, 2, f, g); Führer-Ries, GewerkS, 1991, S. 57 ff.; González Ortega, Negociación, in: VV.AA., Ideologías, 1978, S. 161 (167 ff., Fn. 8).*

[29] Vgl oben F. 28.

[30] Bei den in eckige Klammern gesetzten Anmerkungen handelt es sich um solche des Verfassers.

[31] Die *OSE ließ sich „allein in euphemistischer Weise als Gewerkschaft einordnen": González Ortega, Negociación, in: VV.AA., Ideologías, 1978, S. 161 (167 ff., Fn. 8); García-Amigo, Condiciones, 1969, S. 225 ff. Montoya, DTrab, 1998, S. 122 ff., m.w.N. (Cap. IV/4/1.°/2.°); Brösse, WirtschaftsO, 1965, S. 59*

Vorgaben vorgenommen werden.[32] Das Verbot, in freiheitlicher Weise Tarifverhandlungen durchführen zu dürfen, dauerte im Wesentlichen noch bis zur Legalisierung mit dem Gesetz vom 1. April 1977 an.[33]

Das Schlagwort *Gleichschaltung* der *OSE* beinhaltet, dass die parteilinientreuen Dirigenten und oberen Führungsriegen durch den „Minister für Gewerkschaftsangelegenheiten", der zugleich Generalvorsitzender der *OSE* war,[34] und keinesfalls durch interne demokratische Wahlen auserkoren wurden. Die unteren Posten wurden später bei den Wahlen durch die Belegschaft zu den franquistischen „Betriebsräten" (*jurados de empresa*) gewählt.[35] Zudem besaß die *OSE* fixe Sitze im franquistischen Abgeordnetenpar-

---

[32] *Molinero führt dies darauf zurück, dass das Regime nach dem Verschwinden der anderen europ. faschistischen Kampfgefährten versuchte, sich selbst einen neuen „Anstrich" von aussen zu verpassen: Franquismo, CRL 1993, N° 3, S. 33 (48); Montoya, Ideología, 1992, S. 371 ff. Zum aufwendigen Verwaltungsverfahren: Brösse, Syndikate, GewMoHefte 1/1967, S. 20 (22 ff.); ders., WirtschaftsO, 1965, S. 50 ff., 58 ff.* Von der *OSE und den Vertretern des Arbeitsministeriums wurden sog. „Vorschriften zur obligatorischen Erfüllung" (normas de obligado cumplimiento) erlassen, welche u.a. auch Mechanismen zur Lösung von arb.-rechtl. Konflikten vorsaben: Montalvo, Normas, 1972, S. 65 ff.; Franz, Klassenkämpfe, 1975, S. 54 ff.*

[33] *„Ley 19/1977, sobre Regulación del Derecho de Asociación Sindical", was durch das „Decreto" vom 22.04.1977 näher ausgeführt wurde und am 28.04.1977 in Kraft trat, vgl. Fn. 204. Pardo, Spanien, GewMoHefte 9/1977, S. 586 (588 f.). Am selben Tag meldeten die GewerkS-Zentralen UGT, USO, ELA-STV sowie CC.OO. ihre Registrierung an und legten ihre Satzungen vor. Die OSE wurde mit „Real Decreto-Ley N° 31" vom 04.03.1977 sowie dem „Real Decreto" vom 06.12.1977 abgeschafft. Vgl. Valdés, Modelo, in: VV.AA., Negociación, 1982, S. 17 (64 ff.). Das „Amtl. Bulletin" vom 02.05.1977 veröffentlichte bereits eine Liste mit 180 GewerkS und ArbG-Verbänden, die ihre Satzungen hinterlegt hatten. Die UGT hielt aber schon, unter Duldung der Übergangsregierung, im April 1976 ihren eigentl. illegalen XXX. Kongress ab: Pardo, Spanien, GewMoHefte 9/1977, S. 586 (587 ff.). Die verhassten Pflichtbeiträge zur OSE entfielen und ihr aufgeblähter Apparat wurde in „Zeitlupentempo" (cámera lenta) „abgewrackt" (desmantelamiento, desmontaje): Sala, DTrab, 1997, S. 71 (Tema 1/2/C/f); Ramírez Martínez, Curso, 1997, S. 37 ff. (Lec. 1/5/ 5.6 ff.). Dazu bediente man sich der AISS als Abwicklungs- oder Konkursverwalterin (das Pendant zur dtsch. Treuhandgesellschaft nach dem Zusammenbruch der DDR). Vgl. die Dokumente, welche die Beschlagnahme zur Franco-Zeit anordneten bei: Bernecker, GewerkS-Bewegung, 1985, S. 32 ff., S. 412 und ebenso auch das aufschlussreiche Interview mit dem damaligen und seit der Regierungsumbildung von 1969 (wegen des Finanzskandals „Matesa") und Ablösung von José Solís amtierenden „Minister für GewerkS-Angelegenheiten" der OSE Rudolfo Martín Villa auf S. 424 ff.; Montoya, DTrab, 1998, S. 123 ff. (Cap. IV/4/2.°).* Noch heute sorgt die *OSE für Spannungen, da z.B. die CC.OO. offiziell erst im Juni 1967 auf ihrer 1. Nationalversammlung gegründet wurde und ihr durch Franco nach dem Ende des Bürgerkrieges 1939 formell gar kein Vermögen enteignet werden konnte. Aufgrund ihrer „Vermischung" mit der sehr viel älteren und traditionsreicheren anarcho-syndikalistischen GewerkS CGT wurden manche Güter, wie Immobilien etc., nicht der CGT, sondern der CC.OO. „zurückgegeben", was die immer noch weiter bestehende, aber bedeutungslos gewordene CGT natürl. zu scharfen Protesten veranlasst: El Mundo, Andalucía 13.12.1998, S. 6, wo es um Streitigkeiten der CGT mit CC.OO. und der UGT/PSOE über Immobilieneigentum in Cádiz geht; Pardo, Spanien, GewMoHefte 9/1977, S. 586 (588 ff.).*

[34] *Ministro de Relaciones Sindicales.*

[35] Mit *„Decreto" vom 18.04.1947 wurde eine Art betriebl. Interessenvertretung („Basiszellen – células básicas")*

lament.[36] Der *vertikalen* Organisationsform der *OSE* lag die realitätsfremde Konzeption zugrunde, sowohl die damals 8 Millionen Arbeitnehmer als auch die über 3 Millionen Arbeitgeber in einem Einheitssyndikat zusammenfassen zu können.[37] Diese Sichtweise entsprang dem Korporatismus, bei dem die „Klasse" ein einziges Kollektivinteresse, *„wie die Familie oder Religionsgemeinschaft"* besitzen sollte.[38] Man war der Auffassung:[39]

> „Letztlich bringt der Kampf zwischen den Gewerkschaften und Arbeitgeberverbänden den Frieden im Schoße der Wirtschaftsgemeinschaft in Gefahr und der Staat als höchster Schutzverantwortlicher beginnt, in die Rechtsregelungen der Arbeitsbeziehungen zu intervenieren ..."

---

ohne nennenswerte Zuständigkeiten zugelassen und mit „Decreto" vom 11.09.1953 letztl. eingerichtet, die sog. Jurados de empresa (BRäte), in denen der ArbG oder einer seiner Vertreter den Vorsitz führten und „im Unternehmenssitz die Zusammenarbeit zwischen Kapital, der Technik und Handarbeit in ihren unterschiedl. Ausformungen, zum Dienste eines großen Einklanges zwischen den verschiedenen Elementen der Produktion, deren vernünftiges Ansteigen und größerer Arbeitsrentabilität dienen" sollten (Art. 1). Später mit Art. 4 des „Decreto" vom 11.10.1953 wurden sie zu den „BRäten" (Jurados de centro de trabajo) und mit „Decreto" vom 25.07.1963 sowie „Orden" vom 16.07.1964 stand man die Möglichkeit zu, „GesamtBRäte" (Jurados únicos oder Jurados centrales) einzurichten: Brösse, WirtschaftsO, 1965, S. 29 ff., 45 ff., 82 ff., 89 ff.; ders., Syndikate, GewMoHefte 1/1967, S. 20 ff.; Franz, Klassenkämpfe, 1975, S. 86 ff. und schließlich wurde auch den Betriebsräten die Tariffähigkeit zuerkannt.

[36] Siehe zur franquistischen Arbeitsrechtsordnung: *Valdueza, GewerkS-Bewegung, 1982, S. 11 ff.* Vgl.: *Franz, Klassenkämpfe, 1975, S. 50 ff.; Camacho, Gespräche, 1976, S. 19.*

[37] Diese Sichtweise entwickelte sich aus dem Nationalsyndikalismus und dem dtsch-ital. Faschismus (insbes. die ital. *Carta di Lavoro): Führer-Ries, GewerkS, 1991, S. 49 ff. Schon damals waren ArbN und ArbG in soziale und wirtschaftl. Abteilungen (Junta de sección social und económica) aufgeteilt, was ebenfalls stark an die heutige „Sozial- und Wirtschaftsbank" (banco social/económico) erinnert, vgl. S. 124 ff.; Cremades, Ordnungsprinzip, 1967, S. 25 ff.; Brösse, a.a.O., S. 20 (21 ff.).*

[38] Vgl. zu diesem Gedankengut und der Kritik daran: *Sinzheimer, GewerkS-Bewegung (1936), ArbR und RSoz, Bd. 1, 1975, S. 307 (308 ff.); Brösse, WirtschaftsO, 1965, S. 24 ff.; Ibán, Einführung, 1995, S. 245 ff. Zum spanischen Mittelweg mit seinem „kirchlichen Sozialismus" zwischen dem „preussisch-autoritativen" und dem „englisch-kapitalistischen System" macht aufmerksam: Stoye, ArbR, 1928, S. 10 ff., 31 ff., demzufolge sich damals schon die Unterscheidung in normativen und obligatorischen Teil des TV durchzusetzen begann, gesetzl. jedoch noch nicht festgelegt war.*

[39] *García-Amigo, Condiciones, 1969, S. 225; Hommel, Spanien, 1992, S. 22 ff.; Brösse, Syndikate, GewMoHefte 1/1967, S. 20 ff.; Cremades, Ordnungsprinzip, 1967, S. 4 ff.; Franz, Klassenkämpfe, 1975, S. 50 ff. Zu den Zahlen: Schütze, Freiheit, 1969, S. 50 ff.*

Durch eine schlichte Verschmelzung der beiden Antagonisten ließen sich den Anhängern des Korporatismusgedanken die zwischen „Kapital“ und „Arbeit“ auftretenden Konflikte in einem einzigen Organ „harmonisch überwinden“,[40] obwohl sich schon 1958 einige wache Geister in klaren Worten gegen diese Haltung aussprachen:[41]

> „Nach unserem Urteil erweist es sich als einleuchtend, weshalb die Bezeichnung korporatistisches Recht unter keinem Aspekt als das eingeordnet werden kann, was wir unter Arbeitsrecht verstehen.“

1. Die Strategie der illegalen Opposition: Exil oder Untergrund

Im Jahre 1939 und im späteren Verlaufe der franquistischen Diktatur standen die oppositionellen Gewerkschaften und Parteien vor der Wahl: Zum einen konnten sie „opportunistisches Kollaborieren“ mit den Faschisten unterlassen[42], ins Exil gehen und von dort aus versuchen, Einfluss auf die Vorkommnisse in Spanien zu nehmen.[43] Zum anderen war es denjenigen, welche die „Säuberungsaktionen“ und geheimpolizeilichen Repressalien des *Caudillo* überlebt hatten, möglich, im Land zu verbleiben und mit zunehmendem Niedergang der Diktatur immer häufiger direkte Aktionen aus dem Untergrund, und zwar unter Anerkennung der franquistischen „Spielregeln“ heraus zu starten. Die Sozialisten und die bis zum Bürgerkrieg vorherrschende anarchosyndikalistische Gewerkschaft *Confederación Nacional del Trabajo* (*CNT*)[44] folgten, allein um der physischen Vernichtung zu entgehen, der Strategie des Exils und die Spitze der traditionsrei-

[40] Vgl. *Cremades, Ordnungsprinzip, 1967, S. 3 ff.; Araúz, Corporativismo, 1937, S. 26 f., 149 ff.; Cabrera, Interés, 1967, S. 17 ff.; Mancini, Libertà, RTDPC 1963, S. 570 (585 ff.); Molinero, Franquismo, CRL 1993, N° 3, S. 33 (34 ff.). Ironisch Borrajo, Convenios, RES, 1979, N° 1, S. 37 (40, 45 ff.): „Die franquistische GewerkS-Organisation achtete auf das objektive Wohlergehen der Nation.“*

[41] *Alonso García, Introducción, 1958, S. 45 ff.*

[42] Mit diesem Vorwurf wollte die *UGT/PSOE die CC.OO. diskreditieren und von ihrer eigenen fehlerhaften Strategie ablenken: de la Vega, GewerkS-Bewegung, Bl. dt-int. Pol. 6/1978, S. 717 (727); Franz, Klassenkämpfe, 1975, S. 66 ff.*

[43] Hier kann nicht die vollständige und komplizierte Geschichte der span. GewerkS-Bewegung nachgezeichnet, dafür aber die wesentlichsten Pinselstriche getan werden. Vgl. näher: *Bernecker, Kontinuitäten, in: VV.AA., Sozialer Wandel, 1984, S. 95 ff.*

[44] Die Kommunisten besaßen traditionell eher wenige Anhänger. Zur Geschichte der ehem. marxistisch-anarchistischen GewerkS *CNT unter dem Vorsitz von Pestaña sowie Seguí und der gemäßigteren „bakunistischen“ UGT sowie ihren heftigen Spannungen untereinander: Serrano Carvajal, Tendencias, 1984, S. 105 ff.; Camacho, Gespräche, 1976, S. 23 ff., 36 ff.; Valdueza, GewerkS-Bewegung, 1982, S. 34 ff., 40 ff.; Bernecker, GewerkS-Bewegung, 1985, S. 8 ff., 58 ff.; Führer-Ries, GewerkS, 1991, S. 27 ff. Zur CC.OO. vgl. S. 46 ff.; Abele; TarifR, Diss., 1996, S. 64 ff.* Zur Bewegung des katalonischen Anarchismus: *Cuadrat, Socialismo, 1976. Zur PCE: Rathfelder, Alle, 1976, S. 96 ff.*

chen Partei *PSOE* sowie der Schwestergewerkschaft *UGT* emigrierte überwiegend nach Frankreich und Mexiko.[45] Der *UGT*-Generalsekretär (und spätere *PSOE*-Parlamentsabgeordnete) *Nicolás Redondo Urbieta* erklärte:[46]

> „Die Tatsache, wonach die UGT beim Herausfordern des enormen Apparates der Zwangsgewerkschaft [*OSE*] in dramatischer Ungleichheit niemals die bloße Möglichkeit in Erwägung zog, ihre Verhaltensrichtlinie diesbezüglich zu ändern, lässt sich zum einen auf die Achtung unserer eigenen Prinzipien zurückführen, die es uns verbieten, im Widerspruch zu den von uns verfolgten Zielsetzungen in opportunistisches Taktieren [*wie die CC.OO.*] zu verfallen. Aber man kann dies auch auf die tiefe Überzeugung unserer Mitstreiter zurückführen, dass allein das Anklagen und das An-den-Rand-stellen der Anti-Arbeiterorganisation [*Zwangsgewerkschaft*] OSE den Interessen der Arbeiterklasse dient ..."

Mit fortschreitender *Franco*-Herrschaft zeigten sich die spürbaren Nachteile dieser Haltung insoweit, als die *UGT* mangels Präsenz vor Ort immer weniger Einfluss auf die Geschehnisse im Land nehmen konnten. Zwar besaß sie gegen Ende der Diktatur im Jahre 1975 im Ausland noch eine gut durchgestaffelte Organisation, genoss indes kaum mehr Rückhalt in einer Arbeitnehmerschaft, die sie nach fast vierzigjähriger Abstinenz schlichtweg vergessen hatte. Erneut *Redondo*:[47]

---

[45] Selbstverständl. nicht freiwillig, sondern wegen des äußerst brutalen Regimevorgehens, über welches die CNT *und UGT fast vollständig „ausgerottet" wurden, so dass es kaum Kontinuität zwischen den GewerkS der Vorkriegszeit und der Wende 1976 gab: Sotelo, Franco-Diktatur, GewMoHefte 8/1983, S. 500 (510 ff.); Camacho, Gespräche, 1976, S. 61 ff.; Rathfelder/u.a., Alle, 1976, S. 31 ff.; Schütze, Freiheit, 1969, S. 16 ff., 32 ff.; Bernecker, Kontinuitäten, in: VV.AA., Sozialer Wandel, 1984, S. 95 (120 ff.). Diesem Umstand ist es zu verdanken, dass der damals nur 32-jährige und aktiv im Widerstand vor Ort gegen Franco beteiligte Felipe González Marqués (Deckname: Isidoro), bis dato ein nobody im Parteikader, auf dem Exilkongress 1974 in südfranz. Suresnes zum Generalsekretär der PSOE gewählt wurde. Die emigrierte PSOE-Führungsspitze nahm eine immer weltfremdere Haltung aufgrund spärl. und manchmal auch falscher Information über das Geschehen im Inland ein und wegen Spaltung der PSOE in ihre alte, aber emigrierte Kämpferriege und der modernen, bestens mit dem Widerstandskampf und Verhältnissen im Land vertrauten PSOE-Kader konnte sich der (eigentl. viel zu) junge González durchsetzen: Bernecker, GewerkS-Bewegung, 1985, S. 18 ff; Valdueza, GewerkS-Bewegung, 1982, S. 38 ff.*

[46] *Redondo, in: Discurso, XXX Congreso, UGT, XXX Congreso, 1976, S. 11 (16 ff.).*

[47] In: Discurso-programa, UGT jun. 1978, N° 399, S. 27 (29); *Rodríguez-Piñero y Bravo, Estructura, in: VV.AA., Problemas, 1984, S. 21 (25 ff.); ders., in: VV.AA., Empresa, DyE, N° 3, 1978, S. 124 (127 ff.); García Fernández, Unidades, in: VV.AA., Normas, 1988, S. 31 (34 ff.); Hamann, Afiliación, CRL 1993, N° 3, S. 107 (117 ff.); VV.AA., Economía, RL 1998, N° 9, S. 88 (90); Rivero, Estructuras, DL N° 43, 1994, S. 35 (40); Fernández Domínguez/Martínez, Modificación, La Ley 1995-2, S. 881 (882).*

„Durch die Umstände, im Untergrund arbeiten zu müssen, hatten wir über Jahre mit extrem simplifizierten und reduzierten Strukturen zu agieren, was zusammengenommen nicht mehr als einige zehn Unionen an Provinzgewerkschaften ausmachte."

a) Das Auftauchen der „Arbeiterkommissionen" (CC.OO.) in den Betrieben

Einige Unerschrockene folgten mit zunehmender Etablierung der Diktatur nicht mehr der weltfremden Totalverweigerung der *UGT*, sondern versuchten selbst, vor Ort und ganz im Sinne einer „Realpolitik" die Arbeitsbedingungen zu verbessern.[48] Da sie ihre Interessen nicht durch die offizielle Zwangsgewerkschaft *OSE* vertreten sahen, sprachen sie mögliche Interessierte in Kneipen an[49] und schlossen sich zwischen 1956 und 1958 sporadisch auf Betriebsebene zusammen und bald wurde für den in ganz Spanien immer stärker anschwellenden Strom spontaner Grüppchenbildung der neue Name *„Arbeiterkommissionen"* (*Comisiones Obreras – CC.OO.*) geprägt. Das erste Mal tauchte der Begriff „Arbeiterkommissionen" in den Umkleideräumen der asturischen Zeche *La Camocha* bei *Gijón* im Jahre 1956 auf, wo die Kumpels ihre gratis Kohlezuteilung verteidigten, für eine Verkürzung der Arbeitszeit eintraten oder Gummistiefel für Kollegen einforderten, die im Wasser arbeiten mussten. Unter den Aktionsführern befanden sich Katholiken, Kommunisten, Sozialisten und sogar franquistische Falangisten [*Mitglieder der franquistischen Partei*], Pfarrer, Bürgermeister, also Arbeitnehmer und Personengruppen jeglicher ideologischer Anschauung, und ihre konspirativen Versammlungen wurden zu jenen Anfangstagen nicht selten im Schutze von Kirchen sowie Klöstern abgehalten.[50] Ab 1966 überschritten sie den Organisationsbereich des einzelnen Betriebes und nahmen über ihre sog. *„Aktionskomitees"* vorwiegend auf regionalem Gebiet Einfluss.[51]

---

[48] *Pardo, Spanien, GewMoHefte 9/1977, S. 586 (587 ff.).*

[49] *Franz/Tovar, Spanien, 1976, S. 67 ff. Ab 1963.*

[50] *Camacho, Gespräche, 1976, S. 67 ff.; Bernecker, a.a.O., S. 272 ff.; ders., Sozialgeschichte, 1990, S. 309 ff., 317 ff. Die „offizielle" CC.OO.-Gründung wird angegeben mit dem 01.061967 in Madrid, wo die 1. Nationalversammlung abgehalten wurde: Bernecker, a.a.O., S. 320 ff.; in Madrid: S. 282 ff.; in Vizcaya: S. 316 ff. Ansonsten ist aber unklar, wann genau die CC.OO. entstand: Schütze, Freiheit, 1969, S. 84 ff.*

[51] *Camacho, Gespräche, 1976, S. 65 ff. Siehe den Geheimbericht, der dem Arbeitsministerium im November 1971 durch eine Unterabteilung der Geheimpolizei (Brigada de Investigación Social) vorgelegt wurde: Bernecker, GewerkS-Bewegung, 1985, S. 272 ff.; 252 ff.; Eich, Spanien, GewMoHefte 1/1981, S. 22 (24 ff.); Franz, Klassenkämpfe, 1975, S. 95, Fn. 46; Setién, Movimiento, 1982, S. 14 ff.; Claudin, ArbBewegg, KritPolÖkon 8/9/10/1976, S. 118 (119 ff., 127 ff.).*

b) Die „Arbeiterkommissionen" (CC.OO.) als Rätebewegung und das Unterminieren der OSE

Im Unterschied zur sozialistischen *UGT* verstanden sich die rätedemokratischen „Arbeiterkommissionen" ausdrücklich nicht als Richtungsgewerkschaft, sondern mit zunehmender Beständigkeit ihres Auftretens ab 1964 als weltanschaulich offene „soziopolitische" und „basisdemokratische Massenbewegung" ohne Mitglieder, ohne Beiträge, ohne zentrale Organisation.[52] Der damalige und äußerst charismatische *CC.OO.*-Generalsekretär *Eulegio Marcelino Camacho Abad* erklärte (noch heute wird dieser Name von den spanischen Arbeitgebern mit einer Mischung aus Unbehagen und Respekt ausgesprochen, wie der Verfasser bei seiner praktischen Tätigkeit in einer Kanzlei Spaniens Gelegenheit hatte festzustellen):

[52] *Camacho, Gespräche, 1976, S. 67 ff., 70 ff., 73, „Kommissionen eins mit der {Arbeiter-} Bewegung!". Vgl.: „Was sind die Arbeiterkommissionen?" (1966), in: Bernecker, GewerkS-Bewegung, 1985, S. 277 ff.; VV.AA., Wandel, 1984, S. 116 ff.; de la Vega, GewerkS-Bewegung, Bl. dt-int. Pol. 6/1978, S. 717 (722 ff.); Fraser, Spanien, KritPolÖkon 18/9/10/1976, S. 1 (20 ff.); Valdueza, GewerkS-Bewegung, 1982, S. 89; Franz, Klassenkämpfe, 1975, S. 64 ff., 36 ff., 117 ff.; Rathfelder/u.a., Alle, 1976, S. 77; Schütze, Freiheit, 1969, S. 86 ff.; Bernecker, Kontinuitäten, in: VV.AA., Sozialer Wandel, 1984, S. 95 (116 ff.). Folgl. weigerte sie sich noch bis zu ihrem I. Konföderativen Kongress vom 21.-25.06.1978 das Gewand einer ordtl. GewerkS mit Satzung, Programm, Mitgliedern, Beiträgen usw. anzulegen und es gibt auch heute nur einen sog. „allgemeinen Koordinierungsausschuss" (vgl. die „Grundsatzerklärung" und die „Statuten", abgedr. in: Bernecker, GewerkS-Bewegung, 1985, S. 393 ff., 395 ff.; vgl.: ders., Kontinuitäten, in: VV.AA., Sozialer Wandel, 1984, S. 95 {118 ff.}). Sie wollte bei den ersten freien Wahlen zur EinhVertr. nicht als „GewerkS", sondern als „Bewegung" auftreten, der sich nicht allein CC.OO.-Mitglieder, sondern auch Unabhängige oder Mitglieder anderer Gewerkschaften anschließen können sollten. Von daher traten im Vorfeld der Wahlen starke Spannungen zur UGT auf, die der Ansicht war, dass zu den EinhVertr.-Wahlen (bei welchen die Repräsentativität der GewerkS zu ermitteln ist) lediglich Kandidaten passivlegitimiert sein sollten, die allein auf „geschlossenen" und von ihrer GewerkS vorgegebenen Listen (listas cerradas) auftreten durften. Ebenso wenig sollten die Listen nach dem Wählerwunsch erstellt werden können. Die CC.OO. sprachen sich dagegen für „offene Listen" (listas abiertas) aus, womit die Betriebsbelegschaft in ihr genehmer Weise die Reihenfolge der Vertreter hätte wählen dürfen. Lt. UGT hätte dies aber zur Folge gehabt, dass die gewerkschaftl. Kräfteverteilung dann immer noch unklar gewesen wären, weshalb die Übergangsregierung (wie so oft) den UGT-Vorstellungen folgte: A. Hernández, Listas, El Socialista 09.10.1977, N° 25, S. 17; García Abellán, Sindicalización, in: VV.AA., Seminario, 1984, S. 61 (66 ff.); Rodríguez-Piñero Royo, Representación, RL 1993-I, S. 12 ff.* Diese Selbsteinstufung der *CC.OO. als „Bewegung" und nicht als „GewerkS" wirkt noch bis heute im gewerkschaftl. „Unterbewusstsein" fort, im Gegensatz zur UGT, die sich langsam zu einer DienstleistungsgewerkS umwandelt und ihren Mitgliedern zahlreiche Vorteile anbietet, wie Reisebüros, Wohnungsbaugesellschaften, Banken etc.: Bilbao, Transición, CRL 1992, N° 1, S. 105 (113 ff.); Marín Arce, Transición, 1996, S. 37 ff.; Palomeque/Álvarez, DTrab, 1998, S. 95 ff., Fn. 27 (Cap. II-II). Die Neuorientierung führt auch innerhalb der CC.OO. zu internen Spannungen und zur Abspaltung, die sich als CSUT und SU neu gründeten.*

„Wir sprechen davon, was eine organisierte Bewegung ist ... und wir wissen ganz genau, was eine Bewegung ausmacht und was eine Organisation. Wir wissen, in einer Bewegung gibt es keinerlei Mitglieder, Beiträge oder Satzungen ...; zu guter Letzt, dass sie eine flexible Sache darstellt, die es allen Arbeitern erlaubt, in ihr zu sein. Wir wissen, die Organisation ist unausweichlich, wenn wir nicht wollen, dass die Arbeiterklasse immer wieder von Null beginnt ... Die CC.OO. ist eine Bewegung der Selbsterschaffung, die das Beste, was die Arbeiterklasse seit den vorherigen Zeiten geschaffen hat, entgegennimmt, plant und sich zu Eigen macht ... Wir sind der Auffassung, dass die CC.OO. eine Art erschaffener Synthese zwischen den alten Arbeiterräten und den klassischen Klassenorganisationen sind. Von ersteren leitet sie die Tatsache ab, wonach die Gesamtheit der Arbeitnehmer und die Fabrikversammlung die Basis der Bewegung bildet sowie absolut kontrolliert, wählt und ersetzt. Auf der anderen Seite ihr Organisationselement, welches in gewisser Weise einen großen Teil dieser Gewerkschaftsstruktur aufnimmt."[53]

Waren sie zu Beginn noch neutral ausgerichtet[54], wurden sie ab der von 1967 einsetzenden geheimpolizeilichen Verfolgung immer klarer von der Kommunistischen Partei Spaniens (*Partido Comunista de España – PCE*) beherrscht. Dies wurde bald so offensichtlich, dass die sozialistische Opposition der *CC.OO.* vorwarf, sich von der *PCE* zum *„byzantinischen Hofstaat des jeweiligen {KP-} Chefs"* machen zu lassen.[55]

Das Regime duldete zunächst die *CC.OO.*, um über die Mitarbeit der unter der Arbeitnehmerschaft anerkannten *CC.OO.*-Führer, die traditionelle Ablehnung der *OSE* zu überwinden, die *CC.OO.* also quasi als Instrument systemkonformer Konfliktregelung für sich auszunutzen und damit das Image der *OSE* „aufzupolieren". Hierbei irrte man sich jedoch gewaltig, weil die *CC.OO.* neben ihren wirtschaftlichen, dem Diktator rasch auch politisch unangenehme Forderungen erhob und begann, sich immer offener und „dreister" auf Branchenebene überregional zu organisieren. Schließlich entwickelte dies eine der Diktatur zu gefährlich erscheinende Eigendynamik, so dass die *CC.OO.* ab 1967 verboten wurde. Zu diesem historischen Zeitpunkt konnten sich noch die als *„bunker"* bezeichneten „Falken" der franquistischen Clique durchsetzen und das Re-

---

[53] *Camacho, Opiniones, GDS 1975, dic., N° 55, S. 35 ff.*

[54] Dabei überwogen in der *CC.OO. die beiden Gruppen der Kommunisten und Katholiken. Deshalb kam auch die enge Verbindung zwischen CC.OO. und kath. USO zustande: Camacho, Gespräche, 1976, S. 7 ff., 43 ff., 68 ff.; Valdueza, GewerkS-Bewegung, 1982, S. 84; Rathfelder/u.a., Alle, 1976, S. 48 ff., 52 ff.; Franz, Klassenkämpfe, 1975, S. 96 ff., 117 ff.; Schütze, Freiheit, 1969, S. 143.; Bernecker, GewerkS-Bewegung, 1985, S. 13 ff., 253 ff., 368 f. Bernecker nimmt differenziert auf S. 259 ff. Stellung zu der unterschiedl. ideologischen Zusammensetzung der CC.OO. (Trotzkisten, Anarchisten, Leninisten, Stalinisten, Maoisten, Sozialisten usw.), was neben der freil. ablehnenden Haltung der UGT auch einen Grund darstellt, weshalb es in Spanien keine EinheitsgewerkS à la DGB gibt.*

[55] *Bernecker, GewerkS-Bewegung, 1985, S. 257; Eich, Spanien, GewMoHefte 1/1981, S. 22 (24 ff.); Valdueza, GewerkS-Bewegung, 1982, S. 208 ff.; Sotelo, Franco-Diktatur, GewMoHefte 8/1983, S. 500 (510 ff.). A.A.: Franz, Klassenkämpfe, 1975, S. 118 ff.*

gime für ein scharfes Vorgehen gegen die *CC.OO.* gewinnen.[56] In einem Bericht der Unterabteilung der Geheimpolizei für „Ermittlungen im Bereich Soziales" (*Brigada de Investigación Social*) vom November 1971 hieß es:

> „die Abhaltung von Versammlungen [*der CC.OO. ist*] unbedingt zu verhindern und, falls dies nicht gelingt, nach den üblichen Methoden zu zerschlagen."[57]

Der wohl originellste Charakterzug der *CC.OO.* bestand darin, eigene Leute in die noch vom Regime geschaffenen und durch die Belegschaft zu wählenden franquistischen Betriebsräte (*jurados de empresa*) zu infiltrieren[58], ganz nach der Anregung *Josef Stalins*:

---

[56] Konsequenz dieser raueren Vorgehensweise war der in Spanien berühmte Schauprozess *„Proceso 1.001/72" („Proceso Miluno") von 1972 gegen 10 GewerkS-Führer der CC.OO., welche wegen „Volksaufstandes" (sedición) und „Zugehörigkeit zu einer verbotenen Vereinigung" (nämlich der CC.OO.) zu insgesamt über 161 Jahren Gefängnis verurteilt wurden. Der Staatsanwalt klagte „versuchten gewaltsamen Sturz" des span. Regimes und Zugehörigkeit zu einer ungesetzlichen Vereinigung an. Zu den Anführern gehörten in Spanien die nambaften CC.OO.-Mitglieder: Marcelino Camacho (Haftstrafe: 20 Jahre, 1 Tag), Francisco García Salve (19 Jahre), Nicolás Sartorius Álvarez (19 Jahre), Francisco Acosta Orge (12 Jahre, 1 Tag), Fernando Soto Martín (18 Jahre), Eduardo Saborido Galán (20 Jahre, 1 Tag), Miguel Ángel Zamora Antón (12 Jahre, 1 Tag), Juán Marcos Muñiz Zapico (17 Jahre, 4 Monate, 1 Tag), Luís Fernández Costilla (12 Jahre, 1 Tag), Pedro Santiesteban Hurtado (12 Jahre, 1 Tag). Nur 14 Monate später wurden die Strafen in der Berufung auf 6 bzw. 2 Jahre unter Anrechnung der U-Haft abgesenkt: Camacho, Gespräche 1976, S. 8 ff.; Valdueza, a.a.O., S. 204 ff.; Abele; TarifR, Diss., 1996, S. 99 ff.* Der Vorsitzende des aburteilenden Sondergerichtes mit dem archaisch klingenden Namen *Tribunal del Orden Público („Gericht der Öffentl. Ordnung", dies erinnert an den nationalsozialistischen „Volksgerichtshof") war übrigens der Vater der Justizministerin Margarita Mariscal de Gante der Partei Partido Popular von Ministerpräsident Aznar. Vielleicht lassen sich mit solchen Beobachtungen besser als mit juristischen Schilderungen die heute noch die span. Gesellschaft durchziehenden Ressentiments verdeutlichen. Spanien befindet sich, soziologisch gesehen, möglicherweise immer noch in der „Wende" und gelangt erst langsam zur Normalisierung. Der Oberste Gerichtshof reduzierte nach dem „erfolgreichen" Attentat von 1973 auf den vom greisen Franco erwünschten Nachfolger Admiral Luis Carrero Blanco ein Jahr nach dem Prozess die Strafen, weil nicht der Beweis erbracht worden sei, dass es sich bei den Verurteilten „um Anführer und nicht nur um bloße Mitglieder in den subversiven Arbeiterkommissionen handeln würde." Vgl.: El País, Andalucía, 16.02.1998, S. 6; Sartorius, El País 19.12.1998, S. 16; GS 1983, N° 28, S. 4; Bernecker, a.a.O, S. 369 ff., 373 ff., 258 ff.*

[57] *Bernecker, GewerkS-Bewegung, 1985, S. 13, 187, 253 ff.; Brösse, Syndikate, GewMoHefte 1/1967, S. 20 (24 ff.); Franz, Klassenkämpfe, 1975, S. 95, Fn. 46; Eich, Spanien, GewMoHefte 1/1981, S. 22 (24 ff.); Ojeda, Sindicalismo, in: VV.AA., Cuestiones, 1990, S. 561 (582).* Vgl. die „Sicherheitsbestimmungen" für Aktivisten von 1972, um sich bei Verhören richtig zu verhalten: *Bernecker, a.a.O., S. 237 ff.*

[58] Über die „Gewerkschaftswahlen": *Valdueza, GewerkS-Bewegung, 1982, S. 16 ff. Freilich wurden nach Angabe von Carlos Elvira (PCE/CC.OO.-Auslandsdelegation) auch viele Aktivisten so „verheizt", weil die Geheimpolizei natürlich gut unterrichtet war über deren subversive Machenschaften: Franz, Klassenkämpfe, 1975, S. 90 ff.*

„1948 lud Stalin eine Delegation unserer Partei [*der Kommunistischen Partei Spaniens – PCE in den Kreml*] ein … Er stellte uns folgende Frage: „Ihr macht Guerrilla, aber warum arbeitet ihr nicht in den legalen [*franquistischen Gewerkschafts- und Betriebsrats-*] Massenorganisationen? … Die Erfahrung der Bolschewiki beweist, dass man dort arbeiten muss … Wenn ihr stark seid, schlagt zu. … die Praxis hat später gezeigt, dass seine Position richtig war."[59]

Solche Betriebsräte besaßen neben anderen stark kontrollierten Kompetenzen ab der zweiten Phase der franquistischen Diktatur auch die Befähigung, die weiter unten beschriebenen offiziellen *„gewerkschaftlichen"* Tarifverträge auf Firmenebene abzuschließen.[60] Aber nicht nur diese franquistischen Betriebsräte, sondern auch die gleichgeschaltete Zwangsgewerkschaft *OSE* wurde seit 1966 durch gewählte *CC.OO.* – Anhänger gleichsam von innen her „bombardiert" und fast vollständig unterwandert.[61] Nach Einschätzung einiger Fachleute wählten in den Wahlen von 1975 zu den noch franquistischen Einheitsvertretungen circa 40% der Arbeitnehmer die *CC.OO.* und weitere 40% sympathisierten zumindest mit ihnen.[62] Die *CC.OO.* soll nach Schätzungen schließlich um die 70 bis 80% der unteren und mittleren Führungsriege der *OSE* kontrolliert haben.[63] Auf diese Weise konnte sie ihre subversive Tätigkeit gefahrloser und

[59] *Santiago Carrillo (PCE): Debray/u.a., Spanien, 1975, S. 87 ff. Vgl.: Bernecker, GewerkS-Bewegung, 1985, S. 60, S. 494, Fn. 3; Valdueza, GewerkS-Bewegung, 1982, S. 35 ff., 123 ff.*

[60] Vgl. S. 71 ff.

[61] Die Losung hieß: *„Die franquistische ZwangsgewerkS von innen her erobern". Zur Haltung der PCE i.B.a. die Wahlen zur staatl. ZwangsgewerkS OSE 1966: „Es handelt sich nicht darum, in diese {franquistische OSE Zwangs-} GewerkS „zu gehen", dieser GewerkS „zu vertrauen". Es geht darum, die Funktionen der {zwangs-} gewerkschaftl. Vertrauensleute {Syndikatsvertreter} und die Sozialkommissionen {vgl. Fn. 67} zu legalen Ausgangs-, zu Kampfpositionen der neuen Arbeiterbewegung zu machen, zu Positionen, die in unserem Interesse, im Interesse der Werktätigen liegen, was mit den Zielen der heutigen ZwangsgewerkS tatsächl. nichts gemein hat.": Bernecker, GewerkS-Bewegung, 1985, S. 92 ff., 200 ff.; Camacho, Gespräche, 1976, S. 44 ff.; Franz, Klassenkämpfe, 1975, S. 29 ff., 68 mit Leninzitat. Vgl.: Carillo: Franz/Tovar, Spanien, 1976, S. 102 ff.; Schütze, Freiheit, 1969, S. 53.*

[62] *Hamann, Afiliación, CRL 1993, N° 3, S. 107 (116 ff.); VV.AA., GewerkS-Bewegung, Europ. GewerkS-Institut, Info 17, 1986, S. 11 ff.*

[63] Die *OSE bestand aus den von oben auserkorenen Funktionären (linea de mandos) und den in den Betrieben gewählten Delegierten (linea electiva), um über letztere nicht vollends den Kontakt zur Arbeitnehmerschaft zu verlieren (vgl. S. 61 ff.): Claudin, ArbBewegg, KritPolÖkon 8/9/10/1976, S. 118 (120 ff.); Franz, Klassenkämpfe, 1975, S. 34 ff.; Buck, Linke, BürgStaat 2/1977, S. 103 (104 ff.); Maier, Regime, BürgStaat 2/1977, S. 100 (101); Abele; TarifR, Diss., 1996, S. 97 ff.* Vgl. die Zeitzeugenschilderung von *Antonio Sánchez: „Der Eintritt von CC.OO.-Männern in die staatl. ZwangsgewerkS {ab 1966}, um sie von innen zu bombardieren…", in: VV.AA., Transición, 1996, S. 47 ff. „Die legalen Positionen, die von der CC.OO. erobert wurden, sind ein großer Schlag gegen den vertikalen {franquistischen} Syndikalismus… Für's erste beraten die neuen Verbindungs- und Vertrauensleute auf großen Zusammenkünften, um die Kandidaten für die örtl. sozialen Führungskader festzulegen. Die gleiche Methode muss dann auf Provinz- und nationaler Ebene angewandt werden." (1966): Bernecker, GewerkS-Bewegung, 1985, S. 201 (203).*

effizienter unter dem unfreiwilligen Deckmantel eigentlich franquistischer Organe entfalten.[64] Interessant erscheint die Aussage des Generalsekretärs der Kommunistischen Partei Spaniens (*PCE*) *Santiago Carrillo Solares* im Jahre 1948:[65]

> „In einer bestimmten Fabrik wurden unter den Arbeitern beispielsweise gewisse Forderungen laut; häufig haben wir dann als erstes zum Streik aufgerufen, ohne zuvor die notwendigen, gründlichen und geduldigen Vorbereitungen durchzuführen, ohne vorher alle Möglichkeiten – auch wenn sie noch so gering sind – auszunutzen, welche die demagogischen Gesetze des Franquismus bieten, um den Arbeitern durch ihre eigenen Erfahrungen die Notwendigkeit höherer Kampfformen verständlich zu machen ... Die Erfahrung hat uns spanische Kommunisten und die kommunistische Weltbewegung gelehrt, dass es unter den Bedingungen des Faschismus nicht möglich ist, die Arbeiter zu verteidigen, indem illegale, oppositionelle Massenorganisationen aufgezogen werden. Das terroristische Polizeiregime verhindert deren Entwicklung und Tätigkeit ... All unsere Erfahrungen in den letzten Jahren gaben uns zu verstehen, dass die Taktik der bolschewistischen Partei richtig war und unter ähnlichen Verhältnissen für jede Kommunistische Partei richtig ist. Das Beispiel der Bolschewisten soll uns dazu dienen, dass wir der Frage genügend Aufmerksamkeit schenken, wie die legalen und die illegalen Kampfformen geschickt miteinander verbunden werden können."

c) Von der CC.OO. ausgehandelte „außergewerkschaftliche" Tarifverträge außerhalb der OSE

Parallel zur Genesung der spanischen Wirtschaft kochte der Unmut der spanischen Bevölkerung über die Diktatur und die geringe Beteiligung am Konjunkturaufschwung immer stärker hoch. Dieser Unmut artikulierte sich in den Jahren 1962 und 1963 in einer ersten Streikwelle, die später nicht mehr mit dem üblichen Einsatz des Propagandaapparates und Einspielen der schmissigen *OSE*-Hymne zu übertönen war.[66] So wurden zahlreiche offizielle *OSE*-Syndikatsvertreter im Betrieb (*enlaces sindicales*) aufgrund des Drucks der *CC.OO.* und der Belegschaftsmitglieder einfach ihres Amtes ent-

---

[64] Sog. *„rechtl. Untergrund der GewerkS im Unternehmen" (clandestinidad jurídica de los sindicatos en la empresa): Valdés, Representación, in: VV.AA., Comentarios, 1980, S. 183 (186). Vgl. das Communiqué der 6. Generalversammlung der CC.OO. im August 1970: „Auf der anderen Seite scheint uns kein Widerspruch zu bestehen zwischen der totalen Ablehnung der faschistischen Syndikate sowie dem Kampf um ihre Zerschlagung auf der einen Seite und auf der anderen Seite in sie hineinzugehen, um zu unserem Vorteil die Syndikatsämter und Räumlichkeiten zu benutzen, die uns gehören... Genau weil wir die vertikalen {Zwangs-} Syndikate ablehnen und wissen, dass die einzige Art, sie zu zerschlagen, die ist, eine machtvolle Massenbewegung auf die Beine zu stellen..., glauben wir, dass man die Posten und Räume der Syndikate benutzen muss.": Bernecker, a.a.O., S. 349 ff., 191; Hamann, Afiliación, CRL 1993, N° 3, S. 107 (117); Franz, a.a.O., S. 98 f.*

[65] *Bernecker, GewerkS-Bewegung, 1985, S. 92 ff., 200 ff.*

[66] *Pardo, Spanien, GewMoHefte 9/1977, S. 586 (587 ff.); Rathfelder/u.a., Alle, 1976, S. 39 ff.*

hoben,[67] und kurz nach den noch vom Regime gesteuerten „Gewerkschaftswahlen" zur *OSE*-Vertretung tauchten fernab der offiziellen Zwangsgewerkschaft *OSE* im Untergrund ausgehandelte *Lohnabkommen* auf *Betriebsebene* auf.[68]

In diesen informellen Tarifverhandlungen gaben insbesondere die nun eindeutig kommunistisch dominierten „Arbeiterkommissionen" (*CC.OO.*) den Ton an.[69] Zumeist als „Beratungskommissionen" oder „*Ad-hoc*-Vermittlungsräte"[70] getarnt, ließen sich die Arbeitgeber als „erkaufte" Gegenleistung für Lohnerhöhungen in derartigen Kollektivpakten den Arbeitsfrieden versprechen und teilweise führten die Arbeitnehmer sogar direkte Verhandlungen mit den franquistischen Regierungsvertretern.[71] Die Taktik der „Arbeiterkommissionen" bestand in der sinngemäßen Anwendung des Sprichwortes „mit Zuckerbrot und Peitsche" aus „Verhandlung und Konfliktheraufbeschwörung".[72]

Nach Erreichen ihres Ziels lösten sich die „Arbeiterkommissionen" nach einer Art *Guerilla*-Taktik wieder auf, um Repressalien zu entgehen und bei anderer Gelegenheit

---

[67] Neben den franquistischen BRäten konnten ab *Decreto vom 17.07.1943 auch die sog. „Syndikatsvertreter" (Enlaces Sindicales) als „Pfleger der Beziehungen zwischen Belegschaft, ArbG sowie OSE" die gewerkschaftl. TV abschließen und wurden als Organ „hybrider Rechtsnatur, welches aus der Vergewerkschaftlichung der Räte oder Unternehmenskommissionen entsteht", bezeichnet: Valdueza, GewerkS-Bewegung, 1982, S. 9 ff., 14 ff., 19 ff., 126 ff.; Montoya, Comités, in: VV.AA., Seminario, 1984, S. 31 (34); Brösse, a.a.O., S. 89 ff.; Führer-Ries, GewerkS, 1991, S. 84 ff.; Jiménez García, Participación, 1994, S. 119 ff. (Cap. III); Bernecker, GewerkS-Bewegung, 1985, S. 31 ff.; ders., Kontinuitäten, in: Sozialer Wandel, 1984, S. 95 (104).*

[68] Nach *García González erschienen die ersten außergewerkschaftl. TV im Zuge der staatl. angeordneten Lohneinfrierung von 1968/1969 in Guipúzcoa, Navarra, Vizcaya, Cataluña und Sevilla: Pactos, RPS 1976, N° 110, S. 5 (7 ff.). Brösse, Syndikate, GewMoHefte 1/1967, S. 20 (24 ff.); Rathfelder u.a., Alle, 1976, S. 37 ff.; Montoya, Viabilidad, in: VV.AA., Problemas, 1984, S. 49 (53); Quintanilla, Convenios, 1998, S. 20 ff.*

[69] *Valdueza, GewerkS-Bewegung, 1982, S. 81 ff. Anfängl. war auch die kath. GewerkS USO einflussreich. Als Schlagworte dienten: „Betriebsversammlungsbewegung" (asambleismo), „Bewegung von der Basis aus" (basismo), „Rätebewegung" (consejismo), „Spontanität" (espontaneismo) und „Konfusion" (confusionismo): Mozo, Asambleismo, CRL 1993, N° 3, S. 95 (97 ff.); Sáez, Representación, 1992, S. 104 ff.; Ojeda, Sindicalismo, in: VV.AA., Cuestiones, 1990, S. 561 (582); Rodríguez-Piñero Royo, Representación, RL 1993-I, S. 12 ff. Die CC.OO., welche um 1958 ihre „subversive" Tätigkeit aufnahm, bezeichnete man als „Heilsweg der Verbesserung" (calle de enmienda): Setién, Movimiento, 1982, S. 14 ff.; Brösse, Syndikate, GewMoHefte 1/1967, S. 20 (24 f.); García Fernández, Liberté, in: VV.AA., KoalFr, Bd. 75/1, 1980, S. 865 (870 ff.). Vgl.: Mateos Abdón, PSOE, 1993, S. 502.* Ab den GewerkS-Wahlen von 1963 wurde die Arbeit der heiml. unter dem Deckmantel der *OSE operierenden CC.OO. anscheinend offensichtl.: de la Villa/García Becedas/García-Perrote, Instituciones, 1991, S. 163.*

[70] Frei nach *Rosa Luxemburg: „Die Spontaneität der Massen."*

[71] So vermittelte *Antonio García Trevijano Kontakte zu Marcelino Camacho (CC.OO.) und Unternehmern, was durch den Monarchisten Rafael Calvo Serer bestätigt wurde: Preston, KPS, in: VV.AA., Sozialer Wandel, 1984, S. 325 (335). Über das ausgehandelte Ergebnis stimmte dann öfters die Betriebsversammlung (asamblea) ab: Quintanilla, Convenios, 1998, S. 21 ff.*

[72] *Ojeda, DerSind, 1995, S. 621. Zur Taktik anschaulich: Schütze, Freiheit, 1969, S. 91 ff.*

erneut zuschlagen zu können.[73] Zwischen 1965 und 1975 erkämpften sich die spanischen Arbeitnehmer mit diesem Verhalten die üppigsten Lohnerhöhungen weltweit.[74] So berichtet ein Kommunist der *PCE* im Jahre 1959:[75]

> „Unsere Arbeit in den Gewerkschaften hat stark dazu beigetragen, die Massenaktionen – insbesondere die Streiks der letzten beiden Jahre – voranzutreiben und zu entwikkeln ... Der größte Sieg der Arbeiterklasse seit Bestehen der Diktatur waren die Wahlen der [*vom franquistischen Regime eingerichteten*] gewerkschaftlichen Verbindungsleute und anderer Gewerkschaftsfunktionäre im Oktober 1957. Obwohl die Arbeiter keine legalen Versammlungen veranstalten oder für ihre Kandidaten werben konnten, obwohl sie nicht die Möglichkeit hatten, eine Auswahl unter ihnen zu treffen und obwohl die sozialistischen und anarchosyndikalistischen [*UGT und CNT-*] Führer Wahlenthaltung predigten oder eine klare Stellungnahme vermieden, unterstützte die Arbeiterklasse in Massen die Losung unserer Partei, die Wahlen in eine Kampfaktion für ihre Forderungen und gegen die Diktatur umzuwandeln. Die Wahlen wurden ein großer Erfolg. In den meisten Betrieben wurden die offiziellen Kandidaten hinweggefegt und Zehntausende von Arbeitern aller politischen Richtungen gewählt, aber auch solche, die keiner bestimmten politischen Richtung angehören, welche jedoch ebenso wie wir die Notwendigkeit erkennen, die Interessen der Arbeiter zu vertreten und den Kampf gegen die Franco-Diktatur zu führen. Die Gewerkschaftswahlen bewiesen einwandfrei die hohe Bewusstseinsstufe der Arbeiterklasse, ihre politische Reife und ihre Kampfentschlossenheit. Das erste Ergebnis dieses Sieges war die große Streikbewegung im April und Mai 1958, an der Zehntausende von Arbeitern der wichtigsten Industriegebiete teilnahmen ... Im September und Oktober 1956 übte die spanische Arbeiterklasse in ihrem Kampf um höhere Löhne und andere wirtschaftliche Forderungen einen so starken Druck auf die Unternehmer und die Regierung aus, dass sich diese zu neuen Zugeständnissen genötigt sahen. Die Regierung, welche schon durch die Streiks im Frühjahr 1956 gezwungen worden war, die Löhne zu erhöhen und neue Erhöhungen in Aussicht zu stellen, war diesmal entschlossen, nicht mehr als 6% zu gewähren. Trotzdem musste sie sich im November mit Lohnerhöhungen einverstanden erklären, die zusammen mit denen vom April 70 bis 100% ausmachten ... Die Arbeiterklasse hat somit die

---

[73] *Eich, Spanien, GewMoHefte 1/1981, S. 22 (23 ff.); Franz, Klassenkämpfe, 1975, S. 30 ff.; Rathfelder/u.a., Alle, 1976, S. 39 ff.*
Vgl. die Einflussnahme der CC.OO. 1969 bei einem Konflikt um eine Betriebsverlegung bei Barcelona: Bernecker, GewerkS-Bewegung, 1985, S. 172 ff.; Rodríguez-Piñero y Bravo, Estructura, in: VV.AA., Problemas, 1984, S. 21 (25 ff.); Molero, Gratificaciones, RPS 1974, N° 103, S. 51 ff.; Hamann, Afiliación, CRL 1993, N° 3, S. 107 (116 ff.).

[74] *Ojeda, Sturz, in: VV.AA., BetrPolitik, 1982, S. 106 (106).*

[75] *Santiago Álvarez (PCE) 1959, in: Bernecker, GewerkS-Bewegung, 1985, S. 120 (123 ff.); Franz, Klassenkämpfe, 1975, S. 66 ff.; Mozo, Asambleismo, CRL 1993, N° 3, S. 95 (97 ff.); Marín Arce, Transición, 1997, S. 22 ff.; Ojeda, Sturz, in: VV.AA., BetrPolitik, 1982, S. 106 (107 ff.).*

Fähigkeit erlangt, einen entscheidenden Einfluss auf die gesamte Entwicklung in Spanien auszuüben ... Die Folge dieser Aktion war eine Regierungskrise. Franco musste sämtliche Minister ablösen."

Da derartige nicht offizielle Kollektivpakte außerhalb der staatlichen Zwangsgewerkschaft *OSE* zustande kamen, nannte man sie im Unterschied zu den offiziellen „gewerkschaftlichen" Tarifverträgen dann einfach „außer*gewerkschaftliche*" Tarifverträge. Zu ihren wesentlichsten Charakteristika gehörten:[76]

- Verhandlung auf Firmenebene unter Ausschluss der leitenden Angestellten;
- zumeist nur Absprachen über Lohnverbesserung;
- ungenaue Abfassung des Textes, der teilweise sogar allein per Handschlag vereinbart wurde;
- einjährige Geltungsdauer;
- Vorschlag durch informelle Arbeiterkommissionen (*comisiones de trabajadores/plataformas reivindicativas*) meist am Jahresende gegen November oder Dezember hin und Antwort des Arbeitgebers innerhalb kürzester Zeit, damit ab spätestens dem 1. Januar des nächsten Jahres nach dem außer*gewerkschaftlichen* Tarifvertrag entlohnt werden konnte;
- keine Beteiligung der offiziellen gesetzlichen *OSE*-Gewerkschaftsvertreter (*representantes sindicales*), welche höchstens einmal als „Laufburschen" in Erscheinung traten;
- schwierige Verhandlungsführung mangels geeigneter und, aus Furcht vor geheimpolizeilichen Repressalien, selten frei auftretender Ansprechpartner.

(1) Rechtliche Wirkung der „außergewerkschaftlichen" Tarifverträge

Die Jurisprudenz stand bei der Bewertung von solch informellen Lohntarifverträgen nun vor dem Dilemma, dass das Regime sie zum einen offiziell verpönte und man sie darum nicht in das herkömmliche Rechtsquellensystem einordnen durfte, zum anderen stellten sie ein nicht mehr zu leugnendes soziales Faktum dar. Schließlich fand man die Formel, wonach es sich bei ihnen nicht um „authentische" Tarifverträge, sondern um „uneigentliche Kollektivabkommen obligatorischer Natur" handele, deren übertarifliche Zugeständnisse in die Einzelarbeitsverträge „inkorporiert" werden müssten.[77] Das

---

[76] *„Pactos colectivos extrasindicales": García González, Pactos, RPS 1976, N° 110, S. 5 (13 ff.); Saavedra, Empresa, DyE, N° 3, 1978, S. 115 (119 ff.).*

[77] Unter Anwendung des Günstigkeitsprinzips: *Alonso Olea, DTrab, 2ª ed., 1973, S. 393 ff., der diese Art TV unter der Diktatur Francos „uneigentl. TV" (convenios colectivos impropios) nannte, ihre Zulässigkeit grds. verneinen, jedoch die Inkorporation ihrer Arbeitsbedingungen in den Einzelarbeitsvertrag zulassen wollte; Cremades, Regulación, RPS 1968, N° 80, S. 5 (10 ff., 13 ff., 18, 33): „Convenio colectivo informal, pacto entre caballeros (gentleman's agreement). Bei ihnen handelte es sich lt. Rspr. um Kollektivabkommen extra und nicht contra legem, ganz wie dies heute auch behauptet wird (vgl. Fn.): STS 29.04.1955, RJ 1405; STCT*

in diesen „außer*gewerkschaftlichen*“ Tarifverträgen Vereinbarte *„muss nicht durch die Parteien beachtet werden, es sei denn, wenn es sich aufgrund seiner Inkorporation in den Einzelarbeitsvertrag zu einer schuldrechtlichen Verpflichtung umwandeln würde“*.[78]

(2) Beitritt zum außergewerkschaftlichen Tarifvertrag und Inkorporation in den Einzelarbeitsvertrag

Bereits damals konnten auch Arbeitnehmer, die eigentlich nicht zu der begünstigten Personengruppe dieser außergewerkschaftlichen Tarifverträge gehörten, diesem Pakt einzeln „beitreten“ (*adhesión individual*).[79] Damit ist der „außer*statutarische*“ Tarifvertrag (pacto colectivo extra*estatutario*), wie zudem die verblüffende Namensähnlichkeit nahe legt, der direkte und diesmal demokratische Sprössling des zu Diktaturzeiten im Untergrund gesäten und nicht ausrottbaren Schattengewächses „außer*gewerkschaftlicher*“ Tarifvertrag (pacto colectivo extra*sindical*).[80]

22.03.1977, RTCT 3139; STCT 20.07.1978, RTCT 4563; STCT 11.12.1979, RTCT 7316; STCT 21.04.1980, RTCT 2484; Palomeque, Nulidad, 1975, S. 226 ff.; Quintanilla, Convenios, 1998, S. 22 ff.; Sagardoy, Ejecución, in: VV.AA., Lecciones, 1965, S. 205 (216 f.); García González, Pactos, RPS 1976, N° 110, S. 5 (9, Fn. 7); García-Amigo, Condiciones, 1969, S. 225 ff. A.A. und Vorläufer der heute von *Montoya (S. 124 ff.) vertretenen Auffassung war González-Rothvoss: „Heutzutage ist es nicht mögl. {außergewerkschaftl.} TV abzuschließen.“, in: Contrato, RDP 1954, dic., S. 1111 (1119, 1120 ff.). Zu jener Zeit sprach sich auch schon Montoya in der 1. Aufl. seines Lehrbuches DTrab des Jahres 1974 gegen die Zulässigkeit und für die Nichtigkeit solcher außergewerkschaftl. Tarifverträg aus (S. 123).*

[78] *Montalvo, Normas, 1972, S. 41 ff.*

[79] STCT 28.07.1978, RTCT 4566; *Cremades, Regulación, RPS 1968, N° 80, S. 5 (14). Deswegen sprach García González bei den informellen außergewerkschaftlichen Kollektivverträgen von einem „allen zugänglich gemachten Einzelarbeitsvertrag“ (contrato individual generalizado), Pactos, RPS 1976, N° 110, S. 5 (13 ff., 15). Vgl. Ramírez Martínez/Sala, CMB, PJ 1989, N° 13, S. 163 (165 ff.). Schon vorher gab es während der II. Republik (1931-1936/1939) die sog. contratos colectivos de trabajo (arb.-rechtl. Kollektivverträge), die durch einen spontan gewählten oder anerkannten „Arbeiter-Chef“ mit dem ArbG abgeschlossen wurden und denen daraufhin jedwede Gruppierung an ArbN oder ArbG „beitreten“ konnte, ungeachtet einer Verbandzugehörigkeit: Martín Valverde, Formación, in: VV.AA., Historia, 1987, S. LXXXI, LXXII mit dem Hinweis auf S. LXXXIII, dass die praktische Bedeutung dieser „arb.-rechtl. Kollektivverträge“ sehr viel geringer war, als die der staatl. erlassenen sog. „arb.-rechtl. Grundvorschriften“ (bases de trabajo). Vgl.: Molero, DerSind, 1996, S. 571; Diéguez, Negociación, in: VV.AA., Cuestiones, 1990, S. 241 ff.; García Murcia, Pactos (I), AL 1992-2, XXX, S. 403 (406 ff.).*

[80] Die meisten Arbeitsrichter des demokratischen Spaniens wurden noch unter *Franco ausgebildet. Was lag also näher, als sich auf altbekannte Konstruktionen zu stützen, sobald man sich mit Problemen konfrontiert sah, die den alten Konstellationen ähnl. waren?: Suárez González, Relaciones, 1980, S. 27 ff.; VV.AA., Transición, 1996, S. 47 ff.; Marín Arce, Transición, 1997, S. 21 ff., 197 ff.; Alonso Olea, DTrab, 2ª ed., 1973, S. 393 ff.; Sagardoy, Flexibilität, ZIAS 1987, S. 354 (368). Noch heute bezeichnen Alonso/Casas die außerstatutarische TV als convenios extraestatutarios „sindicales“: DTrab, 1998, S. 891 ff. (Cap. 30/IV/B); Rodríguez-Piñero, Valor, RL 1987-I, S. 32 (34 ff.); Baylos, Modelo, 1991, S. 117.* Zu den zwanziger bis

2. Die Gewerkschaftssituation während der „Wendezeit“ von der Diktatur zur Demokratie

Während der spanischen „Wende“-Phase (*transición*)[81] nach dem Tode *Francos* am 20. November 1975 bis zum Inkrafttreten der neuen Verfassung am 29. Dezember 1978 und des Arbeitnehmerstatuts am 10. März 1980 trauten sich „Myriaden“ gerade dem Untergrund entspringende Gewerkschaften an das Tageslicht der jungen Demokratie.[82]

Allein vom Moment der Legalisierung, dem 28. April 1977, bis zum 15. Dezember 1978 meldeten sich 9.657 Koalitionen zur Eintragung an, von denen 4.094 Arbeitnehmer- und 5.563 Arbeitgeberorganisationen waren.[83] Darunter befanden sich so ku-

---

siebziger Jahren: *Diéguez, Negociación, in: VV.AA., Cuestiones, 1990, S. 237 (244 ff.); García González, Pactos, RPS 1976, N° 110, S. 5 ff.; Martínez Giron, Procedimiento, 1985, S. 322 ff.*

[81] *Suárez González, Relaciones, 1980, S. 27 ff.; Arija, Trabajadores, Bol. AEDIPE sept. 1982, S. 11 ff.; de la Villa, Transición, in: de la Villa, Materiales, 1979, S. 253 ff. (Rn. 73.); Montoya, Ideología, 1992, S. 411 ff.; Morodo, Transición, 1988; Saavedra, Empresa, DyE, N° 3, 1978, S. 115 (118 ff.); Bravo, Franquismo, 1992, S. 67 ff.; Tamames (PCE), Umgestaltung, 1978, S. 9 ff.; Hartmann, Spanien, Pol-ZeitG 31/1979, S. 29 (35 ff.); Fraser, Spanien, KritPolÖkon 8/9/10/1976, S. 1 (15 ff., 18 ff.); Schütze, Freiheit, 1969, S. 20 ff.*

[82] Da es keine freiheitl.-demokratischen Tarifgesetze gab, waren zur ersten Orientierung für Spanien wichtig: Das *„Übereinkommen Nr. 87 der IAO vom 09.07.1948 über die Vereinigungsfreiheit und den Schutz des Vereinigungsrechts“, welches in Deutschland am 20.03.1958 (BGBl. 1956, II, S. 2072) und in Spanien erst am 13.07.1977 in Kraft trat (Convenio de la OIT N° 87: Libertad Sindical y Protección del Derecho de Sindicación, adoptado por la Conferencia General en 9 de julio de 1948; ractificado por España en 13 de abril de 1977, BOE 11.05.1977), und das „Übereinkommen Nr. 98“ der IAO über Tarifverhandlung (Convenio de la OIT N° 98: Aplicación de los Principios de los Derechos de Sindicación y de Negociación Colectiva, adoptado por la Conferencia General en 1 de julio de 1949; ractificado por España en 13 de abril de 1977, BOE 10.05.1977), welches in Spanien ebenfalls im Jahre 1977 in Kraft trat: Barrionuevo, Sindicatos, in: VV.AA., Trabajo, 1980, S. 117 (123 ff., 129 ff.); Frowein, Aussperrung, 1976, S. 5 ff.; Klotz, IAO BArbBl. 1973, S. 499 ff.; Lörcher, Int. ArbR, WSI-Mitteilungen 1987, S. 227 ff.; Heintzen, § 116 AFG, DB 1987, S. 482 ff.*

[83] Allein vom 28.04.1977 bis zum 02.05.1977 lassen sich dem *BOE 180 GewerkS und ArbG-Verbände entnehmen, die ihre Satzungen hinterlegten: Bernecker, GewerkS-Bewegung, 1985, S. 414. Dabei war oft unklar, ob man es mit echten Koalitionen zu tun hatte, weil sich manche den Belangen der Selbständigen, Rentner, Arbeitslosen etc. widmeten.* So lassen sich neben den „traditionellen“ GewerkS *CC.OO., UGT, USO, ELA-STV, CNT und CGT folgende Neugründungen ausmachen: Im März 1977 die CSUT, die sich von der CC.OO. abspaltete (vgl. das Interview mit dem Vorsitzenden Jerónimo Lorente bei: Bernecker, GewerkS-Bewegung, 1985, S. 479 ff., 422 ff., 481), im Mai 1978 die SU, welche sich ebenfalls von der CC.OO. absetzte (Bernecker, a.a.O., 1985, S. 476 ff.), die radikal baskisch-nationalistisch-christl. und der Terrororganisation ETA nahe stehende LAB, die ebenfalls baskische LAK, die Oktober 1976 gegründeten baskischen COAE, die CO, welche linker Arm der Partei UML war, die später zur „Plattform des Arbeiterkampfes“ (Plataforma de Lucha Obrera – PLO) wurde, welche sich ihrerseits anschließend bei der CC.OO. einreihte, die falangistisch-faschistische CONS, die der alten franquistischen ZwangsgewerkS OSE entspringende ASO, die CSO wie auch die STC, die FOU sowie die CTC usw.*

riose Kollektive wie die „Vereinigung der Stierkampfmanager", der „Berufsbund der Marionettenspieler", die „Vereinigung der Privatdetektive", die „Nationale Vereinigung der Schuhputzer" und gar eine „Gewerkschaftsvereinigung der „Immerwährenden Bewegung", deren Einordnung als Gewerkschaft mehr als zweifelhaft war.[84] Auf nationaler Ebene rangen immerhin noch 23 Gewerkschaften und 5 Arbeitgeberverbände um die Vorherrschaft.[85]

Was sich den Augen der Öffentlichkeit darbot, waren meist schlecht organisierte[86], zunächst mitgliederarme[87], nach der restriktiven Diktatur stark ideologisierte und heftig untereinander rivalisierende Vereinigungen, die genauso explosionsartig wie sie gegründet wurden, wieder verschwanden. Haustarifverhandlungen wurden extrem zersplittert und äußerst verbissen wie echte „Häuserkämpfe" ausgefochten, von Firma zu Firma, über spontan gewählte *Ad-hoc*-Komitees, Betriebsobmänner, wilde Betriebsversammlungen usw.[88]

Da sich unter diesen Bedingungen kaum geordnete Tarifverhandlungen durchführen ließen und mangels klarer Kräfteverhältnisse mitunter schon schleierhaft war, mit welchen Gewerkschaftsführern sich ein Arbeitgeber überhaupt an den Tisch zu setzen hatte, mussten rasch Kriterien an die Hand gegeben werden, anhand derer die tatsächliche Gewerkschaftsmacht in annähernd objektiver Weise ermittelt werden konnte.[89]

Recht bald organisierten sich die Arbeitgeber im Jahre 1977 im nationalen Arbeitgeberverband *CEOE*. Dieser trat mit seiner Hauptforderung an den Gesetzgeber heran, ihm allein dauerhafte sowie eine gewisse Größe aufweisende Gewerkschaften als Ansprechpartner für Tarifverhandlungen zur Verfügung zu stellen (sog. „Lichtung/Aussortieren" – *clarificación/depuración sindical*).[90] Das damals die Runde machen-

---

[84] *Asociación de Apoderados Taurinos, Unión Profesional de Marionetistas, Asociación Profesional de Detectives Privados, Asociación Sindical de „Movimiento Infinito", Asociación Nacional de Emboladores: Barrionuevo, Sindicatos, in: VV.AA., Trabajo, 1980, S. 117 (131, Fn. 33); García Fernández, Liberté, in: VV.AA., KoalFr, Bd. 75/1, 1980, S. 865 (871 ff.).*

[85] Lt. *Barrionuevo, Sindicatos, in: VV.AA., Trabajo, 1980, S. 117 (131) und A. Hernández, Listas, El Socialista 09.10.1977, N° 25, S. 17 traten nationalweit noch zwischen 10 bis 20 GewerkS zu jenen Zeiten auf, was ihn dazu veranlasst, vom „chaotischen Towabo" (guirigay) zu sprechen.*

[86] *Rodríguez-Piñero, in: VV.AA., Empresa, DyE, N° 3, 1978, S. 124 (127).*

[87] *Redondo erklärte, dass die UGT am 15.04.1976 bei einer Versammlung im Madrider Viertel Cuatro Caminos noch auf kaum 10.000 Mitglieder gelangt, wobei er für Mai 1978 schon eine beachtl. Mitgliederzahl von 2 Mio nennt: Redondo, Dictadores, El Socialista 04.06.1978, N° 59, S. II, Supl. XXXI Congreso UGT.*

[88] Ein zusätzl. Grund für diese „Häuserkämpfe" liegt darin, dass unter der Diktatur allein betriebl. Tarifverhandlungen zugelassen wurden, da das *establishment machtvolle, gesamtstaatl. operierende GewerkS-Organisationen fürchtete und jeden Versuch in diese Richtung verfolgte. Damit bestanden nach der Selbstauflösung der Diktatur einzig auf Betriebsebene Strukturen zur Tarifverhandlung, während es ein gesamtspan. funktionierendes GewerkS-Netz nicht gab: Ojeda, Sturz, in: VV.AA., BetrPolitik, 1982, S. 106 (108 ff.); Valdés, Paradigma, RL 1990-I, S. 268 (269).*

[89] Vgl. dazu schon die Fn. 14.

[90] Siehe *de la Villa, Antología, 1983, S. 61. „Es ist allein mögl., TV mit derjenigen Partei einzugehen, welche die Mehrheit vertritt und in der Lage ist, das Vereinbarte in den unterschiedl. und jeweils durch den TV berührten*

de Schlagwort von der Notwendigkeit einer „Zentralisierung" des Tarifgeschehens hatte vor diesem Hintergrund keinerlei negativen, sondern selbst für den Arbeitgeberverband *CEOE* einen positiven, weil ordnungspolitischen Beigeschmack, nämlich um Konflikte zu entschärfen und einer teuren chaotischen „Atomisierung" der Tarifverhandlung entgegenzuwirken.

Somit verlief die Entwicklung aus deutscher Sicht umgekehrt, da sich in Deutschland nach dem II. Weltkrieg zunächst die Gewerkschaften zur großen *DGB*-Zentrale zusammenschlossen und die Arbeitgeberverbände nachziehen mussten. Es hieß damals in Deutschland unter den eingeschüchterten Arbeitgebern:[91]

> „Wenn ein Wolf [*Gewerkschaft IG Metall*] in den Gänsestall gelangt, braucht der Bauer [*Arbeitgeber*] einen Schäferhund und nicht sechs Dackel"

a) Konfrontation der in den Betrieben „vergessenen" UGT mit den die Betriebe „beherrschenden" CC.OO.-"Arbeiterkommissionen"

In diesen Wirren versuchte die sozialistische *UGT* in Spanien wieder Fuß zu fassen, was ihr anfänglich überhaupt nicht gelang. So besaß sie im Jahre 1972 nur noch 11.805 Mitglieder, von denen die meisten im Exil weilten.[92] Zudem fehlten ihr charismatische Anführer auf unterer oder mittlerer Ebene,[93] wie die Beobachtung eines Personaldirektors eindrucksvoll belegen:[94]

> „Sehr verschiedenartige Kommentare machte man über das, was als hauptsächliche Schwäche der UGT aufgefasst wird: Der Mangel auf mittleren Ebenen an starken Führern, die in ausreichendem Maße Prestige besitzen und als solche erkennbar und in ihrer eigenen entsprechenden Basis verwurzelt sind, mit hohem Niveau an Glaubwürdigkeit sowie Vertrauen und für Tarifverhandlungen gut ausgerüstet. Obschon es wahr ist, dass auch die CC.OO. die Achillesferse hat, wel-

---

Produktionseinheiten zu erfüllen.": Bernecker, GewerkS-Bewegung, 1985, S. 417 ff. „Die ArbG werden und haben in der Tat schon mit den Zentralen verhandelt, welche ihnen die Erfüllung der Vereinbarungen gewährleisten" und machen dies nicht mit den GewerkS-Sektionen oder GewerkS, die ihnen solches nicht versprachen: Chaves, in: VV.AA., Debate, 1982, t. III, S. 445, vgl. auch S. 91 ff.

[91] *Bosch, Distribución, REST 1992, N° 15/16, S. 31 (32); Vgl. de la Villa/García/García-Perrote, Instituciones, 1991, S. 187; Borrajo, Sindicatos, RFDUC 1984, N° 7, S. 143 (144 f.); Ojeda, Sindicalismo, in: VV.AA., Cuestiones, 1990, S. 561 (583).*

[92] *Valdueza, GewerkS-Bewegung, 1982, S. 212 ff.*

[93] *Fraser, Spanien, KritPolÖkon 18/9/10/1976, S. 1 (20 ff.). Statt dessen bildete die UGT als „Konkurrenz" lieber weltfremd entrückte „Geheimbünde", die sog. Comités Obreros bzw. Comités de fábrica, welche keinerlei Einfluss auf die GewerkS-Bewegung unter Franco besaßen: Marín Arce, Transición, 1997, S. 23 ff.; Franz, Klassenkämpfe, 1975, S. 128 ff.; Camacho, Gespräche, 1976, S. 15; Buck, Linke, BürgStaat 2/1977, S. 103 (104).*

[94] *Esteban (PersDir. BVB), AMI, in: VV.AA., Comentarios, 1980, S. 83 (88).*

che darin besteht, alle gewerkschaftlichen Fragen auf einen vorrangig politischen Dialog zurückzuführen, um so ihr hauptsächliches Ziel zu erreichen, nämlich den politischen Machtfaktor der [*Kommunistischen Partei Spaniens*] PCE zu erhöhen, erweist es sich für die UGT als sehr viel schwieriger und arbeitsintensiver als für die CC.OO., die Tarifverhandlung in ihren verschiedenen Bereichen nach den von ihren höchsten Leitungsorganen ausgearbeiteten Richtlinien zu steuern ... Zum Teil ist dies der Grund dafür, dass die UGT versucht, das Niveau des Geltungsbereiches der Tarifverhandlung so hoch wie möglich nach oben zu heben, wegen des augenscheinlichen Mangels und der Schwäche ihrer mittleren Führungsebene; dabei darf man nicht das objektive Interesse vergessen, die eine Kollektivverhandlung von oben nach unten aufgrund von sinnvolleren Kriterien in sich birgt, weil damit die exzessive Atomisierung vermieden wird, die sich aus dem vorherigen [*Franco-*] System entwickelte, und so die hohen Konfliktzahlen verringert; diese waren insoweit Konsequenz jener weit zerstreuten Verhandlungen [*wegen Verbots zentraler Tarifverhandlungen unter Franco aus Furcht vor der Gewerkschaftsbewegung*]."

Bei den ersten freien Wahlen zur Einheitsvertretung im Frühjahr 1978 landete die *UGT* denn auch weit abgeschlagen hinter der kommunistischen *CC.OO.* und wurde als „spindeldürres Gerippe sowie wiederauferstandenes Gespenst" verhöhnt.[95] Der Grund für die Schwäche der *UGT* lag nicht zuletzt darin, dass ihr infolge des Exils die wichtige Präsens vor Ort gefehlt hatte und vor allem, dass die Einheitsvertretungen zumeist deckungsgleich mit den konkurrierenden Mitgliedern der *CC.OO.* waren.[96] Der *UGT*-Generalsekretär *Nicolás Redondo* erklärte, man habe zu berücksichtigen:[97]

„dass wir uns seit jeher weigerten, mit der franquistischen Zwangsgewerkschaft zu kollaborieren, weshalb wir uns zu Beginn der Wahlen [*zu den Einheitsvertretungen*] darüber bewusst waren, dass wir gewissen Nachteilen unterliegen würden im Vergleich zu anderen Zentralen [*vorrangig der CC.OO.*]. Wir mussten

---

[95] Wahlen wurden angeordnet durch *Real Decreto vom 06.12.1977 und zwischen Januar-April 1978 durchgeführt. Hier konnte die CC.OO. einen überwältigen Triumph von 34,5 % der EinhVertr.-Posten erringen und die UGT nur schwächl. 21,6 %. Die kath. USO erlangte 8,68 %, die baskische ELA-STV allein 1 % und anderen insges. 7,9 %: Setién, Movimiento, 1982, S. 62; Abele, TarifR, Diss., 1996, S. 106 ff.*

Die CC.OO. gab dagegen an, sie habe selbst 43 % und die UGT 27 % der EinhVertr.-Posten erhalten: Bernecker, GewerkS-Bewegung, 1985, S. 400 ff.

Nach Angaben von *Hartmann soll die CC.OO. 37,8 %, die UGT 31 % und nichtorganisierte Kandidaten 12,7 % erlangt haben: Spanien, Pol-ZeitG 31/1979, S. 29 (42), nach Valdueza sollen die übrigen GewerkS wie USO, SU, CSUT je 1-5 % erreicht haben: GewerkS-Bewegung, 1982, S. 226; 1980 erlangte die CC.OO. nur noch 30 % und die UGT schon 29,27 %. 1983 konnte die CC.OO. 40 % und die UGT 36,70 % auf sich vereinen: Marín Arce, Transición, 1997, S. 43 f., Fn. 86, 89.*

[96] *Franz, Klassenkämpfe, 1975, S. 29 ff.; Alberto Fernández (UGT, 1974): Franz/Tovar, Spanien, 1976, S. 119 ff. Entsprechend erging es der PSOE: Herzog, Spanien, Kursbuch 46/1976, S. 107 (114 ff.).*

[97] *Redondo, Discurso-programa, UGT jun. 1978, N° 399, S. 27 (29).*

die Wahlkampagne in einem Moment anpacken, als unsere Organisation noch stockte, zu einem Zeitpunkt, in dem wir versuchten, unsere Strukturen an einen vorher noch nie gesehenen Wachstumsschub anzupassen und den wir ohne bestimmte Defizite zu überwinden hatten, die überwiegend auf die im Untergrund angenommenen Gewohnheiten zurückzuführen sind."

Die *CC.OO.* kontrollierten seit der zweiten Phase der *Franco*-Diktatur die Räte- sowie Versammlungsbewegung in den Betrieben und dachten selbstverständlich nicht daran, die unter großer Aufopferung erkämpften Vorteile und Schlüsselpositionen zugunsten ihrer sozialistischen Genossen von der *UGT* aufzugeben.[98] Der *CC.OO.*-Generalsekretär *Camacho* stellte darum fest:[99]

„Die in der Praxis bestehenden Betriebskomitees [*Einheitsvertretung*] sind nichts anderes als die Fortführung dieser Arbeiterkommissionen [*CC.OO.*], welche im Untergrund [*des Franquismus*] entstanden und sich durchsetzten, dieser Komitees, in denen die Gewerkschaftsbewegung begann, legal zu werden."

b) Unterschiedliche Konzepte: Die UGT-Gewerkschaftszentrale oder die CC.OO.-Rätebewegung

Sogleich entbrannte ein heftiger Streit zwischen *UGT* und *CC.OO.*, da beide ihre Stärken auf unterschiedlichem Gebiete erkannten und für sich auszunutzen trachteten:[100]

---

[98] *Ojeda, Sindicalismo, in: VV.AA., Cuestiones, 1990, S. 561 (582); VV.AA., DTrab, Vol 1, 1991, S. 43; Suárez González, Relaciones, 1980, S. 43 f.*

[99] In: VV.AA., Debate, 1982, t. III, S. 442.

[100] Theoretisch kamen mehrere Subjekte für die Tariffähigkeit auf Betriebsebene und überbetriebl. Ebene in Frage: GewerkS, EinhVertr., Betriebsversammlungen, GewerkS-Sektionen, ein aus GewerkS und BRäten anteilig beschicktes Organ, das sog. *órgano mixto, vgl. Fn. 14. Letzteres wurde insbes. von der CC.OO. favorisiert und von der UGT auf das schärfste abgelehnt und sollte in gewisser Parallele zur dtsch. Rätebewegung sogar auf der Ebene über dem Unternehmen zur Aushandlung von TV befähigt sein. 1980 ergab eine Umfrage, dass 25 % der ArbN den GewerkS, 17 % den BKom., 20 % einem aus beiden zusammengemischten Organ sowie 5 % der Betriebsversammlung die Tariffähigkeit ausstellen wollten. Einem Gesetzesentwurf zum Arbeitnehmerstatut durch die GewerkS-Organisationen vom August 1978 zur Folge, sollte zunächst auch spontan und nur zur Tarifverhandlung gegründeten Gruppierungen die Tariffähigkeit zugebilligt werden: Marín Arce, Transición, 1997, S. 79, Fn. 233, S. 93; Rodríguez-Sañudo, Negociación, in: VV.AA. Derecho, 1980, S. 337 (357, Fn. 23), vgl. S. 124 ff.* Als formales Argument diente der *UGT der Paritätsgedanke, wonach BKom., die de facto aus Vertretern der GewerkS heraus gewählt werden, dann auch die GewerkS selbst auf jener Ebene eine Vertretung besitzen müssten: Rodríguez Santos, Comentarios, t. III, 1992, Art. 87 (S. 396 f.). Der PCE-Vorsitzende Carrillo sprach sich gegen die Tariffähigkeit von GewerkS-Sektionen aus, da sich sonst der ArbG eine „gelbe" zur Verhandlung auswählen könnte: García Ortega, Infraempresarial, AL 1985-1, Rn. 581, S. 1113 (1117). Vgl. auch zur komm. Sichtweise des Zusammengehens von UGT, UCD-Zentrumsregierung und CEOE: Bernecker, GewerkS-Bewegung, 1985, S. 407 ff., 423 ff.*

Die *UGT* besaß eine noch aus dem Exil gut durchorganisierte Gewerkschaftsstruktur, die *CC.OO.* hielt dagegen die reale Macht in den Betrieben in den Händen, wobei sie allerdings nur auf eine unzulängliche Organisation zurückgreifen konnte, weil sich die dezentrale Rätebewegung unpräzise steuern ließ.[101]

Daher wetterte die *UGT* lautstark gegen die Durchbrechung des gewerkschaftlichen Monopols zum Abschluss von Tarifverträgen durch die Einheitsvertretung und wollte die Tariffähigkeit allein den stabilen Gewerkschaftsorganisationen zugestehen.[102] Sie proklamierte ihre Losung, wonach allein echte Gewerkschaftsorganisationen aufgrund ihres Fachverständnisses die volkswirtschaftlichen Sachzusammenhänge überblicken und in eine angemessene Tarifpolitik umsetzen können sollen.

Dabei handelt es sich um Überzeugungen, zu denen sie nicht ganz allein gekommen war, da der *DGB* und die *SPD* auf ihre lehrreichen Erfahrungen der Jahre 1918 bis 1920 in der „Räterepublik Deutschland" zurückblicken konnten und „ihre" spanischen Schwesterorganisationen ideologisch gut anleiten konnten.[103] Ferner befürchtete die *UGT*, dass Firmentarifverträge, die von den Einheitsvertretungen unterzeichnet werden, den Arbeitgeber zu einer unzulässigen Einflussnahme verleiten könnten.[104] Auf jeden Fall hatte der aggressive Kult, den die *CC.OO.* um ihre wilden und organisato-

---

[101] Dies erklärt sich daher, dass zu Zeiten *Francos die nationale Ebene aus Angst vor konspirativer gewerkschaftl. Tätigkeit untersagt wurde. Die GewerkS-Tätigkeit im Untergrund kam über die Provinzebene nicht hinaus, da sie sich zum Schutz vor Verfolgung möglichst dezentral organisieren musste. Dort wird sie auch noch heute von den „Lokalmatadoren" gehalten. Ojeda nennt dieses Phänomen den „provincialismo franquista" und spricht deswegen von einer „barrock-femininen", „fettleibigen" und „archaischen" Struktur oder auch „spanischen Eigenart" (españolismo): DerSind, 1995, S. 621 ff. (Cap. 22/C/b/a); Schütze, Freiheit, 1969, S. 64 ff.*

[102] Vgl. *Marín Arce, Transición, 1997, S. 78 ff.; Lecher, Spanien, Die Mitbestimmung 5/1983, S. 240 (241).*

[103] Unter Rückgriff auf deutsche Erfahrungen des *DGB und der SPD während 1918-1920. Vgl. Sinzheimer, Rätebewegung (1920), ArbR und RSoz, Bd. 1, 1975, S. 356 (358 ff.); Flatow, BRäte, NZfA 1924, Sp. 385 (388 ff.). Siehe: Art. 165 WRV, wonach Betriebs-, Bezirksarbeiterräte und sogar ein Reichsarbeiterrat (neben Wirtschaftsräten) organisiert werden sollten, ohne diesen freil. die so elementaren Befugnisse zum Aushandeln von Lohn- und Arbeitsverhältnissen zu überantworten, was allein den „Berufsverbänden" vorbehalten blieb: Sinzheimer, Rätesystem (1919), ArbR und RSoz, Bd. 1, 1975, S. 325 (346 ff.).*

Zur Bestrebung in Deutschland, das revolutionäre Potential über gesetzl. Bahnen zu lenken, zu entschärfen und so das „ArbR als Waffe im Kampf gegen den Kommunismus ins Feld" zu führen: Hentschel, Sozialpolitik, in: VV.AA., Republik, 1987, S. 197 (202 ff.); Lambrich, Tarif- und BetrAuton., 1999, S. 100 ff.; Schütze, Freiheit, 1969, S. 85; Ulrich, ArbN-Statut, 1998, S. 8 ff.

Rechtsvergleichend zur Tariffähigkeit im franz., ital., belg., niederl., engl. (S. 22, Fn. 12), dtsch. Recht: Escudero, Negociadores, 1986, S. 19 ff., 25 ff. Vgl.: Sáez, Representación, 1992, S. 22 ff., S. 93 ff.; Hanau, Principios, in: VV.AA., Arbitraje, 1996, S. 224 (228 ff.); Molero, DerSind, 1996, S. 327 ff.; Iglesias, DerSind, 1996, S. 24 ff., 36 ff., 201 ff.

[104] *Mozo, Asambleismo, CRL 1993, N° 3, S. 95 (99 ff.); Escudero, Negociadores, 1986, S. 16 f.*

risch kaum kontrollierbaren *Ad-hoc*-Räte trieb[105], im Programm der *UGT*, welches auf Disziplin, Koordination und Zentralisierung hin ausgerichtet war, keinen Platz.[106] Ihr Gewerkschaftsblatt klagte die *CC.OO.* an:

> „… wie kann man rechtfertigen, dass Versammlungen mit 10.000 Arbeitnehmern demokratisch sind, deren Entscheidungen eine ganze Branche betreffen? Diese Handlungsweise mit Versammlungsbewegung und speziell der CC.OO. begünstigt nicht das Verantwortungsbewusstsein der Entscheidungen, sondern ist ein Nährboden für Demagogie und Unverantwortlichkeit. Es gibt eine wichtige Frage, die sich die Vertreter der Versammlungsbewegung zu stellen haben: Ist es möglich einen gesamtstaatlichen Tarifvertrag über ein Versammlungsverfahren zu verhandeln? Wer ist verantwortlich für die Erfüllung dieses Tarifvertrags?“[107]
>
> – und –
>
> „Die CC.OO. schlägt vor, dass zur Aushandlung von Provinz- oder Branchentarifverträgen eine aus repräsentativen Gewerkschaftszentralen und Betriebskomitees gemischte Vertretung gegründet werden solle. Allerdings und abgesehen davon, dass die verschwommen bleibende Erklärung nichts taugt: Wie soll man die Repräsentativität der Gewerkschaften messen? Wie sollen die Betriebsräte ausgewählt werden, wenn 2.000 oder 40.000 Unternehmen von einem Provinztarifvertrag erfasst werden? Und wir wollen schon gar nicht über den Streik sprechen. Wir wären das einzige europäische Land, in dem die Inhaber des Streikrechts nicht die Gewerkschaften sind. Wer würde die Verantwortung für diese Streiks tragen? Welche Gewerkschaften würden die Streikenden bezahlen? Wer würde mit den Arbeitgebern verhandeln? … Während der Diktatur kämpfte man, ging man ins Gefängnis und es wurde vielen Arbeitnehmern wegen ihrer Rufe nach Gewerkschaftsfreiheit sowie der Bitte nach Arbeitergewerkschaften gekündigt. Weshalb nun das Interesse der CC.OO., die Gewerkschaften in die zweite Reihe abzuschieben?“[108]

---

[105] *A. Hernández, Listas, El Socialista 09.10.1977, N° 25, S. 17 („die CC.OO. …ist eine klassenkämpferische und die UGT…eine reformorientierte GewerkS“). So ein enttäuschter Suárez González, der feststellt, dass zu diesen Zeiten keine GewerkS eine auf Kooperation hin ausgerichtete Politik verfolgte: Relaciones, 1980, S. 25 ff.; Escudero, Negociadores, 1986, S. 39 ff.* Vgl. auch zu einem vom gegenseitigen Misstrauen überschatteten Verhältnis zwischen ArbG und ArbN sowie zu einer Schilderung der Beziehungen zwischen ArbG und einem als „schwierig“ eingestuften BKom.: *Veciana, Empresa, Bol. AEDIPE sept. 1984, S. 11 (13 ff.).*

[106] Die *UGT stand für „GewerkS-Bewegung“ (sindicalismo) und die CC.OO. für „Versammlungsbewegung“ (asambleismo): VV.AA., Memoria, 1978, S. 19 ff.; Eich, Spanien, GewMoHefte 1/1981, S. 22 (26 ff.).*

[107] VV.AA., Huelga, UGT 26.09.1977, N° 391, S. 7 (8). Einem Entwurf zum Arbeitnehmerstatut von den GewerkS-Organisationen im August 1978 zufolge, sollte zunächst auch spontanen und allein zum Zwecke der Verhandlung eines TV gegründeten Gruppierungen die Tariffähigkeit zugebilligt werden: *Rodríguez-Sañudo, Negociación, in: VV.AA., Derecho, 1980, S. 337 (344, Fn. 9, S. 357, Fn. 23).*

[108] *A. Hernández, Listas, El Socialista 09.10.1977, N° 25, S. 17.*

Im Unterschied zur Strategie der *UGT* bestand die kommunistische *CC.OO.* auf eine Einräumung der Streik- und Tariffähigkeit für „ihre" Einheitsvertretung und bekämpfte das Konzept der *UGT*, weil sie eine Entmachtung der von ihr „gesteuerten" Rätebewegung befürchtete.[109] Aber die Sozialisten ahnten schon:[110]

> „Die [*Kommunistische Partei Spaniens*] PCE wird bald so enden, dass sie die Präsenz der Gewerkschaftssektionen in den Unternehmen akzeptieren wird."

c) Erhoffter Zugang der UGT zum Betrieb über die „Gewerkschaftssektionen"

Da die Einheitsvertretungen durch die *CC.OO.* „blockiert" waren und die *UGT* dort „kaltgestellt" wurde,[111] musste sie sich eine andere Strategie einfallen lassen, um den lebenswichtigen Zugang der Gewerkschaft zum Betrieb und damit zur Belegschaft sicherzustellen, ganz nach dem Motto: „Der Schlüssel liegt in der Fabrik" (*La clave está en la fábrica*).[112] Die Absicht der *UGT* bündelte sich deswegen darauf, ihr Heil in „*Ge-*

---

[109] Die *CC.OO. sprach sich zwar nicht gegen die GewerkS-Sektion als solche aus, wollte ihr jedoch die Tariffähigkeit vorenthalten. Vgl. Camacho: Cortes, DSCD, 13.12.1977, N° 35, ComTrab., Sesión N° 1, S. 1277 f.; Ojeda, Sturz, in: VV.AA., BetrPolitik, 1982, S. 106 (112 ff.); Ulrich, ArbN-Statut, 1998, S. 111.* Dennoch lassen sich auch solche Stellungnahmen finden: „*Eine wichtige Rolle kommt schliessl. den GewerkS-Sektionen zu, die als ein Instrument der CC.OO. wirken, das den Kampf in den Betrieben mit dem allgemeinen Kampf der Arbeiterklasse verbinden soll. Dabei treten wir dafür ein, die BKom. mit max. Befugnissen auszustatten, was ihnen ermöglichen würde, eine aktive Teilnahme der Werktätigen am Kampf zu gewährleisten und die Aktionseinheit an der Basis herzustellen.", aus: Bernecker, GewerkS-Bewegung, 1985, S. 399 (409).*

[110] *González (PSOE) und Redondo, Principio, UGT-Informa 01.01.1980, S. 2 (3).*

[111] Aus diesem „Verstopfen" des *BKom. durch die CC.OO. entstanden die ersten außerstatutarischen TV in der Demokratie, da die UGT versuchte, die CC.OO.-Blockaden durch Tarifabschlüsse mit Hilfe ihrer GewerkS-Sektion zu umgehen: STCT 20.12.1980, RTCT 6779; Desdentado/Baylos, Ingerencia, GS 1980, N° 7, S. 21 ff.; Suárez González, Relaciones, 1980, S. 181, Fn. 93; Montoya, Viabilidad, in: VV.AA., Problemas, 1984, S. 49 (65); Marín Arce, Transición, 1997, S. 96.*

[112] Lebenswichtig deswegen, weil im Betrieb Mitglieder und vor allem Stimmen bei den Wahlen zur EinhVertr. geworben werden, die über die Repräsentativität entscheiden.
Auch andere GewerkS wehrten sich, je nachdem, ob sie stark im BKom. vertreten waren oder nicht, gegen die *CC.OO.-Blockade. Die anarchistische CNT dagegen, welche sich aus ideologischen Gründen nicht den Wahlen zum BKom. stellte (und noch heute zum Boykott aufruft, vgl. Fn. 189), gab sich mit der Einrichtung von GewerkS-Sektionen zufrieden. Ebenso wollte die ELA-STV die EinhVertr. aus den Betrieben vertreiben, um so die GewerkS-Bewegung über ihre Sektionen zu potenzieren. Im Gegenteil dazu sympathisierte die USO mit der Rätebewegung: Valdueza, GewerkS-Bewegung, 1982, S. 193 ff.; Suárez González, Relaciones, 1980, S. 43, Fn. 40; Sala, Representación, RL 1990-II, S. 152 (157); Marín Arce, Transición, 1997, S. 87; Setién, Movimiento 1982, S. 80 ff.*

werkschaftssektionen" zu suchen, die jede Gewerkschaft im Betrieb errichten durfte, und drängte den Gesetzgeber, jenen Organen die so wichtige Tarif- und Streikfähigkeit zu gewähren.[113] So meinten die Sozialisten:[114]

> „Die Gewerkschaftssektionen benötigen Instrumente der Gewerkschaftsaktion, benötigen die Tariffähigkeit zum Abschluss von [*statutarischen*] Tarifverträgen, benötigen die Fähigkeit, das Streikrecht auszuüben oder Kollektivkonflikte aufwerfen zu können, zur Verteidigung ihrer Mitglieder und der gesamten Fabrikbelegschaft ... Wenn das Betriebskomitee der einzige Protagonist der Gewerkschaftsaktion wäre und alle Aufgaben an sich reißen dürfte, die der Gewerkschaft innerhalb des Unternehmens zustehen müssten, so wäre die Gewerkschaftsbewegung in diesem Land dazu verdammt, eine labile zu sein, und damit würden wir der Demokratie in unserem Land einen schwachen Dienst leisten."

Wäre der Gesetzgeber damals den Vorstellungen von Seiten der *UGT* gefolgt, hätte den kommunistisch dominierten Einheitsvertretungen also die Tarif- sowie Streikfähigkeit vorenthalten werden sollen. Der Gesetzgeber konnte sich zu diesem letzten Schritt nicht entschließen und so beschimpfte der damalige *UGT*-Generalsekretär und *PSOE*-Parlamentsabgeordnete *Nicolás Redondo Urbieta* den Entwurf des Arbeitnehmerstatuts sogar wutentbrannt als „*franquistisches Erbe*".[115] Wie sehr sich die *UGT* an ihre Hoffnung „Gewerkschaftssektion" klammerte, verdeutlicht dessen unverhohlene Drohung:

---

[113] Vgl. zur Schilderung von Gesetzesentwürfen der damaligen Oppositionspartei *PSOE als politischer Arm der UGT, die 1977 zurückgewiesen wurden: Casas, Representación, REST 1990, N° 10, S. 101 (102 ff.); VV.AA., Memoria, 1978, S. 33 ff.*

[114] *Chaves González (PSOE), in: VV.AA., Debate, 1982, t. III, S. 444 f.*

[115] Während seiner Parlamentsrede am 11.12.1979, abgedr. in: VV.AA., ET, 1980, Prólogo, S. 10 f. Der Entzug der Tariffähigkeit der EinhVertr. wäre zu diesem Ztp. als direktes Vorgehen gegen die *CC.OO. aufgefasst worden, kam wegen der zuvor unter dem Regime erlebten Repressalien und der Furcht des ArbG-Lagers vor einer allzu radikalen CC.OO.-Rätebewegung nicht in Frage: Valdés, Constitución, RPS 1979, N° 121, S. 469 (489 ff.). Die UGT forderte die CC.OO. immer wieder auf, aus den Organen der franquistischen OSE, näml. deren BRäte und den ehem. offiziellen „Syndikatsvertreter" (Enlaces Sindicales) auszutreten, die dort erlangten BRats-Posten aufzugeben sowie eine eigene GewerkS-Organisation aufzubauen. Diese Forderung fiel ihr besonders leicht, weil sie selbst wegen ihrer Totalverweigerungshaltung unter Franco keinerlei Posten oder subversiven Einfluss in diesen OSE-Organen gewonnen hatte, vgl. UGT 1976, N° 372, S. 1, 13. Die CC.OO. wies dagegen keinen eigenen GewerkS-Apparat auf, war aber bestens in den BKom. verwurzelt und weigerte sich folgl. bis zu ihrer Gründung 1978 als „ordtl." GewerkS, all diese bequemen Vorteile über Bord zu werfen. Sie CC.OO. glaubte anfängl., die per Gesetz eingeräumten Vorteile für (ihre) EinhVertr. in (illegaler) Weise für eigene GewerkS-Arbeit ausnutzen zu können, wie z.B. die monatl. fix gewährten Freistellungsstunden für „ihre" EinhVertr.-Mitglieder (vgl. Fn. 717), deren Recht, sich im Unternehmen frei bewegen zu dürfen, Versammlungsorte oder schwarze Bretter einfordern zu können usw.: Ojeda, Intervención, in: VV.AA., Estabilidad, 1998, S. 271 (280); ders., Sindicalismo, in: VV.AA., Cuestiones, 1990, S. 561 (581 ff.); Franz, Klassenkämpfe, 1975, S. 92 ff.; Setién, Movimiento, 1982, S. 42 ff.; Marín Arce, Transición, 1997,*

„... das Thema der Gewerkschaftsaktion im Unternehmen ist tief greifender und komplexer als die bloße Wahl der Vertretungsorgane. Es handelt sich darum, das Funktionieren der Gewerkschaftssektionen zu regeln und zu gewährleisten, ohne deren rechtliches Bestehen die Arbeitsbeziehungen notwendigerweise hin zu den Betriebsversammlungen [*die von der CC.OO. kontrolliert wurden*] abgeleitet werden, welche zutiefst instabil sind ... Die Gewerkschaftssektionen im Unternehmen stellen zusammen mit den Betriebskomitees in jedem demokratischen Land ein fundamental wichtiges Element im Rahmen der Arbeitsbeziehungen dar. Deswegen gilt: Wenn dies nicht auf legalem Wege möglich ist, so wird die UGT versuchen, sie über sozialen Druck aufzuzwingen."[116] – und –
„Wir bekräftigen erneut, dass die Einrichtung der Gewerkschaftssektionen auf Unternehmensebene eine vorrangige Aufgabe der UGT ist: Unsere Gewerkschaftsstrategie ist von den Gewerkschaftssektionen abhängig, überlässt man die Gewerkschaftsaktion exklusiv den Betriebskomitees, so bedeutet dies, die Taktik der CC.OO. und der Arbeitgeber zu begünstigen, um die Rolle der Gewerkschaftszentralen zu schmälern."[117]

Insofern lässt sich bereits damals kein gemeinsames „An-einem-Strang-Ziehen" von *UGT* und *CC.OO.*, sondern eher ein von Ressentiments und egoistischen Interessen geprägtes Taktieren beider Gewerkschaftszentralen feststellen,[118] was sich auch aus den Äußerungen des *UGT*-Generalsekretärs *Nicolás Redondo* ergibt:[119]

„... man muss sich in Erinnerung rufen, dass uns nicht alle Probleme von Arbeitgeberseite aus beschert wurden, weil sich die andere große Gewerkschaftsorganisation [*CC.OO.*] opportunistisch wie die Fahne im Winde drehte sowie widersprüchlich handelte; dies ist stärker durch Voreingenommenheit als durch Gründe der Forderungen an Arbeitgeberseite motiviert, was seinerseits schließlich eine Trübung der Beziehungen der Gewerkschaften untereinander zur Folge hatte; Beziehungen, die flüssig hätten ausgestaltet werden können, wenn ihre ideologischen Scharfmacher, die stark von ihrer eigenen Basis in Frage gestellt wurden, nicht versucht hätten, die interne Krise der [*Kommunistischen Partei Spaniens*] PCE auf eine [*eigentlich*] strikt den Gewerkschaften vorbehaltene Bühne hochzuhiefen."

S. 49 ff., 53; Serrano Carvajal, Tendencias, 1984, S. 30 ff.; Ojeda/Pérez, GewerkSR, AiB 1989, S. 382 (383); Martínez Mendoza, Crédito, RL 1998, N° 18, S. 8 ff. Zur Entwicklung anarchistischer GewerkS nach *Franco: Bernecker, GewerkS-Bewegung, 1985, S. 420 ff.*

[116] *Redondo: Cortes, DSCD, N° 5, 1978; Cortes, DSCD, 13.12.1977, N° 35, S. 1274 ff.*

[117] *Redondo, Dictadores, El Socialista 04.06.1978, N° 59, S. II (III), Supl. XXXI Congreso UGT; ders., Discurso-programa, UGT 1978, N° 399, S. 27 (33).*

[118] *Führer-Ries, GewerkS, 1991, S. 62 ff.; Camacho, VV.AA., Debate, 1982, t. III, S. 442; Setién, Movimiento, 1982, S. 84 ff.; José Barrionuevo Peña, Carlos Pardo, in: VV.AA., Acción, FFE, 1979, S. 104 ff., 191 ff.*

[119] *Redondo, Transición, Claridad 1984, mayo-jun., N° 1, S. 11 (12 ff.).*

d) Schulterschluss von UGT, CEOE und Regierung gegen die Rätebewegung der CC.OO.

Auch das Arbeitgeberlager war anfangs nicht gerade begeistert von der *UGT*-Idee, im „eigenen Hoheitsbereich" etwaige „Gewerkschaftssektionen" oder, wie man überspitzt formulierte, eine „*Sowjetisierung*" der Betriebe dulden zu müssen.[120] Während des Überganges zur Demokratie gebärdeten sich die das erste Mal Freiheit schnuppernden Gewerkschaften schließlich (pseudo-) revolutionär und hinter der Frage über das *Pro* und *Contra* einer „Gewerkschaftssektion" wurde nicht weniger als der erste Schritt in Richtung „Klassenumsturz" vermutet.[121] Erklärungen, wie die der *grande dame* der Kommunistischen Partei Spaniens *Dolores Ibárruri* brachten noch zusätzlich Wasser auf die Mühlen:[122]

> „[*Der Generalsekretär der PCE Santiago*] Carillo soll gesagt haben, er wolle keine Diktatur, auch nicht die des Proletariats? (...) Im Parteiprogramm haben wir sie uns nicht vorgenommen. Aber es ist sehr schwierig, jetzt vorhersehen zu wollen, dass es keine Diktatur des Proletariats geben wird. Wir wissen weder wie sich die Dinge entwickeln noch welches die herrschenden Kräfte sein werden."

---

[120] *„Sovietización de relaciones laborales". Selbstverständl. wehrten sich die ArbG gegen das plötzl. Auftauchen gewerkschaftl. Elemente auf „ihrer" Betriebs- oder Unternehmensebene: Ojeda, Sturz, in: VV.AA., BetrPolitik, 1982, S. 106 (114 f.); ders., DerSind, 1995, S. 677, Fn. 22; ders., Compendio, 1998 S. 309 f. (Cap. 18/A/b/1). Gar von „Feindschaft" (hostilidad) sprechend: Valdés, Modelo, in: VV.AA., Negociación, 1982, S. 17 (76 ff.); Marín Arce, Transición, S. 201 ff.; zur GewerkS-Sektion aus der Sicht der ArbG: Esteban (PersDir. BVB), AMI, in: VV.AA., Comentarios, 1980, S. 83 (91 ff.).*

[121] Vgl. den damaligen Demonstrationsreim: *„Man fühlt, man fühlt, die Revolution ist anwesend – Se siente, se siente, la revolución está presente." Vgl. zur traditionellen Einforderung einer Betriebsvertretung durch zumeist klassenkämpferisch-marxistisch orientierte GewerkS: Suárez González, a.a.O., S. 25 ff. Dazu musst man sich die besondere Situation z.Ztp. der „Wende" vor Augen führen, wo vom Wirtschaftssystem bis hin zum Staatsaufbau alles in Frage stand. Die ArbG befürchteten, dass die GewerkS-Sektionen ebenfalls durch die „komm." beherrschten EinhVertr. beeinflusst werden könnten. Bezeichnend für den Kompromisscharakter der span. Verfassung ist, dass weder die „wirtschaftl. Betätigungsfreiheit" (Art. 38) noch das „Eigentum" (Art. 33) in die Kategorie „besonders geschützter Grundrechte" (vgl. S. 124 ff.) mit aufgenommen wurde. Ihr Schutz kann nicht in direkter Weise vor der ordtl. Rspr. oder mit VerfBeschw. vor dem VerfG eingefordert werden, vgl.: Rubio, Libertad, in: VV.AA., Libertad, 1993, S. 25 ff, 159 ff., Aragón Reyes, Libertad und del Valle, Límites, S. 183 ff.; VV.AA., Acción, FFE, DyE, 1979, S. 69 ff., 73 ff.; Vgl. Cuevas in: RL 1998, N° 4, S. 3 (4 ff.); Serrano Carvajal, Libertad, RPS 1979, N° 121, S. 439 (451 ff.).* Aus diesem Grunde saß das Misstrauen der ArbG ggü. jegl. Bestrebungen von GewerkS-Seite sehr tief: *„Dies ist ein Gewerschaftler", „mit dem spricht man nicht, es sei denn, dass es nicht absolut notwendig wäre" oder „Ich glaube, dass es Bundeskanzler Schmidt absolut nicht verstehen würde, wenn man {von GewerkS-Seite aus} nicht in der Lage wäre, ein Gespräch z.B. mit dem Präsidenten von Ford zustande zu bringen.": Weingardt, in: VV.AA., Empresa, DyE, N° 3, 1978, S. 12 (14).*

[122] *Buck, Linke, BürgStaat 2/1977, S. 103 (105, Fn. 13).*

Aus diesem Grunde murrte der damalige Generalsekretär des nationalen Arbeitgeberverbandes *CEOE Carlos Ferrer Salat* auf die Frage nach der Akzeptanz von Gewerkschaftssektionen zunächst: *„zu den Gewerkschaftssektionen, nichts!"*.[123] Recht kurz vor Verabschiedung des Arbeitnehmerstatuts im Jahre 1980 änderte sich aber plötzlich die Haltung der Arbeitgeber. In der Gewerkschaftslandschaft zeichnete sich am Horizont immer deutlicher die Zweiteilung in die gemässigtere sozialistische *UGT* und die von ihrer Grundhaltung her aggressivere kommunistische *CC.OO.* ab.[124] Der UGT-Generalsekretär *Nicolás Redondo* erkannte:[125]

> „Im Untergrund bestand eine Zweiteilung der Gewerkschaftsbewegung in die zwei Optionen, welche von UGT und CC.OO. vertreten wurden. Diese Zweiteilung verschärfte sich immer intensiver ... Im Untergrund war sie darauf gerichtet, das franquistische Regime zu destabilisieren ..."

Die katholische *Unión Sindical Obrera* (im Folgenden: *USO*), welche nur für kurze Zeit die Hoffnung der konservativen Zentrumsparteien nährte, eine dritte Kraft unter den großen Gewerkschaften etablieren zu können, erlangte auf gesamtstaatlichem Gebiet keine Bedeutung.[126] Nordamerikanische Geheimdienstkreise verbreiteten folgende Einschätzung:[127]

> „Was die Christdemokraten betrifft, so hält Washington sie für unfähig, die Rolle zu spielen, die ihr älterer Bruder in Italien während der Nachkriegszeit übernahm. In den Augen der amerikanischen Geheimdienste fehlt es den spanischen Christdemokraten an einer straffen Organisation und außerdem sind sie ideologisch zerstritten, so dass sie für die Rolle, die Kommunisten zurückzudrängen,

---

[123] *Camacho warf den ArbG vor: „Wir verteidigen die auf die GewerkS-Einheit hin ausgerichtete Aktion, wir verteidigen ebenfalls die Mitwirkung der GewerkS-Sektionen als Herzstück. Und man muss sagen, der Señor Ferrer {Salat, CEOE} in diesen Erklärungen, mit seiner Arroganz davon auszugehen, dass ihm alles erlaubt sei..., sagt: „zu den GewerkS-Sektionen, nichts". Dies bedeutet, jene denken an eine GewerkS-Bewegung von oben herab, ohne Basis...": VV.AA., Debate, 1982, t. III, S. 44.*
Dem Gesetzgebungsverfahren zum Arbeitnehmerstatut lässt sich entnehmen, dass auf Druck des vor der GewerkS-Macht im Betrieb ängstl. ArbG-Lagers zunächst allein der EinhVertr. die Tariffähigkeit eingeräumt werden sollte. Als „formelles" Argument behaupteten die ArbG, dass die BKom. das Gemeinschaftsgewissen, Gemeinschaftsgefühl und die Mitbestimmung der Belegschaft fördern sowie den GewerkS keineswegs ihre Rolle auf Betriebs-/ *Unternehmensebene nehmen würden: Rodríguez Santos, Comentarios, t. III, 1992, Art. 87 (S. 396 f.); Redondo, Dictadores, El Socialista 04.06.1978, N° 59, S. II (III), Supl. XXXI Congreso UGT.*

[124] Vgl. die Äußerungen des Abgeordneten *Saavedra, in: VV.AA., Debate, 1982, t. III, S. 439.*

[125] In: *Losada, UGT, El Socialista 06.01.1980, N° 142, S. 6 (7).*

[126] Schnell stellte sich heraus, dass die *USO mit den beiden Konkurrenten CC.OO. und UGT nicht Schritt halten konnte. Die USO ist auch bis heute nicht „repräsentativ". Vgl. zur Geschichte der USO: de la Vega, GewerkS-Bewegung, Bl. dt-int. Pol. 6/1978, S. 717 (733 ff.); Franz/Tovar, Spanien, 1976, S. 111 ff.*

[127] VV.AA., CIA Spanien, in: *Agee/Wolf, CIA WestE, 1981, S. 96 (99).*

ungeeignet erscheinen. Wie man Äußerungen von Gewährsleuten, die den Geheimdiensten nahe stehen, entnehmen kann, könnte diese Rolle mit besseren Erfolgsaussichten von anderen Gruppierungen übernommen werden, wie der „Organización Revolucionaria de Trabajadores" und der „UGT" in Madrid und im Norden von Spanien, von der „USO" im Baskenland und von der „Oposición Sindical Obrera" in Madrid und Valencia [*heute sind allesamt diese Gewerkschaften mit Ausnahme der UGT entweder verschwunden oder nicht „repräsentativ"*]."

Als Ursachen für das Versagen der drittstärksten Gewerkschaft *USO* soll die folgende kurze Passage angeführt werden:[128]

„[*Der konservative Regierungspräsident der Zentrumspartei UCD Adolfo*] Suárez und seine Leute wissen, dass sie keinerlei Verankerung auf gewerkschaftlichem Gebiet besitzen und sind sich zur gleichen Zeit über die Macht in den Fabriken bewusst. Allein um einen Keil zwischen UGT und CC.OO. zu treiben, interessiert es die UCD, über eine Gewerkschaft Einfluss zu nehmen. Und da man diese nicht über Nacht entstehen lässt, gibt es nichts besseres, als die Reste, die von der alten USO noch bestanden, auszunutzen. Und der Vorhang öffnet sich: Männer, die in den letzten Wahlen auf denselben Listen von Adolfo Suárez kandidierten, erscheinen plötzlich bei der USO und dazu noch in wichtigen Posten. Lebenslange [*franquistische*] Pro-Vertikalisten [*der Zwangsgewerkschaft OSE*], deren Werdegang nur zu gut bekannt ist, erklären sich in den Unternehmen zu neuen Vertretern der USO, wobei sie alteingessene Mitstreiter verschämen, von denen sogar einige zurücktreten."

Den Höhepunkt dieser Entwicklung bildete das „Überlaufen" des damaligen *USO*-Generalsekretärs *José María Zufiaur* zur *UGT*. Dieser erklärte auf dem I. *USO*-Kongreß nach Beendigung der *Franco*-Diktatur in seiner Eröffnungsrede noch: „*Die {sozialistische} UGT gibt es nicht; sie starb in den Schützengräben ... Die UGT besitzt keine Zukunft; die USO ist die Zukunft*". Fast zwei Monate später lief er zur *UGT* über und proklamierte im Juni 1977, dass seine ehemalige Gewerkschaft *USO* keinerlei Zukunftsperspektive habe und sich lieber der *UGT* anschließen solle, um die „sozialistische Gewerkschaftsbewegung" zu stärken. Dieser „Dolchstoß" brachte ihm von den restlichen *USO*-Führern selbstverständlich keinerlei Sympathie ein:[129]

---

[128] *Granado, Eleciones, El Socialista 22.-28.10.1980, N° 176; Marín Arce, Transición, 1997, S. 284 ff., Fn. 19; Arija, Trabajadores, Bol. AEDIPE sept. 1982, S. 11 ff.*

[129] *Zaguirre, Crisis (I), El Proyecto 1988, N° 4, S. 47 (51 f.); de la Vega, GewerkS-Bewegung, Bl. dt-int. Pol. 6/1978, S. 717 (727 ff.); Bernecker, GewerkS-Bewegung, 1985, S. 416, 515 f., Fn. 14, 15 In ihren Gründungsstatuten von 1961 legte die USO fest: „Wir entstehen, um in der großen Demokratischen ArbN-GewerkS-Zentrale aufzugehen", was 1975 jedoch modifiziert wurde: „Wir sind jedoch nicht für eine Einheit um jeden Preis, sondern für eine einheitl. GewerkS-Bewegung, welche die von uns verteidigten grundlegenden Gedanken der GewerkS-Bewegung verfolgt.": Marín Arce, Transición, 1997, S. 34, Fn. 45; Franz, Klassenkämpfe, 1975, S. 141 ff.* Die *USO gab zahlreiche Mitglieder sowohl an UGT als auch CC.OO. ab: Granado, Elecciones, El Socialista 22.-28.10.1980, N° 176. Zu Schwierigkeiten zwischen USO und CC.OO.: José María Corell bei*

„Die Monate dauernde Katastrophe, in der wegen jener schmutzigen Finte jeder gegen jeden stritt, trieb ohne Zweifel einen Stachel in die Eingeweide einer Arbeiterklasse, die ihrerseits kein anderes Rückgrat oder kein anderes Gewissen hatte, als ihr unbegrenztes Vertrauen in die neuen Gewerkschaften und die neuen sowie unbefleckten Gewerkschafter. Der Versuch gerade zum Zeitpunkt der Morgendämmerung von Gewerkschaftsfreiheit und Demokratie die USO zu vernichten, erbrachte für viele den Beweis, dass das Neue im Handgepäck eine beunruhigende Dosis Zynismus, Illoyalität und Opportunismus mit sich führte. Niemals können diese Überläufer [*wie Zufiaur und andere*] den gesamten Schaden, den sie Arbeiterklasse, Gewerkschaftsbewegung und Demokratie zufügten, auf sich nehmen. Wegen dem, was sie machten, wegen dem, wie sie es machten und wegen des historischen Momentes, in dem sie es machten. Sie waren Pioniere kleingeistiger Operatiönchen, Wendehälse und wussten genau, zu welchem Zeitpunkt zu handeln war; ein kümmerliches Zwergenverhalten, was sich später in allgemeiner Weise auf sämtliche Bereiche unserer demokratischen Entwicklung erstreckte, bis dass der aktuelle Misstrauensstand und die Entfremdung zwischen dem Fußvolk und seinen Führern entstanden ist. Zusammenfassend lässt sich sagen, dass die zeitgleichen Brüche der [*Gewerkschaftskoordinierungsstelle – siehe unten, S. 103 ff.*] COS und der USO den Startschuss gaben für eine bipolare Gewerkschaftsdynamik, zutiefst auf Konkurrenz bedacht, auf das Engste den Initiativen der politischen Parteien unterworfen, welche die Gewerkschaftsbewegung in eine zweite Reihe hinter sich stellten ... Dies war der Anfang vom Auseinandergehen, von der fortschreitenden Scheidung zwischen den Gewerkschaftsapparaten und der sozialen Basis."

Zugleich offenbarten die Wahlen zur Einheitsvertretung eine krasse Unterlegenheit der *UGT* gegenüber der immer stärker werdenden *CC.OO.*, weshalb nach Wegen gesucht wurde, deren Siegeszug aufzuhalten und den moderateren Sozialisten helfend unter die Arme zu greifen.[130]

Um die *UGT* der Öffentlichkeit als realistischen sowie talentierten Verhandlungsführer präsentieren zu können, unterzeichnete der Arbeitgeberverband *CEOE* im Jahre 1979, also noch ein Jahr vor Verabschiedung des Arbeitnehmerstatuts, in propagandistisch geschickter Weise ausschließlich mit der *UGT* das „Überberufliche Grundabkommen" (*Acuerdo Básico Interprofesional – ABI*) sowie 1980 das „Überberufliche Rahmenabkommen" (*Acuerdo Marco Interprofesional – AMI*).[131] Mit klaren Worten äußerte sich der Arbeitgeberpräsident *Carlos Ferrer Salat* zu den Motiven, welche die *CEOE* zur Vereinbarung dieser Pakte trieb:[132]

Bernecker, GewerkS-Bewegung, 1985, S. 468 ff.

[130] *Führer-Ries, GewerkS, 1991, S. 79 f.*

[131] *ABI vom 10.07.1979 zwischen CEOE (Verhandlungsführer: José María Cuevas Salvador) und UGT (Verhandlungsführer: José María Zufiaur). Vgl. die „Triumphmeldung": „Sie {die ArbG} akzeptierten den Vorschlag der UGT": VV.AA., Aceptaron, UGT-Informa 01.01.1980, N° 5, S. 5.*

[132] Cinco *Días 19.12.1979; Marín Arce, Transición, 1997, S. 218, Fn. 77; VV.AA., Debate, 1982, t. III, S. 33 f., 43 f.*

„Wenn wir nicht dieses Rahmenabkommen unterzeichnen, lassen wir die UGT über die Klinge springen [*nos cargamos*], welche anders als die CC.OO. einem Kampf von Tarifvertrag auf Tarifvertrag nicht gewachsen ist ... die UGT hing immer am Rockzipfel der CC.OO. Im April diesen Jahres [*1979*] war die CC.OO. fast soweit, das Verschwinden der UGT zu provozieren. Die sozialistische Gewerkschaftszentrale wurde durch den Streik der CC.OO. fortgerissen ... die CC.OO. war fähig, Tarifverträge zu unterzeichnen, während die Schwächlichkeit der UGT noch weiter anstieg. Noch so ein Jahr und die UGT wird von der Landkarte verschwunden sein ... Die Folge davon wäre, dass die CC.OO. als einzige Zentrale übrig bleiben würde. Die Kommunistische Partei Spaniens, wie mir Santiago Carrillo [*Solares, PCE-Generalsekretär*] anvertraute, versucht die [*sozialistische*] PSOE zu erledigen. Felipe González [*Márques, PSOE-Generalsekretär*] seinerseits erklärte mir, dass er nicht regieren könne, ohne hinter sich eine starke Gewerkschaft [*die UGT*] zu haben ... Im April begann die UGT angesichts solcher Umstände ihre Strategie zu wechseln ... und im Juli unterschrieb sie mit uns das *Überberufliche Grundabkommen*, womit die Gewerkschaftsfront vollständig zusammenbrach. Das Panorama befindet sich gerade im Wandel. Gibt es einen Streik, so ist es schon jetzt nicht mehr der Kapitalist-Arbeitgeber-Ausbeuter, sondern Nicolás Redondo [*Urbieta, UGT-Generalsekretär*], der die CC.OO. anklagt. Somit sieht sich die kommunistische Zentrale vom Land in die Enge getrieben."

Und *Serrano Carvajal* von der *CEOE* meinte:[133]

„Da die UGT als erste Arbeitnehmerorganisation ihre Unterschrift leistete, war die CEOE notwendigerweise verpflichtet, die Gewerkschaftsphilosophie der UGT anzuerkennen. Eine Haltung, die mit der durch das spanische Parlament in den jüngsten Diskussionen über das Arbeitnehmerstatuts angenommenen übereinstimmt, wo die Teilung der Linken deutlich zu Tage tritt, wenn es darum geht, das zukünftige Gewerkschaftssystem zu gestalten. Die Arbeitgeber sind jetzt, wie dies früher die nicht links stehenden Parteien waren, Zuschauer, die versuchten, gegen irgendeine idyllische Gewerkschaftseinheit Attentate zu verüben, sondern die Vorschläge der Gewerkschaftsgruppen anzunehmen und sie bestmöglich abzudämpfen."

[133] AMI, in: VV.AA., Comentarios, 1980, S. 161 (178).

Die *CC.OO.* lehnte beide Abkommen radikal als „Anbiederung" der *UGT* ab.[134] Dies geschah aus einer Mischung von arrogantem Vertrauen in die eigene Kraft, die selbst gesteckten Ziele über Streiks herbeizwingen zu können, und einer kategorischen Verteufelung von Verhandlungen mit der Arbeitgeberseite.[135] Mit ihrer rigorosen Verweigerungshaltung stellte sich die *CC.OO.* ins selbst gewählte Abseits und beraubte sich wichtiger Möglichkeiten zur vorparlamentarischen Einflussnahme auf das kurze Zeit später verabschiedete Arbeitnehmerstatut,[136] zumal es der *UGT* dann trotz ihrer offensichtlichen Schwäche dennoch gelang, über die Hälfte der Tarifverträge mit der ihr „wohlgesonnenen" Arbeitgeberseite abzuschließen.[137] Der spätere Generalsekretär der katholischen und damals stark mit der *CC.OO.* sympathisierenden Kleingewerkschaft *USO Manuel Zaguirre* erklärte:[138]

> „Fest steht, dass eine auf lange Zeit hin ausgerichtete Bewegung entstand, um auf gewerkschaftlichem Felde der UGT auf Teufel komm raus, empor zu helfen und die Bedeutung der CC.OO. auf das schärfste zurückzudrängen. Diese Haltung wurde zwischen der [*konservativen Zentrums-*] Regierung der UCD, der [*sozialistischen*] PSOE und [*dem nationalen Arbeitgeberverband*] CEOE geschmiedet. Die Parole lautete: Ein adäquater Gewerkschaftsapparat für ein geordnetes System der Arbeitsbeziehungen, welches mit dem Arbeitnehmerstatut eingeweiht wurde … Auf jeden Fall war uns die damalige politische Absicht des [*Überberuflichen Rahmen-*

---

[134] Dem *ABI trat Anfang 1980 noch die kath. MinderheitsgewerkS USO bei: Bernecker, GewerkS-Bewegung, 1985, S. 417 ff. und mit Übersetzung auf S. 455 ff.; Sotelo, Franco-Diktatur, GewMoHefte 8/1983, S. 500 (511 ff.). Zufiaur war ehemals Generalsekretär der USO gewesen, sagte im Juni 1977, nach seinem Wechsel zur UGT, den Untergang der USO voraus und forderte ihre Mitglieder auf, sich lieber der UGT anzuschließen. Dies, obwohl er zwei Monate vorher auf dem I. USO-Kongress noch proklamierte: „Die UGT gibt es nicht; sie starb in den Schützengräben… Die UGT besitzt keine Zukunft; die USO ist die Zukunft": Zaguirre, Crisis (I), El Proyecto 1988, N° 4, S. 47 (51 f.); Marín Arce, Transición, S. 213 ff., Fn. 60.*

[135] *„Ich würde Señor Chaves {PSOE} sagen, dass sich GewerkS und GewerkS-Bewegungen nicht auf Grundlage von Gesetzen aufbauen lassen, die im Parlament verabschiedet und durch Regierungspolitik gesteuert werden": Camacho, in: VV.AA., Debate, 1982, t. III, S. 447. „Der…vorgeschlagene Gesetzesentwurf des Arbeitnehmerstatuts ist nicht mehr als ein Neuaufguss von längst vergangenen Gesetze mit einigen rückständigen Elementen, weshalb er nicht akzeptiert werden kann…": ConsConf, Archivo CC.OO.: Resol. ConsConf., 08.07.1979. Vgl. Ojeda, Sturz, in: VV.AA., BetrPolitik, 1982, S. 106 (112, 117). Nach Eich verweigerte sich die CC.OO. dem AMI, weil jenes die Grenzen für die Tarifverhandlungen der nächsten beiden Jahre mit vorgab: Spanien, GewMoHefte 1/1981, S. 22 (28 ff.).*

[136] Die *CC.OO. beugte sich den Realitäten und unterschrieb das ANE am 09.06.1981 zu spät, um auf das Arbeitnehmerstatut von 1980 Einfluss nehmen zu können. Vgl.: Valdés, Ordenación, Bol. AEDIPE marzo 1985, S. 3 (6 f.); Rivero, AMI, in: VV.AA., Comentarios, 1980, S. 129 (141, 142 ff.); Ojeda, DerSind, 1995, S. 375 f.; Redondo, Transición, Claridad 1984, mayo-jun., N° 1, S. 11 (14 ff.); Rodríguez-Piñero y Bravo, Estructura, in: VV.AA., Problemas, 1984, S. 21 (35 ff.); Valdés, Paradigma, RL 1990-I, S. 268 (269, Fn. 1, 271 ff.); Cuevas (CEOE): RL 1998, N° 4, S. 3 (5 ff.).*

[137] *Eich, Spanien, GewMoHefte 1/1981, S. 22 (29 ff.).*

[138] Aus: Crisis (I), El Proyecto 1988, N° 4, S. 47 (54).

abkommens von 1980] AMI klar: Die CEOE gewährte ohne irgendeinen Druck ein gutes Abkommen als [*schützenden*] Regenschirm und zwang es herbei, und zwar zugunsten einer UGT, der „geholfen" werden musste, um die Einheitsvertretungswahlen des Jahres 1980 zu gewinnen oder auf jeden Fall mit der CC.OO. gleichzuziehen. Dies geschah auch tatsächlich so und während die [*katholische*] USO mit dem Rufe kämpfte, von der [*konservativen Zentrumsregierung*] UCD gesteuert zu werden, brachten die besten Manager der CEOE über das gesamte Jahr 1980 die Wahlschäfchen für die UGT ins Trockene. Inmitten dieser Vorkommnisse rannte die CC.OO. gegen das AMI und seinen Hintergrund an, riss die USO in Fetzen – was ihr selbstverständlich hinterher nicht viel nutzte – und verschwand im Sumpfe des Widerspruches sowie den Verträgen von Moncloa [*das waren politische Krisenabkommen, die den Arbeitnehmern einige Zugeständnisse und Opfer abverlangten*], denen sie zustimmte, ohne sie jedoch unterschrieben zu haben; formal gesehen wies sie gewerkschaftliche Abkommen zurück, denen sie immer hätte beitreten können. So wurden Eindrücke geschaffen, die genauso falsch wie effektiv waren: Die UGT stieg in dem Maße auf, wie sie gewerkschaftlich professioneller wurde, und die CC.OO. stieg ab, da sie nicht in der Lage war, bessere Rollen zu spielen, als die, welche ihr von ihrem Stallmeister, der [*Kommunistischen Partei Spaniens*] PCE, zugewiesenen wurden."

Die Arbeitgeber mussten nach Unterzeichnung der Abkommen mit der *UGT* eine Streikwelle der *CC.OO.* aushalten, die ohne spürbaren Erfolg versuchte, Tarifverträge über ihre *CC.OO.*-Rätebewegung und außerhalb der in den beiden zuvor genannten Abkommen zwischen *CEOE* und *UGT* aufgestellten Regeln zu erzwingen. Zuvor waren die Arbeitgeber von der CEOE über Rundschreiben nach der Generalversammlung vom 15. November 1978 aufgefordert worden, in den Tarifverträgen solange keine Gewerkschaftsrechte, beispielsweise zur Gründung von Gewerkschaftssektionen zuzugestehen, bis dass ein gesamtstaatliches Rahmenabkommen[139] abgeschlossen wäre. Damit sollte jener Punkt als „Joker" für die anstehende Tarifverhandlungsrunde und erwünschte Lohnmäßigung in der Hand bleiben.[140] Diese Streiks liefen der *CC.OO.* später aus dem Ruder und verselbständigten sich auf chaotische Weise, was sich bei den folgenden Wahlen zur Einheitsvertretung zum Nachteil der *CC.OO.* auswirkte.[141] Aus der Retrospektive erkannten auch die *CC.OO.*-Führer selbstkritisch ihre taktischen Fehler:[142]

---

[139] Vgl. S. 124 ff.

[140] Ab Einrichtung der Vereinigungsfreiheit (mit dem „*Ley de 1 de abril de 1977, reguladora del derecho de asociación sindical") nahmen näml. schon einige TV Klauseln zur Einrichtung der GewerkS-Sektionen mit auf: García Abellán, Sindicalización, in: VV.AA., Seminario, 1984, S. 61 (67); Suárez González, Relaciones, 1980, S. 42; Valdés, Representación, in: VV.AA., Comentarios, 1980, S. 183 (187, Fn. 6), Ojeda, DerSind, 1995, S. 374, Fn. 17. Zuvor sollten einem Gesetzesvorschlag nach die GewerkS-Sektionen allein durch Anordnung in einem statutarischen TV eingerichtet werden können: Suárez González, a.a.O., S. 28, 42 f.*

[141] *Carrillo, (CC.OO.), Informe, Comunistas, Mundo Obrero (semanal) 1980, 29.05.-03.06., N° 77 und 17-18.05.1980, S. 14 ff.; Eich, Spanien, GewMoHefte 1/1981, S. 22 (30 ff.); Marín Arce, Transición, 1997, S. 221, Fn. 89, 90, S. 222 ff.* Bescheidenen Erfolg hatte die *CC.OO. allein in Großunternehmen wie Ford Spanien, Talbot-Chrysler, wo sie Tarifverträge ohne Beteiligung der CEOE, UGT oder USO unterzeichnete und*

„Wir [*die CC.OO.*] ... weigerten uns, das AMI wegen einiger Klauseln zu unterschreiben und versuchten, über die Tarifverhandlung zu verhindern, dass besagte Klauseln angewendet wurden; es war klar, dass wir uns damit eine Gegenkampagne einbrachten. All dies hat sich [*negativ*] in den späteren Wahlresultaten [*zur Einheitsvertretung*] niedergeschlagen."

e) „Bevorzugung" der UGT im „Überberuflichen Grund- und Rahmenabkommen"

(1) Fähigkeit zum Abschluss von Firmentarifverträgen durch Einheitsvertretung und Gewerkschaftssektion

In beiden Abkommen wurde mit Kompromisscharakter schließlich auf der Firmenebene sowohl den Einheitsvertretungen als auch den Gewerkschaftssektionen das Privileg der Tarif- und Streikfähigkeit zugestanden.[143]

(2) „Repräsentativität" als Voraussetzung zur Tariffähigkeit für Flächentarifverträge

Dem „Überberuflichen Grundabkommen" (*ABI*) von 1979 nach sollten zur Aushandlung eines Tarifvertrags allein solche Gewerkschaften befähigt und als „repräsentativ" anerkannt werden, die nationalweit 10% und auf dem Gebiet eine Autonomen Ge-

---

die beiden Abkommen nicht beachtet wurden. Ferner versuchte die CC.OO. erfolglos, der Allianz UGT, USO und CEOE am 30.07.1979 ein überberufl. Abkommen mit dem damals von der CEOE noch unabhängigen ArbG-Verband CEPYME entgegenzusetzen sowie die USO auf ihre Seite zu ziehen. Kurz vorher hatte die COPYME mit CC.OO. und UGT am 27.02.1979 ein „Basisabkommen über Tarifverhandlung" (Acuerdo de Base sobre Negociación Colectiva) unterzeichnet, in dem unter folgenden Vorraussetzungen GewerkS-Sektionen anerkannt wurden: Bei Unternehmen mit weniger als 100 ArbN durften die GewerkS allein dann ihre Sektion einrichten, wenn sie zumindest 15 Mitglieder (-köpfe) besaß und in Unternehmen mit über 100 Beschäftigten musste die GewerkS mindestens 15 % an Mitgliedern nachweisen: Ojeda, DerSind, 1995, S. 375, Fn. 19.

[142] *Ariza (CC.OO.), Elecciones, GS 1981, N° 9, S. 8; José I. Casas, Negociación, GS 1980, N° 5, S. 14 ff.; VV.AA., Cambio, GS 1981, N° 10, S. 15 f.; Esteban, AMI, in: VV.AA., Comentarios, 1980, S. 83 (88 ff.); Casas/Escudero, Representación, REDT 1984, N° 17, S. 51 (58 ff., 62 ff.); Ojeda, Sturz, in: VV.AA., BetrPolitik, 1982, S. 106 (112, 117).*

[143] *ABI vom 10.07.1979 zwischen UGT und CEOE, was im wesentl. im von ebenfalls CEOE sowie UGT unterzeichneten AMI vom 05.01.1980 beibehalten wurde. Letztem Abkommen trat die kath. USO im Januar 1980 bei.* Vgl. zum *AMI den Abschnitt „XI – Über die GewerkS und die BKom." (abgedr. in dtsch. Fassung bei: Bernecker, GewerkS-Bewegung, 1985, S. 455 ff.; de la Villa, Materiales, 1979, S. 205 ff.; ders., Antología, 1983, S. 47 ff.; VV.AA., Negociación PYME, 1982, S. 17 (281 ff.); VV.AA., Comentarios, 1980, S. 9 ff.); Montoya, Comités, in: VV.AA., Seminario, 1984, S. 31 (37 ff.); Bernecker, a.a.O., S. 417 ff.; Setién, Movimiento, 1982, S. 84 ff.; VV.AA., Moncola, 1989, S. 18 ff.*

meinschaft („Land") 15% der Einheitsvertretungsposten erlangen können.[144] Das ein Jahr später unterzeichnete *„Überberufliche Rahmenabkommen"* (*AMI*) konkretisierte verschiedene Punkte des zuvor abgeschlossenen Sozialpaktes[145] und der Gesetzgeber nahm fast wörtlich die wesentlichen Elemente beider Abkommen in das kurze Zeit später verabschiedete Arbeitnehmerstatut von 1980 mit auf.[146] Hinsichtlich dieses Punktes, der die heutige Tariflandschaft so stark prägt, schloss er sich folglich der selektiven Sichtweise vor allem der *UGT* und der *CEOE* zur Nachsicht der *CC.OO.* und *USO* an.

Sinn und Zweck dieser Regelung liegen auf der Hand: Mit Hilfe der Repräsentativität sollte den kleineren und wie Pilze aus dem Boden sprießenden Gewerkschaften die für eine Gewerkschaftsorganisation wichtigste Fähigkeit vorenthalten werden, nämlich Tarifverträge aushandeln und abschließen zu dürfen, um den Forderungen der Arbeitgeber nach einem geeigneten und verlässlichen Gegenspieler gerecht zu werden.

(3) Zentralisierung der Tarifverhandlungen exklusiv zugunsten von grossen Zentralen

Zudem verpflichteten sich die unterzeichnenden Koalitionen *CEOE* und *UGT*, die von beiden gewollte Zentralisierung zugunsten von großen Zentralen („Weißer Schimmel") voranzutreiben:[147]

> „CEOE und UGT manifestieren die Notwendigkeit, in naher Zukunft einer Reduzierung der Verhandlungsebenen entgegenzustreben, wobei der Geltungsbereich der bestehenden erweitert werden soll, um unnötige soziale Spannungen zu verringern. Ebenso soll in solchen Tarifverträgen dafür gesorgt werden, dass hauptsächlich auf der Ebene des Unternehmens und anderer Bereiche die

---

[144] Siehe S. 97.

[145] Das *AMI vom 05.01.1980 ist bei Bernecker abgedruckt: GewerkS-Bewegung, 1985, S. 458 ff. Die Verhandlungsrunde für das AMI wurde am 22.11.1979 zwischen den 3 Zentralen CEOE, UGT und CC.OO. begonnen, jedoch wie schon beim ABI kapselte sich die CC.OO. von den Gesprächen ab und verweigerte ihre Unterschrift. Die USO schloss sich dem Übereinkommen noch nachträgl. an. Zum historischen Kontext: VV.AA., Moncola, 1989, S. 18 ff.; Alonso García, Acuerdo-marco, in: VV.AA., AMI, 1980, S. 9 ff.; Corcuera, Valoración, in: VV.AA., Balance, 1980, S. 23 ff.; Márquez/Romero, AMI, in: VV.AA., Balance, DyE, N° 18, 1980, FFE, S. 41 ff.; Rodríguez-Piñero y Bravo, Estructura, in: VV.AA., Problemas, 1984, S. 21 (33 ff.). Das ANE vom 09.06.1981 wurde neben der CEOE, der Regierung und UGT nun auch von der CC.OO. unterzeichnet, kam jedoch zu spät, als dass nach Erlass des Arbeitnehmerstatuts im Jahr 1980 die CC.OO. noch Einfluss hätte nehmen können. Vgl.: de la Villa, Antología, 1983, S. 47 ff.).*

Zu den später folgenden Zentralisierungsbemühungen über diese Abkommen, wie dem AI von 1983 etc.: Rodríguez-Piñero y Bravo, Estructura, in: VV.AA., Problemas, 1984, S. 21 (41 ff.).

[146] Sog. *„ausgehandeltes Gesetz" (ley pactada). Vgl. das diese gesetzliche Regelung vorwegnehmende ABI zwischen UGT und CEOE vom 10.07.1979 in seinem „Punkt 7".*

[147] Dieser Abschnitt kann als Vorgänger des heutigen Art. 83 Arbeitnehmerstatut gelten. Zur Rechtsnatur der einzelnen Abkommen: *de la Villa, Antología, 1983, S. 27 ff.; Giugni, Negociación, in:*

Festlegung von technischen und objektiven Arbeitsbedingungen vorgenommen werden, wie auch die Anwendung und Anpassung des Branchen- oder Sektortarifvertrags." – und –

In „*Absatz IX*" hieß es: „Nachdem die Parteien die aktuelle Tarifverhandlungsstruktur im gesamten Land analysiert haben ..., manifestieren sie im Angesicht der Atomisierung der Verhandlungseinheiten ihren Wunsch und stimmen in der Notwendigkeit überein, in Zukunft nach einer Überwindung dieser Situation zu streben."[148]

Für eine stärkere Zentralisierung sprachen damals, nach Ansicht der „Macher" des neuen spanischen Arbeitsrechts, überblickartig folgende politisch-juristische Punkte:[149]

- die wichtigsten volkswirtschaftlichen Probleme wie Inflationsbekämpfung etc. könnten bei den Tarifverhandlungen besser mit berücksichtigt werden und es bestünden bessere Möglichkeiten, zur Lohnmäßigung anzuhalten, bzw. eine angemessenere Rentenpolitik zu planen;
- Herstellung eines politisch-sozialen Konsenses;
- die Tarifverhandlungen würden rationaler, da eine Koordinierung zwischen den verschiedenen Verhandlungseinheiten möglich sei;
- es könne eine bessere Implementierung der Gewerkschaften vorgenommen werden;
- eine strukturierte Mitwirkung der Koalitionen in den staatlichen Gremien würde ermöglicht;
- insgesamt würden soziale Ausgeglichenheit und Friede gefördert, da die Atomisierung in viele kleine und dezentrale Verhandlungseinheiten konfliktträchtiger sei.

Dabei blieben ihnen als Aspekte, die gegen eine straffe Zentralisierung sprechen, folgende Punkte nicht verborgen:

- ohne Zentralisierung bestünde eine größere Flexibilität der einzelnen Unternehmen, sich an die jeweilige Veränderung der Marktsituation anzupassen;
- mit fortschreitender Zentralisierung ginge der Bezug zur Realität verloren, da wegen der notwendigen Verallgemeinerung nicht mehr auf Einzelfälle und Sondersituationen eingegangen werden könne;
- wegen der Zusammenlegung und Rationalisierung der Tarifverhandlung im Rahmen der Zentralisierung blieben kaum noch Verhandlungsführer übrig.

VV.AA., Trabajadores, CDT 1978, N° 4, S. 63 (65 ff.); Rodríguez-Piñero y Bravo, Estructura, in: VV.AA., Problemas, 1984, S. 21 (32 ff.); Ghezzi/Romagnoli, DirSind, 1997, S. 138 f. (Rn. 180 f.); Barrionuevo, Sindicatos, in: VV.AA., Trabajo, 1980, S. 117 (151).

[148] BOE 24.01.1980; *de la Villa, Materiales, 1979, S. 205 ff.; VV.AA., Negociación PYME, 1982, S. 17 (281 ff.); VV.AA., AMI, 1980, S. 17 ff.*

f) Allgemeinverbindlichkeit von Tarifverträgen

Als weiterer Punkt sahen beiden Abkommen vor, dass die von derartig repräsentativen Gewerkschaften unterzeichneten Tarifverträge „allgemeinverbindlich" wirken sollten.[150] Es hieß unter *„IX Kollektivabschlüsse:"*[151]

> „Als Verhandlungsführer für Tarifverträge sind die Gewerkschaften und Arbeitgeberverbände befähigt, die 10% der Belegschaftsdelegierten oder Mitglieder des Betriebskomitees besitzen, die durch den Geltungsbereich solcher Tarifverträge verpflichtet werden. Die Fähigkeit, der Vereinbarung eine Allgemeinverbindlichkeit zu verschaffen, wird durch Gesetz ausgestellt."

Zum einen lässt sich dies damit erklären, dass die Allgemeinverbindlichkeit ganz in der Tradition des spanischen Tarifvertragsrechts stand, weil auch schon vor der franquistischen Diktatur den Tarifverträgen seit der *„Rechtsverordnung vom 26. Juni 1907"* und dem Art. 12 *„Gesetz über den Arbeitsvertrag"* (*Ley de Contrato de Trabajo – LCT)* von 1931 eine derartige Wirkung zukam.[152] So ordnete unter *Franco* der Art. 6 *„Gesetz 39/1973"* vom 19. Dezember 1973 an:

> „Die von Koalitionen abgeschlossenen Tarifverträge haben normative Wirkung und verpflichten für die vereinbarte Zeit die **Gesamtheit** der sich in ihrem Anwendungsbereich befindenden Arbeitgeber und Arbeitnehmer sowie technischen Angestellten." (H.d.V.)

Allein während der Wendezeit vom Übergang aus der Diktatur in die Demokratie galt für kurze Zeit der vorkonstitutionelle Art. 27 *„Königliches provisorisches Eilgesetz über Arbeitsbeziehungen 17/1977"* vom 4. März 1977 (*Real Decreto sobre Relaciones de Trabajo*

---

[149] *Sagardoy, Estructura, REDT 1983, N° 13, S. 503 (507 ff.); Marco, Negociación, RL 1995-II, S. 1323 (1324 ff.); Serrano Carvajal, Tendencias, 1984, S. 67; VV.AA., Responsabilidad, UGT-Informa 01.01.1980, N° 5, S. 1; Baylos, Modelo, 1991, S. 114; Matía, Reforma, in: VV.AA., Reforma, 1994, S. 13 (33, 34). Krit. zur Zentralisierung: Montalvo, Reforma, in: VV.AA., Reforma, 1995, S. 9 (15 ff.). Vgl.: VV.AA., CES, RL 1994-I, S. 1409 (1428 ff.); VV.AA., Reforma, RL 1993-II, S. 1293 ff.; Rodríguez-Piñero Royo/González, Centralización, RPS 1983, N° 137, S. 370 ff.; Fernández López, Convenio (I), AL 1995-1, VI, S. 87 (89 ff.); Conde Martín, Autonomía, RL 1991-II, S. 355 (380); Durán, Sistema, in: VV.AA., XI Jornadas, 1994, S. 13 (14 ff.); ders., El ET, RL 1990-II, S. 121 (12?); Durán/Sáez, Autonomía, RL 1991-II, S. 382 (388, 395); Collado, Autonomía, AL 1994-1, XI, S. 153 (154). Pro Zentralisierung: Casas, Representatividad, REDT 1988, S. 71 (72 ff.); dies., Individualización, RL 1991-II, S. 402 (417); Fernández Domínguez/Martínez, Modificación, La Ley 1995-2, S. 881 (88?).*

[150] *de la Villa, Materiales, 1979, S. 205 ff.; ders., Antología, 1983, S. 47 ff.; VV.AA., Negociación PYME, 1982, S. 17 (281 ff.); VV.AA., Comentarios, 1980, S. 9 ff.; VV.AA., AMI, 1980, S. 17 ff.*

[151] *BOE 24.01.1980.*

[152] *Rodríguez-Sañudo, Negociación, in: VV.AA., Derecho, 1980, S. 337 (343 ff.).*

17/1977), der mit folgenden Worten eine allein auf Koalitionsmitglieder beschränkte Wirkung anordnete und schon im Jahre 1980 vom „Arbeitnehmerstatut" derogiert wurde:[153]

> „Die Tarifverträge haben normative Wirkung und verpflichten für ihre gesamte Dauer sowie unter Ausschluss eines anderen Tarifvertrags die Gesamtheit der Arbeitgeber und Arbeitnehmer, die **innerhalb ihres Anwendungsbereichs vertreten** werden." (H.d.V.)

Somit lag es nahe, die allseits bekannte Wirkung der Tarifverträge weiter beizubehalten. Die Allgemeinverbindlichkeit besaß nach Beobachtung einiger Autoren schon fast einen *„absoluten Wert"*, der *„um jeden Preis"* bewahrt werden musste.[154]

Zum anderen sah man damals die Anordnung der Allgemeinverbindlichkeit auch unter praktischen Gesichtspunkten als vorteilhaft: In der Wende-Phase vom Übergang aus der Diktatur zur Demokratie waren weniger als ein Viertel der Beschäftigten gewerkschaftlich organisiert[155] und die Arbeitgeberseite begegnete allen gewerkschaftlichen Bestrebungen mit offensichtlichem Misstrauen. Man befürchtete, dass eine allein auf Gewerkschaftsmitglieder beschränkte Wirkung der Tarifverträge zur Schutzlosigkeit weiter Teile der Arbeitnehmerschaft und einem *„Wettlauf hin zu einem raubtierähnlichen unlauteren Wettbewerb"* geführt hätte.[156] So stand noch in der Präambel des Gesetzesentwurfes:[157]

> „In der aktuellen arbeitsrechtlichen Situation kann die Allgemeinverbindlichkeit der [*statutarischen*] Tarifverträge helfen, den Prozess der Tarifverhandlung zu normalisieren."

Bei einer beschränkten Wirkung von Tarifverträgen wäre wiederum zur Beseitigung von hieraus resultierenden Missständen der sich gerade aus dem Bereich der sozialen Selbstverwaltung auf dem Rückzug befindliche demokratische Gesetzgeber zum Einschreiten genötigt gewesen. Genau dies sollte nach Überwindung der allzu interventionsfreudigen Diktatur gerade nicht geschehen (sog. „Allergie" gegen staatliche Eingriffe).

Schließlich wollten in den neuen demokratischen Zeiten auch die Gewerkschaftsblöcke selbst keinesfalls auf die allgemeinverbindliche Wirkung der Tarifverträge verzichten. Sie sahen in ihr einen auf den ersten Blick verführerischen Machtfaktor.[158] Insofern sind nämlich sie es, die in kartellähnlicher Weise selbst bei niedrigem

---

[153] *Desdentado, Eficacia, EL PAÌS 23.02.1980, S. 36; Sagardoy, Eficacia, 1981, S. 14 ff.; Serrano Carvajal, Resumen, in: VV.AA., Problemas, 1984, S. 107 (118 ff.).*

[154] *Sagardoy, Eficacia, 1981, S. 21; ders., Constitución, LE 1978, N° 8, S. 111 ff.*

[155] *Eich, Spanien, GewMoHefte 1/1981, S. 22 (27 ff.). Nach Pardo sollten 1977 erst 10 % der Arbeitnehmer gewerkschaftl. organisiert gewesen sein: Spanien, GewMoHefte 9/1977, S. 586 (588 f.)*

[156] Damals wurden Befürchtungen über eine neoliberale ArbG-Haltung laut, sich bei der Festlegung von Arbeitsbedingungen gegenseitig zu unterbieten: *Valdés, Paradigma, RL 1990-I, S. 268 (274 ff.).*

[157] *Suárez González, Relaciones, 1980, S. 197.*

Organisationsgrad sämtlichen Arbeitnehmern uniforme Mindestarbeitsbedingungen vorgeben und als selbsternannte „Anwälte der gesamten Arbeiterklasse" für homogene Arbeitsbedingungen „*en bloc*" sorgen können.

g) Erfolgreiches Zurückdrängen der CC.OO.-Rätebewegung

Die Rechnung von *CEOE* und *UGT* ging in der Tat auf: Als Paradestück erfolgreicher parlamentarischer Einflussnahme der *UGT* auf ihren politischen Arm *PSOE* stellte schließlich der Gesetzgeber die Tariffähigkeit der Gewerkschaftssektion auch im Arbeitnehmerstatut von 1980 mit aus, weshalb das Arbeitnehmerstatut nun die überaus deutliche Handschrift der *UGT* trägt.[159] Der *UGT*-Generalsekretär *Redondo* stellte fest:[160]

> „Auf organisatorischer Ebene erreichten wir als UGT die Befriedigung, dass sich die Philosophie der UGT durchgesetzt hat. Dies sagen wir ohne irgendeinen Triumphalismus ... Jenes geschah nicht ohne Spannungen. Es gab exzessiv leidenschaftliche Reaktionen der anderen Zentralen [*CC.OO., USO etc.*], wobei ich aber glaube, dass eine Form der Regelung der Arbeitsbeziehungen eingerichtet wurde, in deren Rahmen die UGT als hauptsächlicher Protagonist den Weg vorgab. Dem folgten in einem parallelen Vorgang die Abkommen zwischen UGT und CEOE, welche eine heftige Diskussion über anderthalb Monate nötig machte. In dem Augenblick, wo diese Abkommen in Gesetzesform [*Arbeitnehmerstatut*] gegossen wurden, brach das zusammen, was sich als Gewerkschaftsplan darstellte, in dem,

---

[158] Vgl. *Montoya, DTrab, 1998, S. 166 (Cap. V/4/5.°); Borrajo, Convenios, RES 1979, N° 1, S. 37 (42). Von „zwanghafter Verführung" (seducción obsesiva) durch die Allgemeinverbindlichkeit sprechen: Desdentado/García-Perrote, Eficacia, REDT 1980, N° 4, S. 537 (545); Durán/Sáez, Autonomía, RL 1991-II, S. 382 (389 ff.); ders., Sistema, in: VV.AA., XI Jornadas, 1994, S. 13 (14). Gewiß paßte dieser Anspruch sehr gut in das klassenkämpferische Selbstbewußtsein der GewerkS-Bewegung jener Epoche des franz. joli mai und ital. autunno caldo sindacale: de Soto, Libertad, 1998, S. 274; Suárez González, Relaciones, 1980, S. 21; Escudero, Negociadores, 1986, S. 39 ff.; Veciana, Empresa, Bol. AEDIPE sept. 1984, S. 11 (13 ff.); Pérez de los Cobos, Flexibilidad, RL 1991-I, S. 79 (80 f.).*

[159] Neben der Allgemeinverbindlicheit von statutarischen TV, dem Repräsentativitätserfordernis usw. Zudem sind einige Vorschriften des Arbeitnehmerstatuts eher im Interesse der *UGT als dem der CC.OO., z.B. Art. 63.3 Arbeitnehmerstatuts mit der tarifl. GewerkS-Kontrolle über Überbetriebl. Komitees (S. 124 ff.), der Zulassung der GewerkS-Vertretungen auf Betriebsebene, die Vorschriften des Wahlverfahrens zur EinhVertr., wonach die CC.OO. aufgrund ihrer traditionell starken Stellung in der Schwerindustrie zur Erlangung eines EinhVertr.-Postens durchschnittl. 16,4 Stimmen benötigt und die UGT allein 14,9 usw. (Molero, DerSind, 1996, S. 370).* Wegen jener Verteufelung der *CC.OO. trat die CC.OO. sehr viel später als die UGT in den EGB ein: Hamann, Afiliación, CRL 1993, N° 3, S. 107 (120 ff.); Ojeda, DerSind, 1995, S. 375 f.; Serrano Carvajal, AMI, in: VV.AA., Comentarios, 1980, S. 161 (178). Die UGT legte über „ihre" Partei PSOE ca. 400 Änderungsanträge vor: Bernecker, Arbeiterbewegung, 1993, S. 155 ff.*

[160] *Losada, UGT, El Socialista 06.01.1980, N° 142, S. 16. Vgl. Montoya, Probleme, Informaciones 1/1987, S. 57 (62 ff.).*

unterstützt von der PCE und CC.OO., den Betriebskomitees der Protagonismus überantwortet worden war. Ich glaube, dieses Korsett für die gewerkschaftliche Tätigkeit ist verschwunden, und ich glaube, wir haben den Protagonismus der Betriebskomitees als exklusive Vertretungs- sowie Verhandlungsorgane der Arbeitnehmer gebrochen. Mit den Abkommen zwischen UGT-CEOE hat man auch erreicht, dass die Gewerkschaftssektionen Tarifverträge verhandeln können und ebenso die gesamte Belegschaft vertreten."

Im Hinblick auf diese historischen Gegebenheiten lässt sich das Arbeitnehmerstatut folglich als „konzertierte Offensive" gegen die damalige kommunistische *CC.OO.*-Herausforderung ansehen[161] und nicht nur in Spanien traten damit die Bestrebungen zutage, das *„Arbeitsrecht als Waffe im Kampf gegen den Kommunismus ins Felde"* zu führen.[162] So fürchtete sich nicht nur der spätere *PSOE*-Regierungspräsident *Felipe González* mit folgenden Worten vor der „kommunistischen Gefahr":[163]

> „Es wurde bislang immer noch nicht unter Beweis gestellt – man muss dies ganz klar aussprechen, damit einmal das Licht aufgeht –, dass es keine kommunistische Gewerkschaftsphilosophie gibt, die sich den Werten der pluralistischen Demokratie verschrieben hätte."

h) Keine gemeinsame Gewerkschaftszentrale der CC.OO. und UGT

All jenen Scharmützeln um die Vormachtstellung von sozialistischer oder kommunistischer Gewerkschaftszentrale ging die grundsätzliche Entscheidung voraus, ob sich beide Organisationen nicht vielleicht sogar zu einer einzigen Gewerkschaftszentrale zusammenschließen sollten.[164] Die *CC.OO.*-Führung schlug genau dies mit dem Vorbild der englischen *TUC* und des deutschen *DGB* vor.[165] Man wusste nur zu gut:

---

[161] Hinter all den Schachzügen bzgl. des *ABI und AMI und der GewerkS UGT, USO sowie CC.OO. ging es natürlich um die Selbstdarstellung ihrer Schwesterparteien PSOE, UCD und PCE als „verlängerte politische Arme". Das erfolgreiche „An-den-Rand-drängen" der beiden „Linksaußen" CC.OO. und PCE wirkte sich zu handfesten Stimmgewinnen der PSOE und UCD bei den Wahlen zum Abgeordnetenkongress aus: Serrano Carvajal, Tendencias, 1984, S. 31 ff.; Montoya, Probleme, Informaciones I/1987, S. 57 (63); Arija, Trabajadores, Bol. AEDIPE sept. 1982, S. 11 ff.* Andererseits gab es heftige Rangeleien zwischen den beiden Persönlichkeiten *Santiago Carrillo (PCE) und Marcelino Camacho (CC.OO.) über die Zuständigkeitsbereiche der Gewerkschaft und der Partei sowie deren Arbeitsteilung: Bernecker, Kontinuitäten, in: VV.AA., Sozialer Wandel, 1984, S. 95 (118 ff.).*

[162] *Hentschel, Sozialpolitik, in V.V.AA.,Republik, 1987, S. 197 (202 ff.).*

[163] VV.AA., Debate, 1982, t. III, S. 451.

[164] *Marín Arce, Transición. 1976-1982, 1997, S. 40 ff.; Ojeda, Sturz, in: VV.AA., BetrPolitik, 1982, S. 106 (108 ff.); Fraser, Spanien, KritPolÖkon 8/9/10/1976, S. 1 (19 ff.); Mendoza/Zachert, ArbR, Arbeit und ArbR 1994, S. 77 (78 ff.); de la Vega, GewerkS-Bewegung, Bl. dt-int. Pol. 6/1978, S. 717 (724 ff.).*

[165] Freil. soll schon damals der *PCE und CC.OO. klar gewesen sein, dass die UGT ihre ähnl. Erfahrung aus*

„Wenn die Gewerkschaftszentralen die Verhandlungsmacht besitzen, sind diese stark, aber man fördert die Vielfalt und die Konkurrenz unter ihnen; wenn die Kommissionen, Komitees oder Räte die Macht besitzen und in den Unternehmen stark sind, schwächt man zwar in einschlägiger Weise die Zentralen, fördert jedoch die Gewerkschaftseinheit, da sie letztlich die eigenen Gewerkschaften als Einheitsorgane in den Unternehmen akzeptieren.“[166] – und –

„Schwäche und Unwirksamkeit sind die unweigerlichen Folgen der Atomisierung, der Teilung in mehrere miteinander konkurrierende Gewerkschaftszentralen, die sich, obwohl beide Organisationen der Werktätigen sind, womöglich sogar feindlich gegenüberstehen. Außerdem macht sich die Unternehmerschaft ihrerseits immer Gedanken, wie sie die möglichen Meinungsverschiedenheiten zusätzlich verschärfen kann.“[167]

Solch ein Ansinnen lehnte vor allem die *UGT* auf das schärfste ab[168], da die mit der „moskautreuen“ Kommunistischen Partei Spaniens verwobene *CC.OO.*[169] hauptsächlich zu diesen Anfangszeiten den ganz überwältigenden Rückhalt in der Arbeitnehmerschaft genoss. Dementsprechend bestand eine nicht unbegründete Angst der *UGT*-Führer

---

dem Bürgerkrieg nicht vergessen hatte und sich keineswegs auf derlei Vorschläge einlassen konnte. Nach Ansicht von UGT-nahen Autoren ging es den Kommunisten vielmehr darum, den anderen GewerkS die Schuld am Scheitern der GewerkS-Einheit „in die Schuhe schieben“ und den Anspruch auf eine eigenständige GewerkS bekräftigen zu können: Valdueza, GewerkS-Bewegung, 1982, S. 209 ff. Vgl.: Camacho, Gespräche, 1976, S. 11 ff., 45 ff. Vgl. den CC.OO.-Entwurf zum damals geplanten Syndikatsgesetz vom April 1967 durch 1.000 Delegierte in: Franz, Klassenkämpfe, 1975, S. 137 ff., 140, 141; Valdueza, GewerkS-Bewegung, 1982, S. 71. Siehe zu den Gründen der zersplitterten GewerkS-Landschaft der frühen dtsch. GewerkS-Geschichte, die denen ähnl. sind in Spanien: Sinzheimer, ArbN-Organisation (1916), ArbR und RSoz, Bd. 1, 1975, S. 159 ff.

[166] Secretariado *CC.OO., Archivo CC.OO.: Documento para uso exclusivo e interno del Secretariado de CC.OO., Ende 1976; Marín Arce, Transición, 1997, S. 81.*

[167] *Camacho, Gespräche, 1976, S. 51.*

[168] Zunächst sollte nach *CC.OO.-Vorstellung ein „Gewerkschaftl. Gründungskongress“ (Congreso Sindical Constituyente) abgehalten werden, was die anderen GewerkS UGT, USO, CNT etc. jedoch einhellig wegen der befürchteten Vormachtstellung von CC.OO. und PCE ablehnten: Marín Arce, Transición, 1997, S. 34, 35, 36, 37 ff.; Camacho, Unidad, GS 1983, N° 23, S. 22 (29 ff.) und „Die GewerkS-Zentralen, die den Wunsch der ArbN nach Einheit verkennen, stellen sich selbst in's Abseits. Wir wissen, dass die UGT-Mitglieder unsere Freunde sind. Wir werden uns nicht darüber täuschen, wer zu unseren Feinden gehört, die von den Monopolisten und Oligarchisten vertreten werden. Wir werden uns schon noch mit den Genossen der UGT zusammenraufen.“: Camacho, El País, 26.03.1977, S. 37.*

[169] Freil. löste sich die *CC.OO. daraus, als sich den ersten Wahlergebnissen der schwache Rückhalt der PCE in der Bevölkerung entnehmen ließ und die allgemeine Krise des „Euro-Kommunismus“ um sich griff: Barrionuevo an: Sindicatos, in: VV.AA., Trabajo, 1980, S. 117 (152); Kühne, EuroKomm., GewMoHefte 9/1977, S. 545, 549 ff. Vgl. auch: Tamames (PCE), Umgestaltung, 1978, S. 9 ff.; vgl. zu den PCE-internen Flügelkämpfen und der Rolle Santiago Carillos: Preston, KPS, in: VV.AA., Sozialer Wandel, 1984, S. 325 ff.*

davor, dass die *CC.OO.* in der zukünftigen Einheitsgewerkschaft die Kontrolle an sich reißen und die *UGT* in allzu „brüderlicher" Umklammerung ersticken könnte („Brudermord"!).[170] Der Generalsekretär der katholischen *USO Manuel Zaguirre* beobachtete:[171]

> „Der Vizepräsident der Regierung unterbreitete seine eigene Analyse, welche im Wesentlichen mit der unsrigen übereinstimmt ... Von der UGT behauptete er, dass sie ein Gigant sei, dessen Füße fest im Lehm kleben [*wegen der anfänglich schlechten Wahlergebnisse zu den Einheitsvertretungen*], ein Gigant, den die Kommunisten verschlucken würden, sobald sie Gelegenheit dazu hätten."

Aus diesem Grunde verteidigte sie entschieden die Formel vom „Gewerkschaftspluralismus" mit folgenden Worten:[172]

> „Wir dürfen nicht in die Falle von Rufen nach falscher Einheit treten, wenn die einzige Absicht darin besteht, der [*Kommunistischen Partei Spaniens*] PCE zum Zwecke ihrer eigenen ideologischen Interessen die Hegemonie über die Gewerkschaftsbewegung zu verschaffen: All dies würde uns zu einem Abrücken von unseren sozialistischen Postulaten bringen, uns von dem Gesellschaftsmodell entfernen, welches wir verfolgen. ... Man kann voraussehen, dass zwei oder drei Jahre harter Anstrengungen notwendig sein werden, bevor wir eine Situation gewerkschaftlicher Stabilität erreicht haben werden. So glauben wir, dass es nicht ratsam ist, irgendeine Koordinierung [*gemeint war die Gewerkschaftskoordinierungsstelle COS*] oder einen anderen Organismus dieser Art zu institutionalisieren, sondern dass es besser ist, eine Strategie zu verfolgen, die sich auf die Aktionseinheit in bestimmten Situationen gründet, welche sich in Parolen und klaren Motivationen zur Mobilisierung konkretisieren."

Der kommunistische Wunsch, in Spanien eine einzige Einheitsgewerkschaft aufzubauen, scheiterte also am erbitterten Widerstand der *UGT*.

---

[170] *Ojeda, in: Sturz, in: VV.AA., BetrPolitik, 1982, S. 106 (117 ff.); Hamann, Afiliación, CRL 1993, N° 3, S. 107 (111 ff.). Die UGT hatte die Erfahrung auch während des Bürgerkrieges gemacht, da die PCE zweckgebundene Mittel aus Stalins Moskau erhielt und so rasch einflussreich wurde: Valdueza, GewerkS-Bewegung, 1982, S. 35 ff.* Der *UGT-Wahlspruch lautete: „Über die Freiheit zur Einheit." (A la unidad por la libertad), während die CC.OO. der Einheit der GewerkS-Bewegung Priorität einräumte. Vgl. näher: Hartmann, Spanien, Pol-ZeitG 31/1979, S. 29 (41 ff.); Rathfelder, Alle, 1976, S. 132 ff., 143 ff. „Wenn es den Sozialisten schlecht ergangen ist, muss man nicht dem Bsp. der Kommunisten folgen, weil dies ist und bleibt ein Bsp. des Stalinismus, des Sich-nach-Moskau-Ausrichtens, des für Bankrotterklärens der Freiheiten...": Felipe González Márques (PSOE), in: VV.AA., Debate, 1982, t. III, S. 452; Gerhards/u.a., Portugal, Kursbuch 46/1976, S. 131 (132 ff., 145 ff.); Buck, Linke, BürgStaat 2/1977, S. 103 (104).*

[171] In: Archivo USO: Carta confidencial a los miembros del Secretariado de USO unterzeichnet von *Manuel Zaguirre vom 08.05.1978; Marín Arce, Transición, 1997, S. 217, Fn. 75.*

[172] *Redondo (UGT), Dictadores, El Socialista 04.06.1978, N° 59, S. II (III), Supl. XXXI Congreso UGT; ders., Discurso-programa, UGT 1978, N° 399, S. 27 (35).*

Die *CC.OO.* versuchte noch mit den beiden anderen wichtigsten Gewerkschaften, der *UGT* und der kleineren katholischen *USO*, das Experiment einer gemeinsamen „Aktionseinheit" zu wagen. Hierfür wurde eine sog. „*Gewerkschaftskoordinierungsstelle*" (*Coordinadora de Organizaciones Sindicales – COS*) gebildet.

Aus dem Blickwinkel der *CC.OO.* sprachen drei Gründe für die *COS*: Zunächst sollten in ihr die Kräfte der Arbeitnehmer zum Kampf für Demokratie und Gewerkschaftsfreiheit vereint werden. Über sie könnte den sozialen Forderungen mehr Nachdruck verschafft und der Protagonismus der Gewerkschaften sichergestellt werden, um die Wirtschaftskrise mit 30% Inflation sowie 8% Arbeitslosigkeit zu überwinden. Schließlich ließe sich ein Sammelforum bilden, in dem die drei wichtigsten Gewerkschaften *UGT, USO* und *CC.OO.* ihrem gemeinsamen Willen einen Ausdruck geben konnten.[173]

Die *COS* löste sich allerdings 1977 bereits neun Monate nach ihrer Gründung hauptsächlich aufgrund von Widerstand innerhalb der *UGT* selbst auf.[174] So erklärte der Generalsekretär der *USO Manuel Zaguirre*:[175]

---

[173] *Zaguirre, Crisis (I), El Proyecto 1988, N° 4, S. 47 (49); Setién, Movimiento, 1982, S. 44 ff. Vgl. das Gründungsdokument vom 11.09.1979 zur COS: Bernecker, GewerkS-Bewegung, 1985, S. 440 f., 52, 54; de la Villa, Antología, 1983, S. 47 ff.; de la Vega, GewerkS-Bewegung, Bl. dt-int. Pol. 6/1978, S. 717 (727 ff.).*

[174] Sie „lebte" vom 22.06.1976 bis zum 29.03.1977. Die *UGT wagte es, sich selbstbewusster zu zeigen, da ihr politischer Arm PSOE am 15.01.1977 einen klaren Wahlsieg zum Abgeordnetenkongress erlangte. „Die Spannungen begannen als die Abhaltung unseres {UGT} XXX. Kongresses {April 1976} erläutert wurde... Sie {die Mitglieder der CC.OO.} bezeichneten uns als Gerippe, als wiederauferstande Gespenster. Sie erzählten, dass der Kampf der Arbeiter gegen die Diktatur dann anfängt, wenn neue GewerkS und sozio-politische Bewegungen gegründet werden. Einige von messianischem Eifer beseelte Führer der CC.OO. fühlen sich durch die Historie berufen, die Speerspitze der spanischen Arbeiterbewegung zu bilden... Wir schätzen zutiefst die Einheit der Arbeiterklasse..., jedoch eine Einheit, welche sich nicht mit den Vorstellungen der CC.OO.-Führer deckt...; die einzige Einheit, welche wir hatten, ist jene durch die staatl. ZwangsgewerkS {Francos} auferlegte; letzten Endes vergessen sie, dass die GewerkS-Freiheit ein Grundrecht ist... Ein anderer Punkt, der zu Meinungsverschiedenheiten zwischen den demokratischen GewerkS-Organisationen führte, waren die Vorstellungen, welche die CC.OO. von der ArbN-Versammlung hat... Wofür Abkommen unterschreiben, in denen sich die Beziehungen zwischen den Unterzeichnenden auf Loyalität gegenseitigen Respekt stützen sollen, wenn die Genossen {der UGT} aggressiven Handlungen der {CC.OO.-} Mitglieder ... ausgesetzt sind? Wir glauben, dass die Lage ernst ist. Die UGT hat sich entschieden, mit Vernunft zu handeln und die Schaffung eines GewerkS-Organismus zur Aktionseinheit zu unterstützen {die spätere GewerkS-Koordinierungsstelle COS}, welche der Stärkung der spanischen ArbN-Klasse dient und dies trotz der verzweifelten Versuche...{der CC.OO.} nach portugiesischem Vorbild, die spanische Arbeitnehmerschaft für sich zu monopolisieren.": UGT 1976, N° 372, S. 1 und 13. „...jetzt zu sagen, dass die GewerkS-Koordinierungsstelle gescheitert ist, weil sie ein Abkommen von oben geblieben wäre, ist als ob man einem Vogel die Flügel abschneidet und ihn später tötet, weil er nicht fliegen kann.": Sartorius (CC.OO.), Informaciones, supl. político vom 02.04.1977.* Die *COS nahm auf Gesetzesentwürfe Einfluss und organisierte am 12.11.1976 den gewaltigsten Generalstreik seit vierzig Jahren (vgl.: Franz/Tovar, Spanien, 1976, S. 44 ff.). Dieser richtet sich gegen das „Antasten" der fast beamtenhaften ArbN-Stellung im nachfranquistischen und immer noch paternalistischen Spanien, die Einführung der „freien" Kündigung (despido libre) sowie das Einfrieren der Löhne zum Zwecke einer Inflationskontrolle durch die Zentrumsregierung von Suárez. Lt. GewerkS-Angaben nahmen 2 Mio und lt. TV-Mitteilung durch den Subsecretario de Gobernación José Miguel Orti Bordás allein 484.733 ArbN*

„Die [*Gewerkschaftskoordinierungsstelle*] COS wurde durch die „sozialistische Holding" wortwörtlich zerstückelt, wobei sie in ihren vorsätzlichen Bestrebungen den schlimmsten internationalen Druck anwendete. Um diesen Anti-COS-Kreuzzug anzustacheln, eilten die unterschiedlichsten Personen nach Spanien. Ich erinnere mich an Otto Kersten, der damals Generalsekretär des Internationalen Bundes freier Gewerkschaften sowie „Experte" im Themenbereich Spanien war und welcher in den Zeitungen auf deftigste Weise die COS disqualifizierte, wobei er auf die „kommunistische Gefahr" aufmerksam machte. Ich erinnere mich an das turbulente Gespräch zwischen Mariano [*Espúñez, ein USO-Exekutivkomiteemitglied*], mir und Irwing Brown [*offensichtlich ein Mittelsmann des US-amerikanischen Geheimdienstes CIA*], ein nordamerikanischer „Gewerkschafter" [*des Gewerkschaftsbundes AFL-CIO und wichtigster Agent bei der Kontrolle des IBFG*[176]], der seit Mann-weiß-nicht-wie-langer-Zeit Wurzeln in Europa geschlagen hat und von dem wir uns Grobheiten anhören mussten, wie dass wir „linientreue Kommunisten" seien wegen unserer Weigerung mit der Gewerkschaftskoordinierungsstelle zu brechen und weil wir rundweg die Souveränität der spanischen Gewerkschaftsbewegung verteidigten und ihr Recht, sich nach Gutdünken zu organisieren oder zu vereinen, um so besser die Rolle der Arbeitnehmer zur Erreichung der Demokratie und die Festlegung ihrer sozialen Inhalte auszudrücken."

So wird auch der nordamerikanische Geheimdienst *CIA* (der in den achtziger Jahren allein in Washington über 18.000 Vollzeitbeschäftigte hatte und als *Department of dirty tricks* bezeichnet wird) mit der Zwietracht von *UGT* und *CC.OO.* in Verbindung gebracht. Wesentlicher Akteur war dort der Mittelsmann und amerikanische Gewerkschafter *Irwing Brown*, welcher die *UGT* unermüdlich vor einer kommunistischen Übernahme durch die *CC.OO.* warnte.[177] Erneut erinnert sich *Zaguirre*:[178]

„In einem Interview mit Irwing Brown im Januar 1977 – dessen Person nur zu gut bekannt ist: Regionalgesandter der US-amerikanischen Gewerkschaften für Europa sowie Afrika und den Gerüchten zufolge auch noch von anderen Organi-

---

von den damals insgesamt 13,5 Mio. Beschäftigten teil. Die Regierung nahm weder ihre Gesetze zurück noch konnte das Land paralysiert werden, weshalb das Kräftemessen wohl von ihr gewonnen wurde: Marín Arce, Transición, 1997, S. 40 ff., 45 ff., 55; Ojeda, Sturz, in: VV.AA., BetrPolitik, 1982, S. 106 (108 ff.).

175 *Zaguirre, Crisis (I), El Proyecto 1988, N° 4, S. 47 (51).*

176 Bzw. *ICFTU, vgl. Agee, CIA Intern, 1981, S. 78 ff., 470.*

177 *Marín Arce, Transición, 1997, S. 67.*

178 *Marín Arce, Transición, 1997, S. 67; Prados/Rodríguez/Fuentes, Atentado contra USO. Desafío de la autonomía sindical, 1977, S. 85.*

179 VV.AA., CIA Spanien, in: *Agee/Wolf, CIA WestE, 1981, S. 96 (97); Valdueza, GewerkS-Bewegung, 1982, S. 2, Fn. 4; SZ 01.02.2000, S. 1, 2 und 02.02.2000, S. 7. Vgl. zu den Verbindungen des (1976 in Barcelona und Madrid ca. 10.000 Telefonanschlüsse abhörenden) militärischen Informations- und Sicherheitsdienstes SEIS zur CIA: Herzog, Spanien, Kursbuch 46/1976, S. 107 (109 ff., 115); Schütze, Freiheit, 1969, S. 15 ff.*

sationen [*CIA*] – erklärte diese Gestalt ausdrücklich, dass unserer Zukunft [*die der katholischen USO*] unserem Wesen nach schon der Weg vorgewiesen und vorbestimmt worden sei: Den Block der UGT zu stärken, den wir ruhig sozialistisch nennen können – in ihr zu verschwinden – gegen und im Widerstand zum kommunistischen Block. Jüngst bezog er sich auf das Problem der Beschaffenheit einer Gewerkschaftslandschaft, welche im Süden Europas sehr links steht und den Interessen, die Irwing Brown vertritt, insgesamt gefährlich ist." – und –

„Wie die „New York Times" zu berichten weiß, hat die CIA gegenwärtig Millionen Dollar für sozialistische und christdemokratische Kreise in Portugal verausgabt, die enge Kontakte in Spanien unterhalten. Und, wie bekannt wurde, erfolgt die Weiterleitung von Geldmitteln über Kanäle, die sich die CIA innerhalb der sozialistischen Parteien Westeuropas geschaffen hat."[179] – und –

„Die gewerkschaftliche Atomisierung ... hat es ihr [*der UGT*] wieder leicht gemacht, sich einer Sache zu entledigen, die ihre partikulären Interessen störte und in gewissen Kreisen gar nicht gern gesehen wurde: Otto Kersten [*vom IBFG*] hat öffentlich sein Missfallen über die taktische Allianz geäußert, welche die UGT mit einer Gewerkschaftsorganisation wie der CC.OO. eingegangen war, die er für marxistisch hielt."[180]

Ebenso bezichtigte der damalige *CC.OO.*-Generalsekretär *Camacho* offen die *CIA*, Verursacherin der Spannungen zwischen *UGT* und *CC.OO.* zu sein:[181]

„Das Problem der [*Gewerkschaftskoordinierungsstelle*] COS liegt nicht in den [*franquistischen*] ... Betriebsräten, wie dies von bestimmten [*UGT-*] Kreisen behauptet wurde, sondern im machtvollen Druck von Außen, der dieses Problem schafft. Die Gefahren für die COS stammen von anderer Seite: Irving Brown, wie von Philipp Agee [*ehem. CIA-Mitglied, welche in jenem Zeitraum einen Agenten-Bestseller über die CIA veröffentlicht hatte*[182]] bestätigt, Agent der CIA, ist der durch die nordamerikanische Organisation bestimmte Mann, um den Zwiespalt unter den spanischen Arbeitnehmern zu säen, genauso wie er dies schon während des kalten Krieges in Frankreich bei der CGT unternahm."

Diese Äußerungen dementierte die *UGT* eilig in einem Rundschreiben:[183]

„Señor Camacho: Dass es die CIA gibt, lässt sich nicht vom Papier weisen. Und dass die CIA manipuliert, was sich manipulieren lässt, ebenso wenig. Aber von dort aus bis zur Behauptung, dass die [*Gewerkschaftskoordinierungsstelle*] COS auseinander gebrochen wäre, weil die CIA dies – über die UGT – so angeordnet hät-

---

[180] *Bernecker, GewerkS-Bewegung, 1985, S. 443 ff.; VV.AA., Memoria, 1978, S. 12 ff.; Haman, Afiliación, CRL 1993, N° 3, S. 107 (109 ff.); Herzog, Spanien, Kursbuch 46/1976, S. 107 (122 ff.).*

[181] Presserunde in den *CC.OO.-Räumen Sevillas zur Buchvorstellung: Gespräche, 1976.*

[182] Agee, *CIA intern, 1981, S. 470. 183* VV.AA., Carta, UGT 14.04.1977, N° 384, S. 4.

te, ist es doch ein sehr weiter Sprung. Meinen Sie nicht? Gehen Sie doch mal auf Tuchfühlung mit der Wirklichkeit, Ihrer Basis, Ihrem Kopfkissen oder beraten Sie sich, falls Sie dies vorziehen, mit Phillip Agee."

Aber nicht nur der „mystisch-schillernde" *CIA* intervenierte kräftig in Spanien, sondern auch der im Vergleich dazu recht „hausbackene" deutsche Bundesnachrichtendienst. So wurde beiläufig im Zuge der Enthüllungen zur Affäre über die illegale Parteifinanzierung des Altkanzlers *Dr. Helmut Kohl* aufgedeckt, dass unter der Regierung des damaligen Bundeskanzlers *Helmut Schmidt* den sozialistischen Parteien und Gewerkschaften in Spanien üppige Finanzspritzen unter dem streng geheimen Haushaltstitel „0404" eines Reptilienfonds des Bundesnachrichtendienstes gewährt wurden.[184] Mit insgesamt DM 51 bis 53 Millionen [26-27 Millionen Euro] von deutscher und 2,5 Millionen US-Dollar von nordamerikanischer Seite aus sollte zwischen 1974 und 1982 eine kommunistische Machtübernahme verhindert werden, nachdem der 1974 als Bundeskanzler zurückgetretene, aber immer noch als *SPD*-Vorsitzender tätige *Willy Brandt*[185] im Jahre 1975 in Lissabon erlebte, *„wie die Kommunistische Partei {Portugals} drauf und dran war, die Macht an sich zu reißen."* Der Sozialdemokrat *Brandt* warn-

---

[184] SZ 03.02.2000, S. 6 und 02.02.2000, S. 7. *„Regierung Schmidt richtete Gemeinfonds ein – Bis zu 40 Millionen aus dem Etat des BND – Deutsche Parteien sollten mit dem Geld Demokratie in Spanien und Portugal fördern": SZ 01.02.2000, S. 1. SZ 02.02.2000, S. 7: „auch die sozialdemokratische Gewerkschaftsbewegung {UGT} wurde wieder belebt". Verteilt wurden die Bargelder für die Sozialdemokraten über „Ben Wisch", also Hans-Jürgen Wischnewski und die „Friedrich-Ebert-Stiftung" (unter Vorsitz von Dieter Koniecki in Spanien und Alfred Nau in Deutschland, die 9 Millionen DM (4,6 Mio. Euro) ausgab). Jene organisierte jährl. Gesprächszirkel in Granada, wo zur Schaffung eines vertrauensvolleren Gesprächsklimas Vertreter der ArbG- und ArbN-Seite miteinander kommunizierten: Fundación Friedrich Ebert, Oficina de Madrid, VV.AA., Empresa, DyE, N° 3, 1978 oder La acción política en la empresa, N° 9, 1979 etc. Für die CSU gründete die Hans-Seidl-Stiftung 1977 in Madrid das „Institut für Sozialstudien" und unterstützte den rechtskonservativen Manuel Fraga Iribarne. Die CDU unterstütze ohne Erfolg eine katalanische Partei, die nicht einmal 3 % der Wählerstimmen erlangte. Vermutlich halfen auch Olof Palme und Kreisky den Parteien und GewerkS, die zusammen mit Otto Kersten (IBFG) an einer Konferenz am 13./14.03.1975 während des Wahlkampfes zu portugiesischen Parlament in Porto teilnahmen. Ferner werden François Mitterand und Bettino Craxi als „Spender" genannt: Agee, Revirement, Neuberger/u.a., CIA, 1982, S. 199 (202 ff.).* Vor den Veröffentlichungen der SZ war nur eine Spendenbeteiligung zugunsten der *UGT und PSOE i.H.v. DM 2,5 Millionen DM (1,27 Mio. Euro) über den DGB und den IBFG usw. bekannt, die offensichtlich die UGT vor einer Hegemonie der CC.OO. bewahren wollten: Herzog, Spanien, Kursbuch 46/1976, S. 107 (126); Rathfelder, Alle, 1976, S. 143 ff.; Franz, Klassenkämpfe, 1975, S. 29 ff.; Pardo, Spanien, GewMoHefte 9/1977, S. 586 (588 ff.); Marín Arce, Transición, 1997, S. 58, Fn. 147, S. 59, Fn. 152, S. 67, Fn. 184; Mateos Abdón, PSOE, 1993, S. 381 ff., S. 499 f., der in Ptas. angibt, wie hoch die finanzielle Unterstützung durch den IBFG war.*
Daneben hielt der IBFG in Madrid auf medienwirksame Weise den „XII. Unterstützungskongress" mit der UGT vom 19.-23.11.1979 ab. Zur allmähl. Kräfteverschiebung von den (CC.OO.-) BKom. hin zur (UGT-) GewerkS-Hegemonie: Prados, Representación, RL 1991-I, S. 183 (187 ff., 189 ff.).

[185] Mit bürgerlichem Namen hieß er *Herbert Ernst Karl Frahm und nahm während seines Exil aus Hilter-Deutschland den Namen Willy Brandt an. Brandt hatte bis 1987 den SPD-Parteivorsitz inne.*

te *Leonid Breschnew* davor, nach der „Nelkenrevolution" einem kommunistischen Regime in Spanien an die Macht zu verhelfen. Ein ehemaliger *CIA*-Mitarbeiter, *Philipp Agee*, erinnert sich:[186]

> „Michael Boggs und Irving Brown, beides Funktionäre der AFL/CIO [*US-Gewerkschaftsbund*], die bekanntlich in enger Verbindung mit der CIA stehen, statteten im vergangenen Jahr [*1974*] Portugal einen Besuch ab. Obgleich es den von Kapitalisten beherrschten Gewerkschaftsorganisationen nicht gelang, Erfolg zu erzielen, weil im Januar das Gewerkschaftsgesetz im Parlament verabschiedet wurde, setzte der Internationale Bund freier Gewerkschaften über seinen Vertreter in Portugal, Manuel Simon, seine diesbezüglichen Bemühungen fort."

Die Erfahrung eines „Verschluckens" durch die Kommunisten hatten vorher die portugiesischen Sozialisten machen müssen, weil die Kommunisten am 25. Januar 1975 über das von ihnen dominierte Parlament ein Gesetz verabschieden konnten, welches die Gründung einer kommunistisch beherrschten Einheitsgewerkschaft durchsetzte („*Unicidade*"). Aber nicht nur die westlichen Demokratien versuchten über „Geldspritzen", Einfluss auf die Entwicklung zu nehmen, da auch die Kommunistische Partei Portugals „Bruderhilfe" von den Genossen aus der *UdSSR* mit bis zu 10 Millionen US-Dollar erhielt.[187]

3. Aktuelle Situation mit Einheitsvertretung und Gewerkschaftssektion

Heutzutage hat die *CC.OO.* ihre damalige Vormachtstellung in den betrieblichen Einheitsvertretungen verloren und sich die Organisationsstruktur einer „ordentlichen" Gewerkschaft zugelegt. Aus diesem Grunde verfolgt sie nun auch dieselben Interessen wie jede andere Gewerkschaftszentrale und mittlerweile erreichen sowohl *CC.OO.* als auch *UGT* ungefähr die gleiche Anzahl an Einheitsvertretungsposten. Seit den letzten zwanzig Jahren kühlt sich die ehemals zur Überlebensfrage hochstilisierte Diskussion jener Anfangstage des Arbeitnehmerstatuts merklich ab und beide Zentralen rissen inzwischen das Tarifgeschehen über Instrumente an sich, die weiter unten erläutert werden.[188] Nur noch einige „unbelehrbare" und nicht repräsentative Minderheitsgewerkschaften, wie die traditionsreiche und anarchosyndikalistische *Confederación Nacional de Trabajo* (*CNT*), die seit jeher „staatliche" Betriebskomitees ablehnten, erklären noch heute auf ihrer „*web-page*" im Internet:[189]

---

[186] *Agee, Brief, in: Agee/Wolf, CIA WestE, 1981, S. 44 (46).*

[187] *Agee, Brief, Neuberger/u.a., CIA, 1982, S. 191 {191 ff.}).*

[188] Rahmentarifverträge, S. 124 ff., Überbetriebliches Komitee S. 124 ff., Repräsentativitätserfordernis, S. 124 ff., zwischen statutarischen TV untereinander, S. 124 ff., Änderung von Tarifverträgen, S. 124 ff.

[189] Unter: *http://www.cnt.es/Compaign/CamNOE.htm. Die CNT ist eine radikal-anarchistisch-marxistische Gewerkschaft, die sich heute noch jeglicher Beteilung in der staatlicherseits zur Verfügung gestellten Tarifordnung enthält („NO a las elecciones sindicales"). Im Oktober/November 1910 wurde sie gegründet konnte damals von*

„Was sagten und was sagen wir von der CNT immer noch? Dass die Betriebskomitees korporative sowie unsolidarische Organe sind, welche die Arbeitnehmer Betrieb für Betrieb auseinander treiben, einen vertikalen Syndikalismus [*franquistischer Prägung*] betreiben sowie den Parlamentarismus praktizieren und damit die Arbeitnehmerschaft teilen. Sie machen aus den Gewerkschaften bürokratische Organe, die hörig zu Diensten des Arbeitgeberverbandes stehen, der sie am Leben und weit ab von den Interessen der Arbeitnehmerschaft hält. Die Betriebsversammlungen verschwinden damit, da die Betriebskomitees die volle Fähigkeit zur Verhandlung besitzen und die Betriebsversammlungen verwandeln sich somit in unbrauchbare Organe, da sie allein beratende Tätigkeiten und nicht solche der Entscheidung ausüben. Die Gewerkschaften verlieren ihre Kraft, da wir Arbeitnehmer in ihnen nicht unsere Verteidigungswaffe gegen den Arbeitgeberverband erkennen können."

Die geringe Anzahl an Firmentarifverträgen wird heute in 90% der Fälle durch die zwischen *CC.OO.* und *UGT* fast hälftig dominierten Einheitsvertretungen ausgehandelt, womit die Gewerkschaftssektion bei der Tarifverhandlung eine vollkommen untergeordnete Rolle spielt.[190]

Pestaña und Seguí angeführt bis 1935 ca. 1 Millionen Mitglieder für sich gewinnen und spaltete sich von der gemäßigteren CGT ab. Politisches Führungszentrum der CNT war der Geheimbund FAI. 1936 gaben CNT-FAI die traditionelle Parole des Wahlboykotts auf und man beteiligte sich vor und während des Bürgerkrieges an der „Generalitat" (Regierung; mittelalterlich für „Stadtrat") von Katalonien und der Regierung der span. Republik. Hauptsächlichen Einfluss hatte sie im Gegensatz zur in Madrid „tonangebenden" UGT in der Schwerindustrie von Barcelona) und wurde beeinflusst von den Ideen Bakunins, Fernand Pelloutiers sowie Proudhons.

[190] Zur Begründung dieser Tradition, nach welcher *„die Komitees die FirmenTV verhandelten, wenn dies so von der Belegschaft entschieden wurde" und nicht die GewerkS-Sektionen: Marín Arce, Transición, 1997, S. 84 f.; Borrajo, Introducción, 1996, S. 296 (Lec. XXIII-VII/2/2.1).*

III. Kapitel: Grundlagen des spanischen Tarif- und Verbandswesens

A. Überblick über die wesentlichen Gesetze

Am Ende des Jahres 1978 gelang es den Spaniern, eine Selbstauflösung des franquistischen Gesellschaftssystems zu veranlassen und sich selbst eine demokratische Verfassung (*Constitución Española*) zu geben. In der *magna charta* wurden zahlreiche soziale Grundrechte und Institutionen festgeschrieben,[191] wie die Freiheit, Gewerkschaften zu „gründen" (*fundación de sindicatos*), ihnen „beizutreten" (*afiliación*) oder „fernzubleiben" (*libertad sindical negativa*), das individuelle Recht auf „Streik" (*huelga*) und „Aussperrung" (*cierre patronal*),[192] das „Recht auf" und die „Pflicht zur Arbeit" (*derecho al trabajo, deber de trabajar*), die „freie Berufswahl" (*libre elección de profesión u oficio*), „ausreichende Entlohnung" (*remuneración suficiente*),[193] „Lohngleichheit für Frauen und Männer" (*no discriminación por razón de sexo*),[194] das Recht auf Durchführung von „Tarifverhandlungen" (*negociación colectiva*), das Recht für Arbeitnehmer oder Arbeitgeber auf Durchführung von Maßnahmen des „Kollektivkonfliktes",[195] die „wirtschaftliche Betätigungsfreiheit" (*libertad de empresa*),[196] die Förderung der verschiedenen Formen der „Mitwirkung im Unternehmen" von staatlicher Seite aus (*participación en la empresa*)[197] und sogar die außerordentlich delikate Frage zur „rechtlichen Wirkung" von Tarifverträgen.[198]

Der Verfassungsgeber beauftragte in Art. 35.2 Verfassung den einfachen Gesetzgeber zum Erlass des „Arbeitnehmerstatuts" mit den Worten: *„Ein Gesetz wird ein Arbeitnehmerstatut {Estatuto de los Trabajadores} regeln."*[199] Schon anderthalb Jahre später verabschiedete der Gesetzgeber im Frühjahr 1980 dieses „Arbeitnehmerstatut", welches als „Herzstück" des spanischen Arbeitsrechts in mittlerweile über einhundert Artikeln die wichtigsten Aspekte des individuellen Arbeitsrechts regelt und unter seinem *„Titel III"* mit der Überschrift *„Über die Tarifverhandlung und über die Tarifverträge"* die Grundzüge

---

[191] *Abele, TarifR, Diss., 1996, S. 114 ff.*

[192] Streik: Art. 28 Verfassung, Aussperrung: Art. 37.2.

[193] Art. 35 Verfassung.

[194] Art. 35 und 14 Verfassung.

[195] Art. 37 Verfassung; *Abele, TarifR, Diss., 1996, S. 162 ff.*

[196] Art. 38 Verfassung.

[197] Art. 129.2 Verfassung.

[198] Art. 37.1 Verfassung am Ende.

[199] Der Begriff *„Statut" wurde von der Kommunistischen Partei Spaniens in ihrem Parteiprogramm benutzt und war im Rahmen der Verhandlungen über eine demokratische Verfassung somit ein kleines formelles Zugeständnis in deren Richtung: Borrajo, Contenido, El ET, t. XII, Vol. 1.°, 1980, S. 13 (20 und 21 ff., Fn. 2, 3); Suárez González, Relaciones, 1980, S. 49 ff. Zum Entwurf des Arbeitnehmerstatuts: BO de las Cortes Generales vom 04.06.1979.*

des kollektiven Arbeitsrechts festlegt.[200] Das Arbeitnehmerstatut wurde zuletzt 1994-1995 einer großen Reform unterworfen, die auch wesentliche Umgestaltungen im kollektiven Arbeitsrecht mit sich brachte.[201]

Da dieses „Arbeitnehmerstatut" im Rahmen der Normenhierarchie lediglich den Rang eines „einfachen" Gesetzes belegt, jedoch so elementare Themen wie die Tariffordnung und dort die Tariffähigkeit von Gewerkschaften normiert, traten Bedenken auf, ob aus diesem Grunde und zur Weiterentwicklung verschiedener Gesichtspunkte des Tarifrechts eine besondere, in der Verfassung für derartige Fälle zwingend vorgesehene Gesetzesart, nämlich ein sog. „Organgesetz" (*Ley Orgánica*) notwendig sei.[202] Kennzeichen jener Gesetzesart ist dabei im Wesentlichen, dass sie bei Verabschiedung die absolute Mehrheit im Abgeordnetenkongress (*Congreso de los Diputados*)[203] erreichen muss, weshalb diese Problematik in Deutschland ungefähr mit der „Schrankentheorie" vergleichbar ist.

Diesen Bedenken trug der Gesetzgeber Rechnung und im Jahre 1985 trat das „Organgesetz über Gewerkschaftsfreiheit" (*Ley Orgánica de Libertad Sindical – LOLS*) mit seinen ungefähr zwanzig Artikeln in Kraft.[204] Dort regelt es neben einigen schon in der Verfassung[205] und im „Arbeitnehmerstatut" vorgesehenen Materien zusätzlich noch die

---

200 Bzw. Arbeitnehmerstatut *(ET)" in der ersten Fassung als „Gesetz 8/1980" vom 10.03.1980 (BO de las Cortes Generales, Congreso de los Diputados, 04.07.1979, N° 62-I), was anfängl. in enttäuschender Weise als „neuer normativer Mythos" bezeichnet wurde, weil mit ihm kein Bruch mit der früheren Geisteshaltung vollzogen wurde. Zunächst sollte das „Arbeitnehmerstatut" sogar „Arbeitsgrundgesetz" (Ley Básica del Trabajo) getauft werden, was es in eine grundrechtsgleiche Sphäre gehoben hätte. Vgl. Martínez Fenoll, Tiempo, 1997, S. 36; Borrajo, Contenido, El ET, t. XII, Vol. 1.°, 1980, S. 13 (13. ff., 20 ff.); Eich, Spanien, GewMoHefte 1/1981, S. 22 (28 ff.).*

201 *„Gesetz (Ley) 11/1994" vom 19.05.1994, BOE 23.05.1994 = RCL 1422, 1651 und schließl. im Real Decreto Legislativo 1/1995 de 24.03.1995, por el que se aprueba el Texto Refundido de la Ley del Estatuto de los Trabajadores, BOE 26.09.1995 = RCL 997. Als Bsp. für die aus dieser Reform entstehenden Unsicherheiten in der Lehre: Sala, Imperativa, RMTAS 1997 (3), S. 121 ff. Alleine schon diese grundlegende Reform rechtfertigt es, eine neuere Dissertation als die von Abele, TarifR, Diss. Trier, 1996 zu schreiben.*

202 Art. 53, 81 Verfassung. Zum Streit, ob es sich beim *Organgesetz um eine in der Normenhierarchie höher stehende Gesetzesart handelt oder nicht (letzteres ist wohl die h.A.) sowie zu den verschiedenen Gesetzesarten in Spanien allgemein: Alonso/Casas, DTrab, 1998, S. 718 ff. (Cap. 26/III/A/a); Cremades, ArbR, 1996, S. 2 ff.; Ibán, Einführung, 1995, S. 31 ff., 62 ff.; Abele, TarifR, Diss., 1996, S. 116 ff.*

203 Dies entspricht dem dtsch. Bundestag.

204 *Ley Orgánica 11/1985, de 2 de ago., de Libertad Sindical, BOE 08.08.1985 (im Folgenden: LOLS). Vgl. zur Geschichte des LOLS: Casas, Política, in: VV.AA., Fuentes, 1981, S. 21 (38 ff.); Borrajo, Sindicatos, RFDUC 1984, N° 7, S. 143 (146 ff.).*

Für die ArbG-Verbände gilt das „Gesetz 19/1977" vom 01.04.1977 über das Recht zur Koalition (Ley 19/1977, de 1 de abril, reguladora del Derecho de Asociación sindical), BOE 04.04.1977 i.V.m. Übergangsvorschrift LOLS, vgl. S. 122ff.

205 Z.B. wird erneut die negative Gewerkschaftsfreiheit nach Art. 28.1 Satz 4 Verfassung erwähnt in Art. 2.1.b) *LOLS oder die Tariffähigkeit zum Abschluss eines Flächentarifvertrags nach Art. 87.2 Arbeitnehmerstatut in Art. 6.3.b) LOLS.*

weitere Ausgestaltung der verfassungsrechtlich gewährleisteten Gewerkschaftsfreiheit, wie unter anderem die „rechtliche Verfassung" (*régimen jurídico sindical*) und „Betätigung" von Gewerkschaften (*acción sindical*), die Gewerkschaftssektionen (*sección sindical*), die „Abführung" der arbeitnehmerseitigen Gewerkschaftsbeiträge durch den Arbeitgeber direkt an die Gewerkschaft (*descuento de la cuota/nómina sindical*, bzw. *check off*),[206] die Regelung des „Solidaritätsbeitrags" (*canon económico*) und in einer Generalklausel das in einzelnen Fällen sehr wichtige Verbot „gewerkschaftsfeindlichen Verhaltens" (*conducta/comportamiento antisindical/maniobra antisindical*).[207]

Ferner sind in dem vorkonstitutionellen „Königlichen provisorischen Eilgesetz über Arbeitsbeziehungen" die grundlegenden Gesichtspunkte des Streikrechts niedergelegt, wobei auch in Spanien die kaum noch überschaubare Rechtsprechung zahlreiche Themen näher ausgestaltet.[208]

In arbeitszeitrechtlicher Hinsicht regeln die Art. 34 bis 37 Arbeitnehmerstatut ungefähr die Inhalte, die in Deutschland der Regelungskompetenz des „Arbeitszeitgesetzes" unterstehen.

Aufgrund einer Delegation im Arbeitnehmerstatut[209] wurde die „Königliche Rechtsverordnung 1.561/1995 über Sonderarbeitszeiten" (*Real Decreto 1.561/1995, de 21 de septiembre, sobre Jornadas Especiales de Trabajo*) erlassen.[210] Jene Rechtsverordnung regelt in minuziöser Weise einige Aspekte der Arbeitszeitfrage von bestimmten Berufsgruppen und sogar derart ungewöhnliche Situationen wie die „Arbeit in Druckkammern" etc. Unter besonderen Voraussetzungen eröffnet sich die Möglichkeit, über Tarifvertrag die Arbeitszeit zu verlängern oder zu verkürzen. Ferner legt sie Erholungsregelungen fest, die von den allgemeinen Vorschriften der Art. 34 bis 37 Arbeitnehmerstatut abweichen

---

[206] Art. 11.2 *LOLS. Dies gilt nur bei entspr. Vereinbarung zwischen ArbG und ArbN. Hierfür müssen sich die GewerkS-Mitglieder freil. zu „erkennen" geben und werden auf Listen erfasst. Diese Listen darf der ArbG nicht für andere Zwecke verwenden: So behielt ein ArbG mit ihrer Hilfe solchen GewerkS-Mitgliedern einmal den durch einen Streik abzuziehenden Lohn ein, deren GewerkS einen Streik ausgerufen hatte. Dabei prüfte er jedoch nicht nach, ob sie auch tatsächlich am Streik teilgenommen hatten. Das VerfG sah in diesem Verhalten eine rechtswidrige Zweckentfremdung der check-off-Listen durch den ArbG und untersagte diese Praktiken: Serrano Carvajal, AMI, in: VV.AA., Comentarios, 1980, S. 161 (179 f.); Pérez Pérez, Descuento, in: VV.AA., Comentarios, 1986, S. 289 (321 ff.); Ojeda, Compendio, 1998, S. 71 ff. (Cap. 3/C/b/2); Montoya, Canon, RFDUC 1985, N° 7, S. 105 (110 ff.); Serrano Carvajal, Tendencias, 1984, S. 83 ff.; Alonso Olea, Libertad, RFDUC 1985, N° 7, S. 17 (29). Zum dtsch. Recht: Farthmann, Einziehung, AuR 1973, S. 354 ff.*

[207] Art. 12 und 13 *LOLS.*

[208] *Real Decreto 17/1977, de 4 de marzo, sobre relaciones de trabajo, BOE 09.03.1977 = RCL 1977\490.*

[209] Art. 34.7, 35.2, 36.1, 37.1 Arbeitnehmerstatut.

[210] *BOE 26.09.1995. Davor galt das „RD 2.001/1983"; Fita, Jornada, 1999, S. 64 ff.; Carratalá, Jornadas, TS 1995, N° 59, S. 86 ff.; Suárez Fernández, Jornadas, La Ley 1995-4, S. 912 ff.; Morón, Jornadas, RL 1996-I, S. 1001 ff.; Martín Valverde, Jornadas, RL 1995-II, S. 398 ff. (407 f.); Martínez Fenoll, Tiempo, 1997, S. 179 ff.; García Ninet, Jornadas, in: VV.AA., Estudios, 1991, S. 325 ff.; Millán, Jornadas, RL 1986-I, S. 97 ff.; Iglesias, Prolongación, DL 1987, N° 22, S. 163 (179 ff.); Sala/Alfonso/Pedrajas, Acuerdos, 1996, S. 345 ff.; Escudero, Tiempo, RL 1994, N° 4, S. 7 (16).*

dürfen.[211] Gerade wegen dieser m.E. übertriebenen „Reglementierungsfreude" des Verordnungsgebers kamen in letzter Zeit nicht zu Unrecht verfassungsrechtliche Zweifel unter dem Gesichtspunkt einer zu starken Einmischung in die Tarif-, bzw. wie es in Spanien heißt „Kollektivautonomie" (*autonomía colectiva*) auf:

Den kritischen und sich in der Minderheit befindlichen Stimmen des Schrifttums zufolge sei den Koalitionen über die weiter unten näher dargestellte „Gewerkschaftsfreiheit" nach Art. 28 Verfassung als Ausdruck ihrer „Betätigungsfreiheit" in mittelbarer Weise das „Recht auf Tarifverhandlungen" nach Art. 37.1 Verfassung zuerkannt worden. Der Staat müsse ihnen hierfür laut Art. 53.1 Satz 2 Verfassung einen „Wesensgehalt" (*contenido esencial*) übriglassen.[212] Wörtlich heißt es in der von Art. 19 Absatz 2 Grundgesetz für die Bundesrepublik Deutschland „abgeschauten" Regelung:[213]

> „Die ... Rechte und Freiheiten binden sämtliche Öffentlichen Gewalten. Allein durch Gesetz kann die Ausübung solcher Rechte und Freiheiten geregelt werden, die in Übereinstimmung mit Artikel 161.1.a) [*abstrakte Normenkontrolle – recurso de inconstitucionalidad*] geschützt werden; dieses Gesetz muss auf jeden Fall deren **Wesensgehalt** wahren." (H.d.V.)

Nach dieser Vorschrift darf in das „Recht auf Tarifverhandlung" nach Art. 37.1 Verfassung allein *„durch Gesetz"* eingegriffen werden. Damit sei aber kein „formelles", sondern ein „Parlamentsgesetz" gemeint. Die von der Regierung erlassene „Königliche Rechtsverordnung 1.561/1995 über Sonderarbeitszeiten" dürfe demnach nicht in dieses Recht eingreifen.

Zudem seien die in ihr enthaltenen Regelungen auch aus praktischen Erwägungen besser in Tarifverträgen aufgehoben, da sonst die Gefahr drohe, dass eine auf Arbeitnehmerschutz fixierte „Staatsintervention" durch die Rechtsverordnung die Rolle der Gewerkschaften untergrabe. Ohne starke Gewerkschaften ließen sich aber weder staatliche noch tarifliche Regelungen durchsetzen.[214]

---

[211] Vgl. Art. 3-22 und 23-31 *„RD 1.561/1995". Nach Art. 2.2 „RD 1.561/1995" ist die RVO nicht auf befristete und Teilzeitarbeitsverhältnisse anwendbar: Morón, Jornadas, RL 1996-I, S. 1001 (1007, 1016).* Zu den dtsch. Tatbeständen des Sonder-ArbZR: *Richardi/Wlotzke, MüHdB ArbR, Bd. 2, Indiv. ArbR II, 1993, § 214, S. 1653 ff.*

[212] Dem sei wegen der *Franco-Diktatur Aufmerksamkeit zu schenken, da die Tarifautonomie zu jener Zeit bis auf ihr „Skelett" abgeschabt wurde und über vierzig Jahre de facto nicht existierte: Rodríguez-Piñero Royo/Rey, Negociación, in: VV.AA., Relaciones, 1983, S. 27 (29 f.): „desnaturalización" und „administración estatal indirecta".*

[213] Siehe: *Otto, Wesensgehalt, in: VV.AA., VerfR, 1993, S. 309 (314 ff.); Rodríguez-Piñero Royo/Rey, Negociación, in: VV.AA., Relaciones, 1983, S. 27 (28 ff.).*

[214] *Ojeda, Intervención, in: VV.AA., Estabilidad, 1998, S. 271 (282 ff., 290 ff.); Carratalá, Jornadas, TS 1995, N° 59, S. 86 (86 ff.).*

B. Spanisches Verbandswesen

1. Die Koalitionen: Ihr Zweck

Als Grundstein eines demokratischen und sozialen Staates[215] gibt Art. 7 Verfassung den Koalitionen folgende Zielvorgabe:

„Die Gewerkschaften und die Arbeitgeberverbände tragen zur Verteidigung und Förderung der wirtschaftlichen sowie sozialen Interessen bei, die ihnen zu Eigen sind. Ihre Gründung und die Ausübung ihrer Handlungen sind innerhalb der durch die Verfassung und das Gesetz gesteckten Grenzen frei. Ihr innerer Aufbau und ihre Tätigkeitsweise müssen demokratisch sein."

Trotz des insoweit eindeutigen Wortlauts sollen in Spanien die Koalitionen nicht einzig ihren egoistischen Interessen bzw. denen ihrer Mitglieder dienen, sondern sind nach ganz herrschender Auffassung auch an die Interessen des Gemeinwohls gebunden.[216]

2. Gewerkschaftsfreiheit

Nachstehend gewährleistet Art. 28.1 Verfassung die „Gewerkschaftsfreiheit" (*libertad sindical*) mit ihrem Recht auf Gründung, Beitritt und Mitgliedschaft in positiver und selbst negativer Hinsicht sowie auf Betätigung[217] anhand folgender Worte:[218]

---

[215] Art. 1.1 Verfassung: *„Spanien ist ein sozialer und demokratischer Rechtsstaat..."*

[216] *Ojeda, Compendio, 1998, S. 34 ff. unter Hinweis auf internationale Abkommen.*

[217] Vgl. auch Art. 9.2 Verfassung: *„Es obliegt den Öffentlichen Gewalten die Bedingungen zu fördern, um die Freiheit und Gleichheit des Einzelnen und der Gruppen, in denen er sich befindet, tatsächlich und durchsetzbar werden zu lassen; ebenso obliegt es ihnen, die Hindernisse zu beseitigen, die ihre vollkommene Entfaltung verhindern oder erschweren, und es ihnen zu ermöglichen, dass alle Bürger am politischen, wirtschaftlichen, kulturellen und sozialen Leben teilnehmen können."*

[218] *Abele, TarifR, Diss., 1996, S. 119 ff.*

„Jedermann hat das Recht, sich in freier Weise zusammenzuschließen ... Die Gewerkschaftsfreiheit umfasst das Recht, Gewerkschaften zu gründen und der Gewerkschaft seiner Wahl beizutreten; ebenso beinhaltet sie das Recht der Gewerkschaften, Bünde einzugehen und internationale Gewerkschaftsorganisationen zu gründen oder solchen beizutreten. Niemand kann verpflichtet werden, sich einer Gewerkschaft anzuschliessen."

Die Gewerkschaftsfreiheit umfasst zusätzlich noch ähnlich wie in Deutschland das Recht auf Durchführung von Tarifverhandlungen und auf Streik, wobei beide Garantien noch ausdrücklich in der Verfassung abgesichert werden.[219]

a) Negative Gewerkschaftsfreiheit und Solidaritätsbeitrag

(1) Solidaritätsbeitrag beim statutarischen Tarifvertrag

Wegen der im Arbeitnehmerstatut angeordneten Allgemeinverbindlichkeit statutarischer Tarifverträge fehlt den Gewerkschaften ein geeigneter „Köder", Nichtorganisierte zur Mitgliedschaft zu bewegen und deshalb kommen selbst die beiden größten Zentralen *UGT* und *CC.OO.* allein auf eine Mitstreiterschar von je 700.000 bis 800.000, so dass insgesamt nur zwischen 11 bis 15% der spanischen Arbeitnehmer gewerkschaftlich organisiert sind. Dieser geringe Organisationsgrad zieht wiederum entsprechend klägliche Einnahmen durch Mitgliedsbeiträge und die Unmöglichkeit, „Streikkassen" zu finanzieren nach sich.

In den achtziger Jahren beabsichtigten die Gewerkschaften, ihre Finanzlöcher zu stopfen und die Kosten für die statutarischen Tarifverhandlungen über entsprechende Tarifklauseln umzulegen. Dafür sollte auch von den „parasitären Trittbrettfahrern"[220] ein Solidaritätsbeitrag selbst gegen ihren Willen erhoben werden, der in Spanien „*Verhandlungskanon*" heißt (*canon económico*).[221]

Ebenfalls zu dieser Zeit machte die „*Exekutivkommission*" der *UGT* den Vorschlag, eine mögliche Zwangsmitgliedschaft mit Pflichtbeiträgen wie bei der franquistischen

---

[219] *Ojeda, Compendio, 1998, S. 35 ff.*

[220] *Los no afiliados a un sindicato. „Trittbrettfahrer" (free rider) deshalb, weil sie sich die gewerkschaftl. Mitgliederbeiträge ersparen: „They wear the uniform without paying the cloth."*

[221] Oder auch *„canon para los servicios de la negociación, canon por negociar, cuota de solidaridad por negociación, cobro por gastos de representación sindical". Manchmal wird mit canon por negociación colectiva eine Beitragszahlung sowohl für Koalitionsmitglieder als auch für Außenseiter und mit cuota de solidaridad die Beitragszahlung allein für Außenseiter bezeichnet.* Nicht nur die GewerkS, sondern auch die ArbG-Verbände wollen bisweilen einen Solidaritätsbeitrag einfordern von den Einzel-ArbG, die nicht dem Verband angehören: *Rey, Canon, in: VV.AA. II Jornadas, 1985, S. 861 (964, Fn. 3).*

Zwangsgewerkschaft *OSE* einzuführen, um mit den heiß ersehnten Beiträgen das permanente Kassenloch überwinden zu können.[222] Für diese Pläne ließen sich aber keine Mehrheiten finden, so dass sie schließlich aufgegeben wurden.

Von Seiten der Kommunisten sprach sich der Generalsekretär der Kommunistischen Partei Spaniens (*PCE*) *Santiago Carrillo Solares* gegen einen derartigen Solidaritätsbeitrag aus:

> „Wenn es die Gewerkschaften nicht genau dafür gibt, um Tarifverträge auszuhandeln, wenn dies nicht genau ihre Aufgabe ist, falls sie den Arbeitnehmern Beiträge abverlangen, um diese wesentliche Aufgabe wahrzunehmen, werden sich die Gewerkschaften in Büroapparate der Gewerkschaftsbewegung verwandeln und nicht in Organisationen zur Verteidigung der Interessen der Arbeiterklasse ... Die Arbeitnehmer haben die Gewerkschaften mit ihren frei zu leistenden Beiträgen mit ihrer freiwilligen Mitgliedschaft zu unterhalten."

Der Eintreibung einer „Gewerkschaftssteuer" erteilte dann das Verfassungsgericht und die ordentliche Rechtsprechung eine klare Absage.[223] Seinem Urteil nach darf die Gewerkschaft den Solidaritätsbeitrag allein dann einkassieren, wenn der Nicht-

---

[222] *Comisión Ejecutiva Confederal de UGT: Casas, Representación, REST 1990, N° 10, S. 101 (107). Vgl. de Soto, Libertad, 1998, S. 361 ff.*

[223] STCo 29.07.1985, RTCo 98, daraus entstand der heutige Art. 11.1 *LOLS, der das Thema des Solidaritätsbeitrags in der hier besprochenen Weise löst. Vgl.: STCT 16.10.1984, RTCT 8287; STCT 22.04.1982, RTCT 2558; SMag. de Trabajo de Salamanca 16.10.1985, AL 1985-2, N° 1134, S. 2426 ff.; Sala, JPrud., DL 1984, N° 11, S. 7 (24 ff.). Contra Solidaritätsbeitrag: Montoya, Probleme, Informaciones I/1987, S. 57 (60 ff.); ders., Solidaridad, in: VV.AA., Canon, 1982, S. 9 ff.; Borrajo, Introducción, 1996, S. 178 f. (Lec. XIV-IV/4); ders., Canon, AL 1985-2, S. 2428 ff.; Alonso Olea, Libertad, RFDUC 1985, N° 7, S. 17 (28 ff.); Serrano Carvajal, Tendencias, 1984, S. 84 ff.; García Abellán, Costo, in: VV.AA., Canon, 1982, S. 39 ff. Pro Solidaritätsbeitrag: Rentero, Canon, in: VV.AA., Canon, 1982, S. 21 ff.; Rey, Canon, in: VV.AA. II Jornadas, 1985, S. 861 (865 ff. 877 ff., 882 ff.). Zur Frage, ob eine GewerkS, die einen „gesetzl. Beitritt" nach Art. 92.1 Arbeitnehmerstatut (vgl. S. 124 ff.) praktiziert, die von ihr eingeforderten Solidaritätsbeiträge wieder zurückzahlen muss, weil sie mangels „Tarifverhandlung" ja gar keine Unkosten erleiden konnte: Pérez Pérez, Descuento, in: VV.AA., Comentarios, 1986, S. 289 (315), der dies bejaht. Zur Unvereinbarkeit des Solidaritätsbeitrags mit der negativen Koalitionsfreiheit nach Art. 9 Abs. 3 GG in Deutschland: Hueck/Nipperdey, LehrBArbR, Bd. II/1, 1967, S. 163 ff.; Schaub, ArbR-HdB, 1996, § 202 III 1; Zöllner, DiffKl, 1976. Siehe die MM.: Däubler, TVR, 1993, S. 518 (P/IV/Rn. 1190 ff.); Zachert, DiffKl, DB 1995, S. 322 ff.; Reuß, DiffKl, AuR 1969, S. 33 ff.; Ritter, Anmerkung, JZ 1969, S. 111 ff.; Radke, DiffKl, AuR 1971, S. 4 ff.; Gamillscheg, Differenzierung, 1966, S. 7 ff.; ders., GewerkS-Zugehörigkeit, BB 1967, S. 45 ff. Ein closed-shop ist auch in seinen Modalitäten pre-/post-entry, union shop etc. wegen der negativen GewerkS-Freiheit (Art. 28.1 Verfassung) in Spanien untersagt: Alonso Olea, Fuentes, 1982, S. 23 f.; ders., Seguridad, REDT 1982, N° 12, S. 565 (592 f.); de Soto, Libertad, 1998, S. 266 ff.; Rey, Conducta, RL 1987-I, S. 261 (267); Zachert, Spanien, in: ders., Krise, 1990, S. 51 (82); Iglesias, Negociación, 1997, S. 264 (Cap. X/1.); Pérez Pérez, Descuento, in: VV.AA., Comentarios, 1986, S. 289 (305 ff.).*

organisierte zuvor freiwillig und schriftlich seine ausdrückliche Einwilligung erklärt, da Gewerkschaften nicht über das Vermögen Außenstehender Dritter verfügen könnten („*Si calla, no accede*" – „*wenn {der Arbeitnehmer} schweigt, kann {der Solidaritätsbeitrag} nicht eingefordert werden*").[224] Damit trug es zweierlei Vorbehalten der öffentlichen Meinung Rechnung:

Zum einen sollte den Gewerkschaften der ökonomische Machtfaktor vorenthalten werden, den solch ein Solidaritätsbeitrag mit sich gebracht hätte, und zum anderen wäre er in der Bevölkerung auf entschiedenen Widerstand gestos-sen, da seine Entrichtung noch zu stark an die verhassten Zwangsbeiträge zur franquistischen Zwangsgewerkschaft *OSE* erinnert hätte.

Ferner wurden auch folgende Zweifel an seiner Vereinbarkeit mit der negativen Koalitionsfreiheit laut:

> „Man steht vor einem Machtmissbrauch, wenn derjenige, der im fremden Namen handelt [*Gewerkschaft*], eine ihm formell zustehende Vertretungsmacht ausübt, die jedoch nicht, um im Interesse des Vertretenen zu handeln [*Arbeitnehmer*], sondern im eigenen Interesse oder im Interesse eines Dritten, das sich nicht mit dem des Vertretenen deckt."[225] – und –
> „Der Solidaritätsbeitrag verstößt gegen die negative Gewerkschaftsfreiheit der Arbeitnehmer ... Im Dunstkreis der Nötigung, in dem sich so häufig die Gewerkschaftsbeziehungen bewegen, erscheint das Erfordernis, eine Zahlung schriftlich verneinen zu müssen und [*statt dessen*] nicht bei freiwilliger Zustimmung zu zahlen, der Logik, dem gesunden Menschenverstand und selbstverständlich der Freiheit [*des Einzelnen*] entgegengesetzt. Dies [*gilt*] deshalb, weil wenn er [*der Solidaritätsbeitrag*] weder nützlich noch gut für die Arbeitnehmer ist, [*dann*] stellt seine Auferlegung ein Attentat gegen ihre Freiheit dar; wenn er [*in der Tat*] so gut und positiv ist, dann sollte man die Entscheidung [*darüber*] gefälligst den Arbeitnehmern überlassen und ihn [*den Arbeitnehmer*] freiwillig zahlen lassen."[226]

---

[224] *Borrajo, Canon, AL 1985-2, S. 2428 ff. Vgl. Monforte Arregui (Grupo Vasco): „Die negative GewerkS-Freiheit, welche man den ArbN über die Formulierung des Art. 11 {LOLS} zugesteht, um die Einforderung besagter Solidaritätsbeiträge zurückzuweisen, führt in der Praxis zur Beschneidung dieser Freiheit... Es wäre logischer gewesen, wenn man die umgekehrte Option gewählt hätte..., womit das Auftauchen schwarzer Listen vermieden worden wäre, {näml. schwarzer Listen} von Personen, die nicht bereit sind, einen Solidaritätsbeitrag zu zahlen."*

[225] *Francesco Santoro Passarelli zitierend: Suárez González, Visión, RFDUC 1985, N° 7, S. 37 (46 f.). Vgl.: Pérez Pérez, Descuento, in: VV.AA., Comentarios, 1986, S. 289 (310 ff.); Rey, Conducta, RL 1987-I, S. 287 (291 ff.); Ojeda/Pérez, GewerkSR, AiB 1989, S. 382 (384).*

[226] *Suárez González, in: Montoya, Canon, RFDUC 1985, N° 7, S. 105 (113).*

Dieses Urteil fasste der Gesetzgeber in Gesetzesform, weshalb heute der Art. 11.1 *„Organgesetz über Gewerkschaftsfreiheit"* (*LOLS*) das Thema der Solidaritätsbeiträge für die Tarifverträge regelt und somit nicht mehr nur die Schweiz als einziges Land eine positive Regelung besitzt.[227]

> „In den Tarifverträgen können Klauseln festgelegt werden, durch welche die Arbeitnehmer, die von dem Anwendungsbereich dieser Tarifverträge erfasst werden, die Wahrnehmung der Aufgaben der Gewerkschaften in wirtschaftlicher Hinsicht unterstützen, die in der Verhandlungskommission vertreten sein; dazu wird ein Solidaritätsbeitrag angeordnet und es werden die Einzelheiten seiner Zahlung geregelt. Auf jeden Fall muss der individuelle Wille des Arbeitnehmers geachtet werden, der schriftlich in der Form und in den Fristen kundzutun ist, die in der Tarifverhandlung bestimmt werden."

Folglich erklärt sich in der Praxis dementsprechend kaum einmal ein Außenseiter zur schriftlichen „Spenden"-Einwilligung bereit und sollte er dies doch einmal tun, so liegt der Solidaritätsbeitrag zwischen 1 und 10% des Lohnes und muss nach der Rechtsprechung proportional zu den Ausgaben der den Tarifvertrag unterzeichnenden Gewerkschaft sein, was grundsätzlich einen Beitrag von höchstens 10,22 Euro oder 15,34 Euro gleichkommt.[228]

---

[227] Zur eingeschränkten Zulässigkeit solcher Klauseln in der Schweiz: *Zanetti, GewerkS-Freiheit, RdA 1973, S. 77 (83, 84 ff., 86), mit dem Vorschlag als Solidaritätsbeitrag* $^2/_3$ *des GewerkS-Beitrages zu zahlen. Sog. „Contribution de solidarité": Berenstein, Loi suisse, DS 1957, N° 7/8, S. 419 (420 f.); Dudra, Security, LLJ, march 1959, Vol. 10, No. 3, S. 165 (167 ff.).*

[228] *Ojeda, Compendio, 1998, S. 74 (Cap. 3/C/b/3). Höchster Kanon ist wohl der im TV der Profifußballer in der span. „primera división de las estrellas del futbol", in dem 310,00 Euro gefordert werden, wobei freil. die exorbitanten Gehälter mit zu berücksichtigen sind. Als repräsentative GewerkS ist dort die AFE (Asociación Nacional de Futbolistas Españoles) anerkannt. Näher zum Bereich der Berufssportler: Val/Val, Deporte, in: VV.AA., XI Jornadas, 1994, S. 165 ff. Vgl. auch: Ojeda/Pérez, GewerkSR, AiB 1989, S. 382 (384); Rodríguez-Piñero, Contratación, RL1992-I, S. 55 (59); Ojeda, Autonomía, RL 1991-II, S. 311 (328); ders., Compendio, 1998, S. 73 ff. (Cap. 3/C/b/3); Rodríguez-Sañudo, Canon, in: VV.AA., Enciclop., 1995, t. I, S. 895 (896); Alonso Olea, Libertad, RFDUC 1985, N° 7, S. 17 (28 ff.); Montoya, Canon, RFDUC 1985, N° 7, S. 105 (109 ff., 115 ff.); STCT 16.10.1984, RTCT 8287.*

(2) Solidaritätsbeitrag beim außerstatutarischen Tarifvertrag

Für die Koalitionen, die einen außerstatutarischen Tarifvertrag abschließen, wäre es theoretisch durchaus verlockend, von den Außenseitern im Gegenzug für den „individuellen Beitritt" eine Art „Aufwandsentschädigung" für entstandene Verhandlungskosten einzufordern.[229] Ob beim Abschluss von *außerstatutarischen* Tarifverträgen solche „Solidaritätsbeiträge" eingefordert werden dürfen, ist heute noch nicht zweifelsfrei geklärt und grundsätzlich lassen sich zwei Haltungen hierzu ausmachen.

Die erste Ansicht ist der Auffassung, dass bei außerstatutarischen Tarifverträgen überhaupt kein Solidaritätsbeitrag erhoben werden darf, selbst nicht unter Beachtung des zuvor genannten Art. 11.1 „Organgesetz über Gewerkschaftsfreiheit" (*LOLS*). Dieser Artikel nehme nämlich auf die in der „*Verhandlungskommission vertretenen Gewerkschaften*" Bezug. Daraus könne man rückfolgern, dass er allein das Zustandekommen eines „statutarischen" Tarifvertrags regelt und schon aus diesen grundsätzlichen Erwägungen nicht auf „außerstatutarische" übertragbar sei.[230] Gegen diese Zahlungspflicht lässt sich m.E. die in Art. 28.1 Satz 4 Verfassung ausdrücklich niedergelegte „negative Gewerkschaftsfreiheit" anführen, da sie den Außenseiter zu einem Beitritt in die Gewerkschaft treiben könnte, um in den kostenlosen Genuss der Vorteile des aus-serstatutarischen Tarifvertrags zu gelangen.[231] Daneben drängt sich ein Vergleich zu einem unzulässigen „Vertrag zu Lasten Dritter" auf und es sprechen dieselben Argumente gegen die Zulässigkeit von Solidaritätsbeiträgen bei *außerstatutarischen* Tarifverträgen, die das Verfassungsgericht dazu brachte, den faktischen Anwendungsbereich zur Erhebung der „Gewerkschaftssteuer" bei *statutarischen* Tarifverträgen so stark zu beschneiden.[232]

Einer anderen Meinung nach sollen grundsätzlich Solidaritätsbeiträge auch bei Unterzeichnung von außerstatutarischen Tarifverträgen erhoben werden dürfen. Im Unterschied zur vorher genannten Ansicht, müssten dabei aber die Voraussetzungen von Art. 11.1 „Organgesetz über Gewerkschaftsfreiheit" (*LOLS*) Beachtung finden, d.h. es wird auch dort eine vorherige schriftliche Einwilligung des Außenseiters beim außerstatutarischen Tarifvertrag verlangt.[233] Diese Ansicht stützt das Argument, wonach das „*Organgesetz über Gewerkschaftsfreiheit*" (*LOLS*) im Jahre 1985 in Kraft trat, also in

---

[229] Vgl.: *Ojeda, Autonomía, RL 1991-II, S. 311 (328).*

[230] Im *LOLS würden allein die statutarischen TV (convenios colectivos (estatutarios)) erwähnt und nicht die außerstatutarischen TV (convenios impropios, pactos colectivos, convenios colectivos extraestatutarios etc.): Ojeda, Compendio, 1998, S. 74 ff. (Cap. 3/C/b/3); ders., Acuerdos, in: VV.AA., Arbitraje, 1996, S. 199 (202); Borrajo, Introducción, 1996, S. 176 (Lec. XIV-IV/3/3.2), 178 f. (Lec. XIV-IV/4); Pérez Pérez, Descuento, in: VV.AA., Comentarios, 1986, S. 289 (305); Olarte, Adhesión, 1995, S. 324 ff.*

[231] Vgl. *Alonso Olea, Fuentes, 1982, S. 185; STCT 06.05.1982, RTCT 3236. Aber a.A.: Lillo (CC.OO.), Individualización, RL 1991-II, S. 422 (431).*

[232] *Pérez Pérez, Descuento, in: VV.AA., Comentarios, 1986, S. 289 ff.; Rey, Conducta, RL 1987-I, S. 287 (291 ff.) und S. 261 (267); Zachert, Spanien, in: ders., Krise, 1990, S. 51 (82).*

[233] *Iglesias, Negociación, 1997, S. 264 (Cap. X/1.), 274. Vgl. auch de Soto, der einen Rückgriff auf den nicht-organisierten und begünstigten Trittbrettfahrer unter dem Blickwinkel einer ungerechtfertigten Bereicherung (enriquecimiento injusto) als zulässig ansieht: Libertad, 1998, S. 385 ff.*

einer Zeit in der dem Gesetzgeber die Dualität des spanischen Tarifrechts mit *statutarischen* und *außerstatutarischen* Tarifverträgen längst bekannt war, und er trotz alledem zur starken Restriktion von Solidaritätsbeiträgen in allgemeiner Form auf „*Tarifverträge*" Bezug nahm, womit sowohl „statutarische" als auch „außerstatutarische" Tarifverträge gemeint sein müssen.[234]

In der Praxis werden zumindest die Arbeitgeber auf ein Unterlassen von Solidaritätsbeiträgen erpicht sein, da sie ein Hindernis für den individuellen Beitritt zum außerstatutarischen Tarifvertrag und infolgedessen für den von ihnen erwünschten Verbreitungs- und Verallgemeinerungseffekt darstellen und eine Differenzierung allein nach der Gewerkschaftszugehörigkeit im Betrieb für Unruhe sorgen würde.[235]

3. Unklare Regelung der „Arbeitgeberverbandsfreiheit"

Im Hinblick auf die Arbeitgeberverbände stellt sich die Situation schon nicht mehr so unkompliziert dar, weil es an ihrer ausdrücklichen Erwähnung schlichtweg fehlt: Eine explizite „Arbeitgeberverbandsfreiheit" lässt sich der Verfassung nicht entnehmen. So herrscht denn auch hinsichtlich der Koalitionsfreiheit der *Arbeitgeber* Streit, ob sie sich über einen raffinierten Querverweis ebenfalls aus der gerade genannten *Gewerkschafts*freiheit (sog. „Pansyndikalisten") herleiten lässt.[236] Dieser Mindermeinung nach folgt schon aus dem ersten Satz von Art. 28.1 Satz 1 Verfassung, dass „*alle*", also auch die Arbeitgeber, das Recht hätten, sich frei zusammenzuschließen. Ferner ordne die „*Derogierende Vorschrift*" vom „Organgesetz über Gewerkschaftsfreiheit" (*LOLS*) an:

> „... dagegen bleiben die Regelungen wirksam, die besagte Vorschriften enthalten, welche sich auf die Berufsvereinigungen und insbesondere auf die Arbeitgeberverbände beziehen; deren **Vereinigungsfreiheit** [*sindicación*] **wird kraft Artikel 28.1 Spanische Verfassung** und kraft der von Spanien unterzeichneten internationalen Abkommen anerkannt." (H.d.V.)

---

[234] Vgl. erneut Art. 11.1, 6.3.*b) „Organgesetz über Gewerkschaftsfreiheit" (LOLS). Vgl.: Zachert, Spanien, in: ders., Krise, 1990, S. 51 (82 ff.); Rodríguez-Piñero Royo, No discriminación, in: VV.AA., Comentarios, 1983, t. IV, S. 323 (401 ff.); Gómez Abelleira, Adhesión, 1997, S. 586 ff.; Alonso Olea, Seguridad, REDT 1982, N° 12, S. 565 (572 ff.).*

Zu diesbezgl. Diskussionen der UGT auf dem XXXV. Kongreß: Alarcón Bravo, Cláusulas, RL 1995-I, S. 338, (359, Fn. 47).

[235] *Apilluelo, Convenios, AL 1995-1, IX, S. 133 (139).*

[236] Daneben werden im Arbeitnehmerstatut die Gewerkschafts- und Arbeitgeberverbandsfreiheit immer in einem Atemzug genannt, d.h. nicht voneinander abgegrenzt und damit miteinander gleichgesetzt (Art. 17.3, 27.1, 34.7 Arbeitnehmerstatut).

Somit scheint nach jener Auffassung diese *„konfuse, merkwürdige, verwirrende und befremdliche"* Vorschrift nichts anderes zu bezwecken, als die *„Arbeitgeberverbandsfreiheit* auch in die *Gewerkschaftsfreiheit* von Art. 28.1 Verfassung hineinzutransportieren und sie ihr gleichzustellen.[237]

Der herrschenden Ansicht nach, der nicht zuletzt das Verfassungsgericht folgt, soll ein gewöhnliches „Gesetz" keine verbindliche Interpretation der Verfassung vornehmen können.[238] Aus diesem Grund und mangels ausdrücklicher Gewährleistung der „Arbeitgeberverbandsfreiheit" lasse sich jene allein aus dem subsidiären Grundrecht der allgemeinen Vereinigungsfreiheit nach Art. 22.1 Verfassung ableiten.[239]

Der skandalöse Umstand, dass sie keinen klaren Eingang in die Verfassung fand, erklärt sich m.E. aus dem historischen Kontext, weil unter der Franco-Diktatur nicht so sehr die Arbeitgeber-, sondern vielmehr die Gewerkschaftsseite vielfältigen Repressalien von staatlicher Seite ausgesetzt war. Deshalb wollte sich der Gesetzgeber in der „Wendezeit" vom Franquismus zur Demokratie beeilen, vorrangig jener ausreichenden Schutz vor Verfolgung zu gewähren. Aus diesem Grund geriet die Arbeitgeberverbandsfreiheit in (bewusstes?) Vergessen, was teilweise als *„schwere Diskriminierung"* gebrandmarkt wird.[240] Aufschlussreich zu diesem Thema ist folgender Debatteneinwand eines Abgeordneten:[241]

---

[237] STS *(cont.-adm.) 31.01.1984, RJ 239; Alonso Olea, Libertad, RFDUC 1985, N° 7, S. 17 (24 f.); Suárez González, Visión, RFDUC 1985, N° 7, S. 37 (39 ff.); Serrano Carvajal, Tendencias, 1984, S. 90 ff., 92; Molero, DerSind, 1996, S. 253, 254 ff., 256, Fn. 53; Alonso García, Introducción, 1987, S. 217; Rayón, Asociacionismo, REDT 1984, N° 17, S. 151 (152 ff.); Montoya, DTrab, 1998, S. 147 (Cap. IV/6); Borrajo, Libertad, AL 1992-2, S. 1726 (1727) als Anm. zum STCo 14.05.1992, AL 1992-2, N° 795, S. 1716; Borrajo, Introducción, 1996, S. 173 f. (Lec. XIV-III).*

[238] *Rodríguez-Piñero Royo, La LOLS, RL 1985-II, S. 23 (27 ff.); Ojeda, Derecho Sindial, 1995, S. 137, 143; Palomeque/Álvarez, DTrab, 1998, S. 394 ff. (Cap. X-III); Palomeque, Empresarios, DL 1985, N° 17, S. 31 ff.; ders., DerSind, 1994, S. 103 ff., Fn. 9; Sala/Albiol, DerSind, 1998, S. 49 ff. (Tema 2/II/2/A/a/b'); Ramírez Martínez, Curso, 1997, S. 128 f. (Lec. 3/12).*

[239] Art. 22.1 i.V.m. 7 Verfassung, die dieselben Rechte wie Art. 28.1 Verfassung gewähren und ebenso dem Schutz von Art. 53.2 Verfassung unterstehen: STCo 20.12.1982, RTCo 78. ArbG-Verbands- und GewerkS-Freiheit sind *„miteinander unvereinbar": STCo 08.04.1992, RTCo 52 (f.j. 3.°, 4.°). „Der Art. 28 Verfassung erfasst allein die Gewerkschaften, nicht jedoch die Arbeitgeberverbände, deren Verfassungsschutz aus der allgemeinen Vereinigungsfreiheit von Art. 22 Verfassung abgeleitet wird...": Beschluss (auto) TCo 22.02.1984, N° 133, in: JCo, t. VIII, 1985, S. 1010 ff.; STCo 21.03.1994, RTCo 92; STCo 14.05.1992, RTCo 75; STS 15.02.1993, RJ 1164; Sempere Navarro, Sindicalismo, RPS 1983, N° 138, S. 235 ff.; Rey, Aproximación, RPS 1983, N° 137, S. 301 (328 ff.); García Murcia, Organizaciones, 1987, S. 33 ff.; Valdés, Exclusión, RL 1998, N° 15/16, S. 42 ff.; Rivero, Legitimación, RL 1992-II, S. 414 (416 ff.). Unentschieden: Martín/Rodríguez-Sañudo/García, DTrab, 1998, S. 272 (Cap. 7/III/3).*

[240] *Plaza, Proyecto, Bol. AEDIPE marzo 1984, S. 7 (7 f.).*

[241] *Cabrera, Debatteneinwand, in: VV.AA., FFE, DyE, N° 3, 1978, S. 30.*

„Señor de la Villa erwähnte kurz zuvor, dass die Arbeitgeberverbände ebenso schlecht wie die Gewerkschaften organisiert sind. Ich glaube, auf Arbeitnehmer- und Gewerkschaftsseite herrscht weniger Organisation als auf Arbeitgeberseite. Die Autonomie der Arbeitgeber wird seit vielen Jahren zurückgedrängt. Wir wissen, sie funktioniert gut; sie organisieren sich, ohne dass eine externe Vorschrift akzeptiert werden müsste, das heißt, sie funktionieren in dieser Weise gut. Die Vorschriften über die Gewerkschaftsfreiheit waren notwendig, um eine entsprechende [*Gewerkschafts-*] Organisation aufbauen zu können."

Beide Ansichten räumen den Arbeitgebern im hier interessierenden Bereich jedoch einen fast identischen Schutzumfang ein, wobei sich freilich ein Arbeitgeberverband gegen eine mögliche Verletzung von Art. 37.1 Verfassung, der das Recht auf Tarifverhandlung gewährleistet, nicht mit einer Verfassungsbeschwerde (*recurso de amparo*) wehren kann, da sich jenes Recht unmittelbar aus der Gewerkschaftsfreiheit des Art. 28.1 Verfassung und nicht aus dem dann die Arbeitgeberverbände schützenden Art. 22 Verfassung (allgemeine Vereinigungsfreiheit) ergibt.[242]

4. Das Recht auf arbeitsrechtliche Tarifverhandlung

Obwohl nach der spanischen Verfassung die Gewerkschaftsfreiheit auch das Recht auf koalitionsmäßige Betätigung gewährleistet, wird als Hauptpunkt gewerkschaftlicher Betätigung noch einmal separat und ausdrücklich das Recht auf arbeitsrechtliche Tarifverhandlung (*negociación colectiva laboral*) garantiert.[243] Ausgangspunkt und Gegenstand zahlreicher Unklarheiten des spanischen Tarifrechts ist Art. 37.1 Verfassung, bei dem es sich um *„die Verfassungsvorschrift {handelt}, welche die meisten und sich am streitigsten gegenüberstehenden Ansichten hervorgerufen hat"*:[244]

„Das Gesetz gewährleistet das Recht auf die arbeitsrechtliche Tarifverhandlung zwischen den Vertretern der Arbeitnehmer und Arbeitgeber ebenso wie die bindende Kraft der Tarifverträge."

Damit wird neben dem Recht auf Tarifverhandlung der Tarifvertrag (*convenio colectivo*)

---

[242] Dieses Recht ist dennoch durch die einfachgesetzliche Bestimmung des Art. 87.2 Arbeitnehmerstatut auch den Arbeitgeberverbänden zuerkannt: STCo 28.01.1983, RTCo 4; STCo 25.04.1984, RTCo 51; *Ramírez Martínez, Curso, 1997, S. 128 f. (Lec. 3/12), zur Aussperrung (cierre patronal): S. 236 ff. (Lec. 7/1), der darauf hinweist, dass folgl. auch das Recht zur Durchführung von Arbeitskämpfen eine nur mittelbar verf.-rechtl. Verankerung in Art. 37.2 Verfassung besitzt, womit sie stark durch den Gesetzgeber einschränkbar würde: STCo 08.04.1981, RTCo 11 und Art. 12 ff. „Königliches provisorisches Eilgesetz über Arbeitsbeziehungen 17/1977" vom 4. März 1977 (BOE 09.03.1977); Ojeda, Compendio, 1998, S. 248ff. (Cap. 14/A).*

[243] *Abele, TarifR, Diss., 1996, S. 120 ff.*

[244] *Ojeda, Compendio, 1998, S. 76 ff. (Cap. 4/A/a); ders., Legislación, RPS 1980, N° 125, S. 5 (43 ff.); Rivero, Relaciones, RMTAS 1997 (3), S. 93 (109); Valdés, Paradigma, RL 1990-I, S. 268 (273).*

als grundlegendes Instrument zur Regelung der Arbeitsbeziehungen anerkannt. Zu beachten ist die mit *„arbeitsrechtliche Tarifverhandlung"* recht weit geratene Formulierung, welche an späterer Stelle einige Probleme bereitet und für Zwist in der spanischen Jurisprudenz sorgt.[245]

Am Ende dieser Vorschrift ordnet der Gesetzgeber sogar noch beiläufig die Wirkung der Tarifverträge mit den „mystischen" Worten von ihrer *„bindenden Kraft"* (*fuerza vinculante*), was auch im Juristenspanisch kein Fachvokabular darstellt. Erneut handelt es sich um ein Einfallstor für Streitigkeiten, die ebenfalls an gegebener Stelle dargestellt werden sollen.[246]

Nach ganz herrschender Ansicht kann aus der Wortwahl *„bindende Kraft der Tarifverträge"* in Verbindung mit der Gewerkschaftsfreiheit nach Art. 28.1 Verfassung kein verfassungsrechtlicher Zwang zur Anordnung der automatischen „Allgemeinverbindlichkeit" von statutarischen Tarifverträgen abgeleitet werden.[247]

Schließlich wird in der Verfassung schon festgelegt, dass allein die „Vertreter" (*representantes*) der Arbeitnehmer und Arbeitgeber befähigt sein sollen, Tarifverhandlungen zu führen. Während beispielsweise Art. 28.2 Verfassung dem einzelnen Arbeitnehmer im Kollektiv das Streikrecht garantiert, ergreift der Verfassungsgeber hier klar Partei in dem Spannungsverhältnis zwischen Individual- und „Kollektivautonomie".[248]

5. Verfassungsrechtliche Bedenken gegen die Allgemeinverbindlichkeit

Im Rahmen des Kurzüberblicks wurde oben schon mitgeteilt, dass das einfachgesetzliche Arbeitnehmerstatut den Tarifverträgen, die es schaffen, sämtliche zum Zustandekommen notwendigen Wirksamkeitsvoraussetzungen zu erfüllen (statutarische Tarifverträge), allgemeinverbindliche Wirkung ausstellt.[249] Diese im Arbeitnehmerstatut

---

[245] Vgl. S. 124 ff.

[246] Vgl. S. 124.

[247] Darauf verweisend, dass in Art. 37.1 Verfassung allein der auf die Mitglieder beschränkt wirkende Tarifvertrag als wesentl. Ausdruck der GewerkS-Freiheit geschützt würde, d.h. also allein die außerstatutarischen TV sowie eine normative Wirkung statutarischer und außerstatutarischer TV-Arten: *Borrajo, Autonomía, AL 1993-I, IV, S. 51 (54 ff.); ders., Convenios, RES 1979, N° 1, S. 37 (44 ff., 48 ff., 56 ff.); ders., Autonomía, in: VV.AA., Reforma, 1993, S. 1063 (1069, 1081 ff.); ders., Introducción, 1996, S. 179 (Lec. XIV-V), 280 (Lec. XXII-VI); Valdés, Paradigma, RL 1990-I, S. 268 (270); Durán, El ET, RL 1990-II, S. 121 (134 ff.) ist der Ansicht, dass die Allgemeinverbindlichkeit nicht gegen den Verfassungsauftrag des Art. 37.1 Verfassung verstößt. Vgl.: Ojeda, Compendio, 1998, S. 35 ff. Vgl. dazu widersprüchlich: STCT 20.12.1983, RTCT 1983; STCT 20.10.1986, RTCT 10740; STCT 03.03.1987, RTCT 4709; STCT 01.04.1987, RTCT 7097; STCT 22.02.1988, RTCT 84 = AL 1988-1, N° 499, S. 1162 ff. Hinter dieser Rspr. verbergen sich m.E. noch heute Denkstrukturen franquistisch-sozialistischen Ursprungs, welche in dem TV ein „Industrie- oder Berufsgesetz" zur Verteidigung der „Klasseninteressen" sehen möchten, vgl. Fn. 254.*

[248] Die Bezeichnung „Kollektivautonomie" stellt ein Synonym zum deutschen Ausdruck der „Tarifautonomie" dar. Zu weiteren Fragen: *Ojeda, Compendio, 1998, S. 278 ff.*

angeordnete Allgemeinverbindlichkeit der statutarischen Tarifverträge weicht derart augenfällig vom deutschen Konzept ab, dass man sich kurz mit dieser spanischen Eigenart auch unter verfassungsrechtlichem Blickwinkel beschäftigen sollte.

Eng damit verbunden ist die Frage danach, weshalb der Gesetzgeber das Kriterium der Prozentzahl an Einheitsvertretungsposten auswählte und nicht schlicht die *Mitgliederzahl* einer Gewerkschaft zum Maßstab für ihre Repräsentativität nahm.[250] Beide Komplexe bilden den eigentlichen Dreh- und Angelpunkt des spanischen Kollektivrechts.[251] In verfassungsrechtlicher Hinsicht rufen zwei Gesichtspunkte Bedenken hervor: So stellt sich auf der einen Seite im Rahmen der Repräsentativität die Frage nach einer etwaigen gesetzgeberischen Diskriminierung von „herausgefilterten" Gewerkschaften, welche bei den Wahlen zur Einheitsvertretung nicht die notwendigen Prozentzahlen an Posten erlangen und nicht als repräsentativ gelten. Ihnen wird schließlich, im Gegensatz zu den für repräsentativ befundenen Gewerkschaften, das Recht genommen, am Zustandekommen des im Arbeitnehmerstatut geregelten „Normalfalles", d.h. dem *statutarischen* Tarifvertrag mitzuwirken. Auf der anderen Seite treten bei der Allgemeinverbindlichkeit Spannungen zur negativen Koalitionsfreiheit von Außenseitern auf, die selbst gegen ihren Willen von statutarischen Tarifverträgen erfasst werden.

a) Negative Gewerkschaftsfreiheit und Allgemeinverbindlichkeit

Fast ausnahmslos gesteht die spanische Arbeitsrechtslehre zu, dass mit der zwingenden Allgemeinverbindlichkeit statutarischer Tarifverträge in die negative Koalitionsfreiheit (*libertad negativa de sindicarse*) zumindest eingegriffen wird.[252] Im Hinblick auf die Arbeitnehmer[253] muss diese, anders als im deutschen Recht, nicht mühselig aus der Koalitionsfreiheit abgeleitet werden, sondern ist im schon zuvor genannten Art. 28.1 Satz 4 Verfassung ausdrücklich festgelegt, wo es heißt:

> „Niemand kann verpflichtet werden, sich einer Gewerkschaft anzuschließen."

---

[249] Vgl. S. 51 ff.

[250] *Suárez González, Visión, RFDUC 1985, N° 7, S. 37 (42 ff.).*

[251] Insofern ist es wenig verständl., wenn eine verfassungsrechtliche Diskussion darüber vermisst wird: *Adomeit/Frühbeck, Einführung, 2001, S. 156 (§ 20 V), gerade das Gegenteil ist der Fall, obwohl freilich die Debatte darüber Ende der siebziger Jahre geführt wurde und heute de lege lata entschieden ist.*

[252] Die weiter u.g. Rspr. beschäftigt sich ausschliessl. mit ArbG, die nicht dem ArbG-Verband angehörten, der den statutarischen TV unterzeichnete. ArbN dagegen klagten nach Wissen des Verf. wegen der Vorteile der automatischen Allgemeinverbindlichkeit selbstverständl. nicht gegen sie.

Vgl. zu den Zweifeln wegen der negativen Gewerkschaftsfreiheit: *de Soto, Libertad, 1998, S. 286, Fn. 1, 290 ff.; Rodríguez-Piñero Royo, Libertad, in: VV.AA., Trabajadores, 1980, S. 93 (107); García Becedas, Libertad, RPS 1979, N° 124, S. 39 (51 ff.).*

[253] Zur unklaren Regelung der Arbeitgeberverbandsfreiheit vgl. S. 122 ff.

Einer Mindermeinung nach bewegt sich die Allgemeinverbindlichkeit mit Hinweis auf diese Vorschriften im Dunstkreis der Verfassungswidrigkeit. Sie sei *„weder einleuchtend, noch natürlich, noch logisch, noch legal"* und *„man vergisst (in Spanien wegen der Tradition), dass der normativ wirkende Tarifvertrag auch auf die Mitglieder begrenzt wirken kann"*.[254] So hatten die Vertreter dieses Standpunktes zu Recht beobachtet:[255]

> „Im faschistischen Italien, in Portugal von Salazar, in Frankreich von Pétain besaßen die Tarifverträge allgemeinverbindliche Wirkung, weil in ihnen gleichgeschaltete Zwangsgewerkschaften herrschten."

Und auch im von den Amerikanern und Engländern besetzten Nachkriegsdeutschland tauchten damals Stimmen unter den Alliierten auf, die den Gesetzesentwurf zum deutschen Tarifvertragsgesetz mit seiner Allgemeinverbindlichkeit nach seinem heutigen § 5 mit ähnlichen Ressentiments gegenüberstanden:[256]

> „Das Vorhaben stieß insbesondere auf einen heftigen und hartnäckigen Widerstand einiger alliierter Kontrolloffiziere. Ihnen war die Allgemeinverbindlichkeitserklärung etwas absolut Fremdes, und es gelang ihnen nicht, zu ihr ein auch nur kühles positives Verhältnis zu gewinnen. Sie erschien ihnen **undemokratisch** und als ein Relikt **autoritärer**, ja **diktatorischer** Gelüste. Deshalb glaubten sie, im Zeichen der damaligen politischen Umerziehung der Deutschen eine Neuauflage der Allgemeinverbindlichkeitserklärung verhindern zu müssen ..." (H.d.V.)

Bei Gewerkschaften handele es sich lediglich um Privatrechtssubjekte, die niemals in die Sphäre Dritter gegen deren Willen eindringen könnten, sondern immer nur für sich oder ihre freiwilligen Mitglieder handeln dürften.[257] Der Grundpfeiler einer jeden frei-

---

[254] *Borrajo, Obligatoriedad, RPS 1980, N° 126, S. 5 (14, 37); ders.Borrajo, Autonomía, AL 1993-1, IV, S. 51 (54 f.); ders., Convenios, RES 1979, N° 1, S. 37 (44 ff., 48 ff., 56 ff.); ders., Autonomía, in: VV.AA., Reforma, 1993, S. 1063 (1069, 1081 ff.); ders., Introducción, 1996, S. 179 (Lec. XIV-V), 280 (Lec. XXII-VI); Alonso García, Introducción, 1987, S. 249 ff. Nach Valdés stellt der normativ wirkende und allein auf die Mitglieder der unterzeichnenden Koalition beschränkte TV das Musterbsp. einer freiheitl. Tarifordnung dar: Modelo, in: VV.AA., Negociación, 1982, S. 17 (60 ff.). Ähnl.: Desdentado/García-Perrote, Eficacia, REDT 1980, N° 4, S. (545); Bernaldo, Consecuencias, BCE, dic. 1993, N° 57, S. 79 (79 ff.). Auf die unerwünschte Fremdbestimmung des einzelnen ArbN durch die GewerkS unermüdl. hinweisend: Conde Martín, Autonomía, RL 1991-II, S. 355 (356 f., 380 f.); ders., Absorción, AL 1993-2, XXVIII, S. 399 (400, 420 f.); Suárez González, Relaciones, 1980, S. 204 ff.*

[255] *Borrajo, Obligatoriedad, RPS 1980, N° 126, S. 5 (17 ff.).*

[256] *Herschel, TVG, ZfA 1973, S. 183 (195).*

[257] In Anlehnung an Gedanken von *Forsthoff: Borrajo, Sindicatos, RFDUC 1984, N° 7, S. 143 (144); ders., Balance, in: VV.AA., El ET, t. XII, Vol. 1.°, 1980, S. 231 (234); Alonso García, Convenios, in: VV.AA., I Congreso, 1980, S. 35 (36, 38, 39, 47 ff.), welcher freil. keine Zweifel an der Verfassungsmäßigkeit der Allgemeinverbindlichkeit statutarischer TV hegt; Serrano Carvajal, Tendencias, 1984, S. 78.*

heitlichen Rechtsordnung sei stets die autonome Willensbestimmung, welche sich durch den Beitritt zu oder das Fernbleiben von einer Koalition äußern würde. Letztlich entstamme die zwingend im Arbeitnehmerstatut angeordnete Allgemeinverbindlichkeit franquistischem Gedankengut und das Tarifverhandlungssystem des Arbeitnehmerstatuts *„wurde in beträchtlichem Maße von der franquistischen Rechtsordnung inspiriert“*.[258] So hätte man zwar im Jahre 1980 die faschistisch-sowjetische Denkweise des *Generalísimo* durch die Tür der neuen demokratischen Verfassung hinausgeworfen, sofort danach wäre sie allerdings durch die Fenster der gewöhnlichen Gesetze, Denkschemata und Traditionen wieder hereingekommen.[259] Bei der heute im Arbeitnehmerstatut angeordneten Allgemeinverbindlichkeit handele es sich somit um eine „entcoffeinierte“ Spielart des insgeheim weiterlebenden faschistischen Korporatismus und um ein den Rechtsstaat zersetzendes Machtinstrument der Gewerkschaften, was entschieden abzulehnen sei. Einige Unbeeinflussbare waren folgender Ansicht:[260]

> „Die auf diesem Gebiet verwirklichten Anpassungen werden sich als echte juristische Deformationen erweisen, weil sich das, was unternommen wurde, als eine Mischung von Grundzügen … zweier anti-ethischer Systeme zeigte Zum einen die aus einem System mit Gewerkschaftsfreiheit abgeleiteten Grundzüge und zum anderen die der damals bestehenden, typisch [*faschistisch-*] korporatistischen Tarifordnung. Jene Erfahrung wirkte mit außerordentlichem Gewicht auf die im [*Arbeitnehmer-*] Statut von 1980 enthaltene Regelung ein. Schon weil bestimmte Prinzipien des gegliederten Verhandlungssystems in letzterem – und besonders das der Allgemeinverbindlichkeit statutarischer Tarifverträge als Normalfall – nur schwer vereinbar sind mit einem freiheitlichen Verhandlungssystem in einer Rechtsordnung, in der [*eigentlich*] die Gewerkschaftsfreiheit herrscht.“

Aus diesem Grund bezeichneten einige das Arbeitnehmerstatut dann auch enttäuscht als *„neuen gesetzlichen Mythos“*, weil in ihm ein konsequenter Bruch mit der Ideologie der Vergangenheit nicht gewagt wurde.[261]

Die herrschende sowie mittlerweile seit über zwanzig Jahren eingefahrene Meinung will trotz des offensichtlichen Eingriffs der automatischen Allgemeinverbindlichkeit in die negative Koalitionsfreiheit und freie Selbstbestimmung keinen Verfassungsverstoß feststellen.[262] Zur Rechtfertigung verweist man auf den weiten gesetzgeberi-

---

[258] *Montoya, Convenio, in: Negociación, CDJ 1992, t. III, S. 273 (275 ff.).*

[259] *Rivero, AMI, in: VV.AA., Comentarios, 1980, S. 129 (153 f.).*

[260] *García Fernández, Unidades, in: VV.AA., Normas, 1988, S. 31 (35).*

[261] *Borrajo, Contenido, El ET, t. XII, Vol. 1.°, 1980, S. 13 (13, 19); ders., Convenios, RES 1979, N° 1, S. 37 (57). Zugleich wies er auf die Gefahr einer „Nostalgisierung“ der Vergangenheit, der „Utopie“ und „Frustration“ hin: S. 43, 46 ff. Kurios darum sein ungehört bleibender Wahlspruch zu dem Ztp., wo Spanien an der Weggabelung stand: „Im Zweifel, nach westeurop. Vorbild“: Obligatoriedad, RPS 1980, N° 126, S. 5 (10); ders., Contenido, El ET, t. XII, Vol. 1.°, 1980, S. 13 (14).*

[262] Vgl.: *Sagardoy, Eficacia, 1981, S. 15 ff.; ders., Constitución, LE 1978, N° 8, S. 109 ff.; Rodríguez-Piñero Royo, Libertad, in: VV.AA., Trabajadores, 1980, S. 93 (107); Valdés, Modelo, in: VV.AA., Negociación,*

schen Ermessensspielraum bei der Ausgestaltung des Tarifrechts und die lange spanische „Tradition" allgemeinverbindlicher Tarifverträge.[263] Der einfache Gesetzgeber habe nicht nur die negative Koalitionsfreiheit umzusetzen, sondern müsse auch ein funktionierendes Tarifrecht zur Verfügung stellen. Die meisten spanischen Arbeitsrechtler sind auch heute noch der Ansicht:[264]

> „Die Ersetzung des durch das Arbeitnehmerstatut geformten Modells durch ein Modell mit beschränkter Wirkung erscheint mir keine Alternative zu sein. Die Vorteile, welche aus einer so radikalen Reform im Hinblick auf ein stärkeres Ansteigen der Mitgliederzahlen entstehen könnten, decken meines Erachtens nicht die Kosten, die dafür zu zahlen sind. Die Beseitigung der gewerkschaftlichen Schwäche führt meiner Ansicht nach nicht über eine Änderung der Tarifvertragsart. Es handelt sich um ein Problem, dessen Wurzeln viel tiefer liegen und uns letztlich auf die von der Gewerkschaft einzunehmenden Rolle führt, in einer Gesellschaft, die so komplex ist wie die unsrige."

Als politisch-juristische Argumente für die automatische Allgemeinverbindlichkeit wurden stichwortartig genannt:[265]

1982, S. 17 (68 ff.); Escudero, Eficacia, REDT 1980, N° 1, S. 141 (148); SMag. N° 4 de Madrid 02.05.1979 (Expediente 43-51/79), abgedr. in: de la Villa, Materiales, 1979, S. 249 ff. (Rn. 72.); STCT 17.11.1983, RTCT 9761; STCT 21.01.1981, RTCT 592; STCT 05.06.1981, RTCT 4589; STCT 04.12.1980, RTCT 6764; STCT 19.10.1981, RTCT 6318; STCT 08.02.1982, RTCT 1220; STCT 14.04.1982, RTCT 2544; STCT 18.10.1982, RTCT 5881; Ojeda, DerSind, 1995, S. 676; Casas, Representatividad, REDT 1988, S. 71 (85); Durán, El ET, RL 1990-II, S. 121 (140); Gómez Abelleira, Adhesión, 1997, S. 510 ff.; Escudero, Negociadores, 1986, S. 38 ff.

[263] *Rodríguez-Piñero,* Valor, RL 1987-I, S. 32 (34) unter Bezug auf die historischen Wurzeln dieses Verständnisses: Schon seit den „paritätischen Komitees" (Comités paritarios) unter der Diktatur *Primo de Riveras*, den „gemischten Räten" (Jurados mixtos) während der II. Republik, „arb.-rechtl. Grundregelungen" (Bases de Trabajo) inmitten des Bürgerkrieges und den korporativen „Verwaltungsanweisungen" sowie „Arbeitsreglementierungen" (ordenanzas, reglamentaciones de Trabajo) und den offiziellen „gewerkschaftl. TV" (convenios colectivos sindicales) wurde unter Franco die allgemeinverbindl. Wirkung kollektiver Regelungsinstrumente festgeschrieben; *Cremades*, Ordnungsprinzip, 1967, S. 10 ff.; *Franz*, Klassenkämpfe, 1975, S. 54 ff.; *Brösse*, WirtschaftsO, 1965, S. 41 ff.

[264] *Valdes, in: Paradigma, RL 1990-I, S. 268 ff.*

[265] *Molero, DerSind, 1996, S. 536 ff.; Sagardoy, Eficacia, 1981, S. 18 ff.; ders., Constitución, 1979, S. 44; Valdés, Paradigma, RL 1990-I, S. 268 (274 ff.); ders., Constitución, RPS 1979, N° 121, S. 469 (497 f.); Ojeda, Legislación, RPS 1980, N° 125, S. 5 (43 ff.); Giugni, Negociación, in: VV.AA., Trabajadores, CDT 1978, N° 4, S. 63 (72 ff.); Baylos, Modelo, 1991, S. 111 ff.; ders., Intervención, in: VV.AA., Relaciones, 1995, S. 289 (294); Aramendi, Reflexiones, RL 1994-II, S. 1290 (1293 ff.); Marco, Negociación, RL 1995-II, S. 1323 (1324 ff.); Alonso Olea, Pactos, 1955, S. 106.*

Krit.: Alonso García, Convenios, in: VV.AA., I Congreso, 1980, S. 35 (42, 47 ff.). Vgl.: Zachert, Spanien, in: ders., Krise, 1990, S. 51 (80 ff.).

Als Argumente für eine beschränkte Wirkung des TV erkannte man: Sie fügt sich logisch in das freiheitl.

- auch die Außenseiter gelangen in den Genus der Vorteile des statutarischen Tarifvertrags;
- es entstünden keine ungerechte Situationen und ungleiche Arbeitsbedingungen, da durch Ein- und Austritte aus der Koalition die Übernahme bestimmter Pflichten aus unterschiedlichen Tarifverträgen unterbunden würden und wegen der damit verbundenen Angleichung und Verallgemeinerung der Arbeitsbedingungen träten keine interne Spannungen im Firmensitz auf;
- die Gewerkschaftsmitglieder würden mit der Allgemeinverbindlichkeit den Druck auf Arbeitsplätze und Lohnhöhe vermeiden, der sich speziell in wirtschaftlichen Krisenzeiten einstelle (Kartellfunktion);
- auch den Arbeitgebern komme sie zugute, da untertarifliche „Schmutzkonkurrenz" unterbunden würde;[266]
- die Allgemeinverbindlichkeit stelle eine staatliche Förderungsmaßnahme zur Stützung schwächlicher Gewerkschaften dar, weil die unterzeichnenden Gewerkschaften ihren Einflussbereich vergrößern können;
- es bedürfe keiner doppelten Buchführung, wie dies bei mehreren im Unternehmen geltenden Tarifverträgen mit beschränkter Wirkung der Fall sei;
- es entstünden keine „gelben" Gewerkschaften, weil die Arbeitgeber in einem auf Allgemeinverbindlichkeit hin angelegten System die Gewerkschaften nicht steuern und beeinflussen könnten;
- es trete kein Widerspruch zur gewerkschaftsinternen Ideologie auf, die für sich in Anspruch nimmt, Inhaber der Interessenvertretung der Arbeiterklasse „insgesamt" und nicht nur allein ihrer „Mitglieder" zu sein;
- die Allgemeinverbindlichkeit ermögliche die Berechenbarkeit und Vorhersehbarkeit der Produktionsprozesse.

Der maßgeblich an der Ausarbeitung des Arbeitnehmerstatuts beteiligte und gewiss nicht „links außen" stehende Arbeitsrechtler *Juan Antonio Sagardoy Bengoechea* äußerte zu den Überlegungen, die seines Erachtens damals für die Festschreibung der Allgemeinverbindlichkeit sprachen:[267]

> „Ein anderes der wichtigen Themen ist das der Allgemeinverbindlichkeit. In jenem Moment wurde sie von den Gewerkschafts- und Arbeitgeberorganisationen gewünscht, weil sie sich auf neuen sowie ungewissen Wegen befanden und ihnen solch eine Förderung durch Gesetz zur Stärkung der Institutionen der Arbeitswelt

---

Tarifsystem ein. Aus juristischer Sicht ist sie unanfechtbar und verletzt nicht die Gleichbehandlung der verschiedenen GewerkS, da keine Selektion durch den Gesetzgeber anhand eines Repräsentativitätskriteriums vorgenommen wird. Es gibt keinen Eingriff in die negative GewerkS-Freiheit. Sie erlaubt einen fairen Konkurrenzkampf der GewerkS untereinander und verhindert mögl. Verzerrungen, die sich aus anderen Gründen als solchen der wirkl. Stärke ergeben könnten. Sie vermeidet niedrigere Mitgliedschaftsquoten bei den ArbN oder ArbG da ein Anreiz besteht, an den tarifl. Vorteilen teilzuhaben.

[266] *Durán, Sistema, in: VV.AA., XI Jornadas, 1994, S. 13 (13).*

[267] *Sagardoy, Intrahistoria, RL 1990-I, S. 169 (179).*

gut tat. [*Rafael*] Calvo Ortega[268] und ich selbst – man hat mittlerweile schon genügend Jahre angehäuft, um nicht das zu verwischen, was klar ist – waren überzeugte Verteidiger einer Institutionalisierung der Arbeitsbeziehungen. Freie Gewerkschaften, starke Gewerkschaften, repräsentative Gewerkschaften. Und deswegen setzten wir, auch wenn wir uns damit vom europäischen Modell entfernten, auf die allgemeinverbindliche Wirkung, womit so den repräsentativeren Organisationen ein gesetzliches Plus erteilt wurde, das sie ganz klar förderte. Dieses Thema wäre heute vielleicht reversibel und man müsste möglicherweise hin zu einem Modell mit Gewerkschaften und Arbeitgeberverbänden streben, welches stärkere Züge des Vereinswesens trägt als solche der Institution ..."

b) Eingriff in das „Recht auf Tarifverhandlung" und die „Gewerkschaftsfreiheit" durch das Erfordernis der Repräsentativität

Die Gewerkschaften, welche den ersten Filter der Repräsentativität nicht überstanden, also nicht die jeweils notwendige Prozentzahl an Einheitsvertretungsposten erzielen konnten, reichten alsbald Verfassungsbeschwerde gegen das Arbeitnehmerstatut ein. Ihrer Ansicht nach war dieses Gesetz verfassungswidrig, weil sich dem weiten Wortlaut der entsprechenden Verfassungsvorschrift kein Merkmal einer irgendwie gearteten „Repräsentativität" zur Tariffähigkeit entnehmen ließe. Durch dieses Erfordernis hielte der einfache Gesetzgeber die nichtrepräsentativen „Minderheitsgewerkschaften" in diskriminierender Weise von der Teilnahme an der Aushandlung eines statutarischen Tarifvertrags zurück.[269]

Dazu muss man sich die sehr weit gehaltene Gewährleistung der Tarifautonomie in der Institutsgarantie[270] des Art. 37.1 Verfassung in Erinnerung rufen und bedenken, dass das spanische Verfassungsgericht die Tarifautonomie in mittelbarer Form über die Betätigungsfreiheit der Gewerkschaften als geschützt ansieht. Indirekt untersteht die Tarifautonomie also der sog. „Gewerkschaftsfreiheit" nach Art. 28.1 Verfassung[271] und folgende Passage in Art. 37.1 Verfassung verbürgt sie:

---

[268] Von 1978 bis 1980 span. Arbeitsminister in der *UCD-Regierung und UCD-Generalsekretär.*

[269] *Borrajo, Convenios, RES 1979, N° 1, S. 37 (47 ff., 52); ders., Obligatoriedad, RPS 1980, N° 126, S. 5 (35); ders., Autonomía, AL 1993-I, IV, S. 51 (54 f.); Suárez González, Relaciones, 1980, S. 199 f.; Serrano Carvajal, Tendencias, 1984, S. 57 f.; Rodríguez-Sañudo, Negociación, in: VV.AA., Derecho, 1980, S. 337 (357). Fernández López, Asociaciones, in: Alonso Olea, JCo, t. VII, 1989, S. 1217 (138 ff.), welche das VerfG-Urteil „TCo 16.03.1989, RTCo 57" zu einer abstrakten Normenkontrolle der baskischen (Landes-) Regierung sowie 53 Vertreter des Abgeordnetenkongresses über die Vereinbarkeit solch eines Repräsentativitätserfordernisses mit der GewerkS-Freiheit kommentiert. Hintergrund war, dass die Vertreter des Baskenlandes sich gegen die Bevormundung ihrer allein im Baskenland und in Navarra stark verwurzelten GewerkS ELA-STV durch die national vorherrschende UGT sowie CC.OO. wehren wollten, da deren gesamtstaatl. TV selbstverständl. auch ihre „Hoheitsgebiete" erfassen.*

[270] *„Garantía instituciona": Gutiérrez-Solar, Modificación, REDT 1999, N° 99, S. 213 (214).*

[271] Art. 28.1, 7 Satz 2, 9.2 Verfassung. Vgl.: STCo 29.07.1985, RTCo 98.

„Das Gesetz gewährleistet das Recht auf die arbeitsrechtliche Tarifverhandlung zwischen den **Vertretern der Arbeitnehmer und Arbeitgeber** …" (H.d.V.)

Im Hinblick auf die von den Minderheitsgewerkschaften vorgebrachte Argumentation verneinte das Verfassungsgericht jedoch eine Diskriminierung. Seines Erachtens habe sich der ordentliche Gesetzgeber nicht nur an die verfassungsrechtliche Vorgabe zur Gleichbehandlung sämtlicher Gewerkschaften zu halten, sondern auch die Pflicht zu beachten, eine funktionsfähige Tarifordnung zur Verfügung zu stellen.[272] Ließe sich dies nur dann erreichen, wenn den Gewerkschaften zur Tariffähigkeit eine entsprechende Repräsentativität abverlangt werde, sei solch eine Entscheidung im Hinblick auf ihre *„Zweckmäßigkeit, Nachvollziehbarkeit und Objektivität"* nicht zu beanstanden. Folglich handelt es sich beim Entschluss für oder gegen die Figur der „Repräsentativität" um eine gesetzgeberische Ermessensentscheidung mit entsprechend weitem Spielraum, weshalb sich die Diskussion auf Argumente vorwiegend im politisch-juristischen Bereich konzentriert.[273]

Ferner wurde gegen das Erfordernis der Repräsentativität angeführt, dass die Stimmen der Nichtorganisierten, in vollkommen ungerechtfertigter Weise außen vor blieben, da die Stimmen für Mitglieder der Einheitsvertretung, die keiner Gewerkschaft angehören keinerlei „Machtzuwachs" auslösen würde, während dies bei den Gewerkschaften umgekehrt nicht der Fall sei.[274] Dem hielt das Verfassungsgericht entgegen, die gewerkschaftlich nicht Organisierten würden ebenso wenig von Tarifverhandlungen ausgeschlossen, weil sie schließlich in der Errichtung der Einheitsvertretung mitwirken und über ihre unmittelbar gewählten Vertreter auch statutarische Firmentarifverträge abschließen dürften.[275]

Als entscheidendes juristisches Argument zur Absegnung des Repräsentativitätserfordernisses führte das Verfassungsgericht dabei folgenden Gedanken ins Feld: Den nichtrepräsentativen Minderheitsgewerkschaften sei zwar der Weg versperrt, *„statutarische"* Tarifverträge nach dem Arbeitnehmerstatut zu vereinbaren, statt dessen stünde ihnen aber immer noch die Hintertür offen, die sog. *„außerstatutarischen"* Tarifverträge abzuschließen, welche ebenfalls legitimer Ausdruck ihrer Tarifautonomie seien.[276] Da das spanische Verfassungsgericht, anders als das deutsche Bundes-

---

[272] STCo 29.07.1985, RTCo 98; STCo 22.07.1982, RTCo 53 (f.j. 3.°); STCo 10.11.1982, RTCo 65 (f.j. 3.°); STCo 22.02.1983, RTCo 12 (f.j. 2.°/3.°).

[273] *Rodríguez-Piñero Royo, Negociación, RL 1992-I, S. 47 (52 ff.); Alonso García, Convenios, in: VV.AA., I Congreso, 1980, S. 35 (40 ff.); Giugni, Negociación, in: VV.AA., Trabajadores, CDT 1978, N° 4, S. 63 (72 ff.); Molero, DerSind, 1996, S. 536 ff.*

[274] *Camps/Sala, Legitimación, PJ 1986, N° 4, S. 187 (189 ff.). Vg. Fn. 439.*

[275] Art. 67.2, 87.1 Arbeitnehmerstatut: STCo 28.01.1983, RTCo 4.

[276] STCo 27.03.1984, RTCo 34; STCo 08.06.1989, RTCo 108. Davor schon: *Suárez González, Relaciones, 1980, S. 200, 202; Martínez Emperador, Convenios, in: VV.AA., Contenido, 1990, S. 55 (73); Valdés, Modelo, in: VV.AA., Negociación, 1982, S. 17 (23 ff.). Ferner sei nach Art. 53.1 Verfassung nicht der „Wesensgehalt" (contenido esencial, „abgeschaut" von Art. 19 Abs. 2 GG, vgl. S. 114 ff.) durch das staatl. zur Verfügung gestellte Tarifsystem ausgeschöpft worden: Alonso Olea, Convenio, in: ders., JCo, t. VII, 1990,*

arbeitsgericht[277], den Pluralismusauftrag[278] durchaus ernst nimmt, werden solche nichtrepräsentativen Minderheitsgewerkschaften mithin nicht gänzlich von der verfassungsrechtlichen Garantie, Tarifverhandlungen führen zu dürfen, ausgeschlossen.[279] Das Verfassungsgericht erklärte:[280]

> „Die Tarifverhandlung mit Wirkung allein für die Koalitionsmitglieder wird allen [*also auch den nichtrepräsentativen*] Gewerkschaften zuerkannt".

Gäbe es also nicht die Möglichkeit, außerstatutarische Tarifverträge zu vereinbaren, wäre das Arbeitnehmerstatut ernsthaften Zweifeln an seiner Verfassungsmäßigkeit ausgesetzt, weil das in ihm enthaltene (zu) strenge Erfordernis der Repräsentativität den gerade genannten weiten Wortlaut von Art. 37.1 Verfassung über Gebühr einschränkt. Im Klartext bedeutet dies, dass die Verfassungsmäßigkeit des Arbeitnehmerstatuts von der Rechtsprechung über die Schaffung der außerstatutarischen Tarifverträge „gerettet" wurde.

In diesem Zusammenhang entpuppt sich also die zweitwichtigste Fallgruppe der außerstatutarischen Tarifverträge, die im wesentlichen dann anzunehmen ist, wenn im Rahmen des „ersten Filters" (keine Repräsentativität) etwas fehlgeschlagen ist.[281]

N° 410, S. 333 (335 ff.); Gutiérrez-Solar, Modificación, REDT 1999, N° 99, S. 213 (215); STCo 26.06.1984, RTCo 73; STCo 29.06.1985, RTCo 98; STCo 16.03.1989, RTCo 57; STSJ Murcia 03.06.1992, AS 3275; Rodríguez-Piñero, Constitución, in: Negociación, CDJ 1992, t. III, S. 9 (24 f.).

[277] So verweigerte das BAG dem „Christl. GewerkS-Bund" die Anerkennung als tariffähige Koalition, obwohl jener ungefähr 20.000 Mitglieder hatte: BAG 16.01.1990 NZA 1990, S. 623 ff. Krit. dazu *Mayer/Maly, SAE 1991, S. 97 (100 ff.); Zöllner/Loritz, ArbR, 1998, S. 380 ff. (§ 34/I/2/a). Vgl.: BAG DB 1987, S. 947 f. M.E. zu Recht begeht man nach Sagardoy ein „Attentat" auf die GewerkS-Freiheit, wenn zur Anerkennung der GewerkS-Eigenschaft eine zu hohe Anzahl an Mitgliedern gefordert wird: Constitución, LE 1978, N° 8, S. 72 ff.*

[278] In Art. 1.1 Verfassung.

[279] Wegen der grds. weit zu verstehenden GewerkS-Freiheit und Freiheit auf Tarifverhandlung. Einschränkend: *„Auf jeden Fall muss man dem Verhandlungssubjekt eine für den Verhandlungsbereich genügende Repräsentativität abverlangen": Desdentado/García-Perrote, Eficacia, REDT 1980, N° 4, S. 537 ff.*

[280] STCo 29.07.1985, RTCo 98; STCo 28.01.1983, RTCo 4; STCo 11.05.1983, RTCo 37. Sehr früh schon: *Suárez González, Relaciones, 1980, S. 200, 202; Borrajo, Introducción, 1996, S. 289 (Lec. XXIII-III); Valdés, Convenios, 1988, S. 28; ders., Paradigma, RL 1990-I, S. 268 (272); Goñi, Pacto, La Ley 1991-3, S. 345 (356); Alonso García, Convenios, in: VV.AA., I Congreso, 1980, S. 35 (43); Desdentado/García-Perrote, Eficacia, REDT 1980, N° 4, S. 537 (551); Sala, CCextra, in: VV.AA., Manifestaciones, 1989, S. 43 (45); Martínez Emperador, Convenios, in: VV.AA., Contenido, 1990 S. 55 (59). A.A.: Durán, El ET, RL 1990-II, S. 121 (138 ff., 142 ff.).* Eine krit. m.M.: *„Abgesehen von den eindeutigen technischen Brüchen, welche das Zulassen der „außerstatutarischen" TV mit sich bringt, führt eine jüngere Ansicht die GewerkS-Feindlichkeit solcher Vereinbarungen an, welche auf tatsächl. Weise „eine Macht der MinderheitsgewerkS" absegnet, die das Prinzip der repräsentativen Mehrheiten verspotten": Montoya, Horizonte, in: VV.AA., Cambio, S. 97 (107); Fernández Domínguez/Agra, Adhesión, REDT 1999 (N° 94), S. 281 (294 ff.).*

[281] Vgl. näher zum zweiten Filter, der schwierig zu erlangenden Mehrheit bei der Schlussabstimmung S. 124 ff.

c) Eingriff in das „Recht auf Tarifverhandlung" und die „Gewerkschaftsfreiheit" bei Anordnung einer „35-Stunden Woche" durch Gesetz?

Heftig auf politischer Bühne diskutiert wird derzeit in Spanien eine mögliche Arbeitszeitverkürzung, nicht zuletzt vor dem Hintergrund der aus Deutschland[282] und neuerdings vor allem aus Frankreich (*Loi Aubry*)[283] ausgesandten Impulse. Auch in Spanien werden die Propagandatrommeln bereits gerührt:

Die Arbeitgeberseite will unter proportionaler Lohnverkürzung die Verkürzung der Arbeitszeitdauer wenn schon, dann alleine im Tarifvertrag und nicht in einem sog. „35-Stunden Gesetz" geregelt sehen. Alles in allem steht sie dem gewerkschaftlichen Verlangen skeptisch gegenüber, weil sich ihres Erachtens ein direkter Zusammenhang zwischen sinkenden Arbeitszeiten und der hohen Arbeitslosigkeit erkennen lasse.[284]

Dagegen fordern die Gewerkschaftszentralen *UGT* und *CC.OO.* die Arbeitszeitverkürzung ein, ganz nach der planwirtschaftlichen Verteilungsphantasie:[285] *„Lasst*

---

[282] *Bilbao, Fantasía, CRL 1996, N° 9, S. 179 (180 ff.); Tyskiewicz, Reducción, REST 1992, N° 15/16, S. 192 (194 ff.); Casas/Baylos, Autonomía, RL 1988-II, S. 159 (161, Fn. 6); Moya, Reducción, CL 1999, N° 4, S. 1 (2 ff.). Vgl. die Forderung der 35-h Woche durch die IG-Metall (1984) und 1994 der 28,8-h Woche bei Volkswagen: Hernández Vigueras, Reducción, Bol. AEDIPE sept. 1995, S. 46 (48). Das Abkommen: AuR 1994, S. 230 ff.); Zachert, Lecciones, 1998, S. 123 ff.; ders., Medidas, RL 1998, N° 4, S. 84 (85 ff.); Montalvo, Jornada, in: VV.AA., Comentarios, 1980, S. 105 (109 ff., 114 ff.). Aus Unternehmersicht: Serrano Carvajal (CEOE), AMI, in: VV.AA., Comentarios, 1980, S. 161 (174 ff.), der sich dagegen wendet, dass die Streichung von Überstunden direkt zur Schaffung von Arbeitsplätzen führt. A.A.: Zachert, TAut, WSI-Mitteilungen 8/1993, S. 481 (483).*

[283] *„Loi N° 98-461" vom 13.06.1998; Lyon-Caen, Reducción, RL 1999-I, S. 1321 ff.; González Sánchez, Francia, TS 1999, N° 97, S. 29 (35 ff. 40). Die Tarifpraxis hebt dieses Gesetz auf, da im Metall-TV für 1,8 Millionen ArbN zwischen dem ArbG-Verband UIMM und den GewerkS FO, CFTG sowie CEE-CGC die ArbZ verkürzt wurde, ohne Anordnung zur Schaffung von Arbeitsplätzen. Dennoch wurden die Überstunden stark heraufgesetzt (205 im Jahr), womit netto die Verkürzung wieder aufgefangen wurde. Moya nennt den ironischen Ausspruch von Bundeskanzler Gerhard Schröder: „Wenn die franz. soz. Regierung entscheidet, über Verordnung die 35-Stunden Woche einzuführen, wird Frankreich der dtsch. Industrie ein großes und exzellentes Geschenk machen.", Reducción, CL 1999, N° 4, S. 1 (13); Navarro/Triclin, Reducción, RL 1999, N° 3, S. 90 ff.; González Sánchez, Reducción, TS 1998, N° 88, S. 35 (45 ff., 47).*

[284] *Manuel Cuevas (CEOE): „Die ArbZ reduziert man durch TV und nicht durch Gesetz", in: El País vom 10.02.1998, S. 50; Moya, Reducción, CL 1999, N° 4, S. 1 (9 ff.). Die Länder mit der längsten ArbZ wie Schweiz, Japan (1.919 h) und USA (1.996 h lt. IAO: SZ 06.09.1999, S. 23) haben die geringsten Arbeitslosenzahlen.*

[285] *Bilbao: „Eine Phantasie der gewerkschaftl. Tarifverhandlung: Die Verteilung der ArbZ": Fantasía, CRL 1996, N° 9, S. 179 (193 f.).*

uns weniger arbeiten, damit alle arbeiten".[286] Technisch sei diese arbeitsplatzschaffende Maßnahme auf jeden Fall bei vollem Lohnausgleich über ein „35-Stunden Gesetz" umzusetzen („*35 h durch Gesetz, sofort!*").[287]

Erneut kommt in diesem dialektischen Ruf nach dem Tätigwerden des Gesetzgebers eine paradoxe Denkstruktur zum Ausdruck, die der spanische Rechtsgelehrte *Efrén Borrajo Dacruz* als „historischen Tick" der spanischen Gewerkschaftsbewegung bezeichnet, nämlich stärker dem Gesetz zu vertrauen als den selbstgefertigten Tarifverträgen.[288] Insoweit gelingt es ihr wegen der ablehnenden Haltung der Arbeitgeberseite anscheinend nicht, derartige Forderungen in bilateralen Tarifverhandlungen mit den Arbeitgebern durchzusetzen. Durch Ausübung von Druck auf den Gesetzgeber bemühen sie sich stattdessen lieber um deren zentrale Festschreibung möglichst *per* Gesetz.

Widersprüchlich und opportunistisch ist dieser Standpunkt deshalb, weil die immer auf ihre Tarifautonomie verweisenden Gewerkschaften bei Schwierigkeiten allzu gerne nach der starken Hand von „Vater Staat" ringen, dessen Eingriff sie, falls es mal nicht passt, unter Hinweis auf die „Allergie vor staatlicher Einmischung in das Tarifgeschehen" vehement zurückweisen.[289] Gesetzgeberisches Tätigwerden im Arbeitsrecht sollte m.E. zudem allein Ziele des Arbeitnehmer*schutzes* verfolgen und derartiges ist bei einer gesetzlichen Verkürzung der Arbeitszeit von 40 auf 35 Stunden in der Woche evident nicht mehr beabsichtigt.[290]

---

[286] Vgl. den ital. Buchtitel: *Lavorare meno per lavorare tuti von* N. *Cacace/L. Frey/I. Moreset von 1978, bei: Bilbao, Fantasía, CRL 1996, N° 9, S. 179 (180, Fn. 2); Fita, Jornada, 1999, S. 21 ff.; Cruz/García, Regulación, RPS 1983, N° 137, S. 445 (497); Montalvo, Jornada, in: VV.AA., Comentarios, 1980, S. 105 (109); VV.AA., Europ. GewerkS-Institut, AZ-Politik, in: Hoffmann/Lapeyre, ArbZ, 1995, S. 265 (271 ff.); Durán, Reducción, RT 1980, N° 57/58, S. 47 (47); Alarcón Caracuel, Fomento, in: VV.AA., Flexibilidad, 1993, S. 442 ff.; ders., Ordenacion, 1988, S. 435 (437); ders., Reordenación, REST 1992, N° 15/16, S. 20 (20); El País 27.08.1997, S. 32; 14.10.1997, S. 49; 17.10.1997, S. 6.*

[287] Die GewerkS CGT: *„35 h durch Gesetz, weder Zeitarbeitsunternehmen noch Teilzeitvertrag. Für den sozialen Lohn. Nimm an den Demonstrationen teil. Alle auf die Straße!!", in: El Mundo, Andalucía, S. 15; El Mundo, Supl. „Su Dinero", N° 152, 27.12.1998, S. 7: „Die komplizierteste Debatte"; El País, 14.12.1998, S. 63; GewerkS CNT unter http://www.cnt.es/ Campaign/Cam 30h.htm; gemeinsames Papier von: CC.OO./UGT, Empleo, RL 1996-I, S. 1435 (1440); gemeinsame Erklärung UGT/CC.OO. zur 35-Stunden Woche: VV.AA., Propuesta, CL 1999, N° 4, S. 3 ff.; Montalvo, Reivindicaciones, in: VV.AA., Estudios, 1991, S. 719 (716 ff.); XXXVII. Kongress der UGT, El País vom 15.03.1998, S. 53, 14.03.1998; GS 1998, N° 164, S. 11; GS 1998, N° 166, S. 12; Fidalgo, 35 Horas, GS 1998, N° 166, S. 24 f. Bei Beamten im Erziehungswesen gelten 29 h und 32, 5 h an der Universität: El País 19.11.1997, S. 60; 16.10.1997, S. 62; 26.02.1998, S. 15; 16.10.1997, S. 22; 17.12.1998, 16.03.1998, S. 65; 14.10.1997, S. 49; 17.12.1998, S. 63; VV.AA., Europ. GewerkS-Institut, AZ-Politik, in: Hoffmann/Lapeyre, ArbZ, 1995, S. 265 (276 ff.).*

[288] Introducción, 1996, S. 291 (Lec. XXIII-IV).

[289] *Ojeda, Intervención, in: VV.AA., Estabilidad, 1998, S. 271 282 ff.*

[290] *Buchner, ArbZ, in: Hromadka, ArbZR, 1988, S. 3 (7, 8 ff., 13, 15); Adomeit, Regelung, 1996, S. 45 ff.*

Würden sich die Gewerkschaften mit ihrer Forderung nach *gesetzlicher* Fixierung der 35-Stunden Woche in einer Koalition mit der Regierung und gegen den Widerstand der Arbeitgeberseite dennoch durchsetzen, hätte man es m.E. mit einem schweren Rückfall in längst vergessen geglaubte Zeiten der Planwirtschaft franquistisch-sowjetischen Zuschnitts zu tun. Unmittelbare Folge solch einer zynischen Politik wäre sicherlich das Ansteigen der sich ohnehin schon allzu deutlich zeigenden Schwarzarbeit, das Verschärfen des Rationalisierungsdrucks auf spanische Unternehmer und eine Ausweitung der auch in Spanien nicht unbekannten Tendenz, Heerscharen an Arbeitnehmern einfach für „selbständig"[291] zu deklarieren, da die gesetzlichen Arbeitszeitbeschränkungen auf Autonome nicht anwendbar sind usw.[292]

Nach Ansicht des Verfassers drängen sich starke Zweifel an der *„Geeignetheit"* einer Arbeitszeitverkürzung auf. Als Lehre sollte den Akteuren die ernüchternde Erfahrung dienen, welche sich aus der gesetzlichen Arbeitszeitverkürzung von 42 auf 40 Wochenstunden gewinnen lässt. Allzu euphorische Stimmen gingen damals davon aus, dass sich mit ihrer Hilfe mindestens 5% neue Arbeitsplätze schaffen ließen.[293]

Stattdessen führte sie zu einem wettbewerbsschädigenden Anstieg der Lohnkosten um 9% und wurde zu 60% von Rationalisierungsmaßnahmen sowie zu 14% durch das erhöhte Einfordern von Überstunden aufgefangen.[294] Nicht zuletzt räumt man mittlerweile selbst von Gewerkschaftsseite ein, dass solch ein Gesetz unweigerlich die Quote der Schwarzarbeit in die Höhe treiben würde.[295] Dies musste nicht zuletzt die Regierung unter *Mitterands* Anfang der achtziger Jahre erfahren, nämlich dass eine Arbeitszeitverkürzung ohne zumindest proportionale Lohneinbuße zu einer Verteuerung der Produktionskosten führt. Damit wird die Wettbewerbsfähigkeit der nationalen Unternehmen ernsthaft gefährdet und die Handelsbilanzen getrübt, das heißt, man führt eine Arbeitszeitverkürzung letztlich auf dem Rücken der Arbeitnehmer und insbesondere der Arbeitslosen durch.[296]

---

[291] Vgl. zur dtsch. Problematik: *Adomeit, Schein-Schein-Selbständige, NJW 1999, S. 2089 ff.*

[292] Aus ArbG-Sicht: *Tyskiewicz, Reducción, REST 1992, N° 15/16, S. 192 ff.; Bilbao, Fantasía, CRL 1996, N° 9, S. 179 (193 f.). Aus GewerkS-Sicht: Paoli, Reducción, REST 1992, N° 15/16, S. 133 ff.; Taddel, Reducción, REST 1992, N° 15/16, S. 118 ff.*

[293] *Bandrés Molet: Sempere Navarro, Distribución, in: VV.AA., Ordenación, 1983, S. 27 (34).*

[294] Nach der *CEOE: Montoya, Jornada, in: VV.AA., Ordenación, 1983, S. 11 (11); ders., Respuestas. REDT 1983, S. 193 (200 ff.).* Eine einstündige Verkürzung soll zu einer 2,6 %-igen Lohnkostenerhöhung geführt haben: *Sempere Navarro, Distribución, in: VV.AA., Ordenación, 1983, S. 27 (34).*

[295] Sogar von GewerkS-Seite eingestanden: *Fidalgo, 35 Horas, GS 1998, N° 166, S. 24 (25).*

[296] *Bilbao, Fantasía, CRL 1996, N° 9, S. 179 (181 ff., 192 ff.). Nicht umsonst lautet der von ihm gewählte Titel seines Aufsatzes: „Eine Phantasie der gewerkschaftl. Tarifverhandlung: Die Verteilung der ArbZ".*

Trotz dieser Bedenken wird überwiegend eine *gesetzliche* Arbeitszeitverkürzung unter beiläufigem Hinweis auf den Verfassungsauftrag, für Vollbeschäftigung zu sorgen[297], die Erholungszeiten mittels Arbeitszeitbegrenzung zu gewährleisten[298] und das gerade genannte Verfassungsgerichtsurteil zur „40-Stunden Woche" für geboten angesehen.[299]

Neuerdings melden sich gleichwohl aus unerwarteter Richtung nachdenklichere und fürwahr nicht zügellosen Neoliberalismus predigende Stimmen, wie die des Arbeitsrechtlers *Antonio Ojeda Avilés*, welche unter verfassungsrechtlichen Aspekten einer gesetzlichen Verankerung der „35-Stunden Woche" kritisch gegenüberstehen:[300]

Die Verfassung habe das Tarifgeschehen bewusst in die Hände der *Sozialpartner* und nicht des *Gesetzgebers* gelegt. Damit sei der Gesetzgeber verpflichtet, bei seinen Eingriffen in das „Recht auf Tarifverhandlung" den in der spanischen Verfassung festgeschriebenen und oben genannten „Wesensgehalt"[301] zu achten. Dieser überantwortet den Gewerkschaften und Arbeitgeberverbänden einen entsprechenden Verhandlungsspielraum, einen *espacio vital*, um dieses Recht überhaupt erst ausüben zu können. Damit sei „Recht auf Tarifverhandlung" für die Gewerkschaften indirekt geschützt, da es gerade ihre Hauptaufgabe sei, Tarifverhandlungen durchzuführen. Eine gesetzliche Anordnung der „35-Stunden Woche" ohne Einwilligung beider Sozialakteure würde diesen Spielraum zu stark einschränken und stelle wegen des damit verbundenen Regelungsexzesses eine Verletzung der Institutsgarantie „*Tarifverhandlung*" dar.[302]

> „Die Freiheit, mit Kollektivinstrumenten die Arbeitsbedingungen festzulegen, wäre kaum sinnvoll, wenn der Staat in aktiver Weise über ein so ungemein machtvolles Werkzeug wie das Gesetz mit den Gewerkschaften in Konkurrenz treten dürfte. Ferner erscheint Enthaltsamkeit in der Gesetzgebungstätigkeit notwendig ... Es reicht nicht aus, dass der Gesetzgeber der Kollektivautonomie eine Verbesserung seiner von ihm selbst vorgegebenen Grenzen erlaubt, um den Erfordernissen einer Beachtung des hier untersuchten Wesensgehalts nachzukommen, da der Tarifvertrag seinen Daseinszweck verliert, falls sich das Gesetz einer Festlegung von allgemein gültigen Arbeitsbedingungen widmet ... Schauen wir auf

---

297 Art. 40.1 Satz 2 Verfassung.

298 Art. 40.2 Verfassung.

299 Wandel von ArbN-Schutzfunktion zum Mittel zur Arbeitslosigkeitsbekämpfung: *Merino, Jornada, in: VV.AA., Reforma, 1994, S. 258 (263 ff.); Alonso Olea, Bien, 1995, S. 38 ff.; Ulrich, ArbN-Statut, 1998, S. 147 ff.; Alarcón Caracuel, Reordenación, REST 1992, N° 15/16, S. 20 ff.; ders., Ordenacion, 1988, S. 435 (448 ff.).*

300 *Ojeda, Intervención, in: VV.AA., Estabilidad, 1998, S. 271 (282 ff., 288 ff., 290 ff., 293 ff., 297, 301, 303 ff.); García Murcia, Reserva, RL 1993-I, S. 445 ff.; Cruz/García, Regulación, RPS 1983, N° 137, S. 445 (497 ff.); Bilbao, Fantasía, CRL 1996, N° 9, S. 179 (181 ff., 192 ff.); Puchol, Tiempo, Bol. AEDIPE sept. 1986, S. 33 (35 ff.); vgl.: Abele, TarifR, Diss., 1996, S. 125 ff.*

301 Vgl. S. 114 ff. und Art. 7, 28.1, 37.1, 53.1 Verfassung (*contenido esencial*).

302 Exceso de legislación ordinaria *oder vanguardismo legal. Erneut wird angeführt: Art. 37.1 Verfassung.*

303 Ojeda, Intervención, in: VV.AA., Estabilidad, 1998, S. 271 (282 ff., 288 ff., 290 ff., 293 ff., 297, 301, 303 ff.).

die Geschichte zurück, so lässt sich allein während totalitärer Zeitabschnitte der Versuch feststellen, „gewöhnliche" Arbeitsbedingungen vorzuschreiben; dabei erscheint es überaus möglich, dass in den darauf folgenden Zeiten ein tief verwurzelter Absolutismus beibehalten wurde, der sich auf ein allgemeines Interesse und ein falsches Superlativminimum berief."[303]

Verfassungsrechtlich sei eine Arbeitszeitverkürzung per Gesetz allein dann gangbar, wenn sie die momentan geltende tarifliche Durchschnittsarbeitszeit von ca. 1.769 Stunden im Jahr, was in der Woche ungefähr 38 Stunden und 36 Minuten ausmacht[304], achten würde.[305] Möglich sei in Spanien derzeit kein „35-Stunden Gesetz", sondern höchstens ein *„38,6-Stunden Gesetz"*.

Dabei müssen selbst spanische Gewerkschaften im System der Allgemeinverbindlichkeit ihre Rechnung noch mit den Arbeitnehmern machen. Diese werden einer vorübergehenden Arbeitszeitverkürzung zur Überwindung von Unternehmenskrisen vielleicht noch mit gewissem Verständnis gegenüberstehen, wenn sich damit Kündigungen umgehen lassen. Eine generelle Arbeitszeitverkürzung bei proportionalem Lohnverzicht allein aus altruistischen Solidaritätsmotiven, etwa um einem anonymen Kollektiv Arbeitsloser mittels einer „Arbeitsumverteilung" bei dazu noch zweifelhaftem Erfolg zu Hilfe zu eilen, stößt auf offenes Unverständnis und wird ganz überwiegend abgelehnt.[306]

Jüngst suchen einige Autonome Gemeinschaften, und vorwiegend die sozialistisch regierten, nach „neuen Lösungen" mittels „Dekret".[307] Dort wird nach dem Gießkannenprinzip ein wahrer Subventionsregen über die Häupter von „35-Stunden-willigen" Arbeitgebern ausgegossen. Um in den Genus beispielsweise von Gutschreibungen bei Sozialabgaben zu gelangen, muss der Nachweis erbracht werden, dass durch Einführung der „35-Stunden Woche" oder durch den „Abbau der Überstunden" Arbeitsplätze geschaffen werden.[308]

---

304 *Rivero, Flexibilización, DL 1998, N° 56, S. 19 (57); Ojeda, Intervención, in: VV.AA., Estabilidad, 1998, S. 271 (303, Fn. 95): Landwirtschaft: 1.796 h; Industrie: 1.783 h; Bau: 1.769 h; Dienstleistung: 1.755 h. Insgesamt liegt Spanien bei 1.774'4 Stunden. Die tatsächl. geleistete ArbZ liegt bei 407 h. Allein England und Portugal übertreffen dies: ders., Tiempo, RLSS, año II, N° 15, mayo 1996, S. 255 (260).*

305 *Ojeda, Intervención, in: VV.AA., Estabilidad, 1998, S. 271 (303 ff.).*

306 *Gorelli, Reforma, TL 1994, N° 30, S. 67 (74 ff.).*

307 Die erste Autonome Gemeinschaft war das Baskenland mit *„Decreto 232/1996" vom 01.10.1996. Ein Jahr später ist dies Vorhaben gescheitert, da sich allein 13 Unternehmen angeschlossen haben. In Katalonien wies die Landesregierung (Generalitat) die Sozialpartner zu entspr. Verhandlungen an und mangels Einigung folgte der gesetzl. „Fingerweis" über „Decreto 248/1997" vom 22.09.1997. Ein halbes Jahr später ist auch dies gescheitert, da allein ein Unternehmen die dortigen Vergünstigungen wahrgenommen hat. Ein entspr. Dekret gibt es in Castilla-León und in Galizen, Madrid und Castilla La Mancha wird an ihm gearbeitet. Als letzte Autonome Gemeinschaft führte Andalusien ein solches Dekret ein, wobei man es hier mit dem einzigen zu tun hat, welches ausdrückl. die 35-h-Woche erwähnt: Escudero, Tiempo, RL 1999, N° 4, S. 7 (9).*

308 Andere „Arbeitsverteilungstechniken", wie z.B. der vorgezogene Ruhestand, Ersetzungen wegen

d) Zulässigkeit von Eingriffen in laufende Tarifverträge?

Unter dem gerade geschilderten Aspekt einer gesetzlichen Arbeitszeitverkürzung wurde die junge spanische Demokratie mit der Frage konfrontiert, ob der Gesetzgeber in laufende Tarifverträge eingreifen kann.[309] Dieses Ereignis, das in Deutschland eher zur „akademischen Frage“ abgestempelt wird,[310] durchfuhr wie ein Paukenschlag das spanische Arbeitgeberlager, als im Jahre 1983 die damalige Höchstarbeitszeit per Gesetz von 42 auf 40 Wochenstunden verringert wurde.[311] Zum Entsetzen der Arbeitgeberseite geschah dies ohne Übergangsregelung,[312] obwohl einige laufende Tarifverträge durchaus noch Arbeitszeiten von über 40 Stunden vorsahen.[313] Damit betrug die durchschnittliche Jahresarbeitszeit nicht mehr 1.877, sondern plötzlich nur noch 1.826 Stunden und 27 Minuten, was zusammen mit der ebenfalls vorgenommenen Erhöhung auf 30 Urlaubstage eine Verringerung von 51 Stunden und 33 Minuten darstellte.[314]

Mutterschaft usw., werden ebenfalls positiv bei der Erteilung von direkten oder indirekten Subventionen berücksichtigt. Es handelt sich m.E. um eine in verfassungsrechtlicher Hinsicht zweifelhafte Einmischung in den Wirkungsbereich der Tarifautonomie, da trotz der freiwilligen und nicht zwingenden Regelung über Subventionen staatlicherseits auf die Festlegung von Arbeitsbedingungen *mittelbar Einfluss genommen wird. Meint man es ernst mit der verfassungsrechtlich gewährleisteten Selbstverwaltung und Autonomie der Sozialpartner, müssten solche indirekten Einflußnahmen unterbleiben (vgl.: Moya, Reducción, CL 1999, N° 4, S. 1 (12)). Neben sozialpolitischen Zweifeln – darf der Staat die Verkürzung der Arbeitszeit einiger weniger Personen, die Arbeit haben, aus den sowieso stark gebeutelten öffentlichen Kassen zu Lasten der Allgemeinheit finanzieren? – muss die Geeignetheit dieses am Medieninteresse hin ausgerichteten Aktionismus bezweifelt werden: Die direkten oder indirekten Subventionen sind zeitlich zumeist auf zwei Jahre befristet und können den längerfristig operierenden Unternehmen in der Regel nicht die extrem hohen Kosten abnehmen, die später auf sie zukommen werden. Bislang zeigen die ersten Meldungen auch, dass solche Angebote von den Arbeitgebern mehr als verhalten angenommen werden.*

309 *Casas/Baylos, Autonomía, RL 1988-II, S. 159 (164). Zur Problematik in Deutschland: Lohs, Gesetzgeber, BB 1996, S. 1273 ff.*

310 *Söllner, Grenzen, NZA 1996, S. 897 (901).*

311 *Gesetz 4/1983 vom 29.06.1983 „Ley 4/1983, de 29 de jun. de 1983, de fijación de la jornada máxima legal en cuarenta horas y de las vacaciones anuales mínimas en treinta días, viene a modificar la normativa que se contiene en el ET (art. 34, 2, párrafos 1.° y 2.°, y art. 38, 1)“, BOE 30.06.1983 sowie 23.07.1983. Es trat in Kraft am 30.07.1983: Disposición Final de la Ley 4/83.*

312 *Pérez-Espinosa, Relación, REDT 1983, S. 521 (528, Fn. 27); Ballesteros/Velázques, Reducción, in: Alonso Olea, JCo, t. VIII, 1990, N° 518, S. 521 (524).*

313 Nach Art. 6.*b) des „obligatorisch“ wirkenden Rahmentarifvertrags AI vom 15.02.1983 war zwischen UGT, CC.OO. und CEOE eine Höchst-ArbZ von 40 h/Woche festgelegt worden, was ab dem 01.01.1984 jährl. und bei Aufstockung der Urlaubstage die heutige gesetzl. Höchst-ArbZ von ca. 1.826 h und 27 min. ausmachte. Für die verbleibenden Tage des Jahres 1983 sah das AI die Weitergeltung der alten TV vor. Einige noch während 1983 abgeschlossene TV sahen vorausschauend selbst Anpassungsregelungen an die angekündigte neue Gesetzeslage vor und die ArbG waren nicht so überrascht, wie sie dies nachher darzustellen versuchten, obwohl der Ztp. „äußerst inopportun“ war: Pérez-Espinosa, Relación, REDT 1983, S. 521 (528, Fn. 31).*

314 *Casas/Baylos, Autonomía, RL 1988-II, S. 159 (161).*

Eine Ursache für diesen spröden Eingriff in die Tarifautonomie lag darin, dass die heute nicht mehr existierende Regierungspartei *UCD* (ehemaliges Zentrum[315]) des damaligen Regierungspräsidenten *Adolfo Suárez* bei Verabschiedung des Arbeitnehmerstatuts im Jahre 1980 noch die notwendigen Parlamentsmehrheiten besessen hatte. Dabei legte sie unter scharfem Protest der „Linken" die gesetzliche Höchstarbeitszeit weiterhin auf 42 Wochenstunden fest. Kurze Zeit später errang 1982 die sozialistische Partei *PSOE* einen triumphalen Wahlsieg, der ihr die absolute Mehrheit im Parlament bescherte. Die überhastete Einrichtung der seit langem geforderten „40-Stunden Woche" gehörte zu einem ihrer wichtigsten politischen Prestigeprojekte und ist als Einlösung eines alten Wahlversprechens zu verstehen, was für heftiges juristisches Kopfzerbrechen sorgte:[316]

Die Lösungsansichten zu diesem Thema hätten kaum unterschiedlicher ausfallen können. Eine Mindermeinung spricht sich gegen die Fähigkeit des Gesetzgebers aus, in laufende Tarifverträge eingreifen zu können.[317] Dieser Ansicht nach habe sich mit der verfassungsrechtlichen Etablierung des „Rechts auf Tarifverhandlung" und der „Gewerkschaftsfreiheit" nach Art. 37.1 und 28.1 Verfassung die Situation entschieden gewandelt, im Gegensatz zum früheren franquistischen System, in dem das Gesetz absoluten Vorrang vor dem Tarifvertrag genoss. Der Tarifvertrag sei heute keine Rechtsquelle „zweiten Grades" mehr, in die beliebig durch Gesetz eingegriffen werden könne, sondern ihm müsse als „Dreh- und Angelpunkt des sozialen Fortschrittes" (*piedra angular del progreso social*)[318] noch ein wesentlicher Bewegungsspielraum bleiben.

---

[315] Vgl. zu dieser Partei: *Hartmann, Spanien, Pol-ZeitG 31/1979, S. 29 (37 ff.).*

[316] Die „linken" Parteien *PSOE, PCE, PSA und EE wollten mit den Argumenten, mehr Freizeit, ausreichende Erholungszeit, eine Steigerung der Produktivität sowie mehr Arbeitsplätze zu schaffen, eine ArbZ-Verkürzung herbeiführen. Die ehem. „konservative" Regierungspartei UCD wandte ein, dass eine ArbZ-Verkürzung die damalige Wirtschaftskrise verschärfen, die Unternehmen eine zu geringe Produktivität besitzen würden und die Möglichkeit bestünde, ArbZ-Verkürzungen nicht über Gesetz, sondern über TV herbeizuführen. Der Abänderungsantrag (enmienda) N° 85 durch die UCD schlug eine 42-Stunden-Woche vor: Sempere Navarro, Distribución, in: VV.AA., Ordenación, 1983, S. 27 (33, 39); VV.AA., Responsabilidad, UGT-Informe 01.01.1980, N° 5, S. 1 f.; Rojo, Spanien, in: Hoffmann/Lapeyre, ArbZ, 1995, S. 240 (247 ff.); Ballesteros/Velázques, Reducción, in: Alonso Olea, JCo, t. VIII, 1990, N° 518, S. 521 (521 ff., 526).*

[317] Vgl. den großen span. Zivilrechtler und ehem. Verfassungsrichter: *Díez, Constitución, REDA 1979, S. 189 (197, 198); „WGG": Molero, Estructura, t. II, 1er Vol., 1989, S. 145.*

[318] *Valdés, Crisis, RPS 1983, N° 137, S. 44.*

Zudem würde mit solch einem brachialen Eingriff in die laufenden Tarifverträge das innere und jedem Tarifvertrag zugrunde liegende Gleichgewicht empfindlich gestört.[319] Diese Ansicht vertrat:[320]

> „Dies bedeutet, dass die Tarifverträge die Rolle von unabhängigen Rechtsvorschriften spielen, die nicht [*auch nicht nachträglich*] von staatlichen Vorschriften begrenzt, dirigiert oder geändert werden können."

Nach einem klärenden Urteil des Verfassungsgerichtes[321] und in Übereinstimmung mit der überwiegenden Auffassung der spanischen Jurisprudenz[322] wurde dieser Eingriff des Gesetzgebers in laufende Tarifverträge allerdings gutgeheis-sen. Sie leitet ihren Standpunkt aus einer strikten Anwendung der verfassungsrechtlich gewährleisteten Normenhierarchie (*jerarquía normativa*)[323] sowie aus dem Befehl zur Achtung zwingender

---

[319] *Ojeda, Equilibrio, REDT 1987, N° 31, S. 333 ff. Nach der Lehre vom WGG sollte eine proportionale Lohnkürzung für die zwei verlorenen Stunden vorgenommen werden. Contra: TCT 03.12.1984, RTCT 9974.* Mit m.E. falscher Argumentation, wonach ArbZ und Lohn „nicht in direkter Verbindung" miteinander stünden sowie schädl. Folgen durch Rationalisierungen „abgefedert" werden könnten. Eine proportionale Lohnkürzung sei nicht gangbar, da bei Anhebung des staatl. Mindestlohnes auch nicht sofort die ArbZ proportional verlängert werden dürfe: *Pérez-Espinosa, Relación, REDT 1983, S. 521 (534, 535); Lillo (CC.OO.), Ley, La Ley 1984-2, S. 1148 (1153).*

[320] *Suárez González, Relaciones, 1980, S. 209.*

[321] Abstrakte Normenkontrolle: STCo 20.12.1990, RTCo 219, S. 717 (726 ff.). Der Grds. vom WGG wurde nicht angewandt wegen der zu „geringen" Differenz; Vgl. Auto *(Beschluss) TCo 217/1984 vom 04.04.1984, in: JCo, t. VIII, 1985, S. 1411 ff.; Auto TCo N° 113/1984 vom 22.02.1984, in: JCo, t. VIII, 1985, S. 1010 ff.* 322 Unter Rückgriff auf Art. 3.3 Arbeitnehmerstatut: STCT 19.11.1984, RTCT 9170; STCT 02.07.1984, RTCT 6695; STCT 22.05.1984, RTCT 4895 sowie 4896; STCT 25.01.1984, RTCT 795; STCT 17.12.1983, RTCT 11336; STCT 09.12.1983, RTCT 11313 bis 11315; STCT 07.12.1983, RTCT 10591; STCT 30.11.1983, RTCT 10383; STCT 22.11.1983, RTCT 10366; Beschluss (*auto*) *709/84 Magistratura de Trabajo N° 1, Sevilla 12.04.1985, AL 1984, N° 21, S. 51 f. (Ponente Romero Bustillo); Pérez-Espinosa, Relación, REDT 1983, S. 521 ff.; Casas/Baylos, Autonomía, RL 1988-II, S. 159 (161 ff.); Lillo, Ley, La Ley 1984-2, S. 1148 (1149 ff.); Diéguez, Lecciones, 1995, S. 192, Fn. 17; Blasco, Norma, AL 1993-2, XXXIV, S. 513 (516 ff.); Ballesteros/Velázques, Reducción, in: Alonso Olea, JCo, t. VIII, 1990, N° 518, S. 521 (524); VV.AA., Presupuestos, in: VV.AA., Trabajo, 1985, S. 3 (14 ff.); Rodríguez-Piñero Royo, Constitución, in: Negociación, t. III, CDJ 1992, S. 9 (15 f.); Alonso García, Introducción, 1987, S. 278; Fuentes, Convenio, 1995, S. 17 ff.; Alarcón Caracuel, Concepto, in: VV.AA., Relaciones, 1983, S. 47 (54 ff.); Rodríguez-Piñero Royo/Rey, Negociación, in: VV.AA., Relaciones, 1983, S. 27 (29 ff.); Martínez Emperador, Autoridad, 1981, S. 37 ff.; Valdés, Modelo, in: VV.AA., Negociación, 1982, S. 17 (87); ders., Relaciones, in: VV.AA., Trabajo, 1982, S. 55 (65 ff.); ders., Aplicación (I), RL 1991-I, S. 15 (16 ff.); (II), RL 1991-I, S. 21 ff.; (y III), RL 1991-I, S. 28 (31 ff.); Alonso Olea, Fuentes, 1982, S. 112; García-Perrote, Jornada, in: VV.AA., Estudios, 1991, S. 79 (84 ff., 92); ders., Ley, 1987, S. 134 ff.; Ojeda, DerSind, 1995, S. 86, 74, Fn. 60; Montoya, Autonomía, AL 1989-2, XXII, S. 275 ff.; Durán, Fuentes, in: Negociación, CDJ 1992, t. III, S. 249 (252 ff.).*

[323] Art. 9.3, 7, 149.1, N° 7.) Verfassung, 3.1.*a), b), c), 85.1 Arbeitnehmerstatut.*

Rechtsvorschriften ab (*derecho necesario relativo/norma imperativa/ius cogens*). Wenn der Tarifvertrag *ex ante* im Zeitpunkt seines Abschlusses zwingendes Gesetzesrecht beachten müsse, könne dies *ex post* bei späterer Änderung der Gesetzeslage nicht anders sein.[324] Er habe die höherrangigen gesetzlichen Obergrenzen (*primacía de la ley*) zu berücksichtigen und sei nicht in der Lage, sich eine „Panzerung" gegen unmittelbar einwirkende Gesetze anzulegen, weil es

> „paradox wäre, wenn ein Bereich totaler und absoluter Autonomie [*der Tarifvertragsparteien*] innerhalb einer Organisation wie der des Staates bestünde ..."[325]

„Ebenso wenig wie die Ampeln und Straßenzeichen das Recht auf Bewegungsfreiheit verletzen" würden, liege eine Verletzung des „Rechts auf Tarifverhandlung" vor,[326] da nicht zuletzt Art. 40.2 Verfassung dem Gesetzgeber den Auftrag erteilt habe, die Arbeitszeitdauer zu begrenzen.[327] Die von der anderen Ansicht angeführte Störung des inneren Gleichgewichtes ließe sich in krassen Fällen über die Anwendung des Grundsatzes vom „Wegfall der Geschäftsgrundlage" (*cláusula rebus sic stantibus*) ausgleichen. Die durch das Gesetz vorgenommene Verkürzung der Arbeitszeit um alleine zwei Stunden hätte ein solch gravierendes Ungleichgewicht allerdings noch nicht hervorgerufen.

Zudem würde eine gegenteilige Meinung geradezu die Rollen verkehren, welche man Gesetz und Tarifvertrag seit alters her zuschreibe: Ein Tarifvertrag sei ausschließlich für die „*Verbesserung*" des gesetzlichen Minimalstandards zuständig und keinesfalls für eine „*Schlechterstellung*" der Arbeitnehmer.[328]

---

[324] *Pérez-Espinosa, Relación, S. 521 (524). Schon bestehendes zwingendes Gesetzesrecht muss beachtet werden. In Spanien ist dies bei der ArbZ-Dauer die gesetzl. festgelegte Höchst-ArbZ und beim Lohn der jeweils geltende staatl. festgesetzte Mindestlohn. Bei einem Verstoß des Tarif- oder Arbeitsvertrags gegen das sog. „Prinzip der Minimalnorm" greifen die o.g. Sanktionen. Unzulässig wäre ein Verstoß von statutarischen TV gegen zwingendes Gesetzesrecht, wie etwa die Höchst-ArbZ, Pausen- und Ruhezeiten etc.: STS 12.11.1993, RJ 8688; STSJ Murcia 12.05.1993, AS 2442; STS (cont.-adm.) 02.02.1994, RJ 900 = AL 1994-2, N° 991, S. 1820 ff. mit Anm. von Conde Martín, Modificación, S. 1817 ff.; Alonso García, Introducción, 1987, S. 279.*

Zu Überlegungen, ob die einfache Nichterfüllung des TV schon eine *„gewerkschaftsfeindl. Verhaltensweise" des ArbG nach der Generalklausel von Art. 12, 13 LOLS darstellt: Rey, Conducta, RL 1987-I, S. 261 (281).*

[325] STCo 08.04.1981, RTC 11. *„Rüstung" (coraza protectora): García-Perrote, Jornada, in: VV.AA., Estudios, 1991, S. 79 (92).*

[326] *Cebrían, Convenios, AL 1986-2, N° 1016, S. 2421 (2422 ff.).*

[327] Dies als *„Exzess der Phantasie" abstempelnd, da ansonst zahlreiche TV neu hätten verhandelt werden müssen: Ballesteros/Velázques, Reducción, in: Alonso Olea, JCo, t. VIII, 1990, N° 518, S. 521 (524). Beim VerfG-Urteils handele es um folgenlose „Alibierwägungen": Ojeda, Compendio, 1998, S. 30 f. (Cap. 1/D/b) und STCo 08.04.1981, RTC 11; Molero, Estructura, t. II, 1er Vol., 1989, S. 145; STS 04.07.1994, AL 1994-3, N° 1741, S. 3204 ff. mit Anm., S. 3208; STS 04.07.1994, AL 1994-3, N° 1742, S. 3209 ff. mit Anm. von de las Cuevas, Rebus, S. 3212.*

[328] *Lillo, Ley, La Ley 1984-2, S. 1147 (1147, 1148, 1153). Es liege kein Eingriff in das verf.-rechtl. gewährleistete Prinzip der „Rechtssicherheit", da dieses nicht zu einem „Einfrieren der Rechtslage" führen dürfe. Schliessl.*

Leider wurde kein Wort darüber verloren, ob der gesetzgeberische Eingriff nicht vielleicht unverhältnismäßig war, weil bei der Höchstgrenze von 40 Wochenstunden zugegebenermaßen die Motive des Gesundheitsschutzes keine ausschlaggebende Rolle mehr spielten.[329] Stattdessen standen Gründe der Arbeitslosigkeitsbekämpfung und solche einer besseren Arbeitsverteilung im Vordergrund[330], die in der Praxis freilich keine feststellbaren Erfolge erzielten.[331] Schließlich steht diese Auffassung m.E. in seltsamer Diskrepanz zur sonst so häufig zitierten „Allergie" der Gewerkschaften gegenüber „staatlicher Einmischung" in die Tarifautonomie nach der erfolgreichen Überwindung der Diktatur.[332]

e) Gewerkschaftsfeindliches Verhalten: Zum Verbot von einzelvertraglichen „Massenänderungsangeboten" am Beispiel der Arbeitszeitregelung

Wie oben schon erwähnt, wird die „Gewerkschaftsfreiheit" und damit in indirekter Weise also auch das „Recht auf Tarifverhandlung" explizit und dezidierter in dem „Organgesetz über Gewerkschaftsfreiheit" (*LOLS*) festgeschrieben. In jenem sind unter dem „*Titel V*" und der Überschrift „*Über den Schutz der Gewerkschaftsfreiheit und die Unterdrückung gewerkschaftsfeindlicher Verhaltensweisen*" zwei Artikel festgeschrieben. Der Art. 12 „Organgesetz über Gewerkschaftsfreiheit" lautet wie folgt:

> „Die Vorschriften von Rechtsverordnungen, Klauseln von Tarifverträgen, einzelvertraglichen Abmachungen und einseitigen Entscheidungen des Arbeitgebers sind nichtig und ohne Wirkung, falls sie irgendeine Diskriminierung bei der Beschäftigung oder den Arbeitsbedingungen enthalten oder voraussetzen; dabei ist

---

sei das Grundrecht zur freien wirtschaftl. Betätigungsfreiheit ebenso wenig betroffen, da dem Gesetzgeber ein weiter Handlungsspielraum zustünde.

[329] Zur Ansicht in Deutschland: *Kempen, ArbuR 1985, S. 374, 376, 383; Zuleger, ArbuR 1992, S. 231, 232 ff. A.A: Butzer, Grundlagen, RdA 1994, S. 375 ff.*

[330] STCT 30.11.1983, RTCT 10383; *Casas/Baylos, Autonomía, RL 1988-II, S. 159 (160 f., Fn. 6-9) mit Stellungnahme des damaligen Arbeitsministers Joaquín Almunia (PSOE) über die „wichtige Aufgabe, Arbeitsplätze zu verteilen".*

[331] *José Caberra Bazán, in: Adomeit, Spanien, RdA 1985, S. 354 (355); Michón, Tiempo, REST 1992, N° 15/16, S. 108 ff.; Käding, Reducción, REST 1992, N° 15/16, S. 158 ff. „...nicht einmal massive ArbZ-Verkürzungen können die Anzahl der Arbeitsplätze erhalten.": VV.AA., Flexibilidad, 1992, S. 436 ff.; Rivero, Horarios, DL 1995, N° 47, S. 13 (19); ders., Tiempo, in: VV.AA., Nuevo ET, 1995, S. 25 (27); resignierend: Ojeda, DerSind, 1995, S. 667; Cruz/García, Regulación, RPS 137, (1983), S. 497, 504, Fn. 172; Rodríguez-Sañudo, Crisis, DL 1982, N° 6, S. 53 (65 ff.); Prados, Tiempo, RL 1996-I, S. 498 (499). A.A.: Alarcón Caracuel, Fomento, in: VV.AA., Flexibilidad, 1993, S. 442 ff.; ders., Ordenacion, 1988, S. 435 (437). Aus Deutschland: Zöllner, Arbeitsplätze, 1978, S. 41 ff.*

[332] *„Weg mit dem Staat; lasst die GewerkS ran und die Arbeitsordnung wird brüderlich sowie die bestmöglichste sein.": Borrajo, Autonomía, AL 1993-I, IV, S. 51 (53); ders., Obligatoriedad, RPS 1980, N° 126, S. 5 (13 f.); Ojeda, Sindicalismo, in: VV.AA., Cuestiones, 1990, S. 561 (580).*

gleichgültig, wenn die Diskriminierung günstiger oder ungünstiger ist oder wenn sie aufgrund des Beitritts zu oder Fernbleibens von einer Gewerkschaft oder aufgrund ihrer Vereinbarungen oder allgemein aufgrund der Ausübung von Gewerkschaftstätigkeiten vorgenommen wird."

Der Art. 13 „Organgesetz über Gewerkschaftsfreiheit" ordnet folgendes an:

> „Alle Arbeitnehmer oder jede Gewerkschaft, die der Ansicht sind, dass ihr Recht der Gewerkschaftsfreiheit durch eine Handlung des Arbeitgebers, Arbeitgeberverbandes, der Öffentlichen Verwaltung oder jeder anderen Person, Stelle oder öffentlichen oder privaten Körperschaft verletzt wird, darf um Rechtsschutz vor der zuständigen Gerichtsbarkeit ersuchen, und zwar über den Weg des gerichtlichen Schutzes von Grundrechten der Person.
>
> Ausdrücklich werden als Verletzungen der Gewerkschaftsfreiheit angesehen die Handlungen einer Einmischung, die von Seiten eines Arbeitgebers oder Arbeitgeberverbandes dazu dienen, beherrschte oder überwachte Gewerkschaften zu bilden oder Gewerkschaften unter gleicher Kontrollabsicht in wirtschaftlicher oder sonstiger Weise weiter zu erhalten."

In diesem Zusammenhang sorgte die Praxis der Arbeitgeber, ihrer Belegschaft sog. „einzelvertragliche Massenänderungsangebote" (*contratación „en masa"/acuerdos individuales „en masa"*) zu unterbreiten, für kontroverse Diskussionen. Bei diesen handelt es sich um individualvertragliche Änderungsangebote, die der Arbeitgeber massenhaft seiner gesamten Belegschaft gegenüber anträgt. In einigen Punkten stellen sie sich im Vergleich zur bisherigen tariflichen Regelung als günstiger dar und können ohne jeglichen mittelbaren oder unmittelbaren Druck des Arbeitgebers frei angenommen oder ausgeschlagen werden.[333] Paradigmatisch ist der bekannte und vom Verfassungsgericht entschiedene Sachverhalt:[334]

> Der für Versicherungsunternehmen *nationalweit* geltende statutarische Tarifvertrag des Jahres 1986 ordnete für sechs Monate eine Arbeitszeitlage von *Montag-Samstag* von *8-15* Uhr und für das restliche halbe Jahr von *Montag-Freitag* bei identischen Arbeitszeiten an.[335] Da er auslief, fanden Tarifverhandlungen auf Firmenebene statt, bei denen der Arbeitgeber längere Öffnungszeiten während der Woche zur kundenfreundlicheren Betreuung vereinbaren wollte. Im Gegensatz

---

[333] Ein persönl. Herantreten des ArbG an den einzelnen ArbN lag nicht vor, sondern dieser bot die Änderungen über einen Aushang am „schwarzen Brett" an. Anderenfalls hätte man an eine „moralische Nötigung" denken können, die nach dem Rechtsgedanken von Art. 18 Arbeitnehmerstatut untersagt ist. Dort muss beim „Filzen" (*registro) eines ArbN ein Mitglied der EinhVertr. oder GewerkS-Sektion anwesend sein: Durán/Sáez, Autonomía, RL 1991-II, S. 382 (399 {a}).*

[334] STCo 01.07.1992, RTCo 105 = AL 1992-3, N° 1410, S. 3048 ff. = RL 1992-II, S. 55[illegible] ff.

[335] Gesamtstaatl. TV für Versicherungen und Rückversicherungen (*BOE 23.09.1986, RCL 2950, S. 6204 ff.) mit einer ArbZ-Dauer von 1.750 Stunden im Jahresdurchschnitt nach Art. 7 des TV.*

dazu drängte das verhandelnde Überbetriebliche Komitee auf die Beibehaltung der herkömmlichen Arbeitszeitlage und die zusätzliche Einrichtung eines arbeitsfreien Samstages.

Ohne seine Ziele in einer Einigung erreichen zu können und ohne die Änderung der Arbeitszeitlage über das im nachwirkenden Tarifvertrag festgelegte Verfahren vorzunehmen[336], bot der Arbeitgeber seiner Belegschaft über Aushänge am schwarzen Brett folgendes an: Auf freiwilliger sowie einzelvertraglicher Basis sollten die Arbeitnehmer die alte durch eine neue Arbeitszeitlage abändern können, wobei die Samstagsarbeit vollständig entfallen und von *Montag-Freitag von* 8^{15}*-13* Uhr *sowie 14-17* Uhr zu arbeiten wäre. Dabei blieb die durchschnittliche Jahresarbeitszeitdauer identisch und er versprach ferner allen Arbeitnehmern, die diesen Vorschlag akzeptierten, als „Zuckerstückchen" ein zusätzliches Verzehrgeld für die einstündige Mittagspause in Höhe von umgerechnet 2,56 Euro pro Arbeitstag.

Dieses „Massenänderungsangebot" wurde durch die Belegschaft in 75 Zweigstellen einheitlich und in 30 teilweise angenommen sowie allein in 4 vollkommen zurückgewiesen.

In anderen Fällen wollte der Arbeitgeber mit der gesamten Belegschaft nur einen Tag vor Beginn der Tarifverhandlung oder direkt nach Errichtung der Verhandlungskommission zur Aushandlung von Tarifverträgen oder acht Tage nach Unterzeichnung eines statutarischen Tarifvertrags mit dem Versuch, einen Inhalt einzufügen, der von den Arbeitnehmervertretern zuvor abgelehnt worden war, die „Massenänderungsangebote" aussprechen, so dass der Tarifpartei vollständig der „Wind aus den Segeln genommen" wurde.[337]

Eine Zeitlang billigte die Rechtsprechung solche Praktiken, weil damit günstigere Bedingungen nach Art. 3.1.*c)* Arbeitnehmerstatut vereinbart würden und gegen eine bessere Anpassung an die organisatorischen Notwendigkeiten des Unternehmens an-

---

[336] Der nachwirkende statutarische nationalweite BranchenTV sah vor, dass eine Änderung der ArbZ-Lage durch alle ArbN des Betriebes einstimmig angenommen werden musste und es überdies noch einer Zustimmung der jeweiligen EinhVertr. bedurfte.

[337] STCT 06.11.1987, RL 1988-I, S. 641 ff. mit krit. Anm. *García-Perrote, Acuerdo, RL 1988-I, S. 642 ff.; STS (cont.-adm.) 04.05.1987, RJ 3267; STCT 25.10.1985, RTCT 5926; STS 18.04.1994, RJ 3254 = AL 1994-3, N° 1114, S. 2052 ff.; Fernández López, Convenio (I), AL 1995-1, VI, S. 87 (91); STCo 18.10.1993, RTCo 299; STSJ Madrid 16.07.1992, AS 3718 = RL 1992-II, N° 209, S. 848; STCT 05.04.1988, RTCT 141.*

sonsten nichts einzuwenden sei.[338] Allein wegen des *en-masse*-Zugeständnisses von günstigeren Arbeitsbedingungen, könnte man dies nicht als Missbrauch der Vertragsfreiheit werten.[339]

> „Die Verträglichkeit zwischen Individual- und Kollektivautonomie – Ausdruck der Tarifverhandlung – verbietet nicht ..., dass die Arbeitsbedingungen der Arbeitnehmer verbessert werden dürfen. Eine Verbesserung jener Bedingungen, die evident einen gewissen Spielraum der subjektiven Einschätzung und Wertung erlaubt, darf jedoch so, wie sie in genereller Art „angeboten" wird und so wie sie die Reichweite der Entscheidung der Individualautonomie der Arbeitnehmer erweitert, nicht als Verletzung von Art. 28 Verfassung [*Gewerkschaftsfreiheit*] angesehen werden – Individualautonomie, die ferner nicht durch die Tarifverhandlung annulliert werden kann, wie dies schon in STCo 58/1985 vom 30.04.1985 (f.j. 6.°) festgestellt wurde."[340]

---

[338] In der überprovinziellen Branche der Privatbanken wirkte der statutarische TV nach mit einer ArbZ-Lage von *Mo.-Fr. von* 8^{00}*-*15^{00} *h und Sa. von* 8^{00}*-*13^{00} *h oder* 13^{30} *h. Der ArbG bot bei Firmentarifverhandlungen und scheiternden Vorschlägen zur Änderung der ArbZ-Lage den einzelnen ArbN in einem Rundschreiben eine ArbZ von Mo.-Fr. von* 8^{30}*-*17^{30} *h mit einer Stunde Mittagspause unter Verkürzung der jährl. ArbZ-Dauer von 1.808 auf 1.784 Stunden und ein zusätzl. Verzehrgeld von 2,55 Euro pro Tag an. Er behielt sich die Möglichkeit vor, nach Bedarf Samstagsarbeit anzuordnen. Allein 615 von insgesamt 9.411 ArbN nahmen dieses „Massenänderungsangebot" an (Art. 39.3 TV für Privatbanken (BOE 08.09.1984 = RCL 1984, 2212): STCT 07.03.1988, RTCT 102 = AL 1988-1, N° 610, S. 1393 ff. = RL 1988-II, S. 573 ff. oder 569; STS (cont.-adm.) 02.02.1994, RJ 900 = AL 1994-2, N° 991, S. 1820 ff. mit Anm. Conde Martín, Modificación, S. 1817 ff.; STSJ Cataluña 26.02.1992, RL 1992-I, S. 920 ff.; STSJ Andalucía, Sevilla 05.06.1992, AS 6521 = RL 1992-II, S. 811 ff. = AL 1993-I, N° 13, S. 27 ff. mit Anm. Oliet, Autonomía, S. 29; STSJ Navarra 06.05.1992, AS 2634; STSJ País Vasco 22.11.1994, AS 4310; SAN 06.04.1992, RL 1992-II, S. 600 ff.; STS 13.05.1986, RJ 2538; STCT 10.02.1988, RTCT 72; STCT 12.11.1987, RTCT 24849; STCT 26.01.1987, RTCT 2036; STCT 08.03.1988, RTCT 141; STCT 16.03.1988, RTCT 118 = AL 1988-1, N° 582, S. 1337 ff.; STCT 26.10.1988, RTCT 497; STCT 15.03.1989, RTCT 119 mit Anm. Olarte, Pactos, REDT 1991, S. 957 ff. Bei einer Verneinung dieser ArbG-Praxis das Fortbestehen des Unternehmens als gefährdet ansehend: STCT 26.10.1988, RTCT 497. Dieses Urteil wurde durch das VerfG aufgehoben: STCo 01.07.1992, RTCo 105 = AL 1992-3, N° 1410, S. 3048 ff. = RL 1992-II, S. 559 ff.*

[339] Grds. der Vertragsfreiheit, Art. 1.262 *Código Civil. Borrajo, Dirección, AL 1993-2, S. 1806 (1808), demzufolge dies Risiko der Gesetzesumgehung oder des Missbrauches dann bestehen soll, wenn die Massenänderungsangebote „spitzfindig und ungerechterweise" unterbreitet würden.*

[340] Nichtannahme-Beschluss des VerfG vom 26.09.1988 (1.074/1988), *in: TCo, t. XXII, S. 1330 ff. gegen das Urteil: „TCT 07.03.1988, RTCT 102 = AL 1988-1, N° 610, S. 1393 ff = RL 1988-II, S. 569 (573 ff.)". Zust.: Sagardoy, Regulación, in: VV.AA., Estudios, 1991, S. 13 (24 f.); ders., Addenda, DL 1988, N° 25, S. 99 ff.; Auto TCo 16.10.1988 (691/1985), in: TCo, t. XIII, S. 1012 ff. = RL 1988-II, S. 573 ff.; STCT 25.10.1985, AL 1985-2, N° 1265, S. 2695 ff., mit Anm. Borrajo, Indisponibilidad, S. 2697; STS 29.11.1991, RJ 8833; STCT 22.02.1988, RTCT 84 = AL 1988-1, N° 499, S. 1162 ff.; STSJ Madrid 04.06.1990, JS-If, IV, 1990, N° 1.963, S. 300 f.; STCT 26.01.1987, RTCT*

In der ordentlichen Rechtsprechung wurden Zweifel laut an der Rechtmäßigkeit derartiger Praktiken:[341]

> „Ebenso steht fest, dass eine gewisse Unternehmenspraxis [*der Massenänderungsangebote*] das Verfassungsrecht [*das Recht auf Tarifverhandlung und Gewerkschaftsfreiheit*] verletzen kann ... ; man muss sich der fortschreitenden Regelung der Arbeitsbeziehungen über Einzelarbeitsverträge widersetzen, die nun derart die Stellung des [*statutarischen*] Tarifvertrags einnehmen, weshalb von der Gesamtzahl der Angestellten mittlerweile schon 90% nicht mehr ihre Arbeitsbedingungen über den [*statutarischen*] Tarifvertrag regeln."

In einer 180°-Kehre schob das Verfassungsgericht im Jahr 1992 den einzelvertraglichen Massenänderungsangeboten plötzlich den Riegel vor und untersagte sie.[342] Dazu stützte es sich auf die Argumentation, dass der Arbeitgeber direkt mit der Belegschaft

---

2036 = RL 1988-II, S. 564 ff. Kein Verstoß gegen die Generalklausel von Art. 12, 13 LOLS: Mag. de Trabajo N° 20, Madrid vom 04.02.1988, abgedr. in: Sagardoy/Gondino, Espacios, DL 1988, N° 24, S. 9 (14 ff.). A.A.: STS 31.10.1994, RJ 8114 = RL 1995-I, N° 90, S. 652; STS 15.03.1990, RJ 2016; STSJ Madrid 15.06.1993, AS 3153 und 05.05.1992, La Ley 12.689 = RL 1992-II, S. 760; STSJ Castilla-La Mancha 21.07.1992, AS 3999; STSJ Cataluña 07.03.1994, AS 1243; STCT 12.05.1988, RTCT 232; STCT 05.04.1988, RL 1988-II, S. 579 = RTCT 141; STCT 27.02.1989, RTCT 1314; STCT 25.01.1989, RTCT 457; STCT 22.02.1988, RTCT 84 = AL 1988-1, N° 499, S. 1162 ff.; STCT 16.01.1987, RTCT 2023; STCT 16.03.1988, AL 1988-1, N° 582, S. 1337 ff. = RTCT 118.

[341] STSJ Cataluña 26.02.1992, RL 1992-I, S. 920 ff.

[342] STCo 01.07.1992, RTCo 105 = AL 1992-3, N° 1410, S. 3048 ff. = RL 1992-II, S. 559 ff., welches das Urteil des *„TCT 26.10.1988, RTCT 497" aufhob. Vgl. Pérez Pérez, Década, RL 1994-I, S. 140 (147 ff.). Zu krit. Tönen schon früh: „...wobei er {der Gesetzgeber} freil. zu berücksichtigen hat, dass eine unmittelbare Verhandlung zwischen ArbG und seinen ArbN zum Nachteil des Prinzips geht, wonach Tarifverhandlungen zwischen GewerkS und ArbG-Verbänden angeregt sowie gefördert werden sollen.": STCo 28.01.1983, RTCo 4 (f.j. 4.°). Das IAO-Komitee für GewerkS-Freiheit zitierend: „Die direkte Tarifverhandlung zwischen dem ArbG und seinen ArbN, ohne die bestehenden repräsentativen {Gewerkschafts-} Organisationen, kann in gewissen Fällen zu Lasten des Prinzips gehen, dass die Tarifverhandlung zwischen ArbG und GewerkS gefördert werden muss", u.a.: García-Perrote, Convenio, in: VV.AA., Reformas, 1998, S. 41 (55 ff.). Der ArbG nutze sein per se unterstelltes Übergewicht zum eigenen Vorteil (vgl. aber S. 124 ff.): García-Perrote: „Ist der ArbN nun nicht mehr der schwächere Vertragsteil, weil er eine ausgeglichenere Stellung ggü. dem ArbG erlangt hat? Ist der Arbeitsvertrag nun nicht mehr die „Maske", der die stärkere Vertragsmacht des ArbG verdunkelt? Darf das ArbR insgesamt seine Aufgabe vergessen, die Individualautonomie zu beschneiden?" und dies mit einem klaren „Nein" beantwortend, in: Autonomía, RL 1989-II, S. 256 (261, 265 ff., Fn. 28, 29); Castiñeira, Libertad, RL 1999, N° 1, S. 51 (59 ff.); Apilluelo, Ordenación, in: VV.AA., Reforma, 1995, S. 127 (129 ff.); Merino, TParc, 1994, S. 251 ff. Contra „Massenänderungsangebote": Lillo (CC.OO.), Eficacia, GS 1994, N° 125, S. 35 ff.; ders., Individualización, RL 1991-II, S. 422 (426 ff.); Casas, Individualización, RL 1991-II, S. 402 (407 ff., 415 ff., 419 ff.); Durán, Fuentes, in: Negociación, CDJ 1992, t. III, S. 249 (261 ff.); Alonso Olea, Pactos, N° 633, in: ders., JCo, t. X, 1992, S. 384 (389 ff.), der den National Labor Relations Act von 1935 im US-amerikanischen Recht anführt, wonach derartige Unternehmerpraktiken aber, anders als im*

in Kontakt trete und deswegen in unzulässiger Weise die Tarifverhandlung mit den eigentlich dazu berufenen Subjekten umginge. Die Verfassung habe die Durchführung von Tarifverhandlungen schließlich nicht in die Hände der „einzelnen" Arbeitnehmer, sondern nach Art. 37.1 Verfassung in die ihrer „*Vertreter*" gelegt.[343] Dies stelle eine Verletzung des laut Art. 37.1 Verfassung gewährleisteten „Rechts auf Tarifverhandlung" und damit mittelbar der „Gewerkschaftsfreiheit" nach Art. 28 Verfassung dar.[344]

---

span. Recht, allein auf Perioden der Tarifverhandlung begrenzt bleiben (S. 390, Fn. 4); Rey, ArtIndiv, REDT 1996, N° 77, S. 425 (440 ff., 443); García Becedas, Interés, in: VV.AA., Cuestiones, 1990, S. 875 (884, 886 ff.); Collado, Autonomía, AL 1994-1, XI, S. 153 (156 ff.). Vgl. Ojeda, Autonomía, RL 1991-II, S. 311 (313 ff., 333 ff., 351 ff.), unter Bezug auf die Streitigkeiten im US-Recht unter dem Stichwort „fair representation"; Rodríguez-Piñero Royo, Individualización, RL 1991-II, S. 47 (50 ff.); ders., Presentación, RL 1991-I, S. 53 (54); Folguera, Autonomía, RL 1993-II, S. 1266 (1268 ff.); Olarte, Pactos, REDT 1991, S. 957 ff.; ders., Negocios, 1995, S. 164 ff., 171 ff.; Cavas, Novación, in: VV.AA., Homenaje, 1994, S. 41 (50 ff.); Casas/Baylos, Autonomía, RL 1988-II, S. 159 (171 ff., 176 ff.); García Ninet, Tiempo, in: VV.AA., Comentarios, t. I-Vol. 2.°, 1994, S. 7 (19, Fn. 7, S. 20 f., Fn. 8): „pathologische ArbG-Praktiken": Morón, Flexibilización, RTSS 1992, N° 7, S. 37 (41); Zachert, Spanien, in: ders., Krise, 1990, S. 88 ff., 198 ff.; ders., Arb-Plätze, ZTR 1996, S. 289 (289); Monereo, Introducción, 1996, S. 288 ff. Teilweise wird in m.E. falscher Weise auf Kahn-Freund (TrabyDer, 1987, S. 250 ff.) Bezug genommen, der bei der Praxis, einzelvertragl. Vergünstigungen anzubieten, um ArbN vom GewerkS-Beitritt abzuhalten (also die dtsch. einzelvertragl. Gleichstellungsabreden) von einem „gewerkschaftsfeindl. Verhalten" sprach („unfair labor practice"). Bei den span. „Massenänderungsangeboten" hält der ArbG noch nicht einmal indirekt die ArbN vom Beitritt zur Gewerkschaft ab, da die statutarischen TV schon per se allgemeinverbindl. wirken und wegen der Allgemeinverbindlichkeit kein Anreiz zum Beitritt besteht. Wenn überhaupt, dann könnte man m.E. die Gedanken von Kahn-Freund allein so deuten, dass deswegen das Arbeitnehmerstatut ernsthaften Zweifeln an seiner Vereinbarkeit mit der verfassungsrechtl. GewerkS-Freiheit ausgesetzt ist. Pro Zulässigkeit von „Massenänderungsangeboten": Borrajo, Autonomía, AL 1993-I, IV, S. 51 (53 ff.); ders., Anm. zum Urteil „TCo 01.07.1992" (= AL 1992-3, N° 1410, S. 3048 ff. = RL 1992-II, S. 559 ff.): Mejora, AL 1992-3, S. 3052 f.; ders., Autonomía, in: VV.AA., Reforma, 1993, S. 1063 (1080 ff.); ders., Dirección, AL 1993-2, S. 1806 (1807 f.); ders., Autonomía, in: VV.AA., Reforma, 1993, S. 1063 (1080 ff.): „gewerkschaftl. Sonderrecht" (fuero sindical); Miñambres, Autonomía, REDT 1993, N° 57-62, S. 767 (772 f.), der „perplex" vor einer sich plötzl. ändernden Rspr. steht, „ohne zu wissen, warum jene sich änderte."; García Piqueras, Modificaciones, AL 1988-1, N° 613, S. 1401 (1404 ff.); Montoya, DTrab, 1998, S. 276 f. (Cap. IX/4); Sagardoy, Regulación, in: VV.AA., Estudios, 1991, S. 13 (24), der eine "Volljährigkeit" der ArbN vertritt und lieber die Freiheit mit den Risiken einem "kollektiven Korsett" vorzieht; ders., Addenda, DL 1988, N° 25, S. 99 ff.; „im Zweifel für die Freiheit": Sagardoy/Gondino, Espacios, DL 1988, N° 24, S. 9 (17 ff., 27 ff.); Martín Valverde, Jornada, in: VV.AA., Estudios, 1991, S. 679 (696 ff.); ders., Espacio, in: VV.AA., Límites, 1993, S. 53 (67); Gondino, Autonomía, in: VV.AA., Estudios, 1991, S. 106 f.; Moreno Toro, Contrato, RL 1996-I, S. 635 (642 ff., 656 ff.); Romero, Voluntad, in: VV.AA., Administración, 1991, S. 15 (23 ff.).

343 *Ojeda, DerSind, 1995, S. 608 ff.; García-Perrote, Acuerdo, RL 1988-I, S. 642 (643 f.).*

344 *Rey, Conducta, RL 1987-I, S. 242 ff., 261 ff. Damit liege ein Verstoß gegen Art. 12, 13 LOLS vor. Die GewerkS-Freiheit bezieht sich grds. nur auf die GewerkS-Zentralen oder GewerkS-Sektionen, nicht aber auf die EinhVertr. (letztere sollen nach h.A. nur eine Schöpfung des „gemeinen Rechts" sein und ledigl. indirekten Schutz*

Damit schaltet das Verfassungsgericht einer „Günstigkeitsbewertung" nach Art. 3.1.*c)* Arbeitnehmerstatut noch den „Schutz der funktionierenden Tarifordnung" vor und schien damals in „undifferenzierten sowie apokalyptischen Schreckensszenarien" sämtliche übertarifliche Leistungen der Arbeitgeber „verteufeln" zu wollen. Es wollte klären, ob die einzelvertraglich und massenhaft ausgeübte Willensbestimmung der Arbeitnehmer andere Bedingungen als im statutarischen Tarifvertrag anordnen könne.[345]

> „Die Antwort muss notwendigerweise negativ ausfallen, weil ansonsten, nämlich beim Überwiegen der individuellen Willensbestimmung der Arbeitnehmer über die Kollektivautonomie, die sich in Gestalt des nach gesetzlichen Vorschriften und zwischen den Gewerkschaften und Betriebsvertretung zustande gekommenen [*statutarischen*] Tarifverträgen äußert, das System der Tarifverhandlung auseinander brechen würde; dieses durch den Gesetzgeber gestaltete System wird durch die bindende Kraft der Tarifverträge vorbestimmt, die verfassungsrechtlich in Art. 37.1 Verfassung angeordnet wurde ... Damit wollen wir natürlich nicht sagen, dass die [*statutarischen*] Tarifverträge die in ihnen vereinbarten Arbeitsbedingungen versteinern oder unabänderlich machen könnten, weil jene immer den technischen, organisatorischen Schwankungen oder solchen der Produktion oder allen anderen Notwendigkeiten unterworfen sind, die sich allgemein im Laufe der Zeit aus allen Rechtsbeziehungen ergeben ..." Das Einverständnis der Gewerkschaften zur Veränderung von normativen Tarifvertragsbedingungen sei immer notwendig. „Falls dies nicht eingefordert würde und falls ein wirksamer [*statutarischer*] Tarifvertrag während seiner Laufzeit in einigen seiner wesentlichen Abschnitte – und die Arbeitszeitfrage gehört dazu – nicht zwingend durch das gesamte [*Arbeitnehmer-*] Kollektiv der erfassten Branche zu erfüllen wäre, würde das System der [*statutarischen*] Tarifverhandlung einstürzen, ein Verhandlungssystem, welches im wesentlichen und grundsätzlich das **Überwiegen der Autonomie des Kollektivwillens über die Willensbestimmung der vom [*statutarischen*] Tarifvertrag Betroffenen [*Arbeitnehmer*]** voraussetzt. Allein die Einheit der Arbeitnehmerschaft über die sie vertretenden Gewerkschaften erlaubt die ausgeglichene Verhandlung der Arbeitsbedingungen, welche die [*statutarischen*] Tarifverträge beabsichtigen und die sich in der bindenden Kraft sowie dem normativen Charakter des in den [*statutarischen*] Tarifverträgen Vereinbarten ausdrückt." (H.d.V.)

---

nach Art. 129.2 Verfassung geniessen, vgl. S. 124 ff.). Im vom VerfG entschiedenen Fall handelte aber das „Überbetriebl. Komitee" (EinhVertr., die formal nicht von der GewerkS-Freiheit erfasst wird) und damit hätte das VerfG den Rechtsstreit mangels verf.-rechtl. Bezugs an die ordtl. Rspr. zurückverweisen müssen (so: Alonso Olea, Pactos, N° 633, in: ders., JCo, t. X, 1992, S. 384 (397 ff.)) oder man kommt zum (m.E. kaum haltbaren) Schluss, dass das VerfG stillschweigend doch von einem mittelbaren Schutz der EinhVertr. über Art. 28.1 Verfassung ausgeht, da sich die Sphären von EinhVertr. und GewerkS stark überschneiden. Dagegen jüngst: STCo 30.04.1996, RTCo 74.

[345] STCo 01.07.1992, RTCo 105 = AL 1992-3, N° 1410, S. 3048 ff. = RL 1992-II, S. 559 ff.

Ferner erklärte das Verfassungsgericht in einem anderen Urteil:[346]

> „Die [*statutarische*] Tarifverhandlung kann nicht die Privatautonomie annullieren, da jene als Gewährleistung der allgemeinen Handlungsfreiheit [*Art. 9.1, 10.2 Verfassung*] über einen Handlungsspielraum verfügen muss, selbst in einigen Bereichen, wie dem des Unternehmens, in denen die Erfordernisse wirtschaftlicher und technischer Art oder die Erfordernisse der Produktion eine kollektive Gestaltung von uniformen Arbeitsbedingungen einfordern. Man kann auf keinen Fall die Fähigkeit zur Einflussnahme des [*statutarischen*] Tarifvertrags auf die Sphäre der individuellen Rechte verneinen, da dies einer vollkommenen Verleumdung der Wichtigkeit der [*statutarischen*] Tarifverhandlung im Widerspruch zur verfassungsrechtlichen Präzisierung gleichkäme, die sie als ein wesentliches Instrument zur Ordnung der Arbeitsbeziehungen ausgestaltet und dies würde der Bedeutung des eigenen [*statutarischen*] Tarifvertrags widersprechen; in dessen Rechtsnatur liegt die **Vorherrschaft des Kollektivwillens über den Individualwillen** ..." (H.d.V.)

Auch Stimmen in der Literatur sind der Meinung, dass diese Massenänderungsangebote vorbei an der betrieblichen Interessenvertretung direkt mit den einzelnen Belegschaftsmitgliedern zur:[347]

> „Verringerung der Zuständigkeiten in der Unternehmensmitbestimmung durch die betrieblichen Interessenvertretungen und zur gleichzeitigen Schwächung der gewerkschaftlichen Gegenmacht im Unternehmen [*führt*]. Man darf nicht vergessen, dass das Errichten von Einheitsvertretungen und Gewerkschaftssektionen und die damit verbundene Beschneidung des Direktionsrechts einen Teil eines Konzeptes bilden, das die Strukturwechsel im Unternehmen als nicht weniger wichtig auffasst, als die unmittelbaren gesetzlichen Regelungen zur Vereinbarung von Arbeitsbedingungen." – und –
>
> „Die rechtliche Erheblichkeit rührt nicht daher, dass sie [*die Massenänderungen*] einseitig durch das Unternehmen auferlegt wurden, bedingt durch die Annahme der Belegschaft, oder dass sie günstiger oder ungünstiger für die annehmenden Arbeitnehmer waren, sondern dass sie aufgrund ihrer Tragweite, Bedeutung sowie Wichtigkeit die einseitige Einführung einer kollektiven Regelung unter Umgehung und Vermeidung des Eingriffs der Gewerkschaftsvertreter erfolgten."[348]

Aktuellere Richtersprüche grenzen dagegen immer stärker die Fallgruppen ein, bei denen von einer missbräuchlichen Verwendung der Massenänderungsangebote zur Umgehung der Verhandlung mit den dafür zuständigen Tarifsubjekten auszugehen

---

[346] STCo 39.04.1985, RTCo 58.

[347] *Durán/Sáez, Autonomía, RL 1991-II, S. 382 (392 ff., 397 ff., 399).*

[348] *Duréndez, Novación, REDT 1994, N° 66, S. 625 (627 ff.).*

ist.[349] Demnach muss ähnlich wie im „Burda-Beschluss" des deutschen Bundesarbeitsgerichts („kollektive Rechtsverletzung") eine ungerechtfertigte „Einmischung" in die Kompetenz der betrieblichen Interessenvertretung der Arbeitnehmer vorliegen, eine „hohe Anzahl" an Arbeitnehmern betroffen sein und die „gewerkschaftsfeindliche Motivation" zur Umgehung der Tarifverhandlung angenommen werden. Werden lediglich massenhaft günstigere Arbeitbedingungen angeboten, deren Anordnung im Tarifvertrag überhaupt nicht vorgesehen war, liegt keine Fallgruppe der „einzelvertraglichen Massenänderungsangebote" vor und kraft Günstigkeitsprinzip nach Art. 3.1.*c)* Arbeitnehmerstatut gelten jene dann auch.

> Zulässig war ein einzelvertragliches Massenänderungsangebot bei der spanischen Telefongesellschaft „*Telefónica*", das nur 220 von insgesamt 50.000 Belegschaftsmitgliedern erfasste. Es sah Arbeitsbedingungen vor, die der für die „*Telefónica*" geltende Tarifvertrag noch nicht geregelt hatte. Das Verfassungsgericht erkannte:[350]
>
> „In Bezug auf eine Verletzung der Gewerkschaftsfreiheit ist beachtlich, ob die Unternehmerentscheidung den Tarifvertragsinhalt respektiert oder nicht. Die

---

[349] Ein anderes VerfG-Urteil nahm keine Stellung zu den Massenänderungsangeboten in der Versicherungsbranche, über die eine Änderung der ArbZ-Lage erreicht werden sollte und als „Kompensation" bzw. „Anreiz" zur Annahme günstigere Arbeitsbedingungen, wie Zahlung eines Brotgeldes i.H.v. 4,00 Euro (751 Ptas) etc. versprochen wurden. Hier wurde schon das Rechtsschutzinteresse des BKom. auf Gewährung von Schutz aus der GewerkS-Freiheit verneinte und die Massenänderungsangebote für rechtmäßig erklärt: STCo 30.04.1996, RTCo 74 mit Sondervotum der Richter *Juménez de Parga sowie Cabrera. „In unserer Rechtsordnung existiert keine exklusive Überantwortung der Regelung von Arbeitsbedingungen an die Tarifverhandlung...": STS 21.06.1994, RJ 6315 = AL 1994-3, N° 1611, S. 2957 ff.; STS 30.04.1994, RJ 3473 und 3475 = JS-If, t. VIII, 1994, N° 3.836, S. 306 ff. = AL 1994-2, N° 921, S. 1677 ff. mit Anm. Borrajo, Eficacia, S. 1682; STS 06.05.1996, AL 1996-3, N° 1384, S. 2788 ff.; STS 31.10.1994, RJ 8114 = RL 1995-I, N° 90, S. 652; STS 16.07.1993, RJ 5971; STSJ País Vasco 22.11.1994, AS 4310.*

[350] STCo 28.06.1993, RTCo 208 (f.j. 4.°) = AL 1993-2, S. 1795 ff., N° 929. Vgl.: *Gondino, Autonomía, in: VV.AA., Estudios, 1991, S. 101 (106 ff., 112 ff.); Rey, AutIndiv, REDT 1996, N° 77, S. 425 (442 f.); ders., Autonomía, in: VV.AA., Negociación II, CDJ 1995, S. 247 (272 ff.); Rodríguez Pastor, Horario, 1997, S. 38 f.; Pérez de los Cobos, Denuncia, AL 1996-2, XXIII, S. 413 (427 ff.); Fernández Márques, Autonomía, REDT 1996, N° 77, S. 525 (546 f.); Pérez Pérez, Década, RL 1994-I, S. 140 (149 ff.); Valdeolivas, Antisindicalidad, 1994, S. 345 ff.; Durán/Sáez, Autonomía, RL 1991-II, S. 382 (392 ff.); Blasco, Individualización, 1995, S. 225 ff., 228 ff.; Martínez Moreno, Autonomía, in: VV.AA., Protagonistas, 1995, S. 363 (373); Cavas, Diversificación, REDT 1994, N° 63, S. 71 (100 ff.); Pedrajas, Modificaciones, in: VV.AA., Reforma, 1994, S. 369 (373); Rodríguez-Piñero, Individualización, RL 1991- II, S. 47 (52 f.); Sala, DTrab, 1997, S. 198 f. (Tema 3/6/A); Rojas, Eficacia, 1998, S. 94 f.; Borrajo, Autonomía, AL 1993-I, IV, S. 51 (54 ff.); ders., Dirección, AL 1993-2, S. 1806 (1808); Rodríguez Pastor, Horario, 1997, S. 38; Collado, Autonomía, AL 1994-1, XI, S. 153 (159 ff.); Cabeza, Poder, N° 763, in: Alonso Olea/Montoya, JCo, t. XI, 1993, S. 501 (508 ff.); Apilluelo, Autonomía, in: VV.AA., XII Jornadas, 1996, S. 135 (154 ff.).*

Anerkennung der gewerkschaftlichen Tariffähigkeit könnte allein dann als verweigert oder geschwächt angesehen werden, wenn die im Tarifvertrag vorgesehenen Maßnahmen zu seiner Änderung, Kündigung oder Neuverhandlung nicht respektiert würden oder eine Umgehung als Ausdruck offener Missachtung stattfände ... Allein der massive Gebrauch der Individualautonomie, der dazu dient, auf systematische Art und Weise die Kollektivautonomie zu schädigen sowie zu verdrängen, wäre wohl kaum mit den verfassungsrechtlichen Grundsätzen unserer Arbeitsrechtsordnung vereinbar; in dieser Arbeitsrechtsordnung soll die Gewerkschaftsfreiheit mit entsprechendem Vorrang des Kollektiven vor dem Individuellen und die unternehmerische Handlungsfreiheit, die ein der Individualautonomie offen stehender Bereich ist, miteinander vereint werden."

Keinesfalls aber lässt sich das Phänomen der „einzelvertraglichen Massenänderungsangebote" jedoch an der einfachgesetzlichen Vorschrift des Art. 3.1.*c)* Arbeitnehmerstatut festmachen, wie dies eine Mindermeinung in Spanien möchte.[351] Nach dieser Vorschrift können keine *„weniger günstige Klauseln"* festgelegt werden und auch keine den *„tariflichen Bestimmungen widersprechende („contrarias") Bedingungen"*. Der Ausdruck *„widersprechende"* (*contrarias*) ließe sich nach dieser Mindermeinung mit *„unterschiedlich"* (*distintas*) gleichsetzen. Nach dieser Interpretation käme dem statutarischen Tarifvertrag dann eine absolut zwingende Wirkung zu, die weder eine „Schlechter-" noch eine „Besserstellung" zuließe. Folglich soll die eben dargestellte Rechtsprechung des Verfassungsgerichts mit dieser Mindermeinung die Verbesserung von Arbeitsbedingungen durch den Arbeitgeber seiner Belegschaft gegenüber komplett untersagt sein.

Die herrschende Meinung setzt den Ausdruck *„widersprechende"* mit *„weniger günstigere"* gleich, womit eine Bekräftigung des Verbots einer „Verschlechterung" vorgenommen würde. Folglich lasse sich aus der oben genannten Rechtsprechung des Verfassungsgerichts kein generelles Verbot zur Vereinbarung von verbessernden einzelvertraglichen Arbeitbedingungen durch den Arbeitgeber ersehen. Einzig und allein solle hiermit das Funktionieren des Systems der Tarifverhandlungen in Spanien durch Untersagung derartiger Praktiken sichergestellt werden.[352]

---

[351] *Casas, Individualización, RL 1991-II, S. 402 (409 ff.); Casas/Baylos, Autonomía, RL 1988-II, S. 159 ff.; García-Perrote, Autonomía, RL 1989-II, S. 256 (267); Cavas, Novación, in: VV.AA., Homenaje, 1994, S. 41 (49 ff.). Insoweit berücksichtigt Abele m.E. nicht genügend die Umstände, unter denen die Massenänderungsangebote unterbreitet wurden und sieht darin eine echte Beschränkung des Günstigkeitsprinzips: TarifR, Diss, 1996, S. 137 ff.*

[352] Sie kann sich auch auf die Vorgängervorschriften von Art. 3.1.*c) Arbeitnehmerstatut stützen, wie u.a. Art. 9.2 „LCT", der die Vereinbarung „schädigender" vertragl. Regelungen untersagte und Art. 36 desselben Gesetzes, der den Verzicht auf jedwede „durch Gesetz verschaffte Vergünstigung" verbot: Ojeda, Autonomía, RL 1991-II, S. 311 (334, 345, 347, 352 f.); STSJ Cataluña 26.02.1991, RL 1992-I, S. 920; STSJ Andalucía, Sevilla 05.06.1992, AS 6521 = RL 1992-II, S. 811 ff. = AL 1993-I, N° 13, S. 27 ff., mit Anm. von Oliet, Autonomía, S. 29; STSJ Madrid 05.05.1992, RL 1992-II, S. 760 und 30.04.1992, AS 2175; STS 30.04.1994, RJ 3475 = AL 1994-2, N° 921, S. 1677 ff. mit Anm. Borrajo, Eficacia, S. 1682; ders., Autonomía, in: VV.AA., Libertad, 1993, S. 1063 (1082 ff.); ders., Indisponibilidad, AL*

Die Beurteilung des konkreten Einzelfalles erweist sich auf jeden Fall als sehr komplex und zieht eine starke Rechtsunsicherheit nach sich.

Noch frappierender als der erbittert tobende juristische Grabenkrieg über die Zulässigkeit von einzelvertraglichen Massenänderungsangeboten und die durch das Verfassungsgericht festgeschriebene „Bevormundung des Einzelnen durch das Kollektiv" ist die Beobachtung, dass sehr viele Arbeitnehmer auf jene eingingen. Dies taten sie erwiesenermaßen nicht etwa aus Furcht vor irgendwelchen Repressalien, sondern weil ihnen diese Arbeitgeberangebote attraktiv vorkamen. Erstaunlich oft tauchte solch eine „Rebellion der Individual- gegenüber der Kollektivautonomie" in Bereichen arbeitszeitrechtlicher Regelungen und dort bei dem *inter*-gewerkschaftlichen *casus belli* „Samstagsarbeit" auf.[353] Erneut steht die Haltung der Gewerkschaften im Zwielicht:

Deckt sich die von den selbsternannten „Klassenvertretern" verfolgte Linie nicht mehr mit der Ansicht ihrer „Vertretenen"? Verweigert das „Fußvolk" der „Speerspitze" die Gefolgschaft und fühlen die spanischen „Gewerkschafts-"Mandarine" nicht am Puls der Zeit? Statutarische Tarifverträge erfassen wegen ihrer Allgemeinverbindlichkeit auch die Außenseiter, weshalb gerade unter diesen die Frage nach der Legitimitätsgrundlage von Gewerkschaften zur monopolartigen Festlegung von Arbeitsbedingungen immer stärkeren Zweifeln ausgesetzt ist. Besonders im arbeitszeitrechtlichen Bereich ist beim einzelnen Arbeitnehmer das Interesse an möglichst individueller

---

1985-2, S. 2697 zum Urteil „TCT 25.10.1985, AL 1985-2, N° 1265, S. 2695 ff."; SAN 06.04.1992, RL 1992-II, S. 600 ff.; STS 18.04.1994, RJ 3254 = AL 1994-3, N° 1114, S. 2052 ff.; STS 21.06.1994, RJ 6315 = AL 1994-3, N° 1611, S. 2957 ff.; Auto TCo 26.09.1988, 1.074/1988, in: TCo, t. XXII, S. 1330 ff.; Rivero, Poderes, REDT 1996, N° 80, S. 969 (982); Rodríguez-Piñero y Bravo, Autonomía, RL 1992-II, S. 19 (24); Durán/Sáez, Autonomía, RL 1991-II, S. 382 (390 ff.); Duréndez, Novación, REDT 1994, N° 66, S. 625 (628 f.); Apilluelo, Ordenación, in: VV.AA., Reforma, 1995, S. 127 (132 ff.); Romero, Voluntad, in: VV.AA., Administración, 1991, S. 15 (22 ff.). Vgl. Sagardoy/Gondino, Espacios, DL 1988 (24), S. 9 (17, 18 ff.), der die o.g. MM. für „exzessiv archaisch" hält; Martín Valverde/Rodríguez-Sañudo, DTrab, 1996, S. 481.

[353] Ca. 38 % der europ. Unternehmen haben Schwierigkeiten, ArbN zu finden, die bereit sind, am Samstag zu arbeiten: *Bosch, Flexibilität, Soziales Europa, Beiheft 1/95, S. 15.*

Zeitgestaltung sehr hoch. Die unerwünschten uniformen sowie allgemeinverbindlichen statutarischen Tarifverträge werden als *Fremdeinmischung* empfunden[354] und folglich stellen sich den Gewerkschaften bislang noch nicht beantwortete rhetorische Fragen:[355]

> „Kann man fortfahren, die Individualität eines jeden Arbeitnehmers zu ignorieren? Kann man fortfahren, die objektive sowie unaufhaltbare Teilung und Mannigfaltigkeit der Arbeitnehmerschaft zu verschweigen? Kann man fortfahren, die Gewerkschaft als einen festen ideologischen Monolith anzusehen?"

Auch in der spanischen Literatur findet derzeit ein Umdenken statt, da die Gewerkschaften bevollmächtigt würden, über die Lebensbedingungen der einzelnen nichtorganisierten Arbeitnehmer zu bestimmen. Manche wollen den irreführenden Begriff der *„Kollektivautonomie"* durch die treffendere Bezeichnung *„Fremdbestimmung durch Gewerkschaftshand"* ersetzt sehen[356] und bemerken:[357]

---

[354] Einen Appell zum Selbstverzicht an die GewerkS-Zentralen bzgl. ihrer ablehnenden Haltung i.B.a. die Samstagsarbeit richtet: *García-Perrote: Apertura, RL 1994-I, S. 1532 (1533 ff., Fn. 1); Rodríguez Pastor, Horario, 1997, S. 65; Borrajo, Introducción, 1996, S. 290 (Lec. XXIII-IV); ders., Autonomía, AL 1993-1, IV, S. 51 (53, 54 f.); ders., Kommentar zu STCo 01.07.1992, RTCo 105 = AL 1992-3, N° 1410, S. 3048 ff. = RL 1992-II, S. 559 ff.; ders., Autonomía, in: VV.AA., Reforma, 1993, S. 1063 (1080 ff.); Conde Martín, Autonomía, RL 1991-II, S. 355 ff.; Collado, Autonomía, AL 1994-1, XI, S. 153 (153); Pérez Pérez, Década, RL 1994-I, S. 140 (149 ff.); Rey, AutIndiv, REDT 1996, N° 77, S. 425 (442); Blasco, Individualización, 1995, S. 224 ff.; Durán, Sistema, in: VV.AA., XI Jornadas, 1994, S. 13 (16 ff.); Martín Valverde, Jornada, in: VV.AA., Estudios, 1991, S. 679 (700).*

[355] Es gehöre gerade zur Hauptaufgabe der GewerkS, den Interessen der einzelnen ArbN nachzukommen, damit sich jene nicht vollends von ihnen abwenden: *García Becedas, Interés, in: VV.AA., Cuestiones, 1990, S. 875 (887). Zur internen Identitätskrise der GewerkS: Montoya, Presente, in: VV.AA., Cambio, 1991, S. 25 ff.; Monereo, Introducción, 1996, S. 209 ff., 216 ff.; Durán, Sistema, in: VV.AA., XI Jornadas, 1994, S. 13 (18 ff.); Sanguineti, Libertad, RDS N° 8, 1999, S. 35 (56 ff.). Aus Deutschland: Hemmer, Strukturkrise, GewMoHefte 2/1985, S. 101 ff. Span. GewerkS sollten sich in Dienstleistungs-GewerkS umwandeln und dem Bsp. der solch einen Weg einschlagenden UGT folgen, im Gegensatz zur CC.OO., die sich immer noch als „sozio-politische Bewegung" säbe: Sagardoy, Flexibilität, ZIAS 1987, S. 354 (358 ff.), Bilbao, Transición, CRL 1992, N° 1, S. 105 (113 ff.); Jordana, Concertación, RL 1989-II, S. 1138 ff.; Jódar, Flexibilidad, in: VV.AA., Transformaciones, 1991, S. 185 (197 ff.); Lope, Concertación, in: VV.AA., Transformaciones, 1991, S. 205 (214 ff.); Molero, DerSind, 1996, S. 131 ff.; Montoya, Crisis, REDT 1985, S. 181 ff.; Durán, Sindicatos, REDT 1981, S. 429 (433 ff.). Zur Bewältigung der gewerkschaftl. Identitätskrise aus Sicht der CC.OO.: Gutiérrez Vegara, in: Sindicato CC.OO., in: VV.AA., Cambio, 1991, S. 35 ff. Zu „alt-neuen" Vorschlägen einer inneren Perestroika der GewerkS-Zentralen: Pérez Yruela, Corporativismo, REST 1990, N° 10, S. 72 (80 ff.). Vgl. noch: „Die Arbeiterklasse ist homogen im wirtschaftlichen Sinne...": Camacho, Gespräche, 1976, S. 48.*

[356] *Bernaldo, Consecuencias, BCE, dic. 1993, N° 57, S. 79 (82 ff.); Conde Martín, Autonomía, RL 1991-II, S. 355 (356 ff.); Rodríguez-Piñero, Transformaciones, in: Klebel u.a., FS Däubler, 1999, S. 50 (59 ff.).*

[357] *Durán/Sáez, Autonomía, RL 1991-II, S. 382 (386 ff., 389 ff., 395 ff.). Krit.: García-Perrote, Convenio, in: VV.AA., Reformas, 1998, S. 41 (50 ff.); Sagardoy, Flexibilidad, in: VV.AA., Cuestiones, 1990, S. 261*

„Immer stärker werden die Grenzen der Meinung sichtbar, die behauptet, dass die Individualinteressen allein über kollektive Instanzen definierbar seien."

Diesbezüglich sollte sich auch das spanische Verfassungsgericht auf eine Äußerung von *Heinz Potthoff* besinnen, der 1924 feststellte:[358]

„Noch wird unser Recht beherrscht von der Rücksicht auf die individuelle Freiheit und Willkür des Einzelnen."

6. Streikrecht und Aussperrung

Im Rahmen dieser Untersuchung ist nicht Zeit und Ort, detaillierte Betrachtungen zustellen.[359] Das Streikrecht wird in Spanien jedenfalls ausdrücklich in Art. 28.2 Satz 1 Verfassung anerkannt:

„Den **Arbeitnehmern** wird das Streikrecht zur Verteidigung ihrer Interessen zuerkannt. Das die Ausübung dieses Rechts regelnde **Gesetz** muss die erforderlichen Gewährleistungen festlegen, um die Beibehaltung der für die Gemeinschaft wesentlichen Dienste sicherzustellen." (H.d.V.)

Aus deutscher Sicht mutet die Existenz einer Regelung im *„Königlichen provisorischen Eilgesetz über Arbeitsbeziehungen 17/1977"* vom 4. März 1977 überraschend an.[360] In dieser noch vorkonstitutionellen Regelung werden wichtige Gesichtspunkte des Arbeits-

(281 ff.). Auf die Entfremdung und geringe Sensibilität der GewerkS-Zentralen bzgl der individuellen ArbN-Wünsche hinweisend: Pérez Pérez, Década, RL 1994-I, S. 140 (155 ff., Fn. 47, S. 243 ff.); Rodríguez-Piñero Royo, Individualización, RL 1991-II, S. 47 (50). A.A.: Sanguineti, Libertad, RDS N° 8, 1999, S. 35 (57), der auf den Ausspruch von Däubler hinweist,: „Das Individuum benötigt auch weiterhin eine kollektive Basis, selbst in der Ära des Individualismus".

[358] Nichtigkeit, ArbR 1924, Sp. 204 ff.

[359] Vgl.: *Adomeit/Frühbeck, Einführung, 2001, S. 25 ff. (§ 3 IV 12); Abele, TarifR, Diss., 1996, S. 156 ff.; Baylos, Huelga, in: VV.AA., Constitución, 1992, S. 293 ff.; García Fernández, Liberté, in: VV.AA., KoalFr, Bd. 75/1, 1980, S. 865 ff.; Molero, DerSind, 1996, S. 613 ff. Zur Historie des StreikR: Alonso García, Introducción, 1987, S. 702 ff. (Parte 3/Tit. I/Cap. II/Sec.4/I); Stoye, ArbR, 1928, S. 53 ff. Zur „modernen" Arbeitskampfgesetzgebung der II. Republik (1931-1936/1939) mit dem „Gesetz zur Verteidigung der Republik" (Ley de Defensa de la República), das überraschende, politische und ohne Schlichtungsversuch durchgeführte Streiks untersagte: Martín Valverde, Formación, in: VV.AA., Historia, 1987, S. LXXX IV ff. Zur „Friedenspflicht" mit den „Gesetzen vom 29.03.1941" usw.: Ávila, Contenido, in: VV.AA., Negociación, CDJ 1992, t. III, S. 107 (123).*

[360] *Real Decreto-Ley 17/1977, de 4 de marzo, sobre relaciones de trabajo, BOE 09.03.1977. Dass es solch eine Regelung gibt, ist nur auf die besonderen historischen Umstände der jüngeren Geschichte unter Franco und der „Wende"-Zeit zurückführen. Vgl.: Montalvo, Relaciones, in: VV.AA., Cuestiones, 1990, S. 291 (311 ff.). Zur nur mittelbaren verf.-rechtl. Herleitung des StreikR aus Art. 9 Abs. 3 GG in Deutschland: Selenkewitsch,*

kampfrechts behandelt und sie hielt selbst einer Überprüfung anhand einer abstrakten Normenkontrolle (*recurso de inconstitucionalidad*)[361] durch das Verfassungsgericht auf Antrag von 51 Abgeordneten sowie des damaligen *PSOE*-Abgeordneten und *UGT*-Generalsekretärs *Nicolás Redondo Urbieta* stand. Nach Durchführung der abstrakten Normenkontrolle wurden nur einige Artikel gestrichen, der Rest dieses Gesetzeswerkes blieb aber weiter wirksam.[362]

Neben den materiellrechtlichen Schwierigkeiten, die im Zusammenhang mit der Regelung des Arbeitskampfrechts bestanden, beschäftigte das Verfassungsgericht auch der kuriose formellrechtliche Umstand, wonach das in der Verfassung explizit verankerte „Streikrecht" nach der Verfassungssystematik nur mit der im deutschen Recht unbekannten Gesetzesform, dem „Organgesetz" eingeschränkt werden darf. Zur Verabschiedung dieses Organgesetzes müssen besonders hohe Mehrheiten im Abgeordnetenkongress erreicht werden.[363] Das vorkonstitutionelle *„Königliche provisorische Eilgesetz über Arbeitsbeziehungen 17/1977"* vom 4. März 1977 ist aber weder rechtstechnisch solch ein „Organgesetz" noch wurden logischerweise als zeitlich vorausgehende Regelung die erforderlichen Mehrheiten der fast ein Jahr später in Kraft getretenen Verfassung vom 27. Dezember 1978 eingehalten. Das Verfassungsgericht kam im offensichtlichen Interesse, keine Rechtslücken (*horror vacui*)[364] hinterlassen zu wollen, zu dem Schluss, dass ein „vorkonstitutionelles" Gesetz dann auch nicht die Voraussetzungen der erst später in Kraft tretenden Konstitution erfüllen muss.[365] Wegen dieser Argumentation wurden nur einige Vorschriften als verfassungswidrig gestrichen und das Gesetzeswerk ansonsten weiter „am Leben" gelassen. Das gesamte Streikrecht ist trotz dieser Regelung natürlich in allen Facetten auf das heftigste umstritten.

Aufgrund des Umstands, wonach dieses Gesetz vorkonstitutionell ist, lässt sich der Verweis in Art. 28.2 Satz 2 Verfassung auf ein *„Gesetz"* nicht etwa so verstehen, als dass mit ihm dem Verfassungsauftrag, das Arbeitskampfrecht gesetzlich zu regeln, Genüge getan wurde. Ein Gesetzesentwurf der *PSOE* (*Proyecto de Ley Orgánica de Huelga y de Medidas de Conflicto Colectivo*) scheiterte im Jahr 1992-1993 sowohl am Widerstand der Gewerkschaften und daran, dass die Wahlen der von Korruptionsskandalen durchschüttelten Regierung des Ministerpräsidenten *Felipe González* (*PSOE*) auf den 6. Juni 1993 vorgezogen und verloren wurden. Die nachfolgende konservative *Partido Popluar*-Regierung unter dem Ministerpräsidenten *José María Aznar* unternahm auf diesem Felde bislang noch nichts.[366]

ArbK, VR 1994, S. 307 (308 ff.).

[361] Art. 161.1.a) Verfassung.

[362] STCo 08.04.1981, RTCo 11.

[363] Art. 28.2, 81 Verfassung, vgl. S. 124 ff.

[364] So: *Ojeda, DerSind, 1995, S. 658 (Cap. 23/C/b/1).*

[365] Vgl.: STCo 08.04.1981, RTCo 11 in seinen Entscheidungsgründen (*f. j.*) 5.°, 6.°.

[366] Zu den Kodifizierungsbemühungen: *Molero, DerSind, 1996, S. 630 ff.; Martínez Abascal/ Pérez/Rojo, Huelga, in: VV.AA., Constitución, 1992, S. 321 (336 ff., 341 ff.); Zufiaur/Santillas, Un buen acuerdo, El País 18.12.1992, S. 32; Marquéz, Comparación, El País 05.01.1993, S. 34; Barrionuevo, Acuerdo, El País 16.01.1993, S. 40; Moreno/Martín, Un acuerdo necesario, El País 12.02.1993, S. 54. Der Text ist zu finden*

Wie schon oben bei der ausdrücklichen Nennung der „Gewerkschaftsfreiheit" und der unklareren und nicht expliziten Regelung der „Arbeitgeberverbandsfreiheit" wird auch beim Arbeitskampfrecht in der Verfassung allein das „Streikrecht" in Art. 28.2 Verfassung ausdrücklich garantiert. Das Recht auf „Aussperrung" auf Seiten der Arbeitgeber findet mit den folgenden Worten nur seine indirekte Gewährleistung in Art. 37.2 Verfassung:

> „Das Recht der Arbeitnehmer und Arbeitgeber, Maßnahmen des Kollektivkonflikts [*zu denen auch die Aussperrung gehört*] anzuwenden, wird anerkannt."

Dazu muss man wissen, dass der spanischen Verfassung eine Systematik zugrunde liegt, die Grundrechte und Grundfreiheiten, bzw. Institutsgarantien in eine „erste" und eine „zweite Kategorie" aufteilt. Die erste Kategorie schließt die Art. 14 bis 29 Verfassung ein und in ihr befinden sich die nach Ansicht des Verfassungsgebers besonders schützenswerten Garantien, also der „harte Kern" des Rechtsstaats. Zur zweiten Kategorie gehören die restlichen Garantien der Verfassung.

Dabei besitzt allein die „erste" Kategorie das Privileg, mit einer Verfassungsbeschwerde (*recurso de amparo*)[367] verteidigt werden zu können und ein Eingriff in ihren Schutzbereich darf ausschließlich über einen in Deutschland in dieser Form unbekannten Gesetzestyp, das oben erwähnte „*Organgesetz*", erfolgen.[368] Kennzeichen jener Gesetzesform ist dabei im Wesentlichen, dass sie bei Verabschiedung die absolute Mehrheit im Abgeordnetenkongress erreichen muss. Für Eingriffe in Grundrechte oder Institutsgarantien der „zweiten Kategorie" reicht dagegen ein *einfaches* Gesetz aus.

Das Streikrecht schrieb der Verfassungsgeber in Art. 28.2 Verfassung fest und damit befindet es sich in der „ersten Kategorie" der besonders geschützten Grundrechte. Hingegen ist das nur indirekt und nicht ausdrücklich erwähnte Recht auf „Aussperrung" allein in Art. 37.2 Verfassung niedergelegt. Dieser Artikel gehört nicht mehr zu den Garantien der ersten Kategorie mit ihren Artikeln 14 bis 29 Verfassung und ist damit „schlechter" geschützt. In dem „*Königlichen provisorischen Eilgesetz über Arbeitsbeziehungen 17/1977*" vom 4. März 1977 wird sie in den Art. 12 bis 14 geregelt.[369]

Während sich laut „nordischer" Philosophie das Recht auf Streik und Tarifverhandlung fest im Gewerkschaftsmonopol befindet, folgt das spanische „*Latino*-Modell" einem eher individualistischen und an Grundzügen der Basisdemokratie orientierten Ansatz.[370] Man vergleicht den Streik mit einem „*sommerlichen Platzregen*", der

---

in: El País 10.11.1992, S. 48; La Vanguardia 08.11.1992, S. 71; „YA" 29.04.1987, S. 38; VV.AA., Huelga, BOCG Congreso, Serie A, N° 87-1 vom 01.06.1992 (121/000087); Vidal/Vidal, Huelga, 1992, S. 35 ff. Zu den vergebl. Anstrengungen in Deutschland: Birk/u.a., Gesetz, 1988.

[367] Art. 53.2, 161.1.*b) Verfassung.*

[368] Vgl. oben schon Fn. 202.

[369] Zur Aussperrung: *Ojeda, Compendio, 1998, S. 248 ff (Cap.14/A); Barreiro, Huelga, in: VV.AA., DTrab, 1980, S. 59 (102 ff.)*

[370] Dazu gehört auch das Recht auf „Auflösung" (*revocación*) *der EinhVertr. durch eine Betriebsversammlung unter bestimmten Mehrheitserfordernissen nach Art. 67.3 Satz 2 und 3 Arbeitnehmerstatut. Dieses Recht ist*

kommt und wieder vorübergeht, ohne dass sich hinter ihm immer die *„Hydra der Revolution"* verstecken muss.[371] In Spanien besitzen neben den Gewerkschaften auch die betrieblichen Interessenvertretungen wie Einheitsvertretung und Gewerkschaftssektion und nach dem Wortlaut von Art. 28 Verfassung selbst die Arbeitnehmer *uti singuli* in der Gruppe das Streikrecht.[372] Deshalb darf beispielsweise eine Betriebsversammlung selbständig und mit einfacher Mehrheit einen rechtmäßigen „wilden" Streik (*huelgas espontáneas/salvajes/sin control sindical*) sogar gegen gewerkschaftlichen Entschluss beschließen sowie durchführen.[373]

Im Unterschied zum deutschen Recht wird aus dem weiten Wortlaut *„zur Verteidigung ihrer Interessen"* des Art. 28.2 Satz 1 Verfassung gefolgert, dass auch „politisch *mit*motivierte" Streiks und „Solidaritäts-" oder einfache „Unmutsstreiks" zulässig sind.[374] Bevor den deutschen Betrachter nun Entsetzen ergreift und er vorschnell seine Meinung bildet, muss auch hier auf die Besonderheit der jüngeren spanischen Geschichte hingewiesen werden, in der die politischen Streiks der im Untergrund agierenden illegalen Gewerkschaften einen festen Platz im Kampf gegen die Franco-Diktatur hatten und ihren Niedergang zweifelsohne beschleunigten.[375] Das *„Königliche provisorische Eilgesetz über Arbeitsbeziehungen 17/1977"* vom 4. März 1977 stammt noch aus einer Zeit, in der die Erinnerungen an jene kurz zuvor gelebten Tage noch allzu frisch und die zukünftige demokratische Entwicklung ungewiss war. Hätte der Gesetzgeber diese Streikform für rechtswidrig erklärt, wäre dies auf Unverständnis gestoßen und hätte im günstigsten Fall allein starkes Misstrauen und im schlechtesten Fall eine neue Streikwelle provoziert.[376] In der Praxis macht heute der „politisch mitmotivierte" Streik stolze 60% der

---

für die Zeit der Tarifverhandlungen freil. suspendiert. Zum „Latino-Modell" Italiens: Ghezzi/Romagnoli, DirSind, 1997, S. 169. Zur starken Ausrichtung span. Juristen nach dem „mediterranen Modell" Italiens: Martínez Abascal/Pérez/Rojo, Huelga, in: VV.AA., Constitución, 1992, S. 321 (336 f.; 339 f.; 345 ff.); Arija, Trabajadores, Bol. AEDIPE sept. 1982, S. 11 (15). Näher zur Betriebsversammlung: Ojeda, Compendio, 1998, S. 126 ff. (Cap. 6/C).

[371] Nach Ausspruch des preußischen Innenministers *Puttkammer: Ojeda, DerSind, 1995, S. 462 (Cap. 17/C/a); Zachert, GewerkSR, AiB 1989, S. 372 (374).*

[372] STCo 08.04.1981, RTCo 11 (f.j. 11.°): Individualrecht in Gruppenausübung (*titularidad individual im ejercicio colectivo); Escudero, Negociadores, 1986, S. 39.*

[373] STCo 08.04.1981, RTCo 11; *Ojeda, Compendio, 1998, S. 192 ff. (Cap. 11/B). Vgl. Art. 3 „Königliches provisorisches Eilgesetz über Arbeitsbeziehungen 17/1977" vom 4. März 1977. Zu den einzelnen ArbN: Art. 3.1.b) derselben Vorschrift. Vgl.: Barreiro, Huelga, in: VV.AA., DTrab, 1980, S. 59 (80, 83 ff., 91 ff., 97 ff.).*

[374] *Alonso Olea, Relaciones, N° 2, in: ders., JCo, t. I, 1984, S. 25 ff. Vgl. dagegen zur Unzulässigkeit des „politischen Streiks" in Deutschland, da es sich nicht um ein „tarifl. regelbares Ziel" handele: LAG Rheinland-Pfalz NZA 1986, S. 264. A.A.: Bieback, in: Däubler, ArbKR, 1987, S. 318 ff., Rn. 367 ff. Zur Unzulässigkeit eines „Solidaritätsstreiks": BAG, NZA 1985, S. 504.*

[375] Vgl.: *Schütze, Freiheit, 1969, S. 101 ff., 122 ff.*

[376] *Ojeda, Sturz, in: VV.AA., BetrPolitik, 1982, S. 106 (107 ff.).*

insgesamt durchgeführten Streiks aus, wobei jedoch die Streikbereitschaft der Spanier und damit die durch Arbeitskämpfe verlorenen Arbeitsstunden seit einiger Zeit kontinuierlich abnehmen.[377]

Zu den zulässigen Streikformen zählen auch solche, wie gegen „industrielle Umstrukturierungsmaßnahmen", „verwaltungsrechtliche Regulierungen des Arbeitsmarktes (z.B. Massenkündigungen – *despidos colectivos*)", „Entscheidungen aufgrund des Direktionsrechts vom Arbeitgeber", „auferlegte Sanktionen wegen Nichterfüllung durch die Arbeitnehmer" sowie „wirtschaftspolitische Entscheidungen des Gesetzgebers".[378]

Für die Rechtmäßigkeit des Streiks ist im wesentlichen der Beschluss zur Durchführung[379], dessen rechtzeitige Mitteilung unter Angabe der Gründe an die Arbeitgeberseite, ganz im Sinne einer „Kriegserklärung", und die Errichtung eines Streikkomitees (*comité de huelga*) notwendig, was als „Oberkommando" die Pflicht zur jederzeitigen Verhandlung, Kontaktaufnahme und gegebenenfalls zur Unterzeichnung einer „Friedensvereinbarung" (*acuerdo de paz*) zur Streikniederlegung hat.[380] In dieser „Friedensvereinbarung" können alle Arbeitsbedingungen in normativer sowie allgemeinverbindlicher Weise festgelegt werden wie in einem „normalen" statutarischen Tarifvertrag. In individualrechtlicher Hinsicht gilt, dass wie auch in Deutschland das Arbeitsverhältnis während des Streiks nicht gelöst, sondern suspendiert wird und der Arbeitnehmer erhält keinen Lohn.[381]

In der Praxis dauern Arbeitskämpfe in Spanien nicht länger als ein paar Stunden am Tag und häufig werden beispielsweise einzelne Wochentage periodisch bestreikt oder die Arbeitsniederlegung fängt mit einem halben Tag in der Woche an, erfasst in der zweiten Woche noch zusätzlich einen weiteren halben Tag usw.[382] An Horrorszenarien deutscher Streikkultur mit mehrwöchigen und volkswirtschaftlich an Suizid erinnernden Ausständen ist in Spanien nicht zu denken, da die finanzschwachen Gewerk-

---

[377] *El País, 1997, S. 46: „Die durch Streik verlorenen Stunden verringerten sich um 42 % im Monat Februar", ohne die im Öffentl. Dienst Beschäftigten gar um fast 85 %.*

[378] *Matía, Huelga, RL 1993-II, S. 283 (290). Vgl. den „politischen" Streik einer fünfteiligen GewerkS-Plattform für den 21., 22. und 25.05.1998 von ca. 48.000 Angestellten gegen das Gesetzgebungsvorhaben zur Postreform: El País 20.05.1998, S. 61; El País 22.05.1998, S. 70 (78 % der ArbN folgten nach GewerkS-Angaben diesem Streikaufruf; nach ArbG-Seite ledigl. 24 %); El País, 23.05.1998, S. 45 (lt. GewerkS 85 %, während der ArbG allein 24 % Beteiligung sah).*

[379] Bei den GewerkS ist es in der Praxis selten übl., eine interne Urabstimmung durchzuführen. Stattdessen sehen die Satzungen öfters die Zustimmung des Präsidenten vom Exekutivkomitee (*Comité ejecutivo) oder Ständigen Ausschuss (Comité permanente) vor.*

[380] Vgl. Art. 3, 8 ff. *„Königliches provisorisches Eilgesetz über Arbeitsbeziehungen 17/1977" vom 4. März 1977"; Ojeda, Compendio, 1998, S. 225 ff. (Cap. 13). Vidal/Vidal, Fin, in: VV.AA., Arbitraje, 1996, S. 316 ff.; Alfonso/Pedrajas/Sala, Fin, RL 1995-II, S. 1436 ff.; Sala/Alfonso/Pedrajas, Acuerdos, 1996, S. 69 ff.; Rentero, Fin, AS 1992-II, S. 2611 (2613 ff.); Goerlich, Resolución, in: VV.AA., Manifestaciones, 1989, S. 105 (114 ff.); ders., Convenios, in: VV.AA., Normas, 1988, 53 (56 ff.).*

[381] Art. 6.2 *„Königliches provisorisches Eilgesetz 17/1977 vom 4.03.1977 über Arbeitsbeziehungen".*

[382] So im Fall STS 04.04.1988, AL 1988-2, Rn. 749, S. 1732 ff., wo der „freie" Samstag zur Forderung der ArbN-Seite gehörte. Vgl.: VV.AA., Concertar, RL 1996-I, S. 254 (257).

schaften keine Streikkassen (*cajas de resistencia sindical*) unterhalten können. Mangels Lohnzahlung und aufgrund der hohen Arbeitslosigkeit hält die Kampfbereitschaft unter der Belegschaft deswegen nicht lange an.[383]

7) Verfassungsrechtliche Gewährleistung der Mitwirkung im Betrieb/Unternehmen

In Spanien sind auf der Ebene des Unternehmens, bzw. des Betriebs nicht die Gewerkschaften kraft des Arbeitnehmerstatutes zur Aushandlung von statutarischen oder außerstatutarischen Tarifverträgen befähigt, sondern alternativ auch die „Einheitsvertretungen", die in nach bundesrepublikanischem Sprachgebrauch in etwa dem Betriebsrat gleichstehen, oder die „Gewerkschaftssektionen".

a) Eindeutiger verfassungsrechtlicher Schutz der Gewerkschaftssektion

Das Recht der Gewerkschaftssektion zum Tätigwerden sowie zur Durchführung von Tarifverhandlungen folgt aus der zuvor genannten Gewerkschaftsfreiheit des Art. 28.1 Verfassung und ihrer mittelbaren Verbindung zu Art. 37.1 Verfassung, der die Tarifautonomie gewährleistet.

b) Unklare verfassungsrechtlicher Schutz der Einheitsvertretung

Da der Einheitsvertretung durch den einfachen Gesetzgeber immerhin in für das deutsche Verständnis fast schon revolutionär anmutende Recht zugestanden wird, „echte" statutarische *Firmen*tarifverträge auszuhandeln und selbst Streiks durchzuführen, liegt die Frage nahe, ob ihr deswegen vielleicht ein besonderer verfassungsrechtlicher Schutz eingeräumt wurde: Darf der Gesetzgeber den Einheitsvertretungen in Zukunft die Tariffähigkeit aberkennen, ohne damit verfassungsrechtlichen Vorschriften zu widersprechen?

Während sich die Bildung und der Bestand der betrieblichen Gewerkschaftssektionen wie gesagt unmittelbar aus der Gewerkschaftsfreiheit nach Art. 28.1 Verfassung ableitet, fehlt es an einer entsprechend klaren Verfassungsvorschrift für die Einheitsvertretung. Allein in der entlegenen Staatszielbestimmung des Art. 129.2 Satz 1 Verfassung finden sich leise Andeutungen hierüber:

> „Die Öffentlichen Gewalten fördern wirksam die **verschiedenen Formen** der **Mitwirkung** [*participación*] im Unternehmen ..." (H.d.V.)

[383] *Durán, StreikR, in: Däubler, Spanien, 1982, S. 194 ff.; Adomeit/Frühbeck, Einführung, 2001, S. 25 ff. (§ 3 IV 12).*

Wie oben schon erwähnt wurde, sind die Grundrechte und Grundfreiheiten, bzw. Institutsgarantien in eine „erste" und eine „zweite Kategorie" aufgeteilt, wobei die erste mit ihren Art. 14 bis 29 Verfassung besser geschützt ist als die restlichen Artikel der zweiten (so ist z.B. die Verfassungsbeschwerde nur für die Artikel der ersten Kategorie möglich und ein Eingriff in sie allein über ein „Organgesetz", während für die zweite Kategorie ein Eingriff auch über ein „gewöhnliches" Gesetz erfolgen darf).

Unter den Grundrechten „ersten Ranges" befindet sich die Gewerkschaftsfreiheit nach Art. 28 Verfassung, von der auch die Gewerkschaftssektionen im Betrieb geschützt werden. Dagegen nicht zur „ersten", sondern allein zur schlechter geschützten „zweiten Kategorie" gehört Art. 37.1 Verfassung mit seiner Gewährleistung des Rechts auf Tarifverhandlungen und die gerade genannte Institutsgarantie des Art. 129.2 Verfassung.[384]

Gleich dem deutschen, zieht auch das spanische Verfassungsgericht den Schluss, wonach eine Bildungs- sowie Bestandsgarantie ohne Verbürgung eines Rechts zum Tätigwerden kaum sinnvoll wäre[385] und führt die Gewährleistung von Tarifverhandlungen auf die Gewerkschaftsfreiheit zurück, weshalb das Recht auf Tarifverhandlungen, wenn sie von gewerkschaftlicher Seite durch die „Gewerkschaftssektionen" durchgeführt werden, mittelbar geschützt wird.

Für die „Einheitsvertretung" ergibt sich indes keine entsprechende formale Querverbindung zur „*Gewerkschaftsfreiheit*", da sie dem Gesetze nach unabhängig von den Gewerkschaften ist und damit keine Verankerung in der Gewerkschaftsfreiheit aufweist.

In der spanischen Version des „Mitbestimmungsurteils" aus dem Jahre 1983 sowie einigen späteren Verlautbarungen stellte das Verfassungsgericht nur auf vorsichtige Weise einen indirekten verfassungsrechtlichen Schutz der Einheitsvertretung fest.[386] Unmittelbare Rückschlüsse lassen sich nicht für die Frage entnehmen, ob die Einheitsvertretung eine direkte Verankerung in der spanischen Verfassung besitzt.[387]

---

[384] Vgl.: *Durán, El ET, RL 1990-II, S. 121 (140 ff.).*

[385] Nicht jeder beliebige Eingriff in das Recht auf Tarifverhandlung führt automatisch zur Verletzung der GewerkS-Freiheit, sondern allein *„bestimmte Verletzungen, wenn sie einer GewerkS zugefügt werden und wegen ihrer Wesensart und Bedeutung eine radikale und willkürl. Ausschaltung oder Verkennung dieser darstellen": STCo 22.12.1986, RTCo 167; STCo 09.12.1987, RTCo 193; STCo 06.06.1989, RTCo 108; STCo 29.11.1982, RTCo 70; STCo 11.05.1983, RTCo 37; STCo 27.07.1984, RTCo 73; Art. 2.2.d) LOLS; Rivero, Relaciones, RMTAS 1997 (3), S. 93 (111 f.).*

[386] STCo 11.05.1983 RTCo 37; STCo 13.12.1983, RTCo 118 (f.j. 4.°); STCo 28.01.1983, RTCo 4 (f.j. 3.°); STCo 27.03.1984, RTCo 45; *„Wenig Sympathie des VerfG ggü. der EinhVertr.": Alonso Olea, Constitución, in: ders., JCo, t. II, 1985, N° 108, S. 125 (126 ff., 129 ff.). Vgl. STCo 30.04.1996, RTCo 74 mit Sondervotum von Jiménez de Parga und Cabrera Bazán, nach denen das BKom. sehr wohl zur VerfBeschw. befugt sein soll, da ihm auch GewerkS-Mitglieder angehörten, die sich ihrerseits auf die Gewerkschaftsfreiheit berufen könnten.*

[387] Die GewerkS unter verf.-rechtl. Gesichtspunkten den EinhVertr. ggü. vorziehend, weil es sich bei ihnen um *„Säulen des politischen Systems" (organismos básicos del sistema político) handele: STCo 08.04.1981, RTCo 11; STCo 27.06.1984, RTCo 73; STCo 13.03.1985, RTCo 40; STCo 30.04.1985, RTCo 58; STCo 30.01.1986, RTCo 13; STCo 17.06.1987, RTCo 104; Molero, DerSind, 1996, S. 309 ff., 318 ff.*

Nach wohl überwiegender Literaturansicht handelt es sich bei der Einheitsvertretung lediglich um eine Schöpfung des einfachen Gesetzgebers, weshalb es in dessen Ermessen stehe, die Einheitsvertretung mit der Tariffähigkeit auszustatten oder sie ihr gegebenenfalls wieder abzuerkennen.[388] Zur unklaren Situation äußern sich einige in der Literatur wie folgt.[389]

> „Obwohl der Gesetzgeber den Einheitsorganen das Mitbestimmungsrecht und die Gewerkschaftsaktion [*also die Tariffähigkeit und andere Zuständigkeiten*] im Unternehmen überantwortete, wäre es absolut möglich gewesen, als dazu befähigtes Handlungsorgan ... die Gewerkschaftszentralen selbst auszuwählen ... Hätte der ordentliche Gesetzgeber als alleinige Subjekte der Gewerkschaftsaktion und der Unternehmensmitbestimmung die Gewerkschaftszentralen (unter Ausschluss der Einheitsvertretung) bestimmt, so wäre dies kein Verstoß gegen Verfassungsaufträge gewesen ... Folglich befinden wir uns in einer widersprüchlichen Situation: Die Einheitsorgane sind aufgrund gesetzlicher Anordnung auch Gewerkschaftsorgane, beziehungsweise mit klaren und bestimmten Zuständigkeiten auf gewerkschaftlichem Gebiet ausgestattet, jedoch ihre verfassungsrechtliche Verankerung lässt sich nicht aus Art. 28.1 [*Gewerkschaftsfreiheit*] ableiten. Dies ist besonders problematisch, da ... das erwähnte System ... in herausstechender Weise, selbst für Aufgaben von eigentlich gewerkschaftlicher Art, die Betriebskomitees ... bevorzugt."

Immerhin melden sich vereinzelt auch nachdenklichere und nach Ansicht des Verfassers überzeugendere „Minderheitsstimmen".[390] Diese verweisen auf die Entstehungsgeschichte der Verfassung, wo es im ersten Entwurf des späteren Art. 37.1 Verfassung noch hieß:[391]

---

388 *„Die Vertretungsorgane des Unternehmens sind eine Schöpfung des Gesetzes..."*: *Casas, Reforma, RL 1996-I, S. 155 ff.; Cruz, Grupo, 1992, S. 169 ff.; Santiago, Titularidad, REDT 1997, N° 85, S. 731 (752 ff.); STCo 30.04.1996, RTCo 74, unter Verweis auf „STCo 29.05.1996, RTCo 95"; STCo 13.12.1983, RTCo 118; STCo 29.07.1985, RTCo 98: Die EinhVertr. „besitzen keine verf.-rechtl. Anerkennung, sondern sind ledigl. einfachgesetzl. Schöpfung." Cabrera Bazán, WirtschaftsO, in: Däubler, Spanien, S. 166 (179 ff.); Schnelle, Europ. BRat, 1999, S. 37 ff.; Pérez Amorós, Art. 129,2, RL 1989-II, S. 329 (339 ff.); Alonso Olea, Pactos, in: ders., JCo, t. X, 1992, S. 384 (395 ff.); ders., Convenio, in: ders., JCo, t. VII, 1990, N° 410, S. 333 (335, Fn. *); Durán, El ET, RL 1990-II, S. 121 (141 ff.); Sala/Albiol, DerSind, 1998, S. 144 ff. (Tema 3/II/1); Albiol, Comités, 1992, S. 14 ff.; Castiñeira, Libertad, RL 1999, N° 1, S. 51 (58 ff.); Ojeda, DerSind, 1995, S. 329.*

389 *Falguera/Senra, Representaciones, RL 1996, N° 15, ago., S. 9 (12 ff.).*

390 *Ramírez Martínez, Curso, 1997, S. 138 (Lec. 4/5.1); Borrajo, Convenios, RES 1979, N° 1, S. 37 (51, 52); ders., Introducción, 1996, S. 289 (Lec. XXIII-III); Valdés, Paradigma, RL 1990-I, S. 268 (270 ff.); Sala, Representación, RL 1990-II, S. 152 (156, 157 ff.); Alarcón Caracuel, Autonomía, in: VV.AA., Reforma, 1995, S. 51 (63); Apilluelo, Autonomía, in: VV.AA., XII Jornadas, 1996, S. 135 (138 ff.).*

391 Art. 31.2 Verfassungsentwurf im Dezember 1977, *B.O. de las Cortes vom 05.01.1978* N° 44: *R.Y. Quintanilla, Convenios, 1998, S. 49, Fn. 66.*

„Das Gesetz gewährleistet das Recht auf die arbeitsrechtliche Tarifverhandlung zwischen den Gewerkschafts*vertretern* der Arbeitnehmer und den Vertretern der Arbeitgeber ..." (H.d.V.)

Nach jener Fassung hätten keine Zweifel an einem reinen *Gewerkschafts*monopol bestanden. Mit entscheidender Änderung[392] wurde die endgültige Fassung des heutigen Art. 37.1 Verfassung festgeschrieben, welche der besseren Gegenüberstellung nochmals genannt werden soll:

„Das Gesetz gewährleistet das Recht auf arbeitsrechtliche Tarifverhandlung zwischen den *Vertretern* der Arbeitnehmer und Arbeitgeber ..." (H.d.V.)

Damit solle die Einheitsvertretung unter den eindeutig erweiterten Wortlaut dieser Vorschrift fallen und der Gesetzgeber könne ihr nicht die Tariffähigkeit entziehen.[393] In dieselbe Richtung zielen Äußerungen des Verfassungsgerichtes, wonach sich bestimmte Verfassungsrechte wie das Streikrecht, das Recht auf Tarifverhandlung etc. nicht im Gewerkschafts*monopol* befinden.[394] Zieht man den Umkehrschluss aus dieser Feststellung, bedeutet dies, dass es noch andere, eben „nichtgewerkschaftliche" Organe geben muss, welche solch eine gewerkschaftliche Monopolstellung verhindern können. Bei der Einheitsvertretung handele es sich formal um ein derartiges „nichtgewerkschaftliches" Organ.

Hinzu kommt ferner noch, dass die Trennung der Funktionen von Einheitsvertretung und der Gewerkschaftszentralen verwischt und beide Bereiche manchmal nicht mehr klar voneinander abgrenzbar sind. In den Organen der Einheitsvertretung wird die gewerkschaftliche Repräsentativität festgestellt und allein die repräsentativen Gewerkschaftszentralen besitzen das Recht, die Wahl zur Einheitsvertretung zu initiieren. In der Regel machen sie von diesem Initiativrecht nur zu einem ihnen opportunen Zeitpunkt Gebrauch. Die Verhandlungskommission eines statutarischen Tarifvertrags muss die gewerkschaftlichen Kräfteverhältnisse in der Einheitsvertretung proportional wiedergeben, die Gewerkschaftsdelegierten dürfen an Versammlungen der Einheitsvertretung teilnehmen usw. Mit diesem nicht nur für deutsche Arbeitsrechtler verwirrenden Ineinandergreifen, gegenseitigen Bedingungen, Verwischen der Aufgaben-

---

[392] In Art. 33.3 Verfassungsentwurf im *B.O. des Abgeordnetenkongresses sowie Senates vom 17.04.1978.*

[393] *Suárez González, Relaciones, 1980, S. 199 f., Fn. 117; Borrajo, Convenios, RES 1979, N° 1, S. 37 (51); STCo 20.06.1991, RTCo 137, welches die Vermischung zwischen Zusammensetzung von BKom. und Repräsentativitätsfeststellung der GewerkS erkennt. Mittelbar muss sich der Schutz der GewerkS-Freiheit also auch auf die EinhVertr. erstrecken, da sie der Ort sind, wo sich die GewerkS-Stärke entscheidet. Vgl. García Murcia, Pactos (y II), S. 413 (420); Rodríguez-Piñero Royo, Contratación, RL 1992-I, S. 55 ff.; Casas, Representaciones, RL 1998, N° 15/16, S. 52 (57 ff.); Martínez Emperador, Partes, in: Negociación, t. III, CDJ 1992, S. 53 (57, 58 f.).*

[394] STCo 11.05.1983, RTCo 37; STCo 13.12.1983, RTCo 118; STCo 1994, RTCo 134; *Martínez Emperador, Partes, in: Negociación, t. III, CDJ 1992, S. 53 (57 f.).*

bereiche und indirekter Vergewerkschaftlichung der Einheitsvertretung kraft gesetzlicher Anordnung wird die Antwort auf die Frage, inwieweit die Einheitsvertretung als Institution durch die Verfassung geschützt ist, nicht gerade erleichtert.[395]

Die Tariffähigkeit zum Abschluss von statutarischen Tarifverträgen ist m.E. wegen dieser schlagkräftigeren Argumente zugunsten der Einheitsvertretung verfassungsrechtlich verankert.[396] Nachdenklich sollte einen auch die Anmerkung von *Manuel Alonso Olea*, dessen Lehrbuch zur Pflichtlektüre eines jeden Rechtsstudenten gehört, machen:[397]

> „Es wäre vielleicht ein bedachtsamer Hinweis notwendig, weil ich schwere Zweifel daran hege, ob den Einheitsvertretungen ohne weiteres ein verfassungsrechtlicher Schutz entzogen werden dürfte, ganz gleich wie weit Art. 129.2 Verfassung auch abseits von Titel I, Kapitel 2, Erster Abschnitt [*den Grundrechten der „ersten" und somit besonders geschützten Kategorie*] steht. Das Kernproblem, was im Hintergrund all jener komplexen Fragen nach oben drängt, wird durch das Bestehen von zwei Vertretungsorganen hervorgerufen, die Einheitsvertretungen und die Gewerkschaftssektionen, welche bei gleichzeitiger Vertretung desselben Arbeitnehmerkollektivs auf Unternehmensebene oder auch darunter Kollektivvereinbarungen aushandeln dürfen. Dies ist jedoch ein Problem, das unserer Tarifordnung inne wohnt, wie Art. 37.1 Verfassung widerspiegelt, der die Verhandlungsfähigkeit nicht allein den Gewerkschaften, sondern in sehr viel weiterer Weise den „Vertretern der Arbeitnehmer" [*also auch den Einheitsvertretungen*] zuerkennt."

[395] Vgl. Art. 67.1, 67, 69.3, 71.2.*a) Arbeitnehmerstatut, 6.3.e); 7.2, 7.1 LOLS; Matía, Elecciones, VV.AA., Reforma, 1994, S. 221 (230 ff.); Falguera/Senra, Representaciones, RL 1996, N° 15, ago., S. 9 (23); Sala/Albiol, DerSind, 1998, S. 112 f. (Tema 2/II/4/B/c/6ª); Monge, Comentarios, 1994, S. 140 ff.; Albiol, Comités, 1992, S. 52 ff.; Gete, Representación, in: VV.AA., Reforma, 1994, S. 499 ff.; Iglesias, DerSind, 1996, S. 83 ff.; Alonso/Casas, DTrab, 1998, S. 625 (Cap. 24/V/A); Navarro, Sindicalización, RL 1998, N° 8, S. 42 (49 ff.); Sáez, Representación, 1992, S. 118, 203 ff.; Sala, Representación, RL 1990-II, S. 152 (154 ff.); Casas, Representaciones, RL 1998, N° 15/16, S. 52 (57 ff.). Siehe Art. 3 2, 20 „Königliches provisorisches Eilgesetz über Arbeitsbeziehungen 17/1977" vom 4. März 1977.*

[396] A.A.: *Sala/Albiol, DerSind, 1998, S. 144 ff. (Tema 3/II/1).*

[397] *Alonso Olea, Constitución, in: ders., JCo, t. II, 1985, N° 108, S. 125 (126 ff., 129 ff.). Vgl.: Sala, Representación, RL 1990-II, S. 152 (156, 157 ff.). Das Lehrbuch ist das von Alonso/Casas, DTrab, 1998.*

IV. Kapitel: Die Tarifverträge in Spanien

A. Flächentarifverträge

1. Statutarischer und außerstatutarischer Flächentarifvertrag

In Spanien lassen sich zwei Tarifvertragsarten ausmachen, der sog. *statutarische* und der *außerstatutarische* Tarifvertrag. Kennzeichnend für den *statutarischen* Tarifvertrag ist, dass er durch die Vorschriften des Arbeitnehmerstatuts mehr oder weniger minuziös geregelt wird[398] und die Parteien zu seiner Wirksamkeit strikt dessen gesetzliche Vorschriften und „enervierende Förmlichkeiten" beachten müssen,[399] da ansonsten auch „von Amts wegen" eine Anfechtung (*impugnación*) erfolgen kann.[400] Dieser Tarifver-

[398] Zu Unklarheiten selbst bei den kodifizierten statutarischen TV allerdings: *Sala, Estructura, in: Negociación, t. III, CGPJ 1992, S. 37 (52).*

[399] Zu den Förmlichkeiten gehören unter anderem: Benachrichtigung der Arbeitsaufsichtsbehörde, fristgemäße Bildung der Verhandlungskommission innerhalb eines Monats, Beschränkung mit einer Höchstzahl an Mitgliedern in dieser Verhandlungskommission, Verhandlungsdokumentation, Schriftform, behördliche Registrierung des statutarischen TV, Hinterlegung und Veröffentlichung des statutarischen TV in einer bestimmten Frist usw.: *Cremades, ArbR, 1996, Rn. 55, S. 22 ff.; Abele; TarifR, Diss., 1996, S. 8 ff., 153 ff.; Kramer, Spanien, in: Bispinck/Lecher, Tarifpolitik, 1993, S. 372 (388 f.) Vgl. den „Titel III" Arbeitnehmerstatut sowie zur Registrierung und Hinterlegung von statutarischen TV das Real Decreto 1040/1981, de 22 de mayo: Registro y depósito de convenios colectivos de trabajo, BOE 06.06.1981. Sie müssen zu ihrer Wirksamkeit in den jeweiligen Gesetzesblättern veröffentlicht werden, also ein nationaler statutarischer TV im nationalen Gesetzesblatt, ein statutarischer TV für den Geltungsbereich einer Autonomen Gemeinschaft in deren Gesetzesblatt, ein statutarischer TV für eine Provinz im Gesetzesblatt für die Provinz: Art. 90.3 Arbeitnehmerstatut; Sala/Albiol, DerSind, 1998, S. 337 ff. (Tema 5/III/4/J); Santillán, Procedimiento, in: Negociación, CDJ 1992, t. III, S. 129 (134 ff.); Campos, Validez, in: VV.AA., Comentarios, t. XII-Vol. 2.°, 1995, S. 181 (189 ff.); Ojeda, Compendio, 1998, S. 326 ff. (Cap. 20/A), S. 379 (Cap. 22/B/c); ders., DerSind, 1995, S. 787; ders., Acuerdos, in: VV.AA., Arbitraje, 1996, S. 199 (217). Siehe Art. 1.1 „RD-Ley 5/1979" vom 26.01.1879, 1.1.c) „RVO 2.756/1979" vom 23.11.1979; Molina/Olarte, Grupos, in: VV.AA., XI Jornadas, 1994, S. 101 (118 ff.).*

[400] Das span. Recht kennt eine *„Anfechtung" (impugnación) der statutarischen und außerstatutarischen TV, um eine Legalitätskontrolle durchzuführen: Art. 90.5 Arbeitnehmerstatut, 161-164 LPL. Berechtigt zur Anfechtung von statutarischen TV sind demnach: Arbeitsaufsichtbehörde im Offizialverfahren, wobei das Arbeitsgericht letztl. die Entscheidung über die Rechtmäßigkeit des TV trifft (was aus historischer Sichtweise nicht selbstverständl. ist, da diese Fähigkeit unter Franco nach dem „Ley" vom 24.04.1958 und vom 19.12.1973 allein der Arbeitsbehörde zustand), betroffene EinbVertr. sowie GewerkS-Sektionen, betroffene GewerkS und ArbG-Verbände, Dritte, deren rechtl. Interesse „schwerstens" verletzt wird, wobei als Dritte aber nicht die vom Anwendungsbereich des allgemeinverbindl. statutarischen TV erfassten, einzelnen ArbG oder ArbN gelten. Eine inzidente Kontrolle in einem arb.-rechl. Prozess ist mögl., vgl.: Suárez González, Relaciones, 1980, S. 213 f.; Sagardoy, Lesión, REDT 1984, N° 17, S. 201 ff.; Pérez Yáñez, Pactos, 1997, S. 98 f., 309 ff.; STCo 21.03.1988, RTCo 47; STCo 13.04.1988, RTCo 65; STCo 22.09.1988, RTCo 162; Borrajo, Impugnación, in: VV.AA., Comentarios, t. XIII-Vol. 2.°, 1990, S. 1117 (1139 ff., 1149 ff.); Álvarez de la*

tragstyp beruht somit auf dem vom Gesetzgeber zur Verfügung gestellten staatlichen System für Tarifverhandlungen und bildet in der Praxis den ganz überwiegenden „Normalfall".[401] Im Gefolge von „Turbulenzen", die bei diesen statutarischen Tarifverhandlungen auftauchen können, entwickelten Rechtsprechung und Schrifttum die Sonderfigur des „außerstatutarischen Tarifvertrags".

Diese Bezeichnung bürgerte sich deshalb ein, weil der außerstatutarische Tarifvertrag seine Grundlage nicht *im* Arbeitnehmer*statut*, sondern *außer*halb von diesem und nach herrschender Ansicht sogar unmittelbar in Art. 37.1 Verfassung finden soll.[402] Da sich die insofern stiefmütterliche Gesetzgebung bislang noch nicht zu seiner Kodifizierung aufraffen konnte, sind zahlreiche und mitunter grundlegendste Konstellationen noch ungeklärt, was eine nicht unbeachtliche Rechtsunsicherheit nach sich zieht.[403] Die den außer*statut*arischen Tarifverträgen zugrunde liegende Problematik lässt sich m.E. nur in Zusammenschau mit der Erläuterung der im Arbeitnehmer*statut* festgelegten Tarifordnung verständlich darstellen.

Rosa, Legitimación, RL 1998, N° 15/16, S. 74 ff.; de la Villa/García/García-Perrote, Instituciones, 1991, S. 237 ff.; Conde Martín, Impugnación, 1991, S. 735 ff.; de la Villa, Impugnación, 1991, S. 779 ff.; Martín/Rodríguez-Sañudo/García, DTrab, 1998, S. 858 ff. (Cap. 20/IV/3/B), 864 f. (Cap. 20/IV/5/E); Sala/Albiol, DerSind, 1998, S. 323 ff. (Tema 5/III/5); Ojeda, Compendio, 1998, S. 348 ff. (Cap. 20/D); ders., Autonomía, RL 1991-II, S. 311 (322); Saldaña, Impugnación, in: VV.AA., XI Jornadas, S. 91 (93 ff.); Monereo, Administración, REDT 1987, N° 32, S. 519 ff.; Casarrubios/Rivero/Valentín, Convenios, REDT 1997, N° 82, S. 271 ff.; Abele, TarifR, Diss., 1996, S. 161 ff.

[401] Zahlenmäßig gibt es mehr statutarische als außerstatutarische TV: *Rodríguez-Sañudo, Convenio, in: VV.AA., Enciclop., t. I, 1995, S. 1684 (1685); Martín Valverde, Estructura, REST 1992, N° 18, S. 19 (22); Casas/Baylos, Autonomía, RL 1988-II, S. 159 (170); Valdés, Experiencia, RL 1987-II, S. 67 ff.; Kramer, Spanien, in: Bispinck/Lecher, Tarifpolitik, 1993, S. 370 (373); Casas, Ley, RMTAS 1997 (3), S. 221 (227).*

[402] Näher dazu auf S. 124 ff.

[403] Verfassungswidriges Unterlassen der gesetzgeberischen Kodifizierungspflicht vorwerfend: *Gutiérrez-Solar, Modificación, REDT 1999, N° 99, S. 213 (226); Montoya, Convenio, in: Negociación, CDJ 1992, t. III, S. 273 (286); Sala, Convenios, 1981, S. 35; Rivero, AMI, in: VV.AA., Comentarios, 1980, S. 129 (148). Beklagend, dass der Gesetzgeber mit der Reform über das „Gesetz 11/1994" nicht auch gleich die außerstatutarischen TV mitkodifizierte: Sala, Relación, in: VV.AA., Seminario, 1984, S. 71 (85); Borrajo, Balance, in: VV.AA., El ET, t. XII, Vol. 1.°, 1980, S. 231 (241); ders., Introducción, 1996, S. 281 (Lec. XXII-VI/A): „schwerer Fehler"; ders., Derecho, AL 1994-3, XXXVII, S. 543 (547); Alarcón Caracuel, Autonomía, in: VV.AA., Reforma, 1995, S. 51 (74/80/83); Sala, Reforma, 1994, S. 12, 248 (Rn. I.9/VI.2.3.5). Schon bei Erlaß des Arbeitnehmerstatuts: Borrajo, Obligatoriedad, RPS 1980, N° 126, S. 5 (38 ff.); Montoya, Viabilidad, in: VV.AA., Problemas, 1984, S. 49 (61).*

a) Unterscheidung in statutarischen Flächen- und Firmentarifvertrag

Das Arbeitnehmerstatut unterscheidet im Hinblick auf den räumlichen Geltungsbereich für den *statutarischen* Tarifvertrag strikt zwischen zwei Ebenen:[404] Der erste liegt *über* dem Unternehmen (Flächentarifvertrag)[405] und der zweite auf der des Unternehmens selbst oder darunter (Firmentarifvertrag).[406] Wegen der großen praktischen Bedeutung sei zunächst der statutarische *Flächen*tarifvertrag mit Geltungsbereich *über* dem Unternehmen betrachtet, zu dessen Abschluss ausnahmslos Gewerkschaften sowie Arbeitgeberverbände, die besondere Voraussetzungen erfüllen müssen, befähigt sind.[407]

Den statutarischen *Firmen*tarifvertrag können im Unterschied dazu allein verhandeln, der Arbeitgeber und die betriebliche Interessenvertretung der Arbeitnehmer, also entweder die Einheitsvertretung oder die Gewerkschaftssektion.

b) Normative Wirkung des statutarischen Flächentarifvertrags

Generell ist der statutarische Flächentarifvertrag durch zwei wesentliche Merkmale in seiner Wirkung gekennzeichnet: Die im Arbeitnehmerstatut festgeschriebene *normative* Geltung sowie seine automatische *Allgemeinverbindlichkeit*, welche im Spanischen *„erga-omnes"*-Wirkung genannt wird. Die einfachgesetzliche Anordnung der normativen Wirkungsweise des statutarischen Flächentarifvertrags findet nach einhelliger Ansicht der spanischen Arbeitsrechtler ihre direkte Verankerung in Art. 37.1 Verfassung und dessen Formulierung, wonach das „Gesetz" (also das Arbeitnehmerstatut) *„die bindende Kraft der Tarifverträge"* gewährleisten muss. Wegen der normativen Wirkung lassen sich die tariflich festgelegten Arbeitsbedingungen nicht mehr einseitig durch den Arbeitgeber verschlechtern und es bedarf ebenso wenig eines weiteren Umsetzungsakts vom Tarif- in den Arbeitsvertrag.[408] Insoweit wird nichts anderes als in § 4

---

404 Ausgeschlossen sind: Leitende Angestellte (*altos cargos: „RD 1.382/1985" vom 01.08.1985), Beamte (funcionarios públicos: Art. 1.3.a) Arbeitnehmerstatut, 6.3.c) LOLS). Streit herrscht bei der Einordnung von ArbN im Öffentl. Dienst (trabajadores de la administración pública): Alonso/Casas, DTrab, 1998, S. 803 ff. (Cap. 28/III/B/b/e).*

405 Art. 87.2 Arbeitnehmerstatut: *Geltungsbereich über dem Unternehmen (ámbito supraempresarial)*

406 Art. 87.1 Arbeitnehmerstatut: Geltungsbereich des Unternehmens (*ámbito de empresa) sowie Geltungsbereich unterhalb des Unternehmens (ámbito inferior): Rivero, Legitimación, RL 1992-II, S. 414 (435 ff.); Escudero, Sujetos, 1985, S. 81 ff.*

407 Vgl. Art. 87.2 Arbeitnehmerstatut i.V.m. 6.3.*b) LOLS. Für verfassungskonform erklärt: STCo 28.01.1983, RTCo 4 (f.j. 3.°).*

408 Zwingende sowie unmittelbare Wirkung: Art. 3.1.*b) Arbeitnehmerstatut. „Zwingend" wird in Spanien mit imperatividad, efecto imperativo oder carácter cogente sowie „unmittelbar" mit inmediatividad oder efecto automático bezeichnet: Alonso Olea, in: Fuentes, 1982, S. 121; Martín Valverde, Espacio, in: VVAA., Límites, 1993, S. 53 (66).*

Absatz 1 Satz 1 Tarifvertragsgesetz festgelegt und man stößt in vielen Lehrbüchern auf die anschauliche Formulierung des italienischen Juristen *Francesco Carnelutti*, wonach der Tarifvertrag als hybrides Wesen *„Körper des Vertrags und Geist des Gesetzes"* besitze.[409]

c) Allgemeinverbindlicher Geltungsbereich des statutarischen Flächentarifvertrags

Allgemeinverbindlich bedeutet, dass *automatisch* neben den Mitgliedern einer Gewerkschaft genauso die Außenseiter bzw. „Trittbrettfahrer" in den Genuss der Wirkung des statutarischen Flächentarifvertrags gelangen.[410] Diese *erga-omnes*-Wirkung schreibt Art. 82.3 Satz 1 Arbeitnehmerstatut mit folgenden Worten fest:[411]

> „Die durch dieses Gesetz geregelten [*statutarischen*] Tarifverträge verpflichten während ihrer gesamten Geltungsdauer sämtliche Arbeitgeber und Arbeitnehmer, die sich innerhalb des Anwendungsbereiches befinden."

Nach der Rechtsprechung des Verfassungsgerichts ist es darum sogar unzulässig,

> „dass ein Unternehmen aufgrund seines unterlassenen Eingreifens in den Tarifvertrag von dessen Anwendung ausgenommen bleibt und deswegen unter Rückgriff auf Art. 1.091 *Código Civil* nicht von dessen Wirkung erfasst wird, und zwar schon deswegen, weil die befähigten Parteien, bei entsprechender Mehrheit, für die Gesamtheit der Arbeitnehmer und Arbeitgeber, die sich innerhalb der Verhandlungseinheit befinden, in kollektiver Weise den Tarifvertrag abschließen."[412]
> – und –

---

[409] *Il corpo del contratto e l'anima della legge: Carnelutti, Regolamento, 1927, S. 108, 117. Ders. Autor bezeichnete auch als „uneigentl." (außerstatutarischen) TV (contratto collettivo improprio) solche, die sich nicht nach dem damals geltenden ital. „Gesetz vom 03.04.1926" richteten. Vgl. auch Molero, DerSind, 1996, S. 25; VV.AA., Comentarios, 1998, Art. 82.1 (S. 364); Borrajo, Introducción, 1996, S. 76 (Lec. VI-IV/2), 286 (Lec. XXIII-I).*

[410] Vgl.: *Abele, TarifR, Diss., 1996, S. 139 ff.*

[411] *Eficacia erga omnes oder eficacia general ex ante, die manchmal als meta-contractual bezeichnet wird: Sagardoy, Constitución, LE 1978, N° 8, S. 107.* In praktischer Hinsicht lässt sich bezügl. des „europ. ArbR" feststellen, dass eine EG-RL-Umsetzung in Spanien sehr rasch und einfach vollzogen werden kann. Es bedarf dazu keiner Verabschiedung einer Rechtsvorschrift durch den Gesetzgeber, sondern die Anordnung in statutarischen TV reicht aus, weil jene automatisch allgemeinverbindl. wirken: *Ojeda, Recomendaciones, RL 1998, N° 17, S. 12 ff. = in: Klebel u.a., Empfehlungen, 1999, S. 519 ff.; ders., Negociación, RL 1993-II, S. 1249 ff.; Rodríguez-Piñero Royo, Maastricht, REST 1992, N° 18, S. 81 ff. Vgl. zum EGB (CES): VV.AA., Confederación, REST 1990, N° 10, S. 111 ff. Zum Konzept der Europäisierung nationaler GewerkS-Bünde: Zufiaur (UGT), Mercado, REST, 1990, N° 10, S. 53 ff. Freil. ist dieser europafreundl. Aspekt der einzig positive, den man der gesetzl. angeordneten Allgemeinverbindlichkeit abgewinnen kann. Vgl. auch: Krimphove, ArbR, 1996, S. 266 ff.*

[412] STCo 08.06.1989, RTCo 108; STCo 29.11.1982, RTCo 70; STCo 10.11.1982, RTCo 65; STCo

> Den statutarischen Tarifverträgen wird „eine ... Verpflichtungswirkung ... zuerkannt, welche die durch die ... einzeln vertretenen Parteien überschreitet, um sich durch gesetzliche Anordnung auf sämtliche Betroffenen zu erstrecken, obwohl sie ihnen nicht ihre Vertretungsmacht ausgestellt haben und sie sogar verweigert wurde."[413]

Damit darf weder eine Gewerkschaft noch ein Arbeitgeberverband den Anwendungsbereich eines statutarischen Tarifvertrags auf die eigenen Mitglieder beschränken. Ein statutarischer Tarifvertrag muss selbst gegen den Willen der Tarifparteien auch für Außenseiter wirken.[414] Der spanischen Arbeitsrechtswissenschaft ist bewusst, dass sich damit ein Eingriff in die auch in der Verfassung geschützte „negative Gewerkschaftsfreiheit" verbunden ist, worauf noch später näher einzugehen ist.[415] Aus der Bezeichnung der Gewerkschaft als „Vertreterin", „institutionelle Organisation von Interessen", „Grundinstitution des politischen Systems", „Sprachrohr der Interessen der Arbeiterklasse", „geborene Inhaberin der Handlungen zur Verteidigung sowie Förderung der Interessen der Arbeitswelt" oder „allgemeine Interessenvertretung"[416] wird aber klar, dass den Gewerkschaften eine überragende Bedeutung und ein fast schon *„hoheitlicher Stellenwert"* beigemessen wird und der faschistische Korporatismusgedanke verkappt noch weiterlebt.[417]

1983, RTCo 4; STCo 1984, RTCo 31; STCo 1983, RTCo 118; STCT 31.03.1982, RTCT 2036.

[413] STCT 31.03.1982, RTCT 2124.

[414] STS 23.11.1992, RJ 8828; STS 29.06.1995, RJ 6251; *Valdés, Modelo, in: VV.AA., Negociación, 1982, S. 17 (50 ff.); González del Rey, JPrud., in: VV.AA. Constitución, 1992, S. 393 (399); Casas, Disponibilidad, RL 1997-I, S. 1 (4 f.); Lillo (CC.OO.), Individualización, RL 1991-II, S. 422 (422 ff.).*
Allgemeinverbindl. TV entsprängen nicht den herkömml. Stellvertretungsregeln des Zivilrechts, sondern dem „Gesetz selbst". Man habe es dabei mit der verf.-rechtl. unangreifbaren „institutionellen Vertretungsmacht" der Arbeitnehmerschaft zu tun. Aus diesem Grunde dürfen z.B. weder GewerkS noch ArbG-Verbände den Anwendungsbereich eines statutarischen TV auf die eigenen Mitglieder beschränken, sondern jener muss selbst gegen ihren Willen auch für Außenseiter wirken: García Murcia, Pactos (y II), XXXI, AL 1992-2, S. 413 (420 f.).

[415] Vgl. näher, S. 124 ff.

[416] Vgl.: STCo 28.01.1983, RTCo 4; STCo 08.04.1981, RTCo 11 (f.j. 0.°); STCo 07.02.1984, RTCo 18 (f.j. 3.°); STCo 29.11.1982, RTCo 70 (f.j. 5.°); STS 27.10.1992, RJ 8388: *„Die Gewerkschaften werden von der Verfassung als geborene Inhaber der Handlungen zur Verteidigung und Förderung der Interessen der Arbeitswelt angesehen."*

[417] Dies kritisierend: *Plaza, Proyecto, Bol. AEDIPE marzo 1984, S. 7 (8 f.); Pérez Yruela, Corporativismo, REST 1990, N° 10, S. 72 (79 ff.); Miguélez, Corporatismo, REIS 1985, N° 30, S. 149 (158 ff., 168 ff.,*

d) Wirksamkeitsvoraussetzungen des statutarischen Flächentarifvertrags

Zur Entfaltung dieser automatischen Allgemeinverbindlichkeit hat der statutarische Tarifvertrag bestimmte, streng zu beachtende Voraussetzungen zu erfüllen. Reduziert man diese auf ihre wesentlichsten, bleiben zwei als „Rückgrat" des spanischen Kollektivrechts beschriebene Elemente übrig:[418]

Zum einen ist eine schon oben angesprochene und unter verfassungsrechtlichen Gesichtspunkten behandelte besondere *„Repräsentativität"* der Koalitionen notwendig.[419] Dabei reicht es keinesfalls, wenn sich die Tarifparteien gegenseitig als repräsentativ anerkennen würden, obwohl sie es objektiv gar nicht sind.[420] Zum anderen muss die Zustimmung zum statutarischen Tarifvertragsentwurf sowohl auf Arbeitgeber- als auch Arbeitnehmerseite eine besonders hohe *„Mehrheit"* erreichen.[421]

Beide Erfordernisse lassen sich am anschaulichsten mit zwei „Filtern" vergleichen: Der erste dient dazu, alle Koalitionen von den statutarischen Flächentarifverhandlungen fernzuhalten, die objektiv nicht „sozial mächtig" sind. Anhand des zweiten Filters drängt der Gesetzgeber die verschiedenen an der Tarifverhandlung Beteiligten zur Einigkeit, um auf die Erfüllung des zuvor gemeinsam unterzeichneten statutarischen Flächentarifvertrags hinzuwirken und die automatische Allgemeinverbindlichkeit zu rechtfertigen.[422]

(1) „Erster Filter" – Repräsentativität

(a) Repräsentativität der Gewerkschaften

Um der Verhandlung und Schlussabstimmung über die Annahme oder Ablehnung des statutarischen Flächentarifentwurfes ein geeignetes Forum zu geben, dürfen nur solche Gewerkschaften sowie Arbeitgeberverbände maximal je fünfzehn Vertreter in die sog. „Verhandlungskommission" (*Comision negociadora*)[423] beordern, die den ersten Filter der

---

171 ff.); Borrajo, Introducción, 1996, S. 180 ff. (Lec. XIV-V); anders: Alarcón Caracuel, Pro, in: VV.AA., Cuestiones, 1990, S. 835 (851); Süllow, Repräsentation, 1982, S. 36 ff.; Escudero, Representatividad, 1990, S. 40 ff.; Fernández Domínguez/Martínez, Modificación, La Ley 1995-2, S. 881 (904).

[418] *Casas, Representatividad, REDT 1988, S. 71 (73); Folguera, Autonomía, RL 1993-II, S. 1266 (1270). „Prüfstein" (piedra de toque): Valdés, in: VV.AA., Negociación, 1982, S. 17 (27). Zu den anderen Erfordernissen vgl. Fn. 418.*

[419] S. 124 ff.

[420] *Casas, Disponibilidad, RL 1997-I, S. 31 (34). Würden derartige Koalitionen dennoch einen Tarifvertrag unterzeichnen, so würde es sich wegen der fehlenden, nach dem Arbeitnehmerstatut und LOLS aber geforderten objektiven Repräsentativität um einen außerstatutarischen TV handeln.*

[421] *Abele, TarifR, Diss, 1996, S. 145 ff.*

[422] *Rivero, AMI, in: VV.AA., Comentarios, 1980, S. 129 (143 f.); Lyon-Caen, Critique, DS 1979, S. 350 (355).*

[423] *Valdés, Negociación, in: VV.AA., Reforma, 1994, S. 257 (269 ff.).*

„Repräsentativität" überstanden haben.[424] Dieses Merkmal erinnert von seiner Funktion her an das in Deutschland nicht unumstrittene Erfordernis der „Mächtigkeit" oder „gewissen Durchsetzungskraft" einer Gewerkschaft.[425]

(aa) Ausrichtung an den Wahlen zur Einheitsvertretung

Von theoretisch mehreren Möglichkeiten diese Mächtigkeit zu messen, wählte der spanische Gesetzgeber eine aus deutscher Sicht eher ungewöhnliche aus: Nicht die gewerkschaftliche Mitgliederstärke soll ausschlaggebend sein, sondern allein die Prozentzahl der bei den Wahlen zur sog. *„Einheitsvertretung"* (*representación unitaria*) von der Gewerkschaft gewonnenen Posten. Damit zählt also das Votum sowohl von Gewerkschafts- als auch von Nichtgewerkschaftsmitgliedern, sog. „Gewerkschafts- bzw. Wahlgefolgschaft" (*audiencia sindical/electoral*).[426] Für die Gewerkschaften kandi-

---

[424] *Representatividad, die manchmal auch als legitimiación inicial (anfängl.) bezeichnet wird, im Unterschied zur legitimación plena (vollständige) und legitimación decisoria (entscheidende), welche die Zusammensetzung der Verhandlungskommission sowie Mehrheitserfordernisse bei der Schlussabstimmung betrifft: Art. 6, 7 LOLS, 83, 87 Arbeitnehmerstatut; Ojeda, Representatividad, RL 1992-I, S. 238 ff.; ders., Compendio, 1998, S. 75 ff. (Cap. 4/A); Iglesias, DerSind, 1996, S. 279 ff.; Escudero, Representatividad, 1990, S. 19 ff.; Valdés, Diferenciación (I, y II), RL-1993-I, S. 79 ff.; Casas, Democracia, in: VV.AA., Cuestiones, 1990, S. 589 ff.; dies., Representación, REST 1990, N° 10, S. 101 ff.; dies., JPrud., TL 1990, N° 19/20, S. 41 ff.; Sala, Sindicato, RL 1986-I, S. 367 (376 ff.); Fernández López, Asociaciones, in: Alonso Olea, JCt, t. VII, 1989, S. 1217 (138 ff.)*

[425] Zur Vergleichbarkeit der Repräsentativität mit der „sozialen Mächtigkeit": *Birk, Tarifautonomie, RdA 1995, S. 71 (74); Zachert, Lecciones, 1998, S. 41. Vgl.: BVerfG AP Nr. 31 zu § 2 TVG; BAG in: NZA 1990, S. 623 = SAE 1991, S. 97; BAG in: DB 1987, S. 947 (948); Löwisch, in: Münch. HdB ArbR, Bd. 3, 1993, § 248 Rn. 7 ff.; Wieland, FirmenTV, 1998, S. 59 ff.*

[426] *Alonso Olea, Fuentes, 1982, S. 118. Verfassungsmäßig unbedenkl.: STCo 29.07.1985, RTCo 98; Baylos, Modelo, 1991, S. 132; Escudero, Representatividad, 1990, S. 55 ff.; Casas, Representación, REST 1990, N° 10, S. 101 (104 ff.); krit.: Borrajo, Obligatoriedad, RPS N° 126, 1980-I, S. 5 (31 ff.).* Neuerdings muss wegen der Neuordnung des Wahlsystems zur EinhVertr. und Dezentralisierung der Staatsverwaltung monatl. durch die Autonomen Gemeinschaften (≅ Länder) die Repräsentativität der Tarifabschlüsse tätigenden GewerkS neu festgestellt werden. Deshalb sind keine allgemeinen Zahlen mehr zur Feststellung der Repräsentativität erhältl., da die Wahlen heute nicht mehr, wie früher übl., innerhalb eines Trimesters, sondern über das Jahr hinweg verstreut durchgeführt werden. Die Repräsentativität kann sich also von Tag zu Tag ändern. Zur ordnungsgemäßen Beschickung der Verhandlungskommission ist es also notwendig, an dem Tag ihrer Einrichtung eine Amtserkundigung bei der zuständigen zentralstaatl. oder autonomen Stelle im jeweiligen Arbeitsministerium über die aktuelle Verteilung der EinhVertr.-Posten in der konkreten Branche einzuholen: *Reglamento de elecciones a órganos de representación de los trabajadores en la empresa, aprobado por RD 1.844/1994, de 9 de sept. (RER); Art. 75.7 i.V.m. 11. Zusatzvorschrift Arbeitnehmerstatut. Zu den Änderungen durch das „Gesetz 11/1994" im Bereich der Wahlen zur EinhVertr.: Matía, Elecciones, VV.AA., Reforma, 1994, S. 221 (230 ff.); Escudero, Sindicatos, in: VV.AA., Reforma, 1995, S. 517 ff. Vgl. zum Wahlverfahren: Molero, DerSind, 1996, S. 363 ff.; Abele, TarifR, Diss.,*

dieren in den Einheitsvertretungen ihre Listenvertreter, wobei sich aber auch durchaus Außenseiter, d.h. freie Arbeitnehmer, die keiner Gewerkschaft angehören, zur Wahl stellen dürfen.[427] Diese Wahlen werden oft im juristisch ungenauen Sprachgebrauch als „Gewerkschaftswahlen“ (*elecciones sindicales*) und nicht, wie es richtig wäre, als „Einheitsvertretungswahlen“ bezeichnet.[428] Der Oberbegriff „*Einheitsvertretung*“ bezeichnet dabei Organe der gesetzlichen Interessenvertretung, die nach bundesrepublikanischem Sprachgebrauch ungefähr dem Betriebsrat entsprechen.[429] Die Zuständigkeiten und Unterschiede zwischen Betriebsrat und Einheitsvertretung sind weiter unten näher herausgearbeitet.[430] Spanienweit gibt es dabei um die 230.000 Einheitsvertretungsposten zu verteilen.[431]

Die herrschende Ansicht und auch das Verfassungsgericht rechtfertigt diese Methode mit folgenden Worten:[432]

> „Das Bestehen eines Systems mit Gewerkschaftspluralismus ... wirft das Problem auf, wie ermittelt werden kann, welchen von diesen [*Gewerkschaftszentralen*] die eigentliche Wahrnehmung der Arbeitnehmerinteressen zusteht; dieser Aufgabe wäre ... spürbar Schaden zugefügt, wenn sie allen Gewerkschaften in gleicher Weise zugestanden würde. Deswegen nutzte der Gesetzgeber als Kriterium zur Auswahl der repräsentativeren Gewerkschaft das der Wahlgefolgschaft in der Wahl zu den Organen der Einheitsvertretung.“

1996, S. 9 ff., Fn. 30, S. 146 ff. Vgl. zur Eintragungspflicht span. GewerkS in das Register: Real Decreto 873/1977: Depósito de Estatutos de Asociaciones Sindicales, BOE 28.04.1977. Der zur Feststellung der Repräsentativität maßgebl. Ztp. ist nach der Reform mit „Gesetz 11/1994“ der, zu dem die Verhandlungskommission gebildet wird. Manchmal werden vor den Wahlen, die die Kräfteverhältnisse ändern, noch statutarische TV abgeschlossen von Parteien, die anschließend nicht mehr die erforderl. Repräsentativität inne haben, was aber für die Wirksamkeit der unterzeichneten statutarischen TV unbeachtlich ist, vgl. Art. 89.1 Satz 2, 88.1, 87.1, 75.7 Arbeitnehmerstatut, 1. Zusatzvorschrift LOLS; Iglesias, Eficacia, EdJ, RC 1994, N° 11, S. 261 (269); STS 05.10.1995, RJ 8667. Zur früheren Rechtslage: STS 23.11.1993, RJ 8932. Nach dem „Gesetz 11/1994“: Camps, Mercado, 1994, S. 263 ff. (XI, Rn. 119 ff.); Cebrián, Medición, RC 1994, N° 11, S. 237 ff.

Den Antrag auf Wahl zu den EinhVertr. (promoción/convocatoria) stellen die repräsentativeren GewerkS nach Art. 6.3.e), 7.1, 7.2 LOLS.

[427] *Alonso/Casas, DTrab, 1998, S. 179 (Cap. 6/V/E/c).*

[428] Vgl. auch *Führer-Ries, GewerkS, 1991, S. 13 f.*

[429] Zur Geschichte der „EinhVertr.“ in Spanien: *Cruz, Empresa, 1992, S. 45 ff. Vgl. Fn. 35.*

[430] Vgl. S. 124 ff.

[431] Zur Zahlenangabe: *Ojeda, Compendio, 1998, S. 136 (Cap. 7/A/b/2).*

[432] STCo 10.11.1982, RTCo 65 (f.j. 3.°); *Rodríguez-Sañudo, Negociación, in: VV.AA., Derecho, 1980, S. 337 (355 ff.); VV.AA., GewerkS-Bewegung, Europ. GewerkS-Institut, Info 17, 1986, S. 16 ff.; Marín Arce, a.a.O., S. 79.*

Ähnlich wie in Deutschland ehemals die Unterscheidung zwischen „Betriebsobmann" und „Betriebsrat" bestand[433], lässt sich der Oberbegriff „Einheitsvertretung" alternativ noch einmal in den oder die *„Belegschaftsdelegierten"* (*Delegado/-s de personal*) sowie das *„Betriebskomitee"* (*Comité de empresa*)[434] unterteilen. Beide Organe haben vollkommen gleich ausgestaltete Kompetenzen und die einzige Differenz besteht darin, dass Belegschaftsdelegierte aus der Belegschaft von *Kleinbetrieben*[435] und Betriebskomitees aus der Belegschaft von *Großbetrieben*[436] gewählt werden.[437] Die Amtsperiode in der Einheitsvertretung dauert grundsätzlich vier Jahre.[438]

(bb) Gesetzliche Prozentzahlen zur Repräsentativität

Um den „Ritterschlag" der Repräsentativität zu erhalten, sind folgende Zahlen notwendig:[439]

---

[433] Heute: „Einköpfiger" oder „eingliedriger BRat" nach § 9 BetrVG. Der Begriff „Betriebsobmann" entfiel 1989 aus Gründen geschlechtsneutraler Terminologie.

[434] *„Empresa" ist nach der juristischen Fachsprache eigentl. die Bezeichnung für „Unternehmen". „Betrieb" heißt nach der Legaldef. in Art. 1.5 Arbeitnehmerstatut auf span. „centro de trabajo" (Arbeitszentrum). Damit müsste man das comité de empresa mit Unternehmenskomitee übersetzen, was im dtsch. allerdings seinen Sinn verfehlen würde, da es gerade nicht von der Unternehmens-, sondern von der Betriebsbelegschaft gewählt wird (Art. 63.1 Arbeitnehmerstatut). Es handelt sich um eine „schludrige" Gesetzgebungstechnik, womit deutl. wird, dass dies nicht nur dem dtsch. Gesetzgeber in moderneren Gesetzeswerken vorwerfbar ist: Albiol, Comités, 1992, S. 18 ff.; Sáez, Representación, 1992, S. 132 ff.; Molina/Olarete, Grupos, in: VV.AA., XI Jornadas, 1994, S. 101 (119); Ramírez Martínez, Secciones, DL 1987, N° 22, S. 35 (37). Vgl. Fn. 682. Zum Betriebsbegriff im span. Recht: Sala, DTrab, 1997, S. 255 f. (Tema 5/2/B); Miñambres, Centro, 1985, S. 24 ff., 135 ff., der zudem darauf hinweist, dass auch im span. ArbR eine exakte Def. des Unternehmensbegriffes fehlt (S. 61 ff.). „Das Unternehmen ist eine Organisationseinheit aus einer Gesamtheit an sächl. und menschl. Ressourcen, welche durch den ArbG geleitet wird und zur Erreichung eines Zieles, üblicherweise der Produktion oder Herstellung von Gütern oder Leistung von Diensten, dient.": Alonso/Casas, DTrab, 1998, S. 170 ff. (Cap. 6/III); Sala, a.a.O., S. 254 f. (Tema 5/2/A); Cruz, Empresa, 1992, S. 30 ff.; Rodríguez-Piñero Royo, Representación, RL 1993-I, S. 12 (14); Ojeda, Compendio, 1998, S. 310 (Cap. 18/A/b/1/a); Schnelle, Europ. BRat, 1999, S. 41 ff.*

[435] Art. 62.1 Arbeitnehmerstatut: Zwischen 10 (bzw. 6) und weniger als 50 ArbN. Vgl. zu solchen Kleinbetrieben unter 10 Beschäftigten: STSJ Navarra 15.03.1991, JS-If, t. V, 1991, N° 2.327, S. 224 ff.; *Iglesias, DerSind, 1996, S. 59 ff.*

[436] Art. 63.1 Arbeitnehmerstatut: Ab 50 ArbN. Vgl.: *Iglesias, DerSind, 1996, S. 61.*

[437] Art. 62.2 Satz 1 i.V.m. 63 ff. Arbeitnehmerstatut.

[438] Art. 67.3 Satz 1 Arbeitnehmerstatut, 2. Zusatzbestimmung *LOLS. EinhVertr.-Posten können verlängert werden, was für die Bestimmung der gewerkschaftl. Repräsentativität jedoch unbeachtl. ist: 4. Zusatzbestimmung LOLS; Escudero, Representatividad, 1990, S. 91 ff.*

[439] Nimmt man es ganz genau, so ist zu unterscheiden zwischen der: a) *repräsentativeren GewerkS (sindicato más representativo), welche auf gesamtspan. Gebiet oder dem der Autonomen Gemeinschaft auf die notwendigen Prozentzahlen an EinhVertr.-Posten gelangt und neben dem Recht, statutarische TV abschließen zu dürfen, nach Art. 131.2 Verfassung und Art. 6 LOLS auch Zugang zu staatl. Beratungsgremien (sog. participación institu-*

- für Tarifverträge auf gesamtspanischem Gebiet:
  - 10% der nationalweit zu vergebenden Einheitsvertretungsposten für eine gesamtstaatlich auftretende Gewerkschaft[440] oder
  - 10% der in einer Autonomen Gemeinschaft (≅ Land[441]) zu verteilenden Einheitsvertretungsposten sowie eine fixe Zahl von 1.500 Posten für eine allein in der Autonomen Gemeinschaft tätige Gewerkschaft[442];

---

cional), wie dem Nationalen Beratungsausschuss für TV (CCNCC), dem anteilig aus Vertretern repräsentativer GewerkS, ArbG-Verbände, Fischerei und Landwirtschaft zusammengesetzten Wirtschafts- und Sozialausschuss (CES), Nationalen Arbeitsamt (INEM), den Gremien der EG oder der IAO hat. Ihr sind ferner öffentl. Immobilien abzutreten, sie darf den Ztp. für die Wahlen zu den EinhVertr. beantragen usw.; b) ausreichend repräsentative GewerkS (sindicato suficientemente representativo), die nach Art. 7.2 LOLS in einer Branche auf die 10% gelangen (sei es gesamtstaatl. oder z.B. auch nur für die Provinz Valencia) und nur statutarische/außerstatutarische TV aushandeln darf, nicht dagegen aber Zugang zu o.g. Beratungsgremien hat und keine „Ausstrahlungswirkung" verleihen kann usw.; c) GewerkS mit einem oder mehreren Mitgliedern in der EinhVertr., die unter den erforderl. 10% liegen, aber vielleicht einen einzigen Einheitsvertreter über ihre Liste erlangen konnte. Nach Art. 8 LOLS stehen auch ihr einige Rechte zu; d) MinderheitsgewerkS (sindicato minoritario) ohne EinhVertr.-Posten, welche keine Rechte in Anspruch nehmen können: Montoya, Probleme, Informaciones I/1987, S. 57 (59 ff.); Sala/Albiol, DerSind, 1998, S. 281 ff. (Tema 4); Valdés, Legitimación (I, II y III), RL 1994-I, S. 54 ff.; Ojeda, Compendio, 1998, S. 77 ff. (Cap. 4/A/b). Näher zu den Gremien: García Blasco, Comisión, RMTAS 1997 (3), S. 255 ff.; Durán, Consejo, RMTAS 1997 (3), S. 185 ff. Immer stärkere Bedeutung erlangt auch die „paritätische Kommission" (comisión paritaria), deren Errichtung zu dem erforderl. „Mindestinhalt" eines statutarischen TV zählt, Art. 85.2.e) Arbeitnehmerstatut (zur Historie: Stoye, ArbR, 1928, S. 60 ff., 66 ff.). Meist handelt es sich dabei um ein 2 bis 9 Mann starkes Gremium, welches schon an den Tarifverhandlungen beteiligt war und deswegen mit der Materie gut vertraut ist. Wurde ihr ehem. nur die Fähigkeit zur Interpretation von unklaren Passagen des statutarischen TV oder außergerichtl. Schlichtung eingeräumt, so nimmt sie mittlerweile, bei entspr. tarifl. Aufgabenübertragung, auch die normative Neufestlegung von Löhnen oder ArbZ wahr. Dabei kann es dann z.B. zu folgender Situationen kommen: Die mit 43 % eigentl. repräsentative GewerkS CC.OO. weigert sich den statutarischen TV zu unterschreiben. Dieser wird jedoch von UGT mit 47% und USO mit 10% unterzeichnet und gilt damit allgemeinverbindl. Vom obligatorischen Inhalt her sieht er kein Fristende vor und gilt deswegen „ewig". In ihm verpflichten sich die beiden GewerkS UGT und USO eine periodische Überarbeitung sowie Neufestlegung der Arbeitsbedingungen vorzunehmen. Hat nun die CC.OO. einen Anspruch darauf, in der „paritätischen Kommission" vertreten zu sein oder darf sie ausgeschlossen werden? Das VerfG fordert bei einer paritätischen Kommission, welche mit normativer Wirkung die Arbeitsbedingungen verändern darf, ein Zugangsrecht für die repräsentative GewerkS, obwohl jene nicht Parteien des vorherigen statutarischen TV war. Vgl. Valdeolivas, Antisindicalidad, 1994, S. 347 ff.; Martínez Emperador, Interpretación, DL 1984, N° 12, S. 47 ff. Vgl. ferner die ASEC vom 25.01.1996, BOE 08.02.1996, in: RL 1998, Supl. especial und deren Durchführungsverordnung RASEC. Siehe das AINC der CEOE, CEPYME und CC.OO., UGT vom 28.04.1997, abgedr. in: ABC 09.04.1997, S. 61. Zu weiteren Aspekten der paritätischen Kommissionen: Ballester/Altés, Comisiones, RL 1996, N° 19, oct., S. 32 ff.

440 Siehe: Art. 87.2.*a) Arbeitnehmerstatut, 6 LOLS.*

441 *Montoro, Spanien, DÖV 1987, S. 85 ff.; Ibán, Einführung, 1995, S. 82 ff.; Schütz, Spanien, Demokratie und Recht 2/1983, S. 162 ff.*

442 Siehe den neuen Art. 87.4 Arbeitsnehmerstatut i.V.m. 7.1 *LOLS. Mit dieser Regelung sollen die nationa-*

- für Tarifverträge auf dem Gebiet der Autonomen Gemeinschaften (≅ Länder):
  - 15% der in der Autonomen Gemeinschaft zur Wahl freistehenden Einheitsvertretungsposten sowie eine fixe Zahl von 1.500 Posten für eine allein in der Autonomen Gemeinschaft tätige Gewerkschaft[443];
- für Tarifverträge, die sich auf einen kleineren räumlich-funktionellen Raum erstrecken sollen (z.B. eine Branche in einer Provinz[444]):
  - 10% ihrer Einheitsvertretungsposten.[445]

Konnte eine Gewerkschaft für einen räumlichen Geltungsbereich den Repräsentativitätsstatus erobern, ist sie automatisch auf diesem sowie auf den darunterliegenden Ebenen tariffähig.[446] Die Repräsentativität entsteht folglich oben und *„fließt vom Gipfel nach unten, gleich dem Wasser des afrikanischen Bergmassives Kilimandscharo"*.[447]

Kritik erzeugt diese auf den ersten Blick kaum spektakulär erscheinende Regelung deshalb, weil durchaus Situationen vorstellbar sind, in denen eine Gewerkschaft in dem Industriezweig einer *Provinz* oder *Autonomen Gemeinschaft*, mangels ausreichenden

---

listischen und zumeist allein in ihrer Autonomen Gemeinschaft erfolgreichen GewerkS, wie die baskische ELA-STV oder galizische CIG, zu Tarifverhandlungen auf nationaler Ebene befähigt werden. Dies bedeutet nicht etwa, dass sie allein solch einen statutarischen TV für den Gesamtstaat abschließen könnten (weil ihnen in der Praxis die dazu erforderl. Stimmenmehrheit fehlen wird), aber zumindest kommt ihnen das Recht zu, in der Verhandlungskommission an der Seite einer auf gesamtstaatl. Gebiet repräsentativen GewerkS (UGT, CC.OO.) vertreten zu sein und an den Verhandlungen teilnehmen zu dürfen. Wird solchen GewerkS dieses Recht vorenthalten, gilt der so zustande gekommene TV als „fehlerhaft" und somit als „außerstatutarisch": STCT 11.02.1987, RTCT 4548 (dort wurden die beiden repräsentativen und damit berechtigten GewerkS UGT und CC.OO. vom Recht zur Führung von provinziellen Tarifverhandlungen ausgeschlossen und allein die ELA-STV unterzeichnete den TV mit dem ArbG-Verband). STCT 29.01.1987, RTCT 2048: Auch hier wurden CC.OO., UGT sowie die baskisch-nationalistische GewerkS LAB von Tarifverhandlungen ausgeschlossen und allein ELA-STV unterschrieb den ProvinzTV. Suárez González, Visión, RFDUC 1985, N° 7, S. 37 (44 f.); Escudero, Comunidad, DL 1991, N° 34, S. 67 (77 ff.); Camps, Mercado, 1994, S. 32 (Rn. 3.1); Ojeda, DerSind, 1995, S. 222, Fn. 29; Sala, Reforma, 1994, S. 236 (Rn. VI.2.2.1.3.°); de la Villa/García/García-Perrote, Instituciones, 1991, S. 194. Zum Anspruch einer GewerkS in Kantabrien (APECASYC) an der Ausarbeitung eines gesamtstaatl. TV Mitglied in der Verhandlungskommission vertreten zu sein: SAN 11.07.1991, JS-If, t. V 1991, N° 2.461, S. 430 ff.

[443] Art. 87.2.*b) Arbeitnehmerstatut, 7.1 LOLS. Die fixe Zahl von mindestens 1.500 EinbVertr.-Posten, wirft Probleme bei GewerkS auf, die sich in einer besonders kleinen Autonomen Gemeinschaft zur Wahl stellen, wie z.B. in „La Rioja", in der es nicht mehr als insgesamt 1.300 EinhVertr.-Posten gibt: Suárez González, a.a.O., S. 37 (44).*

[444] Die autonome Gemeinschaft *„Andalusien" ist in 8 Provinzen unterteilt, wie die von Sevilla, Granada, Córdoba, Málaga usw. Am ehesten sind sie vergleichbar mit den dtsch. Bezirken, d.h. also, dass sie kleiner sind als die Tarifregionen von z.B. Nordwürttemberg/Nordbaden.*

[445] Art. 87.2.*c) Arbeitnehmerstatut und 7.2 LOLS.*

[446] *„Quien puede lo más puede lo menos." Vgl. Art. 6.3 LOLS; Diéguez, Negociación, in: VV.AA., Cuestiones, 1990, S. 237 (248).*

[447] *Alonso Olea, Libertad, RFDUC 1985, N° 7, S. 17 (33).*

Wahlzuspruches, die notwendigen Prozentzahlen an Einheitsvertretungsposten verpasst und dort eigentlich nicht repräsentativ ist. Gewinnt nun aber dieselbe Gewerkschaft aufgrund ihres Wahlzuspruches auf *gesamtspanischer* Ebene genügend Einheitsvertretungsposten, so darf sie trotz ihrer eigentlich fehlenden Repräsentativität in dieser Branche der Provinz oder Autonomen Gemeinschaft statutarische und damit allgemeinverbindliche Tarifverträge vereinbaren. Sie hält diese Befugnis in den Händen, obwohl dort möglicherweise eine wirklich repräsentative, aber eben allein in dieser Provinz oder Autonome Gemeinschaft beschränkte Gewerkschaft die Marschroute vorgeben will.

An diesem Punkt wirft das Nationalitätenproblem Spaniens seine langen Schatten selbst in das Arbeitsrecht, da derartige Konstellationen in der Autonomen Gemeinschaft des Baskenlandes und Navarra auftreten können. Dort befürchtet die stark vertretene nationalistische Regionalgewerkschaft *„Euzko Languillen Alkartasuna – Solidaridad de Trabajadores Vascos“ (ELA-STV)*[448] seit jeher ein Einmischen in die „vaterländisch-baskischen“ Angelegenheiten von Seiten der nationalweit auftretenden Konkurrenzgewerkschaften *UGT* sowie *CC.OO.* und warnt vor der Gefahr einer *„Gewerkschaftsdiktatur“* durch diese beiden Zentralen[449]. Mit Reform von 1994-1995 reagierte das spanische Parlament schließlich und führte zur Beschwichtigung der baskischen Autonomiebestrebungen die weiter unten besprochenen *„Desaffektierungsabkommen“* ein.[450]

(cc) Anschluss einer nichtrepräsentativen an eine repräsentative Gewerkschaft und „Ausstrahlungswirkung“

Ferner darf sich eine Gewerkschaft einer anderen Gewerkschaftszentrale, die gesamtstaatlich oder auf dem Gebiet einer Autonomen Gemeinschaft schon für repräsentativ befunden wurde, *„anschließen“*.[451] Dies wird dann praktiziert, wenn eine kleinere Gewerkschaft bei den Wahlen zur Einheitsvertretung zu wenig Posten erobert und ihr das Gütesiegel „Repräsentativität“ verweigert werden muss. Damit solch eine nichtrepräsentative Minderheitsgewerkschaft dennoch *statutarische* und damit allgemeinverbindliche Flächentarifverträge abschließen kann, darf sie einer auf nationalem oder autonomem Gebiet schon für repräsentativ befundenen Gewerkschaftszentrale beitreten. Deren Repräsentativität wirkt dann auf sie hinüber, was mit *„Ausstrahlung“* bezeichnet wird und nichts anderes als eine Repräsentativitäts*fiktion* zugunsten dieser eigentlich nichtrepräsentativen Minderheitsgewerkschaft darstellt.[452] Daneben werden die Wahlergeb-

---

[448] Einen kurzen geschichtl. Überblick über die *ELA-STV bietet: Molero, DerSind, 1996, S. 81, Fn. 22.*

[449] *Alonso Olea, Libertad, RFDUC 1985, N° 7, S. 17 (33); Alonso García, Convenios, in: VV.AA., I Congreso, 1980, S. 35 (47, 52)*

[450] Vgl. unten auf S. 124 ff.

[451] Sog. *„afiliación“. Vgl. Art. 28.1 Satz 3, 2. HS Verfassung, 6.2.b), 7 LOLS, 87.2.a) Arbeitnehmerstatut.*

[452] *Irradiación, die manchmal auch als „uneigentl.“, „abgeleitete“, „untergeordnete“ oder „unterstellte“ Repräsentativität bezeichnet wird (representatividad impropia/derivada/subordinada/presumida). Iglesias, Acción, DL 1987, N° 23, S. 25 (36 ff.); Casas, Representación, REST 1990, N° 10, S. 101 (104 ff.);*

nisse der nicht repräsentativen Kleingewerkschaft der für repräsentativ befundenen Großgewerkschaft zugerechnet, d.h. sie erhöhen deren Repräsentativität und werden ihr selbst dann zugeschrieben, wenn die nichtrepräsentative Kleingewerkschaft unter fremdem Namen zu den Einheitsvertretungswahlen angetreten ist.[453]

Sinn und Zweck jener im Schrifttum umstrittenen und in der Praxis insbesondere Anfang der achtziger Jahre häufig in Anspruch genommenen Ausstrahlung liegen auf der Hand:[454] Mit ihr soll eine Zentralisierung der Tarifstrukturen hin zu den großen Gewerkschaftsbünden und weg von der ehemals für Spanien typischen Atomisierung mit nichtrepräsentativen Kleingewerkschaften der Weg geebnet werden.[455]

Diese „Ausstrahlungswirkung" verstärkt neben verfassungsrechtlicher Kritik aus der Literatur[456] den sowieso schon „faden" Beigeschmack hinsichtlich einer Bemessungsgrundlage zur Feststellung einer gewerkschaftlichen Repräsentativität nach der Anzahl der eroberten Einheitsvertretungsposten. „Fad" m.E. deshalb, weil auch in Spanien die Einheitsvertretung eigentlich die Aufgabe hat, das Direktionsrecht des Arbeitgebers zu beschränken.[457] Mit der Kopplung ihrer Wahl an die Feststellung der sozialen Macht und Repräsentativität einer Gewerkschaft werden zwei Bereiche vermischt, welche im Grunde nichts miteinander zu tun haben und es wird eine Instrumentalisierung der Verzahnung dieser zwei Bereiche erreicht.[458] Auf der einen Seite steht die Einheitsvertretung mit ihrer Zielvorgabe, die Belegschaft insgesamt zu vertreten und auf Firmenebene ein Gegengewicht zur vermuteten Übermacht des Arbeitgebers zu bilden, auf der anderen Seite befinden sich die Gewerkschaftszentralen, deren Anliegen auf überbetrieblicher Ebene darin liegt, in großem Maßstab über sozialen Gegendruck, die Arbeitsbedingungen der Arbeitnehmer zu verbessern.[459] Gewährt der Gesetzgeber nun

---

Abele, TarifR, Diss, 1996, S. 148.

[453] *Martínez Emperador, Partes, in: Negociación, t. III, CDJ 1992, S. 53 (88 ff.); Molero, DerSina, 1996, S. 79 ff.; García Murcia, Organizaciones, 1987, S. 93 ff., 113 ff., 237 ff. Vgl. Art. 87.2 a) und b) Arbeitnehmerstatut, 7.1 LOLS.*

[454] Vgl.: *Montoya, Probleme, Informaciones I/1987, S. 57 (60); Ojeda, Sturz, in: VV.AA., Bet-Politik, 1982, S. 106 (110 ff.).* Freil. für verfassungsmäßig erklärt, da *„die Repräsentativität aufgrund der Mitgliedschaft nicht der einzige Maßstab ist...": STCo 29.07.1985, RTCo 98 (f.j. 7.°/12.°/13.°).*

[455] STCo 29.07.1985, RTCo 98 (f.j. 12.°): Legitimes Ziel des Gesetzgebers sei es, Organisationen zu fördern *„mit großem räuml. (staatl. oder autonomen) und funktionellen Wirkungsbereich (branchenübergreifenden), der die Anwesenheit in jedem konkreten Geltungs- und Aktionsbereich im allgemeinen ArbN-Interesse sicherstelle ggü. einer gewerkschaftl. Atomisierung." Vgl.: Alonso/Casas, DTrab, 1998, S. 600 f. (Cap. 25/II/C) und 615 (Cap. 24/IV/B/a); Casas, Democracia, in: VV.AA., Cuestiones, 1990, S. 589 (607 ff.); dies., Representatividad, REDT 1988, S. 71 (78); dies., Representación, REST 1990, N° 10, S. 101 (103); Escudero, Representatividad, 1990, S. 186 ff.; García Becedas, Interés, in: VV.AA., Cuestiones, 1990, S. 875 (879).*

[456] Die Ausstrahlungswirkung der Repräsentativität sei nicht mehr von Art. 28.1 und 37.1 Verfassung gedeckt: *García Murcía, Organizaciones, 1987, S. 237 ff.; Escudero, Eficacia, REDT 1980, N° 1, S. 141 (146); Sagardoy, Eficacia, 1981, S. 19 ff.; Sala, Representación, RL 1990-II, S. 152 (157).*

[457] Vgl. Art. 5.c*), 20.2 Arbeitnehmerstatut: Aramendi, Poder, PJ 1998, N° 49, S. 731 (737 ff.).*

[458] *„Zwei Gesichter, zwei Ziele": Matía, Elecciones, VV.AA., Reforma, 1994, S. 221 (228).*

[459] Vgl.: *Casas, Democracia, in: VV.AA., Cuestiones, 1990, S. 589 (608); dies., Representación, REST 1990,*

noch die Möglichkeit zur „Ausstrahlung", so abstrahiert sich die Repräsentativität immer stärker von der ihr eigentlich zugedachten Aufgabe, welche ursprünglich einmal darin bestand, die „reale Mächtigkeit" einer Gewerkschaft auszuloten. Dies führt dazu, dass allein wegen der Ausstrahlungswirkung einer eigentlich sehr kleinen und nichtrepräsentativen Gewerkschaftszentrale, die beispielsweise in einer Branche kaum Posten in den Einheitsvertretungen erobern konnte, immerhin die Fähigkeit zugestanden wird, allgemeinverbindliche Flächentarifverträge abzuschließen und mit dieser Wirkung selbst Nichtorganisierte zu erfassen. Dies stellt eine zu weit gehende Befähigung der eigentlich nichtrepräsentativen Kleingewerkschaft dar, die sich einer für repräsentativ befundenen Großgewerkschaft angeschlossen hat, die nach Ansicht des Verfassers schon am Rande der Rechtsstaatlichkeit anzusiedeln ist. Die reale Repräsentativität wird zu einem bloßen „Alibi-Vorwand", um den eigentlichen Zweck, nämlich eine Zentralisierung der Gewerkschaftslandschaft auf äußerst *„subtile Weise zu verdecken"*.[460]

(dd) Negative Konsequenzen der Ausrichtung an den Wahlen zur Einheitsvertretung

Als äußerst bedenkliche Sekundärfolge dieser Verquickung unterschiedlicher Aufgabenbereiche im Repräsentativitätssystem setzen die Gewerkschaften ihre gesamte Energie daran, möglichst viele Einheitsvertretungsposten mit teilweise zweifelhaften „Schachzügen" zu erobern und versäumen es, mehr Mitglieder über attraktivere Programme oder Service-Funktionen anzulocken.[461] Die *UGT* sowie *CC.OO.* sollen nach eigener inoffizieller Auskunft nur jeweils um die 700.000 bis 800.000 Mitglieder besitzen[462] und selbst von Anwälten der beiden Zentralen hört man Äußerungen, wonach Mitglieder sogar als „lästig" empfunden werden, was einer von mehreren Gründen ist, der die traditionell geringe Mitgliederzahl spanischer Gewerkschaften in Höhe von 11 bis 15% erklärt.[463] Dieses Fixieren auf die Einheitsvertretungsposten führt zu einer äußerst starken „Vergewerkschaftlichung" der formell eigentlich unabhängi-

---

N° 10, S. 101 (101, 107 ff.).

[460] *Barrionuevo, Sindicatos, in: VV.AA., Trabajo, 1980, S. 117 (122 ff.); Pérez-Espinosa, Relación, REDT 1983, S. 521 (526 f.); Casas, Democracia, in: VV.AA., Cuestiones, 1990, S. 589 (607).*

[461] Vgl.: *Folguera, Autonomía, RL 1993-II, S. 1266 (1271 ff.). Borrajo, Sindicatos, RFDUC 1984, N° 7, S. 143 (158 f.); ders., Introducción, 1996, S. 187 (Lec. XIV-VII/d_1 und d_2); ders., Obligatoriedad, RPS 1980, N° 126, S. 5 (32); Escudero, Representatividad, 1990, S. 94 f.; Ojeda, Compendio, 1998, S. 78 (Cap. 4/A/b/1)*

[462] Folgl. weist Spanien auch eine der niedrigsten Mitgliederquoten Europas auf. Nach *Rivero allein 11 %: Flexibilización, DL 1998, N° 56, S. 19 (23). Vgl. die Zahlenangaben bei Hamann: 1978 – 54,37%/ 1980 – 22,23%/ 1982 – 11,50%/ 1984 – 11,35/ 1986 – 13,82%/ 1988 – 16,70%: Afiliación, CRL 1993, N° 3, S. 107 (107, 111).*

[463] *Valdés, Modelo, in: VV.AA., Negociación, 1982, S. 17 (78 ff.).*

gen Einheitsvertretung[464] und so gehören mittlerweile circa 96% der Mitglieder der Einheitsvertretung einer Gewerkschaft an, d.h., dass also nur ca. 4% der Einheitsvertretungsposten keiner Gewerkschaft zugeordnet werden können.

Auf *UGT* sowie *CC.OO.* entfallen wiederum ungefähr 80% der Einheitsvertreter[465] und dies führt zu weiter unten beschriebenen Problemen auf Betriebsebene, da die beiden Gewerkschaftsblöcke nicht selten ihre Streitigkeiten in die Einheitsvertretungen hineintragen und sich dann selbst auf niedrigster Ebene dogmatisch verhärtete Fronten gegenüberstehen können.[466]

Heute lässt sich im Hinblick auf die gewerkschaftlichen Kräfteverhältnisse eine Zweiteilung in die sozialistische *UGT* und die kommunistische *CC.OO.* feststellen.[467] Dieser „Bi-Syndikalismus" stellt den eigentlichen Grund dafür dar, weshalb das gesetzliche Tarifsystem ernsthaften Zerreißproben ausgesetzt ist und die Figur des außerstatutarischen Tarifvertrags erfunden werden musste.

(ee) Reale Kräfteverteilung bei den Gewerkschaften in Spanien

Bei den Wahlen zur Einheitsvertretung erreichen beide Zentralen seit der ersten freien Wahl von 1978 in annähernd gleich bleibender Größenordnung nachstehende Zahlen:[468]

- auf gesamtspanischem Gebiet:
  - *UGT* mit 42%;
  - *CC.OO.* mit 37%;
  - *USO* mit nicht ausreichenden 8%;
  - *CGT* mit ungenügendem 1%;

---

464 *Alfonso/u.a., Negociación, RevTreb 1992, N° 18, S. 143 (154); Falguera/Senra, Representaciones, RL 1996, N° 15, ago., S. 9 (28).*

465 *Cebrián, Medición, RC 1994, N° 11, S. 237 (239 f.); Alfonso/u.a., Negociación, RevTreb 1992, N° 18, S. 143 (154).*

466 Siehe unten S. 124 ff. *Ojeda, Autonomía, RL 1991-II, S. 311 (315); Casas/Baylos/Escudero, El ET, RL 1990-I, S. 182 (218); Rodríguez-Piñero/Rey, Workers, IJCLLIR, Bd. 1/1985, S. 67 (83 f.); García Abellán, Sindicalización, in: VV.AA., Seminario, 1984, S. 61 (63 ff.).*

467 *Bisindicalismo oder duopolio sindical: Escudero, Representatividad, 1990, S. 239 ff.; Marco, Negociación, RL 1995-II, S. 1323 (1331). Zum internen Aufbau sowie der GewerkS-Staffelung: Ojeda, Compendio, 1998, S. 61 ff. (Cap. 3/B/a); Führer-Ries, Sindicatos, 1996, S. 274 ff. = GewerkS, 1991, S. 235 ff., 86 ff.*

468 Im 1. Halbjahr 1997 ließen sich nach Pressemitteilungen folgende Repräsentativitätszahlen feststellen: *CC.OO. mit 37, 5 (= 87.230 EinhVertr.-Mitglieder), UGT mit 36,52 % (= 84.202), wobei die übrigen GewerkS 27,75 % unter sich verteilen mussten (= 62.131): Rivero, Flexibilización, DL 1998, N° 56, S. 19 (24). Vgl.: Kramer, Spanien, in: Bispinck/Lecher, Tarifpolitik, 1993, S. 370 (379 ff.)*

- auf dem Gebiet der Autonomen Gemeinschaften:
  - die baskische ***ELA-STV*** mit national nicht ausreichenden 2,9%, dagegen im Baskenland und Navarra mit tonangebenden 37,5%;
  - die galizische *CIG* mit national unbedeutenden 1,2%, in Galizien dagegen mit starken 22,5%;
- auf kleinerem räumlich-funktionellem Raum:
  - hier sind manchmal auch kleinere, in den jeweiligen Branchen vertretene Gewerkschaften repräsentativ.[469]

Insgesamt präsentierten sich noch 1990 Listenvertreter von 367 Gewerkschaften, von denen 219 Gewerkschaften mindestens ein Mandat erhielten.[470] An dem gesamten System der Repräsentativität lässt sich die Absicht erkennen, ausschließlich die beiden großen Gewerkschaftsblöcke zu fördern, was im Laufe der letzten Jahre auch zu einer in Spanien beklagten, allzu exzessiven Zentralisierung der Tarifverhandlung (*centralización total*) unter Vernachlässigung der speziellen Bedürfnisse des Unternehmens oder Betriebes geführt hat.[471]

> „Es wird allgemein die Einschätzung geteilt, dass das Gesetzesvorhaben [*Organgesetz über Gewerkschaftsfreiheit – LOLS*] versucht, die heute herrschende Gewerkschaftssituation herauszukristallisieren, in der zwei Gewerkschaften [*CC.OO., UGT*] den Ton angeben und zwei weitere auf der Ebene der Autonomen Gemeinschaft [*baskische ELA-STV, galizische CIG*]. Das meilenweite Auseinanderklaffen zwischen dem, was man in den Gesetzesmotiven erklärt [*Gewerkschaftspluralismus, keinerlei direkte oder indirekte Diskriminierung der verschiedenen Gewerkschaften, Dezentralisierung*] und dem, was im Gesetz niederlegt wurde, erreicht hier seine maximale Dimension.“[472]

---

[469] Wie die *USO, CGT, FETCIO bei Lebensmittelketten, Supermärkten etc., FASGA-UP in Großhandelsunternehmen, die ASEI, FITC, SEC, SIB etc. Vgl. näher zu den Berufs- und HausgewerkS: Serrano Carvajal, Tendencias, 1984, S. 39 ff.*

[470] *Abele; TarifR, Diss., 1996, S. 10.*

[471] Zu weiteren Faktoren, welche zur Zentralisierung führen, wie die über verschiedene Methoden herbeigeführte „Vergewerkschaftlichung“ der EinhVertr.: *García Abellán, Sindicalización, in: VV.AA., Seminario, 1984, S. 61 (63 ff.); STSJ Canarias, Las Palmas 29.09.1994, AS 3367 (f.j. 2.°); González Ortega, Reforma, in: VV.AA., Reforma, 1994, S. 335 (390 ff.); Martínez Noval, Sindicatos, REST 1990, N° 10, S. 8 (14 ff.); Serrano Carvajal, Tendencias, 1984, S. 67; Bernaldo, Consecuencias, BCE, dic. 1993, N° 57, S. 79 (79 ff.); Ruíz-Ogarrio, Negociación, BCE, dic. 1993, N° 57, S. 73 (75, 77 ff.).*

[472] *Plaza, Proyecto, Bol. AEDIPE marzo 1984, S. 7 (9).*

(b) Repräsentativität der Arbeitgeberverbände

In gleicher Weise entsendet die Arbeitgeberseite ihre Interessenvertreter in die Verhandlungskommission und auch hier dürfen sich nur repräsentative Verbände beteiligen.[473] Die Repräsentativität gesamtstaatlicher Arbeitgeberverbände bemisst sich danach, ob sie nationalweit zumindest 10% der Arbeitgeber „beherbergen", welche ihrerseits 10% der Beschäftigten unter Vertrag haben müssen.[474]

In dem Gebiet einer Autonomen Gemeinschaft benötigt ein Arbeitgeberverband zur Repräsentativität 15% der Arbeitgeber, welche 15% der Arbeitnehmer beschäftigen müssen.[475]

Auch ein Arbeitgeberverband eines kleineren räumlich-funktionalen Geltungsbereiches (z.B.: Branche in einer Provinz) muss 10% der Arbeitgeber vertreten, die wiederum 10% der Arbeitnehmer dieses Bereiches zu beschäftigen haben.

Seit der Reform des Arbeitnehmerstatuts von 1994 verlangt der Gesetzgeber zusätzlich, dass die in der Verhandlungskommission vertretenen Arbeitgeber noch mindestens die Mehrheit der vom beabsichtigten Tarifvertrag erfassten Arbeitnehmer beschäftigen.[476] Vor der Reform konnten ohne dieses Erfordernis nämlich viele Kleinunternehmer aufgrund ihrer Stimmenmehrheit in der Verhandlungskommission einen statutarischen Tarifvertrag gegen den Willen von Großunternehmern durchsetzen.[477] Nach erfolgreicher Lobby-Arbeit der Großunternehmer ist dies heutzutage den Kleinunternehmen *de facto* verwehrt, was gleichermaßen auf dieser Seite zu einer unerfreulichen Vernachlässigung ihrer Bedürfnisse geführt hat.[478]

Eine „*Ausstrahlung*" der Repräsentativität durch „Anschluss" eines nicht repräsentativen Arbeitgeberverbandes an einen für repräsentativ befundenen Arbeitgeberverband, wie bei den Gewerkschaften, ist für Arbeitgeberverbände gesetzlich nicht vorgesehen.[479]

---

[473] *Asociación empresarial, bzw. la patronal: García Murcia, Organizaciones, 1987, S. 123 ff.*

[474] Art. 87.3, 1.2, 6. Zusatzvorschrift Satz 1 Arbeitnehmerstatut sowie *„Gesetz 19/1977" vom 01.04.1977, welches das Recht der GewerkS-Freiheit regelt (Ley 19/1977, reguladora del derecho de asociación sindical), BOE 04.04.1977. Ferner ist ein ArbG-Verband einer Autonomen Gemeinschaft berechtigt, einen gesamtstaatl. TV auszuhandeln, wenn ihm 15 % der ArbG jener Autonomen Gemeinschaft angehören, die ihrerseits 15 % der ArbN unter Vertrag genommen haben. Vgl. den geänderten Art. 87.4 und die 6. Zusatzvorschrift Arbeitnehmerstatut.*

[475] Art. 87.4 a.E. i.V.m. 6. Zusatzvorschrift Satz 2, 3 und 4 Arbeitnehmerstatut; *Rivero, Contenidos, DL 1994, N° 43, S. 35 (60).*

[476] Art. 88.1 Arbeitnehmerstatut Satz 2 a.E.

Sog. Kriterium des *„Beschäftigungsgrades" (densidad laboral): Borrajo, Introducción, 1996, S. 188 (Lec. XIV-VIII); Camps, Mercado, 1994, S. 32 (Rn. 3.2).*

[477] *Ojeda, Compendio, 1998, S. 319 ff. (Cap. 18/B/b/2).*

[478] Von einer 180°-Wendung sprechend: *Valdés, Negociación, in: VV.AA., Reforma, 1994, S. 257 (269); Rivero, Contenidos, DL 1994, N° 43, S. 35 (58 ff.); Sala, Reforma, 1994, S. 236 (Rn. V. 2.2.1 2.°).*

[479] Vgl. STCo 21.03.1994, RTCo 92. *García Murcia verweist aber auf eine tatsächl. Einflussnahme durch angeschlossenen Kleinverbände (irradiación natural): Organizaciones, 1987, S. 137 f.*

(aa) Reale Kräfteverteilung bei den Arbeitgeberverbänden in Spanien

Derzeit vertritt auf nationaler Ebene der im Jahre 1977 gegründete Arbeitgeberverband *CEOE* schätzungsweise 1,3 Millionen Unternehmen, welche angeblich $^1/_3$ aller Arbeitnehmer beschäftigen sollen. Allein dieser Verband besitzt den Repräsentativitätsstatus für das gesamtspanische Gebiet und ist insofern tariffähig.[480]

Während bei den Gewerkschaften nach den Wahlen zur Einheitsvertretung offizielle Zahlen zur Feststellung der Repräsentativität vorliegen, sieht sich die Rechtsprechung bei den Arbeitgebern vor eine ganz pragmatische Schwierigkeit gestellt: Es gibt meist keine objektiven Informationen über sie mit Ausnahme von Datenquellen der Schatzkammer, gesetzlichen Sozialversicherung oder Handelskammer.[481] Die Gerichte müssen den Angaben der Arbeitgeberseite Glauben schenken, weshalb diese mithin in gewissem Grade die Repräsentativität untereinander „festlegen" können.[482]

Als Anekdote am Rande sei angemerkt, dass es auf nationaler Ebene zweifelhaft ist, ob die *CEOE* die Repräsentativitätskriterien wirklich erfüllt. Auch in Spanien bewahrheitet sich der Spruch *„wo kein Kläger, da kein Richter"*, weil die auf nationaler Ebene repräsentativen Gewerkschaften *UGT* und *CC.OO.* eine gerichtliche Prüfung tunlichst vermeiden. Würde ein Gericht nämlich die fehlende Repräsentativität der *CEOE* feststellen, so besäßen sie auf dieser Ebene keinen tariffähigen Gegenpart mehr und müssten hier folglich auf allgemeinverbindlich wirkende statutarische Tarifverträge verzichten. Juristische Relevanz entwickelt die Repräsentativität in der Regel jedoch nicht bei den Arbeitgeberverbänden, sondern bei den Gewerkschaften.

---

480 In den Zahlen, die von der *CEOE auf ihrer Internetadresse angegeben werden (http://www.ceoe.es/ceoe.htm), sollen ihr 1 Millionen privatrechtl. und öffentl.-rechtl. ArbG angehören, die sich ihrerseits auf 2.000 Basisorganisationen in über 170 Branchen- sowie Gebietsorganisationen aufteilen. Die von García de Blas genannten Zahlen einer CEOE-Mitgliedschaft von 68,43% der Arbeitgeber erscheinen übertrieben: Modelo, Bol.* AEDIPE *marzo 1984, S. 2 (4).*

481 VV.AA., Comentarios, 1998, Art. 88.2 (S. 382); STS 13.02.1996, RJ 1016; STS 14.02.1996, RJ 1017; *Rivero, Legitimación, RL 1992-II, S. 414 (420 ff.); Ojeda, Compendio, 1998, S. 84 (Cap. 4/A/d); Abele, TarifR, Diss., 1996, S. 149 ff.*

482 Auf Branchenebene mit nationalem oder provinziellem Geltungsbereich ergingen dagegen auch einige Male Gerichtsurteile, welche eine Überprüfung der Repräsentativität kleinerer ArbG-Verbände zum Ziel hatten. Zur Schilderung solch eines Falle vgl. S. 124 ff.; *Rey, Asociaciones, in: VV.AA., Relaciones, 1987, S. 41 ff.; STS 14.02.1996, RJ 1017; STS 13.02.1996, RJ 1016; STCT 30.09.1985, RTCT 5351; STCT 23.12.1986, RTCT 14651; STSJ Extremadura 30.09.1991, AS 5425; STS 25.05.1996, RJ 4674; SAN 01.04.1993, AS 5595; SAN 04.02.1991, AL 1991-2, N° 578, S. 1189 ff. und Kommentar von Oliet, Transformación, AL 1991-2, S. 1190 f.; STS 20.09.1993, RJ 6889.*

(2) „Zweiter Filter" – Mehrheitserfordernis bei Schlussabstimmung

Sowohl die Gewerkschaften als auch die Arbeitgeberverbände, die als repräsentativ anerkannt sind („erster Filter"), haben das Recht, in der sog. „Verhandlungskommission" vertreten zu sein, um einen statutarischen Flächentarifvertrag auszuhandeln.[483] Die von den jeweiligen Koalitionen entsandten Vertreter versammeln sich auf Gewerkschaftsseite in der sog. „Sozialbank" (*banco social*) und im Lager der Arbeitgeber in der sog. „Wirtschaftsbank" (*banco económico*).

Die (mitunter) verschiedenen in der Sozialbank vertretenen Gewerkschaften müssen nach dem Arbeitnehmerstatut zu ihrer wirksamen Bildung alle zusammen noch zusätzlich die absolute Mehrheit der Einheitsvertretungsposten aus dem Bereich, für den der statutarische Flächentarifvertrag gelten soll, auf sich vereinen.[484] Die (vereinzelt) verschiedenen in der Wirtschaftsbank versammelten Arbeitgeberverbände haben die Mehrheit der vom beabsichtigten statutarischen Flächentarifvertrag erfassten Arbeitnehmer zu beschäftigen. Erfüllt eine der beiden Seiten nicht dieses Erfordernis, so liegt schon ein „Fehler" bei der Errichtung der Verhandlungskommission vor, der das Zustandekommen eines statutarischen Flächentarifvertrags scheitern lässt.[485]

Beide Gremien setzen sich bei Flächentarifverträgen jeweils aus höchstens 15 Vertretern zusammen und sowohl die Sozial- als auch die Wirtschaftsbank muss dem Tarifentwurf zustimmen.[486] Nach der Reform von 1994-1995 ist heute zur wirksamen Annahme nicht mehr, wie früher eine qualifizierte Mehrheit von 60% erforderlich, sondern, um auf flexiblere Weise den Abschluss statutarischer Tarifverträge zu ermöglichen,[487] nur noch *„die Mehrheit einer jeder der beiden Vertretungen"* in jedem Gremium notwendig („zweiter Filter").[488]

Auf den ersten Blick erscheint unklar, ob sich „Mehrheit" auf das Abstimmungsverhalten der jeweils fünfzehn Vertreter in der Sozial- oder Wirtschaftsbank bezieht (pro Vertreter eine gleichwertige Stimme) oder auf die Prozentzahlen der Repräsentativität der Koalitionen, die hinter den die Koalitionen vertretenden Stimmen stehen (pro Vertreter eine nach der Repräsentativität, für die er steht, zu wertende Stimme).

Würde man ersteres annehmen, so stieße man schon im Rahmen der exakt proportio-

---

[483] Art. 87.5 Arbeitnehmerstatut, vgl.: *Ojeda, Compendio, 1998, S. 328 ff. (Cap. 19/A/c sowie d); STCo 20.06.1991, RTCo 137; Pérez Francesch, Composición, in: VV.AA., Constitución, 1992, S. 153 ff.*

[484] Art. 88.1 Satz 2 Arbeitnehmerstatut. Eine einzelne Gewerkschaft wird aufgrund der Kräfteverteilung, nach der *CC.OO. und UGT jeweils ca. 40 % der Einheitsvertretungsposten erlangen, nur selten dieses Erfordernis erfüllen.*

[485] Sollte dann dennoch in dieser makelbehafteten Verhandlungskommission „etwas" unterzeichnet werden, selbst, wenn die unterschreibenden Koalitionen dies fälschlicherweise als „statutarischen Tarifvertrag" betiteln würden, so würde es sich dann, da die Voraussetzungen des Arbeitnehmerstatuts nicht eingehalten sind, um einen „außerstatutarischen" Flächentarifvertrag handeln.

[486] Art. 88.3 Arbeitnehmerstatut.

[487] CES, RL 1994-I, S. 1409 (1430); *Alonso/Casas, DTrab, 1998, S. 834 f. (Cap. 29/I/D).*

[488] Art. 89.3 Arbeitnehmerstatut. Vgl. freilich noch zur alten Rechtslage: *Abele, TarifR, Diss., 1996, S. 150, 151 ff.*

nalen Beschickung im Verhältnis zur Repräsentativität auf große Probleme, weil beispielsweise bei fünf oder bei zehn an den Tarifverhandlungen beteiligten Koalitionen[489], die ihrerseits unterschiedliche Prozentzahlen an Repräsentativität auf sich vereinen, ein nicht genau anteiliges Verhältnis entstehen könnte.

Die ganz herrschende Meinung in Rechtsprechung und Literatur geht demnach davon aus, dass nicht die Kopfmehrheit der 15 Mitglieder entscheidend ist, sondern die Prozentzahlen, die hinter den die Koalitionen vertretenden Stimmen stehen.[490] Folglich kann eine Zustimmung von nur zwei Vertretern bei dreizehn dagegenstim-

---

[489] Die ihrerseits alle einen in Art. 87.5 Arbeitnehmerstatut niedergelegten Anspruch auf Vertretensein in der Verhandlungskommission haben.

[490] Aus der Praxis nach der alten Rechtslage, wo vor der Reform von 1994-1995 noch eine 60%-ige Zustimmung erforderlich war (heute nur noch über 50 %): Die *UGT erlangte 46,7 % und hatte 5 Vertreter in der 12-köpfigen Sozialbank der Verhandlungskommission. Die CC.OO. errangen 38,4 % und bekamen auch 5 Vertreter. Die USO kam auf 14,7 % und somit 2 Vertreter. Die Vertreter von UGT und USO (5 + 2 = 7) überstimmten die der CC.OO. mit ihren 5 Vertretern. Würde nun die Kopfmehrheit ausschlaggebend sein, so hätten UGT und USO jene mit 7 von insgesamt 12 Vertretern nicht erreicht, da 7 von 12 nicht 60 % darstellen, sondern allein 58,33 %. Nimmt man jedoch in richtiger Weise die für die Vertreter stehenden Prozentzahlen und addiert jene, so gelangen UGT und USO auf die vor der Reform von 1994 erforderl. 60 % Zustimmung (46,7 + 14,7 = 61,4 %), so dass der Tarifvertrag mit der gesetzlich eingeforderten Mehrheit angenommen wurde und statutarisch ist: STCT 20.09.1985, RTCT 5327; Martínez Emperador, Partes, in: Negociación, t. III, CDJ 1992, S. 53 (97, 98, ff.); STCo 20.06.1991, RTC 137 mit Bspr. in: Alonso Olea, Banco, N° 567, in: ders., JCo, t. IX, S. 459 ff.*

Bei Urteilen, die dennoch der anderen Ansicht folgten, war also die z.B. Sozialbank anteilig nach der exakten gewerkschaftl. Repräsentativität besetzt, so dass es gar nicht auf die zweite Sichtweise ankam: Suárez González, Relaciones, 1980, S. 202 ff.; Ojeda, DerSind, 1995, S. 705 f.; ders., Compendio, 1998, S. 329 ff. (Cap. 19/A/d); Castiñeira, Libertad, RL 1999, N° 1, S. 51 (55 ff.); García Blasco/Vallejo, Composición, AS 1991-V (Ss 5690-7087), S. 73 (87 ff.); Valdés, Legitimación (y III), RL 1994-I, S. 70 (71); Alonso/Casas, DTrab, 1998, S. 833 ff. (Cap. 29/I/D); Ramírez Martínez, Curso, 1997, S. 191 (Lec. 5/8/D), S. 183 f. (Lec. 5/6); Valdés, Negociación, in: VV.AA., Reforma, 1994, S. 257 (281 ff.); Rodríguez-Piñero Royo, Mayorías, RL 1985-II, S. 40 (41 ff.). Vgl. noch zur alten Rechtslage: STCT 06.11.1986, RTCT 12744 = AL 1987-1, N° 97, S. 231 ff.: Die GewerkS UGT und Atengas kamen beide auf eine nicht ausreichende Zustimmungsmehrheit und da sich die CC.OO. weigerte, dem Tarifentwurf zuzustimmen, konnten UGT und Atengas mit dem ArbG Enagas nur einen außerstatutarischen TV abschließen; STCT 19.07.1985, RTCT 5115, wo die UGT mit dem ArbG-Verband ohne die Stimmen der CC.OO. keinen statutarischen, sondern ledigl. einen außerstatutarischen TV abschließen konnte; vgl.: STSJ Andalucía, Sevilla, AS, TSJ-Social, Bd. I (Ss 1-1314), 1989, N° 236; STSJ Madrid 19.09.1989, AS, TSJ-Social/Madrid 1989, N° 74 und 17.10.1989, AS, TSJ-Social/Madrid 1989, N° 97: Verhandlungskommission kam nicht auf 60 %, sondern nur auf 58,33%. Ein heutiger Fall nach der Reform von 1994-1995, wo nur noch über 50 % notwendig sind: Abschluss eines außerstatutarischen TV mit einer Lohnerhöhung i.H.v. 2,5 % für 1998 durch die UGT bei Unterschriftsverweigerung der CC.OO. beim Brothersteller „Bimbo“: El País, 16.04.1998, S. 54. Ähnl.: STS 21.12.1994, RJ 10346. Zur immer gleichen Problemlage bei anteilig beschickten Organen, sei es bei span. GewerkS, in Kommissionen des dtsch. Bundestages oder beim Gemeinderat siehe: Selenkewitsch, Mitgliedschaft, VR 1994, S. 274 (279).

menden Repräsentanten in dieser fünfzehnköpfigen Kommission ausreichend sein, wenn die beiden Vertreter ihrerseits die Mehrheit der Repräsentativität auf sich vereinen können, also zusammen auf über 50% der Repräsentativität gelangen.

Bemerkenswert ist die Praxis insbesondere der Gewerkschaften, die betroffenen Arbeitnehmer über die Ergebnisse der Verhandlungsrunden abstimmen zu lassen, d.h. die Unterzeichnung von einer „Basisumfrage“ abhängig zu machen.[491]

(a) Praktische Schwierigkeiten zur Erlangung der Mehrheit bei der Schlussabstimmung

Die Notwendigkeit zum Abschluss eines statutarischen Flächentarifvertrags diese besondere Mehrheit in der Verhandlungskommission zu erreichen, lässt sich, neben dem Erfordernis der Repräsentativität, als „zweite Filter“ bezeichnen. Dieser funktioniert in der Praxis so gut, dass er sich öfters für die Gewerkschaften als undurchdringbar herausstellt[492] und weder die sozialistische *UGT* noch die kommunistische *CC.OO.* erreicht aufgrund der realen Wahlergebnisse zur Einheitsvertretung jeweils für sich allein die geforderte Zustimmungsmehrheit. Selbst die Zustimmungsmehrheit von nur über 50% ist bei der gegenwärtigen gewerkschaftlichen Kräfteverteilung zu hoch und stellt sich oft als unüberwindbare Klippe dar.[493]

In der Praxis macht dies ein Zusammengehen beider Zentralen, das heißt eine Verhandlung „in Koalition“ notwendig.[494] Allerdings ist auch in Spanien das Verhältnis zwischen Sozialisten und Kommunisten aus ideologischen Gründen, vorsichtig formuliert, nicht frei von Spannungen.[495] Ganz nach dem Slogan „*Wer keinen Lärm schlägt, den gibt es nicht*“ werden beide Rivalen gerade in Zeiten des Wahlkampfes um die Einheitsvertretung zu besonders profilierungs- und eifersüchtigen „Muster-Klassenkämpfern“, die vom Glauben beherrscht sind, mit möglichst uneinsichtiger Haltung im gewerkschaftlichen Forderungskatalog mehr Einheitsvertretungsposten bei den nächsten Wahlen gewinnen zu können. Somit entstehen bei Tarifverhandlungen wie-

---

[491] *Valdés, Aspectos (y II), RL 1988-I, S. 34 (36 ff.).*

[492] Schon zu den Anfangszeiten erkannten einige Autoren dieses Problem: *Fernández González, Vinculación, in: VV.AA., I Congreso, 1980, Vol. I, S. 105 (110); Borrajo, Obligatoriedad, RPS 1980, N° 126, S. 5 (35 ff.).*

[493] *Alonso/Casas, DTrab, 1998, S. 834 ff. (Cap. 29/I/D).*

[494] *Rivero, AMI, in: VV.AA., Comentarios, 1980, S. 129 (143 f.).*

[495] Zum schwierigen inter-gewerkschaftlichen Verhältnis und Konflikt beider Zentralen zueinander: *Rodríguez-Piñero Royo, Mayorías, RL 1985-II, S. 40 (40 ff.); García-Perrote, Acuerdos, RL 1986-I, S. 557 (557 ff.); Borrajo, Obligatoriedad, RPS 1980, N° 126, S. 5 (35 ff.); Desdentado/García-Perrote, Eficacia, REDT 1980, N° 4, S. 537 (546); Baylos/Desdentado, Ingerencia, GS 1980, N° 7, S. 21 (23).*
Auch die zahlreichen BerufsgewerkS verbreiten bisweilen „Störfeuer“ in diesem sowieso schon delikaten Verhältnis. Sehr eindringl. zum schwierigen zwischengewerkschaftl. Verhältnis am Bsp. der verschiedenen Sozialpakte, die im Wege einer „Kanzlerrunde“ unterzeichnet wurden, bzw. zu den „RahmenTV“: Torrente, Concertación, in: VV.AA., XII Jornadas, S. 85 (94 ff.); Serrano Carvajal, Tendencias, 1984, S. 99 ff., 105 ff.

derholt Situationen, in denen sich eine der beiden Zentralen mit dem „Weniger" zufrieden gibt und dem Entwurf des statutarischen Tarifvertrags zustimmen will, die andere aber stur auf ihrem „Mehr" beharrt und sich vehement einer Zustimmung versperrt. Da die zustimmungswillige Gewerkschaft auf sich allein gestellt ist und nicht die vom Arbeitnehmerstatut eingeforderte Mehrheit bei der Schlussabstimmung aufbringen kann, fällt in solch einem Fall die Möglichkeit weg, den im Arbeitnehmerstatut geregelten *statutarischen* Tarifvertrag abzuschließen.[496] Überraschenderweise trifft der Gesetzgeber für derlei Zustände keinerlei Vorsehung und sofort drängt sich die Frage auf, was nun zu geschehen hat: Soll etwa eine der beiden spanischen Gewerkschaftszentralen *UGT* und *CC.OO.* durch ihre querulantische Verweigerungshaltung das gesamte, vom Gesetzgeber zur Verfügung gestellte Tarifsystem lähmen und die Unterzeichnung eines Tarifvertrags torpedieren dürfen? Besitzt sie faktisch also ein absolutes Vetorecht und würde dies nicht zu einer Gefährdung des sozialen Friedens führen?[497]

(b) Ausweg beim Verfehlen der Mehrheit: Außerstatutarischer Flächentarifvertrag

Um diesen bedrohlichen Pattsituationen aus dem Weg gehen zu können, griffen Rechtsprechung sowie Schrifttum in die juristische Trickkiste und zauberten die Figur des „*außerstatutarischen*" Tarifvertrags hervor, mit der die zustimmungswillige Gewerkschaft bei vollem Bewusstsein darüber, dass ein statutarischer Tarifvertrag nicht unterzeichnet werden kann, doch noch einen Tarifvertrag „*minderer Qualität*" abschließen darf.[498]

Die geschilderte Situation führt demnach beim „zweiten Filter" (ungenügende Mehrheiten bei der Schlussabstimmung) zu einer der typischen und in der Praxis wohl häufigsten Fallgruppe, in der ein außerstatutarischer Tarifvertrag gewissermaßen als „Feuerwehr" dient, falls beim statutarischen Tarifvertrag etwas schiefgegangen ist.[499]

Vgl. zum Verhältnis zwischen ArbG und ArbN in Spanien, was vom gegenseitigen Misstrauen überschattetet wird sowie zu den Beziehungen zwischen einem ArbG und dessen als „schwierig" eingestuften BKom.: Veciana, Empresa, Bol. AEDIPE sept. 1984, S. 11 (13 ff.). Vgl. Rodríguez-Piñero Royo, in: VV.AA., Empresa, DyE, N° 3, 1978, S. 107; Barrionuevo, Sindicatos, in: VV.AA., Trabajo, 1980, S. 117 (122, Fn. 12, 13); Arija, Trabajadores, Bol. AEDIPE sept. 1982, S. 11 ff.

[496] Nach *Diéguez wird mit dem außerstatutarischen TV als Antwort auf die Unzulänglichkeiten des Arbeitnehmerstatuts ein „inadäquateres staatliches durch ein effektiveres soziales Gesetz ersetzt": Negociación, in: Cuestiones, 1990, S. 237 (242, 249, 252); Rodríguez-Piñero Royo, Constitución, in: Negociación, t. III, CDJ 1992, S. 9 (29 f.); Goncer, Convenios, in: VV.AA., Seminario, 1984, S. 89 (91 ff.).*

[497] *„Frustrierte", bzw. „fehlgeschlagene" TV: Alonso/Casas, DTrab, 1998, S. 799 f. (Cap. 28/ III/B/b/b'/c'').*

[498] *„Trickkiste" und „Zauberei" deshalb, weil der Gesetzgeber z.Ztp. des Erlasses vom Arbeitnehmerstatut im Jahre 1980 offensichtl. ein erschöpfendes TV-System schaffen wollte, in dem es allein „statutarischen" TV geben sollte: „Was nicht im Arbeitnehmerstatut war, war nicht auf der Welt.": Ojeda, DerSind, 1995, S. 610 (Cap. 22/B/b).*

[499] *Rodríguez-Sañudo, Convenio, in: VV.AA., Enciclop., t. I, 1995, S. 1684 (1685); STS 13.02.1996, RJ 1016; STS 14.02.1996, RJ 1017.*

Deshalb kann man nach der herrschenden Ansicht in Rechtsprechung und Literatur *„die außerstatutarische Tarifverhandlung nicht als normalen Weg der {Tarif-} Verhandlung ansehen ...“*[500]

(3) Eigene Kritik an der Allgemeinverbindlichkeit

Jüngst eröffnen sich immer mehr Zweifel, ob noch weiter an der bisherigen Utopie des „Diktats allgemeinverbindlicher statutarischer Tarifverträge“ festgehalten werden soll.[501] So gebraucht man im Gewerkschaftsjargon den Begriff „flächendeckende Allgemeinverbindlichkeit“ und den „Alle-kriegen-dasselbe-Wahlspruch“ zwar immer noch als Synonym für Gerechtigkeit und es mag hinter solchen Wunschgedanken zur Herbeiführung uniformer Arbeitsbedingungen auch durchaus ein gut gemeintes Ansinnen stehen. Zu guter Letzt schlachtet man damit aber auf dem Altar der „sozialen Gerechtigkeit“ die volkswirtschaftliche Wettbewerbsfähigkeit spanischer Firmen: Da vorwiegend kleinere und mittelständische Betriebe[502] in Zeiten der Wirtschaftskrise nicht in der Lage sind, die von den großen Zentralen im fernen Madrid ausgehandelten Tarifbedingungen zu erfüllen, zeigt sich immer deutlicher, dass die alles über einen Kamm scherende Allgemeinverbindlichkeit ein direktes Hindernis für den Wirtschaftsaufschwung darstellt und in engem Zusammenhang zu den hohen Arbeitslosenzahlen bei den Erwachsenen mit 22 bis 24% und bei den Jugendlichen mit 42,2% steht.[503]

---

[500] *Fernández Domínguez/Agra, Adhesión, REDT 1999 (N° 94), S. 281 (284 ff., 291).*

[501] *Bernaldo, Consecuencias, BCE, dic. 1993, N° 57, S. 79 (79 ff., 91 ff., 93). Krit.: Ojeda, Acuerdos, in: VV.AA., Arbitraje, 1996, S. 199 (206). Vgl. das Regierungsdokument noch aus der Periode der PSOE: „Das Nachdenken ließe sich noch stärker vorantreiben und man könnte über die Notwendigkeit sowie Vorteile nachsinnen, die Vorschriften zur Entwicklung der Tarifverhandlung zu überprüfen, einschliessl. darüber, welche dem TV normativen Charakter ausstellen; ferner ließe sich über die Rechtsquellenhierarchie zwischen individuellen und kollektiven Arbeitsbeziehungen nachsinnen, d.h. das Problem der Unverzichtbarkeit von Rechten und denen, welche sich aus den Individualvereinbarungen ergeben... Das gesetzl. TV-Modell, die Tarifstruktur und auch bestimmte Aspekte hinsichtl. der Beziehungen zwischen staatl. Vorschriften, Kollektivautonomie und Privatautonomie zu reformieren...zur Anpassung an die Bedürfnisse des Unternehmens“, in: Reforma, RL 1994-I, S. 1255 (1283, 1284). Ähnl. die Empfehlung vom CES, in: RL 1994-I, S. 1409 (1410 ff., 1413, 1423 ff.); Conde Martín, Autonomía, RL 1991-II, S. 355 (380); Durán/Sáez, Autonomía, RL 1991-II, S. 382 (395 ff.); Durán, Sistema, in: VV.AA., XI Jornadas, 1994, S. 13 (14 ff., 25); Fernández López, Convenio (y II), AL 1995-1, VII, S. 103 (104 ff.); Rey, Década, RL 1996-I, S. 178 (197 ff., 200 ff.).*

[502] Vgl. Fn. 515.

[503] Die offizielle Arbeitslosenquote betrug in Spanien 1998 „stolze“ 18 % und sank 1999 auf 15,4 %, womit sie allerdings immer noch die höchste der EG darstellt. Einschliessl. der nicht beim staatl. Arbeitsamt *INEM registrierten Arbeitslosen wird sie aber auf jeweils plus 4-6 % geschätzt. El País 03.02.2001, S. 53: „Die Arbeitslosigkeit steigt auf 64.317 Arbeitslose, die schlechteste Zahl seit Januar 1987.“ Deutschland lag 1999 bei 9,1 %: Der Tagesspiegel 05.01.2000, S. 18; BArbBl. 4/1997, S. 20; SZ vom 11.10.1994, S. 22; Rivero, Flexibilización, DL 1998, N° 56, S. 19 (22, 32); VV.AA., Spain, IDS,*

Der Gedanke, allen Beschäftigten einheitliche Tarifbedingungen sogar bei ungleicher wirtschaftlicher Ausgangslage der Betriebe zugute kommen zu lassen, ist im Rahmen einer internationalen Wettbewerbssituation, wo „die Staaten für große Probleme zu klein und für kleine Probleme zu groß"[504] sind, ein immer unrealistischeres Vorhaben.[505] Heute funktioniert dies nicht, weil es keine „Familie der Arbeiterklasse" mehr gibt. Nicht nur die Regionen, auch die einzelnen Branchen fächern sich auf je nach Produktpalette und Managemententscheidung. Aus diesem Grunde ist einer Ausdifferenzierung Rechnung zu tragen, weshalb Löhne und Arbeitszeiten gespreizt und Unterschiede gemacht werden müssen, um nicht an der Betriebsrealität vorbei unsinnige Regelungen zu treffen.[506] Dem Irrweg flächendeckender Allgemeinverbindlichkeit fallen nunmehr nicht nur die großen nationalen Wirtschaftskartelle zum Opfer, sondern auch die Sozialkartelle müssen ihre Kapitulation erklären.[507] Selbst in Spanien hat man nicht in die Ferne der asiatischen „Tigerstaaten" zu schweifen:[508] Ruft bei deutschen Unternehmern die Rede über Polen und Tschechien eine „Goldgräber-Stimmung" hervor, trifft dies bei Spaniern für Marokko sowie Algerien zu. Bis dort reichen die Bollwerke heimischer und allgemeinverbindlicher Tarifverträge erwiesenermaßen nicht.[509]

---

issue 416, august 1996, S. 13 ff.; Alcaide, Mercado, RL 1995-I, S. 1289 ff.; Marco, Negociación, RL 1995-II, S. 1323 (1328 ff.); Falguera/Senra, Representaciones, RL 1996, N° 15, ago., S. 9 (23 ff.); Bernaldo, Consecuencias, BCE, dic. 1993, N° 57, S. 79 (80 ff., 84 ff.), wofür er auf während der sechziger und siebziger Jahre angefertigte Studien in Großbritannien und die Zusammenhänge zwischen Arbeitslosigkeit und überzogenen Lohnforderungen der TUC sowie dem dadurch hervorgerufenen öffentl. Haushaltsdefizit aufmerksam macht.

[504] *Daniel Bell, zitiert nach: Conde y Conde, Libertad, in: VV.AA., Libertad, 1993, S. 7 (13); Sagardoy, España, RT 1983/86, N° 70/82/83, S. 9 (11).*

[505] So: *Bernaldo, Consecuencias, BCE, dic. 1993, N° 57, S. 79 (91 ff.).*

[506] Vgl. auch die Äußerungen vom ehem. BDI-Präsidenten *Hans-Olaf Henkel: „Wir brauchen eine Konkurrenz zu den FlächenTV." Gesetzl. Vorschriften, die bislang die autonomen Verhandlungen zwischen Firmenführung und BRat behinderten, müssten geändert werden, womit die §§ 77 Abs. 3 und 87 BetrVG gemeint sind: Berliner Zeitung, 29.06.1999, S. 29; Alfons Frese, Der Tagesspiegel 02.08.1999, S. 20: „Heißer Herbst für die IG Metall – {Der DGB-Generalsekretär Hans Zwickel}...weiß, dass sowohl GewerkS als auch FlächenTV modernisiert werden müssen, wenn sie Geltung behalten wollen. Mehr Differenzierung und Dezentralisierung – für den ausgeprägt hierarchisch organisierten Koloss IG-Metall ist das nicht so einfach. Und für die Funktionäre schwieriger als für die gemeinen Mitglieder. Die Mitglieder haben näml. bei einer Befragung weniger Klassenkampf-Parolen und mehr Bemühen um Kooperation und Konsens gefordert..."; Gruneberg, Im Traditionsgefängnis, Die Zeit 1999, Nr. 42, S. 4. Detaillierter noch: Lambrich, Tarif- und BetrAuton, 1999, S. 30 ff.*

[507] Vgl.: *Gruneberg, a.a.O., S. 4; Bernaldo, Consecuencias, BCE, dic. 1993, N° 57, S. 79 (80 ff.).*

[508] Die entpuppen sich nach den jüngsten Börsenturbulenzen eher als zahme „Kätzchen". Vgl.: *Zivier, Standortdebatte, Recht und Politik 1/97, S. 1 ff.*

[509] Das US-amerikanische Unternehmen *Gillette Sevilla wollte sich trotz Gewinne aus Spanien in ein anderes europ. Land zurückziehen. Vgl.: VV.AA., Reforma, RL 1994-I, S. 1298 (1299). Wegen starker Verluste schloss ebenfalls in der stark von Arbeitslosigkeit heimgesuchten andalusischen Region die Fabrik Suzuki-Santana. Der Flugzeughersteller CASA und das Unternehmen SBB stecken in Dauerschwierigkeiten, was bei CASA wohl die*

Wie krank das antiquiert auf Allgemeinverbindlichkeit beharrende System ist, wird deutlich, wenn man auf der Straße den augenzwinkernden Spruch *„Ich arbeite während der Arbeitslosigkeit"*[510] vernehmen kann. An fast jeder Bushaltestelle, Telefonzelle oder Kneipentür hängen Flugblätter von Installateuren, Maurern, Malern usw., die ihre Dienste unter der Hand anbieten. Es ist mehr als ein offenes Geheimnis, dass ganze Landstriche, vor allem im südlichen Armenhaus Spaniens, auf Schwarzarbeit angewiesen sind, da ansonsten vielleicht sogar soziale Revolten ausbrechen könnten.[511] Dementsprechend rangiert Spanien bei der Schwarzarbeit in Europa auf dem dritten Platz bei einem Volumen von ca. 10 bis 23% am Bruttoinlandprodukt und es gibt Schätzungen, wonach mindestens 10% der volljährigen Bevölkerung einer Schwarzarbeit nachgeht.[512] Dabei arbeiten 64% nicht etwa schwarz, um sich ein hübsches Zubrot zu verdienen, sondern weil sie aus Überlebensgründen auf derlei Tätigkeit angewiesen sind[513] und ca. die Hälfte aller Arbeitslosen würde sich bereit erklären, auch unterhalb des Tariflohnes „schaffen" zu gehen.[514]

Solche Zustände bleiben zudem nicht ohne Rückwirkung auf die in Spanien vorherrschenden klein- und mittelständischen Betriebe:[515] Bei Betrieben unter zwanzig bis dreißig Beschäftigten glänzen die gesetzlich so detailliert geregelten Gewerkschafts-

---

Kündigung von 1.565 ArbN (= 56 % der Belegschaft) in Andalusien zur Folge haben wird: El País, Andalucía 11.07.1998, S. 4, 46; GS 1994, N° 125, S. 8 ff.

[510] *„Yo trabajo en el paro."*

[511] Vgl. schon: *Sanchís/Picó, Economía, ST 1983, N° 9, S. 65 (66 ff.).*

[512] *Trabajo negro, trabajo atípico oder trabajo sumergido. Vgl.: Conde Martín, Autonomía, RL 1991-II, S. 355 (368). Siehe Titelseite El País, 31.03.1998: „Die Schwarzarbeit in Spanien beträgt zwischen 10 und 23 % des Bruttoinlandsproduktes"; S. 51: „Der Betrug konkretisiert sich im Bereich der Landwirtschaft, dem Hotelgewerbe und in den kleinen sowie mittelständischen Betrieben und steigt auch durch die Verstärkung der Teleheimarbeit". Nach Studien der Europ. Kommission belegt Spanien damit den 3. Platz. El País, 26.03.1998, S. 63: „Nach den Ergebnissen von Prof. Ignacio Maulión, Universität Salamanca, beträgt die Schwarzarbeit 17 % des Bruttoinlandproduktes" (= 12 Billionen Ptas). Ca. 3 Mio Personen sollen der Schwarzarbeit nachgehen. Selten stößt man auf Lit., die sich damit beschäftigt: Sanchís/Picó, a.a.O., S. 65 (70 ff.).*

Nach Monge gehören die beiden großen Lager der Arbeitslosen und der Schwarzarbeiter zu den „Waisenkindern" des span. ArbR, welches ihnen eigentl. helfen sollte: Comentarios, 1994, S. 157. Vgl. die Beiträge bei der FFE: VV.AA., Economía, DyE, N° 46, 1985, S. 33 ff.; Goñi, Flexibilidad, in: VV.AA., Flexibilidad, 1993, S. 71 (72 ff.).

In Deutschland beträgt die geschätzte Quote 16 % des Bruttoinlandproduktes: SZ 03.02.2000, S. 25.

[513] Siehe: VV.AA., Economía, RL 1998, N° 6, S. 88 (95 ff.).

[514] Lt. Umfrage der *EPA. Nach Bernaldo liegen die Gründe der Arbeitslosigkeit in den hohen Löhnen (paro salarial): Consecuencias, BCE, dic. 1993, N° 57, S. 79 (87). Vgl.: Alba-Ramírez, Job, Labour, vol. 5, number 1, spring '91, S. 23 ff.*

[515] Die span. Wirtschaft besteht zu 99,9 % aus Kleinbetrieben mit bis zu 50 und aus mittelständischen Betrieben mit höchstens 500 Beschäftigten, die ihrerseits ca. 60 % der beschäftigten Bevölkerung Arbeit geben. Die Kleinbetriebe mit bis zu 10 Beschäftigten stellen i.H.v. 85 % die Mehrheit dar und geben noch rund 24 % der aktiven ArbN ihren Arbeitsplatz: *Fita, Empresa, 1997, S. 19 und Kommission*

sektionen, Einheitsvertretungen, Komitees für Sicherheit und Hygiene usw. nur durch eins: Ihre Abwesenheit.[516] In Gesprächen mit kleineren oder mittelständischen Unternehmern wird beim Nachfragen über die Betriebsrealität und Kontrolle durch Gewerkschaftssektion sowie Einheitsvertretung nur müde mit den Schultern gezuckt: Dort ist der Arbeitgeber noch ganz *„patrón"*[517], der keine Einmischung in seine Organisation duldet: *„Das Unternehmen gehört dem Arbeitgeber, Herrn und Gebieter"*.[518] Selbst die Tagespresse weist darauf hin, dass sich Arbeitnehmer, aus Angst vor Kündigung, keiner Gewerkschaft mehr anschließen[519], und man hört immer wieder vom Zwang zu unbezahlten Überstunden,[520] nicht vereinbarter Feiertagsarbeit, vorzeitiger Rückkehr aus dem Urlaub oder schlichtweg unterlassener Lohnauszahlung.[521]

Grundsätzlich können zwar Verstöße die Vorschriften einer Rechtsordnung in ihrer Wirksamkeit nicht in Frage stellen, allerdings handelt es sich um einen schmalen Grat, weil diese unbeachteten Vorschriften ab einer bestimmten Anzahl an Zuwiderhandlungen nicht mehr sind, als *„tote Buchstaben"* (*letras muertas*) und schon *Gustav Radbruch* erkannte:[522]

---

der EG, Enterprises in Europe, Second report, Luxembourg 1992. Siehe Otero, PYMES, RMTAS 1997 (3), S. 23 (23, 24); Mercader, Estructura, 1994, S. 109; Encuesta de Coyuntura Laboral der Subdir. Gen. de Estadísticas del MTAS aus: El Mundo, Supl. „Su Dinero", N° 152, 27.12.1998, S. 7.

Blanco/Otaegui wollen sogar 95 % an Kleinbetrieben mit weniger als 50 ArbN feststellen: Trabajadores, ST 1990/91, N° 11, S. 93 (93). In den achtziger Jahren waren lt. Arija ca. 80 % der span. ArbN in Unternehmen mit 50 Beschäftigten angestellt: Trabajadores, Bol. AEDIPE sept. 1982, S. 11 (15). Nach Miret (COPYME) sollten 1978 um die 86 % der ArbN in Kleinunternehmen beschäftigt sein und 40 % des Bruttosozialproduktes hergestellt haben, in: VV.AA., Empresa, DyE, N° 3, 1978, S. 43.

516 *„Auf der anderen Seite gibt es die GewerkS in den sehr kleinen Betrieben praktisch nicht..." : Falguera/Senra, Representaciones, RL 1996, N° 15, ago., S. 9 (35). „Die Tarifverhandlung gelangt später und mit geringerer Intensität zu den Kleinbetrieben {unter 10 Beschäftigten} als zu den Großen... Darüber hinaus haben viele Betriebe nicht einmal einen GewerkS-Vertreter, weshalb die GewerkS-Macht bei ihnen weniger bewirken kann.": González (UGT), El Mundo, Supl. „Su Dinero", N° 152, 27.12.1998, S. 7. Vgl. Gómez Abelleira, Negociación, REDT 1995, S. 227 (238).*

Blanco/Otaegui, Trabajadores, ST 1990/91, N° 11, S. 93 (107): „...weil die GewerkS in den Kleinbetrieben nicht anwesend sind."

517 *„Minifundista": Escudero, Tiempo, RL 1999, N° 4, S. 7 (11 ff., 26); „jefe": Blanco/Otaegui, Trabajadores, ST 1990/91, N° 11, S. 93 (107).*

518 *„La empresa es del empresario, amo y director", bzw. „Herr im Hause" (señor en su casa, pater familias etc.): Borrajo, Introducción, 1996, S. 284 (Lec. XXII-VIII/2); Valdés, Relaciones, in: VV.AA., Trabajo, 1982, S. 55 (72).*

519 *Fita, Empresa, 1997, S. 166 ff. Vgl.: El Correo de Andalucía, 12.09.1997, S. 33.*

520 *Serrano Argüello, Horas, AL 1999-1, XI, S. 169 (184, Fn. 74)*

521 Die Häufung der Verstöße führt *Escudero dagegen auf Kompetenzbeschneidungen der Arbeitsaufsichtsbehörde zurück, die früher mehr Kontrollmöglichkeiten besaß: Escudero, Tiempo, RL 1999, N° 4, S. 7 (17).*

522 *Radbruch, Einführung, 1969, S. 13 ff.*

„... kann der Gesetzgeber auch seinen Forderungen jeden Inhalt geben, der ihm beliebt – rechtliche Geltung kann er ihnen nur verschaffen, wenn er die Tatsächlichkeit des Volkslebens nicht gar zu weit hinter sich lässt. Sonst würde das Volksleben ihm die Gefolgschaft versagen; ein Gesetz „gilt" aber nur dann, wenn es in der überwiegenden Mehrzahl seiner Anwendungsfälle auf tatsächliche Befolgung rechnen kann. Denn es ist dem Rechte wesentlich, nicht nur ein Wollen und Sollen, sondern eine wirklich wirkende Macht im Volksleben zu sein."

Somit kann man sich nur der folgenden Erkenntnis anschließen:[523]

„Eine Rechtsnorm, die fast jeder übertritt, ist ausgehöhlt und kann aufgegeben werden."

Die im Interessengeplänkel der Koalitionen an betriebs- und realitätsfernen „Kanzlertischen" zur Zentralisierung der Tariflandschaft verzögerten „Schlachten" sind meist schon auf der Straße entschieden worden. Bleiben die staatlichen Gebote von den Normadressaten unbeachtet, kehren aber die wilden „Gesetze der Straße" ein und dies bedeutet im Arbeitsrecht klassischerweise, dass der Arbeitgeber sein Übergewicht zu eigenem Gunsten einsetzen kann.[524] Daher lässt sich bei Tarifverhandlungen auf nationaler oder regionaler Ebene ein gewerkschaftliches „Kasperltheater" ausmachen, an dem die konkreten Kleinbetriebe und Belegschaften stumm dreinschauende und schlichtweg nicht teilhabende Zuschauer sind, da *„{weder} Tarifverträge {noch gesetzliche Mindestarbeitsbedingungen} in den kleinen Unternehmen beachtet werden"*.[525] Die empfindlich

---

[523] *Patzig, Ethik, 1983, S. 12.*

[524] *Borrajo, Obligatoriedad, RPS 1980, N° 126, S. 5 (8); E. Jacobi, Einführung in das Gewerbe- und Arbeitsrecht, 5. Auflage, Leipzig 1926, S. 16: „Dieser proletarische Arbeiter steht als einzelner wirtschaftlich dem Unternehmer unfrei ggü., weil er nicht abwarten kann, bis ihm ein seinen Wünschen entsprechender Arbeitsvertrag angeboten wird; er muss zu den ungünstigsten Bedingungen arbeiten, um sich und seiner Familie den notwendigen Lebensunterhalt zu verschaffen. Der Inhalt des als frei gedachten Arbeitsvertrags wird also praktisch...nur durch den Willen des Unternehmers festgelegt, solange dem Unternehmer nur der Einzelne, ihm wirtschaftlich bei weitem unterlegene Arbeiter gegenüberstehen." aus: Stoye, ArbR, 1928, S. 45 ff.*

[525] VV.AA., Despidos, GS, 1992, N° 111, S. 34 (37, Fn. 9). *„...in den kleinen {Unternehmen} bringt die stärkere Machtstellung gemeinhin die größere Tendenz mit sich, die gesetzl. und tarifl. Regelungen zu ignorieren": Escudero, Tiempo, RL 1999, N° 4, S. 7 (11 f.). In Betrieben unter 10 Mitarbeitern wurden 1997 durchschnittl. 96 h mehr gearbeitet als in Betrieben mit über 250 ArbN (= 2 Wochen und nicht 1.709 h, sondern 1.805 h). In den Kleinbetrieben werden mehr Überstunden geleistet, die illegalerweise oft der Sozialversicherung verschwiegen werden. Im Jahre 1996 betrug der Unterschied 83 h/Jahr: Encuesta de Coyuntura Laboral der Subdir. Gen. de Estadísticas del MTAS, El Mundo, Supl. „Su Dinero", N° 152, 27.12.1998, S. 7.* In Großunternehmen stellte man einen ArbN für rund 77,2 Stunden zur Erledigung persönl. Angelegenheiten (Art. 37.3 Arbeitnehmerstatut) frei und in Kleinbetrieben allein für 31 h: *El Correo de Andalucía, 12.09.1997, S. 33; Fita, Empresa, 1997, S. 166 ff.*

hohen Geldbußen für Verstöße werden kaum verhängt, da die Verwaltung mangels Personal wenige Kontrollen durchführen und schon deshalb kaum Sanktionen aussprechen kann.[526]

Besonders brutal erscheint das Versagen, wenn man sich die aufwendige Regelungswut des Gesetzes- und Verordnungsgebers beim Unfallschutz die realen Zahlen vor Augen hält: Obwohl die Arbeitsschutzrichtlinie rasch in das nationale Recht transponiert wurde und auf dem Papier besondere Organe zur Interessenvertretung der Arbeitnehmer im Unternehmen zu bilden sind, übertraf Spanien im Jahr 1998 fast dreimal den europäischen Durchschnitt bei Arbeitsunfällen. In Zahlen ausgedrückt bedeutet dies, dass 1.072 und damit täglich drei Arbeitnehmer ihr Leben lassen mussten.[527]

Erstaunlicherweise verlieren die Autoren der oftmals tausendseitigen Arbeitsrechtslehrbücher selten mehr als fünf Sätze über die augenfälligen sozialen „Begleiterscheinungen" Schwarzarbeit sowie Todesfälle bei Arbeitsunfällen und angesichts solcher Zahlen lässt sich nur in zynischer Weise die Behauptung aufrecht erhalten, wonach das spanische Arbeits- und Kollektivrecht „funktionieren" würde.[528]

Zweifellos ist Spanien genauso wie in Deutschland im Interessengeflecht machtvoller sowie strukturkonservativer Verbandspolitik gefangen und weder von Seiten des Arbeitgeberverbandes *CEOE* noch der beiden Zentralen *UGT* sowie *CC.OO.* besteht Bereitschaft, freiwillig auf die einmal erkämpften Privilegien zugunsten möglichst dezentraler und betriebsnäherer Strukturen zu verzichten, sich sozusagen selbst „überflüssig" zu machen.[529] Statt moderne Antworten auf neue Herausforderungen zu geben, schiebt man sich, gefangen in „traditionellen" Argumentationsmustern, gegenseitig den „Schwarzen Peter" zu. Es wird lieber das altmodische „Orgelregister" vom Grundkonflikt zwischen „Arbeit und Kapital" gezogen und nach Wegen zur Sicherung der eigenen Macht gefahndet als ernsthaft volkswirtschaftlich verantwortungsvollere und flexiblere Tarifstrukturen zu suchen, die sowohl den modernen Anforderungen nach Wettbewerbsorientierung als auch denen nach sozialer Gerechtigkeit gleichermaßen genügen.[530]

---

[526] Vgl.: *Escudero, Tiempo, RL 1999, N° 4, S. 7 (17 f.).*

[527] Die Quote stieg sogar um 16,4 % an. Die meisten Unfälle ereigneten sich bei unerfahrenen ArbN im ersten Dienstjahr (49 %) und bei Zeitarbeitern (58 %), was durchschnittl. zu 23 Krankheitstagen, 17 Mio ausgefallenen Arbeitsstunden und 2,2 Billionen Ptas Verlust führte: *http://www.mtas.es/Estadisticas/BEL/ATE/Index.html. Lt. CC.OO.-Angaben sollen 90 % der Unfälle vermeidbar sein, da sich 54 % der ArbG nicht an die Vorschriften halten und allein 11,3 % der Belegschaft Sicherheitsschulungen erhält: El País 10.02.1999, S. 58 und 20.03.2001, S. 56. Vgl.: Alós/u.a., Reforma, 1994, S. 68.*

[528] So in seinem 775 Seiten-Lehrbuch: *Sala, DTrab, 1997, S. 54 (Tema 1/C/e). Vgl. auch: Escudero, Tiempo, RL 1999, N° 4, S. 7 (11 ff.).*

[529] *„Man verlangt von einem regierenden Fürsten {GewerkS} die teilweise Abdankung.": Adomeit, Regelung, 1996, S. 61.*

Der Gesetzgeber erkannte zwar Handlungsbedarf auf diesem Felde und führte zugleich einige halbherzige „Reförmchen" durch.[531] Bei diesen handelt es sich jedoch um faule Kompromisse, die niemanden so recht überzeugen können, da sie schließlich nicht in der Lage sind, die gewaltigen Nachteile des auf Allgemeinverbindlichkeit hin angelegten gesetzlichen Tarifsystems abzulindern. Um mit bekannten spanischen Autoren zu sprechen, wäre es nunmehr an der Zeit, *„dem Arbeitnehmerstatut für seine erbrachten guten Dienste zu danken und es nun einzugraben."*[532]

Aber nicht nur aus diesen Gründen, sondern auch aus ganz pragmatischer Sicht handelt es sich bei der automatischen Anordnung der Allgemeinverbindlichkeit um einen Mechanismus, über den ein unseliger „Teufelskreis" in Bewegung gesetzt wird: Wegen der Allgemeinverbindlichkeit fehlt den Außenseitern schon *per se* jeglicher Anreiz, in eine Gewerkschaft einzutreten. Insoweit nehmen sie an den Vorteilen der statutarischen Flächentarifverhandlung automatisch und gratis teil und müssen noch nicht einmal, anders als die Gewerkschaftsmitglieder (*militantes*), Mitgliedsbeiträge zahlen. Dies ist eine der Ursachen, dass trotz des geringen Betrages von monatlich meist nicht mehr als 7,67 Euro ein so geringer Organisationsgrad zwischen 11 bis 15% erreicht wird.[533]

---

[530] GewerkS und ArbG-Verbände sind eher auf die Verteidigung ihrer eigenen Interessen bedacht, als eine *„Auto-Flexibilisierung" voranzutreiben: Moreno Toro, Contrato, RL 1996-I, S. 635 (636 ff., Fn. 3); Durán/Sáez, Autonomía, RL 1991-II, S. 382 (395 ff.); Montalvo, Reforma, in: VV.AA., Reforma, 1995, S. 9 (15 ff.).*

[531] S.u. zur Möglichkeit von sog. *Desaffektierungsabkommen (S. 124 ff.), BerufsgruppenTV (S. 124 ff.), Härteklauseln zur Abkopplung vom tarifl. Lohn (S. 124 ff.), Änderungen von Arbeitsbedingungen (S. 124 ff.), Lückenvereinbarungen (S. 124 ff.) etc.*

[532] Vgl. *Ojeda, Franja, AL 2000, N° 48, LIV, S. 782 (783) unter Bezug auf Federico Durán López.*

[533] 15 % für 1992: *Hamann, Afiliación, CRL 1993, N° 3, S. 107 (107). Der Monatsbeitrag liegt bei ca. 7,67 Euro (z.B. in Andalusien UGT in der Chemiebranche: 7,91 Euro; USO: 7,51 Euro und CC.OO.: 7,31 Euro). Vgl.: Valdés, Paradigma, RL 1990-I, S. 268 (276); Baylos, Modelo, 1991, S. 117; Ojeda/Pérez, GewerkSR, AiB 1989, S. 382 (383); Kramer, Spanien, in: Bispinck/Lecher, Tarifpolitik, 1993, S. 370 (378). Nach deren Angaben liegt der Organisationsgrad in der nördl. Metallbranche höher, als im armen Süden, mit seinen überwiegend auf Landwirtschaft hin ausgerichteten Branchen.In Deutschland liegt die stetig fallende Mitgliedschaftsquote um 38 %, wobei ca. 3 % einer nicht im DGB organisierten, unabhängigen GewerkS angehören: Zachert, Lecciones, 1998, S. 39. Seit 1991 hat die IG-Metall z.B. 1 Mio Mitglieder verloren und von den 2,71 Mio Mitgliedern, die Ende September 1999 gezählt wurden (eine Zahl, von der die 140.000 Mitglieder der TextilgewerkS abgezogen werden müssen, die mit den Metallern fusionierten), zahlen nur noch 1,65 Mio ihren vollen Betrag, die restl. 1,06 Mio sind Rentner oder arbeitslos: Gruneberg, Im Traditionsgefängnis, Die Zeit 1999, Nr. 42, S. 4.* Der jetzt noch aus 12 EinzelgewerkS bestehende DGB hat seit 1991 fast 1/3 seiner Mitglieder verloren, d.h. die Zahl schrumpfte von knapp 12 Mio auf nur noch 8.310.783 für 1998 (vgl. *www.dgb.de/ueber/1998.index.htm). Nicht einmal jedes 10. GewerkS-Mitglied ist unter 25 Jahre alt. In den neuen Industriezweigen gelingt es dem DBG kaum, Fuß zu fassen: Matthias Loke, Der DGB auf der Suche nach seiner Zukunft, Berliner Zeitung 13.10.1999, S. 35; Hemmer, Strukturkrise, GewMoHefte 2/1985, S. 101 (102 ff.).*

Da selbst die beiden großen und für repräsentativ befundenen Gewerkschaftszentralen *UGT* und *CC.OO.* jeweils nicht mehr als 700.000 bis 800.000 Mitglieder haben, führt dies zur andauernden Finanznot der Gewerkschaften.

Genau dies ist dann auch der Grund, weshalb die Gewerkschaften keine Streikkassen unterhalten können und letztlich führt dies dazu, dass sie keine längeren Streiks durchhalten können.

Die andauernde Finanznot ruft dann letzten Endes staatliche Stellen auf den Plan: Diese subventionieren in etwa die Hälfte des Gewerkschaftshaushaltes über Kredite, Zuschüsse für „soziokulturelle Aktivitäten" etc.[534] nach einem äusserst komplizierten und wenig transparenten Subventionsschlüssel, der sich im wesentlichen nach dem Repräsentativitätsgrad der den Zuschuss in Anspruch nehmenden Gewerkschaft richtet.[535] Freilich erzeugt dies eine starke Abhängigkeit,[536] die zu einem *politicum* wird, da die sozialistische Partei *PSOE* traditionell mit „ihrer" Gewerkschaft *UGT* verwoben ist und aufgrund des Wahlzuspruches der spanischen Bevölkerung über mehr Sitze im Abgeordnetenkongress verfügt als der kommunistische Parteiblock, welcher überwiegend mit der kommunistischen Schwestergewerkschaft *CC.OO.* kooperiert.[537] Die Folge solcher Verstrickung ist eine unter den Arbeitnehmern wenig Sympathie hervorrufende „Klüngelei" und so kann es nicht verwundern, dass dreiste Finanzskandale vor den fetten Trögen des Haushaltsgesetzes aufgedeckt wurden.

Beispielsweise sei die große Affäre nach der Unterzeichnung des „Nationalen Übereinkommens für Beschäftigung" vom 9. Juni 1981 (*Acuerdo Nacional para el Empleo – ANE*) erläutert. In diesem Pakt hielten sich die beiden Gewerkschaftszentralen *UGT* und *CC.OO.* mit ihren Forderungen dem Arbeitgeberverband *CEOE* gegenüber stark zurück. Kurz nach Unterzeichnung dieses Abkommens, bei dessen Zustandekommen übrigens auch die damals dem *DGB* angegliederte „Bank für Gemeinwirtschaft" (*BfG*)

---

[534] Zwischen 1982-1984 verteilte das Haushaltsgesetz umgerechnet fast 5,1 Mio. Euro (damals 800 Mio Ptas) für *„sozio-politische" Aktivitäten unter den GewerkS: Serrano Carvajal, Tendencias, 1984, S. 77; Ojeda/Pérez, GewerkSR, AiB 1989, S. 382 (383); Zaguirre, Crisis (I), El Proyecto 1988, N° 4, S. 47 (55).*

[535] Vgl.: BCE, dic. 1993, N° 57, S. 79 (83 ff.); *„Orden Ministerial de 8 de marzo de 1995", der das Verfahren zur Umverteilung von Subventionen an die Gewerkschaftszentralen aus den allgemeinen Haushaltsmitteln regelt.*

[536] Vgl. zum Hin und Her des Obersten Gerichtshofes und des VerfG über die Kriterien der Ministererlasse und Haushaltsgesetze: *Alonso/Casas, DTrab, 1998, S. 613 und Fn. 79 (Cap. 24/IV/A).*

[537] Vgl.: *Montoya, Probleme, Informaciones I/1987, S. 57 (63); Arija, Trabajadores, Bol. AEDIPE sept. 1982, S. 11 ff.; Iglesias, DerSind, 1996, S. 269 ff.*

Die Einheit zwischen UGT und PSOE zerbrach aber 1985, als der UGT-Generalsekretär Nicolás Redondo Urbieta, zugleich Abgeordneter der PSOE im Abgeordnetenkongress, gegen die von Felipe González Márques (ehem. Regierungspräsident der PSOE) betriebene und für neoliberalistisch befundene Wirtschafts- und Rentenpolitik stimmte, was den ersten Bruch der Fraktionsdisziplin darstellte, seitdem die PSOE 1982 die Regierungsmacht erlangte. Redondo und andere UGT-Genossen verließen 1987 aus Protest ihre PSOE-Parlamentssitze und seitdem kennt man in Spanien Generalstreiks der UGT (und selbstverständl. der CC.OO.) gegen die PSOE, wie am 14.12.1988 und am 27.01.1994 gegen die große Reform des Arbeitnehmerstatuts mit „Gesetz 11/1994": Gutiérrez Vegara (CC.OO.), Relaciones, RMTAS 1997 (3), S. 29 (34 ff.); Redondo, Congreso, RL 1994-I, S. 1432 ff.

durch Kreditgewährung „half",[538] erfuhr die Öffentlichkeit von einer „Geheimklausel", nach der den unterzeichnenden Gewerkschaften umgerechnet stolze 14,2 Millionen Euro für die nächsten drei Jahren gezahlt werden sollten, wenn sie ihre scharfen Attacken gegen die Arbeitgeber einstellen würden, frei nach der Parole: *„Mund halten und Hand aufmachen"*![539]

Bei der Allgemeinverbindlichkeit handelt es sich also um ein „trojanisches Pferd", da sie die Schwächlichkeit spanischer Gewerkschaften tatsächlich nur noch weiter zementiert. Dies ist einer der Gründe, weshalb so manch ein spanischer Gewerkschaftsfunktionär sehnsüchtig auf das deutsche und grundsätzlich allein die eigenen Mitglieder begünstigende Tarifsystem „schielt".[540]

e) Weitere Wirkungen und Pflichten beim statutarischen Tarifvertrag

(1) Verlängerung des statutarischen Tarifvertrags

Die statutarischen Tarifverträge enden durch Fristablauf, Kündigung oder vertragliche Aufhebung.[541] Im spanischen Recht kennt man die sog. *„Verlängerung"* (*prórroga*) statutarischer Tarifverträge, die in Art. 86.2 Arbeitnehmerstatut festgelegt wurden:[542]

> „Sprechen die Parteien keine ausdrückliche Kündigung aus und ohne entgegenstehende Abmachung, verlängern sich die Tarifverträge von Jahr zu Jahr {Verlängerung}.

---

[538] *Führer-Ries, GewerkS, 1991, S. 154 ff.*

[539] *Zaguirre, Crisis (I), El Proyecto 1988, N° 4, S. 47 (55); Sala/Albiol, DerSind, 1998, S. 82 ff. (Tema 2/II/3/C/a).*

[540] *Montoya, Probleme, Informaciones I/1987, S. 57 (57).*
Daneben mindert auch der GewerkS-Pluralismus mit vielen RichtungsgewerkS die Durchsetzungskraft der großen Zentralen, weshalb sich das Panorama anders darstellt als in Deutschland, wo der *DGB immer noch ein (leicht abgemagerter) „Schwergewicht" darstellt: Ojeda, DerSind, 1995, S. 662 (Cap. 23/D/a); ders., Intervención, in: VV.AA., Estabilidad, 1998, S. 271 (281 ff.); ders., Compendio, 1998, S. 307 (Cap. 17/D); Rodríguez Santos, Comentarios, t. III, 1992, Art. 87 (S. 397).*

[541] Anders als in Deutschland kommt es in der Praxis selten einmal vor, ist aber durchaus zulässig, dass die Tarifparteien einverständlich und noch vor Ablauf der Geltungsfrist des statutarischen TV einen neuen verhandeln und den alten TV abändern. Diese vorzeitige Neuverhandlung darf weder gesetzl. Vorschriften noch die Interessen Dritter verletzen. Die Neuverhandlung stellt keinen Verstoß gegen Art. 84.1, 82.3, 41.2 Arbeitnehmerstatut oder gar 11.*c), bzw. 12 „Königliches provisorisches Eilgesetz über Arbeitsbeziehungen 17/1977" vom 4. März 1977 vor, die eine relative Friedenspflicht (vgl. S. 124 ff.) anordnen, da beide Tarifparteien einverständl. handeln: STS 30.06.1998, IL, JPrud., oct. 1998 (marg. J 654 a J 817), S. 24 f.*

[542] Geändert durch die Reform mit *„Gesetz 11/1994". Während die CEOE die „Nachwirkung" vollständig abschaffen wollte, was selbstverständl. auf schärfste Ablehnung durch GewerkS-Seite stieß, kam auf Druck der*

In der Praxis ordnen die Tarifparteien immer eine konkrete Laufzeit von ein oder zwei Jahren[543] an und bei einfachem Fristablauf eines statutarischen Tarifvertrags ohne Kündigung *„verlängert"* sich dieser nach Art. 86.2 Arbeitnehmerstatut sowohl mit seinem obligatorischen als auch mit seinem normativen Teil von Jahr zu Jahr. Solch ein Zustand ist theoretisch unbegrenzt fortsetzbar.[544]

(2) Nachwirkung des statutarischen Tarifvertrags

Daneben sieht das Arbeitnehmerstatut in Art. 86.3 die *„Nachwirkung"* (*ultraactividad*)[545] allein des normativen Teils[546] vom statutarischen Tarifvertrag nach dessen Kündigung vor,[547] um tariflose Zustände zu unterbinden:[548]

Parteien des Baskenlandes PNV, von Katalonien CiU und der damaligen gesamtstaatl. Volks- und Oppositionspartei PP die Tarifdispositivität der Nachwirkung zustande. Die katalanische CiU und die konservative PP wollten vormals dabei eine „Gnadenfrist" (plazo de gracia) von 6 Monaten für die „Nachwirkung" anordnen.

Die heutige Fassung wird heute überschwengl. als „Befreiung vom gesetzl. Rigorismus" oder als „Vertrauen des Gesetzes" in die Sozialpartner gepriesen. Wegen des gesetzgeberischen Kompromisscharakters finden aber weder ArbG-Verbände noch GewerkS so rechten Gefallen an dieser Neufassung und kaum ein TV trifft eine sich vom Gesetzeswortlaut unterscheidende Anordnung bzgl. der Nachwirkung: Fernández López, Convenio, in: VV.AA., Protagonistas, 1995, S. 42 (48); dies., Alcance, RL 1999, N° 13, julio, S. 13 (15 ff.); Sala, Reforma, 1994, S. 241 ff. (Rn. VI.2.3.2.2.ª); VV.AA., Reforma, RL 1994-I, S. 1298 (1301); Montalvo, Reforma, in: VV.AA., Reforma, 1995, S. 9 (26 ff.); Rivero, Estructuras, DL N° 43, 1994, S. 35 (53 ff.); ders., Relaciones, RMTAS 1997 (3), S. 93 (107); Camps, Mercado, 1994, S. 36 f. (Rn. 7).

[543] Die Festlegung der Geltungsdauer wird ihnen durch Art. 85.2.*b) Arbeitnehmerstatut als notwendiger „Mindestinhalt" eines jeden statutarischen TV abgefordert, vgl.: Alarcón Caracuel, Autonomía, in: VV.AA., Reforma, 1995, S. 51 (76).*

„MantelTV" sind in Spanien nicht übl. und stattdessen wird entweder der nicht veränderte Teil des alten TV mit in den neuen hinübergenommen oder vom neuen auf den alten verwiesen. Folgl. besteht der sehr ausführl. TV für RENFE (Eisenbahn) aus wenig neuen Vorschriften und unübersichtlichen Verweisungen auf ältere TV. Dennoch können nach dem Grds. der Tarifautonomie und Art. 86.1 Arbeitnehmerstatut die Koalitionen selbstverständl. in der Weise TV abschließen, dass einige Materien längere Laufzeiten (z.B. Urlaubsfragen) haben und andere (z.B. die Lohn- und ArbZ-Frage) jährl. neu verhandelt werden müssen: Alonso/Barreiro, El ET, 1995, Art. 86.1 (S. 394); Ojeda, Compendio, 1998, S. 298 (Cap. 17/B/b).

Zum Mindestinhalt und den Problemen bei der zeitl. Aufeinanderfolge von statutarischen TV: *González Ortega, Sucesión, in: VV.AA., Reforma, S. 87 (88 ff., 105 ff., 112 ff.).*

[544] STCT 20.09.1984, RTCT 7273; *Alonso/Casas, DTrab, 1998, S. 866 ff. (30/III/A/a); Mercader, Estructura, 1994, S. 187 f. (Seg. P./II/4.3./C./a); Linares, Extensión, in: VV.AA., Contenido, 1990, S. 13 (18 ff.).*

[545] Vgl. dazu: *Fernández López, Alcance, RL 1999, N° 13, julio, S. 13 ff.*

[546] Der obligatorische Teil des TV und die u.g. relative Friedenspflicht (S. 124 ff.) werden dagegen aufgehoben: STS 22.09.1982, RTCT 5058; STCT 18.07.1988, RTCT 6167; STCT 24.10.1989, RTCT 7422; STSJ Madrid 07.10.1991, AS 5900 und 28.06.1990, AS, TSJ-Social/*Madrid 1990, N° 2111; Matía,*

3. Ohne das Erreichen einer ausdrücklichen Vereinbarung verliert der schuldrechtliche Teil des Tarifvertrags nach seiner Kündigung die Wirksamkeit.[549]

Nach Ablauf der vereinbarten Dauer bleibt der normative Teil des Tarifvertrags so wirksam, wie es durch ihn selbst angeordnet wurde. Ohne Anordnung gilt der normative Teil des Tarifvertrags weiter [*Nachwirkung*]."

Die Nachwirkung kann nach dem Gesetzeswortlaut ausgeschlossen werden und bei Ersetzung eines statutarischen Tarifvertrags durch einen neuen statutarischen Tarifvertrag treten dessen Normen, unabhängig davon, ob sie günstiger oder ungünstiger sind, an die Stelle des bisherigen statutarischen Tarifvertrags. Insoweit wird auch in Spanien die Uhr bei jeder neuen statutarischen Tarifverhandlung *„auf Null"* zurückgestellt,[550] was nicht immer so war in der Geschichte des spanischen Tarifrechts.[551] Die Anordnung hierzu lässt sich nach der Reform von 1994-1995 nunmehr entnehmen aus Art. 82.4 Arbeitnehmerstatut:

Huelga, RL 1993-II, S. 283 (291 f.); Correa, Convenios, 1997, S. 117 ff.

[547] Die Kündigung kann nur von den Tarifparteien, nicht aber von einzelnen ArbN oder Unternehmen, die keine TV-Parteien waren, vorgenommen werden: STCT 08.02.1982, RTCT 1649.

Problematisch ist, wenn die EinhVertr. einen statutarischen FirmenTV unterschrieben hat, dann geschlossen zurücktritt und die Kündigung durch die am Tarifschluss nicht beteiligte GewerkS-Sektion eingereicht wird: *Sala/Albiol, DerSind, 1998, S. 346 f. (Tema 5/III/8/B).*

[548] STSJ Castilla y León, Valladolid 16.03.1993, AS 1222; STSJ Madrid 19.09.1989, AL 1989-3, N° 1269, S. 2794 ff.; STCT 14.06.1984, RTCT 5924; STCT 17.03.1987, RTCT 7080; STCT 17.06.1987, RTCT 5934, vgl. dazu: *Camps/Sala, Concurrencia, PJ 1989, N° 13, S. 155 ff.; STCT 17.06.1984, RTCT 5934; STCT 12.05.1986, RTCT 3926; STCT 29.10.1986, RTCT 10762; STCT 12.05.1986, AL 1986-2, N° 610, S. 1411 ff.; STCT 01.05.1987, AL 1987-1, N° 518, S. 1162 ff.; STCT 21.10.1987, AL 1987-2, N° 1164, S. 2494 ff.; Alonso/Barreiro, El ET, 1995, Art. 86.3 a.E. (S. 395); Rey, AutIndiv, REDT 1996, N° 77, S. 425 (437); Lopera, Convenio, RL 1988-II, S. 179 ff.; Pérez Yáñez, Convenios, RL 1993-I, S. 1047 ff.; Valdés, Prórroga, AL 1986-2, Rn. 586, S. 1369 (1371 ff.); Rodríguez-Sañudo, Vigencia, in: VV.AA., Comentarios, t. XII-Vol. 2.°, 1995, S. 129 (170 ff.); Fernández López, Alcance, RL 1999, N° 13, julio, S. 13 (17 ff.).*

[549] Auch der schuldrechtl. Teil darf nach Vereinbarung verlängert werden: STS 12.04.1995, RJ 3048; STS 20.12.1995, RJ 9486.

[550] *„Poner el marcador a cero"; vgl.: Rivero, Contenidos, DL 1994, N° 43, S. 35 (50); zur zeitl. Aufeinanderfolge (sucesión de convenios colectivos) statutarischer TV: Correa, Convenios, 1997, S. 114 ff.; Monge, Comentarios, 1994, S. 161; Montoya, Jornada, in: VV.AA., Ordenación, 1983, S. 11 (15); González Ortega, Reforma, in: VV.AA., Reforma, 1994, S. 335 (358 ff.); Borrajo, Autonomía, in: VV.AA., Reforma, 1993, S. 1063 (1073); El País, 11.06.1998, S. 65; STS 05.06.1991, RJ 5235; STS 29.01.1992, RJ 133: „Modernitätsprinzip" (= Ordnungsprinzip); STS 16.12.1994, RJ 10098; STS 10.02.1995, RJ 1148; STS 26.02.1996, RJ 1507; STSJ Castilla y León, Burgos 13.06.1989, Sonderband Aranzadi, TSJ-Social, Bd. I (Ss Núm. 1-1314), 1989, N° 1085; Valdés, Negociación, in: VV.AA., Reforma, 1994 S. 257 (291); SAN 05.02.1992, JS-If, t. VI, 1992, N° 2.721, S. 152 = AS 3295; Ojeda, Compendio, 1998, S. 27 f. (Cap. 1/C/d).*

[551] Früher konnten durch zeitlich nachfolgenden Tarifverträge die Vorteile der älteren Tarifverträge nicht

„Der [*statutarische*] Tarifvertrag, der einem früheren [*statutarischen*] Tarifvertrag nachfolgt, kann über die in jenem früheren [*statutarischen*] Tarifvertrag zuerkannten Recht verfügen. In besagtem Fall ist vollständig das im neuen Tarifvertrag Festgelegte anzuwenden."

sowie aus Art. 86.4 Arbeitnehmerstatut:

„Der [*statutarische*] Tarifvertrag, der einem zeitlich vorangehenden [*statutarischen*] Tarifvertrag nachfolgt, hebt jenen insgesamt auf; dies gilt nicht im Hinblick auf Gesichtspunkte, die ausdrücklich beibehalten werden."

(3) Ausdehnung eines statutarischen Tarifvertrags

Im Arbeitnehmerstatut ist die Möglichkeit zur „*Ausdehnung*" (*extensión*) eines *statutarischen* Tarifvertrags nach Art. 92 Arbeitnehmerstatut vorgesehen.[552] In bestimmten Berufssparten, wie der von Kanzleiangestellten, Arztgehilfen, Besatzungen auf Hochseekuttern etc. bestehen des Öfteren enorme Schwierigkeiten, statutarische Tarifverträge abzuschließen, da unter ihnen fast nie Gewerkschaftsangehörige und damit Gewerkschaftssektionen oder überhaupt Gewerkschaften zu finden sind und wegen der geringen Belegschaftsgröße nur selten Einheitsvertretungen eingerichtet werden, mit anderen Worten, es mangelt an tariffähigen Subjekten.[553]

Um die Arbeitnehmer unter solchen Umständen vor „tariflichen Wüsten" zu bewahren, können die zuständigen Koalitionen nach französischem Vorbild mit dem „*élargissement*"[554] eine „verwaltungsrechtliche" Entscheidung zur „*Ausdehnung*" beantragen.[555]

---

mehr beseitigt werden, sog. „*irreversibilidad de beneficios*": *Arroyo, Modificación, RL 1999-I, S. 720 (721 ff.).*

[552] Vgl. zur Ausdehnung, insbes. den praktischen Erwägungen, die im Konflikt zwischen ArbG und ArbN sowie dem eigentl. neutralen Staat im Hintergrund stehen unten S. 124 ff. Siehe auch *Cremades, ArbR, 1996, Rn. 58, S. 24.*

[553] Freilich existieren in diesen Branchen Gewerkschaften wie die FNCP, *FSPCPV oder COMME.*

[554] Im franz. Recht nimmt die Figur des *élargissement nach Art. L. 133-12/-13/-14 ff. Code du Travail ähnl. Funktionen zur Vermeidung der gerade genannten „tarifl. Wüsten" (déserts conventionnels) wahr: Despax, Négociations, in: VV.AA., Droit, t. VII, 1989, S. 331 (Rn. 188); Krieger, TarifVR, 1991, S. 212 ff.; Birk, Tarifautonomie, RdA 1995, S. 71 (74); Lyon-Caen/u.a., DrTrav, 1994, S. 814 ff. (3ème Partie/Titre 3/Chapitre 3 = Rn. 956 ff.); Ray, DrTrav, 1996, S. 379 ff. (Rn. 523 f.); Javillier, DrTrav, 1996, S. 593 ff. (Rn. 772 ff.).* *Im franz. Recht nimmt die Figur des élargissement nach Art. L. 133-12/-13/-14 ff. Code du Travail ähnl. Funktionen zur Vermeidung der gerade genannten „tarifl. Wüsten" (déserts conventionnels) wahr:* *Despax, a.a.O., S. 331 (Rn. 188); Krieger, a.a.O., S. 212 ff.; Birk, a.a.O., S. 71 (74); Lyon-Caen/u.a., a.a.O., S. 814 ff. (3ème Partie/Titre 3/Chapitre 3 = Rn. 956 ff.); Ray, a.a.O., S. 379 ff. (Rn. 523 f.); Javillier, a.a.O., S. 593 ff. (Rn. 772 ff.). Zu den Unterschieden der span. Ausdehnung und des gesetzl. geregelten Beitritts noch nach altem Recht: Gómez Abelleira, Adhesión, 1997, S. 195 ff.*

[555] *Abele, TarifR, Diss., 1996, S. 163 f.*

Dabei ist dann die Rechtsnatur dieser Ausdehnungserklärung streitig, also ob sie ein „Verwaltungsakt" (*acto administrativo*) oder eine „Rechtsverordnung" (*reglamento*) darstellt, wobei letztere Auffassung wohl die herrschende Ansicht ist.[556]

Die Voraussetzungen der Ausdehnungserklärung wurden mit der Reform von 1999 leicht geändert und stärker konkretisiert.[557] Nicht zu verwechseln ist diese behördliche Einmischung mit der deutschen Allgemeinverbindlichkeitserklärung nach § 5 Tarifvertragsgesetz. Jene erübrigt sich in Spanien gerade wegen der automatischen Allgemeinverbindlichkeit statutarischer Tarifverträge.[558]

Vielmehr wird bei der Ausdehnung beispielsweise der *statutarische* Tarifvertrag für Büroangestellte der Provinz *Barcelona* auf den anderen räumlichen Geltungsbereich der Provinz *Lérida* übertragen und gilt dort dann ebenfalls allgemeinverbindlich.[559] In gleicher Weise darf ein *statutarischer* Branchentarifvertrag auf eine andere Branche oder ein *statutarischer* Firmentarifvertrag auf ein anderes Unternehmen ausgedehnt werden.[560]

Damit die Verwaltung derartiges anordnen kann, müssen wegen der Unmöglichkeit, einen *statutarischen* Tarifvertrag zu unterzeichnen, „*Nachteile*" erwachsen. Allein das

---

[556] Pérez *Pérez, Competencia, RL 1987-II, S. 3 ff.; Valdés, Potestad, in: VV.AA., Cuestiones, 1990, S. 337 (386 ff., Fn. 101); Jiménez Velasco, Extensión, RL 1988-I, S. 269 (271 ff.). A.A. (pro Verwaltungsakt): Borrajo, Autonomía, in: VV.AA., Libertad, 1993, S. 1063 (1068); ders., Introducción, 1996, S. 309 (Lec. XXIV-III/2); Marín Correa, Extensión, in: VV.AA., Libertad, 1993, S. 449 ff.*

557 Art. 92.2 Arbeitnehmerstatut wurde mit „Gesetz 24/1999 vom 06.07.1999" *(vgl.: RCL 1999, 1809, BOE 07.07.1999, núm. 161, S. 25782) reformiert. Laut den Motiven zu dem „Gesetz 24/1999" beabsichtigt man, auf diese Weise „vorherige Tatbestände zu eliminieren, die zu Einmischungen oder nicht erwünschten Initiativen in einer konkreten Verhandlungseinheit geführt haben." Ehemals gab es auch zum alten Art. 92 Arbeitnehmerstatut noch eine Ausführungs-RVO 572/1982 vom 05.03.1982, die ebenfalls derogiert wurde.*

In der bis dahin geltenden Gesetzesfassung verlangte der Gesetzgeber „erhebliche Schwierigkeiten sozialer und wirtschaftlicher Art", die den Abschluss eines statutarischen Tarifvertrags verhindern mussten; Gómez Abelleira, Adhesión, 1997, S. 195 ff.

Durán sieht solche staatl. Eingriffe als Folge des „Versagens" (fracaso) der Tarifverhandlung an: El ET, RL 1990-II, S. 121 (123). Siehe: Ojeda, Compendio, 1998, S. 360 ff. (Cap. 20/C). Zur Vermeidung eines „tarifl. Loches": Borrajo, Introducción, 1996, S. 309 (Lec. XXIV-III/2); Fernández Frutos, Extensión, REST 1992, N° 18, S. 103 ff.; Alonso García, Introducción, 1987, S. 237 ff.

[558] Dennoch diente sie in Spanien zugleich mit der franz. *extension und élargissement als Referenzpunkt: Pérez Pérez, Extensión, REDT 1987, N° 31, S. 357 (359). Vgl. schon zu Zeiten Francos: Brösse, WirtschaftsO, 1965, S. 54 ff.*

[559] Der „übertragene und ausgedehnte" TV kann auch nur teilweise, d.h. im Hinblick auf bestimmte Vorschriften angewendet werden. Der statutarische ProvinzTV von *Cuenca für Butangasverteiler wurde 1984 auf immerhin 24 Provinzen ausgedehnt oder der TV für die Stadt Huelva für Textilien wurde 1988 auf die gesamte Provinz ausgedehnt: Ojeda, DSind, 1995, S. 752 (Cap. 27/C/a/1).*

[560] Art. 2 Satz 2 *RVO 572/1982 vom 05.03.1982. Vgl.: Sala, DTrab, 1997, S. 141 (Tema 2/8/B/a). Diese Var. ist wohl die häufigste Erscheinungsform der „Ausdehnung", von der es 3 Arten gibt: Die Ausdehnung des betriebl.-branchenmäßigen Geltungsbereiches, die Ausdehnung des räuml. Geltungsbereiches oder schliessl. auch eine Kombination von beiden.*

Scheitern von statutarischen Tarifverhandlungen begründet für sich genommen noch kein Vorliegen eines derartigen „Nachteils“, aber die Behörden sind traditionell verhältnismäßig schnell geneigt, beim Scheitern des Zustandekommens eines statutarischen Tarifvertrags einen solchen Nachteil positiv anzunehmen und sich staatlicherseits „einzumischen“. Diese Situationen lassen sich jedoch an den Fingern einer Hand abzählen und spielen in der Praxis keine große Rolle.

Freilich wirft diese Ausdehnungserklärung einige Probleme auf, wie etwa die Frage, ob sich bei der automatischen „Verlängerung“ des statutarischen und ungekündigten Tarifvertrags um ein Jahr nach dem zuvor genannten Art. 86.2 Arbeitnehmerstatut[561] auch die verwaltungsrechtliche Ausdehnungsentscheidung in der betroffenen Branche „mitverlängert“, wenn die gleichen Umstände ebenfalls weiterhin herrschen.[562]

Daneben ist unklar, ob eine spätere Änderung des statutarischen Tarifvertrags wegen Neuverhandlungen in der fremden Branche auch automatisch eine entsprechende Änderung der verwaltungsrechtlichen Ausdehnungsentscheidung nach sich zieht.[563]

Betrachtet man das Institut der „Ausdehnung“, so müssen den deutschen Betrachter eigentlich Beklemmungen beschleichen, wenn er an die „vollmundigen“ Worte denkt, mit denen der spanische Verfassungsgeber in Art. 37.1 Verfassung das „Recht auf Tarifverhandlung“ und in Art. 28 Verfassung die „Gewerkschaftsfreiheit“ gewährleistet, da es sich bei diesem Ausdehnungsverfahren um einen nicht mehr retuschierbaren Eingriff von staatlicher Seite in jene Garantien handelt. Das Verfassungsgericht war allerdings der Auffassung, dass noch nicht einmal hier ein Eingriff in den von jenen Artikeln geschützten Kernbereich und Wesensgehalt vorliegt.[564]

---

[561] Vgl. S. 124 ff.

[562] Dazu: STSJ Madrid 18.07.1989, AS, TSJ-Social/*Madrid, N° 826.*

[563] Freilich *contra: Ojeda, DerSind, 1995, S. 753, Fn. 41/42 (Cap. 27/C/a/3).*

[564] Daneben musste es sich mit der Frage beschäftigen, ob neben der span. Zentralregierung (*Minister für Arbeit und soziale Angelegenheiten) auch die Regierungen einer Autonomen Gemeinschaft (letztere haben einen „Arbeitsminister“, der zumeist consejero genannt wird) befähigt ist, die Ausdehnung vorzunehmen. Letzteres Merkmal ist nach dem neuen Art. 92 Arbeitnehmerstatut nun auch ausdrückl. festgehalten. Vgl.: STS (cont.-adm.) 13.04.1983, RJ 1925. Zur Kompetenz i.B.a. die Ausdehnung der Arbeitsminister der Autonomen Gemeinschaften: STCo 25.04.1991, RTCo 86; STCo 13.05.1991, RTCo 102; Montoya, Extensión, in: Alonso Olea, JCo, t. IX, 1992, S. 323 ff. (N° 552); ders., Competencias, in: Alonso Olea, JCo, t. IX, 1992, S. 417 ff. (N° 560).* Streitpunkt war hier, ob die Entscheidung zur Ausdehnung nach Art. 149.1.7.°Verfassung noch als *„Ausführung der Arbeitsgesetze“ aufgefasst werden kann oder eine die Kompetenzen der Autonomen Gemeinschaften überschreitende „Gesetzgebungstätigkeit“ darstellt. Die Entwicklung der Autonomen Gemeinschaften vollzog sich in zwei Stufen: Einige besaßen schon ab Verkündung der Verfassung 1978 den „Vollstatus“ einer Autonomen Gemeinschaft (Baskenland, Katalonien, Andalusien, Galizien), die restl. konnten ihn erst über die Jahre hinweg erwerben, da sie verwaltungsrechtl. Kunstgeschöpfe ohne Tradition waren, wie dies bei einigen Ländern in Deutschland nach Kriegsende ebenso der Fall war. Diese „zweitrangigen“ Gemeinschaften besaßen manchmal keine Zuständigkeit zum Vollzug der arb.-rechtl. Gesetze der Zentralregierung. Im erstgenannten VerfG-Urteil klagten erfolgreich die Regierungen des Baskenlandes und von Katalonien, so dass die Arbeitsminister der Autonomen Gemeinschaften nun selbst aus anderen Autonomen Gemeinschaften herstammende TV auf ihre eigene „ausdehnen“ dürfen. Im zweiten VerfG-Urteil wurde selbiges*

Eine Möglichkeit zur Ausdehnung *außerstatutarischer* Tarifverträge bietet das spanische Recht mangels Kodifizierung dieser Tarifvertragsart nicht.[565]

(4) Beitritt zum statutarischen Tarifvertrag

Im Rahmen des „*Beitritts*“ (*adhesión*) nach Art. 92.1 Arbeitnehmerstatut können die Tarifparteien ebenfalls nach französischem Vorbild[566] auf einen anderen, schon wirksamen *statutarischen* Tarifvertrag verweisen und diesem allein „*in seiner Gesamtheit*“ folgen.[567] Werden bei dem Beitritt die wie für alle statutarischen Tarifverträge notwendigen Erfordernisse der Repräsentativität und der Mehrheit bei der Schlussabstimmung erfüllt, so wirkt im beigetretenen Geltungsbereich der übernommene Tarifvertrag ebenfalls „*wie ein statutarischer Tarifvertrag*“, also allgemeinverbindlich.[568]

Der Arbeitgeberverband und die Gewerkschaft des Bereiches „Landwirtschaft“ der Provinz *Sevilla* darf beispielsweise dem bereits geltenden statutarischen Tarifvertrag für „Viehzucht“ in derselben oder selbst einer anderen Provinz „beitreten“. Ein Grund für solch ein Vorgehen kann beispielsweise darin liegen, dass die Tarifparteien keine Mühe darauf verwenden wollen, kostspielige eigene Verhandlungen durchzuführen, welche

für die Autonome Gemeinschaft Andalusien festgestellt, in welcher ihr „Arbeitsminister“ den statutarischen „TV für Büros und Geschäftsstellen“ der Provinz Granada auf die Provinz Sevilla ausdehnte (Convenio Colectivo de la Provincia de Oficinas y Despachos de Granada). Streng subsidiär und allein dann, wenn keine „Ausdehnung“ durch verwaltungsrechtl. Entscheidung oder kein Beitritt mögl. ist, darf die Zentralregierung auf Vorschlag des Arbeitsministers nach vorheriger Anhörung der repräsentativen Sozialpartner auch selbst, bei Vorliegen außergewöhnl. (Krisen-) Verhältnisse, die Arbeitsbedingungen in einer Branche ohne statutarischen TV regeln: 7. Zusatzvorschrift Arbeitnehmerstatut. Die Rechtsnatur des Erlasses von Vorschriften dieser Art und die Ermächtigung als solche ist wegen ihrer Unbestimmtheit trotz restriktiver Anwendung verf.-rechtl. stark umstritten: Alonso/Casas, DTrab, 1998, S. 740 (Cap. 26/VI/B); „außergewöhnl. Eingriffsbefugnis“: Durán, El ET, RL 1990-II, S. 121 (124).

565 Vgl. auch: *de la Villa/García/García-Perrote, Instituciones, 1991, S. 176; Correa, Convenios, 1997, S. 144 ff.*

566 *Adhésion à la convention collective, vgl.: L.132-15 und 132-16 Code du Travail: Javillier, DrTrav, 1996, S. 568 (Rn. 722), 578 (Rn. 741).*

567 Dies kritisiert die Lit., da eine derartige Anordnung „*lebensfremd*“ *sei: Ojeda, DerSind, 1995, S. 746 f. (Cap. 27/B/a/2), 747 f. (Cap. 27/B/b). Vgl. aber die Rspr.: STS (cont.-adm.) 13.04.1983, RJ 1925; Abele, TarifR, Diss., 1996, S. 163.*

568 *Olarte, Adhesión, 1995, S. 118 ff., 195 ff.; ders., Negocios, 1995, S. 29 ff. Dagegen eine MM.: Ojeda, DerSind, 1995, S. 745 (Cap. 27/B/a); ders., Compendio, 1998, S. 285 (Cap. 16/B/b). Art. 92.1 Arbeitnehmerstatut findet unstreitig keine Anwendung auf außerstatutarische TV: Durán, Extensión, RL 1994-I, S. 97 (104 ff.); Valdés, Convenios, 1988, S. 116 ff.; de la Villa/García/García-Perrote, Instituciones, 1991, S. 176; Correa, Convenios, 1997, S. 144 ff. Der Beitritt nach Art. 92.1 Arbeitnehmerstatut darf auf keinen Fall mit der „individuellen“ oder „kollektiven Beitrittserklärung“ von Außenseitern zu einem außerstatutarischen TV verwechselt werden (Fn. 124). Zur Historie: Gómez Abelleira, Adhesión, 1997, S. 37 ff., 305 ff. Vgl. Ojeda, Compendio, 1998, S. 358 ff. (Cap. 20/B); Alonso García, Introducción, 1987, S. 237 ff.*

zudem noch Diskussionen und Unbill erzeugen könnten. Zum Beitritt muss sowohl die Arbeitgeber- als auch Gewerkschaftsseite ihre Willenserklärung abgeben, weshalb es sich im Unterschied zur gerade genannten verwaltungsrechtlichen Ausdehnungserklärung um einen echten bilateralen und, bei Vorliegen der Voraussetzungen, um einen „statutarischen" Tarifabschluss handelt.[569] Die Möglichkeit des Beitritts wird in der Tarifpraxis sehr selten wahrgenommen.[570]

(5) Verhandlungspflicht beim statutarischen Tarifvertrag

In Art. 89.1 Satz 4 Arbeitnehmerstatut wird zur Förderung des „Rechts auf *statutarische* Tarifverhandlung" nach Art. 37.1 Verfassung eine „Pflicht zur Tarifverhandlung" (*deber de negociar*) mit folgenden Worten angeordnet:[571]

> „Beide Parteien sind verpflichtet, nach Treu und Glauben zu verhandeln."

Die Verhandlungspflicht ist freilich nicht mit einer in Spanien unbekannten *Abschluss*pflicht zu verwechseln. Die Verhandlungspflicht besteht nur, wenn vorher schon einmal ein statutarischer Tarifvertrag abgeschlossen wurde. Galt noch nie ein *statutarischer* Tarifvertrag, so besteht sie nach ständiger Rechtsprechung nicht.[572] Ebenso wenig gibt es sie, wenn die in Art. 89.1 Satz 3 Arbeitnehmerstatut normierten Rechtfertigungsgründe zur Ablehnung der Verhandlungsaufforderung vorliegen, welche folgendermaßen lauten:

---

[569] Das Arbeitnehmerstatut kennt keinen einseitigen gesetzl. Beitritt nach Art. 92.1 Arbeitnehmerstatut.

[570] Vgl.: Die *Dir. Gen. Telecomunicación tritt dem Convenio del MOPT bei: BOE 27.01.1993, N° 22, S. 2151 = RCL 1993/252; Subdir. Gen. de Infraestructura del Transporte Aéreo zum Convenio de Aeropuertos Nacionales y Aviación Civil: BOE 07.02.1990, N° 33, S. 3768 = RCL 1990/264 und kurios die Perfumería zum Convenio de Industria química (!): BOE 23.03.1979, N° 71, S. 7114 = RCL 1979/831.*

[571] *Duty of bargain. Vgl.: SAN 05.06.1990, AL 1990-3, N° 737, S. 1453 (1455, f.j. 4.°) = RTCT 92 = JS-If, t. VI, 1992, N° 2.667, S. 60 (62); Alonso Olea, Fuentes, 1982, S. 124 f.; Barrenechea/Ferrer, El ET, 1996, Art. 82 a 92, N° 11. (S. 425);*
Zum Nachkommen der Verhandlungspflicht wird eine „aufrichtige Kraftanstrengungen", „Prädisponiblität" verlangt: García Blasco, Obligación (y II), AL 1988-2, Rn. 972, S. 2277 (2280 ff.); ders., Deber, REDT 1981, N° 6, S. 193 ff.; Rey, Movilidad, in: VV.AA., Reforma, 1994, S. 189 (213); ders., Conducta, RL 1987-I, S. 261 (279 f., 280); Camps/Sala, Cambio, PJ 1988, N° 12, S. 169 (172 ff.); Fernández López, Buena fe, RPS 1983, N° 138, S. 219 ff.; Ramírez Martínez, Deber, in: VV.AA., Problemas, 1994, S. 41 (66 ff.); Cabeza, Buena fe, 1995, S. 223 ff.; Sala/Albiol, DerSind, 1998, S. 329 ff. (Tema 5/III/4/B). Zur dtsch. Rechtslage und der nach ganz h.M. nicht bestehenden Verhandlungspflicht: Löwisch, Münch. HdB ArbR, Bd. 3, 1993, § 239, Rn. 9.

[572] Sog. *renegación.*

„Der Empfänger der Mitteilung [*mit der die Verhandlung zwischen den Tarifparteien eingeleitet, die Tariffähigkeit versichert, der Geltungsbereich des statutarischen Tarifvertrags sowie die Inhalte der Verhandlung angegeben wird*] darf sich allein aus den gesetzlich oder tariflich festgelegten Gründen der Verhandlungseröffnung verweigern oder dann, wenn es nicht darum geht, einen noch nicht abgelaufenen [*statutarischen*] Tarifvertrag neu zu verhandeln ...“

Der Arbeitgeberverband oder ein Einzelarbeitgeber darf demnach in rechtmäßiger Weise eine Verhandlungsaufforderung zurückweisen, wenn beispielsweise eine nicht repräsentative Minderheitsgewerkschaft oder deren Gewerkschaftssektion an ihn herantritt oder falls die Laufzeit des alten *statutarischen* Tarifvertrags noch nicht verstrichen ist.[573] Der Grund für diese Regelung liegt darin, dass die vom Arbeitnehmerstatut geforderte Voraussetzung der „Repräsentativität“ („erster Filter“) von einer Tarifpartei dann nicht erfüllt wird und es deswegen auch nicht zu einem „statutarischen“ Tarifvertrag kommen kann, bzw. das weiter unten beschriebene Konkurrenzverbot für statutarische Tarifverträge untereinander eingreift.

Weigert sich die Arbeitgeberseite aber ohne derartige Rechtfertigungsgründe in Verhandlungen mit dem eigentlich legitimierten Tarifsubjekt einzutreten, kann ihr im schlimmsten Fall eine gesetzlich untersagte „*gewerkschaftsfeindliche Verhaltensweise*“ vorgeworfen werden und ihre Antagonisten dürften sie dann – quasi in Notwehr – „an den Verhandlungstisch streiken“.[574] Da dies in der Praxis selbst den großen Zentralen *UGT* und *CC.OO.* aufgrund des zu geringen Organisationsgrades und wegen des Fehlens von Streikkassen schwer fällt, könnte man nun der Ansicht sein, dass die Arbeitgeberseite in solchen Situationen einfach keinen statutarischen Tarifvertrag unterzeichnen wird, womit Sinn und Zweck der *extra* angeordneten Verhandlungspflicht in Frage gestellt würde.

Allerdings steht der von solch einer Verweigerungshaltung betroffenen repräsentativeren Gewerkschaft neben einer Klage vor dem Arbeitsgericht[575] noch das effektive Druckmittel offen, sich an den Arbeitsminister für Spanien oder den „Arbeitsminister“ einer Autonomen Gemeinschaft wenden zu können und die zuvor erläuterte verwaltungsrechtliche „*Ausdehnungserklärung*“ zu beantragen.[576] Mit ihr wird unter der Voraussetzung, dass der Abschluss eines *statutarischen* Tarifvertrags verhindert wird, weil es an den dazu befähigten Verhandlungssubjekten fehlt und sich „*Nachteile*“ zeigen, einfach ein „fremder“ *statutarischer* Tarifvertrag auf den betroffenen Geltungsbereich übertragen und für anwendbar erklärt. Unter derartigen Umständen, wo sich die Arbeitgeberseite schlichtweg verweigert, die beflissene Gewerkschaft nur laut genug „schreit“ und die

---

[573] Vgl. S. 124 ff. und *Cabeza, Buena fe, 1995, S. 207 ff.; Santillán, Procedimiento, in: Negociación, t. III, CDJ 1992, S. 129 (136 ff.); Abele, TarifR, Diss., 1996, S. 161 ff.*

[574] Vgl. die Generalklausel des Art. 12 *LOLS*.

[575] Kollektivkonflikt – *conflicto colectivo, Art. 17 RD 17/1977 vom 04.03.1977, Art. 150 ff. LPL*.

[576] Vgl. S. 124 ff.

Presse zunehmend hellhörig wird, dürfte der zuständige Arbeitsminister gemeinhin wenig Hemmungen verspüren, das Vorliegen der oben beschriebenen Situation zur Ausdehnungserklärung zu leugnen und diese somit rasch vornehmen.

2. Der außerstatutarische Flächentarifvertrag

Wie gesehen, verhindert die Konzeption des Arbeitnehmerstatuts („zwei Filter") bei der gegenwärtigen Zweiteilung der Gewerkschaftslandschaft in *UGT* und *CC.OO.* des Öfteren den Abschluss eines wirksamen statutarischen Flächentarifvertrags. Für solche Situationen entwickelten ordentliche Rechtsprechung[577], Verfassungsgericht[578] sowie Schrifttum[579] als „Retter in der Not"[580] die Figur des außerstatutarischen Tarifvertrags, der mangels näherer gesetzlicher Kodifizierung seine Grundlage unmittelbar in der Institutsgarantie von Art. 37.1 Verfassung und einigen Vorschriften des gemeinen Zivilrechts finden soll, was später noch zu erläutern ist.[581]

---

[577] STCT 20.12.1980, RTCT 6779; STCT 28.01.1985, RTCT 2294; STCT 20.02.1985, RTCT 1443; STCT 27.12.1983, RTCT 11358; STCT 28.03.1985, RTCT 2294; STCT 29.04.1987, RTCT 8893; STSJ Extremadura 27.12.1989, AS, TSJ-Social, Bd. I (Ss 1-1314), 1989, N° 1259 (y otros); STCT 26.05.1987, RTCT 11130; STCT 10.06.1985, RTCT 4358; STCT 23.09.1985, AL 1985-2, N° 1180 = RTCT 5328 = RL 1985-II, S. 656 ff.; STS 14.01.1986, RJ 232; STCT 17.06.1986, RTCT 5330; STCT 16.10.1986, RTCT 10735 = AL 1986-2, N° 1010, S. 2406 ff.; STCT 11.02.1987, RTCT 4548; STCT 23.04.1987, RTCT 9082 = AL 1987-1, N° 631, S. 1393 ff.; STCT 15.09.1988, RTCT 5539; STCT 24.02.1986, RTCT 1156; STCT 10.02.1986, RTCT 1318 usw.

[578] STCo 11.07.1984, RTCo 73; STCo 08.07.1989, RTCo 108. Vgl. den Kommentar: *Alonso Olea, Convenio, in: ders., JCo, t. VII, 1990, S. 333 ff. (N° 410) und STCo 27.06.1984, RTCo 73, STCo 29.06.1985, RTCo 98; STCo 16.03.1989, RTCo 57; STCo 29.07.1985, RTCo 98.*

[579] *Ojeda, Pactos, in: VV.AA., Negociación, 1991, S. 189 ff., der viele Bsp. aus der Praxis anführt. Vgl. Alonso García, Introducción, 1987, S. 264 f.; Quintanilla, Convenios, 1998, S. 29 ff.; Rivero, AMI, in: VV.AA., Comentarios, 1980, S. 129 (148); Valdés, Convenios, 1988; Sala, Convenios, 1981; ders., CCextra, in: VV.AA., Manifestaciones, 1989, S. 43 (45 ff.); Borrajo, Obligatoriedad, RPS 1980, N° 126, S. 5 (37 ff.); Desdentado/García-Perrote, Eficacia, REDT 1980, N° 4, S. 550 ff.; Martínez Emperador, Convenios, in: VV.AA., Contenido, 1990, S. 55 (70 ff., 74 ff.), wonach sämtl. zivilrechtl. Begründungsversuche scheitern müssen und allein in der „bindenden Kraft der TV" nach Art. 37.1 Verfassung Zuflucht zu suchen sei. Mit dem Hinweis, dass solche Sonderformen an TV keine Unbekannte im span. Recht darstellen: R.Y. Quintanilla, CCextra, 1992, S. 9 ff. und einer kleinen Urteilsübersicht ab S. 22 ff. Zur Historie: García Murcia, Pactos (I), AL 1992-2, XXX, S. 403 (406 ff.); García González, Pactos, RPS 1976, N° 110, S. 9 ff.*

[580] *„Sicherheitsventil": Valdés, Paradigma, RL 1990-I, S. 268 (276). Ähnl.: Sala, Relación, in: VV.AA., Seminario, 1984, S. 71 (75 ff.).*

[581] *Gutiérrez-Solar, Modificación, REDT 1999, N° 99, S. 213 (214).*
Manchmal werden die zivilrechtlichen Art. 1089-1091, 1137, 1254-1258, 1272-1284, 1717, 1725 CC erwähnt: STCT 10.02.1986, RTCT 1318; STCT 22.02.1988, RTCo 84 = AL 1988-1, N° 499, S. 1162 ff.; STCT 05.04.1989, RTCT 165; SAN 17.11.1989, RTCT (núms. 2575 al final), SSdlS, AN 1989-1990, Bd. II, N° 90; STCT 29.01.1987, RTCT 2048.

Der außerstatutarische Tarifvertrag wurde mit der Reform von 1994-1995 zum ersten Mal beiläufig im Arbeitnehmerstatut erwähnt, wo er nun ausdrücklich als *„kollektive Abmachung"* (*pacto colectivo*) bezeichnet wird, während sich aus anderen Passagen allein indirekte Hinweise auf diese Tarifvertragsart entnehmen lassen.[582]

a) Unterscheidung in außerstatutarischen Flächen- und Firmentarifvertrag

Der außerstatutarische Tarifvertrag stellt im Prinzip das Spiegelbild zum statutarischen Tarifvertrag dar und greift immer dann, wenn das Zustandekommen eines statutarischen Tarifvertrags „unmöglich" ist. Wenn man will, erschöpft sich die Aufgabe der außerstatutarischen Tarifverträge darin, als „Müllhalde" für gescheiterte statutarische Tarifverträge zu dienen, wobei es dann unter anderem vom politischen Klima zwischen den beiden Gewerkschaftszentralen *UGT* und *CC.OO.* abhängt, wie hoch der „Müllpegel" mit gescheiterten statutarischen und damit außerstatutarischen Tarifverträgen steigt.[583]

Das Arbeitnehmerstatut unterscheidet beim räumlichen Geltungsbereich für die *statutarischen* Tarifverträge zwischen dem Geltungsbereich, der auf der Ebene *über* dem Unternehmen (Flächentarifvertrag) liegt und dem Geltungsbereich, der auf der Ebene des Unternehmens selbst oder darunter (Firmentarifvertrag) liegt. Da es sich bei den

---

Zur Schriftform außerstatutarischer TV, zwar nicht nach Art. 90.1 Arbeitnehmerstatut, dafür jedoch nach Art. 1.280 *Código Civil: „Trotz ihrer privatrechtlichen Natur bedürfen ebenfalls der Schriftform solche Verträge, in denen die Geldsumme der Leistungen des einen oder der beiden Vertragspartner 9,00 Euro übersteigt.", vgl.: Campos, Validez, in: VV.AA., Comentarios, t. XII-Vol. 2.°, 1995, S. 181 (189 ff.); Montoya, Viabilidad, in: VV.AA., Problemas, 1984, S. 49 (57); ders., Convenio, in: Negociación, CDJ 1992, t. III, S. 273 (284 ff.).*

[582] Z.B. aus Art. 83.2 Arbeitnehmerstatut: *„Die durch dieses Gesetz geregelten Tarifverträge"; Art. 90.1 Arbeitnehmerstatut: „Tarifverträge, auf welche sich dieses Gesetz bezieht"; Art. 1 Rechtsverordnung über das Schlichtungswesen (RD-Ley 5/1979, de creación del SMAC vom 26.01.1979): „die Hinterlegung der Tarifverträge und der übrigen Kollektivvereinbarungen"; Art. 151.1, 163.1 LPL; Art. 2.f) „RVO 1040/1981" vom 22.05.1981; „RD-Ley 5/1979" vom 26.01.1979; vgl.: de la Villa/García/García-Perrote, Instituciones, 1991, S. 168; Diéguez, Negociación, in: VV.AA., Cuestiones, 1990, S. 237 (247 ff.); de Soto, Libertad, 1998, S. 313, Fn. 35; Borrajo, Obligatoriedad, in: VV.AA, El ET, t. XII, Vol. 1.°, 1980, S. 13 (216); Escribano, CCex, REDT 1999, N° 97, S. 681 (683 ff.). Ojeda weist auf den Entwurf des Arbeitnehmerstatuts hin, in dem noch über das Einfügen eines „Titels IV über Kollektivkonflikte" diskutiert wurde. In diesem „Titel IV" sprachen einige der später nicht verabschiedeten Artikel ebenfalls über andere Arten an „Vereinbarungen" („acuerdos"), also außerstatutarische Tarifverträge: Compendio, 1998, S. 282.*

[583] *Ojeda nennt für 1987 eine Zahl von 33 % der tarifl. insgesamt erfassten ArbN, die außerstatutarischen Tarifverträgen unterworfen sind: DerSind, 5. Aufl., 1990, S. 575. Allein 2 % nennt dagegen Valdés, was m.E. erheblich untertrieben ist: Convenios, 1988, S. 14, Fn. 3; vgl. auch: Abele; TarifR, Diss., 1996, S. 11 m.w.N.; Durán, El ET, RL 1990-II, S. 121 (144); Montoya, Convenio, in: Negociación, CDJ 1992, t. III, S. 273 (279 ff.); García Murcia, Pactos (I), AL 1992-2, XXX, S. 403 (407).*

außerstatutarischen Tarifverträgen um ein Spiegelbild der statutarischen Tarifverträge handelt, wird diese Differenzierung bei den *außerstatutarischen* Tarifverträgen folglich ebenso vorgenommen.

Auch hier soll an erster Stelle der außerstatutarische *Flächen*tarifvertrag mit Geltungsbereich *über* dem Unternehmen betrachtet werden. Zu dessen Abschluss sind ausnahmslos „Gewerkschaften" sowie „Arbeitgeberverbände" befähigt.

Im Gegensatz dazu können den außerstatutarischen *Firmen*tarifvertrag allein, der „Arbeitgeber" und die „betriebliche Interessenvertretung" der Arbeitnehmer, also entweder die „Einheitsvertretung" oder die „Gewerkschaftssektion" verhandeln.

In der Praxis gehen die Tarifparteien manchmal „gutgläubig" davon aus, mit ihrer Unterschrift tatsächlich einen statutarischen Flächentarifvertrag wirksam abgeschlossen zu haben. Später stellt dann ein Gerichtsurteil aufgrund einer „*Anfechtung*" einer anderen Partei (meist einer „eifersüchtigen" Konkurrenzgewerkschaft) die Nichtigkeit des eigentlich beabsichtigten „*statutarischen*" Flächentarifvertrags fest. Das erkennende Arbeitsgericht deutet diesen Tarifvertrag dann in der Regel *ope iudice* in einen „*außerstatutarischen*" Flächentarifvertrag um (*principio de conversión negocial/conversión del negocio*),[584] was im Schrifttum manchmal Kritik erfährt.[585]

b) Fallgruppen des außerstatutarischen Flächentarifvertrags

Oben wurden schon zwei der wichtigsten Fallgruppen erläutert, in denen das Zustandekommen eines statutarischen Flächentarifvertrags unmöglich ist, weshalb sowohl Rechtsprechung als auch die ganz herrschende Ansicht im Schrifttum den Abschluss eines außerstatutarischen Flächentarifvertrags zulassen möchten:

In der Praxis stößt man sehr oft auf außerstatutarische Flächentarifverträge, wenn die Mehrheit bei der Schlussabstimmung in der Verhandlungskommission („zweiter Filter") und dort zumeist in der „Sozialbank", d.h. auf der Gewerkschaftsseite verpasst wird, weil eine oder mehrere Gewerkschaftszentralen den Verhandlungen den „Rücken zukehren", sie verlassen und den Tarifvertrag nicht mitunterzeichnen, eine oder mehrere andere Gewerkschaftszentralen dagegen zufrieden sind mit dem von der Arbeitge-

---

[584] Nach Art. 4.3 *Código Civil): STCT 11.01.1989, RTCT 13; SAN 26.06.1989, RTCT (Ss Núms. 2575 al final) 1989, SSdlS, AN 1989-90, N° 24; Oliet, Transformación, AL 1991-2, S. 1190 (1191).*

[585] Man könne von Amts wegen nicht einfach einen derartigen „Parteiwillen" unterstellen: *Ojeda, Pactos, in: VV.AA., Negociación, 1991, S. 189 (199 ff.); ders., DerSind, 1995, S. 708, 789 f. mit Hinweis auf Art. 1.284 Código Civil: „Wenn eine Vertragklausel verschiedene Deutungsmöglichkeiten zulässt, muss sie in dem Sinne verstanden werden, der am geeignetsten erscheint, um Wirkung zu erzeugen."; ders., Compendio, 1998, S. 387 ff. (Cap. 23/A/b/ 2.1.); Quintanilla, Convenios, 1998, S. 33; Abele, TarifR, Diss., 1996, S. 172.*
Im Ergebnis ändert sich damit letztlich nur der Adressat solch eines Flächentarifvertrags, da er zunächst allgemeinverbindlich und dann nach Urteilsverkündung allein auf die Mitglieder der unterzeichnenden Koalitionen beschränkt gilt.

berseite zugebilligten Angebot und dann unterzeichnen. Der so unterschriebene Flächentarifvertrag kann dann nicht die nach dem Arbeitnehmer*statut* erforderlichen Mehrheiten vorweisen und ist damit ein *außerstatutarischer* Tarifvertrag.[586]

Ferner tauchen Fälle auf, in denen das Zustandekommen eines statutarischen Flächentarifvertrags schon daran scheitert, dass die oder mehrere unterzeichnende Gewerkschaften nicht als „repräsentativ" anerkannt sind, es sich also um nichtrepräsentative Minderheitsgewerkschaften oder um nicht eingetragene Gewerkschaften[587] handelt („erster Filter"). Unterschreiben sie dann mit dem vielleicht repräsentativen Arbeitgeberverband einen Flächentarifvertrag, so erfüllt jener ebenso wenig die vom Arbeitnehmerstatut verlangten Voraussetzungen und man hat es erneut mit einem „außerstatutarischen" Flächentarifvertrag zu tun.

Schließlich sind auch Situationen vorstellbar, in denen zwar die Gewerkschaftsseite die zum Abschluss eines *statutarischen* Flächentarifvertrags ausreichende Repräsentativität innehat, nicht jedoch der unterzeichnende *Arbeitgeberverband*. Wegen dieses Fehlers ebenfalls beim „ersten Filter" handelt es sich auch hier um einen „außerstatutarischen" Flächentarifvertrag. In diesem selten anzutreffenden Sonderfall geht die Rechtsprechung manchmal sogar davon aus, dass dieser außerstatutarische Flächentarifvertrag zwar auf der Seite der *Arbeitgeber* allein beschränkt für die Mitglieder des abschließenden Arbeitgeberverbands wirkt, auf *Arbeitnehmerseite* jedoch allgemeinverbindlich.[588]

Eine weitere und in der Praxis ebenfalls häufig anzutreffende Fallgruppe kann an dieser Stelle noch nicht vollkommen erklärt werden, da sie mit den komplizierten Regeln zur Lösung von Tarifkonkurrenzen zusammenhängt, die weiter unten erklärt werden.[589] Insoweit dürfen über außerstatutarische Tarifverträge unter Anwendung des Günstigkeitsprinzips allein „Verbesserungen" im Vergleich zu statutarischen Tarifverträgen vorgenommen werden, was an dieser Stelle vorweggenommen werden soll. Auch in diesem Fall tauchen dann also „außerstatutarische Tarifverträge" auf und sowohl Gewerkschaften als auch Arbeitgeberverbände unterzeichnen dann diese Tarifvertragsart mit dem Wissen, dass sie nicht „statutarisch" ist.[590]

c) Rechtliche Zulässigkeit der außerstatutarischen Tarifverträge

Der vollkommen herrschenden Auffassung in Rechtsprechung und Literatur nachkommen die außerstatutarischen Tarifverträge zwar „ohne Beachtung" der Regeln des Arbeitnehmerstatuts zustande, sind aber dennoch ein legaler, d. h. rechtmäßiger

---

[586] Vgl. auch: *Abele, TarifR, Diss., 1996, S. 171 ff.*

[587] Vgl. dazu: Art. 4 *LOLS.*

[588] STS 13.02.1996, RJ 1016; STS 14.02.1996, RJ 1017.

[589] Vgl. S 124 ff.

[590] *Abele, TarifR, Diss., 1996, S. 172 ff.*

Ausdruck des in Art. 37.1 Verfassung garantierten „Rechts auf Tarifverhandlungen".[591] Damit kommt ihnen einhellig Rechtswirkung zu und in Spanien besteht damit eine *dualistische* Tarifordnung mit statutarischen und außerstatutarischen Tarifverträgen.

Allein nach einer absoluten Mindermeinung in der Literatur, verkörpert insbesondere von *Alfredo Montoya Melgar*, können außerstatutarische Tarifverträge keine Rechtswirkungen entfalten, da sie illegal und damit nichtig (*nulo*) seien. Der die Tarifverhandlung und Tarifverträge regelnde „*Titel III*" des Arbeitnehmerstatuts gebe nach dieser Auffassung den verbindlichen Rahmen für das Zustandekommen eines Tarifvertrags vor und außerhalb davon könne:

> „man nicht reden von schuldrechtlichen oder uneigentlichen [*außerstatutarischen*] Tarifverträgen, sondern schlicht und einfach von illegalen und deswegen nichtigen Tarifverträgen".

In Spanien existiere kein dualistisches, sondern ein *monistisches* Tarifvertragssystem und aus den Beratungsprotokollen zum Arbeitnehmerstatut ließe sich ersehen, dass der Gesetzgeber mit dem Arbeitnehmerstatut eine „abschließende" und „enumerative" Tarifordnung hätte schaffen wollen.[592] Für andere als „statutarische" Tarifvertragsarten sei kein Platz, ganz nach der Devise: „*Was nicht im Arbeitnehmerstatut geschrieben steht, gibt es auch nicht auf der Welt.*"[593] Die Tarifverträge, die nicht sämtliche im Arbeitnehmerstatut vorgesehenen Voraussetzungen erfüllen, ließen sich keinesfalls in außerstatutarische Tarifverträge umdeuten und seien nach Art. 6.3 *Código Civil* nichtig, der anordnet:

---

[591] Vgl. neben den o.g. Zitaten: *Valdés, Modelo, in: VV.AA., Negociación, 1982, S. 17 (40 ff.); Montalvo, Relaciones, in: VV.AA., Cuestiones, 1990, S. 291 (307); Diéguez, Negociación, in: VV.AA., Cuestiones, 1990, S. 237 (247); VV.AA., Debate, 1981, t. I, S. 177, 181, 407, 413; Abele, TarifR, Diss., 1996, S. 121 ff., 167 ff. Durán, El ET, RL 1990-II, S. 121 (137 ff., 145 ff.), der die Situationen, in denen nicht die notwendigen Abstimmungsmehrheiten für statutarische TV erreicht werden, durch eine „verwaltungsrechtl. Ausdehnungserklärung" (S. 124 ff.) gelöst sehen will. Dieser staatl. Eingriff soll verträgl. sein, als ein nachträgl. „individueller Beitritt" der Außenseiter zum außerstatutarischen TV (S. 124 ff.). Ähnl. Gómez Abelleira, Adhesión, 1997, S. 509. M.E. spiegeln sich in solchen Äußerungen immer noch die während des Franco-Regimes „eingeimpften" Gedankenstrukturen vom fürsorglichen sowie allmächtigen Staatsapparat wieder und sind darum zurückzuweisen. Vgl. die ersten Urteile: STCT 20.12.1980, RTCT 6779; STCT 08.02.1982, RTCT 1220.*

[592] Auf der anderen Seite berichten einige Autoren davon, dass die Juristen der sozialistischen *PSOE bei den Beratungen zum Arbeitnehmerstatut bewusst die Tür zur Einführung des ausserstatutarischen Tarifvertrags einen „Spalt breit offen ließen, damit die allein auf die Koalitionsmitglieder beschränkt anwendbaren Tarifverträge Einzug in den tatsächlichen spanischen Alltag halten können.": Borrajo, Obligatoriedad, RPS 1980, N° 126, S. 5 (37 ff.).*

[593] *Montoya, Viabilidad, in: VV.AA., Problemas, 1984, S. 49 (55), vgl. auch derselbe schon zu den außergewerkschaftlichen TV in Fn. 77; Borrajo, Contenido, in: VV.AA., El ET, t. XII, Vol. 1.°, 1980, S. 13 (16); Ojeda, DerSind, 1995, S. 610 in Anlehnung an: Savatier, Espèces, DS 1960, N° 12, S. 598 (600 ff.).*
In Art. 80.1 {Zentrumspartei UCD-} Regierungsentwurf zum Arbeitnehmerstatut stand zunächst: „...die arbeitsrechtlichen Tarifverträge (...) stellen den Ausdruck des durch sie frei vereinbarten Abkommens dar, kraft

„Die Handlungen, die zwingenden und Verbote anordnenden Vorschriften widersprechen, sind in rechtlicher Hinsicht vollkommen nichtig, es sei denn, sie ordnen für den Fall einer Zuwiderhandlung eine andere Wirkung an."

Diese Mindermeinung äußert sich wie folgt:

„Da unsere Rechtsordnung ... keine weiteren arbeitsrechtlichen Tarifverträge anerkennt als diejenigen, die im Arbeitnehmerstatut geregelt sind, kann der Abschluss eines ausserhalb seiner Vorschriften ausgehandelten [*außerstatutarischen*] Tarifvertrags allein eine einzige rechtliche Einordnung nach sich ziehen: Solch ein [*außerstatutarischer*] Tarifvertrag würde am Mangel der Rechtswidrigkeit leiden und wäre deswegen in Übereinstimmung mit Art. 6.3 *Código Civil* als nichtig anzusehen ... Die Parteien eines Tarifvertrags sind nicht frei, die Tarifverhandlung nach ihrem Ermessen zu gestalten und sich je nach ihrer Vorliebe den Vorschriften des Arbeitnehmerstatuts zu unterwerfen oder nicht ..."[594]
– und –
„Gewiss hört man bisweilen ... das Argument, wonach die außerstatutarischen Tarifverträge [*in der Realität*] existieren, weshalb sich das Urteil über ihre rechtliche Zulässigkeit stützen ließe. Jedoch selbst unter Anerkennung [*der Prämisse*], „dass das Gesetz, was sein wird, was sein kann und was man möchte, dass es sei, vielleicht schon durch die Gewohnheit Gesetz ist", erscheint klar, dass Tatsachen

---

*ihrer Kollektivautonomie **innerhalb dieses Gesetzes.**" (H.d.V.) und die letzte Bezugnahme wurde später gestrichen.*

[594] *Montoya, DTrab, 1998, S. 167 f. (Cap. V/4/5.°); ders., Acuerdos, Bol. AEDIPE sept. 1982, S. 4 (6 ff.); ders., Convenio, in: Negociación, CDJ 1992, t. III, S. 273 (282 ff., 286): „la révolte des faits contre le Droit"; ders., Horizonte, in: VV.AA., Cambio, 1991, S. 97 (107 ff.); ders., Comités, in: VV.AA., Seminario, 1984, S. 31 (38 ff.); Durán, El ET, RL 1990-II, S. 121 (133, Fn. 15, S. 137 ff.). Ähnl. in der von Montoya geleiteten Doktorarbeit: Quintanilla, Convenios, 1998, S.29 ff., 54 f., 174 ff., 192 ff., 205 sowie dort von Montoya im Prólogo auf S. 14, 16. Einige führen das Argument an, es sei schließlich auch nicht mögl., im Handelsrecht eine „außergesetzl." Aktiengesellschaft zu gründen, d.h. eine Gesellschaft, welche die im Aktiengesetz vorgesehenen Regelungen nicht beachte. Gleiches habe darum bei „außerstatutarischen" Tarifverträgen zu gelten: Alarcón Caracuel, Autonomía, in: VV.AA., Reforma, 1995, S. 51 (61).* Dagegen lässt sich m.E. erwidern, dass außerstatutarischen TV als „Feuerwehr" in einer verunglückten, vom Staat „hineingepressten" Tarifordnung dienen. Dort konkurrieren zwei Gewerkschaftszentralen miteinander, die jeweils allein auf sich gestellt nicht in der Lage sind, die illusorischen und vom staatlichen Tarifsystem geforderten Voraussetzungen („zwei Filter") zu erfüllen. Ohne jene „Feuerwehr" bestünde in bestimmten Situationen „Explosionsgefahr", weil der Abschluss von Tarifverträgen unmöglich gemacht werden könnte. Dies ist gewiss nicht der Fall, wenn Gesellschaften eine vom Staat zur Verfügung gestellte Form annehmen müssten, die den Anforderungen des alltäglichen Handels widerspricht (zumal ihre Lobby rasch eine Beseitigung dieser Hindernisse erzwingen würde). [595] *Montoya, Viabilidad, in: VV.AA., Problemas, 1984, S. 49 (68) und: „Es gibt in unserer Rechtsordnung keine Vorschrift, welche die Zulässigkeit von {außerstatutarischen} Tarifverträgen am Rande des vom Arbeitnehmerstatut zur Verfügung gestellten Systems anerkennt" (S. 53).*

und Recht sich auf unterschiedlichen Ebenen befinden und sich reine Gewohnheitspraktiken nicht in rechtliche Situationen umwandeln, schon gar nicht, wenn sie im offenen Widerspruch zum Recht [*des Arbeitnehmerstatuts*] stehen. Falls tatsächlich die Forderungen des sozialen Lebens eine stärkere Straffung und Informalität der [*statutarischen*] Tarifverhandlung verlangen, kann [*allein*] der Gesetzgeber mit der geschuldeten Sensibilität eine angemessene gesetzliche Antwort auf solche Forderungen geben."[595]

Ohne jetzt in vertiefte rechtsphilosophische Streitigkeiten eintauchen zu wollen, sei der gerade geäußerten Ansicht die von *Rudolf von Ihering* entgegengestellt, der folgende divergierende Überzeugung teilt:[596]

„Die Funktion des Rechts im allgemeinen besteht nun darin sich zu verwirklichen. Was sich nicht realisiert, ist kein Recht, und umgekehrt was diese Funktion ausübt, ist Recht, auch wenn es noch nicht als solches anerkannt ist."

Aber nicht nur aus philosophischen Erwägungen heraus begegnet diese Mindermeinung Bedenken, sondern sie steht m.E. auch unter sozialpolitischen Überlegungen und solchen der Praktikabilität unter schlechten Vorzeichen: Zwar stellt sie in juristisch-dogmatisch einwandfreier Weise die „pathologischen" Erscheinungen des statutarischen Tarifsystems an den Pranger, „verschreibt" jedoch keine „Medizin zur Heilung":

Was würde denn etwa geschehen, wenn sich die beiden Zentralen *UGT* und *CC.OO.* unversöhnlich gegenüberstünden? Sollten dann bis zur Beendigung der eventuell jahrelang anhaltenden Pattsituation keinerlei neuen statutarischen Tarifverträge mehr abgeschlossen werden? Oder dürften nur unverbindliche *gentleman's agreements* unterzeichnet werden, deren Inhalte ohne Rechtsschutzmöglichkeit für die Arbeitnehmer später vom Arbeitgeber storniert werden könnten? Würden sich die Arbeitnehmer dies gefallen lassen oder nicht vielmehr mit auch (illegalem) Druck, vielleicht noch unter dem Agieren von ideologischen „Scharfmachern" versuchen, die Einhaltung dieser dennoch auftauchenden *gentleman's agreements* zu erzwingen und das vor sich hinschwelende „soziale Dynamit" für sich auszunutzen? Der Gesetzgeber des Arbeitnehmerstatuts hat sich selbst sozusagen ein „Ei ins Nest gelegt", mit dem es nun zu leben gilt. Die einzige Alternative wäre eine rigorose Neuordnung des Tarifwesens, zu der sich der Gesetzgeber aber bislang nicht aufraffen kann. Da die sozialen Konsequenzen einer Leugnung der Existenz von außerstatutarischen Tarifverträgen im derzeit geltenden Tarifsystem m.E. zu brisant erscheinen, ist diese Mindermeinung abzulehnen.

Anfangs sahen einige Stimmen in der Literatur auch einen anderen Kritikpunkt bei der *bewussten* Unterzeichnung eines außerstatutarischen Flächentarifvertrags durch eine Gewerkschaft, die es von Beginn an darauf anlegt, keinen statutarischen, sondern einen außerstatutarischen abzuschließen. Sie sahen darin eine nach der Generalklausel des

---

[596] *von Ihering, Geist des römischen Rechts, 1924, S. 49.*

Art. 12 „Organgesetz über Gewerkschaftsfreiheit" (*LOLS*) untersagte *„gewerkschaftsfeindliche Verhaltensweise"* wegen Diskriminierung der Gewerkschaftszentrale selbst oder der Gewerkschaftsmitglieder.[597] Es handelte sich um folgenden Sachverhalt:

> Die *UGT* schloss mit einem Arbeitgeberverband einen außerstatutarischen Flächentarifvertrag ab, ohne zuvor überhaupt eine auf das Erreichen eines statutarischen Flächentarifvertrags abzielende Verhandlung versucht zu haben. Die ebenfalls repräsentative *CC.OO.* machte unter anderem geltend, dass dieses Verhalten der *UGT* und des Arbeitgeberverbands ihre „Gewerkschaftsfreiheit" nach Art. 28.1 Verfassung wegen „Diskriminierung" verletzen würde, da sie immerhin „repräsentativ" sei und folglich das Recht gehabt hätte, bei statutarischen Flächentarifverhandlungen mitzuwirken. Derartige Praktiken, wie sie UGT und der Arbeitgeberverband an den Tag legten, würden statutarische Flächentarifverhandlungen aber unmöglich machen.

Sowohl Verfassungsgericht als auch ordentliche Rechtsprechung und die herrschende Ansicht im Schrifttum verschlossen sich aber dieser Argumentation und ließen sich allein für extreme Fälle die „Hintertür" offen, solch ein Verhalten zu unterbinden.[598]

---

[597] vgl.: *Fernández González, Vinculación, in: VV.AA., I Congreso, 1980, Vol. I, S. 105 (108 ff., 110 ff.); Abele, TarifR, Diss., 1996, S. 169.*

[598] STCo 08.06.1989, RTCo 108 = CANO MATA, Ss del TCo sistematizadas y comentadas, t. IX-2.°, 1989 (mayo-ago.), S. 794 ff.; *Auto (Beschluß) TCo 15.01.1986, N° 28 (f.j. único), JCo, t. XIV, 1986, S. 613 (616 f.); STS 07.06.1996, RJ 4998; STS 14.06.1995, RJ 4899; STSJ Madrid 02.09.1991, JS-If, t. V, 1991, N° 2.497, S. 489 ff. und 18.07.1989, AS, TSJ, Social-Madrid N° 57; STS 14.07.1995, RJ 6254 („Bimbo"); STS 17.07.1995, RJ 6270; STSJ Extremadura 11.02.1993, AS 610; STSJ Cantabria 19.11.1993, AS 4774; STCT 21.02.1986, RTCT 1333; STCT 20.02.1985, RTCT 1443; STCT 24.07.1986, RTCT 7179; STCT 06.09.1986, RTCT 8705; STCT 25.06.1986, RTCT 5343; STCT 16.10.1986, RTCT 10735 = AL 1986-2, N° 1010, S. 2406 ff.; STCT 28.02.1986, RTCT 1352 (f.j. 3.°); STCT 28.03.1985, RTCT 2294; STCT 10.02.1986, RTCT 1318; STCT 17.06.1986, RTCT 5330; SMag. N° 6 de Sevilla, 28.04.1987, AL 1987-2, N° 710, S. 1565 f.; SMag N° 7 de Sevilla, 03.02.1987, AL 1987-1, N° 11, S. 602 ff.; STCT 20.10.1986, RTCT 10740; SAN 05.06.1990 (f.j. 7.°), AL 1990-3, N° 737, S. 1453 (1456) = RTCT 92 = JS-If, 1992, t. VI, N° 2.667, S. 60 (63); STCT 13.11.1986, RTCT 12767; STCT 23.09.1985, AL 1985-2, N° 1180 = RTCT 5328 = RL 1985-II, S. 656 ff.; Camps/Sala, Convenios, DL 1987, N° 21, S. 127 (135 ff.); Ojeda, Pactos, in: VV.AA., Negociación, 1991, S. 189 (197, 216, 225 ff.); Casas, Ley, RMTAS 1997 (3), S. 221 (229); dies., Individualización, RL 1991-II, S. 402 (419); de Soto, Libertad, 1998, S. 347 ff.; Martínez Emperador, Convenios, in: VV.AA., Contenido, 1990, S. 55 (66, 68); García Murcia, Pactos (y II), AL 1992-2, XXXI, S. 413 (423); Abele, TarifR, Diss., 1996, S. 170.* Möglicherweise kann aber aus anderen Gründen im Abschluss eines außerstatutarischen TV eine verbotene *„gewerkschaftsfeindl." und darum nichtige Verhaltensweise des ArbG liegen: STCT 09.07.1987, RTCT 17700; Rey, Conducta, RL 1987-I, S. 242 ff., 261 ff.; Valdeolivas, Antisindicalidad, 1994, S. 305 ff., 312 ff.; Baylos, Modelo, 1991, S. 119. Mittlerweile überholt: STCT 23.09.1985, AL 1985-2, N° 1180 = RTCT 5328 = RL 1985-II, S. 656 ff.*

d) Beschränkter Geltungsbereich des außerstatutarischen Flächentarifvertrags

Während das Arbeitnehmerstatut den statutarischen Tarifvertrag mit allgemeinverbindlicher Wirkung ausstattete, beschränkt sich die Geltung des außerstatutarischen Tarifvertrags unter Beachtung der zivilrechtlichen Stellvertretungsregeln grundsätzlich nur auf solche Gewerkschaften und deren Mitglieder, Arbeitgeberverbände sowie Einzelarbeitgeber, die ihre Unterschrift geleistet haben (*res inter alios acta – eficacia limitada/relativa*).[599]

Die Arbeitsbedingungen eines außerstatutarischen Flächentarifvertrags gelten aber nicht für solche Arbeitnehmer, die erst *nach* dessen Unterzeichnung neu eingestellt werden oder die *vorher* pensioniert waren. Freilich liegt damit keine Diskriminierung vor, da der Gleichbehandlungsgrundsatz eine Ungleichbehandlung bei unterschiedlicher Ausgangslage auch in Spanien nicht untersagt.[600]

Teilweise wollten anfänglich einige in dieser grundsätzlich allein auf die Mitglieder beschränkten Wirkungsweise der außerstatutarischen Flächentarifverträge einen Verstoß gegen den verfassungsrechtlich garantierten „Gleichheitsgrundsatz"[601] erken-

---

[599] Art. 1.257, 1.259 *Código Civil. Sog. „Prinzip der doppelten Mitgliedschaft" (doble pertenencia/vinculación): STCT 18.01.1988, RTCT 14 (f.j. 3.°); STCT 25.01.1989, RTCT 39; STCT 22.01.1988, RTCT 27; STSJ Madrid 27.12.1990, AS 3692; STCT 12.11.1987, RTCT 24841; SAN 27.10.1989, RTCT 73; SAN 29.03.1990, RTCT 67; STCT 25.05.1987, RTCT 10920; STSJ Cataluña 15.11.1991, AS 6432; STSJ Navarra 07.04.1993, AS 1775 und 10.09.1992, AS 4298; STSJ Andalucía, Málaga 09.09.1992, AS 4288; STSJ Andalucía, Granada 20.04.1993, AS 1691; Borrajo, Autonomía, in: VV.AA., Libertad, 1993, S. 1063 (1070); Fernández González, Vinculación, in: VV.AA., I Congreso, 1980, Vol. I, S. 105 (113); Valdés, Convenios, 1988, S. 105; ders., CCextra, in: VV.AA., Manifestaciones, 1989, S. 43 (64 ff.); Sagardoy, Eficacia, 1981, S. 22 ff.; Abele, TarifR, Diss., 1996, S. 175 ff. Zur Stellvertretungstheorie: de Soto, Libertad, 1998, S. 317 ff. und Fn. 40; Valdés, Modelo, in: VV.AA., Negociación, 1982, S. 17 (50 ff.).*

Wie schon 1980 von Suárez González vorgeschlagen (Relaciones, 1980, S. 203 f., Fn. 122), offeriert nun auch Alarcón Caracuel sein Neuverständnis der außerstatutarischen TV, indem er auf sie die Regeln zur Verhandlung von sog. „BerufsgruppenTV" anwenden will (vgl.: S. 124 ff.): Autonomía, in: VV.AA., Reforma, S. 51 (81 ff.); Oliet, Transformación, AL 1991-2, S. 1190 (1191).

Anfängl. wurde auch vertreten, dass wie im franz. Tarifrecht und zur Umgehung der Diskriminierungsproblematik sämtl. ArbN von der Regelung des außergewerkschaftl. TV erfasst werden sollten, solange ihn nur der ArbG unterzeichnet habe: *Casas, Política, in: VV.AA., Fuentes, 1981, S. 21 (84 f.); Camps, Conflictos, in: VV.AA., Fuentes, 1981, S. 96 (103); Sala, CCextra, in: VV.AA., Manifestaciones, 1989, S. 43 (50 ff.).*

[600] Besagte Personengruppen können aber ausdr. mit einbezogen werden, was sich aus der u.g. Vertragstheorie ergibt, der die Rspr. bei den außerstatutarischen TV folgt (S. 124 ff.); vgl.: STS 21.03.1997, Doctrina, 1er Semestre 1997, t. II, CGPJ, 1997, N° 240, S. 733 ff.; STS 22.01.1994 (f.j. 3.° und 4.°), JS-If, t. VIII, 1994, N° 3.670, S. 55 ff.; *García Fernández, Manual, 1990, S. 336 f.; Bejarano, Autonomía, RL 1997-I, S. 441 ff.*

[601] Art. 9.2 Verfassung.

nen, was m.E. völlig zu Recht von der Rechtsprechung zurückgewiesen wurde: Die Beiträge zahlenden Gewerkschaftsmitglieder sind eben nicht den Außenseitern gleichzusetzen, die keine Beiträge leisten.[602]

e) Wirkung des außerstatutarischen Flächentarifvertrags

Die nächste Frage betrifft die ominöse *„mindere Qualität"* außerstatutarischer Tarifverträge. Was sind die Unterschiede zwischen statutarischem und außerstatutarischem Flächentarifvertrag und wieso soll der außerstatutarische Tarifvertrag nach fast einhelliger Auffassung nur von *„minderer Qualität"* sein?[603]

Für die statutarischen Tarifverträge ergibt sich aus dem Arbeitnehmerstatut ausdrücklich die normative Wirkung.[604] Mangels näherer gesetzlicher Anordnung ist genau dies für die außerstatutarischen Tarifverträge dagegen unklar. Wenn man mag, befindet sich die spanische Arbeitsrechtswissenschaft in einer ähnlichen Situation, wie die deutsche zu Zeiten *Sinzheimers*, in der ebenfalls eine einfachgesetzliche Anordnung der normativen Wirkung von Tarifverträgen fehlte und zu ihrer Herleitung händeringend nach Hebelpunkten gesucht wurde.[605]

In diesem Zusammenhang sollte man sich nochmals den kryptischen Wortlaut von Art. 37.1 Verfassung vor Augen führen, in dem der *„Gipfel an Unbestimmtheit, die in der magna charta zu finden"* sei, festgeschrieben wurde:[606]

> „Das Gesetz gewährleistet das Recht auf die arbeitsrechtliche Tarifverhandlung zwischen den Vertretern der Arbeitnehmer und Arbeitgeber, ebenso wie die bindende Kraft [*fuerza vinculante*] der Tarifverträge." (H.d.V.)

---

[602] STCT 08.02.1983, RTCT 1646; STCT 28.02.1986, RTCT 1352; STCT 09.07.1987, RTCT 17700.

[603] *„Mindere Wirkung" (eficacia menor), „geringere Reichweite" (alcance menor): STSJ Andalucía, Sevilla 05.05.1993, AS 2365; STS 18.07.1990, AS 2789; STSJ Extremadura 04.02.1992, AS 555 und 11.02.1993, AS 610; STSJ Madrid 18.07.1989, AS, TSJ, Social-Madrid N° 57; Desdentado/García-Perrote, Eficacia, REDT 1980, N° 4, S. 537 (557, 558); Fernández López, Convenio (I), AL 1995-1, VI, S. 87 (90); Fernández/Domínguez/Agra, Adhesión, REDT 1999 (N° 94), S. 281 (284 ff., 291); Abele, TarifR, Diss., 1996, S. 175 ff.*

[604] Art. 3.1.*b) Arbeitnehmerstatut.*

[605] Vgl.: *Sinzheimer, Tarifgedanke (1915), ArbR und RSoz, Bd. I, 1976, S. 159. Darum werden alle „Klassiker" der dtsch.-ital. ArbR-Historie von Brentano, Sinzheimer, Lotmar, Ramm, Hueck, Giuglielmetti etc. angeführt: García Murcia, Pactos (y II), XXXI, AL 1992-2, S. 413 (418 in Fn. 63); Ojeda, Compendio, 1998, S. 388 ff. (Cap. 23/A/c/1); Valdés, Convenios, 1988, S. 61 ff.; Escribano, CCex, REDT 1999, N° 97, S. 681 (683 ff.).*

[606] *Montoya, Viabilidad, in: VV.AA., Problemas, 1984, S. 49 (57, 58). Zur Entstehungsgeschichte dieser wichtigen Vorschrift mit den diversen Entwürfen (anteproyectos): ders., Sindicatos, in: VV.AA., Trabajadores, 1980, S. 181 (187 ff.).*

Die Frage lautet hier, was mit der in der spanischen Rechtsterminologie ebenso wenig gebräuchlichen Wendung gemeint ist, die *„bindende Kraft der Tarifverträge"* zu gewährleisten.[607] Hilft diese als *„esoterisch"* bezeichnete Passage bei der Beantwortung weiter und lässt sich aus ihr vielleicht ein direkter Ansatz zur Deduktion der normativen Wirkung außerstatutarischer Tarifverträge festmachen?[608]

---

[607] Diese Formulierung soll nach *Ojeda dem „Königlichen provisorischen Eilgesetz über Arbeitsbeziehungen 17/1977" vom 4. März 1977 („die Tarifverträgen haben normative Wirkung" – „los convenios colectivos tienen fuerza normativa") und dem franquistischen „Gesetz über TV" von 1973 entstammen („die gewerkschaftlichen Tarifverträge {der Zwangsgewerkschaft OSE} haben normative Wirkung" – „los convenios colectivos sindicales tienen fuerza normativa"): Pactos, in: VV.AA., Negociación, 1991, S. 189 (193). Vgl.: Giugni, Negociación, in: VV.AA., Trabajadores, CDT 1978, N° 4, S. 63 (71).*

[608] *Montoya, Viabilidad, in: VV.AA., Problemas, 1984, S. 49 (58); Kramer, Spanien, in: Bispinck/Lecher, Tarifpolitik, 1993, S. 370 (373); Quintanilla, Convenios, 1998, S. 52 ff.; Santiago, Titularidad, REDT 1997, N° 85, S. 731 (737 ff.). Vgl.: Abele, TarifR, Diss., 1996, S. 166 ff.*

Vgl. auch die Darstellungen zum Meinungsstand: Rojas, Eficacia, 1998, S. 33 ff.; Molero, DerSind, 1996, S. 572 ff.; Sala/Albiol, DerSind, 1998, S. 307 f. (Tema 5/II), 362 ff. (Tema 5/IV/4/A).

Siehe: *Sala, DTrab, 1997, S. 136 ff. (Tema 2/8/A), 147 ff. (Tema 2/8/C), 172 (Tema 3/ 2/B/f) mit Verweis auf „STCo 28.06.1993, RTCo 208; STCo 30.04.1985, RTCo 58": „Der dem Gesetz durch Art. 37.1 Verfassung überantwortete Auftrag, die bindende Kraft {fuerza vinculante} der TV zu gewährleisten, bedeutet nicht, dass jene Kraft ex lege zuerkannt würde. Im Gegenteil, sie entspringt der Verfassung, welche den bindenden Charakter der TV gewährleistet. Die verf.-rechtl. Garantie der bindenden Kraft beinhaltet in ihrer ursprüngl. und wesentl. Leseart, dass den TV eine rechtl. Wirkungsweise zuerkannt wird, kraft derer sich ihr normativer Inhalt im entspr. Geltungsbereich den individuellen Arbeitsbeziehungen in automatischer Weise auferlegt, ohne dass es hierfür einer Ergänzung durch individuelle Willenäußerungen bedarf." Gegenstand des VerfG-Urteils war aber ein statutarischer und nicht ein außerstatutarischer TV, worauf aufmerksam macht: Ojeda, Pactos, in: VV.AA., Negociación, 1991, S. 189 (192 ff., Fn. 9); ders., Barrenado, in: VV.AA., Nuevo ET, 1995, S. 199 (210). Vgl.: Ulrich, ArbN-Statut, 1998, S. 223 ff.*

[609] Dahin tendierend: STCo 30.04.1985, RTCo 58 (f.j. 3.°, 4.°); STSJ Murcia 03.06.1992, AS 3274; STSJ País Vasco 22.02.1994, AS 741; STSJ Canarias, Santa Cruz de Tenerife 15.04.1994, AS 1626; *de Soto, Libertad, 1998, S. 311 ff.; Bejarano, Usos, RL 1999, N° 14, julio, S. 12 (21 ff.); Escribano, CCex, REDT 1999, N° 97, S. 681 (685 ff.); Goñi, Pacto, La Ley 1991-3, S. 345 (355); Sala, CCextra, in: VV.AA., Manifestaciones, 1989, S. 43 (61 ff.); ders., Convenios, 1981, S. 10 ff.; Sala/Blasco, CMB, AL 1998-2, XXV, S. 413 (419 ff.) unter Verweis auf: STCo 30.04.1985, RTCo 58; STCo 01.07.1992, RTCo 105 = AL 1992-3, N° 1410, S. 3048 ff. = RL 1992-II, S. 559 ff.; STCo 28.06.1993, RTCo 208; STCo 23.05.1994, RTCo 151; Valdés, Constitución, RPS 1979, N° 121, S. 469 (498); ders., Modelo, in: VV.AA., Negociación, 1982, S. 17 (22 ff.); ders., Convenios, 1988, S. 46 ff, 80 ff.; Martínez Emperador, Convenios, in: VV.AA., Contenido, 1990, S. 55 (66 ff., 70 ff., 74 ff.); de la Villa/ García/García-Perrote, Instituciones, 1991, S. 167 ff.; Palomeque, DerSind, S. 315; Goerlich, Pactos, in: VV.AA., Manifestaciones, 1989, S. 81 (99); Apilluelo, Convenios, AL 1995-1, IX, S. 133 (135 ff.); García Murcia, Pactos (I), AL 1992-2, XXX, S. 403 (411); Camps/Sala, Convenios, DL 1987, N° 27, S. 127 (144 ff.).*

Nach Rivero sollen außerstatutarische TV zwar normativ wirken, aber dennoch soll sich diese Wirkung nicht "vollständig" mit der von statutarischen TV decken: Relaciones, RMTAS 1997 (3), S. 93 (119).

Laut Diéguez sollen außerstatutarische TV zwar „obligatorisch" wirken, aufgrund des Prinzips „pacta sunt ser-

Genau diese Schlussfolgerung zieht eine Ansicht.[609] Ihr zufolge ordnet Art. 37.1 Verfassung in unmittelbarer Weise die normative Wirkung aller denkbaren Tarifvertragsarten an, ohne dass es einer gesonderten einfachgesetzlichen Anweisung bedürfe.[610] Mit der *„bindenden Kraft“* der Tarifverträge sei mehr gemeint, als eine lediglich obligatorische Wirkung der Tarifverträge. Dies könne sich dann nur auf eine normative beziehen.[611] Es sei absurd, verfassungsrechtlich das Recht auf Tarifverhandlung anzuerkennen, um ihm dann im Anschluss seine effektive Durchsetzbarkeit zu nehmen, da der normative Inhalt schließlich das „Wesen“ des Tarifvertrags ausmache (sog. „normative Theorie“).

Einer anderen Auffassung nach kommt den außerstatutarischen Tarifverträgen schuldrechtliche Wirkung zu.[612] Folgt man ihr, so lassen sich allein aus der allzu vagen Formulierung des Verfassungstextes keine weitreichenden Schlüsse entnehmen. Eine *„bindende Kraft“* sei nicht einer „normativer Wirkung“ gleichzusetzen und demnach bedürfe es zwingend einer einfachgesetzlichen Regelung, die dem außerstatutarischen Tarifvertrag eine solche normative Geltung auszustellen habe. Weil hinsichtlich der außerstatutarischen Tarifverträge diese spezialgesetzliche Regelung jedoch nicht getroffen wurde, handele es sich bei ihnen um obligatorisch wirkende Tarifverträge des gemeinen Rechts, weshalb ihr Inhalt in automatischer Art und Weise auf die erfassten Arbeitsverhältnisse angewendet wird (sog. „Vertragstheorie“).[613] Damit würden sie als sog. *„vorteilhaftere Bedingung“* (*condición más beneficiosa*), d.h. also als einzelvertragliche Verbesserungen des Tarifvertrags oder Gesetzes, zu einem echten Bestandteil des Einzelarbeitsvertrags.[614]

---

vanda“ und käme ihnen doch eine gewisse, nicht näher beschriebene „Verbindlichkeit“ zu: Negociación, in: VV.AA., Cuestiones, 1990, S. 237 (252 ff., 258).

Ojeda zufolge haben außerstatutarische TV normativen Charakter aufgrund von Art. 37.1 Verfassung, sind aber den vom Gesetzgeber privilegierten statutarischen TV in entscheidenden Momenten untergeordnet: Pactos, in: VV.AA., Negociación, 1991, S. 189 (192, 193); ders., Barrenado, in: VV.AA., Nuevo ET, 1995, S. 199 (208, Fn. 24); ders., Compendio, 1998, S. 281 ff (Cap. 16/A/b). Siehe: Alarcón Caracuel, Autonomía, in: VV.AA., Reforma, 1995, S. 51 (65 ff.); R.Y. Quintanilla, Convenios, 1998, S. 57 ff., 65 ff.

610 *de la Villa/García/García-Perrote, Instituciones, 1991, S. 167 ff.; Rojas, Eficacia, 1998, S. 44 ff.; Sala, Relación, in: VV.AA., Seminario, 1984, S. 71 (77 ff.). A.A.: Rodríguez-Piñero Royo, Negociación, RL 1992-I, S. 47 (52).*

611 *Sala/Albiol, DerSind, 1998, S. 307 f. (Tema 5/II); Sala, CCextra, in: VV.AA., Manifestaciones, 1989, S. 43 (55 ff.).*

612 *Rodríguez-Piñero Royo, Constitución, in: Negociación, t. III, CDJ 1992, S. 9 (32, Fn. 57); ders., Negociación, RL 1992-I, S. 47 (53 ff.); Borrajo, Introducción, 1996, S. 312 (Lec. XXV-I/2); Moreno Toro, Contrato, RL 1996-I, S. 635 (639, Fn. 24); Pérez de los Cobos, Denuncia, AL 1996-2, XXIII, S. 413 (420 ff., 424). Den außerstatutarischen TV als „Zwischenfigur“ bezeichnend: Romero, Voluntad, in: VV.AA., Administración, 1991, S. 15 (20 ff.); Rey, AutIndiv, REDT 1996, N° 77, S. 425 (439 ff.); Martínez Jiménez, CMB, RL 1988-I, S. 97 (104 ff.).*

613 Vgl. näher dazu S. 124 ff. und die dort aufgeführten Fußnoten.

614 STS 15.06.1992, RJ 4582; *García Fernández, Manual, 1990, S. 338 f.; Abele, TarifR, Diss., 1996, S. 176 m.w.N. Nach einer anderen Formulierung soll sich der außerstatutarische TV auf die Einzelarbeitsverträge*

Die ordentliche Rechtsprechung folgt auf den ersten Blick der zweiten, d.h. der Vertragstheorie.[615] Nach Untersuchung ihrer Urteile im Rahmen des späteren Abschnittes „*Konkurrenzen und Kombinationen von Tarif- und Arbeitsverträgen*"[616] kann man an dieser Stelle schon einmal vorwegnehmen, dass sie vor den zu „harten" Folgen

---

projizieren und sie einer modifizierenden Vertragserneuerung („novación modificativa") unterwerfen: AN 24.05.1991, AL 1991, S. 2263 ff. Andere Gerichte greifen zur Untermauerung ihres Ergebnisses auf den Grundsatz „pacta sunt servanda" zurück: STCT 05.09.1984, RTCT 6789. Diese „vorteilhaftere Arbeitsbedingung" kann nach span. Systematik kollektiver oder individueller Art sein, je nachdem welchem Rechtsgrund sie entspringt: Ordnet sie der ArbG ggü. einem „einzelnen" ArbN an, so liegt eine „vorteilhaftere Arbeitsbedingung" individueller Art vor. Bei dem Zugeständnis an eine „ArbN-Gruppe" liegt sie in ihrer kollektiven Ausprägung vor, wobei es sich in ihrer Ausprägung als Betriebsübung um mengenmäßig gleich bleibende und wiederholende Leistungen handeln muss, die mit Rechtsbindungswillen vom ArbG zu erbringen und nicht bloß zu tolerieren sind. Die Konsequenz daraus ist, dass die später eingestellten ArbN ohne entsprechende Abrede (z.B. mit einem Vertrag zugunsten Dritter) nicht in ihren Genus gelangen. Liegt eine „vorteilhaftere Bedingung" aufgrund von Betriebsübung vor, so ist deren einseitig angeordnete Verschlechterung in Spanien wegen Art. 3.1.c) Arbeitnehmerstatut grds. nicht möglich. Dies ist allein möglich unter Beachtung der gesetzlichen Voraussetzungen von Art. 41 Arbeitnehmerstatut. Über diesen Artikel fand die Anerkennung der Rechtsfigur der kollektiven „vorteilhafteren Bedingung" mit Reform von 1994-1995 das erste Mal Eingang in das Gesetz (vgl. Art. 41.2 Satz 3 Arbeitnehmerstatut a.E.: „Arbeitsbedingungen..., welche...die Arbeitnehmer kraft einseitiger, mit kollektiver Wirkung versehener Entscheidung des Arbeitgebers erworben haben."). Vgl.: SAN 18.05.1992 (f.j. 2.°, 4.°, 5.°), JS-If, t. VI, 1992, N° 2.877, S. 416 (419); STS 15.06.1988, RJ 4260; Moreno Vida, Compensación, in: VV.AA., Comentarios, t. I-Vol. 1.°, 1994, S. 149 (162 ff.); Montoya, DTrab, 1998, S. 223 ff. (Cap. VII/A/3/2.°/c); Martínez Jiménez, CMB, RL 1988-I, S. 97 (103 ff.); Camps, CMB, in: VV.AA., III Congreso, 1993, S. 229 (279 ff.); Bejarano, Usos, RL 1999, N° 14, julio, S. 12 (21 ff.); STCT 08.07.1985, RTCT 5087; STCT 25.11.1985, RTCT 6859 = RL 1986-I, S. 493); Bejarano, CMB, 1998, S. 28; ders., Usos, RL 1999, N° 14, julio, S. 12 ff.

[615] *„Verträge, Verpflichtungen" und „gemeines Recht": STS 14.12.1996, RJ 9462; STS 24.01.1997, RJ 572; STS (cont.-adm.) 02.02.1994, RJ 784 = AL 1994-2, N° 991, S. 1820 ff., mit Anm. von Conde Martín, Modificación, S. 1817 ff.; STS 13.10.1995, RJ 8668; STSJ Madrid 05.03.1990, AS, TSJ-Social/Madrid 1989, N° 1122 und 18.07.1989, AS, TSJ-Social Madrid 1989, N° 57; STSJ País Vasco 04.02.1991, AS 1054; STSJ Andalucía, Málaga 24.06.1994, AS 2348 und 07.06.1994, AS 2341; STSJ Navarra 12.12.1989, AS, TSJ-Social, Bd. I (Ss Núm. 1-1314), 1989, N° 746 (f.j. 2.°); STCT 15.06.1988, RTCT 4252; STCT 20.04.1988, RTCT 2826; STCT 08.05.1984, RTCT 4856; STCT 18.10.1988, RTCT 476; STCT 25.05.1984, RTCT 4915; STCT 05.09.1984, RTCT 6789; STCT 19.10.1984, RTCT 8303; STCT 29.04.1987, RTCT 8893; STS 03.05.1996, RJ 4371; STCT 17.06.1986, RTCT 5330; STCT 25.05.1987, RTCT 10920; STCT 26.05.1987, RTCT 11130; STCT 09.07.1987, RTCT 17700; STCT 16.11.1987, RTCT 25084; STCT 10.11.1987, RTCT 26741; STCT 22.02.1988, RTCT 84 = AL 1988-1, N° 499, S. 1162 ff.; STCT 05.04.1989, RTCT 165; STCT 12.11.1987, RTCT 24841; STCT 08.07.1985, RTCT 5087; STCT 25.11.1985, RTCT 6859 = RL 1986-I, S. 493; Martínez Emperador, Partes, in: Negociación, t. III, CDJ 1992, S. 53 (62 ff.); Gutiérrez-Solar, Modificación, REDT 1999, N° 99, S. 213 (225 ff.). Zur Kontrollmöglichkeit dieser außergewerkschaftl. TV durch die Verwaltung: Pérez Yáñez, Pactos, 1997, S. 55 ff.*

[616] Siehe ab S. 124 ff.

einer konsequenten Anwendung ihrer eigenen Vertragstheorie allerdings zurückschreckt und dem außerstatutarischen Tarifvertrag in bestimmten Konstellationen durchaus normative Wirkung zubilligt.[617] Obwohl eine „Schwarz-Weiß-Schilderung" zur besseren Verdeutlichung der Grundpositionen vorgenommen wurde, bestehen derart viele Zwischenschattierungen in den dogmatischen Konstruktionen, wie es Autoren gibt, die sich über jenes Thema äußern:

Weder die Vertreter der normativen Theorie folgen standhaft der eigenen Auffassung, noch fühlen sich die Verfechter der Vertragstheorie stringent an ihre Postulate gebunden. Der wohl allen Ansichten zugrunde liegende Tenor billigt den außerstatutarischen Tarifverträgen eine weiter unten erläuterte „Zwitterposition"[618] zu. Mit dieser widersprüchlichen Haltung soll eine gewisse Rangordnung zwischen dem außerstatutarischen Tarifvertrag auf niedrigerer Stufe und dem statutarischen Tarifvertrag, der überspitzt formuliert als „krönender Abschluss" auf der Leiter der Tarifvertragshierarchie gesehen werden soll, erreicht werden[619] und so erklären Rechtsprechung und Schrifttum in eintönigen Postulaten ihre Auffassung wie folgt:

> „Gleichgültig wie man die außerstatutarischen Tarifverträge einordnen möchte (vertraglich, real [*normativ*]), so ist doch sicher, dass die zum Titel III Arbeitnehmerstatut alternative Tarifverhandlung [*außerstatutarischer Art*] eine sekundäre war, die sich immer dem dort [*für statutarische Tarifverhandlungen*] Festgelegten unterordnet, um wenigstens das Funktionieren des statutarischen Modells zu retten."[620] – und –
>
> „... es ist ein juristisch unbestrittenes Axiom, dass der statutarische Tarifvertrag in der rechtlichen Praxis nicht durch einen außerstatutarischen oder informellen Tarifvertrag derogiert werden kann, weshalb mittels informeller Tarifverhandlung Anordnungen unter den in statutarischen Tarifverträgen festgelegten Mindestbedingungen unmöglich gemacht werden. Die Erklärung für die Unantastbarkeit des statutarischen Tarifvertrags leitet sich aus der Degradierung des außerstatutarischen Tarifvertrags im Hinblick auf seine Wertstellung im arbeitsrechtlichen Rechtsquellensystem ab. Der rechtliche Rang dieser Kollektivverträge liegt wegen der Vorenthaltung der automatischen Wirkung, die dem normativen Wesen entspringt, auf dem eines Einzelarbeitsvertrags, dem er sich zu diesem Zwecke angleicht. Deshalb können in der Weise, wie sie gleichartige Wirkung besitzen, auch die kollektiv zu vereinbarenden Arbeitsbedingungen innerhalb der Individualautonomie geregelt werden. Kann der Arbeitsvertrag aufgrund von

---

[617] Die Vertreter der Vertragstheorie würden sich über die Konsequenzen *„verwundert die Augen reiben": Diéguez, Negociación, in: VV.AA., Cuestiones, 1990, S. 237 (256); STSJ Andalucía, Málaga 13.03.1995, AS 1020; Apilluelo, Convenios, AL 1995-1, IX, S. 133 (135).*

[618] Vgl. S. 124 ff.

[619] *Abele, TarifR, Diss., 1996, S. 178 ff.*

[620] *Fernández López, Convenio (I), AL 1995-1, VI, S. 87 (90).*

Art. 3.1.c) Arbeitnehmerstatut zum Nachteil des Arbeitnehmers nicht ungünstigere Arbeitsbedingungen als im statutarischen Tarifvertrag anordnen, so können dies im Umkehrschluss auch nicht die außerstatutarischen Tarifverträge."[621] – und –

„Die allgemeinverbindlichen [*statutarischen*] Tarifverträge haben Vorrang, zu allererst vor allem deswegen, weil sie legitimer Ausdruck der Regelungsmacht von besonders repräsentativen Subjekten zur Anordnung von Arbeitsbedingungen sind, welche die Mehrheitsinteressen unter den Arbeitnehmern und Arbeitgebern widerspiegeln. Folglich können ... weder der außerstatutarische Tarifvertrag noch die Vereinbarungen auf Betriebs-, bzw. Unternehmensebene die Regelung eines statutarischen Tarifvertrags berühren oder ihr widersprechen, es sei denn, dass sie hierfür eine besondere Ermächtigung durch das Gesetz erhalten haben (die Fälle der Art. 82.3. Abschnitt 3 [*Lohnabkopplungsklausel, vgl. S. 308 ff.*], 41.2 Abschnitt 3 Arbeitnehmerstatut [*vgl. S. 377 ff.*])."[622]

Insgesamt lässt sich nur *Gérard Lyon-Caen* zustimmen, der 1980, also kurz nach Inkrafttreten der spanischen Verfassung von 1978 erklärte, dass es *„einen Bereich gibt, aus dem der Verfassungsgeber seine Hände vollständig heraushalten soll"*: Die Rechtswirkungen, die von einem Tarifvertrag ausgehen, weil es sich hierbei um einen seit über einhundert Jahre andauernden Streit handele.[623]

f) Beitritt zum außerstatutarischen Flächentarifvertrag

(1) Option des individuellen Beitritts zum außerstatutarischen Flächentarifvertrag

Den nicht vom außerstatutarischen Tarifvertrag erfassten Arbeitnehmern steht in der Praxis ein außerordentlich wichtiges Recht zur Verfügung, um den „Befriedungseffekt" außerstatutarischer Flächentarifverträge zu potenzieren und betriebsorganisatorische Schwierigkeiten mit möglichst einheitlichen Regelungen zu umgehen:[624]

---

[621] *Goñi, der dies i.S.e. absoluten MM. allerdings kritisiert: Pacto, La Ley 1991-3, S. 345 (351).*

[622] *Alonso/Casas, DTrab, 1998, S. 897 (Cap. 30/IV/E).*

[623] *Lyon-Caen, Constitucionalización, in: VV.AA., Trabajadores, 1980, S. 31 (34).*

[624] Z.B. beim Thema der ArbZ-Lage: SAN 23.05.1991, JS-If, t. V, 1994, N° 2.400, S. 340 f.

Die Möglichkeit des sog. *„individuellen Beitritts"* (*adhesión individual*) zum außerstatutarischen Tarifvertrag.[625] Mit ihr wird einem Außenseiter[626] die Möglichkeit gegeben, sich nachträglich ***uti singuli*** dem außerstatutarischen Tarifvertrag beispielsweise durch formlose Anzeige[627] gegenüber der Geschäftsleitung anzuschließen. Dabei beruht der Beitritt auf der dogmatischen Grundlage eines „Vertrags zugunsten Dritter".[628]

Der Außenseiter darf sogar dem außerstatutarischen Flächentarifvertrag beitreten, falls keinerlei Regelungen darüber vorgesehen sind und selbst dann, wenn der unterzeichnende Arbeitgeberverband oder die Gewerkschaft ausdrücklich nicht damit einverstanden sind.[629] Dies kritisiert die Literatur bisweilen unter dem Blickwinkel eines grundsätzlich untersagten „Kontrahierungszwangs" (*contrato forzoso*).[630] Neuerdings wird sogar die arbeitgeberseitige Anordnung als zulässig angesehen, wonach Außenseiter, welche die Anwendung des außerstatutarischen Tarifvertrags nicht wünschen, dies in expliziter und schriftlicher Form dem Arbeitgeber mitzuteilen haben, da ansonsten von ihrem „konkludenten Beitritt" (*adhesión tácita*) ausgegangen wird.[631] Mit

---

[625] *Gómez Abelleira, Adhesión, 1997, S. 503 ff., 532, Fn. 157 (auch die ArbG-Seite darf theoretisch einem außerstatutarischen TV beitreten, was in der Praxis jedoch so gut wie nie vorkommt: S. 609 ff.); R.Y. Quintanilla, Convenios, 1998, S. 88, 90 ff.; Olarte, Negocios, 1995, S. 117 ff.; Baylos, Modelo, 1991, S. 118 ff.; SAN 05.06.1990, AL 1990-3, N° 737, S. 1453 (1456) = RTCT 92 = JS-If, 1992, t. VI, N° 2.667, S. 60 ff.; de Soto, Libertad, 1998, S. 336 ff.*

[626] Es kann sich um einen gewerkschaftl. überhaupt nicht organisierten ArbN handeln, oder um einen ArbN, der einer anderen GewerkS angehört als derjenigen, welche den außerstatutarischen TV unterzeichnete.

[627] Vereinzelt wird die Schriftform zum individuellen Beitritt gefordert: STSJ Andalucía, Sevilla RL 1995-I (N° TSJ-705), S. 829 f.; *Gómez Abelleira, Adhesión, 1997, S. 538 ff.*

[628] Nach Art. 1.257.2 *Código Civil: „Enthält der Vertrag eine Vereinbarung zugunsten eines Dritten, kann diese ihre Erfüllung einfordern, vorausgesetzt, dass der Dritte den Verpflichteten von seiner Annahme in Kenntnis gesetzt hat, bevor der Dritte sie zurückgenommen hat."; vgl. das obiter dictum: STCT 22.01.1988, RTCT 27. Zu anderen Möglichkeiten der Verallgemeinerung, die teilweise unzulässig sind: Ojeda, Pactos, in: VV.AA., Negociación, 1991, S. 189 (216 ff.).*

[629] H.M.: STCo 08.06.1989, RTCo 108; *Alonso Olea, Convenio, in: ders., JCo, t. VII, 1990, N° 410, S. 333 (336 ff.); de Soto, Libertad, 1998, S. 340 ff.; STS 14.11.1994, RJ 9071; STCT 21.02.1986, RTCT 1333; STCT 25.06.1986, RTCT 5343; STCT 24.0.7.1986, RTCT 7179; STCT 06.09.1986, RTCT 8705; „numerus apertus": STCT 10.11.1987, RTCT 26741 (f.j. 5.°).*

Wegen dieser Rspr. enthalten die meisten außerstatutarischen TV aber solche Klauseln, vgl.: STCT 06.11.1986, RTCT 12744 = AL 1987-1, S. 231 ff., N° 97; STSJ Navarra 12.12. 1989, AS, TSJ-Social, Bd. I (Ss Núm. 1-1314) 1989, N° 746 (*Antecedentes de hecho, 2.°); Sala, Libertad, in: VV.AA., Constitución, 1992, S. 93 (101 ff.).*

[630] *Ojeda, Compendio, 1998, S. 391 ff. (Cap. 23/A/d/5).*

[631] SAN 23.07.1998, AL 1999, N° 3, Rn. 102, S. 223 ff.; STS 10.06.1998, IL, JPrud., oct. 1998 (marg. J 654 a J 817), S. 25 f.; SAN 24.11.1994 (f.j. 4.°), JS-If, t. VIII, 1994, N° 4.136, S. 859; STCT 16.10.1986, RTCT 10735 = AL 1986-2, N° 1010, S. 2406 ff.; STCT 24.07. 1986, RTCT 7179; *Escribano, CCex, REDT 1999, N° 97, S. 681 (694 ff.); krit.: Fernández Domínguez/Agra, Adhesión, REDT 1999 (N° 94), S. 281 (285 ff.).*

anderen Worten: Beim reinen Geschehenlassen und selbst beim „faulen" Nichtstun wird ein Beitritt zu den Vorteilen des außerstatutarischen Tarifvertrags fingiert.[632] Sollte ein Arbeitnehmer aktiv seinen Willen gegen die Anwendung des außerstatutarischen Tarifvertrags ausdrücklich kundtun, wird ein solcher Wille natürlich respektiert.

In der Praxis werden dann vom Arbeitgeber Rundschreiben an die betroffenen Arbeitnehmer verschickt, die beispielsweise folgenden Wortlaut haben können:

> „Die Angestellten, die den Beitritt wünschen, müssen dies vor dem 30. Juni des laufenden Monats der Personalabteilung mitteilen."[633] – oder –
>
> „Obwohl der außerstatutarische Tarifvertrag grundsätzlich allein die der UGT angeschlossenen Arbeitnehmer betrifft, wünscht die Geschäftsleitung eine Ausdehnung auf alle Belegschaftsmitglieder. Falls Sie ihn für Ihre Interessen als nachteilig auffassen oder den außerstatutarischen Tarifvertrag nicht annehmen, müssen Sie dies schriftlich dem Personaldirektor in einer Frist von fünfzehn Tagen ab dem 1. Mai mitteilen."[634]

Freilich steht beim Beitritt dann manchmal die konkrete Wortwahl auf dem Prüfstand, da eine Aufforderung von Seiten der Geschäftsleitung gegenüber der Belegschaft, dem außerstatutarischen Flächentarifvertrag *„in verpflichtender Weise"* (*obligatoriamente*) beizutreten in die Nähe einer Nötigung (*coacción*) rücken kann. Vom erkennenden Gericht wurde diese Sicht jedoch nicht geteilt.[635]

Dieser individuelle Beitritt muss aber hinsichtlich „sämtlicher" Arbeitsbedingungen des außerstatutarischen Tarifvertrags erfolgen, so dass ein teilweises Herauspicken der günstigsten Bedingungen im Sinne der „Rosinentheorie", die auf spanisch etwas rustikaler mit „Ährenlese" (*espigueo*) umschrieben wird, nach der Rechtsprechung unzulässig ist.[636]

---

[632] Zu Schwierigkeiten, wenn einzelne ArbN nicht dem außerstatutarischen TV beitreten: STSJ Navarra 07.10.1994 (f.j. 3.°), JS-If, t. VIII, 1994, N° 4.054, S. 723 (724 ff.).

[633] Das Beispiel wurde entnommen aus: *Ojeda, DerSind, 1995, S. 812 f. in Fn. 54.*

[634] STCT 24.07.1986, RTCT 7179.

Zur Zulässigkeit den Beitritt vom Einhalt einer Frist abhängig zu machen: STSJ Extremadura 30.04.1994, RL 1994-II, N° TSJ-571, S. 699 ff.; *Casas, Política, in: VV.AA., Fuentes, 1981, S. 21 (84 f.); STSJ Extremadura 11.02.1993, AS 610 („in einer Frist von 10 Tagen"). Näher zur zeitl. Befristung der Beitrittsmöglichkeit: Gómez Abelleira, Adhesión, 1997, S. 555.*

[635] STSJ Madrid 01.10.1991, JS-If, t. V, 1991, N° 2.526, S. 531 f.; *Alonso Olea, Convenio, in: ders., JCo, t. VII, 1990, N° 410, S. 333 (336, Fn. *).*

[636] SAN 31.10.1989, RTCT (Ss Núms. 2575 al final) 1989, SSdIS – AN 1989-90, N° 76, S. 841 f.; STCT 16.10.1986, RTCT 10735 = AL 1986-2, N° 1010, S. 2406 ff.; STCT 06.11. 1986, RTCT 12744 = AL 1987-1, S. 231 ff., N° 97; STCT 15.09.1988, RTCT 5539; STCT 06.09.1986, RTCT 8705; *Camps/Sala, Convenios, DL 1987, N° 21, S. 127 (136 f.); Abele, TarifR, Diss., 1996, S. 181 ff.* Vgl. *Gómez Abelleira, Adhesión, 1997, S. 565 ff., der allerdings auf S. 593 ff. nachweist, dass in bestimmten Situationen auch individuelle „Teilbeitritte" zugelassen werden. Die beitretenden Außenseiter unterwerfen sich auch den restl. normativen sowie obligatorischen Klauseln des außerstatutarischen TV und sind somit der relativen Friedenspflicht nach Art. 11.c) „Königliches provisorisches Eilgesetz über Arbeitsbeziehungen 17/1977" vom 4. März*

(2) Option des kollektiven Beitritts zum außerstatutarischen Flächentarifvertrag

Ferner kann ein in der Praxis wenig in Anspruch genommener „*kollektiver Beitritt*" (*adhesión colectiva*) vorgenommen werden, bei dem sich eine oder mehrere Gewerkschaften oder auch die betriebliche Interessenvertretung der Arbeitnehmer, also Gewerkschaftssektion oder Einheitsvertretung oder ein Arbeitgeberverband dem außerstatutarischen Tarifvertrag nachträglich anschließen darf.[637] Selbst wenn eine repräsentative Gewerkschaft nachträglich diesem außerstatutarischen Flächentarifvertrag beitreten möchte, bleibt es dabei, dass es sich auch weiterhin um einen außerstatutarischen Tarifvertrag handelt.[638]

(3) Rechtliche Wirkung des Beitritts zum außerstatutarischen Flächentarifvertrag

In dogmatischer Hinsicht fragt kaum jemand, welche rechtliche Wirkung solch ein Beitritt des Außenseiters entfalten kann: Soll er an den individualvertraglichen Beitritt anknüpfen und damit rein schuldrechtlich wirken oder entfaltet er vielleicht sogar für die Außenseiter eine „unmittelbare und zwingende" Wirkung ähnlich dem außerstatutarischen Tarifvertrag, wenn man bei dem außerstatutarischen Tarifvertrag der normativen Theorie folgt, mit anderen Worten, sind jene Außenseiter dann also den Gewerkschaftsmitgliedern vollkommen gleichgestellt?[639]

Käme dem Beitritt als Akt der Privatautonomie allein obligatorische Wirkung zu, wäre er bei Einvernehmen konsequenterweise sogar zu Ungunsten des beigetretenen Arbeitnehmers abänderbar. Der wohl herrschenden Ansicht in Rechtsprechung und Schrifttum aber, die den Arbeitnehmerschutz in den Vordergrund stellt, gehen solche Schlussfolgerungen zu weit und so wird unter der m.E.[640] unzutreffenden Annahme einer „realen Integration" des beitretenden Außenseiters durch den außerstatutarischen

---

1977 unterworfen: Fernández González, Vinculación, in: VV.AA., I Congreso, 1980, Vol. I, S. 105 (108).

[637] STSJ Comunidad Valenciana 02.11.1989, AS, TSJ-Social, Bd. II (Ss núm. 1315-2549), 1989, N° 2129; STCT 06.11.1986, RTCT 12744 = AL 1987-1, S. 231 ff., N° 97; *Valdés, Convenios, 1988, S. 118 ff., 121 ff.; Camps/Sala, Convenios, DL 1987, N° 21, S. 127 (132 ff.); R.Y. Quintanilla, a.a.O., 1998, S. 91 ff.; Gómez Abelleira, Adhesión, 1997, S. 422 ff., 612 ff.*

[638] STS 23.11.1993, RJ 8932; SAN 05.06.1990, AL 1990-3, N° 37, S. 1453 (1456) = RTCT 92 *(Séptimo) = JS-If, t. VI, 1992, N° 2.667, S. 60 ff.; STCT 06.11.1986, RTCT 12744 = AL 1987-1, S. 231 ff., N° 97; STCT 16.10.1986, RTCT 10735 = AL 1986-2, N° 1010, S. 2406 ff.; STSJ Navarra 12.12.1989, AS, TSJ-Social, Bd. I (Ss Núm. 1-1314), 1989, N° 746; STSJ País Vasco 27.06.1991, AS 3598; STCT 17.06.1985, RTCT 4379; STCT 17.06.1986, RTCT 5330; García Murcia, Pactos (y II), XXXI, AL 1992-2, S. 413 (422).; Abele, TarifR, Diss., 1996, S. 173.*

[639] *„Juristische Dürftigkeit": Abele, TarifR, Diss., 1996, S. 176 m.w.N.*

[640] Erneut ergibt sich eine widersprüchliche Haltung der h.M. in Rspr. und Lit., da diese wegen der eigentl. rein *obligatorischen Wirkung außerstatutarischer TV (Vertragstheorie, vgl. S. 124 ff.) zu dem Ergebnis gelangen müsste, dass auch der Beitritt zum außerstatutarischen TV allein vertragl. Auswirkung hat und sich*

Tarifvertrag eine derartige Verschlechterungsmöglichkeit selbst bei Zustimmung des betroffenen Arbeitnehmers für unzulässig gehalten.[641] Die enormen dogmatischen Probleme deuten einige Stimmen in der Literatur an:[642]

> „Der individuelle Beitritt schafft neue Ungewissheiten über die Rechtsgrundlage und Weise, mit einem außerstatutarischen Tarifvertrag diejenigen zu verpflichten, die durch ihre Klauseln im besagten Verfahren [*der Inkorporation*] gebunden werden. Diese [*Ungewissheiten entstehen*] deshalb, weil selbst, wenn man dem außerstatutarischen Tarifvertrag eine normative oder reale Wirkung zugesteht, es nicht unsinnig ist anzunehmen, dass die Anwendung seiner Regeln auf den beigetretenen Arbeitnehmer genau besehen nicht aus jener [*normativen oder realen*] Wirkung oder Rechtsnatur [*des außerstatutarischen Tarifvertrags*] herrührt, sondern richtigerweise aus der ausdrücklichen oder konkludenten [*schuldrechtlichen*] Beitrittsabrede; diese Abrede kann als solche mittels neuen Arbeitsvertrags geändert, ersetzt oder aufgehoben werden. Folglich scheint sich ein doppeltes Verhältnis um die Wirkung des außerstatutarischen Tarifvertrags herum zu bilden, je nachdem, ob es sich um Arbeitnehmer handelt, die sich von Anfang an in seinem Anwendungsbereich befanden [*Gewerkschaftsmitglieder*] oder erst später beitreten [*Außenseiter*]."

Derartige individuelle Beitritte sind den Gewerkschaften, die das Zustandekommen des statutarischen Tarifvertrags blockieren und sich der Unterzeichnung des außerstatutarischen verweigern, ein Dorn im Auge. Nicht selten sehen sie sich plötzlich einer massiven „Fahnenflucht" selbst der eigenen Genossen ausgesetzt, welche nun scharenweise dem von einer Konkurrenzgewerkschaft unterschriebenen außerstatutarischen Tarifvertrag beitreten und das Wort „Kaderdisziplin" vergessen haben. Die Beitritts-

---

folgl. der nachträgl. beitretende ArbN, mangels Anwendbarkeit von Art. 3.5 Arbeitnehmerstatut, per Einzelarbeitsvertrag durchaus zu Verschlechterungen bereit erklären darf. M.E. stellt sich die Frage, ob mit der Betrachtungsweise der Rspr. nicht ein Verstoß gegen den Gleichbehandlungsgrds. vorliegt, weil ungleiche Personengruppen, nämlich Gewerkschaftsmitglieder, die schliessl. für ihre Zugehörigkeit bezahlen, und nichtorganisierte beitretende „Trittbrettfahrer" ohne sachlichen Grund dennoch „gleich" behandelt werden.

[641] Wegen des Verzichtsverbotes in Art. 3.5 Arbeitnehmerstatut: *„Die Arbeitnehmer können weder vor noch nach dem Erwerb wirksam über die ihnen aus gesetzlichen Vorschriften entstandenen Rechte zwingender Art verfügen. Ebenso wenig können sie wirksam über Rechte verfügen, die ihnen kraft Tarifvertrag als unverzichtbar zuerkannt wurden.". Vgl.: Martínez Emperador, Convenios, in: VV.AA., Contenido, 1990, S. 55 (79); STS 14.11.1994, RJ 9071; STSJ Navarra 24.03.1992, AS 1275; STCT 13.11.1986, RTCT 12767. Die Verschlechterungsmöglichkeit ließe sich nach dieser Auffassung allein über das u.g. Änderungsverfahren des Art. 41 Arbeitnehmerstatut (S. 124 ff.) oder eine Neuverhandlung des außerstatutarischen TV herbeiführen, vgl.: Gómez Abelleira, Adhesión, 1997, S. 589 ff. A.A. aber: García Fernández, Manual, 1990, S. 345; de Soto, Libertad, 1998, S. 345 ff., 357 ff. Vgl. auch: Valdés, Convenios, 1988, S. 125 ff. Siehe: STCT 24.07.1986, RTCT 7179; STCT 06.09.1986, RTCT 8705; STCT 16.10.1986, RTCT 10735 = AL 1986-2, N° 1010, S. 2406 ff.; STCT 09.07.1987, RTCT 17700.*

[642] *García Murcia, Pactos (y II), AL 1992-2, XXXI, S. 413 (423 ff.). Vgl. dazu auch: Bejarano, Usos, RL 1999, N° 14, julio, S. 12 (24 ff.); Escribano, CCex, REDT 1999, N° 97, S. 681 (691).*

quote gilt als Stimmungsbarometer für die anstehende Wahl zur Einheitsvertretung, an der sich erforschen lässt, ob das Programm bei der Belegschaft „ankommt" und Beitritte von annähernd 100% sind keine Seltenheit.[643]

(4) Rechtliche Zulässigkeit des Beitritts zum außerstatutarischen Flächentarifvertrag

Als sich zu Beginn des Inkrafttretens des Arbeitnehmerstatuts die ersten Probleme beim statutarischen Tarifsystem zeigten und die ersten Beitritte praktiziert wurden, regte sich starke Kritik von Seiten des Schrifttums. Man wollte in dem Beitritt aus dem Blickwinkel der nach Art. 12, 13 „Organgesetz über Gewerkschaftsfreiheit" (*LOLS*) untersagten „gewerkschaftsfeindlichen Verhaltensweise" eine Nötigung der nichtorganisierten Arbeitnehmer sehen. Diese müssten, um die Vorteile des außerstatutarischen Tarifvertrags in Anspruch nehmen zu können, jenem beitreten.

Ferner könnten die einzelnen Arbeitnehmer über den Kopf der Gewerkschaft hinweg, die den außerstatutarischen Flächentarifvertrag nicht unterzeichnete, *per* Privatinitiative dessen Anwendung für sich selbst herbeiführen. Derart „eigenständig handelnde Arbeitnehmer" würden die nicht unterzeichnende Gewerkschaft aber in ihrer Verhandlungsstärke erheblich schwächen, da sich jene Gewerkschaft schließlich nicht ohne Grund einer Unterschrift zum Zustandekommen eines statutarischen Flächentarifvertrags verweigert hätte. Die Folge der *„Versuchung des individuellen Beitritts"* sei ein *„Einbrechen in die Solidarität der Arbeiterklasse"*.[644]

Weiter stelle der Beitritt ein Instrument zur Förderung „gelber Gewerkschaften" (*sindicatos amarillos*, bzw. *amarillismo*) dar, weil der Arbeitgeber beispielsweise den Abschluss eines statutarischen Flächentarifvertrags mit den repräsentativen Gewerkschaften zurückweisen und statt dessen vorteilhafte sowie verlockende außerstatutarische Flächentarifverträge mit den ihm genehmen und nicht repräsentativen Minderheitsgewerkschaften abschließen könne.[645] Damit würde *„eine Macht der {nichtrepräsentativen}*

[643] So bei: STS 14.04.1992, JS-If, t. VI, 1992, N° 2.839, S. 350 (352): *„Alle"; STSJ Castilla y León, Valladolid 11.09.1989, AS, TSJ-Social, Bd. II, (Ss 1315-2549), 1989, N° 1946: 100 %; SAN 17.01.1997, AS 934: 97 %; TS 30.09.1999, AL 2000, N° 328, S. 795 ff.: 97 %; SAN 14.01.1993 (f.j. 3.°), JS-If, t. VII, 1993, N° 3.159, S. 32 ff.: 80 %; STSJ País Vasco 11.10. 1990, La Ley 1991-3, S. 345 (347) = RL 1991-I, S. 478: 60 %.*

[644] Deshalb eine *ex nunc-Nichtigkeit solcher Klauseln nach Art. 1.275 Código Civil verlangend: „Die Verträge ohne causa oder mit rechtswidriger causa haben keinerlei Wirkung. Die causa ist rechtswidrig, wenn sie den Gesetzen oder der Moral widerspricht.", Baylos/Desdentado, Ingerencia, GS 1980, N° 7, S. 21 ff.; dies., Eficacia, REDT 1980, N° 4, S. 537 (554; 557, Fn. 77).*

[645] Vgl. über das Gewähren von Lohnzuschlägen für GewerkS-Kandidaten der in der Handels- und Supermarktbranche (freil. repräsentativen) KleingewerkS *FASCA-UP sowie FETICO unter Umgehung der UGT- und CC.OO.-Mitglieder: Lillo, Discriminación, GS 1995, N° 133, S. 74 ff.; Fernández*

Minderheitsgewerkschaften" etabliert, obwohl der Gesetzgeber den Gewerkschaften im Arbeitnehmerstatut und im „Organgesetz über Gewerkschaftsfreiheit" (*LOLS*) extra die Repräsentativität abverlange.[646]

Trotz dieser Bedenken kann sowohl die ordentliche Rechtsprechung als auch die des Verfassungsgerichtes in dem individuellen Beitritt *„keinen Angriff auf die Gewerkschaftsfreiheit"* erkennen und hält ihn aus folgendem Grund für zulässig:[647] Gäbe es keine Möglichkeit hierzu oder könnte er gar einseitig durch die Koalitionen unterbunden werden, würde man den Außenseiter zwingen, in die Gewerkschaft einzutreten, die den außerstatutarischen Tarifvertrag unterzeichnet, um dessen Vorteile zu genießen. Genau solch ein Eintrittszwang solle mit der negativen Gewerkschaftsfreiheit unterbunden werden und sei darum untersagt.[648]

(5) Faktische Wirkung des Beitritts zum außerstatutarischen Flächentarifvertrag

De facto wird mit dem Beitrittsrecht, das unter dem Blickwinkel einer Verbreitung des tariflich Angeordneten sowie der innerbetrieblichen Friedensstiftung stark an die sog. „vertragliche Gleichstellungsabrede" im deutschen Recht erinnert,[649] *„dem außerstatuta-*

Domínguez/Agra, Adhesión, REDT 1999 (N° 94), S. 281 (283 ff.).

[646] *Montoya, Horizonte, in: VV.AA., Cambio, S. 97 (107).*

[647] Dem Vorwurf der „gelben GewerkS" begegnete das VerfG: *„Die Entwicklung der Tarifverhandlung im Sektor beweist, dass {der außerstatutarische TV tatsächl.} allein eine gelegentl. Episode darstellt... {woraus man schließen kann, dass} wir uns weder vor einer gewerkschaftsfeindl. Verhaltensweise des ArbG-Verbandes befinden noch vor einem Zusammenwirken {dieses Verbandes} mit der unterzeichnenden GewerkS, deren Repräsentativität, Autonomie oder Unabhängigkeit frei von allen Zweifel ist.": STCo 08.06.19889, RTCo 108.*
Positiv zum außerstatutarischen TV: Sagardoy/Gondino, Espacios, DL 1988, N° 24, S. 9 (29). Krit.: Desdentado/Baylos, Ingerencia, GS 1980, N° 7, S. 21 (23 ff.); Casas/Baylos, Autonomía, RL 1988-II, S. 159 (170 f.); Ojeda, Pactos, in: VV.AA., Negociación, S. 189 (227 ff.). Vgl.: STCT 20.12.1980, RTCT 6779; Montoya, Viabilidad, in: VV.AA., Problemas, 1984, S. 49 (65); García-Perrote, Negociación, RT 1985, N° 79, S. 117 (122 ff.); Casas, Ley, RMTAS 1997 (3), S. 221 (229); Martínez Emperador, Convenios, in: VV.AA., Contenido, 1990, S. 55 (66, 68, 78); Durán, El ET, RL 1990-II, S. 121 (136, 145, Fn. 58); Rodríguez-Piñero Royo, Negociación, RL 1992-I, S. 47 (53); Goñi, Pacto, La Ley 1991-3, S. 345 (356); Abele, TarifR, Diss., 1996, S. 180 ff.

[648] STCT 28.02.1986, RTCT 1352 (f.j. 3.°); STS 14.11.1994, RJ 9071; *Auto (Beschluß) TCo 15.01.1986, N° 28 (f.j. único), JCo, t. XIV, 1986, S. 613 (616 f.); STCT 24.07.1986, RTCT 7179; STCT 21.02.1986, RTCT 1333; STSJ Madrid 09.05.1990, AS, TSJ-Social/Madrid 1990, N° 1741; SAN 02.07.1990, AL 1990-3, N° 805, S. 1582 (1583 f.) = JS-If, t. IV, 1990, N° 2.007, S. 348 ff.; SAN 14.01.1993 (f.j. 3.°), JS-If, t. VII, 1993, N° 3.159, S. 32 ff.; Sagardoy/Gondino, Espacios, DL 1988, N° 24, S. 9 (30); R.Y. Quintanilla, Convenios, 1998, S. 82. Krit.: Fernández Domínguez/Agra, Adhesión, REDT 1999 (N° 94), S. 281 (290 ff.); de Soto, Libertad, 1998, S. 347 ff.*

[649] Der andere Aspekt der dtsch. Gleichstellungsklauseln sowie des span. Beitritts ist es sicherl., eine

rischen Tarifvertrag über den rein tatsächlichen Weg, die Wirkung der Allgemeinverbindlichkeit" eines statutarischen Tarifvertrags ausgestellt.[650] Über den nicht selten 100%-igen Beitritt der Belegschaft zum außerstatutarischen Tarifvertrag werden die Unterschiede zwischen ihm und dem statutarischen Tarifvertrag im Hinblick auf den Adressatenkreis stark verwischt, weshalb letztlich der große Unterschied zwischen beiden nur im Bereich ihrer Wirkungsweise liegt.[651]

Die Rechtsprechung betont freilich in „textbausteinartigen" Wiederholungen, dass ein selbst 100%-iger Beitritt zum außerstatutarischen Tarifvertrag nichts mit der gesetzlich angeordneten Allgemeinverbindlichkeit zu tun habe und keine Heilung, Umdeutung oder ähnliches des außerstatutarischen in einen statutarischen Flächentarifvertrag darstellen würde.[652]

---

gewisse und für zulässig gehaltene „Abstiftung" vom GewerkS-Beitritt zu erreichen, bzw. die schon Organisierten zum Austritt zu verleiten. Zu Deutschland: *Zachert, DiffKl, DB 1995, S. 322 (322 ff.); Säcker, Öffnungsklausel, RdA 1967, S. 370 (371).*

Vgl. auch zum Gedanken eines sog. „ArbG-Beitritts" in Deutschland zu Zeiten der Entwürfe des TVG, wonach ein einzelner unorganisierter ArbG, der nicht dem vertragsschließenden Verband angehörte, mit Zustimmung der TV-Parteien dem TV beitreten sollte. Dieses einseitige und von einer Zustimmung abhängige Rechtsgeschäft, durch den jener ArbG weitgehend die Rechtsstellung einer TV-Partei erlangt hätte, sollte auch Gegenstand eines rechtmäßigen Arbeitskampfes sein dürfen. Als das Instrument der Allgemeinverbindlichkeitserklärung mit in das TVG aufgenommen wurde, ließ man diese Beitrittsmöglichkeit auch auf Druck der ArbG-Seite wieder entfallen: Herschel, TVG, ZfA 1973, S. 183 (191).

[650] *Montoya, Convenio, in: Negociación, CDJ 1992, t. III, S. 273 (285); STCT 10.11.1987, RTCT 26741 (f.j. 5.°).*

Siehe mit Aufzählung der Vorteile einer solchen Verallgemeinerungsfunktion, wie die zur Angleichung und Verallgemeinerung der Arbeitsbedingungen, sei es im Unternehmen oder auf Branchenebene, zur besseren Organisation und Stabilisierung im Unternehmen im Sinne einer stärkeren Integration, zur gewerkschaftl. Konsolidation, weil die unterzeichnenden GewerkS ihren Einflussbereich vergrößern können etc.: de Soto, Libertad, 1998, S. 318 ff.; Diéguez, Negociación, in: VV.AA., Cuestiones, 1990, S. 237 (251 ff.); Alonso/Casas, DTrab, 1998, S. 800 (Cap. 28/III/B/b/b'/c').

[651] Vom praktischen Ergebnis her ist es unwesentl., ob eine faktische Allgemeinverbindlichkeit durch Gleichstellungsabreden wie im dtsch. Recht oder durch gesetzl. Anordnung nach span. Recht erreicht wird: *Ojeda, DerSind, 1995, S. 126, Fn. 30; Baylos, Modelo, 1991, S. 117.*

[652] STS 23.11.1993, RJ 8932; SAN 05.06.1990, AL 1990-3, N° 37, S. 1453 (1456) = RTCT 92 *(Séptimo) = JS-If, t. VI, 1992, N° 2.667, S. 60 ff.; STCT 06.11.1986, RTCT 12744 = AL 1987-1, S. 231 ff., N° 97; STCT 16.10.1986, RTCT 10735 = AL 1986-2, N° 1010, S. 2406 ff.; STSJ Navarra 12.12.1989, AS, TSJ-Social, Bd. I (Ss Núm. 1-1314), 1989, N° 746; STSJ País Vasco 27.06.1991, AS 3598; STCT 17.06.1985, RTCT 4379; STCT 17.06.1986, RTCT 5330; García Murcia, Pactos (y II), XXXI, AL 1992-2, S. 413 (422).*

Als Folge dieser Haltung wurden Klauseln von außerstatutarischen Tarifverträgen für nichtig erklärt, die eine eigentlich allein dem statutarischen Tarifvertrag zustehende Allgemeinverbindlichkeit anordneten, weil damit die in Art. 28.1 Verfassung niedergelegte Gewerkschaftsfreiheit der Gewerkschaften verletzt würde, die nicht den außerstatutarischen Tarifvertrag unterzeichneten.[653]

g) Keine Verhandlungspflicht bei außerstatutarischen Flächentarifverträgen

Für *außerstatutarische* Tarifverträge gilt mangels Kodifizierung keine „Verhandlungspflicht", wie sie für die statutarischen Tarifverträge im Arbeitnehmerstatut angeordnet ist. So darf die Verhandlung eines *außerstatutarischen* Tarifvertrags vom Arbeitgeber oder von der Gewerkschaft durchaus in rechtmäßiger Weise verweigert werden.[654]

Genauso verhält es sich, wenn eine Gewerkschaft an den Arbeitgeberverband herantritt, um einen *außerstatutarischen* Flächentarifvertrag auszuhandeln, weil der zuvor schon abgeschlossene *außerstatutarische* Flächentarifvertrag abgelaufen ist. Auch hier darf sich die Arbeitgeberseite in rechtmäßiger Weise weigern, in Neuverhandlungen über einen *außerstatutarischen* Flächentarifvertrag einzutreten.[655]

Umstritten war in Rechtsprechung und Literatur einige Zeit, ob die Arbeitgeberseite eine Verhandlungspflicht hat, wenn zunächst ein *außerstatutarischer* Flächentarifvertrag unterzeichnet wurde und dann noch während seiner Laufzeit die Verhandlung eines *statutarischen* Flächentarifvertrags eingefordert wird.[656] Ein neueres Urteil des Obersten Gerichtshofes (*Tribunal Supremo*) sprach sich in diesem Fall aber positiv für das Bestehen einer Verhandlungspflicht aus. Der Grund dafür liegt darin, dass die Rechtsprechung mit aller Macht den Koalitionen den Weg ebnen möchte, einen statutarischen und

---

[653] Sog. *„Klauseln mit einer Wirkung, die sämtliche Arbeitnehmer erfaßt" (cláusulas de impacto universal): STS 30.05.1991, RJ 5233 = AL 1991-, N° 1061; STCT 06.11.1986, RTCT 12744 = AL 1987-1, S. 231 ff., N° 97; STCT 28.01.1987, RTCT 2043; SAN 05.06.1990, AL 1990-3, N° 737, S. 1453 (1456) = RTCT 92 = JS-If, t. VI, 1992, N° 2.667, S. 60 ff.; SAN 02.07.1990, AL 1990-3, N° 805, S. 1582 (1583) = JS-If, t. IV, 1990, N° 2.007, S. 348 ff.; Martín/Rodríguez-Sañudo/García, DTrab, 1998, S. 351 (Cap. 9/II/2); Ojeda, Pactos, in: VV.AA., Negociación, 1991, S. 189 (223). Ebenso sind lt. Rspr. Klauseln nichtig, zu deren Natur es gehört, alle ArbN zu erfassen, wie solche der Berufseingruppierung, Lage oder Dauer der ArbZ (cláusulas de clasificación profesional, nivel, categoria) usw., wobei diese Rspr. aber nicht unumstritten ist: SAN 02.07. 1990, AL 1990-3, N° 805, S. 1582 (1583) = JS-If, t. IV, 1990, N° 2.007, S. 348 ff.; de Soto, Libertad, 1998, S. 330 ff.; Abele, TarifR, Diss., 1996, S. 185 ff.*

[654] Das Nichtbestehen einer Verhandlungspflicht bei *außerstatutarischen TV begründet die h.A. damit, dass der gesamte „Titel III" Arbeitnehmerstatut, der die statutarischen TV regelt, nicht auf außerstatutarischen TV anzuwenden sei. Die Verhandlungspflicht von Art. 89.1 Satz 4 Arbeitnehmerstatut steht aber in diesem „Titel III". Vgl.: STCT 06.11.1986, RTCT 12744 = AL 1987-1, S. 231 ff., N° 97; STCT 26.05.1987, RTCT 11130; STCT 21.10.1987, RTCT 23670.*

[655] STSJ Madrid 17.04.1990, AS, TSJ-Social/*Madrid 1990, N° 88; Martínez Emperador, Partes, in: Negociación, t. III, CDJ, CGPJ 1992, S. 53 (56 f.).*

[656] *Contra: SAN 05.07.1990, RTCT 92. Pro: STCT 27.01.1981, RTCT 597; STCT 26.05. 1987,*

damit allgemeinverbindlich und normativ geltenden Flächentarifvertrag zu vereinbaren, selbst wenn der außerstatutarische Flächentarifvertrag *de facto* aufgrund der weiter unten beschriebenen Beitrittsmöglichkeit[657] auf 97% der im Geltungsbereich liegenden Unternehmen angewandt wurde und damit „quasi allgemeinverbindlich" war.[658]

B. Firmentarifverträge

1. Überblick über die auf Firmenebene handelnden Organe: Einheitsvertretung, Gewerkschaftssektion und Arbeitgeber

Während auf der Ebene „über dem Unternehmen" nach dem Arbeitnehmerstatut die Flächentarifverträge ausschließlich von Gewerkschaftszentralen und Arbeitgeberverbänden ausgehandelt sowie unterzeichnet werden dürfen,[659] können sich auf Firmenebene „exklusiv"[660] zwei Organe um die Wahrung der Belegschaftsinteressen kümmern: Die *„Einheitsvertretung"* (*representación unitaria*) und die *„Gewerkschaftssektion"* (*sección sindical*), weshalb die spanische Jurisprudenz vom *„doppelten Kanal"* oder von einer *„doppelten Arbeitnehmervertretung"* (*doble canal/doble representatividad*) spricht.[661] Insoweit ordnet Art. 87.1 Satz 1 Arbeitnehmerstatut folgendes an:

RTCT 11678; Sagardoy, Eficacia, 1981, S. 23 ff.; R.Y. Quintanilla, CCextra, 1992, S. 13 ff.; Gómez Abeillera, Adhesión, 1997, S. 597 ff.; Camps/Sala, Convenios, DL 1987, N° 21, S. 127 (138 ff.); Martínez Emperador, Convenios, in: VV.AA., Contenido, 1990, S. 55 (64 ff., 70 ff., 74 ff.).

[657] Siehe S. 124 ff.

[658] TS 30.09.1999, AL 2000, N° 328, S. 795 ff. mit Anmerkung von *María Luz García de Paredes.*

[659] Art. 87.2 Arbeitnehmerstatut in Verbindung mit Art. 6.3.b) *LOLS.*

[660] Früher war umstritten, ob neben den Gewerkschaftssektionen auch die Gewerkschaftszentralen selbst in direkter Weise *Firmentarifverträge verhandeln dürfen. Diese Überlegung kam auf, da in Art. 6.3, 1. HS LOLS steht: „Die Organisationen, die in Überstimmung mit der vorherigen Nummer als repräsentativere Gewerkschaft angesehen werden, verfügen über die Fähigkeit zur Vertretung auf allem räumlichen und fachlichen Geltungsbereichen, um folgendes wahrzunehmen: b) die Tarifverhandlung entsprechend den im Arbeitnehmerstatut vorgesehenen Vorschriften." (H.d.V.). Aufgrund des VerfG-Urteils „TCo 28.06.1993, RTCo 208" muss dies aber verneint werden. Vgl.: Apilluelo, Autonomía, in: VV.AA., XII Jornadas, 1996, S. 135 (136 ff., 144 f.); Borrajo, Secciones, Bol. AEDIPE dic. 1986, S. 3 (11); Rodríguez-Sañudo, Capacidad, REDT 1980, N° 4, S. 447 (458 ff.); Martínez Emperador, Partes, in: Negociación, t. III, CDJ 1992, S. 53 (70 f.); Casas, Representación, REST 1990, N° 10, S. 101 (105 f.); Sáez, Representacion, 1992, S. 208 ff., 213 ff.*

[661] Vgl. Art. 87.1 Arbeitnehmerstatut, Art. 8.2.b) *LOLS; Casas, Representación, REST 1990, N° 10, S. 101 (101); Ramírez Martínez, Secciones, DL 1987, N° 22, S. 35 (41 ff.); Iglesias, Acción, DL 1987, N° 23, S. 25 (39 ff.); Durán/Sáez, Libertad, in: VV.AA., Constitución, S. 123 (134 ff.); Valdés, in: Escudero, Negociadores, 1986, S. 9 (12 f.); Abele, TarifR, Diss, 1996, S. 143 ff.*

„Zur [*Tarif-*] Verhandlung sind berechtigt: 1. Bei den Tarifverträgen des Unternehmens oder eines kleineren Bereiches: das Betriebskomitee, Belegschaftsdelegierte oder gegebenenfalls die Gewerkschaftssektion, wenn es sie denn gibt." (H.d.V.)

Ausdrückliche Erwähnung fand nach dieser Vorschrift also allein der „*Unternehmenstarifvertrag*", aber nach unbestrittener Auffassung ist daneben noch ein weiterer räumlicher Geltungsbereich vorgesehen:

Zu dem Begriff des „*kleineren Bereiches*" gehört der des Betriebes, so dass also auch „*Betriebs*tarifverträge" von diesem Artikel erfasst werden. Dies lässt sich zusätzlich noch stützen durch den Wortlaut im Entwurf der Vorläufervorschrift, in der es zunächst noch hieß:[662]

„Zur [*Tarif-*] Verhandlung sind befähigt: 1. In den Betriebs- sowie Unternehmenstarifverträgen ..."

Ferner sind ausweislich des geltenden Wortlautes auch Tarifverträge für noch kleinere Bereiche als die des Betriebs möglich, die dann als „Teiltarifverträge" (*convenios colectivos parciales*) bezeichnet werden.[663] Auch hier sind dann Einheitsvertretung oder Gewerkschaftssektion tariffähig. Begründet wird dies mit dem *ex maiore ad minus*-Argument, dass das Tarifsubjekt, welches tariffähig für den größeren Bereich ist, dies auch für den kleineren sein müsse.[664] So ist ein „Teiltarifvertrag" für eine Abteilung im Betrieb, ein Geschoß im Warenhaus oder selbst im gleichen Geschoß für die Süßwarenabteilung ohne beispielsweise die sich im selben Geschoß befindliche Spielwarenabteilung denkbar. In der Praxis sind solche „*Micro*-Tarifverträge" aufgrund der Vormachtstellung provinzieller statutarischer Branchentarifverträge aufgrund verschiedener und weiter unten erklärter Mechanismen jedoch kaum gebräuchlich.[665]

a) Die Einheitsvertretung: Betriebskomitee und Belegschaftsdelegierte

Wie oben schon erwähnt, lässt sich der Oberbegriff „Einheitsvertretung" alternativ noch einmal in seine konkrete Erscheinungsform, den oder die „Belegschaftsdelegierten" (*delegado/-s de personal*) und das „Betriebskomitee" (*Comité de empresa*) aufsplit-

---

[662] Vgl. den damaligen Art. 85 zum Entwurf des Arbeitnehmerstatuts; siehe: *García Ortega, Infraempresarial, AL 1985-1, Rn. 581, S. 1113 (1114); Desdentado/García-Perrote, Eficacia, REDT N° 4, 1980, S. 537 (552, Fn. 57).*

[663] *Borrajo, Introducción, 1996, S. 294 (Lec. XXIII-VII/1/1.2).*

[664] *Montoya, Comités, in: VV.AA., Seminario, 1984, S. 31 (35 ff.); García Ortega, Infraempresarial, AL 1985-1, Rn. 581, S. 1113 (1114); Alonso/Casas, DTrab, 1998, S. 787 (Cap. 28/ III/B/b/a'/2.°).*

[665] Z.B. über das Konkurrenzverbot nach Art. 84 Arbeitnehmerstatut, S. 124 ff.

Eine andere Frage ist, ob vielleicht *außerstatutarische „Mikro-TV" für derart kleine Geltungsbereiche abgeschlossen werden können, wo dann freil. die dementspr. Regeln zu beachten sind: Sagardoy, Eficacia, 1981, S. 25.*

ten. Beide Organe haben mittlerweile vollkommen gleich ausgestaltete Kompetenzen und die einzige Differenz besteht darin, dass „Belegschaftsdelegierte" aus der Belegschaft von *Kleinbetrieben*[666] und „Betriebskomitees" aus der Belegschaft von *Groß-betrieben*[667] gewählt werden.[668] Die Belegschaftsdelegierten werden bisweilen auch ein *„kleines Betriebskomitee"* genannt.[669] Insoweit ordnet Art. 62.1 Arbeitnehmerstatut an:

> „Die Arbeitnehmervertretung in einem Unternehmen oder Betrieb mit weniger als 50 und mehr als 10 Arbeitnehmern obliegt den Belegschaftsdelegierten. Ebenso kann es einen Belegschaftsdelegierten in den Unternehmen oder Betrieben mit zwischen 6 und 10 Arbeitnehmern geben, wenn dies von jenen mehrheitlich so entschieden wird."

Die Möglichkeit, auf Wunsch der Mehrheit der Belegschaft auch in Unternehmen oder Betrieben mit sechs bis zehn Beschäftigten einen Belegschaftsdelegierten[670] zu wählen, erklärt sich aus der jüngeren Historie, nämlich wieder einmal aus der Übergangszeit Spaniens von der *Franco*-Diktatur zu Demokratie:

Zu jener Zeit war die Machtposition der Gewerkschaften noch nicht so gefestigt, die Tarifverhandlungen wurden extrem zersplittert und ohne Organisation oder Zentralisierung durchgeführt. Zudem herrschten damals wie auch heute klein- und mittelständische Unternehmen vor, in denen die Mindestbeschäftigtenzahlen, um ein Betriebskomitee zu errichten, nicht erreicht wurden. Darum bestand von Seiten der kommunistischen Gewerkschaft *CC.OO.* große Sorgen, dass es Betriebe geben könnte, in denen mangels tariffähiger Subjekte keine statutarischen Firmentarifverträge abgeschlossen werden dürfen. Sie fürchteten weiter, dass die konservative Zentrumspartei *UCD*, welche die Regierung stellte, sowie die sozialistische *PSOE*:

---

666 Art. 62.1 Arbeitnehmerstatut: Zwischen 10 (bzw. 6) und weniger als 50 ArbN.

667 Art. 63.1 Arbeitnehmerstatut: Ab 50 ArbN.

668 Art. 62.2 Satz 1 i.V.m. 63 ff. Arbeitnehmerstatut.
Das Betriebkomitees und Belegschaftsdelegierte identische Zuständigkeiten haben, war in der ersten Version des Arbeitnehmerstatuts von 1980 noch nicht so. Zur Erläuterung der bis 1984 bestehenden Unterschiede: *Ramírez Martínez, Secciones, DL 1987, N° 22, S. 35 (38). Vgl. zu den Rechten der EinbVertr.: Schnelle, Europ. BRat, 1999, S. 54 ff.*
Siehe zu den Streitigkeiten zwischen dem Generalsekretär der *CC.OO. und dem PCE-Parlamentsabgeordneten Marcelino Camacho Abad sowie der PSOE und UCD: El País 14.11.1979, S. 14, 16.11.1979, S. 16.*

669 *Suárez González, Relaciones, 1980, S. 183.*

670 Art. 62.1 Arbeitnehmerstatut: Bis 30 Arbeitnehmer: 1 Belegschaftsdelegierter.
Die Mindestzahl an Belegschaftsmitgliedern wird verlangt, weil die Beziehungen bei solchen Kleinbelegschaften wegen der „Enge und Vertrautheit" im Betrieb reibungslos gestaltet werden könnten und es folglich eines „Mittlerorganes" nicht bedürfe: *Albiol, Comités, 1992, S. 22, Fn. 26.*

„versuchen, den Belegschaftsdelegierten die Möglichkeit zu entziehen, statutarische [*Firmen-*] Tarifverträge abschließen zu können ..."[671]

Zu Beginn der Beratungen zum Arbeitnehmerstatut war die Möglichkeit, Belegschaftsdelegierte zu wählen, zunächst allein für Betriebe ab elf Arbeitnehmern vorgesehen. Dem damaligen kommunistischen Abgeordneten und *CC.OO.*-Generalsekretär *Marcelino Camacho* nach konnte *„einschließlich während der Diktatur"* ein Belegschaftsvertreter bei noch geringeren Belegschaftszahlen gewählt werden und er wollte, *„ganz gleich wie viel Arbeitnehmer es gibt"*, in jedem Betrieb eine Interessenvertretung der Arbeitnehmer verankert sehen. Der Änderungsvorschlag seiner Partei lautete dann auch folgendermaßen: *„... in einem Unternehmen mit einem Beschäftigten kann dieser entscheiden, Belegschaftsdelegierter zu sein ..."* Auf jeden Fall forderte er mindestens einen Delegierten bei sämtlichen Betrieben unter elf Beschäftigten. Diese Regelung ist damit als ein Kompromiss auf Druck der Kommunistischen Partei Spaniens *PCE* bzw. der Gewerkschaft *CC.OO.* anzusehen. *Camacho* vertrat den Standpunkt:[672]

„... es handelt sich nicht darum, dass es einen Delegierten dort gibt, wo allein ein Arbeitnehmer beschäftigt wird; dieser wird sich auch so gegen den Arbeitgeber behaupten ... Was wir vertreten ist, dass die Unternehmen mit weniger als zehn Arbeitnehmern ohne Vertretung dastehen, und zwischen zehn Beschäftigten und einem gibt es ohne Zweifel einen weiten Spielraum."

Bei gegenseitigem Einverständnis zwischen Arbeitgeber und Betriebsangehörigen kann trotz einer Personalstärke von unter sechs Arbeitnehmern auch ein Belegschaftsdelegierter gewählt werden.

Die Einheitsvertretung ist nach Art. 63.1 Arbeitnehmerstatut *„das Organ zur Vertretung und kollegialen Erfassung der gesamten Belegschaft"*[673] und seine Amtsperiode dauert grundsätzlich vier Jahre.[674] Die Zuständigkeiten sind unter anderem in einem Katalog im Arbeitnehmerstatut festgelegt und umfassen überblickartig unter anderem folgende Bereiche:[675]

- alle drei Monate vom Arbeitgeber über die Entwicklung, Produktionslage in der Branche des Unternehmens, Beschäftigungsentwicklung im Unternehmen, neue Abschlüsse von Arbeitsverträgen, deren Art und Form (z.B. Teilzeitverträge) etc. unterrichtet zu werden;

---

[671] *Camacho, VV.AA., Debate, 1982, t. III, S. 33 f., 37.*

[672] VV.AA., a.a.O., S. 33 f., 39 ff.

[673] Für die Belegschaftsdelegierten über den Verweis in Art. 62.2 Arbeitnehmerstatut.

[674] Art. 67.3 Satz 1 Arbeitnehmerstatut, 2. Zusatzbestimmung *LOLS. EinhVertr.-Posten können verlängert werden, was für die Bestimmung der gewerkschaftl. Repräsentativität jedoch unbeachtl. ist: 4. Zusatzbestimmung LOLS; Escudero, Representatividad, 1990, S. 91 ff.*

[675] Art. 64.1 Arbeitnehmerstatut.

- innerhalb von zehn Tagen eine einfache Kopie von Verträgen leitender Angestellter, deren Vertragsverlängerung oder Kündigung etc. zu erhalten;
- die Bilanz-, Verlust- und Gewinnrechnung, Geschäftsbericht und sonstigen Unterlagen zur Kenntnisnahme zu erhalten;
- im Vorfeld Stellung zu nehmen zu Umstrukturierungsmaßnahmen, Einstellung des Geschäftsbetriebs, Arbeitszeitverkürzungen, Verlegung von Produktionsmitteln, Berufsausbildungsplänen, Einführung oder Änderung der Arbeitsorganisations- sowie Arbeitsüberwachungssysteme, Zeitstudien, Prämiensysteme, Arbeitsplatzbewertung, bei Auswirkungen auf die Beschäftigungszahlen auch Unternehmensverschmelzungen, Unternehmensübernahmen, Änderung der rechtlichen Verfassung des Unternehmens;
- die im Unternehmen benutzten schriftlichen Arbeitsverträge und die Unterlagen zur Beendigung des Arbeitsverhältnisses zu kennen;
- über Bestrafungen der Arbeitnehmer wegen sehr schwerer Pflichtverletzungen unterrichtet zu werden;
- die Statistiken über Fehlzeiten, Arbeitsunfälle, Berufskrankheiten, Vorbeugemaßnahmen etc. kennen zu lernen;
- über die Erfüllung arbeits- und sozialversicherungsrechtlicher Vorschriften, Abreden, Betriebsübungen etc. zu wachen und sich gegebenenfalls an die Behörden oder Gerichte zu wenden; dasselbe zu tun im Hinblick auf die Erfüllung der Vorschriften über Sicherheit und Gesundheitspflege;[676]
- monatlich über die Überstunden der einzelnen Arbeitnehmer im Betrieb/-Unternehmen unterrichtet zu werden;[677]
- vom Arbeitgeber um Rat gefragt zu werden und eine vorherige Stellungnahme hinsichtlich der Erstellung des Arbeitskalenders verbreiten zu dürfen;[678]
- an der Verwaltung von Sozialeinrichtungen im Unternehmen teilzunehmen;
- mit der Geschäftsleitung zur Produktivitätssteigerung zusammenzuarbeiten;
- gegebenenfalls die Belegschaft über diese Themen zu informieren usw.

---

676 Nach Art. 19.5 Arbeitnehmerstatut kann Einheitsvertretung oder Gewerkschaftssektion bei einer *„unmittelbaren Unfallgefahr" durch eine Mehrheit von über 50 % bzw. 75% der Arbeitnehmervertreter eine Arbeitseinstellung beschlossen werden.*

677 Art. 64.1.9.):*a) und 35.5 Arbeitnehmerstatut in Verbindung mit 3. Zusatzbestimmung „Königliche Rechtsverordnung 1.561/1995 vom 21. September über Sonderarbeitszeiten".*

678 *Calendario laboral: Artikel 64.1.9.):a) und 34.6 in Verbindung mit 3. Zusatzbestimmung „Königliche Rechtsverordnung 1.561/1995 vom 21. September über Sonderarbeitszeiten"*
Der Arbeitskalender ist an einer gut sichtbaren Stelle des Betriebes auszuhängen. In ihm sind für jede Berufsgruppe, nicht aber für den einzelnen Arbeitnehmer getrennt, die Arbeitstage des Jahres, die Ruhe-, Feier- und Urlaubstage sowie die gewöhnlich zu leistende Arbeitszeit im Voraus festzulegen. Es handelt sich nicht um eine

Schon hier sei auf den weiter unten näher erklärten Art. 41 Arbeitnehmerstatut verwiesen, dessen Regelung das hier gezeichnete Bild noch vervollständigt.[679] Damit sind die erfassten Materien durchaus den Angelegenheiten verwandt, die nach dem deutschen Betriebsverfassungsgesetz der „Betriebsrat" wahrzunehmen hat.

(1) Sonderformen der Einheitsvertretung

Neben der Unterteilung in „Belegschaftsdelegierte" und „Betriebskomitees" tritt das Betriebskomitee in bestimmten Situationen noch in anderen Erscheinungsformen auf.[680]

(a) Gemeinsames Betriebskomitee

So besteht die Möglichkeit, ein *„Gemeinsames Betriebskomitee"* (*Comité de empresa conjunto*) für mehrere Betriebe in einer Provinz zu bilden, die jeweils für sich genommen nicht auf die notwendigen Arbeitnehmerzahlen zur Errichtung eines Betriebskomitees gelangen.[681] Insoweit ist diese Regelung mit der über „Nebenbetriebe" und „Betriebsteile" im deutschen § 4 Betriebsverfassungsgesetz annähernd vergleichbar.

(b) Überbetriebliches Komitee

Existieren in einem Unternehmen einige Betriebe mit mehreren Betriebskomitees, kann vereinbart werden, ein *„Überbetriebliches Komitee"* (*Comité intercentros*) als „Komitee der Komitees" oder als „Super-Komitee" aus den verschiedenen Betriebskomitees heraus zu wählen.[682] Bei allen Unterschieden ähnelt das Überbetriebliche Komitee damit dem deutschen „Gesamtbetriebsrat" nach §§ 47 ff. Betriebsverfassungsgesetz.

---

konstitutive Festlegung der Arbeitszeitlage, sondern nur um einen deklarativen „Spiegel". Die Nichtbeachtung dieser Vorschrift stellt eine „leichte Ordnungswidrigkeit" dar, die mit Geldbußen belegt wird.

[679] Siehe S. 124 ff.

[680] Vgl. zum Europ. BRat in Spanien: *Schnelle, Europ. BRat, 1999, S. 141 ff.; Blanke, EuropBRäte, KritJustiz 4/1999, S. 497 (516 ff.); Kramer, Spanien, in: Bispinck/Lecher, Tarifpolitik, 1993, S. 370 (397 ff.); Alonso García, Introducción, 1987, S. 55 f.; Sáez, Representación, 1992, S. 100 ff.*

[681] Art. 63.2 Arbeitnehmerstatut. VV.AA., Debate, 1982, t. III, S. 51 ff.; *Albiol, Comités, 1992, S. 20 ff.*

[682] Im Gegensatz zum *„comité de empresa" wird hier nun das „comité intercentros" auch nach spanischer Rechtsterminologie vom Gesetzgeber richtig bezeichnet. „Empresa" bedeutet „Unternehmen" und „centro (de trabajo)" ist nach der Legaldefinition in Art. 1.5 Arbeitnehmerstatut „Betrieb". Da das „comité de empresa" nach Art. 63.1 Arbeitnehmerstatut gerade nicht von der Unternehmens-, sondern von der Betriebsbelegschaft gewählt wird, handelt es sich um eine falsche Bezeichnung durch den Gesetzgeber. Der Begriff „Comité intercentros" ist dagegen korrekt. Vgl. Fn. 434. „Super-comité": Iglesias, DerSind, 1996, S. 64 ff.; Molero, DerSind, 1996, S. 347 ff. Vgl. Schnelle, Europ. BRat, 1999, S. 88 ff.*

(2) Tariffähigkeit der Einheitsvertretung

Für deutsche Verhältnisse mutet es nun fast „revolutionär" an, dass die Einheitsvertretung „echte" *statutarische* oder außerstatutarische Firmen*tarifverträge* (*convenios colectivos del ámbito empresarial/de empresa*) vereinbaren kann[683] und ihr, um ein geeignetes Druckmittel zu besitzen, als „großen Bruder" der Tariffähigkeit auch das Streikrecht[684] zugebilligt wurde.[685] Von gewerkschaftsnahen Kreisen wird diese Befähigung seit längerem als „*pervers*" kritisiert, weil den Gewerkschaften auf Betriebs- oder Unternehmensebene ein ernstzunehmender „Rivale" ohne Beitragszahlungspflicht erwachse, der immer stärker deren Attraktivität untergrabe.[686]

Die formelle Verankerung der Tariffähigkeit findet die Einheitsvertretung in Art. 37.1 Verfassung, wo es heißt, dass das Gesetz das Recht auf die arbeitsrechtliche Tarifverhandlung „*zwischen den Vertretern der Arbeitnehmer und Arbeitgeber*" gewährleistet und es sich bei der Einheitsvertretung um eben einen solchen „Vertreter" der Arbeitnehmer handelt. Die sozialpolitischen Gründe, die zur Tarif- und Streikfähigkeit der

---

Zur proportionalen Sitzverteilung nach gewerkschaftl. Kräfteverhältnissen: Rodríguez-Piñero Royo, Comité, RL 1991-I, S. 11 (12 ff.); HIJAS, Comité, AL 1986-1, Rn. 124, S. 321 ff.; Martínez Emperador, Partes, in: Negociación, t. III, CDJ 1992, S. 53 (72 ff.); Sáez, Representación, 1992, S. 143 ff. Vor Erlass des Arbeitnehmerstatuts wurde das „Überbetriebl. Komitee" (*comité intercentros) als „Zentralkomitee" (comité central) bezeichnet: VV.AA., Debate, 1982, t. III, S. 54.*

[683] Bzgl. der Unterschiede zum franz. Recht siehe: *Engels, Frankreich, RdA 1973, S. 87 (89 ff.); Treu, Negociación (I y II), RL 1987-I, S. 907 ff., 925 ff. Im dtsch. ArbR wird neben der Bezeichnung „FirmenTV" auch häufig „Unternehmens-, Werks-" oder „HausTV" synonym gebraucht.*

[684] Art. 3.2 *„Königliches provisorisches Eilgesetz über Arbeitsbeziehungen 17/1977" vom 4. März 1977 sowie das gerichtl. Aufwerfen des „Kollektivkonfliktes", vgl.: Matía, Huelga, RL 1993-II, S. 283 (29.). Nach Art. 37.2 Verfassung i.V.m. 17 ff. „Königliches provisorisches Eilgesetz über Arbeitsbeziehungen 17/1977" vom 4. März 1977 sowie 151 ff. LPL besteht die Möglichkeit den sog. „Kollektivkonflikt" zu betreiben. Sollte sich die ArbN-Seite hierzu entschließen, so darf sie das StreikR nicht ausüben, Art. 17.2, 18.2, 20 „Königliches provisorisches Eilgesetz über Arbeitsbeziehungen 17/1977" vom 4. März 1977. Vgl.: Escudero, Negociadores, 1986, S. 39 ff. Zum Kollektivkonflikt: Ojeda, Compendio, 1998, S. 263 ff (Cap.15/A/b); Rodríguez-Sañudo, Conflicto, in: VV.AA., Enciclop., t. I, 1995, S. 1431 (1432); Rodríguez-Piñero Royo, Representación, RL 1993-I, S. 12 (14 f.).*

[685] *Ojeda, Intervención, in: VV.AA., Estabilidad, 1998, S. 271 (280 ff.), der das frühere Unbehagen span. Juristen beim Blick gen Deutschland schildert, wo den BRäten kein StreikR zugestanden wird, § 74 Abs. 2 BetrVG. Heute und nach den volkswirtschaftl. schädl. Erfahrungen mit streikenden EinhVertr. scheint das Unbehagen einer Erkenntnis über die Zweckmäßigkeit eines solchen Streikverbots wie es in § 74 Absatz 2 BetrVG angeordnet wird, zu weichen.*

[686] *Ojeda/Pérez, GewerkSR, AiB 1989, S. 382 (383 f.); Molero, DerSind, 1996, S. 152 ff.; Montoya, Probleme, Informaciones I/1987, S. 57 (60 ff.); Ojeda, Acuerdos, in: VV.AA., Arbitraje, 1996, S. 199 (206 ff.); Bilbao, Transición, CRL 1992, N° 1, S. 105 (112 ff.); Arija, Trabajadores, Bol. AEDIPE sept. 1982, S. 11 (14).*

Einheitsvertretung führten, wurden schon vorne im historischen Teil im Zusammenhang mit den Entwicklungen von der Diktatur zur Demokratie Mitte der siebziger Jahre vorgestellt.

Wie ungewöhnlich eine derartige Befugnis ist, fiel schon dem *PSOE*-Abgeordneten *Vida Soria* während der Debatten zum Arbeitnehmerstatut auf:[687]

> „Pittoreskerweise handelt es sich um die einzigen [*statutarischen*] Tarifverträge in Europa, bei denen die Tariffähigkeit den Betriebskomitees [*sowie den Belegschaftsdelegierten*] zuerkannt wird."

Allein bei dem oben kurz vorgestellten „Überbetrieblichen Komitee" (*comité intercentros*) sind im Rahmen der Tariffähigkeit folgende Besonderheiten zu beachten: Die Einrichtung eines „Überbetrieblichen Komitees" darf ausschließlich in einem statutarischen Firmen- oder Flächentarifvertrag angeordnet werden, ebenso wie die Zuständigkeitsmaterien, zu denen auch die Tariffähigkeit gehört.[688] Insoweit legt Art. 63.3 Arbeitnehmerstatut fest:

> „Allein durch [statutarischen} *Tarifvertrag darf die Errichtung und das Betreiben eines Überbetrieblichen Komitees vereinbart werden, welches höchstens 13 Mitglieder haben kann, die ihrerseits aus der Mitte der verschiedenen Betriebskomitees heraus ernannt werden.*
>
> *Zur Errichtung des Überbetrieblichen Komitees müssen die anteiligen Kräfteverhältnisse der Gewerkschaften nach den insgesamt zu berücksichtigenden Wahlergebnissen gewahrt bleiben.*
>
> *Jene Überbetrieblichen Komitees können* ***allein*** *die Tätigkeiten wahrnehmen, welche ihnen* ***ausdrücklich durch*** {statutarischen} *Tarifvertrag zugewiesen wurden, in dem ihre Gründung vereinbart wurde." (H.d.V.)*

Nach anschaulicher Formulierung *„entsteht und lebt das Überbetriebliche Komitee allein so, wie der {statutarische} Tarifvertrag es will"*.[689] Sein Wirkungsbereich erstreckt sich gegebenenfalls auf das gesamte Unternehmen. Über die Begriffe *„allein"* und *„ausdrücklich"* in Art. 63.3 Satz 3 Arbeitnehmerstatut soll eine konkludente Ausweitung der Kompetenzen dieses Überbetrieblichen Komitees verhindert werden.[690]

---

[687] *Vida Soria (PSOE) in: VV.AA., Debate, 1982, t. III, S. 341.*

[688] Vgl. STCT 05.10.1988, AL 1988-2, N° 1126, S. 2630 ff.; STCT 16.10.1986, RTCT 10734; STCT 12.03.1984, RTCT 3045; *Borrajo, Introducción, 1996, S. 139 (Lec. XI-II/6); Sáez, Representación, 1992, S. 144.*

[689] *„Nace y vive dentro del convenio colectivo": Borrajo, Introducción, 1996, S. 139 (Lec. XI-II/6); Gil/Iglesias/Roa, ET, 1995, Art. 63, núm. 3 (S. 512 ff.); Castells, Comité, 1988, S. 12.*

[690] Dennoch kann ihm konkl. die Fähigkeit zum Abschluss statutarischer FirmenTV ausgestellt werden: *Cruz, Empresa, 1992, S. 77 bis 190 ff. (insbes. ab 146 f.).*

Da in der spanischen Praxis allein solche Gewerkschaftszentralen „das Sagen haben", die auf der Ebene *über* dem Unternehmen tätig sind (Provinz, Gesamtstaat etc.), handelt es sich bei jenem unscheinbaren Art. 63.3 Satz 3 Arbeitnehmerstatut um einen durchaus brisanten Machtvorbehalt zugunsten von „repräsentativen Gewerkschaften":

Es sind allein die repräsentativen Gewerkschaften befähigt, statutarische Flächentarifverträge auszuhandeln und mit dieser Vorschrift wird es ihnen ermöglicht, nach eigenem Ermessen darüber zu entscheiden, ob ein Überbetriebliches Komitee gebildet und mit der so wichtigen Tariffähigkeit für *Unternehmenstarifverträge* ausgestattet wird. Damit haben die repräsentativen Gewerkschaften direkten Einfluss auf die Firmentarifverhandlungen großer Unternehmen, weil sie in der Regel allein dann der Errichtung eines Überbetrieblichen Komitees „grünes Licht" geben, wenn sich die Betriebskomitees vorher absolut loyal verhalten haben und auch später nach Gründung des Überbetrieblichen Komitees diese Loyalität weiter erwartet werden kann. Davon kann aber nur dann ausgegangen werden, wenn in diesem Überbetrieblichen Komitee Mitglieder der „eigenen" repräsentativen Gewerkschaft sitzen und in ihrem Sinne abstimmen werden oder über informellen Druck Einfluss auf sie genommen werden kann. Gehören sie dagegen einer „Konkurrenzgewerkschaft" an, wird eine derartige Bevollmächtigung über einen statutarischen Tarifvertrag kaum vorgenommen werden.

Diese Möglichkeit zur Domestizierung aufmüpfiger oder konkurrierender Betriebskomitees „von oben" ist ebenfalls eine Konsequenz des Streites, der Ende der siebziger Jahre zwischen den beiden Gewerkschaftszentralen *UGT* und *CC.OO.* tobte: Damals veranlasste die kommunistische *CC.OO.* die von ihr beherrschten Betriebskomitees unter anderem auch dazu, gemeinschaftlich über einfache (Betriebs-) „Vereinbarungen" Kompetenzen an ein besser steuerbares Überbetriebliches (*CC.OO.*-) Komitee abzugeben.[691] Die in diesen Anfangsjahren schwächliche UGT hatte dagegen Schwierigkeiten, sich gegen die von der *CC.OO.* unterwanderten, populären und gut funktionierenden „Betriebsräte"[692] durchzusetzen und eine eigene betriebliche Verwurzelung zustande zu bringen.[693] In auffallender Parallele zur deutschen Rätebewegung, die sich auf Bezirksebene konzentrierten und dort den Gewerkschaften Konkurrenz machen wollte, trachteten zudem auch in Spanien einige Einheitsvertretungen danach, auf der nach dem Arbeitnehmerstatut[694] strikt den Gewerkschaften vorbehaltenen Ebene *über* dem Unternehmen zu agieren, was jedoch durch das Verfassungsgericht unterbunden wurde.[695] In der *UGT* war man damals der Ansicht,

[691] I. Kongress der *Confederación Sindical der CC.OO. in Madrid im Juli 1978 und VV.AA., Resumen, in: Criterios, 1979.*

[692] *„Jurados de empresa" im Gegensatz zum heutigen „comité de empresa", vgl. Fn. 35 und S. 64 ff*

[693] Vgl. S. 77 ff. *Rodríguez-Piñero Royo, Representación, RL 1993-I, S. 12 (16). Vgl. Borrajo, Introducción, 1996, S. 138 (Lec. XI-II/6).*

[694] Siehe Art. 87.2 Arbeitnehmerstatut.

[695] STCo 22.02.1983, RTCo 12; STCo 28.01.1983, RTCo 4; *Prados, Derechos, REST 1992, N° 18, S. 36 (38 ff.).*

„dass die Überbetrieblichen Komitees in beachtlicher Weise die Gewerkschaftszentralen schwächen ...“[696] – und –

„Bei dem Bestreben danach, die Fähigkeit der Gewerkschaftszentralen zu verstärken, wird sich die UGT bemühen, die Einrichtung von Überbetrieblichen Betriebskomitees zu verhindern.“[697]

Über den „Umweg“ des Abgeordnetenkongresses gelang es ihr, *per* Einführung von Art. 63.3 Arbeitnehmerstatut, die zuvor geltende Rechtslage zu ändern, derartige Praktiken schon im Keime zu unterbinden und die konkurrierende *CC.OO.*-Rätebewegung „von oben“ erheblich zu disziplinieren.[698]

„Aus der Überlegung, dass die Überbetrieblichen Komitees (so wie sie nach vorheriger Rechtslage [*und vor Beschneidung ihrer Kompetenzen durch das Arbeitnehmerstatut*] geregelt waren) in beachtlicher Weise die Gewerkschaftszentralen schwächen, stammt das Interesse, ihre Bildung zu erschweren und ihre Zuständigkeiten maximal zu beschneiden.“[699]

Freilich ergeben sich weitere Schwierigkeiten im Rahmen dieser Vorschrift: Die Mitglieder der Einheitsvertretung, die keiner Gewerkschaft angehören, finden aufgrund des Proportionalitätsgebotes nach Art. 63.3 Satz 3 Arbeitnehmerstatut, das sich allein nach der Gewerkschaftsstärke richtet, und der Reduzierung des Überbetrieblichen Komitees auf maximal dreizehn natürliche Personen in der Regel keinen Einzug in dieses „ferngesteuerte“ Gremium. Deswegen beeinträchtigt diese Vorschrift die negative Gewerkschaftsfreiheit nach Art. 28.1 Satz 4 Verfassung, weil sich die Nichtorganisierten durch diese Vorschrift möglicherweise gezwungen sehen, einer repräsentativen Gewerkschaft beizutreten, um in das Überbetriebliche Komitee zu gelangen. Diese Bedenken haben bislang jedoch noch nicht zu einer Abschaffung von Art. 63.3 Satz 3 Arbeitnehmerstatut oder einer klar kritischen Haltung des Schrifttums geführt.[700]

Grundsätzlich wird eher selten von der Möglichkeit zur Einrichtung eines Überbetrieblichen Komitees Gebrauch gemacht. Zum einen liegt dies daran, dass es in der Praxis kaum Unternehmen in Spanien gibt, welche die hierfür nötige Größenordnung erreichen, da klein- oder mittelständische Unternehmen vorherrschend sind. Zum anderen liegt es daran, dass die Mitgliederzahl auf maximal dreizehn natürliche Personen in diesem Organ beschränkt ist und damit viele gewählte Mitglieder der

---

[696] Abgeordneter *Bandrés (Euskadiko Esquerra), in: VV.AA., Debate, 1982, t. III, S. 58. Vgl. auch: Cruz, Empresa, 1992, S. 80 ff.*

[697] VV.AA., Resolución, 1978, VV.AA., Debate, 1982, t. III, S. 54 ff.

[698] Vgl.: *Albiol, Comités, 1992, S. 23 ff.; Borrajo, Introducción, 1996, S. 139 f. (Lec. XI-II/6).*

[699] *Rodríguez-Piñero Royo, Representación, RL 1993-I, S. 12 (16).*

[700] *De facto werden die nichtorganisierten Mitglieder der EinhVertr. ausgeschlossen: Schnelle, Europ. BRat, 1999, S. 92; Sala/Pérez de los Cobos, Comités, PJ 1988, N° 9, S. 159 (162 f.); Molina/Olarete, Grupos, in: VV.AA., XI Jornadas, 1994, S. 101 (119); VV.AA., Debate, 1982, t. III, S. 53 ff.*

Betriebskomitees (maximal bis zu 75) außen vorgelassen und ihrer Aufgaben beraubt würden. Etwas anderes gilt, wenn die Gewerkschaften zur Einflussnahme auf Unternehmensebene stark an der Einrichtung interessiert sind und die Gründung eines Überbetrieblichen Komitees vorantreiben.[701] Deckt sich die Interessenlage von Gewerkschaftszentrale und den Mitgliedern der Betriebskomitees aber nicht, so treten Konflikte auf, da die Betriebskomitees „ihre" Aufgaben nicht ohne weiteres an das gewerkschaftlich „gesteuerte" Überbetriebliche Komitee verlieren möchten.[702]

b) Die Gewerkschaftssektion und der Gewerkschaftsdelegierte

Anders als in Deutschland beruht in Spanien die Interessenvertretung für die Belegschaft auf jener Ebene, wie gesagt, auf zwei Standbeinen. Neben der „Einheitsvertretung" kennt man auch die sog. *„Gewerkschaftssektion"*.[703] Jene ist nur sehr bedingt mit den „gewerkschaftlichen Vertrauensleuten" in unserem Land vergleichbar.[704] Im Hinblick auf die Einrichtung und Gründung ordnet Art. 8.1.a) „Organgesetz über Gewerkschaftsfreiheit" (*LOLS*) an:

> „Die einer Gewerkschaft angehörenden Arbeitnehmer können auf der Ebene des Unternehmens oder Betriebes: a) in Übereinstimmung mit dem in den Satzungen der Gewerkschaft Festgelegten Gewerkschaftssektionen einrichten ..."

Damit dürfen allein die Gewerkschaftsmitglieder des Betriebs oder Unternehmens vor Ort und nicht etwa die Gewerkschaftszentralen von sich aus, die Einrichtung einer Gewerkschaftssektion anordnen, wie der *PSOE*-Abgeordnete und heutige ‚Landesvater" der Autonomen Gemeinschaft Andalusien *Manuel Chaves González* bei den Beratungen zum „Organgesetz über Gewerkschaftsfreiheit" hervorhub:[705]

---

[701] *Suárez González, Relaciones, 1980, S. 184.*

[702] Vgl.: STCT 28.09.1988, RTCT 433; *Rodríguez-Piñero Royo, Comité, RL 1991-I, S. 11 (11).*

[703] Auf *Betriebsebene heißt sie sección sindical de centro de empresa/de trabajo und auf Unternehmensebene sección sindical de empresa, sección intercentros única oder sección sindical de empresa intercentros, vgl. Art. 8.1.a) und b) LOLS. Vgl.: SAN 07.09.1989, RTCT 1989, SSdlS, AN 1989-90, Bd. II, N° 47; SAN 16.01.1990, SSdlS, AN 1989-90, Bd. II, N° 10 = JS-If, t. IV, 1990, N° 1.796, S. 75 ff.; Schnelle, Europ. BRat, 1999, S. 117 ff.; Martínez Emperador, Partes, in: Negociación, t. III, CDJ 1992, S. 53 (69 f.); Iglesias, DerSind, 1996, S. 41 ff.; Sáez, Representacion, 1992, S. 167 ff.; Albiol, Representación, in: VV.AA., Cuestiones, 1990, S. 719 (735 ff.); Borrajo, Delegados, AL 1987-2, Rn. 842, S. 1849 (1853 ff.).*
Borrajo macht auf Art. 3 „Übereinkommen Nr. 135" der IAO vom 02.-23.06.1971 in Genf und Abs. II, 2 „Empfehlung Nr. 143" über Schutz und Entgegenkommen, was den „ArbN-Vertretern" im Betrieb zu gewähren ist, aufmerksam. Diesem Schutz unterliegen auch die GewerkS-Vertreter: Secciones, Bol. AEDIPE dic. 1986, S. 3 (4 ff.). Ramírez Martínez, Secciones, DL 1987, N° 22, S. 39; Ahumada, Secciones, REDT 1990, N° 43, S. 535 (537 ff.); de la Villa/García/García-Perrote, Instituciones, 1991, S. 589 ff.

[704] *„Agentes fiduciarios": Rodríguez-Piñero y Bravo, Democracia, RL 1991-II, S. 19 (22).*

[705] In: Cortes Generales, DSCD, 16.05.1984, N° 122, II Legislatura, S. 5572.

„… in Bezug auf die Einrichtung der Gewerkschaftssektionen soll klar festgehalten werden, dass die Gewerkschaftssektionen nicht durch die Gewerkschaft, sondern durch die der Gewerkschaft angehörenden Belegschaftsmitglieder gegründet werden …"

Je nach gewerkschaftsinterner Satzung dürfen also allein die Gewerkschaftsmitglieder über interne Wahlen bestimmen, ob auf der Ebene ihres Unternehmens,[706] Betriebes oder eines noch kleineren Bereiches, wie beispielsweise einer Betriebsabteilung, eines Warenhausgeschosses, eines Teils einer Abteilung etc. eine Gewerkschaftssektion errichtet wird. Durch ihre internen Wahlen bestimmen sie die personelle Zusammensetzung der bisweilen als „Botschafterin" oder *longa manus* der Gewerkschaft bezeichneten Gewerkschaftssektion, wobei allein belegschaftsangehörige Gewerkschaftsmitglieder zur Wahl stehen.[707]

Die Gewerkschaftssektion ist prinzipiell unabhängig von ihrer Mutterorganisation, faktisch richtet sie sich zweifellos fast immer nach deren Vorgaben, obwohl gerade in letzter Zeit doch einige Fälle bekannt werden, in denen sie nicht mehr unbedingt nach der „Pfeife der Gewerkschaftszentrale tanzt", woraus sich dann heftige Spannungen ergeben.[708]

Aufgrund des verfassungsrechtlich garantierten Gewerkschaftspluralismus[709] dürfen durchaus auch die verschiedenen Gewerkschaftsorganisationen alle ihre eigenen Vertretungen einrichten. Damit kann es also sein, dass in einem Betrieb zahlreiche Gewerkschaftssektionen, wie beispielsweise eine der *UGT*, eine der *CC.OO.*, eine der *ELA-STV*, eine der *LAB* usw. existieren.

---

[706] Dies war umstritten, da die GewerkS-Sektion als „Parallelveranstaltung" zum BKom. nach *Borrajo allein im Betrieb zu errichten sei. Der Art. 8.1 LOLS („auf der Ebene des Unternehmens oder Betriebes") greife lediglich, wenn ein Unternehmen einen einzigen Betrieb habe. Neben Verweisen auf die Vorschriften zu den BKom., die nur ausnahmsweise für das gesamte Unternehmen tätig werden dürfen (vgl. S. 124 ff.), führt er auch Vorschriften des AMI von 1980 an: Delegados, AL 1987-2, N° 842, S. 1849 ff.*

H.M. aber: STCo 1984, 03.04.1984, RTCo 61; STCo 10.05.1989, RTCo 84; STCT 09.07.1987, RTCT 17697; *Ojeda, DerSind, 1995, S. 136 f., 376 ff.; Cruz, Reconocimiento, in: VV.AA., Comentarios, 1986, S. 219 ff., wonach die GewerkS wegen der Weitgefassten GewerkS-Freiheit (Art. 28 Verfassung), je nach gusto und eigener Politik, die Wahl haben, Gewerkschaftssektionen im Betrieb oder Unternehmens zu errichten.*

[707] *„Embajada": Suárez González, Relaciones, 1980, S. 58.*

[708] Meist werden solche „Disziplinarverstöße" dann mit internen Sanktionen geahndet: *Tovillas/u.a., Lecciones, 1995, S. 103 ff. Vgl. zu derartigen Fällen: Ojeda, Franja, AL 2000, N° 48, LIV, S. 781 (789 ff.).*

[709] Art. 1.1, 7, 9.2, 28 Verfassung.

Daneben darf eine einzige Gewerkschaft auch gleich mehrere Gewerkschaftssektionen gründen, wenn beispielsweise große räumliche Entfernungen zur Mitgliederbetreuung zu überbrücken sind.[710] Insbesondere die letzte Möglichkeit kritisierten die Arbeitgeber zu Anfangszeiten, da man eine Unmenge an Gewerkschaftssektionen und dadurch Chaos sowie Handlungsunfähigkeit im Betrieb fürchtete:[711]

> „Auf diese Weise kann es in jedem Betrieb so viele Gewerkschaftssektionen geben wie Gewerkschaften gegründet werden, und wenn sie errichtet werden, würde damit auf dieser Ebene eine Verstreuung sowie ein Wettbewerb [*unter den Gewerkschaftssektionen*] erzeugt werden mit dem Ziel, die Gewerkschaftssektion im Unternehmen anzuführen, was glasklar für das gute Funktionieren [*im Unternehmen*] schädlich wäre."

Stellt man dem die Äußerung des *UGT*-Generalsekretärs und *PSOE*-Abgeordneten *Nicolás Redondo* zu einer Zeit gegenüber, zu der über die gesetzliche Etablierung von Gewerkschaftssektionen diskutiert wurde, so wird schnell klar, dass die Sorgen von Seiten der Arbeitgeber in jenen politisch erhitzten Tagen keineswegs übertrieben oder aus der Luft gegriffen waren:[712]

> „Wenn wir wollen, dass die Unternehmen Produktionsbetriebe sein sollen, so glaube ich, dass das Betriebskomitee vorzuziehen ist ..., wenn man dagegen das Unternehmen als Instrument nutzt, um die politische Macht zu erlangen, was für Zweifel können dann bestehen, wonach die Gewerkschaftssektion größere Vorteile in sich birgt." – und –
> „Die eigentliche Schwierigkeit ist es, hier zu bestimmen, ob das Unternehmen oder seine rohe Wirklichkeit eine „neutrale" Eigenschaft vorsieht und bewahrt oder im Gegenteil diese Vision nicht mehr ist, als ein ideologisches Kunststück, das eine andere Wirklichkeit verbirgt, eine Wirklichkeit, in der die private Wirtschaftsmacht der Quell der politischen Macht darstellt und man folglich auch das Unternehmen als Form politischen Drucks benutzt. Diese Frage bleibt offen und es gibt keine sichere oder zumindest weitgehend von allen geteilte Antwort."[713]

---

[710] *Ojeda, Compendio, 1998, S. 180 ff. (Cap. 10/A/a); Albiol, Representación, in: VV.AA., Cuestiones, 1990, S. 719 (735 ff., 739 ff.); Valdés, Representación, in: VV.AA., Comentarios, 1980, S. 183 (185 ff.).*

[711] *Plaza, Proyecto, Bol. AEDIPE marzo 1984, S. 7 (8; 10); Suárez González, Relaciones, 1980, S. 181, 182. Vgl. in ähnlichen Tönen Camacho von der CC.OO., die ja – anders als die UGT – gegen die Einrichtung der „Gewerkschaftssektionen" war, da die CC.OO. die „Einheitsvertretungen" beherrschten: VV.AA., Debate, 1982, t. III, S. 41. Die Lage vor Verkündung des LOLS als „dunkel, nicht vollständig sowie ohne präzise mittelmäßige Begrenzung" kritisierend: Cuevas López, Consideraciones, La Ley 1984-2, S. 1003 ff.*

[712] *Redondo, Discurso-programa, UGT 1978, N° 399, S. 27 (33).*

[713] *Valdés, Acción, in: VV.AA., Comentarios, 1980, S. 183 (200).*

[714] Art. 10 *LOLS. Ab 750 Arbeitnehmern sind zwei Gewerkschaftsdelegierte zu wählen usw. Dies gilt nicht für*

In Großbetrieben und Unternehmen mit mehr als 250 Beschäftigten kann aus der Belegschaft heraus von den Gewerkschaftsangehörigen unter bestimmten Voraussetzungen ein sog. *„Gewerkschaftsdelegierter“* (*delegado sindical*) gewählt werden, der die Gewerkschaftssektion mit sämtlichen Belangen nach außen vertritt.[714] Diese Pflicht besteht allein, wenn die Gewerkschaft des Gewerkschaftsdelegierten auch Posten im Betriebskomitee erobert.[715] Sinn dieser Anordnung ist es, den Gewerkschaftsdelegierten einen „demokratischen Rückhalt“ im Betrieb oder Unternehmen zu geben. Da Spanien fast nur klein- und mittelständische Unternehmen kennt, werden diese Zahlen aber sehr selten erreicht.[716]

Die Stellung der Gewerkschaftsdelegierten ist der eines Mitglieds der Einheitsvertretung mit denselben Vorzügen gleichgestellt, weshalb sie zuweilen als *„Gewerkschaftsmandarine“* bespöttelt werden, d.h. sie haben Anspruch auf ein fixes Stundenkonto zur Arbeitsfreistellung (*crédito de horas mensuales retribuidas*),[717] was bei nicht wenigen Großunternehmen jährliche Arbeitsausfallkosten von über 30,6 Millionen Euro verursacht,[718] Informationsrechte sowie einen Anspruch auf Teilnahme mit Rede- aber ohne

---

Gewerkschaften, deren Stimmanteile unter 10 % geblieben sind. Die Verfassungsmäßigkeit solch einer Regelung mit derart hohen Zahlen bestätigt: STCo 29.10.1992, RTCo 173. Vgl. Barreiro, Secciones, REDT 1993, N° 57, S. 109 ff.; García Murcia, Representación, REDT 1996, N° 80, S. 1049 ff. Borrajo, a.a.O., S. 3 (7 ff.) folgert aus Art. 10.3 Satz 1 LOLS eine Inkompatibilität der Ämter des GewerkS-Delegierten und BKom-Mitgliedes. Vgl. zur Vorgängerregelung des AMI von 1980: Valdés, Representación, in: VV.AA., Comentarios, 1980, S. 183 (190 ff.); Tovillas/u.a., Lecciones, 1995, S. 104 ff.

[715] Es also nicht aus, Belegschafts*delegiertenposten erobert zu haben, welche sowieso nur in Kleinbetrieben unter 50 Belegschaftsmitgliedern zu vergeben sind, Art. 62 Arbeitnehmerstatut. Vgl.: Borrajo, Secciones, Bol. AEDIPE dic 1986, S. 3 (8 ff.); Iglesias, DerSind, 1996, S. 48 ff.; Sáez, Representacion, 1992, S. 173 ff.*

[716] Siehe: Fn. 515

[717] Wie die EinhVertr.-Mitglieder können auch sie ihre monatl. fix gewährten Freistellungsstunden Art. 68.*e) Arbeitnehmerstatut i.V.m. 10.3 LOLS) solange auf andere Delegierte überschreiben (accumulación), bis jene full-time freigestellt sind (liberado del trabajo). Einige Satzungen (vgl.: Art. 14.d) CC.OO.-Satzung im Gesetzesanhang Nr. XIII) sehen sogar die obligatorische Überschreibung eigener Freistellungsstunden auf einen von der GewerkS-Zentrale benannten „Profi“-Delegierten vor.*

Umstritten ist, ob sich auch Delegierte unterschiedl. GewerkS gegenseitig Freistunden überschreiben dürfen: Martínez Mendoza, Crédito, RL 1998, N° 18, S. 8 (37 ff., 40 ff., Fn. 115 f.); Tárraga, Liberado, RL 1998, N° 12, S. 10 (15 ff.); Barreiro, Créditos, in: VV.AA., Jornadas, 1983, S. 101 (106 ff.). Vgl. zu freigestellte "Teilzeit-ArbN" der EinhVertr. oder GewerkS-Sektion: Tudela, Crédito, RL 1988-I, S. 490 ff.; STCT 15.03.1988, RL 1988-I, S. 499 ff.

Bei nicht vollständiger Ausschöpfung dieser monatl. Freistellungsstunden können sie nicht für den nächsten Monat weiterverwandt werden: Alonso/Casas, DTrab, 1998, S. 190, Fn. 74 (Cap. 6/V/H/1/c). Vgl.: de la Villa/García/García-Perrote, Instituciones, 1991, S. 593 ff.; Borrajo, Introducción, 1996, S. 202 ff. (Lec. XVI-III); Iglesias, DerSind, 1996, S. 127 ff.; Ortiz, Créditos (I y II), AL 1989-2, XXIII, S. 289 ff., XXIV, S. 305 ff.; Prados, Derechos, REST 1992, N° 18, S. 36 (43 ff.); Barreiro, Créditos, in: VV.AA., Jornadas, 1983, S. 101 ff.; Polo, Delegados, RL 1994-II, S. 300 ff.; Sáez, Representacion, 1992, S. 327 ff.; Schnelle, Europ. BRat, 1999, S. 122 ff.

[718] Krit.: *Bernaldo, der mehr Transparenz verlangt, damit klar wird, wie viel Geld die GewerkS-Delegierten das*

Stimmrecht bei Versammlungen des Betriebskomitees oder des „Komitees für Sicherheit und Hygiene". Ferner sind sie vor einer Kündigung von Belegschaftsmitgliedern, die ihrer Gewerkschaft angehören, zu hören usw.

Obwohl weder im Arbeitnehmerstatut noch im *„Gesetz über Gewerkschaftsfreiheit"* (*LOLS*) die ausdrückliche Möglichkeit einer „Hausgewerkschaft" (*sindicato de empresa/company union*) vorgesehen wurde, sind die Regeln über die Gewerkschaftssektionen *analog* auf diese, in der Praxis des spanischen Arbeitsrechts freilich nur selten anzutreffende Organisationsform anwendbar.[719]

(1) Tariffähigkeit der Gewerkschaftssektion

Die Gewerkschaftssektionen können, wenn sie die hierfür vorgesehenen gesetzlichen Voraussetzungen erfüllen,[720] gleichermaßen „echte" statutarische und außerstatutarische Firmentarifverträge abschließen und unter Umständen sogar erstreiken.[721] Allerdings gilt, bei aller Subjektivität der persönlichen Beobachtungen des Verfassers, dass die Gewerkschaftssektionen kaum die ausreichende tatsächliche Durchsetzungskraft haben werden, um dem Arbeitgeber Firmentarifverträge abzuzwingen.

Die Gewerkschaftssektion leitet ihr Recht darauf, Tarifverträge abschließen zu dürfen aus der Verbindung der „Gewerkschaftsfreiheit" nach Art. 28 Verfassung mit dem „Recht auf Tarifverhandlungen" nach Art. 37.1 Verfassung ab.

c) Tariffähigkeit des Arbeitgebers

Als Konterpart zu den beiden Organen Einheitsvertretung und Gewerkschaftssektion ist der einzelne Arbeitgeber auf dieser Ebene tariffähig.[722] Zur Minderung der Transaktionskosten kann der einzelne Arbeitgeber auch seinen Arbeitgeberverband mit der

---

Unternehmen kosten: Consecuencias, BCE, dic. 1993, N° 57, S. 79 (84 ff.); Serrano Carvajal, Tendencias, 1984, S. 81. Siehe: Sala/Albiol, DerSind, 1998, S. 231 (Tema 3/II/2/H/e).

[719] Z.B.: *SATT, SEMAF oderAIC, SATBE usw.: Serrano Carvajal, Tendencias, 1984, S. 40 ff.; Borrajo, Eficacia, AL 1994-2, S. 1682 (c); Montoya, DTrab, 1998, S. 170 (Cap. V/6/1.°/a).*
Nach Ojeda ergibt sich die Fähigkeit zur Einrichtung von HausgewerkS aus Art. 87.1 Arbeitnehmerstatut: Compendio, 1998, S. 317 (Cap. 18/A/d); Alonso Olea, Libertad, RFDUC 1985, N° 7, S. 17 (26) unter Verweis auf: STCo 27.03.1984, RTCo 45.

[720] Siehe zur Fähigkeit der GewerkS-Sektion auf *Betriebsebene statutarische TV abzuschließen: STCo 28.06.1993, RTCo 208 (f.j. 3.°).*

[721] Vgl. S. 124 ff. Siehe: *Borrajo, Introducción, 1996, S. 2978 (Lec. XXIII-VII/2/2.1).*

[722] *Martínez Emperador, Partes, in: Negociación, t. III, CDJ 1992, S. 53 (61); Valdés, Constitución, RPS 1979, N° 121, S. 469 (485).*

Aushandlung von Firmentarifverträgen beauftragen, was in der Praxis aber sehr selten geschieht, da sich ein echter „*patrón*“ von seinem Verband kaum die „Zügel aus der Hand nehmen“ lassen würde.[723]

d) Keine Tariffähigkeit für andere Subjekte

Die spanische Wirtschaft ist von Kleinstbetrieben geprägt, in denen mangels ausreichender Belegschaftsgröße weder eine Einheitsvertretung gewählt noch eine Gewerkschaftssektion eingerichtet wird.[724] In solchen Firmen schlossen während der Diktatur, während der Wendezeit und sogar noch heute[725] die Arbeitgeber sogar mit ihren einzelnen Arbeitnehmern oder spontan aus ihrem Kreis berufenen Vertretern, manchmal sogar per Handschlag einen Pakt ab, den sie „Firmentarifvertrag“ nannten. Klar ist, dass die zu beachtenden Requisiten des Arbeitnehmerstatuts schon mangels Zustimmung eines tariffähigen Subjektes, also der Einheitsvertretung oder Gewerkschaftssektion, nicht erfüllt werden und damit zumindest kein „*statutarischer* Firmentarifvertrag“ vorliegt.

Unklar war sich die spanische Jurisprudenz jedoch einige Zeit, ob es sich nicht um einen „*außerstatutarischen* Firmentarifvertrag“ handeln könnte. Dazu sei erneut der weite Wortlaut von Art. 37.1 Verfassung in Erinnerung gerufen, der den „*Vertretern*“ der Arbeitnehmer und Arbeitgeber“ das Recht auf Tarifverhandlungen zubilligt, weshalb dieser Gedanke nicht ganz fern liegt.[726]

Die ganz herrschende Meinung in Rechtsprechung und Schrifttum folgt jedoch der sog. „institutionellen“ Auffassung und billigt weder „*Ad-hoc*-Komitees“ noch sonstigen, nicht dauerhaft bestehenden Vereinigungen oder gar den einzelnen Arbeitnehmern die Tariffähigkeit zu.[727] Die Gerichte waren folgender Ansicht:

---

[723] Art. 88.1 Arbeitnehmerstatut: „*In den Unternehmenstarifverträgen oder in den Tarifverträgen mit niedrigerem Geltungsbereich wird die Verhandlungskommission zum einen durch den Arbeitgeber* **oder dessen Vertreter** *und zum anderen durch die Arbeitnehmervertreter...gebildet.*“ (H.d.V.).

[724] Nach *Rivero werden zwischen 1,5 und 2 Millionen ArbN vor allem in landwirtschaftlichen Kleinstbetrieben, unter den Fischerei-, den Büroangestellten etc. von keinem TV erfasst: Estructuras, DL N° 43, 1994, S. 35 (41).*

[725] STSJ de Andalucía, Sevilla, 07.12.1999, AS 539 (*f.j. único*).

[726] Anscheinend der Auffassung, dass ein außerstatutarischer TV vorliegt: STSJ de Andalucía, Sevilla, 07.12.1999, AS 539 (*f.j. único*).

[727] STSJ Murcia 03.06.1992, AS 3275; *Gutiérrez-Solar, Modificación, REDT 1999, N° 99, S. 213 (215); Correa, Convenios, 1997, S. 135 ff.; Molero, DerSind, 1996, S. 570.*

Also nicht einzelne ArbN, Gruppen, spontan gewählte Vertreter (STCT 29.03.1982, 2118 und 2119), „Komitees für Sicherheit und Hygiene“, nicht eingetragene GewerkS (vgl. zur Pflicht einer Eintragung von GewerkS „Real Decreto 873/1977, de 22 de abril: Depósito de Estatutos de Asociaciones Sindicales“, BOE 28.041977), Gesellschafterversammlungen (STSJ País Vasco 30.12.1993, AS 5412), Vertreter der ArbG ohne hinreichend bestimmte Vollmachten (STSJ Navarra 01.06.1992, AS 3000; STCT 25.01.1989, RTCT 39), Handels- sowie Berufskammern: Vgl. Art. 36 Verfassung; SAN 04.10.1994, AL 1995-1, N° 84, S. 164 ff. = AS 4651; STCT 04.05.1982, RTCT 3235; Ojeda, Compendio, 1998, S. 315 ff. (Cap.

„Es müssen Subjekte und Organisationen handeln, die dauerhaft zur kollektiven Interessenvertretung gewählt wurden ..., weil die grundlegende Institutsgarantie, dass sich die Tarifverhandlung zwischen den Vertretern der Arbeitnehmer und Arbeitgeber zu vollziehen hat, genauso wie für den statutarischen, auch für den außerstatutarischen Tarifvertrag gilt."

Jene Art Abkommen, in dem die Belegschaft selbst unmittelbar in die Tarifverhandlungen eingreift, ist in tariflicher Hinsicht vollkommen unbeachtlich und erreicht allein Bedeutung auf individualrechtlichem Gebiet, wo sie als sog. „Multi-Einzelarbeitsverträge" (*contratación plurima laboral*), „Vertragsabschlüsse durch freiwillige nichtinstitutionelle Vertretungen" (*contratación por representación voluntaria no institucional*) oder „zahlreiche Einzelvertragsabschlüsse" (*pactos plurales*) bezeichnet werden und sich nach den üblichen Vorschriften des allgemeinen Vertragsrechts im Arbeitnehmerstatut oder *Código Civil* richten. Hinsichtlich ihrer Rechtswirkung ist ein beschränkter Einzelvergleich durchzuführen, ob sie für den Arbeitnehmer günstiger sind nach dem weiter unten beschriebenen Art. 3.1.*c)* Arbeitnehmerstatut.[728] Zur Verhandlung sowohl von *statutarischen* als auch *außerstatutarischen Firmen*tarifverträgen sind nach herrschender Ansicht[729] zusammenfassend also allein folgende Organe befähigt:

18/A/d/1); Rodríguez Santos, Comentarios, t. III, 1992, Art. 87 (S. 407), anders aber: STS 04.05.1996, RJ 3247; Calvo/de Soto, Colegios, AL 1998-2, XXVI, S. 421 ff.; de Soto, Libertad, 1998, S. 394 ff.; García Murcia, Sindicación, REDC 1991, N° 31, S. 151 (173 ff.); Rodríguez-Piñero Royo, Colegiación, RL 1989-I, S. 76 ff.; Rivero, Legitimación, RL 1992-II, S. 414 (453); Abele, TarifR, Diss., 1996, S. 173 ff. Vgl. zur MM.: Iglesias, DerSind, 1996, S. 142 ff.; Martínez Girón, Unidades, in: VV.AA., VI Jornadas, 1992, S. 65 (67 ff.); Martínez Emperador, Partes, in: Negociación, t. III, CDJ 1992, S. 53 (59 f.); Correa, Convenios, 1997, S. 135 ff.; Valdés, Convenios, 1988, S. 29 ff.; ders., Modelo, in: VV.AA., Negociación, 1982, S. 17 (27); ders., Paradigma, RL 1990-I, S. 268 (271 ff.); Gómez Abelleira, Negociación, REDT 1995, S. 227 (234, 236 ff., 245 ff.); Rodríguez-Sañudo, Negociación, 1980, S. 356; Durán, El ET, RL 1990-II, S. 121 ff. Vgl.: Borrajo, Convenios, RES 1979, N° 1, S. 37 (52); Sala, Relación, in: VV.AA., Seminario, 1984, S. 71 (75, N° 1.°, 80, N° 5.1.); R.Y. Quintanilla, Convenios, 1998, S. 99 ff. Vgl. zu praxisnahen Situationen, die zu einer Ausdehnung führen können: STCT 25.02.1987, RTCT 4579 und S. 124 ff.

[728] Vgl. S. 124 ff. Siehe: STCT 20.10.1986, RTCT 10740; STCT 22.02.1988, RTCT 84 = AL 1988-1, N° 499, S. 1162 ff.; STCT 08.02.1983, RTCT 1646; STCT 10.11.1987, RTCT 26741; STCT 22.02.1988, RTCT 84 = AL 1988-1, N° 499, S. 1162 ff.; STS 18.04.1994, AL 1994-3, N° 1114, S. 2052 ff. = RJ 3254; STS 22.01.1994, RJ 3228; STS 21.03.1995, RJ 2175; STCT 20.10.1986, RTCT 10740; STCT 16.06.1987, RTCT 14713; STCT 19.06.1987, RTCT 14715; STSJ Andalucía, Granada 22.09.1992, AS 4667; STS 11.06.1987, AL 1987-1, N° 891, S. 1971 f.; *Apilluelo, Convenios, AL 1995-1, IX, S. 133 (134, 137); Sagardoy, Eficacia, 1981, S. 25 ff.; Morón, Flexibilización, RTSS 1992, N° 7, S. 37 (49 ff., 50, Fn. 60); Molero, DerSind, 1996, S. 580 ff.; Alonso Olea, Fuentes, 1982, S. 119, Sala/Albiol, DerSind, 1998, S. 356 ff. (Tema 5/IV/1); Sagardoy, Constitución, LE 1978, N° 8, S. 106; Martínez Emperador, Convenios, in: VV.AA., Contenido, 1990, S. 55 (63 f.); Durán, El ET, RL 1990-II, S. 121 (140 ff.); Linares, Flexibilidad, EdJ, RC 1994, N° 11, S. 95 (100). Anders und darum kritisiert: STCT 14.01.1986, RL 1986-I, S. 557 ff.*

[729] A.A: STSJ de Andalucía, Sevilla, 07.12.1999, AS 539 (*f.j. único*).

- Einheitsvertretungen,
- Gewerkschaftssektionen und
- der einzelne Arbeitgeber.

e) Alternative Verhandlung durch Einheitsvertretung oder Gewerkschaftssektion

Wie gerade gesehen, darf entweder die Einheitsvertretung oder die Gewerkschaftssektion *alternativ* und nicht kumulativ einen statutarischen oder außerstatutarischen Firmentarifvertrag abschließen. Damit schließt sich sofort die Frage an, wie Situationen gelöst werden, falls beide Organe in konkurrierender Weise gleichzeitig vom Arbeitgeber Tarifverhandlungen verlangen. Genießt etwa eines von beiden einen irgendwie gearteten Vorrang?[730]

Meist lässt sich schon durch informelle Absprachen im Vorfeld der Verhandlungen zwischen beiden die Frage lösen, wer zum Zuge kommt oder aber die Betriebsversammlung wird hierüber zur Entscheidung berufen.[731] Dennoch musste die Rechtsprechung schon Fälle entscheiden, in denen beide Vertretungsorgane auf ihrem Verhandlungs*anspruch* beharrten. Sie und die herrschende Meinung im Schrifttum löst dieses Dilemma grundsätzlich so, dass ausschließlich das Vertretungsorgan, das zuerst dem Arbeitgeber die förmliche Verhandlungsaufforderung überbrachte, allein berechtigt ist:[732]

> „Die [*zeitliche*] Priorität der Initiative ist das alles bestimmende Merkmal des Vorranges zwischen der einen oder der anderen Art [*Einheitsvertretung oder Gewerkschaftssektion*]."

---

[730] Einige nehmen *„einen gewissen Vorrang der GewerkS" aufgrd. ihrer verf.-rechtl. besonders geschützten Situation wegen der GewerkS-Freiheit nach Art. 28 Verfassung an: Valdés, Representación, in: VV.AA., Comentarios, 1980, S. 183 (197); Albiol, Comités, 1992, S. 156.*

[731] *Sala/Albiol, DerSind, 1998, S. 314 (Tema 5/III/1/B/b); Ulrich, ArbN-Statut, 1998, S. 208 ff.*

[732] STCT 21.04.1987, RTCT 9079; STS 17.10.1994, RJ 8053 und 8052; STCT 26.11.1982, RTCT 6873; STS 18.01.1993, RJ 94; STS 14.10.1993, RJ 7599; STS 30.10.1995, RJ 7930; STSJ Madrid 17.03.1994, JS-If, t. VIII, N° 3.755, S. 186 ff.; *Sala/Albiol, DerSind, 1998, S. 314 ff. (Tema 5/III1/B/b); Montalvo, Sujetos (I), DL 1988, N° 24, S. 199 (207 ff.); Martínez Emperador, Partes, in: Negociación, t. III, CDJ 1992, S. 53 (66); Escudero, Negociadores, 1986, S. 31 ff.* Beginnt aber der ArbG mit der Tarifverhandlung, steht es ihm frei, mit einem von beiden Organen in Kontakt zu treten. Der Kritik, dass er dann in eigennütziger Weise immer das schwächer scheinende Organ wählen könnte, wird entgegengehalten, dass gerade der ArbG aus Gründen des sozialen Friedens Interesse daran haben wird, den statutarischen FirmenTV auf eine „solide Basis" zu stellen und nicht mit von der Belegschaft wenig angesehenen und nicht ausreichend implantierten Organen unterzeichnen wird: *Montoya, Comités, in: VV.AA., Seminario, 1984, S. 31 (40); STS 18.01.1993, RJ 94; Montalvo, Sujetos (I), DL 1988, N° 24/25, S. 199 ff.; Martínez Emperador, a.a.O., S. 53 (66 f.). Vgl. zu Sonderfällen: STSJ Baleares 06.04.1992, AS 1794; STS 01.07.1991, AS 5863 = JSIf, t. V, 1994, N° 2.449, S. 413 ff.*

f) Wer darf Konzerntarifverträge aushandeln?

Grundsätzliche Zweifel tauchen bei der Beantwortung der Frage auf, welcher Akteur im spanischen Arbeitsrecht zum Abschluss eines statutarischen oder außerstatutarischen[733] „Konzerntarifvertrags" befähigt ist (*convenio colectivo de grupo de empresas*, bzw. *de grupo de sociedades*).[734] Das Arbeitnehmerstatut unterscheidet im Hinblick auf den Abschluss eines Tarifvertrags auf der Seite der Arbeitnehmer eigentlich strikt zwischen zwei Geltungsbereichen. Im Bereich *über* einem Unternehmen sind exklusiv die „*Gewerkschaften*" tariffähig[735] und auf dem des Unternehmens sowie der darunterliegenden Ebene können alternativ ausschließlich entweder die „*Einheitsvertretung*" oder die „*Gewerkschaftssektion*" Tarifabschlüsse tätigen.[736] Aus diesem Grunde muss grundsätzlich zwischen diesen zwei Ebenen ausgewählt werden, da das Arbeitnehmerstatut bislang noch kein „Konzernkomitee" oder ähnliches kennt.[737]

Einer Mindermeinung nach soll zum Abschluss eines Konzerntarifvertrags einzig eine „Gewerkschaft" befähigt sein, da der Geltungsbereich dieses Konzerntarifvertrags über dem eines Unternehmens liege und ansonsten das Recht der Gewerkschaften auf Tarifverhandlung nach Art. 37.1 in Verbindung mit Art. 28 Verfassung verletzt wür-

---

[733] STS 30.05.1991, RJ 5233 = AL 1991-3, N° 1061, S. 2250 ff.; STSJ Cantabria 03.04.1991, AS 2537; *Cruz, Empresa, 1992, S. 240, Fn. 132, 133; ders., Grupos, in: VV.AA., Grupos, 1994, S. 273 (286, Fn. 31); Apilluelo, Grupo, AL 1996-1, S. 335 (350 f.).*

[734] Ein Konzern ist in Spanien *„eine Gesellschaft, die dank bestimmter Verbindungen oder Beziehungen unmittelbar oder mittelbar die Leitung einer oder mehrerer anderer Gesellschaften nach Gutdünken steuern kann, so dass die verschiedenen Gesellschaften nichts weiter darstellen als Faktoren einer rechtl. Organisation in einem einzigen wirtschaftl. Gewand.": Camps, Tratamiento (I), AL 1990-3, XXXVII, S. 401 (401); ders., Tratamiento (y II), AL 1990-3, XXXVIII, S. 415 ff. Vgl. Art. 42.1 Código del Comercio, 9 RD 1.382/1985 vom 01.08.1985 (BOE 12.08.1985). Zum Konzernbegriff in arb.-rechtl. Hinsicht: Monereo, Teoría, 1997, S. 193 ff.; Aragón Medina, Grupos, in: VV.AA., Grupos, 1994, S. 23 ff.; Cabero, Grupos, AL 1990-3, XXXV, S. 371 (372 ff.); Pérez de los Cobos, Grupos, DL 1991, N° 33, S. 37 (49 ff.); Martínez Barroso, Grupos, REDT 1993, N° 62, S. 915 (915 ff.); González Biedma, Grupos, RL 1989-II, S. 213 ff.; Rivero, Legitimación, RL 1992-II, S. 414 (445 ff.); Cruz, Empresa, 1992, S. 36 ff. Zu multinationalen Konzernen: Montoya, Multinacionales, REDT 1983, N° 16, S. 485 ff.; Cabero, a.a.O., S. 377 ff.* Das gesetzgeberische Unterlassen der Regelung von Konzernen kritisiert: *Sala, Representación, RL 1990-II, S. 152 (161 f.).*

[735] Art. 87.2 Arbeitnehmerstatut.

[736] Art. 87.1 Arbeitnehmerstatut.

[737] *Martínez Barroso schlägt aber die Schaffung eines in Spanien bislang unbekannten „Konzernkomitees" (comité de grupo) sowie einer „Konzerngewerkschaftssektion" (sección sindical de grupo) vor: a.a.O., S. 915 (938 ff., 943 ff.). Vgl. zum dtsch. KonzernBRat die problembehafteten §§ 50, 54 ff. BetrVG. Zum Problem, ob die Sozialpartner durch Vertrag ein Organ „dritter" und dann der Konzernebene schaffen dürfen: Terradillos, Grupos, RL 1996-II, S. 518 (525 ff.); Schnelle, Europ. BRat, 1999, S. 108 ff.; Camps, Grupos, 1986, S. 116 ff.; ders., Empresas, in: VV.AA., Grupos, 1994, S. 273 (285 ff.); Monereo, Información, 1992, S. 371 ff.; ders., Grupos, REDT 1985, N° 21, S. 83 (97 ff.); Sagardoy, Acuerdo, RPS 1984, N° 142, S. 33 (68 ff.); Embid, Grupo, RL 1985-I, S. 564 ff.; Ramírez Martínez, Curso, 1997, S. 177 ff. (Lec. 5/5.1/E).*

de.[738] Die Einheitsvertretung habe zudem nur eine lediglich „sekundäre" Verankerung in Art. 129.2 Verfassung, was für eine Bevorzugung der Gewerkschaftszentralen sprechen würde.

Die wohl überwiegende Ansicht billigt die Tariffähigkeit bei Konzerntarifverträgen in Analogie zur Unternehmensebene alternativ der „Einheitsvertretung" oder der „Gewerkschaftssektion" zu:[739]

> „... es erscheint angebracht [*beim Konzerntarifvertrag*], eher Parallelen mit dem Unternehmens- als mit dem Branchentarifvertrag festzustellen ..."[740]

Handelt die Einheitsvertretung, so soll dieser Ansicht nach in analoger Anwendung von Art. 63.3 Arbeitnehmerstatut insbesondere das „Überbetriebliche Komitee" zum Abschluss eines Konzerntarifvertrags geeignet sein, weil es nicht nur den Betrieb, sondern auch das gesamte Unternehmen und auch den Konzern vertreten könne.[741]

Gibt es dagegen kein Überbetriebliches Komitee, stünde nur der Weg offen, dass die jeweiligen Konzernunternehmen unabhängig voneinander jeweils mit ihrer Einheitsvertretung einen zuvor ausgearbeiteten, uniformen und unverbindlichen Vorlagenentwurf eines „normalen" statutarischen Firmentarifvertrags simultan abschließen könnten (*convenio plural de empresas/de empresa plural*).[742] Ein weiterer Weg sei der, dass zunächst ein Konzernunternehmen einen statutarischen Firmentarifvertrag mit seiner

---

[738] STSJ Andalucía, Sevilla 18.01.1993, AS 539; *Pérez de los Cobos, Grupos, DL 1991, N° 33, S. 37 (52 f.); Sala/Albiol, DerSind, 1998, S. 268 (Tema 3/II/3/B/e); Rivero, Legitimación, RL 1992-II, S. 414 (439 ff.); Valdés, INI-TENEO (I), RL 1993-II, S. 31 (37 f.). Die dort von ihm beschriebene Vereinbarung (Acuerdo para las empresas de metal del Grupo INI/TENEO) findet man abgedr. in: RL 1993-II, S. 1438 ff. Vgl.: Cabero, Grupos, AL 1990-3, XXXV, S. 371 (378 ff.); Camps, Grupos, 1986, S. 131; ders., Empresas, in: VV.AA., Grupos, 1994, S. 87 ff.*

[739] Art. 63.3 Satz 1 i.V.m. 1.2 Arbeitnehmerstatut (*„Vermögensgemeinschaften" als Konzern), vgl. S. 124. Vgl.: Resol. Dir. General de Rel. Lab., Generalidad de Cataluña 05.09.1986, RL 1987-I, S. 885 ff.; STS 27.04.1995, RJ 3273 = DL 1995, N° 46, S. 212 ff. = AL 1993-3, N° 1434, S. 2771; Molina/Olarete, Unidad, AL 1993-3, LI, S. 773 (779 ff.); dies., Grupos, in: VV.AA., XI Jornadas, 1994, S. 101 (122 ff.); Echevarría, Grupos, DL 1995, N° 46, S. 209 (210 ff.); STS 30.10.1995, RJ 7930; Terradillos, Grupos, RL 1996-II, S. 518 (524 ff.). Zum Versicherungskonzern Grupo Asegurador La Equitativa, der aus fünf Gesellschaften bestand: STS 27.06.1994, RJ 6316: „...solange der TV nicht den Geltungsbereich des Unternehmens überschreitet, sind weder die GewerkS noch die ArbG-Verbände befähigt, ihn auszuhandeln, sondern man muss sich an das in Art. 87.1 Arbeitnehmerstatut Festgelegte halten...". Vgl. die Vorinstanz: SAN 15.07.1993, AS 5611: Grupo Vitalicio; SAN 19.10.1992 (f.j. 3.°), AL 1993-1, N° 336, S. 631 ff.; Oliet, Composición, AL 1993-1, S. 633; Sagardoy, a.a.O., S. 33 (60 ff.); Molina, Normalización, RL 1995-II, S. 581 ff.; Ojeda, DerSind, 1995, S. 685 (Cap. 24/B/c/2); ders., Compendio, 1998, S. 314 (Cap. 18/A/c/2); Iglesias, Negociacion, 1997, S. 150 ff., Cap. V/9; Cabero, Grupos, AL 1990-3, XXXV, S. 371 (380); Cruz, Empresa, 1992, S. 234 ff., 241 ff.*

[740] *Camps, Grupos, in: VV.AA., Grupos, 1994, S. 273 (287 ff.).*

[741] *Molina/Olarete, Grupos, in: VV.AA., XI Jornadas, 1994, S. 101 (134); vgl. S. 124 ff.*

[742] Vgl. *Abele, TarifR, Diss, 1996, S. 142 ff.*

Einheitsvertretung unterzeichnet und die restlichen Konzernunternehmen diesem dann „beitreten" (*adhesión*).[743] Nach dieser Variante könnte dann ein einzelner Firmentarifvertrag die grundsätzlichen Arbeitsbedingungen einheitlich festlegen und gleichzeitig Raum für solche Sonderabsprachen übriglassen, die wegen unterschiedlicher Tätigkeit der dem Konzern angehörenden Unternehmen notwendig seien.[744]

Auf der Seite der Gewerkschaftssektion (*Super-sección sindical*) könne nur eine Gewerkschaftssektion einen Konzerntarifvertrag abschließen, wenn eine entsprechende gewerkschaftsinterne Satzung dies auch so vorsehe.[745] In der Tat hat diese Möglichkeit zumindest die *CC.OO.* laut Satzung ihrer gesamtstaatlichen Konföderation eröffnet.[746]

Wegen der überwiegend an klein- und mittelständischen Betrieben ausgerichteten sowie bislang kaum konzentrierten Wirtschaftsstruktur Spaniens spielen Konzerntarifverträge noch eine geringe Rolle. Im Jahre 1997 unterlagen allein 25.664 Beschäftigte ihrem Anwendungsbereich, was in absoluten Zahlen nur 0,37% der von Tarifverträgen erfassten spanischen Arbeitnehmerschaft ausmacht.[747]

2. Der statutarische Firmentarifvertrag durch die Einheitsvertretung

a) Normative Wirkung des statutarischen Firmentarifvertrags durch die Einheitsvertretung

Die normative, also die „zwingende" und „unmittelbare" Wirkung" eines von der Einheitsvertretung abgeschlossenen Firmentarifvertrags ergibt sich auch hier aus der Anordnung im Arbeitnehmerstatut und es bestehen insoweit keine Unterschiede zu den statutarischen Flächentarifverträgen.[748]

---

[743] Nach Art. 92.1 Arbeitnehmerstatut. Vgl. S. 124 ff.

[744] *Mercader, Coordinación, RTSS 1993, N° 11, S. 7 (30 ff.); Molina/Olarete, Unidad, AL 1993-3, LI, S. 773 (784 ff.); Camps, Grupos, 1986, S. 118 ff.; ders., Empresas, in: VV.AA., Grupos, 1994, S. 87 ff.).*

[745] *Prados, Representación, RL 1991-I, S. 183 (192 ff.).*

A.A. und heute anscheinend überholt: *Borrajo, Secciones, Bol. AEDIPE dic. 1986, S. 3 (9). Dieser Autor wollte seine Meinung parallel aus den Restriktionen ableiten, welche die Einrichtung eines „Überbetriebl. Komitees" von den Anordnungen des entspr., von GewerkS abgeschlossenen statutarischen TV abhängig machen.*

[746] Vgl. Art. 13, 14 *CC.OO.-Satzung; Art. 8.2.c) LOLS; STS 27.10.1995, RJ 3273; STS 30.10. 1995, RJ 7930; Molina/Olarete, Grupos, in: VV.AA., XI Jornadas, 1994, S. 101 (120 f.); Apilluelo Grupo, AL 1996-1, XVIII, S. 335 (347 ff.).*

[747] Die KonzernTV lassen sich nochmals aufteilen in 1.) KonzernTV mit *provinziellem Geltungsbereich: 0,11% aller ArbN, 2.) KonzernTV mit dem Geltungsbereich einer Autonomen Gemeinschaft: 0,02% aller ArbN, 3.) KonzernTV mit dem Geltungsbereich von 2 und mehr Autonomen Gemeinschaften: 0,19% aller ArbN: González de Lena, Marco, in: VV.AA., Anuario UGT, 1998, S. 57 (82, Cuadro 5); Cruz, AINC, TS 1998, N° 89, S. 21 (23 ff.); VV.AA., Memoria en 1997, 1998, S. 385; Schnelle, Europ. BRat, 1999, S. 102 ff. Zu praktischen Bsp.: Molina/Olarete, Grupos, in: VV.AA., XI Jornadas, 1994, S. 101 (125 ff., 127, 135, Fn. 125).*

[748] Vgl. Art. 3.1.b) Arbeitnehmerstatut. Siehe S. 124 ff.

b) „Allgemeinverbindlicher“ Geltungsbereich des statutarischen Firmentarifvertrags durch die Einheitsvertretung

Wie oben schon einmal erwähnt, gehört es zur Aufgabe der Einheitsvertretung, sämtliche Arbeitnehmer des Betriebs oder Unternehmens zu vertreten, weil diese nach Art. 63.1 Arbeitnehmerstatut *„das Organ zur Vertretung und kollegialen Erfassung der gesamten Belegschaft“* ist (H.d.V.).[749] Schon aus dieser Vorschrift wird geschlussfolgert, ein von der Einheitsvertretung unter Beachtung der weiteren gesetzlichen Voraussetzungen ausgearbeiteter statutarischer Firmentarifvertrag hat *per se* „allgemeinverbindlich“, d.h. für die gesamte Belegschaft zu gelten.

Daneben wird im Arbeitnehmerstatut noch ein weiteres Mal angeordnet, dass statutarische *Firmen*tarifverträge unterschiedslos für die gesamte Belegschaft zu gelten haben, nämlich nach dem schon oben genannten Art. 82.3 Satz 1 Arbeitnehmerstatut:

> „Die durch dieses Gesetz geregelten [*statutarischen*] Tarifverträge verpflichten während ihrer gesamten Geltungsdauer sämtliche Arbeitgeber und Arbeitnehmer, die sich innerhalb des Anwendungsbereiches befinden.“

c) Wirksamkeitsvoraussetzungen des statutarischen Firmentarifvertrags durch die Einheitsvertretung

Zum Zustandekommen eines statutarischen Firmentarifvertrags muss eine Verhandlungskommission gegründet werden, die zum einen in der Wirtschaftsbank vom Arbeitgeber oder dessen Vertreter repräsentiert wird und zum anderen in der Sozialbank von den Vertretern der Einheitsvertretung.[750] Da jede Gewerkschaft über ihre gewerkschaftsangehörigen Einheitsvertretungsmitglieder Einfluss auf die Firmentarifverhandlung nehmen will und die Verhandlungskommission mit maximal zwölf Mitgliedern beschickt werden kann, die Betriebskomitees gleichwohl über fünfundsiebzig Vertreter besitzen dürfen, entsteht bei der Beschickung der Verhandlungskommission auf dieser Ebene eifersüchtiges „Gerangel“ um die proportionale Wahrung der Kräfteverhältnisse.[751] Verständlicherweise will in der Verhandlungskommission keine Gewerkschaft unterrepräsentiert sein. Nach der Rechtsprechung müssen in der Zu-

---

[749] Für die Belegschaftsdelegierten über den Verweis von Art. 62.2 Arbeitnehmerstatut

[750] Dies führt dazu, dass Mitglieder einer oder mehrerer GewerkS im BKom. andere Einheitsvertreter, die nicht ihrer GewerkS angehören, aus der Verhandlungskommission ausschließen können: *Alonso/Casas, DTrab, 1998, S. 792 ff. (Cap. 28/III/B/b/a'/f'').*

[751] Zur Behandlung des Sonderproblems, wenn ein Einheitsvertreter, der z.B. seinerzeit für die CC.OO. *antrat, während der Wahlperiode zur UGT übertritt, d.h. ob dann der UGT ein Einheitsvertreter hinzuaddiert und der CC.OO. einer abgezogen werden muss: Albiol, Comités, 1992, S. 31 ff. Eine andere Streitfrage eröffnet sich, ob die „Veränderung der Belegschaftsstärke“ (fluctuación de la plantilla de la empresa) auch während der Wahlperiode Einfluss auf die Anzahl der EinhVertr.-Posten hat: Albiol, a.a.O., S. 94 ff. 101 ff.; Sáez, Representación, 1992, S. 139 ff.*

sammensetzung der Sozialbank in der Verhandlungskommission exakt die gewerkschaftlichen Kräfteverhältnisse wiedergegeben werden.[752] Erhält der Tarifvertrag bei der Schlussabstimmung *„die Zustimmung der Mehrheit einer jeden der beiden Vertretungen"*[753] („zweiter Filter"), und werden auch sonst noch alle Formalitäten eingehalten, kommt ein allgemeinverbindlicher statutarischer Firmentarifvertrag zustande.

Gibt es kein Betriebskomitee, sondern allein drei Belegschaftsdelegierte (d.h. 31 bis 49 Belegschaftsangehörige; bei Betrieben bis 30 Arbeitnehmer wird ein Belegschaftsdelegierter gewählt)[754] ist streitig, wie man die Formulierung in Art. 62.2 Satz 1 Arbeitnehmerstatut im Hinblick auf die Abstimmung zu verstehen hat:

> „Die Belegschaftsdelegierten haben die Vertretung, für die sie gewählt wurden, vor dem Arbeitgeber **gesamthänderisch** auszuüben ..." (H.d.V.)

Dies bedeutet im strengen zivilrechtlichen Sinne, dass alle drei Belegschaftsvertreter dem statutarischen Firmentarifvertrag zustimmen müssen und bei einer Ablehnung im Verhältnis zwei gegen einen kein statutarischer Firmentarifvertrag zustande kommt, weil allein ein Belegschaftsdelegierter dagegen war? Nach der wohl herrschenden Ansicht und teleologischer Auslegung soll ein „querulantischer" Belegschaftsdelegierter nicht die gesamte statutarische Firmentarifverhandlung unterminieren dürfen, womit bei einem „zwei zu eins"-Ergebnis sehr wohl die eingeforderte Abstimmungsmehrheit vorliegt.[755] Insoweit ist die Anzahl der Posten auf ein oder drei Belegschaftsdelegierte beschränkt, um so lähmende Pattsituationen zu vermeiden.[756]

d) Die Fallgruppen des außerstatutarischen Firmentarifvertrags durch die Einheitsvertretung

Allerdings sind auch bei einer Verhandlung eines Firmentarifvertrags durch die Einheitsvertretung Situationen denkbar und in der Praxis feststellbar, in denen kein statutarischer, sondern ein außerstatutarischer Firmentarifvertrag abgeschlossen wird.

Der in der Praxis wohl wichtigste Fall kann an dieser Stelle noch nicht vollständig erklärt werden, da dafür zunächst einmal weiter unten die Konkurrenzregeln für

---

[752] 12 Mitglieder in der Verhandlungskommission (Art. 88.3 1. HS Arbeitnehmerstatut); 75 BKom-Mitglieder (Art. 66.1.*f) Arbeitnehmerstatut), was per TV noch erweiterbar ist. Vgl. Pérez Amorós, Banco, RL 1988-I, S. 465 ff.; ders., Art. 129,2, in: RL 1989-II, S. 329 (343); Ojeda, DerSind, 1995, S. 708, Fn. 37-39.*

[753] Art. 89.3 Arbeitnehmerstatut.

[754] Art. 62.1 zweiter Abschnitt Arbeitnehmerstatut.

[755] STCT 27.06.1984, RTCT 5963; *Rodrigo Bercovitz, Actuación, REDT 1981, N° 6, S. 149 (163 ff.); Albiol, Comités, 1992, S. 37; Suárez González, Relaciones, 1980, S. 183; VV.AA., Comentarios, 1998, Art. 62.2 (S. 304 ff.); Borrajo, Introducción, 1996, S. 140 (Lec. XI-II/7/7.1); Martínez Emperador, Partes, in: Negociación, t. III, CDJ 1992, S. 53 (68 f.); Sala, Representación, RL 1990-II, S. 152 (162).*

[756] VV.AA., Debate, 1982, t. III, S. 32, 38.

Tarifverträge nach spanischem Recht erklärt werden müssen.[757] Insoweit ist es der Einheitsvertretung aufgrund eben dieser Konkurrenzregeln zumeist verwehrt, einen statutarischen Firmentarifvertrag abzuschließen, sie aber dennoch weiterhin befähigt ist, „sehenden Auges“ mit dem Arbeitgeber außerstatutarische Firmentarifverträge abzuschließen. Dies wiederum eröffnet dann einen neuen und ebenfalls weiter unten besprochenen Problemkreis. Diesbezüglich muss man sich fragen, ob die Einheitsvertretung zum Erreichen eines derartigen außerstatutarischen Firmentarifvertrags, der darüber hinaus nach der Rechtsprechung auch nur Verbesserungen im Vergleich zum statutarischen Tarifvertrag anordnen darf, einen rechtmäßigen Streik ausrufen darf.[758]

Andererseits kann sich eine Situation ergeben, in der die Sozialbank in der Verhandlungskommission den Tarifvorschlag bei der Schlussabstimmung ablehnt und damit die erforderliche „Zustimmungsmehrheit“ zum Zustandekommen eines statutarischen Firmentarifvertrags verpasst wird.

Ein Firmentarifvertrag, der zwar durchaus die für einen statutarischen Firmentarifvertrag notwendigen Mehrheiten erlangt hat, jedoch an anderen formellen Mängeln leidet – beispielsweise, weil der Verhandlungsverlauf nicht ordentlich dokumentiert, die Fristen nicht eingehalten wurden etc. – gilt ebenfalls nicht als „statutarischer“ Firmentarifvertrag.

e) Geltungsbereich des außerstatutarischen Firmentarifvertrags durch die Einheitsvertretung

Im vorher beschriebenen Fall, in dem die Sozialbank den Tarifvorschlag bei der Schlussabstimmung ablehnt und damit die erforderliche „Zustimmungsmehrheit“ zum Zustandekommen eines statutarischen Firmentarifvertrags verpasst wird, entsteht aber nun die Frage, wie mit den Stimmen der unterliegenden, d.h. dem Entwurf zum Firmentarifvertrag „zustimmenden“ *Minderheit* zu verfahren ist:

Da die Sozialbank von dem Betriebskomitee beschickt wurde müsste nach den Grundsätzen juristischer Logik in einem „Kollegialorgan“ wie dem Betriebskomitee dann auch eigentlich die mehrheitliche „Ablehnung“ das *gesamte* Betriebskomitee erfassen. Die dem Entwurf zustimmenden, aber unterliegenden Minderheitsstimmen dürften demnach keinerlei Wirkung entfalten und müssten ebenfalls von der mehrheitlichen Ablehnung erfasst werden. Indes verfolgt die Rechtsprechung in solchen Situationen eine etwas undurchsichtige Linie:

Manchmal geht sie m.E. richtigerweise davon aus, dass in der Tat das Votum der zustimmenden Minderheit vollkommen bedeutungslos bleibt und nichtig ist.[759] Damit wird im Ergebnis weder ein statutarischer noch ein außerstatutarischer Firmentarifvertrag abgeschlossen.

---

[757] Siehe S. 124 ff.

[758] Es handelt sich um ein Problem der Reichweite der Friedenspflicht. Siehe S. 124 ff.

[759] STSJ Canarias, Santa Cruz de Tenerife 15.04.1994, AS 1626 und 29.06.1994, AS 2316; STCT 10.12.1982, RTCT 7927; STCT 06.10.1983, RTCT 9063; STCT 13.11.1984, RTCT 9149; STCT

In anderen Fällen gelangt sie zu heftig kritisierten Urteilen, die andere Schlussfolgerungen proklamieren: Zwar würde mangels ausreichender Mehrheiten kein *statutarischer* Firmentarifvertrag vorliegen, die Zustimmung der unterliegenden Minderheitsstimmen ließe sich jedoch in einen *außerstatutarischen* Firmentarifvertrag umdeuten.[760]

Selbst diese spöttisch als „*Umdeutungs- und Rettungswahn*" betitelte Haltung[761] wird rasch verständlich, wenn man sich die überaus starke Vergewerkschaftlichung der formell eigentlich unabhängigen Einheitsvertretungen vor Augen führt. Circa 96% der Mitglieder der Einheitsvertretung gehören einer Gewerkschaft an, wobei auf *UGT* und *CC.OO.* wiederum ungefähr 80% entfallen.[762] Damit stehen sich *de facto* diese beiden Zentralen auf Betriebs- oder Unternehmensebene konträr gegenüber und versuchen nicht selten, mit Obstruktion sowie Taktiererei dem „gewerkschaftlichen" Gegenspieler und Mitkonkurrenten einen „Denkzettel" zu verpassen. Erneut ist es die Aufgabe der nicht zu beneidenden Rechtsprechung, den Antagonisten aus diesen sozialen Pattsituationen herauszuhelfen und man greift dabei gerne, trotz des logischen *salto mortale,* auf die Figur des „außerstatutarischen Firmentarifvertrags" zurück.[763]

Wegen der geheimen Wahlen zur Einheitsvertretung lässt sich häufig nicht zurückverfolgen, welcher Arbeitnehmer was für ein Mitglied der Einheitsvertretung gewählt hat und es ist unklar, auf wen jener außerstatutarische Firmentarifvertrag überhaupt Anwendung findet. Die Rechtsprechung will diese praktischen Schwierigkeiten über die Nachforschung lösen, auf welchen Gewerkschaftslisten die zustimmenden Einheitsvertretungsmitglieder bei ihrer Wahl erschienen sind. Falls man dies noch zurückverfolgen könne, müsse sich die Wirkung dieses außerstatutarischen Firmentarifvertrags allein auf deren gewerkschaftsangehörige Belegschaftsmitglieder im Betrieb beschränken.[764] Solch ein Vorgehen erscheint aber kaum praktikabel, da wie in Deutschland die Zugehörigkeit eines Belegschaftsmitgliedes zu einer Gewerkschaft dem Arbeitgeber nicht bekannt gemacht werden muss. Damit wird der Arbeitgeber häufig überhaupt nicht wissen, auf wen er die Vorschriften des außerstatutarischen Firmentarifvertrags anwenden soll.

29.03.1982, RTCT 2120; STCT 18.05.1984, RTCT 4883.

[760] STSJ Canarias, Santa Cruz de Tenerife 24.03.1993, AS 1184; STCT 23.09.1985, RTCT 5328 = RL 1985-II, S. 656 ff. = AL 1985-2, N° 1180; offen gelassen in: STCT 14.01.1986, RL 1986-I, S. 557 (561 – f.j. 3.°). „*Convenio colectivo atípico de empresa*": *Rojas, Eficacia, 1998, S. 150 ff.*

[761] „*Besessenheit*": *Ojeda, Pactos, in: VV.AA., Negociación, 1991, S. 189 (199).*

[762] *Cebrián, Medición, RC 1994, N° 11, S. 237 (239 f.); Alfonso/u.a., Negociación, RevTreb 1992, N° 18, S. 143 (154). Ca. 3,5 % wurden von Unabhängigen erobert.*

[763] *Rodríguez-Piñero Royo, Mayorías, RL 1985-II, S. 40 (47).*

[764] So beiläufig unter „*Segundo.*": *STS 17.10.1994, RJ 8052. Vgl. Ojeda, DerSind, 1995, S. 708, 789 f. mit Hinweis auf Art. 1.284 CC; ders., Pactos, in: VV.AA., Negociación, 1991, S. 189 (199, 200); ders., Delimitación, AL 1995-1, XVI, S. 253 (267, Fn. 45); ders., Compendio, 1998. S. 331; Cruz, Empresa, 1992, S. 170; García-Perrote, Acuerdos, RL 1986-I, S. 557 (557 ff.); ders., Negociación, RT 1985, N° 79, S. 117 (120 ff.); Rodríguez-Piñero Royo, Mayorías, RL 1985-II, S. 40 (45 ff., 48); Valdés, Convenios, 1988, S. 111 ff.*

Ein Firmentarifvertrag, der zwar durchaus die für einen statutarischen Firmentarifvertrag notwendigen Mehrheiten erlangt hat, jedoch an anderen formellen Mängeln leidet – beispielsweise, weil der Verhandlungsverlauf nicht ordentlich dokumentiert, die Fristen nicht eingehalten wurden etc. – gilt, wie schon oben gesagt, nicht als „statutarischer“ Firmentarifvertrag. Da es aber zur Aufgabe der Einheitsvertretung gehört, „sämtliche“ Arbeitnehmer des Betriebes zu vertreten, erstreckt dieser *„außerstatutarische“* Firmentarifvertrag seine Wirkung in *„allgemeinverbindlicher“* Weise auf „sämtliche“ Arbeitnehmer des Betriebes oder Unternehmens. Dies wird aus der Fähigkeit des Kollegialorgans „Einheitsvertretung“ zur Vertretung aller Belegschaftsangehöriger abgeleitet.[765] Hier liegt die einzige Variante vor, in der die schon oben genannte *doppelte* Anordnung der Allgemeinverbindlichkeit von Firmentarifverträgen durch die Einheitsvertretung im Arbeitnehmerstatut ihre Bedeutung erlangt.[766]

f) Wirkung des außerstatutarischen Firmentarifvertrags durch die Einheitsvertretung

Im Hinblick auf die rechtliche Wirkung, also die Frage, ob der außerstatutarische Firmentarifvertrag „normativ“ oder allein „obligatorisch“ wirkt, ist das oben zum außerstatutarischen Flächentarifvertrag Gesagte entsprechend heranzuziehen.[767]

g) Beitritt zum außerstatutarischen Firmentarifvertrag durch die Einheitsvertretung

Auch auf dieser Ebene kann ein Belegschaftsmitglied, das anfänglich nicht von den Wirkungen des außerstatutarischen Firmentarifvertrags erfasst wird, jenem noch beitreten und die Regeln des Beitritts zum außerstatutarischen Flächentarifvertrag sind entsprechend anzuwenden. Ebenso wenig trifft den Arbeitgeber hier eine Pflicht zur Verhandlung von außerstatutarischen Firmentarifverträgen mit der Einheitsvertretung.[768]

---

765 Art. 63.1, 62.2 Arbeitnehmerstatut.

766 Zum einen aus der Vertretung sämtlicher Belegschaftsangehöriger durch die Einheitsvertretung: Art. 63.1, 62.2 Arbeitnehmerstatut. Zum anderen aus der *per se angeordneten allgemeinverbindlichen Wirkungsweise statutarischer Tarifverträge: Art. 82.3 Satz 1 Arbeitnehmerstatut.*
Vgl.: STCT 27.12.1983, RTCT 11358; STCT 16.10.1986, RTCT 10735 = AL 1986-2, N° 1010, S. 2406 ff.; STCT 05.12.1986, RTCT 14620; STSJ Canarias, Santa Cruz de Tenerife 29.06.1994, AS 2316; STSJ Galicia 03.03.1994, AS 895; Ojeda, Pactos, in: VV.AA., Negociación, 1991, S. 189 (219 ff.); Prados, Acuerdos, RL 1991-II, S. 1423 (1428); Valdés, Convenios, 1988, S. 109, 110 ff.; Bejarano, Usos, RL 1999, N° 14, julio, S. 12 (23); Escribano, CCex, REDT 1999, N° 97, S. 681 (690).

767 Vgl. S. 124 ff.

768 Vgl. zur *nicht bestehenden Verhandlungspflicht bei außerstatutarischen TV: S. 124 ff.*

3. Der statutarische Firmentarifvertrag durch die Gewerkschaftssektion

a) Normative Wirkung des statutarischen Firmentarifvertrags durch die Gewerkschaftssektion

Auch hier gilt ein von der Gewerkschaftssektion abgeschlossener statutarischer Firmentarifvertrag „normativ“, d.h. „zwingend“ und „unmittelbar“.[769]

b) „Allgemeinverbindlicher“ Geltungsbereich des statutarischen Firmentarifvertrags durch die Gewerkschaftssektion

Der von der Gewerkschaftssektion unterzeichnete statutarische Firmentarifvertrag erstreckt seine Geltung auch auf sämtliche Belegschaftsmitglieder und gilt damit allgemeinverbindlich, falls die sofort zu erläuternden Voraussetzungen des Arbeitnehmerstatuts erfüllt werden.[770]

c) Wirksamkeitsvoraussetzungen des statutarischen Firmentarifvertrags durch die Gewerkschaftssektion

An die Tariffähigkeit der Gewerkschaftssektion zum Abschluss eines statutarischen Firmentarifvertrags werden besondere Anforderungen gestellt. Dies ist verständlich, denn immerhin darf mit dieser Befähigung die Gewerkschaftssektion beispielsweise der *UGT* einen „echten“ statutarischen, also normativ und vor allem „allgemeinverbindlich“ für die gesamte Belegschaft geltenden Firmentarifvertrag abschließen, der dann auch für die Mitglieder anderer Gewerkschaften wie z.B. der *CC.OO.* oder auch für die Nichtorganisierten gilt. Aus diesem Grund muss nach dem Arbeitnehmerstatut die Gewerkschaftssektion zur Zuerkennung der Tariffähigkeit für statutarische Firmentarifverträge einer für „repräsentativ befundenen Gewerkschaft“ entstammen.[771] Über dieses Erfordernis stellt man sicher, dass sie einer Zentrale angehört, die schon *per se* eine gewisse Durchsetzungskraft und auch einen Rückhalt unter der Belegschaft vorweist („erster Filter“). Gehört die Gewerkschaftssektion keiner repräsentativen Gewerkschaftszentrale an, so kann sie alternativ zum zuvor beschriebenen Weg ihren Rückhalt im konkreten Betrieb oder Unternehmen noch dadurch unter Beweis stellen, dass ihr *„insgesamt die Mehrheit der Mitglieder des {Betriebs-} Komitees“* angehören.[772]

---

[769] Art. 3.1.b) Arbeitnehmerstatut.

[770] Art. 82.3 Arbeitnehmerstatut. Im Gegensatz zur Einheitsvertretung wird die Allgemeinverbindlichkeit also nicht doppelt, sondern allein ein einziges Mal angeordnet, da die Gewerkschaftssektion anders als die Einheitsvertretung kein „Kollegialorgan“ ist.

[771] Diese Voraussetzung ergibt sich aus Art. 8.2.b) 1. Variante *LOLS*.

[772] Der Art. 8.2.b) *LOLS verweist insofern auf Art. 87.1 Satz 1 und 2 Arbeitnehmerstatut. Vgl.: Cremades, ArbR, 1996, Rn. 54, S. 21 f.*

In der Praxis erfüllt kaum einmal eine Gewerkschaftssektion diese hochgeschraubten Anforderungen, da sich die *UGT* sowie *CC.OO.* meist hälftig die Einheitsvertretungsposten teilen und folglich jene Mehrheit nie erreichen.

Die Gewerkschaftssektion, die dennoch einmal jene hochgeschraubten Voraussetzungen erfüllt, muss ihre Vertreter in die Verhandlungskommission entsenden, in der dann in der Sozial- und Wirtschaftsbank mit dem Arbeitgeber oder dessen Vertreter ein statutarischer Firmentarifvertrag ausgehandelt werden kann.

Die geringe Anzahl an Firmentarifverträgen wird deswegen in ca. 90% der Fälle durch die zwischen *CC.OO.* und *UGT* fast hälftig dominierten „Einheitsvertretungen" ausgehandelt, woran man erkennen kann, dass die Gewerkschaftssektion bei der Firmentarifverhandlung eine vollkommen untergeordnete Rolle spielt und nicht ganz ohne Grund als *„Aschenputtel"* (*cenicienta*)[773] oder *„Komparse"*[774] bespöttelt wird.

d) Fallgruppen des außerstatutarischen Firmentarifvertrags durch die Gewerkschaftsvertretung

Erfüllt die Gewerkschaftssektion nicht die oben genannten Voraussetzungen, dann kann sie nur noch einen „außerstatutarischen" Firmentarifvertrag abschließen. Dies ist positiv formuliert also der Fall, wenn die Gewerkschaftssektion keiner repräsentativen Gewerkschaft angehört.

Gehört sie einerseits einer repräsentativen Gewerkschaft an, gibt es aber aus irgendeinem Grund kein „Betriebskomitee", weil beispielsweise noch keine Wahlen zur Einheitsvertretung durchgeführt wurden, so steht ihr ebenfalls nur der Weg offen, einen außerstatutarischen Firmentarifvertrag abzuschließen, da sie das oben genannte gesetzliche Erfordernis der *„Mehrheit der Mitglieder des {Betriebs-} Komitees"* nicht erfüllt.[775]

Der wohl häufigste Fall kann auch hier noch nicht vollständig erklärt werden, da dafür weiter unten zunächst einmal die Konkurrenzregeln für Tarifverträge nach spanischem Recht erklärt werden müssen.[776] Wie oben bei der Einheitsvertretung schon einmal angedeutet, ist es aufgrund der gesetzlichen Regeln zur Tarifkonkurrenz auch den Gewerkschaftssektionen zumeist verwehrt, einen statutarischen Firmentarifvertrag abzuschließen. Sie sind aber dennoch befähigt, mit dem Arbeitgeber außerstatutarische Firmentarifverträge abzuschließen.

In der Praxis lassen sich freilich kaum außerstatutarische Firmentarifverträge feststellen, die von der Gewerkschaftssektion abgeschlossen werden. Dies liegt an der Furcht der Gewerkschaftszentralen, die Verhandlungseinheit (*unidad de negociación*) könnte

---

773 *Zaguirre, Crisis (I), El Proyecto 1988, N° 4, S. 47 (49).*

774 *Falguera/Senra, Representaciones, RL 1996, N° 15 (ago.), S. 9 (28); Ojeda, DerSind, 1995, S. 620.*

775 STCT 20.06.1986, RTCT 5337; *Ramírez Martínez, Secciones, DL 1987, N° 22, S. 35 (43 ff.); Ojeda, Compendio, 1998, S. 183 (Cap. 10/A/b/3/b).*

Zu einigen Unklarheiten: Martínez Emperador, Partes, in: Negociación, t. III, CDJ 1992, S. 53 (78 ff.); Prados, Representación, RL 1991-I, S. 183 (194 ff.).

776 Siehe S. 124 ff.

sonst zerbrechen und die Belegschaft unterschiedlichen, d.h. uneinheitlichen Regelungen unterworfen sein. Ferner wollen auch die Arbeitgeber vermeiden, mit schwachen Verhandlungsführern zu verhandeln, die in der Belegschaft keinen Rückhalt genießen.[777]

e) Geltungsbereich des außerstatutarischen Firmentarifvertrags durch die Gewerkschaftssektion

Der von der Gewerkschaftssektion abgeschlossene außerstatutarische Firmentarifvertrag erfasst grundsätzlich allein die Mitglieder der zustimmenden Gewerkschaftssektion.

f) Wirkung des außerstatutarischen Firmentarifvertrags durch die Gewerkschaftssektion

Im Hinblick auf die rechtliche Wirkung, also die Frage, ob der außerstatutarische Firmentarifvertrag „normativ" oder allein „obligatorisch" wirkt, ist das oben zum außerstatutarischen Flächentarifvertrag Gesagte entsprechend heranzuziehen.[778]

g) Beitritt zum außerstatutarischen Firmentarifvertrag durch die Gewerkschaftssektion

Auch beim außerstatutarischen Firmentarifvertrag durch eine Gewerkschaftssektion steht es den Mitgliedern der Gewerkschaftssektionen, die den außerstatutarischen Firmentarifvertrag ablehnen oder den Außenseitern frei, nachträglich die individuelle Beitrittsmöglichkeit zu nutzen. Eine Gewerkschaftssektion kann *kollektiv* auch insgesamt dem außerstatutarischen Firmentarifvertrag einer anderen Gewerkschaftssektion „beitreten".[779] Eine Verhandlungspflicht besteht auch hier nicht.[780]

---

[777] *Falguera/Senra, Representaciones, RL 1996, N° 15, ago., S. 9 (25).*

[778] S. 124 ff.

[779] Vgl.: STSJ País Vasco 22.02.1994, AS 741; *Sagardoy, Eficacia, 1981, S. 29 ff.; SMag. N° 10 vom 10.10.1980, ebenda.*

[780] Vgl. zur *nicht bestehenden Verhandlungspflicht bei außerstatutarischen TV: S. 124 ff.*

4. Sonderform des Tarifvertrags: Der statutarische Tarifvertrag für Berufsgruppen

Ansonsten besteht nach der Reform von 1994-1995 die nunmehr ausdrücklich eingefügte Möglichkeit, statutarische Tarifverträge allein für Arbeitnehmer einer bestimmten Berufsgruppe (*convenios colectivos de franja/de grupos profesionales*) grundsätzlich innerhalb eines bestimmten „Unternehmens" oder „Betriebes" abzuschließen.[781] Diese werden von vornherein also nicht für die „Gesamtheit" der Belegschaft verhandelt, sondern nur für Berufsgruppen, die ähnliche Merkmale aufweisen.[782] Abgeleitet wird das Recht, den Kreis der Tarifverträge auf eine bestimmte Berufsgruppe zu beschränken und damit eigentlich die auf Allgemeinverbindlichkeit hin angelegte Tarifordnung des Arbeitnehmerstatuts zu durchbrechen, aus dem Recht nach Art. 83.1 Arbeitnehmerstatut den Geltungsbereich nach eigenem Ermessen festzulegen sowie aus Art. 87.1 Satz 3 Arbeitnehmerstatut. Der Art. 83.1 Arbeitnehmerstatut lautet:

> „Die Tarifverträge haben den Geltungsbereich, den die Vertragspartner vereinbaren."

und der nach der Reform von 1994-1995 geänderte Art. 87.1 Satz 3 Arbeitnehmerstatut:

> „In den übrigen Tarifverträgen müssen die von ihrem Geltungsbereich erfassten Arbeitnehmer unter Berücksichtigung der Erfordernisse von Artikel 80 dieses Gesetzes zu einer ausdrücklichen Vereinbarung gelangen, anhand derer diejenigen Gewerkschaftsvertretungen [*Gewerkschaftssektion oder Gewerkschaftsdelegierter*] mit Verankerung in diesem Geltungsbereich gewählt werden, welche die Verhandlung durchführen sollen."

sowie der zuvor erwähnte Art. 80 Arbeitnehmerstatut:

> „Beschließt die [*Unternehmens-/Betriebs-*] Versammlung Vereinbarungen aufgrund einer Aufforderung durch diejenigen, die diese Versammlung einberufen, und betreffen diese Vereinbarungen die gesamte Belegschaft, so ist die persönliche, freie, unmittelbare und geheime Stimmabgabe, einschließlich der Briefwahl, zur Wirksamkeit notwendig und es bedarf der Hälfte plus einer Stimme der Unternehmens- oder Betriebsbelegschaft."

---

[781] Sog. *„RandgruppenTV" oder „BerufsgruppenTV"; Rey, Franja, REDT 1984, N° 17, S. 93 (96 ff.); Serrano Martínez, Franja, in: VV.AA., Lecciones, 1980, S. 199 (223 ff.). Noch nach der alten Regelung: Abele, TarifR, Diss, 1996, S. 144.*

[782] Innerhalb dieser Abgrenzung können sich Probleme auftun, ob z.B. ein derartiger Tarifvertrag auch für mehrere Berufsgruppen abgeschlossen werden darf oder ob es schon allein ausreicht, dass bestimmte Berufsgruppen von dem Anwendungsbereich ausgeschlossen sind oder ob weniger als die Hälfte der Arbeitnehmer erfasst werden dürfen: *Ojeda, Franja, AL 2000, N° 48, LIV, S. 781 (787 ff.).*

Meist handelt es sich bei den Berufsgruppen um „besser verdienende" Arbeitnehmer, wie angestellte Ärzte, Piloten, leitende Angestellte,[783] Direktoren, Subdirektoren, Maschinisten der Eisenbahngesellschaft *RENFE* etc., Profifußballer mit ihren exorbitanten Gehältern,[784] die keine Firmentarifverträge mit den „normalen" Beschäftigten zusammen verhandeln wollen, weil sie sich nicht ausreichend von den „gemeinen" Gewerkschaften vertreten fühlen oder diese Gewerkschaften von sich aus solch elitären „Proletarier-Aristokraten" nicht vertreten wollen.[785]

Im spanischen Recht mangelt es an einer Möglichkeit, kollektive Anliegen oder gar Tarifverhandlungen in derartigen Gruppen zu kanalisieren, da ein spezielles Komitee im Sinne eines deutschen „Sprecherausschusses" oder ähnliches vom spanischen Gesetzgeber nicht vorgesehen wurde.

Derartige Berufsgruppen der Piloten, Ärzte, leitenden Angestellten etc. werden ferner kaum angemessen von der „Einheitsvertretung" repräsentiert sein, da sie zahlenmäßig im Unternehmen oder Betrieb unterlegen sind und damit auch in der Regel nicht genügend Posten in der Einheitsvertretung gewinnen werden. Auch in Spanien gibt es wie bis zur Neufassung der Betriebsratswahlordnung von 2001 eine als deutsche Eigenart abgetane Aufteilung bei der Wahl zur Einheitsvertretung in „Gruppen" (*colegios electorales*). Zum einen wählen die „technischen und für den Verwaltungsbereich zuständigen Arbeitnehmer" (*técnicos/administrativos*) und zum anderen die „Fach- und ungelernten Arbeitnehmer" (*trabajadores especialistas/no cualificados*) ihre eigenen Vertreter.[786] Die im weitesten Sinne „leitenden Angestellten" haben keine eigene Gruppe und das Schrifttum spricht deshalb bei ihnen von einer nicht existierenden „dritten Gruppe" (*tercer colegio*).[787] Damit ist es ihnen kaum möglich, die vom Arbeitnehmerstatut zwingend vorgegebenen Voraussetzungen im Bezug auf die proportionale Beschickung der Verhandlungskommission oder im Hinblick auf die Mehrheit bei der Schlussabstimmung zu erfüllen. Der einzige „Ausweg" wäre, wenn man den Kategorien des spanischen Tarifsystems folgt, ein „außerstatutarischer" Berufsgruppentarifvertrag.

---

783 Scherzhaft als „Arbeit*geber auf fremde Rechung" bezeichnet (empresarios a cuenta ajena): Serrano Carvajal, Tendencias, 1984, S. 44 ff.*
Zu den speziellen Problemen der leitenden Angestellten im Rahmen solcher Tarifverhandlungen: Valdés, Personal, RL 1986-I, S. 171 (172 ff.).

784 Vgl. Fn. 228.

785 *Camacho, Gespräche, 1976, S. 48. Vgl. die AMIBP, CEMSATSE, ATSI.*

786 Art. 71 Arbeitnehmerstatut i.V.m. „*RVO 1.844/1994 vom 09.09.1994 durch das die Wahlordnung für Vertretungsorgane der ArbN auf Betriebs- oder Unternehmensebene verabschiedet wird" (por el que se aprueba el reglamento de elecciones a órganos de representación de los trabajadores en la empresa), BOE 13.09.1994. Jenes ersetzt die vor 1994 geltende „RVO 1.311/1986 de 13 de jun., sobre normas para la celebración de elecciones a los órganos de representación de los trabajadores en la empresa". Vgl. dazu: Ojeda, Compendio, 1998, S. 138 ff. (Cap. 7/A/b/4); Montoya, Comités, in: VV.AA., Seminario, 1984, S. 31 (35 ff.). Vgl. in Deutschland dazu § 2 Absatz 1 Wahlordnung zur Durchführung des Betriebsverfassungsgesetzes von 1972.*

787 *Rodríguez Santos, Comentarios, t. III, 1992, Art. 87 (S. 400).*

Da diese Berufsgruppen einen sehr einflussreichen Block darstellen und sonst den „Unsicherheiten" und „Unzulänglichkeiten" von außerstatutarischen Tarifverträgen ausgeliefert wären und schließlich sowohl die Berufsgewerkschaften als auch die Arbeitgeber lieber allgemeinverbindlich für dieses Kollektiv geltende „statutarische" Berufsgruppentarifverträge auf Betriebs oder Unternehmensebene abschließen wollen, wurde mit Reform von 1994 nun ausdrücklich eine Möglichkeit vorgesehen, über den ein statutarischer Berufsgruppentarifvertrag vereinbart werden kann.[788]

Wegen des ausnahmslos auf Allgemeinverbindlichkeit für die gesamte „Arbeitnehmerklasse" als Block hin ausgelegten spanischen Tarifrechts stellen diese Berufsgruppentarifverträge zumindest aus Sicht der „Klassengewerkschaften" *UGT* und *CC.OO.* einen „Fremdkörper" dar, der misstrauisch beäugelt und als *„pathologische"* oder eine dem *„Untergrund entspringende"* Erscheinung stigmatisiert werden soll. Die *PSOE,* als verlängerter politischer Arm der *UGT*, wollte bei den Gesetzesberatungen zum Arbeitnehmerstatut diese Art des Berufsgruppentarifvertrags zunächst eigentlich untersagen (*„nicht tolerierbar"*), weil man ein *„Zerbrechen"* der Solidarität in der Arbeitnehmerklasse fürchtete und auch heute noch den „einzelgängerischen" Berufsgewerkschaften (*sindicatos de cuadros/profesionales*) eine „Entideologisierung", ein „Auseinanderdividieren des Gewerkschaftsblocks" sowie „mangelndes Klassenbewusstsein" vorwirft.[789] Aufgrund der exklusiven Beschränkung auf bestimmte Berufsgruppen kann bei sachlich nicht gerechtfertigtem Ausschluss einer „gewöhnlichen" Beschäftigungsgruppe durch den Berufsgruppentarifvertrag aber eine untersagte Diskriminierung vorliegen, wie beispielsweise Arbeitnehmer mit zeitlich befristeten Arbeitsverträgen ausgeschlossen werden.[790]

---

[788] Schon vor Reform von 1994 ließ das VerfG eine im Arbeitnehmerstatut/*LOLS damals in dieser Form nicht geregelte Ausnahme zum Abschluss statutarischer BerufsgruppenTV zu und man war folgender Auffassung: „Die Verneinung einer Anerkennung des Berufsgruppentarifvertrags als statutarische Tarifvertragsart käme einer Ansicht gleich, die seine Existenz verneint": Campos, Franja, AL 1985-2, N° 38, Ref. 952, S. 1900 (1908). Zu den Schwierigkeiten vor der Reform mit „Gesetz 11/1994" siehe: Campos, Franja, AL 1985-2, N° 38, Ref. 952, S. 1900 (1905 f.). Insoweit nicht ganz korrekt: Kramer, Spanien, in: Bispinck/Lecher, Tarifpolitik, 1993, S. 370 (388).* Neben den heutigen *statutarischen BerufsgruppenTV sind auch solche außerstatutarischer Art durchaus denkbar: STS 28.03.1994, RJ 2643 (f.j. 3.°).*

[789] *Ojeda, DerSind, 1995, S. 695, Fn. 77; ders., Compendio, 1998, S. 323 (Cap. 18/C/b); ders., Franja, AL 2000, N° 48, LIV, S. 781 (785 ff.); Rey, Transformación, in: VV.AA., Reforma, 1995, S. 9 (32 ff.); Serrano Carvajal, Tendencias, 1984, S. 50 f.; Baylos, Negociación, GS 1994, N° 128, S. 44 (44); Escudero, Contrattazione, LeD 1987, N° 4, S. 672 (679 ff.). A.A.: Serrano Martínez, Franja, in: VV.AA., Lecciones, 1980, S. 199 (228). In der Praxis kündigen diese Berufsgewerkschaften einen Streik an, der kurz vor Beginn dann meist zurückgerufen wird, da sich die Arbeitgeberseite aus Furcht vor dieser einflussreichen Berufsgruppen dann schon bereit erklärt, die geforderte Summe zu zahlen: Ojeda, Autonomía, RL 1991-II, S. 311 (314). Leidtragende sind z.B. bei Pilotenstreiks während der Hochsaison dann manchmal dtsche Touristen, vgl. S. 43 f. Zu den BerufsgewerkS: Serrano Carvajal, Tendencias, 1984, S. 39 ff., 48 ff., 50 ff.; Valdés, Personal, RL 1986-I, S. 171 (172 ff.); Borrajo, Introducción, 1996, S. 294 (Lec. XXIII-VII/1/1.2); Baylos, Negociación, GS 1994, N° 128, S. 44 (45).*

[790] STCo 31.05.1993, RTCo 177; STCT 25.02.1986, RTCT 4389; STCT 18.10.1984, RTCT 8295 oder

Zur Vereinbarung eines statutarischen Berufsgruppentarifvertrags müssen die betroffenen Mitglieder jener Berufsgruppe in m.E. recht umständlicher Weise zuerst eine Betriebsversammlung (*asamblea*) abhalten, in der diejenige Gewerkschaft mit absoluter Mehrheit gewählt wird, die im Anschluss die Verhandlungen mit dem Arbeitgeber durchführen soll.[791] Die so ermächtigte Gewerkschaft hat eine gesetzlich nicht näher in Zahlen bezifferte „Verankerung" (*implantación*)[792] aufzuweisen, was nichts anderes bedeutet, als dass hier im Gegensatz zur Feststellung der Repräsentativität einer Gewerkschaft (Anzahl der Einheitsvertretungsposten)[793] ihre *Mitgliederstärke* ausschlaggebend ist.

Bei den Berufsgruppentarifverträgen wird nun also merkwürdigerweise dasselbe Kriterium zur Bemessung der Durchsetzungskraft herangezogen, was im deutschen Recht für die „Mächtigkeit" oder „gewisse Durchsetzungskraft" der Gewerkschaften maßgeblich ist, nämlich die Anzahl der Gewerkschaftsmitglieder. Hieraus ergeben sich neue Unsicherheiten bei der Bewertung der ausreichenden „*Verankerung*": Was heißt denn nun konkret „*Verankerung*"? Nach der Reform von 1994-1995 muss die so ermächtigte Gewerkschaft keinesfalls eine „Mehrheit" der Berufsgruppenangehörigen vertreten. Demnach sind also Fallgestaltungen vorstellbar, in denen zwar die *UGT* über 30% der Mitglieder dieser Berufsgruppe im Unternehmen in ihren Reihen hat, aber die Betriebsversammlung zur Durchführung der Tarifverhandlungen aus irgendwelchen Gründen eine „Berufsgruppengewerkschaft der Piloten" wählt, die vielleicht allein 7% oder 3% an Mitgliedern vertritt. Man muss davon ausgehen, dass schon mit diesen 7% oder 3% eine ausreichende „*Verankerung*" vorliegt.[794]

Wird der Tarifentwurf dann auch noch in der Verhandlungskommission mit der entsprechenden Mehrheit verabschiedet, kommt ein statutarischer Berufsgruppentarifvertrag auf der Ebene des Unternehmens oder Betriebes zustande.

Umstritten ist, ob solch ein statutarischer Berufsgruppentarifvertrag allein auf der Ebene eines „Unternehmens" oder eines „Betriebes" zulässig ist oder auch als Tarifvertrag einer höheren Ebene, also beispielsweise einer „Branche" oder sogar „nationalweit". Auch hier gilt, dass sich die typischen Klassengewerkschaften nicht berufen sehen, dieses Kollektiv der „Besserverdiener" zu vertreten und eine echte Berufsgewerkschaft der Ärzte oder Piloten in der Praxis weder die zum Abschluss eines statutarischen Flächentarifvertrags für diese Berufsgruppe notwendige Repräsentativität von 10% der

allein aufgrund des Alters jüngerer ArbN: STCo 07.03.1984, RTCo 31; STCo 22.07.1987, RTCo 136 etc. Vgl. *Serrano Carvajal, a.a.O., S. 45 ff.; García-Perrote, Convenio, in: VV.AA., Reformas, 1998, S. 41 (48); Rey, AutIndiv, REDT 1996, N° 77, S. 425 (444); Borrajo, Introducción, 1996, S. 288 (Lec. XXIII-II).*

[791] Zu alten und neuen Problemen: *Valdés, Negociación, in: VV.AA., Reforma, 1994, S. 257 (261, 263 ff.); Sala, Reforma, 1994, S. 236 f. (Rn. VI.2.2.1.4.°).* Zu Schwierigkeiten der BerufsgruppenTV bei der u.g. „Wesentl. Änderung" *nach Art. 41 Arbeitnehmerstatut (S. 124 ff.): Fernández Domínguez/Martínez, Modificación, La Ley 1995-2, S. 881 (904 ff.); Camps, Mercado, 1994, S. 34 (Rn. 4). 792 de la Villa/García/García-Perrote, Instituciones, 1991, S. 266 f.; Montalvo, Sujetos (II), DL 1988, N° 24, S. 199 (208 ff.).*

[793] Vgl. oben S. 124 ff.

[794] Selbst 1 %, obwohl er für wünschenswert die Einforderung durch den Gesetzgeber von den „bewährten" 10 % gehalten hätte: *Ojeda, Franja, AL 2000, N° 48, LIV, S. 781 (789 ff.).*

Einheitsvertretungsposten („erster Filter") noch die erforderliche Mehrheit bei der Schlussabstimmung erlangen würde („zweiter Filter"). Deshalb könnte auch hier für dieses wirtschaftlich so wichtige Kollektiv eigentlich kein *statutarischer*, sondern nur ein *außerstatutarischer* Tarifvertrag abgeschlossen werden.[795]

Nach der wohl herrschenden Auffassung ist der Art. 87.1 Satz 3 Arbeitnehmerstatut eigentlich nur gedacht für Berufsgruppentarifverträge auf der Ebene des Betriebes oder Unternehmens. Dennoch ließe sich aus seinem Wortlaut *„in den übrigen Tarifverträgen"* schließen, dass statutarischen Berufsgruppentarifverträge nicht nur für die Ebene des Unternehmens oder Betriebes, sondern auch auf den „darüber" liegenden Ebenen zulässig sind (Provinz, Autonome Gemeinschaft, nationalweit etc.), wobei freilich in Rechtsprechung und Schrifttum unklar ist, nach welchen Kriterien diese zustande kommen müssen.[796]

---

[795] U.a. wegen dieses Versäumnisses die anfängl. Zweifel an der Verfassungsmäßigkeit des *LOLS: Suárez González, Visión, RFDUC 1985, N° 7, S. 37 (45); Rodríguez Santos, Comentarios, t. III, 1992, Art. 87 (S. 400 f.).*

[796] Nach Art. 87.1 Satz 3, 87.2 Arbeitnehmerstatut analog oder eine Mischung aus beiden Vorschriften, vgl. näher: *Ojeda, Franja, AL 2000, N° 48, LIV, S. 781 (786 ff.) mit weiterer Aufführung von kritisierten, weil „zu kreativen" Urteilen, wie z.B. STS 21.12.1999, AS 528, nach dem zur Bildung der „Wirtschaftsbank" der Art. 87.1 und zur Bildung der „Sozialbank" die Voraussetzungen von Art. 87.2 Arbeitnehmerstatut zu befolgen sind. Vgl. auch ders., DerSind, 1995, S. 696 (Cap. 24/D/a und b); ders., Compendio, 1998, S. 322 ff. (Cap. 18/C). Ferner ist unklar, wer die „Versammlung" einberuft, wie jene einberufen wird und wer an ihr teilnimmt, weil diese nach Art. 77 Arbeitnehmerstatut grds. durch die Einheitsvertretungen oder $^{1}/_{3}$ der Belegschaft einberufen wird. Dies ist also nicht das geeignete Kriterium, da diese Berufsgruppen i.d.R. keinen Rückhalt in der Einheitsvertretung besitzen und gerade der Anlass der Änderung von Art. 87.1 Arbeitnehmerstatut war. Nach Ojeda soll auch eine nichtrepräsentative (Berufs-) Gewerkschaft, die von dieser Gruppe gewählten Mitglieder der Einheitsvertretung oder eine Arbeitnehmergruppe die Versammlung einberufen können. Die Einberufung soll nach Art. 79 Arbeitnehmerstatut vorgenommen werden, wobei ausgeschlossen erscheint, dass ohne Vorankündigung, einen Berufsgruppentarifvertrag aushandeln zu wollen, eine derartige Versammlung keine Entscheidung fällen darf. Weiter sollen die Arbeitnehmer, die von dem Berufsgruppentarifvertrag erfasst werden, ihre Stimme per Briefwahl abgeben dürfen. Obwohl nach dem Wortlaut des Art. 87.1 Arbeitnehmerstatut mit „Gewerkschaftsvertretungen" allein Gewerkschaftssektionen oder –delegierte gemeint sind, soll auf jener Ebene „über" dem Unternehmen nur noch die Gewerkschaftszentralen selbst tariffähig sein (Art. 2.2.d) LOLS): Ojeda, Franja, AL 2000, N° 48, LIV, S. 781 (786 ff.). Rivero erinnert dieses System an das US-amerikanische Tarifrecht mit der certification der verhandlungsbefähigten GewerkS. Er weist darauf hin, dass durchaus mehrere GewerkS gewählt werden können. Daraus ergibt sich das Folgeproblem, festzustellen, welche und vor allem, in was für einem Verhältnis die Verhandlungskommission (und dort auf Gewerkschaftsseite die Sozialbank) dann beschickt wird, da die Vorschrift darüber schweigt. Seines Erachtens sollen die Prozentzahlen als Gradmesser der Zusammensetzung der Verhandlungskommission genommen werden, welche die gewählte GewerkS in der Betriebsversammlung erlangten: Contenidos, DL 1994, N° 43, S. 35 (54 ff). Vgl.: Campos, Franja, AL 1985-2, N° 38, Ref. 952, S. 1900 (1901 f.). A.A.: Sala/Albiol, DerSind, 1998, S. 315 ff. (Tema 5/III1/B/c). Vgl.: STS 28.03.1994, RJ 2644; Sala, Estructura, in: Negociación, t. III, CGPJ 1992, S. 37 (40 ff.); García Fernández, Unidades, in: VV.AA., Normas, 1988, S. 31 (40 ff.); Sempere Navarro/Luján, Unidades, RT 1990, N° 99, S. 59 (61 ff., 70 ff.).*

Hier erkennt man erneut, wie sehr das ursprünglich auf Allgemeinverbindlichkeit hin angelegte statutarische Tarifsystem im „Gebälk knirscht und kracht". Umständliche Nachregelungen zersetzen die einstige Grundidee, uniforme Arbeitsbedingungen zu garantieren, weil sich die Anforderungen der Wirklichkeit nicht in einen unrealistischen Rahmen zwängen lassen, der für die vielfältigen Notwendigkeiten und Bedürfnisse einer komplexen Industriegesellschaft zu eng ist. Die Prozentzahl der durch Berufsgruppentarifverträge erfassten Arbeitnehmer und damit ihr Stellenwert im Tarifgeschehen ist freilich verschwindend gering.

V. Kapitel: Konkurrenzen und Kombinationen von Tarif- und Arbeitsverträgen

Gelten potentiell mehrere schuld- oder kollektivrechtliche Regelungen gleichzeitig, so muss letztlich zur konkreten Anwendung eine Auswahl unter ihnen erfolgen. Daraus ergeben sich einige logische „Kombinationsmöglichkeiten“, die sich nur dann plastisch erklären lassen, wenn man ihr Verhältnis systematisch untersucht. Übersichtsartig sollen betrachtet werden das Verhältnis des:

1) Statutarischen Tarif- zum Einzelarbeitsvertrag,
2) Statutarischen zum statutarischen Tarifvertrag,
3) Statutarischen zum außerstatutarischen Tarifvertrag,
4) Außerstatutarischen zum außerstatutarischen Tarifvertrag,
5) Außerstatutarischen Tarif- zum Einzelarbeitsvertrag.

A. Darstellung der anzuwendenden Prinzipien im spanischen Arbeitsrecht

In den zuvor genannten Variationen gelangen verschiedene Prinzipien zur Anwendung, die sich in ihrer abstrakten Darstellung meist nicht wesentlich von den deutschen Grundsätzen im Arbeitsrecht unterscheiden und nun kurz vorgestellt werden sollen:

1. Hierarchieprinzip

Nach dem „Hierarchieprinzip“ (*principio de jerarquía*) oder, nach deutschem Sprachgebrauch, nach der „Pyramide der Rechtsquellen“ verdrängt die ranghöhere Norm die rangniedrigere, wie dies in freilich nicht vollständiger Weise in Art. 3 Arbeitnehmerstatut niedergelegt ist:

„1. Die Rechte und Pflichten aus den Arbeitsverhältnissen bestimmen sich:
  a) nach den gesetzlichen und verordnungsrechtlichen Bestimmungen des Staates,
  b) nach den Tarifverträgen,
  c) nach dem Willen der Parteien, der im Arbeitsvertrag erklärt wird ...
  d) nach örtlichen und beruflichen Gewohnheiten sowie Gebräuchen.
2. Die Anwendung der gesetzlichen und verordnungsrechtlichen Vorschriften wird streng dem Prinzip der Normenhierarchie unterworfen. Die verordnungsrechtlichen Vorschriften gestalten die höherrangigen Bestimmungen näher aus, können dabei aber nicht von den näher auszugestaltenden Gesetzen abweichende Arbeitsbedingungen festlegen.
3. ...

4. Die Gewohnheiten und Gebräuche gelangen lediglich dann zur Anwendung, wenn keine gesetzlichen, tariflichen oder vertraglichen Bestimmungen vorhanden sind; etwas anderes gilt bei einer ausdrücklichen Übernahme oder Verweisung. ..."

Das Panorama stellt sich demnach in Spanien wie folgt dar: In der Normenhierarchie sind zu oberst angesiedelt die „Verfassung", die „Gesetze" und die „Rechtsverordnungen", danach kommen die „statutarischen Tarifverträge", hiernach die „Vereinbarungen zwischen dem Unternehmen und den Arbeitnehmervertretern" und die „außerstatutarischen Tarifverträge", die „Arbeitsverträge", „Gewohnheiten" und „Gebräuche" sowie schließlich die „einseitigen Anordnungen des Arbeitgebers" aufgrund seines Direktionsrechts. Freilich sind hierbei Ausnahmen und Streitigkeiten über die Anwendung und den Vorrang einzelner Rechtsquellen mit zu berücksichtigen.

2. Prinzip der Wahrung der Mindestbedingung

In Spanien gilt das sog. „Prinzip der Wahrung der Mindestbedingung" (*principio de la norma mínima*). Demnach muss jede Vorschrift des zwingenden Arbeitsrechts, die bestimmte Arbeitsbedingungen anordnet und in ihrem Rang unter der einer anderen Vorschrift steht, die Arbeitsbedingungen beachten, die eine im Rang höher stehende Vorschrift vorgibt. Insoweit sind deren Arbeitsbedingungen nicht zum Nachteil des Arbeitnehmers abänderbar.[797] Dieses Prinzip findet Anwendung im Verhältnis zwischen *Gesetz* und *Tarifvertrag* und es soll in der Natur gesetzlicher Vorschriften liegen, dass sie durch Tarif- oder Arbeitsverträge unter Anwendung dieses Prinzips ohne weiteres verbesserbar sind.

3. Günstigkeitsprinzip

Die Regelung des „Günstigkeitsprinzips" (*principio de la norma más favorable*) hat im spanischen Arbeitsrecht in zwei zentralen Vorschriften mit strikt zu trennenden und weiter unten erklärten Anwendungsbereichen ihren Eingang gefunden.[798]

---

[797] *Alonso/Casas, DTrab, 1998, S. 906 ff. (Cap. 31/II/D/a).*

[798] Wörtl. übersetzt lautet es: *„Prinzip der günstigeren Norm". Die fürsorgl. Rspr. entwickelte aus der Tradition des span. ArbR und vor Inkrafttreten des Arbeitnehmerstatuts aus dem allgem. Gedanken des ArbN-Schutzes „in dubio pro operario" („im Zweifel für den ArbN", in favor lavoratoris, wobei es sich hierbei allerdings nicht, wie bei dem strafrechtl. Grds. in dubio pro reo, um eine Regel zur Beweislast bei unklarem Sachverhalt handelt) ein weiteres Prinzip, welches wie ein Synonym anmutet und oft als „Zwillingsbrüder" zum „Günstigkeitsprinzip" (principio de la norma más favorable) genannt wird: Das „Prinzip der vorteilhafteren Bedingung" (principio de la condición más beneficiosa/del derecho adquirido/de la condición obligada/principio del beneficio consolidado), welches einzelvertragliche Verbesserungen, bzw. übertarifliche Zulagen, Betriebsübungen etc. bezeichnet: Alonso García, Introducción, 1987, S. 289; ders., Introducción, 1958, S. 306 ff.; ders., Curso, 1987, S. 286, 288, 290; Alarcón Caracuel, Pro, in: VV.AA., Cuestiones, 1990, S. 385 (854 ff., 866 ff.);*

a) Einzelvergleich

Um einen Vergleich zwischen einem Einzelarbeits- und einem Tarifvertrag durchzuführen, wird ein „Einzelvergleich“ vorgenommen.[799] Hierfür ordnet Art. 3.1.*c)* Arbeitnehmerstatut folgendes an:

> „Die Rechte und Pflichten hinsichtlich der Arbeitsbeziehung bestimmen sich: … *c)* nach dem Willen der Vertragsparteien, der im Arbeitsvertrag erklärt wird; der Vertragsgegenstand muss dabei rechtlich erlaubt sein, wobei die Parteien keinesfalls zu Lasten des Arbeitnehmers **weniger günstige Klauseln** festlegen oder den zuvor erwähnten gesetzlichen oder tariflichen Bestimmungen widersprechende Bedingungen vereinbaren können.“ (H.d.V.)

Aus dem Umkehrschluss von *„weniger günstige Klauseln“* lässt sich dann die Zulässigkeit zur Vereinbarung günstigerer vertraglicher Arbeitsbedingungen ableiten.[800]

b) Gesamtvergleich

Ferner wird das Günstigkeitsprinzip auch noch in Art. 3.3 Arbeitnehmerstatut angeordnet. Der Anwendungsbereich dieser Vorschrift ist jedoch faktisch durch andere Regelungen stark eingeschränkt und es wird auf ihn hauptsächlich im Verhältnis eines statutarischen Tarif- zu einem außerstatutarischen Tarifvertrag sowie dem Verhältnis von außerstatutarischen Tarifverträgen untereinander zurückgegriffen.[801] Art. 3.3 Arbeitnehmerstatut lautet wie folgt:

> „Die Konkurrenzen, die sich zwischen zwei oder mehreren arbeitsrechtlichen und in jedem Fall die Mindestbedingungen des zwingenden Rechts beachtenden Bestimmungen … vereinbarter Art ergeben, werden durch Anwendung des für den

---

López-Tarruella, Modificaciones, in: VV.AA., Comentarios, t. I-Vol. 2.°, 1994, S. 311 (315 f.); Ojeda, CMB, RPS 1982, N° 133-134, S. 7 (48); ders., Flexibilidad (I), AL 1988-1, Rn. 240, S. 557 (560 ff., 563 ff.); de la Villa/García/García-Perrote, Instituciones, 1991, S. 299 ff.; Alonso García, Introducción, 1987, S. 286 ff.; Alonso/Casas, DTrab, 1998, S. 885 f. (Cap. 30/III/B/b/ c); Abele, TarifR, Diss., 1996, S. 131 ff. Zur Zurückverfolgung des Günstigkeitsprinzips bis hin zu seinen dtsch. Wurzeln: Mercader, Estructura, 1994, S. 273 ff.; Ojeda, DerSind, 1995, S. 739, Fn. 57 und 8; ders., Compendio, 1998, S. 20 f. (Cap. 1/C/a/2).

[799] Vgl. S. 124 ff., S. 124 ff.

[800] Vgl. auch den o.g. Beschluss (*auto*) *TCo 26.09.1988, (1.074/1988), in: TCo, t. XXII, S. 1330 ff. Hier muss aber die o.g. Rspr. des VerfG zu den sog. „einzelvertragl. Massenänderungsangeboten“ beachtet werden (S. 124 ff.). Manchmal werden die einzelvertragl. Verbesserungen als „singuläre Vertragsbedingungen“ (condiciones contractuales singulares) bezeichnet, um sie begriffl. von der span. Version der „Betriebsübung“ (condición más beneficiosa de origen contractual) abgrenzen zu können: Bejarano, CMB, 1998, S. 28; ders., Usos, RL 1999, N° 14, julio, S. 12 ff., vgl. Fn. 614.*

[801] Vgl. S. 124 ff., S. 124 ff.

Arbeitnehmer Günstigeren gelöst; dies ist durch einen Vergleich in seiner Gesamtheit und in jährlicher Berechnung zu ermitteln, bei Größen, die mengenmäßig erfassbar sind." (H.d.V.)

Ähnlich wie im deutschen Recht lassen sich als Maßstab zur Beurteilung der Günstigkeit auch hier bei Art. 3.3 Arbeitnehmerstatut drei Theorien ausmachen:[802]

So soll bei der Theorie der „Anhäufung" die jeweils günstigste Einzelvorschrift des Tarifvertrags zur Anwendung gelangen (*acumulación/cúmulo/comparación analítica*).[803] Diese in Deutschland anschaulich mit dem Begriff der „Rosinentheorie" und in Spanien mit der rustikaleren Umschreibung „Ährenlese" (*espigueo*)[804] bezeichnete Sichtweise wird einheitlich mit dem Hinweis abgelehnt, dass solch ein isolierter Vergleich auf empfindliche Weise das jedem Vertragswerk zugrunde liegende Gleichgewicht stören würde.[805] Wer die Vorteile zweier Regelungskomplexe einfordere, könne sich nicht die jeweils besten Bedingungen heraussuchen, weil das Vertragswerk ein „Fachwerk" sei und eine „organische Gesamtheit" darstelle.[806]

Nach der Theorie der „Institutsbetrachtung" müssen die einzelnen homogenen Regelungseinheiten anderen, mit ihnen vergleichbaren Normkomplexen gegenübergestellt und die jeweils günstigsten angewandt werden (*conglobamiento por institutos/comparación por grupos homogéneos de materias*).[807] In Deutschland entspricht diese Betrachtungsart dem „Sachgruppenvergleich" und Schwierigkeiten ergeben sich aus der Feststellung, welche Einheiten miteinander vergleichbar, also zueinander homogen sind. Da sich hierfür keine einheitliche Formel finden lasse, sei auf die *ratio* der jeweiligen „Blöcke" abzustellen.[808]

Die Theorie der „Institutsbetrachtung" wird von der Rechtsprechung allerdings mit der Begründung abgelehnt, dass ebenso wie bei der Theorie der „Anhäufung" das innere Gleichgewicht gestört würde. Ferner stützt sie sich auf den Wortlaut von Art. 3.3 Arbeitnehmerstatut, wo im spanischen Text nicht mehr „*la* más favorable", sondern „*lo* más favorable" steht. „*Lo*" ist die maskuline Form des Akkusativobjekts, die hier zur Kennzeichnung eines im spanischen nicht existierenden Neutrums dient, was eine gewisse Abstrahierung suggeriert. „*La*" dagegen würde sich als feminine Form des Akkusativobjekts auf das im Text vorstehende ebenfalls feminine Wort „Bestimmungen" („*normas*") beziehen, womit ein „Sachgruppenvergleich" möglich wäre. Nach Ansicht der Rechtsprechung bezieht sich mit diesem kleinen und nur schwer ins Deutsche

---

[802] *Casas, Política, in: VV.AA., Fuentes, 1981, S. 21 (63 ff.); Abele, TarifR, Diss., 1996, S. 131 ff. Zum deutschen Recht: Tyska, Günstigkeitsprzp., 1994, S. 97 ff.; Krauss, Günstigkeitsprinzip, 1995. Zum franz. Recht: Krieger, TarifVR, 1991, S. 264 ff.*

[803] *„Cumul" aus dem franz. Recht: Diéguez, Lecciones, 1995, S. 193; VV.AA., ET, 1980, S. 35.*

[804] *Goñi, Pacto, La Ley 1991-3, S. 345 (354); STCT 15.09.1988, RTCT 5539.*

[805] STCT 15.09.1988, RTCT 5539.

[806] STCT 16.10.1986, RTCT 10735 = AL 1986-2, N° 1010, S. 2406 ff.

[807] Aus dem ital. „*conglobamento*"; *Alonso García, Introducción, 1958, S. 309 ff.*

[808] *Sala, DTrab, 1997, S. 174 f. (Tema 3/2/D).*

übersetzbaren Unterschied der Günstigkeitsvergleich grammatikalisch dann nicht mehr auf „*Bestimmungen*“ (dann wäre ein „Sachgruppenvergleich“ zulässig), sondern insgesamt auf ein „abstrakt Günstigeres“.

Das Schrifttum hält dem entgegen, dass sich die Rechtsprechung hiermit zu den bei den Parlamentsberatungen im Hinblick auf Art. 3.3 Arbeitnehmerstatut geäußerten Vorstellungen sowie zur früher anders lautenden Gesetzeslage in Widerspruch setzen würde. Aus den Protokollen ließe sich bei Änderung jenes Artikels unzweifelhaft der gesetzgeberische Wille entnehmen, von der Sichtweise einer „Institutsbetrachtung“ auszugehen. So rief der damalige Arbeitsminister, anscheinend in Unkenntnis der Tragweite dieser Abänderung, aus:[809]

> „Was macht das schon, ist doch egal, ob „*lo*“ oder „*la*“!“

Ferner führt die Literatur aus, dass der Gesetzgeber mit der Änderung daran auch nichts habe ändern wollen, zumal der *PSOE*-Abgeordnete *Vida Soria* (der seine Doktorarbeit über dieses Thema schrieb und gesetzlich eigentlich sogar die „Rosinentheorie“ verankert sehen wollte) bei der Schlussabstimmung die Änderung von „*la*“ zu „*lo*“ allein im Rahmen einer „Schreibfehlerberichtigung“ (*corrección de erratas*) vorschlug.[810]

Trotz dieser Bedenken aus dem Schrifttum folgt die Rechtsprechung einheitlich der Theorie der „Insgesamtbetrachtung“ (*globalización/comparación global/comparación en conjunto/inescindibilidad*).[811] Diese Sichtweise wird vom Schrifttum scharf angegriffen, weil ein allgemeiner Günstigkeitsvergleich nicht durchgeführt werden könne, falls unterschiedliche Inhalte in den Vergleichskomplexen enthalten sind. Obwohl die Rechtsprechung starr an ihrer „Insgesamtbetrachtung“ festhält, weist die Literatur nach, dass auch sie nichts anderes als den zuvor genannten Sachgruppenvergleich durchführt.[812]

Bemerkenswert ist die Fassung von Art. 3.3 Arbeitnehmerstatut am Ende, der gleich noch eine „mathematische Formel“[813] zur Bewertung der Günstigkeit mitliefert: Die Gesamtabwägung muss bei „*mengenmäßig erfassbaren Größen durch einen Vergleich in seiner Gesamtheit und in jährlicher Berechnung*“ erfolgen.

---

[809] *Sagardoy, Intrahistoria, RL 1990-I, S. 169 (174).*

[810] Vgl.: *Pérez Migares in: VV.AA., Debate, 1981, t. I, S. 80, 93; Sagardoy, Aplicación, 1991, S. 44, Fn. 24; ders., Eficacia, 1981, S. 35 ff.; Suárez González, Relaciones, 1980, S. 84, 116; Ojeda, Autonomía, RL 1991-II, S. 311 (339 f.); ders., DerSind, 1995, S. 72 ff.; de la Villa/García/García-Perrote, Instituciones, 1991, S. 45 f.; VV.AA., ET, 1980, S. 34, 35; Cortes, DSCD, Sesión Plenaria, N° 52, 12.12.1979, S. 3462 f.*

[811] STCT 16.10.1986, RTCT 10735 = AL 1986-2, N° 1010, S. 2406 ff.; STCT 04.12 1986, RTCT 7101; STCT 15.09.1988, RTCT 5539; *Diéguez, Lecciones, 1995, S. 193.*

[812] Manchmal würde die Rspr. sogar nach der „Rosinentheorie“ verfahren: *Ojeda, DerSind 1995, S. 74; ders., Intervención, in: VV.AA., Estabilidad, 1998, S. 271 (286); ders., Compendio, 1998, S. 25 f. (Cap. 1/C/c/1). Vgl.: STS 12.06.1991; STSJ País Vasco 11.10.1990, La Ley 1991-3, S. 345 (352) = RL 1991-I, S. 478 ff., mit Anm. Goñi, Pacto.*

Krit.: VV.AA., Comentarios, 1998, Art. 3.3 (S. 35), nach denen auch beim Sachgruppenvergleich letztl. die Gefahr bestünde, dass er in eine Auswahl der jeweils günstigsten Regelung (Rosinentheorie) einmündet.

[813] „*Criterio matemático*“: *Alonso García, Curso, 1987, S. 290.*

Das Günstigkeitsprinzip soll in Spanien seine positive Verankerung in der verfassungsrechtlich geschützten „allgemeinen Handlungsfreiheit“[814] sowie dem „Recht auf freie Wirtschaftsbetätigung“ nach Art. 38 Verfassung[815] finden und mit seiner Anwendung liegt nach herrschender Ansicht kein Verstoß gegen das „Recht auf Tarifverhandlung“ nach Art. 37.1 Verfassung oder gegen den „Gleichbehandlungsgrundsatz“[816] vor.

Insoweit kamen nämlich kurz nach Inkrafttreten des Arbeitnehmerstatuts im Jahre 1980 Zweifel auf, ob mit der Möglichkeit, über Absprachen in Einzelarbeitsverträgen günstigere Bedingungen als im Tarifvertrag vereinbaren zu dürfen, das Recht der Gewerkschaften „auf die Tarifverhandlung“ nach Art. 37.1 Verfassung verletzt sein könnte. Dadurch sind es nicht mehr die Gewerkschaften, welche die maßgeblichen Bedingungen vorgeben, sondern unter Umständen die einzelnen Arbeitnehmer mit ihren Arbeitgebern, was einen entsprechenden Machtverlust der Gewerkschaften zur Folge hat. Das Verfassungsgericht hielt dem aber entgegen:[817]

> „Die Verträglichkeit zwischen Individual- und Kollektivautonomie [*Recht der Gewerkschaften, Tarifverhandlungen durchführen zu dürfen*] ... verbietet nicht ... , dass die Arbeitsbedingungen der Arbeitnehmer verbessert werden dürfen. Eine Verbesserung jener Bedingungen, die evident einen gewissen Spielraum der subjektiven Einschätzung und Wertung erlaubt ...“, sei durchaus zulässig.

Daneben warf man dem Gesetzgeber einen Verstoß gegen das Prinzip „Gleicher Lohn für gleiche Arbeit“ (*igual salario por igual trabajo*) vor.[818] Das Verfassungsgericht folgte

---

[814] Art. 9.2 Verfassung: *„Es obliegt den Öffentlichen Gewalten, die Bedingungen zu fördern, um die Freiheit und Gleichheit des Einzelnen und der Gruppen, in denen er sich befindet, tatsächlich und durchsetzbar werden zu lassen; ebenso obliegt es ihnen, die Hindernisse zu beseitigen, die ihre vollkommene Entfaltung verhindern oder erschweren, und es zu ermöglichen, dass alle Bürger am politischen, wirtschaftlichen, kulturellen und sozialen Leben teilnehmen können.“*

Art. 10.1 Verfassung: „Die Würde des Menschen, die unantastbaren Rechte, welche ihm innewohnen, die freie Entfaltung der Persönlichkeit, die Beachtung des Gesetzes und der Rechte anderer stellen die Grundlage der politischen Ordnung sowie des sozialen Friedens dar.“

Art. 14 Verfassung, 4.2.c), 17, 50.1.a) Arbeitnehmerstatut; Borrajo, Eficacia, AL 1994-2, S. 1682. Im Hinblick auf Art. 37.1 Verfassung: Ojeda, Barrenado, in: VV.AA., Nuevo ET, 1995, S. 199 (214, Fn. 43).

[815] STSJ Madrid 30.04.1992, AS 2175; STS 21.06.1994, RJ 6315 = AL 1994-3, N° 1611, S. 2957 ff.

[816] Art. 14 Verfassung, 4.2.*c), 17, 50.1.a) Arbeitnehmerstatut.*

[817] Beschluss (*auto*) *TCo 26.09.1988, (1.074/1988), in: TCo, t. XXII, S. 1330 ff.*

[818] *Lillo (CC.OO.), Individualización, RL 1991-II, S. 422 (427 f.).*

derartigen Gedanken nicht und meinte, dass die aus der Anwendung des Günstigkeitsprinzips entstehenden Ungleichheiten in der Entlohnung der Belegschaftsmitglieder nichts anderes bedeuteten als einen:[819]

> „Ausfluss aus der Wirksamkeit des Grundsatzes der freien Willensbestimmung, der im Arbeitsrecht zwar stark beschnitten ist, unter anderem genau durch den Gleichbehandlungsgrundsatz, deswegen jedoch nicht verschwindet und einen Spielraum übrig lässt, in dem die private Vereinbarung oder die einseitige Arbeitgeberentscheidung kraft Ausübung seiner Organisationsgewalt im Unternehmen, frei über die Entlohnung des Arbeitnehmers sowie unter Beachtung gesetzlicher oder tariflicher Mindestvorschriften verfügen darf."

4. Prioritätsprinzip in zeitlicher Hinsicht

Eine wichtige Bedeutung erlangt in Spanien das „Prioritätsprinzip", dessen Kriterium allein der zeitliche Aspekt ist (*principio prior in tempore, potior in iure*).[820]

Demnach ist hier, konträr zum Prinzip des „*lex posterior anteriori derogat*", allein die Regelung vorrangig, die in zeitlicher Hinsicht *zuerst* vorlag.

Die Folge davon ist, dass sie dann nicht mehr durch eine andere und chronologisch nachfolgende Regelung verdrängt werden kann.

5. Spezialitätsprinzip

Ferner ist das „Spezialitätsprinzip" (*principio de la especialidad/especifidad/generi per speciem derogantur*) bekannt.[821] Manchmal wird es als Durchbrechung des oben genannten „Hierarchieprinzips" gesehen, da meist die rangniedrigere Norm auch die sachnächste und maßgebliche sein wird.

[819] STCo 09.03.1984, RTCo 34. Vgl. auch: *Alonso Olea, Pactos, N° 633, in: ders., JCo, t. X, 1992, S. 384 (392); Conde Martín, Autonomía, RL 1991-II, S. 355 (362, 370).*

[820] Art. 84 Arbeitnehmerstatut. Vgl.: *Ojeda, DerSind, 1995, S. 70 ff. (Cap. 2/C/a)/3).*

[821] *Ojeda, DerSind, 1995, S. 70 ff. (Cap. 2/C/a)/4); STCT 05.02.1987, RTCT 2459; STCT 10.11.1988, RTCT 540; VV.AA., Articulación, in: VV.AA., Problemas, 1994, S. 177 (183 f.).*

6. Subsidiaritätsprinzip

Schließlich kennen die spanischen Rechtswissenschaftler auch das Subsidiaritätsprinzip (*principio de subsidiaridad*), anhand dessen Entscheidungen möglichst den sachnächsten Stellen überlassen werden sollen.[822]

B. Konkurrenz zwischen statutarischem Tarifvertrag und Einzelarbeitsvertrag unter Berücksichtigung der Arbeitszeitregelung

Anders als der statutarische Tarif- wird der Einzelarbeitsvertrag nicht als „Rechtsquelle" (*fuente de derecho*), sondern nur als *causa* der Vertragsbeziehung (*causa/fuente de las obligaciones*) anerkannt.[823] Daraus leitet sich die dominierende Stellung des statutarischen Tarifvertrags in der Normenhierarchie ab und es soll sich bei ihm um eine „Norm" mit „quasi-öffentlich-rechtlicher Bedeutung" (*relevancia cuasi-pública*) aufgrund der „institutionellen Vertretung" der Arbeitnehmerschaft durch die repräsentative Gewerkschaft und wegen der normativen Wirkung des statutarischen Tarifvertrags handeln.[824] Vor allem mit der Pflicht, die Verhandlung genau zu dokumentieren und ihn in den staatlichen Gesetzesblättern zu veröffentlichen, ähnelt der statutarische Tarifvertrag auch rein äußerlich eher dem Erlass eines parlamentarischen *Gesetzes* als dem Zustandekommen eines Tarif*vertrags* zwischen zwei Privatrechtssubjekten („*Gesetz der Arbeiterklasse*") und wird deswegen auch als „echtes Berufsgesetz" (*auténtico código profesional*) mit „quasi-gesetzlichem Rang" (*rango cuasi legal/reglamentario/lex contractus*) bezeichnet, der eine „Mittelstellung" zwischen Gesetz und Vertrag inne habe.[825]

Allein vor diesem Hintergrund ist es verständlich, dass sich in der spanischen Jurisprudenz zwar fast alle über das Ergebnis einig sind, einzelvertraglich günstigere Bedingungen als im Gesetz oder Tarifvertrag vereinbaren zu dürfen, aber Unsicherheiten bestehen, den konkreten Grundsatz zu seiner Erklärung exakt zu benennen: So findet im Verhältnis zwischen *Gesetz* und *Tarifvertrag* das oben erwähnte „Prinzip der Minimalnorm" Anwendung, wonach es in der Natur gesetzlicher Vorschriften liegt, dass sie durch Tarif- und Arbeitsvertrag ohne weiteres verbesserbar sind.[826] Im hier untersuchten Verhältnis eines *statutarischen Tarif-* zum *Einzelarbeitsvertrag* ist dage-

---

[822] *Ojeda, DerSind, 1995, S. 634 ff. (Cap. 22/E/c)/4).*

[823] *Romero, Voluntad, in: VV.AA., Administración, 1991, S. 15 (18).*

[824] STCo 03.04.1985, RTCo 58 (f.j. 3.°); STCo 1988, RTCo 177; *Rodríguez-Piñero, Valor, RL 1987-I, S. 32 (34); Fernández López, Convenio (I), AL 1995-1, VI, S. 87 (88); Sala, Suplencia, in: VV.AA., Reforma, 1995, S. 39 ff., 51 ff.; Borrajo, Obligatoriedad, RPS 1980, N° 126, S. 5 (23).*

[825] Weil nicht mehr der Staat die Arbeitsbedingungen einseitig festlegt, wie dies früher unter *Franco* geschah: *Saavedra, Empresa, DyE, N° 3, 1978, S. 115 (119 ff.). Krit.: Rodríguez-Piñero, Valor, RL 1985-I, S. 32 ff.; Rivero, Reforma, in: VV.AA., XII Jornadas, 1996, S. 53 (62); García-Amigo, Condiciones, 1969, S. 228 ff.; Borrajo, Obligatoriedad, RPS 1980, N° 126, S. 5 (23, 34); Fernández López, Convenio (I), AL 1995-1, VI, S. 87 (88 ff.); Romero, Voluntad, in: VV.AA., Administración, 1991, S. 15 (19 ff.). Vgl. auch die Fn. 60.*

[826] Vgl. S. 124 ff.

gen umstritten, ob wegen der „quasi-gesetzlichen“ Wirkung des statutarischen Tarifvertrags lediglich auf diesen Grundsatz zurückgegriffen werden muss oder ob man zusätzlich noch das „Günstigkeitsprinzip“ zu bemühen hat.[827] Die Vertreter der ersten Ansicht meinen:[828]

> „Der im Schrifttum recht allgemein verbreitete Gebrauch des Günstigkeitsprinzips erscheint weder notwendig noch ratsam, um die Anwendung der [*den statutarischen Tarifvertrag*] ergänzenden Norm zu erklären. Unnötig ist dies deshalb, weil das Spiel der ergänzenden Norm im Falle einer Anordnung von Mindestbedingungen schon durch die Grundnorm vorgesehen und eingefordert wird [*Prinzip der Wahrung der Mindestbedingung*]; es bedarf keines Rückgriffes auf irgendein Kriterium, was außerhalb der Logik der konkurrierenden Normen liegt, um seine Anwendung zu demonstrieren.“

Eine vermittelnde Ansicht will erkennen, dass sich das „Prinzip der Wahrung der Mindestbedingungen“ letztlich auf das übergeordnete Günstigkeitsprinzip zurückführen lässt. Obwohl dieser Streit im Ergebnis nichts ändert und deswegen eher „akademischer Natur“ ist und dahingestellt bleiben kann, verdeutlicht er aber umso mehr die tief verwurzelte Sichtweise zum dominierenden Stellenwert des als „Quasigesetz“ angesehenen statutarischen Tarifvertrags.[829]

1. Anwendung des Günstigkeitsprinzips beim Vergleich der unterschiedlichen Arbeitszeitanordnungen

Bei der Beziehung des statutarischen Tarifvertrags zum Einzelarbeitsvertrag eröffnet sich mithin kein allzu großer Spielraum. Hier ist der schon oben einmal zitierte Art. 3.1.*c)* Arbeitnehmerstatut anwendbar:

> „Die Rechte und Pflichten hinsichtlich der Arbeitsbeziehung bestimmen sich: … *c)* nach dem Willen der Vertragsparteien, der im **Arbeitsvertrag** erklärt wird; der Vertragsgegenstand muss dabei rechtlich erlaubt sein, wobei die Parteien keinesfalls zu Lasten des Arbeitnehmers **weniger günstige Klauseln** festlegen oder den zuvor erwähnten gesetzlichen oder tariflichen Bestimmungen widersprechende Bedingungen vereinbaren können.“ (H.d.V.)

Die Rechtsprechung ist der Auffassung:[830]

---

[827] *„Häufige Konfusion“ feststellend: Alarcón, Ley-Convenio, in: VV.AA., Reformas, 1998, S. 11 (26).*

[828] *Martín Valverde, Concurrencia, RPS 1978, N° 119, S. 12 (26). Vgl.: STCT 12.11.1987, RTCT 24841; SAN 06.04.1992, RL 1992-II, S. 600 (602); Rodríguez Pastor, Horario, 1997, S. 28.*

[829] STCo 03.04.1985, RTCo 58 (f.j. 3.°).

[830] STSJ Madrid 30.04.1992, AS 2175; STS 21.06.1994, RJ 6315 = AL 1994-3, N° 1611 S. 2957 ff.

„Der Arbeitgeber kann kraft seines Direktionsrechts, was Ausdruck des Personalmanagements und der freien Wirtschaftstätigkeit nach Art. 38 Verfassung ist, den Arbeitnehmern andere Arbeitsbedingungen vorschlagen, als die, die im [*statutarischen*] Tarifvertrag angeordnet sind; dabei ist vorauszusetzen, dass sie diesen nicht widersprechen oder ungünstig sind sowie Rückhalt finden, in der freien Zustimmung der Arbeitnehmer ... Die Annahme eines solchen Arbeitgeberangebotes ist ein Akt der Individualautonomie, an dessen Zulässigkeit man nach Art. 3.1.c) Arbeitnehmerstatut nicht zweifeln kann, da dieser [*Artikel*] auch den Willen der Vertragsparteien zu den Rechtsquellen zählt."

In der Tat stellen übertarifliche Leistungen in Spanien das *„täglich Brot"* des Arbeitsrechts dar,[831] wobei aus dem Wortlaut von Art. 3.1.*c)* Arbeitnehmerstatut gefolgert wird, dass sich ebenso wie die gesetzlichen zugleich die tariflichen Anordnungen in indisponible Mindestbedingungen verwandeln.[832] Der Einzelarbeitsvertrag muss also zwei absolute Grenzen beachten, die des *Gesetzes* und die des *statutarischen Tarifvertrags.*[833] Damit ist nach einhelliger Ansicht allein ein *Einzelvergleich* durchführbar ist.

Es darf beispielsweise allein die Arbeitszeit verkürzt *oder* ausschließlich der Lohn erhöht werden.[834] Die deutsche Interpretation des Günstigkeitsprinzips, wonach ein *Sachgruppenvergleich* vorgenommen werden muss (längere Arbeitszeit bei entsprechend höherem Lohn), ist untersagt und jede noch so günstige Ausgleichsbedingung wäre unbeachtlich.

Damit gilt, dass selbst bei der Zahlung von mehr Lohn keinesfalls eine längere Arbeitszeit vereinbart werden darf. Eine derartige Anordnung wäre nach dem weiter unten zur Teilnichtigkeit genannten Art. 9.1 Arbeitnehmerstatut unwirksam und es lassen sich noch nicht einmal kritische Stimmen zu dieser einhellig vertretenen Auffassung feststellen. Demnach könnten m. E. auch in Spanien beispielsweise Bedenken bestehen, ob dies wegen des synallagmatischen Zusammenhangs von „Arbeitszeit und Lohn" einen Verstoß gegen die Privatautonomie und die allgemeine

---

[831] *Alonso Olea, Pactos, N° 633, in: ders., JCo, t. X, 1992, S. 384 (389 ff.); Pérez de los Cobos, Autonomía, AL 1992-2, XXVIII, S. 373 (376).*

[832] *Alonso García, Introducción, 1987, S. 290.*

[833] *Alarcón Caracuel, Ordenación, 1988, S. 78; Cavas, Novación, in: VV.AA., Homenaje, 1994, S. 41 (43).*

[834] Zu Lohnfragen: *Moreno Vida, Compensación, in: VV.AA., Comentarios, t. I-Vol. 1.°, 1994, S. 149 (161 ff.). Zu ArbZ-Fragen: Alonso Olea, Pactos, N° 633, in: ders., JCo, t. X, 1992, S. 384 (388, 392); Martín/Rodríguez-Sañudo/García, DTrab, 1996, S. 481.* Zur ArbZ-Verkürzung: *Alfonso/García, Jornada, 1994, S. 28; García Ninet, Tiempo, in: VV.AA., Comentarios, t. I-Vol. 2.°, 1994, S. 7 (18 f.), der anschaul. macht, dass die in den TV festgelegte ArbZ-Dauer „das Dach darstellt und der Fußboden sowie die Wände von der gleichmäßigen oder ungleichmäßigen Verteilung der ArbZ über das Jahr" gebildet werden. Vgl.: García-Perrote, Jornada, in: VV.AA., Estudios, 1991, S. 79 (83).*

Handlungsfreiheit des mehrarbeitswilligen Beschäftigten verstößt.[835] Derartige Bedenken konnte der Verfasser freilich weder in Rechtsprechung noch im Schrifttum ausmachen.

Handelt es sich um Bedingungen, bei denen eine objektive Verbesserung nicht unmittelbar festzustellen ist, soll dagegen die subjektive Einschätzung des einzelnen Arbeitnehmers ausschlaggebend sein:[836]

> „Man muss versuchen herauszufinden, welche dieser zwei oder noch mehr Vorschriften diejenige ist, die ihn [*den Arbeitnehmer*] besser stellt. Der gesunde Menschenverstand würde nahe legen, dass man es ... dem Willen des Arbeitnehmers überlässt, da bei Zweifelsfällen kein anderer, als er selbst in der überwiegenden Anzahl der Fälle enthüllen kann, was die ihm günstigere Regelung darstellt."

In umgekehrter Hinsicht ist es einem statutarischen Tarifvertrag untersagt, seine eigene „Unüberbietbarkeit" anzuordnen, das heißt, er kann die Vereinbarung von günstigeren einzelarbeitsvertraglichen Bedingungen nicht unterbinden, da er andernfalls die verfassungsrechtlich gewährleistete „allgemeine Handlungsfreiheit" verletzen würde.[837]

---

[835] *Ramírez Martínez, Curso, 1997, S. 86 (Lec. 2/16/B). Diesen „deutschen" Gedankengang verbreitet in Spanien am Bsp. des Volkswagenabkommens (= AuR 1994, S. 230 ff.) sowie unter Disputen mit seinem span. Kollegen de la Villa Gil: Adomeit, Acuerdos, in: VV.AA., Arbitraje, 1996, S. 232; Ulrich, Tendencias, in: VV.AA., Protagonistas, 1995, S. 299 (310). Krit. aber: Zachert, Lecciones, 1998, S. 123 ff. Vgl. zum dt. Recht: Buchner, ArbZ, in: Hromadka, ArbZR, 1988, S. 3 (5 ff.); Zöllner, Verlängerungen, DB 1989, S. 2121 (2124 ff.); Reuter, Individualautonomie, RdA 1991, S. 193 ff.; Löwisch, Günstigkeitsprinzip, BB 1990, S. 387; Adomeit, Arb-Plätze, NJW 1994, S. 837 f.; Kramer, Verlängerbarkeit, DB 1994, S. 426 f.; Zöllner/Loritz, ArbR, 1998, S. 399 (§ 36/III/4). Krit.: Zachert, TAut, WSI-Mitteilungen 8/1993, S. 481 (485 ff.). Die BRäte praktizieren in Deutschland (unter Verstoß gegen das TarifR) aber auch einen Lohnverzicht bei verlängerten ArbZeiten, wie zuletzt bei der Krise des Bauriesen „Holzmann-Konzern": 6 % Lohnverzicht und 4 h in der Woche länger arbeiten (insgesamt 43 h und nicht wie im FlächenTV angeordnet 39 h): Der Tagesspiegel 07.12.1999, S. 23. Deshalb will der Wettbewerbsverzerrungen fürchtende Hauptverband der Dtschen Bauindustrie klagen: Der Tagesspiegel 16.12.1999, S. 27.*

[836] *Alonso García, Introducción, 1958, S. 307; Beschluß (auto) TCo 26.09.1988, (1.074/1988), in: TCo, t. XXII, S. 1330 ff.; Pérez de los Cobos, Denuncia, AL 1996-2, XXIII, S. 413 (429); Gondino, Autonomía, in: VV.AA., Estudios, 1991, S. 101 (108); Durán/Sáez, Autonomía, RL 1991-II, S. 382 (392); Moreno Toro, Contrato, RL 1996-I, S. 635 (648 ff.). Ein anderes Bsp. auf S. 124 ff. genauer untersuchtes Bsp. lautet, ob es für die ArbN „objektiv" günstiger ist, sechs Monate von Mo.-Sa. von 8^{00}-15^{00} h und sechs Monate von Mo.-Fr. mit ders. ArbZ-Lage zu arbeiten oder aber zwölf Monate von 8^{15}-13^{00} h sowie 14^{00}-17^{00} h. Dort sind aber die Einschränkungen durch die VerfG-Rspr. bzgl. der „Massenänderungsangebote" zu beachten: Alonso Olea, Pactos, in: ders., JCo, t. X, 1992, S. 384 (393).*

[837] Art. 9.2, 10.1 Verfassung. Das Verbot zum Abschluss von verbessernden Vertragsklauseln dürfte allenfalls bei Ausnahmesituationen oder Bestehen eines entspr. „Kollektivinteresses" gelten, wenn z.B. eine Antiinflationspolitik notwendig wird oder der Arbeitsmarkt belebt werden soll: *Conde Martín, Autonomía, RL 1991-II, S. 355 (370); Rey, AutIndiv, REDT 1996, N° 77, S. 425 (430, 438 ff.). Vgl.:*

Die Ausführungen zum Günstigkeitsprinzip gelten uneingeschränkt für *„individuelle"* Verbesserungen, welche der Arbeitgeber mit einem einzelnen Arbeitnehmer vereinbart. Bei übertariflichen Vergünstigungen des Arbeitsvertrags, die der Arbeitgeber auf *„kollektive"* Weise mehreren Arbeitnehmern gewährt, kann unter Umständen die nach umstrittener Rechtsprechung verbotene Form der oben schon besprochenen „einzelvertraglichen Massenänderungsangebote" vorliegen.[838]

Rivero, Poderes, REDT 1996, N° 80, S. 969 (982); Cavas, Novación, in: VV.AA., Homenaje, 1994, S. 41 ff.; Alonso/Casas, DTrab, 1998, S. 332 (Cap. 12/VI/B); Alonso Olea, a.a.O., S. 384 (388, Fn. 3); Ojeda, DerSind, 1995, S. 739; Conde Martín, Absorción, AL 1993-2, XXVIII, S. 399 (421); Moreno Vida, Compensación, in: VV.AA., Comentarios, t. I-Vol. 1.°, 1994, S. 149 (160).

Eine unüberbietbare und damals zulässige Höchstgrenze sah früher der inzwischen derogierte Art. 25.2 Arbeitnehmerstatut vor: „Die Einkommenssteigerung aufgrund Betriebszugehörigkeit darf auf keinen Fall für 5 Jahre mehr als 10 %, für 15 Jahre mehr als 25 %, für 20 Jahre mehr als 40 % und für 25 sowie mehr Jahre mehr als 60 % verursachen. Die Einkommenssteigerung wird auf Basis des Grundlohnes errechnet."

Etwas anderes gilt für den Bereich der im Öffentl. Dienst Beschäftigten oder Beamten, da hier dem Verhandlungsspielraum des öffentl.-rechtl. ArbG in Lohnfragen durch Haushaltsgesetze ohne weiteres eine immanente Schranke auferlegt werden kann: VV.AA., Presupuesto, in: VV.AA., Trabajo, 1985, S. 3 (14 ff.).

838 Vgl. S. 124 ff.

839 Beachtet der ArbG gesetzl. oder tarifl. Mindestbestimmungen nicht, begeht er eine *„schwere Ordnungswidrigkeit" (infracción administrativa grave), welche von der „Arbeitsaufsichtsbehörde" mit einer nicht unempfindlichen Geldbuße belegt werden kann und sich bei Wiederholungen innerhalb eines Jahres verdoppelt: Real Decreto Legislativo 5/2000, de 4 de agosto, por el que se aprueba el texto refundido de la Ley sobre Infracciones y Sanciones en el orden social (BOE N° 189, 08.08.2000). Es wird in einem Katalog zusammengefasst die leichte (leve), schwere (grave) und sehr schwere (muy grave) Verfehlung, die jeweils unterschiedlich hohe Geldbußen zur Folge haben. Vgl. auch Resolución de 16 de octubre de 2001, de la Subsecretaría, por la que se conviertn a euros las cuantías de las sanciones previstas el Real Decreto Legislativo 5/2000.*

Je nachdem, wie viele Zuständigkeiten die Autonome Gemeinschaft „erworben" hat, ist entweder die Arbeitsaufsichtsbehörde der Autonomen Gemeinschaft oder die der Zentralregierung zuständig. Bei der Zentralregierung wird sie auf oberster Ebene vom „Minister für Arbeit und Soziale Angelegenheiten" wahrgenommen („RVO 758/1996"; „Ley de organización y funcionamiento de la Administración General del Estado, 6/1997" vom 14.04.1997). Dessen Ministerium hat Außenstellen in den Autonomen Gemeinschaften, Provinzen, marokkanischen Kolonien (Ceuta, Melilla) und auf den Inseln Spaniens, die „Provinzdirektion für Arbeit und Soziale Angelegenheiten" (Direcciones Provinciales de Trabajo y Asuntos Sociales) heißen. Der auf ministerielle Anweisung ernannte „Direktor" jener Provinzdirektion ist dann wiederum die verantwortl. Person zur Verhängung dieser Geldbußen und auch zur Erteilung der zwingend einzuholenden behördl. Einwilligung für Massenkündigungen, das Verfahren nach Art. 47 Arbeitnehmerstatut oder die „Überprüfung von Tarifverträgen" von Amts wegen nach Art. 90.5 Arbeitnehmerstatut. Konnte im Rahmen staatl. Denzentralisierungsbemühungen nach Art. 151.1 Verfassung (und „Ley Orgánica de transferencia de competencias a Comunidades Autónomas 9/1992" vom 23.12.1992) eine Autonome Gemeinschaft die Zuständigkeit zur Ausführung der Arbeitsgesetze nach Art. 149.1.7.° Verfassung erwerben, sind in den Provinzen zumeist die Arbeitsbehörden der Autonomen Gemeinschaften mit der Durchführung zentralstaatl. Rechts betraut (STCo 20.12.1988 RTCo 249; STCo 03.10.1991, RTCo 185). In der Autonomen Gemeinschaft Valencia ist dies z.B. die Conselleria de Treball i Afers Socials, welche zur Betreuung der 3 Provinzen in ebenfalls 3 Delegaciones Territoriales de Trabajo aufgeteilt

2. Anordnung der Teilnichtigkeit bei rechtswidrigen Arbeitszeit- und Lohnregelungen im Einzelarbeitsvertrag

Werden im Arbeitsvertrag trotz der angedrohten staatlichen Sanktionen[839] *dennoch Bedingungen „unterhalb" des gesetzlichen oder tariflichen Mindeststandards vereinbart, soll Art. 9.1 Arbeitnehmerstatut greifen:*

> „Wenn nur ein Teil des Arbeitsvertrags nichtig ist, bleibt der Arbeitsvertrag hinsichtlich der übrigen Vorschriften wirksam und wird übereinstimmend mit dem Angeordneten in Artikel 3 Nummer 1 dieses Gesetzes durch geeignete rechtliche Regelungen ergänzt.
>
> Wurden dem Arbeitnehmer Sonderbedingungen oder Sondervergütungen zugesprochen, um den **unwirksamen Teil des Arbeitsvertrags** auszugleichen, so muss die auf Antrag zuständige Rechtsprechung, welche die Nichtigkeit feststellt, die Entscheidung fällen über ein **vollständiges** oder **teilweises Weiterbestehen** oder **Wegfallen** besagter Bedingungen oder Vergütungen." (H.d.V.)

Insbesondere die letzte Befähigung des Richters, eine „Teilnichtigkeit" festzustellen, wird von einigen Literaturstimmen heftig kritisiert: Immerhin der ehemalige Richter am „Obersten Gerichtshof" und derzeitige Verfassungsrichter[840] *Conde Vicente Martín de Hijas* will in den Fällen, in denen ein Arbeitsvertrag gegen tarifliche Bestimmungen verstößt, nicht schlechterdings solch eine Teilnichtigkeit angeordnet wissen.[841] Meist würden nämlich Sonderbedingungen vereinbart, um den rechtswidrigen Teil des Arbeitsvertrags auszugleichen.

---

ist. In anderen Autonomen Gemeinschaften heißt dieses Organ zumeist Consejería de Trabajo und einige Unklarheiten in der Zuständigkeit sorgen für regelmäßige Urteilsproduktion des VerfG. Näher zu den verwaltungsrechtl. Zuständigkeiten: Borrajo, Introducción, 1996, S. 206 ff. (Lec. XVII); Alonso/Casas, DTrab, 1998, S. 1029 ff. (Cap. 34).

840 *El País 04.12.1998, S. 22.*

841 *Conde Martín, Absorción, AL 1993-2, XXVIII, S. 399 (419 ff.); ders., Autonomía, RL 1991-II, S. 355 (367 ff., 372 ff.); ders., Fraude, in: VV.AA., Cambio, 1991, S. 129 (153 ff., 158 f.). Vgl. auch speziell zum außerstatutarischen TV: Goñi, Pacto, La Ley 1991-3, S. 345 (354 ff.).*

Die Idee dieses Autors wird gestützt durch das Zusammenspiel von Art. 9.1 Satz 2 i.V.m. 26.5 Arbeitnehmerstatut, da letzter Artikel die Teilnichtigkeit durch gesetzgeberische Anordnung in Lohnfragen unter bestimmten Voraussetzungen sowie nach einem Gesamtvergleich *ausschließt: Blasco, Individualización, 1995, S. 200 ff. Vgl. zu Art. 9.1 Arbeitnehmerstatut: Sala, DTrab, 1997, S. 199 f. (Tema 3/6/A); Alonso/Casas, DTrab, 1998, S. 886 (Cap. 30/III/B/b/c'); Alonso García, Introducción, 1987, S. 324; STCo 208/1993; Palomeque, Nulidad, 1975, S. 21 ff., 47 f., 71 ff., 193 ff.; Borrajo, Autonomía, in: VV.AA., Libertad, 1993, S. 1063 (1080 ff.).*

Überstiege beispielsweise der Arbeitsvertrag rechtswidrig die gesetzliche Höchstdauer der Arbeitszeit und ordne dafür einen Grundlohn „*X*" sowie für die illegale Überschreitung eine Sondervergütung „*Y*" zum Ausgleich an, könne man ohne größere Schwierigkeiten diesen Arbeitsvertrag auf seine gesetzlichen oder gegebenenfalls tariflichen Grenzen zurückschrauben.

Wie aber solle der Richter entscheiden, falls, wie so oft im Arbeitsvertrag, dieselbe rechtswidrige Arbeitszeitdauer angeordnet würde, dazu noch gleitende Arbeitszeitlage, ein nicht weiter aufgegliederter, sehr hoher Lohn „*Z*", der private Gebrauch eines Firmenwagens usw., das heißt, wenn die Positionen nicht genau einem rechtmäßigen und rechtswidrigen Teil des Arbeitsvertrags zugerechnet werden könnten? Würde der Richter in solchen Fällen allein die rechtswidrigen Überschreitungen für nichtig erklären, entfiele damit fast immer der Hauptgrund für den Vertragsschluss und die innere Ausgewogenheit des Beschäftigungsverhältnisses sei zerstört.

Nach seiner Konzeption ist dem Arbeitnehmer ein größerer Entscheidungsspielraum anheim zu stellen, da er mündig sei. Letztlich müsse er selbst abwägen, ob er eine *Gesamtnichtigkeit* nach den zivilrechtlichen Vorschriften wünsche oder weiter am (illegalen) Vertrag *festhalten* wolle.[842] Dafür habe der Betroffene dann anhand eines *Gesamtvergleiches* seine eigene Entscheidung zu fällen, weil der Außenstehende Richter die jeweiligen Vor- und Nachteile in seiner subjektiven Situation nicht angemessen gegeneinander abwägen könne. Grundlage zur Einräumung dieser Wahlmöglichkeit sei die in der Verfassung niedergelegte „allgemeine Handlungsfreiheit".[843]

Es sei letztlich besser, durch Aufgabe von Ballast den wirklich „harten Kern" des Arbeitsrechts mit seinen kulturellen Errungenschaften in Zeiten andauernder Wirtschaftskrisen und internationalen Konkurrenzdrucks zumindest teilweise zu retten, als schließlich das vollständige „Ableben des Arbeitsrechts" konstatieren zu müssen.[844] Zudem habe man heutzutage von einer weit differenzierteren Betrachtungsweise auszugehen als der „klassischen", wonach der Arbeitnehmer immerfort „leidendes Opfer einer Arbeitgeberausbeutung" sei.[845] Die Beurteilung könne sicherlich schwanken, nämlich je nachdem, ob ein hochqualifizierter Akademiker, ein spezialisierter Facharbeiter oder lediglich ein zu simplen Hilfstätigkeiten fähiger Arbeitnehmer den Ver-

---

[842] Art. 1.271 *Código Civil: „Inhalt des Vertrags können alle Gegenstände sein, die sich nicht außerhalb des menschlichen Handels befinden, selbst die zukünftigen... Ebenso können Inhalt des Vertrags sämtliche Dienste sein, deren Erbringung nicht gegen die Gesetze oder guten Sitten verstößt."*

Art. 1.275 Código Civil: „Die Verträge ohne causa oder mit rechtswidriger causa haben keinerlei Wirkung. Die causa ist rechtswidrig, wenn sie den Gesetzen oder der Moral widerspricht."

[843] Art. 9.1, 10.2 Verfassung.

[844] Vom *„Tod des ArbR" spricht Ewing, zitiert nach: Molero, DerSind, 1996, S. 153 (Cap. VII/4/b/2); Fernández Márques, Autonomía, REDT 1996, N° 77, S. 525 (545).*

[845] Die klassische These der Überlegenheit des ArbG vertreten: *Alarcón Caracuel, Ordenación, 1988, S. 76, weshalb er vom Arbeitsvertrag als einem bloßen „Beitrittsvertrag" (contrato de adhesión) zu den vom ArbG vorgegebenen Bedingungen spricht; Gutiérrez Vegara (CC.OO.), Relaciones, RMTAS 1997 (3), S. 29 (29). Vgl. García-Perrote in Fn. 340 (Autonomía, RL 1989-II, S. 256 ff.); ders., Convenio, in: VV.AA., Reformas, S. 41 (43); Kahn-Freund, TrabyDer, 1987, S. 52.*

trag unterzeichne.[846] So gebe es derzeit Fälle, bei denen ein Arbeitnehmer den Arbeitgeber überzeuge, solch einen gegen Gesetz oder Tarifvertrag verstoßenden Arbeitsvertrag einzugehen. Später würde der Arbeitnehmer dann allein den illegalen und nichtigen Teil des Arbeitsvertrags mit richterlicher Schützenhilfe über Art. 9.1 Arbeitnehmerstatut „zurechtrücken" lassen und weiterhin dessen Vorteile genießen. Bei Licht betrachtet läge eigentlich ein Herauspicken der günstigeren Bedingungen im Sinne der „Rosinentheorie" vor.[847] Solch eine allzu rigoros behütende Gesetzgebung wende sich schließlich gegen das von ihr beabsichtigte Ziel des Arbeitnehmerschutzes, weil deswegen die Arbeitgeber vollends auf eine Neuschaffung von Arbeitsplätzen verzichteten und die Arbeitslosigkeit nicht gesenkt werden könne.

Zur Unterstützung solcher Gedanken weist dieser Autor auf die herrschenden Verhältnisse „auf der Straße" hin, wo vor allem die Schwarzarbeit regiere. Mit ihr würde einer „heuchlerischen" Rechtsordnung der Spiegel vorgehalten, die noch bis heute so tue als ob es sie gar nicht gäbe und die Augen vor der sozialen Wirklichkeit verschließe.

Obwohl der Autor die bisherige Unvereinbarkeit seiner Auffassung mit dem derzeit geltenden Art. 9 Arbeitnehmerstatut eingesteht, liegt die wahre Bedeutung solcher Äußerungen m.E. darin, dass mittlerweile Bewegung in das spanische Schrifttum geraten ist und sich selbst im „ver-sozialdemokratisierten" Spanien der *Post-Franco-Ära* wieder „unbequemere" Geister trauen, ihren Gedanken freien Lauf zu lassen und offen nach ungewöhnlicheren Wegen aus der „Arbeitslosigkeitsfalle" suchen.

C. Statutarischer Tarifvertrag – Statutarischer Tarifvertrag

1. Der Grundsatz: Tarifdispositives Konkurrenzverbot

Infolge der gesetzlich angeordneten Allgemeinverbindlichkeit wäre es vorstellbar, dass der gleiche Arbeitnehmer des Öfteren von verschiedenen statutarischen Tarifverträgen erfasst wird, beispielsweise jeweils von einem statutarischen Tarifvertrag mit nationalem, provinziellem sowie betrieblichem Geltungsbereich. Diese Situation entspricht der in Deutschland systembedingt eher selten vorkommenden Tarifkonkurrenz.[848] In

---

[846] Im Bausektor und den „neuen Berufen" besteht eine ungedeckte Nachfrage nach spezialisierten Fachkräften (*cuello de botella*): *García-Perrote, Autonomía, RL 1989-II, S. 256 (262); González Ortega, Tiempo, TL 1985, N° 4, S. 73 (80); Ojeda, Barrenado, in: VV.AA., Nuevo ET, 1995, S. 199 (204).*

[847] In besonderen Fällen kann dies nach Art. 7 *Código Civil rechtsmissbräuchlich und damit auch zum Nachteil des ArbN untersagt sein: „1. Die Rechte müssen ausgeübt werden in Übereinstimmung mit den Anforderungen von Treu und Glauben. 2. Das Gesetz schützt nicht den Rechtsmissbrauch oder die asoziale Ausübung desselben. Jedes Tun oder Unterlassen, das nach Absicht des Handelnden, nach seinem Ziel oder nach seinen Umständen, in denen es sich ereignet, offenbar die üblichen Grenzen der Rechtsausübung überschreitet und Dritte schädigt, löst die entsprechende Schadensersatzpflicht aus sowie das Ergreifen von richterlichen oder behördlichen Maßnahmen, die das Fortdauer des Missbrauches verhindert."*

[848] Vgl.: *Wiedemann/Stumpf, TVG, 1977, § 4 Rn. 165; Zöllner/Loritz, ArbR, 1998, S. 420 ff. (§ 37 V);*

unserem Land löst man die Tarifkonkurrenz mit herrschender Ansicht über das Spezialitätsprinzip, d.h. dem besser an die jeweiligen Bedingungen des Unternehmens angepassten Tarifvertrag wird der Vorrang eingeräumt.[849]

Hingegen in Spanien unterbindet der tarifdispositive Art. 84 Satz 1 Arbeitnehmerstatut eine Konkurrenz unter *statutarischen* Tarifverträgen mit folgendem Verbot:

> „Ein [*statutarischer*] Tarifvertrag kann während seiner Geltung nicht durch Regelungen in [*statutarischen*] Tarifverträgen mit anderem Geltungsbereich berührt werden ..."

Nach einhelliger Auffassung sollen diesem Artikel zufolge zunächst einmal sämtliche statutarische Tarifverträge die gleiche hierarchische Stellung (*idéntica jerarquía/soberanía*) inne haben,[850] weshalb ein nationalweit geltender Tarifvertrag einen Firmentarifvertrag nicht bloß kraft seines „höheren Ranges" oder „größeren Anwendungsbereichs" verdrängen kann.[851]

Überdies schreibt diese Vorschrift laut Rechtsprechung das chronologische „Prioritätsprinzip" des *„prior in tempore, potior in iure"* fest:[852]

Ehmann, Arbeitsordnung, RdA 1990, S. 77 ff.; Ehmann/Lambrich, Subsidiaritätsprinzip, NZA 1996, S. 346 ff.; Däubler, TVR, 1993, Rn. 1490, 1493; Hagemeier/u.a., TVG, 1984, § 3, Rn. 17; § 4, Rn. 111 ff.

[849] Zunächst soll der TV Anwendung finden, der die meisten ArbN im betroffenen Betrieb erfasst und erst bei Versagen dieses Kriteriums wird der Spezialitätsgrds. herangezogen, d.h. der TV, welcher dem Betrieb in räuml., fachl., branchenmäßig-betriebl. und persönl. Hinsicht am nächsten steht. I.d.R. wird darum der Firmen- dem VerbandsTV vorzuziehen sein: *Wieland, FirmenTV, 1998, S. 136 f.*

[850] *García-Perrote, Apertura, RL 1994-I, S. 1532 (1541).*

Selbstverständl. gilt dies nur, wenn beide statutarischen TV Anwendungsbereiche haben, die sich überschneiden, d.h. nicht wenn für 2 unterschiedl. Gruppen die sog. BerufsgruppenTV (S. 124 ff.) in einem Unternehmen/Betrieb ausgehandelt werden: STS 29.01.1992, RJ 133; González Ortega, Concurrencia, REDT 1987, N° 30, S. 187 (189, 190 ff.); Martínez Moreno, Concurrencia, REDT 1990, N° 42, S. 263 (265 ff.); Molero, DerSind, 1996, S. 496.

[851] *Escudero, Negociadores, 1986, S. 31, 35.*

[852] STSJ Madrid 31.10.1989, RL 1990-I, S. 479 ff.; STCT 20.01.1981, RTCT 611; STCT 05.10.1983, RTCT 9061; STCT 08.05.1984, RTCT 4854; STCT 08.07.1985, AL 1985-2, N° 1092, S. 2321 f.; STCT 23.11.1988, RL 1989-I, S 593 ff.; *Alonso García, Introducción, 1987, S. 261 ff.; González Ortega, Concurrencia, REDT 1987, N° 30, S. 187 (193 ff.); Monge, Comentarios, 1994, S. 164 f; Gil/Iglesias/Roa, ET, 1995, Art. 82, núm. 1 (S. 559 ff.), Art. 84 (S. 574 f.); Abele, TarifR, Diss., 1996, S. 160. Nach dem Prinzip der „Einzigkeit" (unicidad) kommt ein Herauspicken günstigerer Regelungen o.ä. also nicht in Betracht: STCT 15.09.1988, RTCT 5539; Correa, Convenios, 1997, S. 260 ff.* Vgl. zu einigen Änderungen im Zuge des *„Gesetzes 11/1994": Casas, Estructura, in: VV.AA., Reforma, 1994, S. 292 ff.; García-Perrote, Art. 84, in: VV.AA., Estructura, 1996, S. 23 (44 ff.); Pérez Yáñez, Convenios, RL 1993-I, S. 1047 ff.; Muga, Deber, RL 1992-I, S. 1219 ff.; Sala, JPrud., DL 1984, N° 11, S. 7 (20 f.); Molero, DerSind, 1996, S. 494 ff.*

„... Art. 84 Arbeitnehmerstatut bildet das entscheidende Merkmal für die Chronologie der statutarischen Tarifverträge, um die tarifliche Norm zu bestimmen, die in den Fällen einer Tarifkonkurrenz anzuwenden ist."[853]

Maßgebend ist also ausschließlich der in zeitlicher Hinsicht frühere statutarische Tarifvertrag. Der entscheidende Zeitpunkt um festzustellen, welcher statutarischer Tarifvertrag „früher" gilt und damit kraft seiner Wirksamkeit allen anderen sowie nachfolgenden statutarischen Tarifverträgen den „Weg versperrt", ist nach herrschender Ansicht der Moment, in dem die schriftliche Mitteilung der jeweiligen Verhandlungsparteien der Arbeitsaufsichtsbehörde überbracht wird, in der sie die Registrierung des schon von beiden Tarifvertragspartnern unterzeichneten statutarischen Tarifvertrags beantragen.[854] Würde man beispielsweise den davor liegenden Zeitpunkt der „Unterschrift" des statutarischen Tarifvertrags durch die Sozialpartner, den späteren Zeitpunkt der gesetzlich eingeforderten „Veröffentlichung" des statutarischen Tarifvertrags im amtlichen Bulletin oder den ganz am Anfang liegenden Zeitpunkt des Herantretens der verhandlungswilligen an die andere Tarifvertragspartei[855] für entscheidend halten, so käme es zu einem ***„unsinnigen Wettrennen"*** (*carrera contra reloj*), den statutarischen Tarifvertragsentwurf schnellstmöglich unter „Dach und Fach" zu bringen.[856]

Wegen jenes Prioritätsprinzips darf beispielsweise ein statutarischer *Firmen*tarifvertrag durch einen ihm zeitlich nachfolgenden statutarischen *nationalen Flächen*tarifvertrag aufgrund des Konkurrenzverbotes weder verbessert noch verschlechtert werden. Würde nach Wirksamwerden eines statutarischen Firmentarifvertrags dennoch ein statutarischer nationaler Flächentarifvertrag vereinbart, so wird letzterer für die Dauer der Wirksamkeit des statutarischen Firmentarifvertrags allein für diesen betroffenen Betrieb „auf's Eis gelegt". Die restlichen Betriebe, die keinen zeitlich vorhergehenden statutarischen Firmentarifvertrag haben, könnte dieser statutarische Flächentarifvertrag demnach in seinem nationalen Geltungsbereich also weiterhin erfassen.[857]

---

[853] STS 29.01.1992, RJ 133.

[854] Art. 89.1 Satz 2 Arbeitnehmerstatut: *„Von dieser Mitteilung {der die Tarifverhandlung einleitenden Partei an die andere} wird zu Registrierungszwecken eine Abschrift an die je nach örtlichem Geltungsbereich des Tarifvertrags zuständige Arbeitsaufsichtsbehörde übermittelt."*

[855] *Ojeda spielt mit dem Begriff des „gewinnenden" statutarischen TV auf die Situation eines durch diese Rspr. hervorgerufenen „Wettrennens" an: Flexibilidad (I), AL 1988-1, Rn. 240, S. 557 (564).*
Deshalb soll nach dieser Ansicht, dies der entscheidende Ztp. sein: ders., Compendio, 1998, S. 25 f. (Cap. 1/C/c/2); Santillán, Procedimiento, in: Negociación, CDJ 1992, t. III, S. 129 (132 f.); STCT 08.05.1984, RTCT 4854.

[856] *de la Villa/García/García-Perrote, Instituciones, 1991, S. 271 ff.; Sala/Albiol, DerSind, 1998, S. 319 (Tema 5/III/2/B).*

[857] STCT 29.04.1987, RTCT 8893; STCT 21.07.1988, RL 1988-II, S. 720 ff.; *González Ortega, Concurrencia, REDT 1987, N° 30, S. 187 (193 ff.). Borrajo spricht vom Prinzip der „Abschottung" (estanqueidad): Autonomía, in: VV.AA., Reforma, 1993, S. 1063 (1073).*

Vereinbaren die Koalitionen dagegen einen statutarischen *Firmen*tarifvertrag im Anschluss an einen schon vorher wirksamen statutarischen gesamtstaatlichen *Flächen*tarifvertrag, soll der Firmentarifvertrag wegen Verstoßes gegen das Konkurrenzverbot in Art. 84 Satz 1 Arbeitnehmerstatut „nichtig“ (*nulo*) sein.[858]

Die Anwendung des chronologischen Prioritätsprinzips ist freilich nicht ohne Widerspruch geblieben. Kritische Stimmen, die allerdings zu einer Mindermeinung gehören, bringen vor, dass damit der ältere und den aktuellen Umständen schlechter angepasste statutarische Tarifvertrag wirksam würde, dessen Lohnvorteile dann beispielsweise schon von einer Inflation „aufgezehrt“ sein könnten. Es handele sich um eine *„rituelle Schlachtung des goldenen Kalbes zum Erhalt der unternehmerischen Wettbewerbsfähigkeit“* und statt des „Prioritäts-“ solle, laut dieser Mindermeinung, das „Günstigkeitsprinzip“ nach Art. 3.3 Arbeitnehmerstatut auch auf die Konkurrenz unter zwei oder mehreren statutarischen Tarifverträgen angewandt werden.[859] Dabei wird freilich übergangen, dass im ehemals von starker Inflation gebeutelten Spanien die statutarischen Tarifverträge sog. *„Antiinflationsklauseln“* (*cláusulas de revisión salarial semestral*) hatten, womit die Folgen einer Inflation auf die Gehaltshöhe der Arbeitnehmerschaft abgemildert wurden. Mit ihrer Hilfe konnten die *„Interpretationskommissionen“* dieses statutarischen Tarifvertrags (*Comisiones de interpretación del convenio colectivo*) von Zeit zu Zeit dynamische Verhandlungen durchführen, um die Löhne den jeweiligen Inflationsschwankungen anzupassen.[860]

Neben diesen grundsätzlichen Überlegungen zur Anwendung des oben beschriebenen Konkurrenzverbots muss geschaut werden, *wie lange* jenes für die statutarischen Tarifverträge untereinander gilt. Zuvor wurde schon die „Verlängerung“ besprochen, wonach sich der statutarische Tarifvertrag bei einfachem Fristablauf ohne Kündigung *„von Jahr zu Jahr“* verlängert.[861] Eben weil der statutarische Tarifvertrag während dieser Verlängerungsperiode weiterhin so wirksam bleibt, wie er es schon vorher war und dies sowohl für seinen normativen als auch obligatorischen Teil gilt, soll das Konkurrenzverbot weiter gelten.[862]

---

[858] STCT 08.07.1985, AL 1985-2, N° 1092, S. 2321 f.; STCT 04.03.1983, RTCT 2071; STCT 09.03.1983, RTCT 2078; STCT 08.06.1983, RTCT 6263; STSJ Canarias, Las Palmas 27.12. 1989, AS, TSJ-Social, Bd. I (Ss Núm. 1315-2549), 1989, N° 1366 (*f.j. cuarto*). *Vgl.: STSJ Madrid 19.09.1989, AS, TSJ-Social/Madrid 1989, N° 66 und 23.11.1989, AS, TSJ-Social/ Madrid 1989, N° 2477 und 31.10.1989, AS, TSJ-Social/Madrid 1989, N° 121: Zeitl. Vorrang des statutarischen ProvinzTV vor dem nachfolgenden statutarischen FirmenTV. Siehe: González Ortega, Concurrencia, REDT 1987, N° 30, S. 187 (193 ff., Fn. 22). Anders und deswegen heftig kritisiert: STCT 23.11.1988, RL 1989-I, S. 593 ff., wonach eine Umdeutung in einen außerstatutarischen TV vorgenommen werden soll.*

[859] *Montoya, Probleme, Informaciones I/1987, S. 57 (66 ff.); ders., DTrab, 1998, S. 182 ff. (Cap. V/11); Ojeda, DerSind, 1995, S. 75, ders., Intervención, in: VV.AA., Estabilidad, 1998, S. 271 (285, Fn. 38); ders., Compendio, 1998, S. 25 f. (Cap. 1/C/c/2); ders., Flexibilidad (I), AL 1988-1, Rn. 240, S. 557 (564 ff.).*

[860] *Pérez-Espinosa, Relación, REDT 1983, S. 521 (534); Rivero, Revisión, in: VV.AA., Problemas, 1984, S. 69 (81 ff.); Zachert, TarifR, ZIAS 1991, S. 1 (11); ders., Spanien, in: ders., Krise, 1990, S. 51 (66 ff.).*

[861] Art. 86.2 Arbeitnehmerstatut; vgl.: S. 124 ff.

[862] STCT 20.09.1984, RTCT 7273; *Alonso/Casas, DTrab, 1998, S. 866 ff. (30/III/A/a); Mercader,*

Laut Rechtsprechung und Literatur entfällt das Konkurrenzverbot aber dann, wenn der zuerst geltende statutarische Tarifvertrag in die Phase der „Nachwirkung" eintritt. Wie oben bereits erwähnt,[863] wird nach Art. 86.3 Arbeitnehmerstatut angeordnet, dass allein der normative Teil des statutarischen Tarifvertrags nach dessen Kündigung weiter nachwirken soll. Dieser Artikel habe nicht den Zweck, das Konkurrenzverbot aufrecht zu erhalten, sondern solle lediglich „tariflose Zustände" unterbinden. Deshalb kann erst nach Kündigung des statutarischen Tarifvertrags ein anderer, ebenfalls statutarischer Tarifvertrag abgeschlossen werden, womit also frühestens ab diesem Zeitpunkt das Konkurrenzverbot erlischt. Dementsprechend darf allein dieser nachträgliche statutarische Tarifvertrag den vorherigen „verbösern".

Dies ist auch der Grund, weshalb sich die Nachwirkung des statutarischen Tarifvertrags nicht mit der von § 4 Absatz 5 Tarifvertragsgesetz gleichsetzen lässt. Der entsprechende Zusatz der deutschen Vorschrift *„Nach Ablauf des Tarifvertrags gelten seine Rechtsnormen weiter, **bis sie durch eine andere Abmachung** ersetzt werden"* (H.d.V.) fehlt im spanischen Pendant und deshalb ist weder ein Einzelarbeitsvertrag noch ein außerstatutarischer Tarifvertrag[864] in der Lage, während der Nachwirkung eines statutarischen Tarifvertrags Bedingungen einzuführen, die den Arbeitnehmer schlechter stellen.[865] Solch eine Verschlimmerungsmöglichkeit wird exklusiv einem nachfolgenden *statutarischen* Tarifvertrag vorbehalten und ohne diesen gilt die Nachwirkung im spanischen Recht *ad infinitum*.

Estructura, 1994, S. 187 f. (Seg. P./II/4.3./C./a). Zu verschiedenen Arten der „Verlängerung": Linares, Extensión, in: VV.AA., Contenido, 1990, S. 13 (18 ff.).

[863] Vgl. S. 124.

[864] Der Art. 86.3 Arbeitnehmerstatut kann während der Nachwirkung aber auch nicht so weit gehen und das Zustandekommen eines *außerstatutarischen TV verhindern; freilich muss er die u.g. Voraussetzungen erfüllen, darf also nur Verbesserungen einführen (vgl. S. 124 ff.): SAN 05.06.1990, RTCT 92 (5.ᶜ) = AL 1990-3, N° 737, S. 1453 (1455 ff.) = JS-If, t. VI, 1992, N° 2.667, S. 60 ff.; Alonso/Barreiro, El ET, 1995, Art. 86, S. 395; STS 17.10.1994, RJ 8052, der als Revisionsinstanz (casación) die Audiencia Nacional in diesem Punkt berichtigte (SAN 29.04.1993, AS 5597 = AL 1993-3, N° 1005, S. 1972 ff.); STCT 20.10.1986, RTCT 10740; STCT 19.07.1985, RTCT 5115; STCT 06.11.1986, RTCT 12744 = AL 1987-1, N° 97, S. 231 ff.; STCT 02.11.1988, RTCT 517; STCT 22.02.1988, RTCT 84 = AL 1988-1, N° 499, S. 1162 ff.; STCT 18.01.1988, RTCT 14; STSJ País Vasco 11.10.1990, La Ley 1991-3, S. 345 (347) = RL 1991-I, S. 478; STSJ Madrid 28.06.1990, AS, TSJ-Social/Madrid 1990, N° 2016; Mercader, Estructura, 1994, S. 347 (2.T./III/3.1./C.); STS 11.05.1992, RJ 3542; STCT 29.10. 1986, RTCT 10762; STCT 17.03.1987, RTCT 7080; Correa, Convenios, 1997, S. 1.4 ff.; García Murcia, Pactos (y II), AL 1992-2, S. 413 (424).*
Zur dtsch. Nachwirkung: BAG, in: DB 1992, S. 1294 f.; BAG, in: AP Nr. 16 zu § 4 TVG Nachwirkung.

[865] *Rivero, Contenidos, DL 1994, N° 43, S. 35 (53); Galiana, Vigencia, RMTAS 1997 (3), S. 193 (195); Casas, Ley, RMTAS 1997 (3), S. 221 (226); Durán, El ET, RL 1990-II, S. 121 (136, Fn. 36); Rivero, Tiempo, in: VV.AA., Nuevo ET, 1995, S. 25 (38 f.); Lopera, Convenio, RL 1988-II, S. 179 (193 ff.); Valdés, Negociación, in: VV.AA., Reforma, 1994, S. 257 (286 ff.).*

Die Regelung der Nachwirkung unterbindet in der Praxis Anreize, das früher einmal Vereinbarte erneut zu verhandeln, weil keine Eile zum schnellen Verhandlungsabschluss besteht und die *„Entwicklung der Tarifverhandlung erschwert"*.[866] Folglich dauern die Verhandlungen leicht über ein halbes Jahr oder gar bis anderthalb Jahre und noch länger, weshalb derzeit politische Diskussionen über eine Änderung dieser Vorschriften zur Nachwirkung entbrannt sind.[867]

Ferner machen einige darauf aufmerksam, dass mit dem Konkurrenzverbot die Tarifstruktur insgesamt äußerst unbeweglich wird und indirekt eine Zentralisierung hin zu den großen Gewerkschaften und Arbeitgeberverbänden gefördert wird. Jene „besetzen" in chronologischer Hinsicht typischerweise zuerst die verschiedenen Verhandlungsebenen.[868] Damit wäre es also in der Praxis fast unmöglich, die einmal fixier-

---

[866] CES, in: RL 1994-I, S. 1409 (1430 f.); *Lopera, Convenio, RL 1988-II, S. 179 (181 ff.).*

[867] *El País, 18.03.2001, S. 52: In der Nachwirkungsphase sollen die Arbeitsbedingungen auf die Mindestarbeitsbedingungen des Arbeitnehmerstatuts „zurückgedreht" werden, damit schneller Tarifabschlüsse zu erzielen sind. Die Gewerkschaften sehen in diesem Vorschlag eine den ArbG begünstigende Regelung, da bei solch einer Androhung Druck auf die GewerkS ausgeübt würde, schnell den Tarifentwurf zu unterzeichnen. La Vanguardia, 06.03. 2001 (economía): „Die Regierung will die über die Tarifverhandlung erworbenen Rechte eliminieren, damit sich die Unternehmen der wirtschaftlichen Situation anpassen können. Es handelt sich darum, die „Nachwirkung" der Tarifverträge zu eleminieren. Die Reform soll im Konsens mit den Gewerkschaften verabschiedet werden... Dies würde es ihnen {den Arbeitgebern} ermöglichen, dass die arbeitsrechtlichen Verbesserungen, die sich von Jahr zu Jahr ergeben, dann beendet würden, wenn auch der Tarifvertrag ausläuft. Nach Aussagen der Arbeitgeber beinhaltet die Nachwirkung der Tarifverträge eine sehr schwere arbeitsrechtliche Belastung und sie wandelt sich um in eine Gefahr für das Überleben der Unternehmen, da sich jene nicht den wirtschaftlichen Wechseln anpassen können."; El País, 21.02.2001, S. 51: „Die Tarifverhandlung kann nicht das Instrument sein, mit dem die Arbeitsbeziehungen versteinert werden.".*

Die TV-Verhandlung der RENFE dauerte z.B. 18 Monate, El País 11.06.1998, S. 64: Martín/Rodríguez-Sañudo/García, DTrab, 1998, S. 375 f. (Cap. 9/VI/1/C).

Die Koalitionen ordnen in solchen Fällen eine entspr. Rückwirkung des TV an, die bei Lohnfragen durch einfaches Auszahlen der Differenz sicherlich einfach zu bewerkstelligen ist. Wie soll aber eine nachträgl. Verkürzung der ArbZ für die schon abgeleistete ArbZ in der Praxis umgesetzt werden? Die pragmatischen Lösungsmöglichkeiten reichen von der Gewährung einer längeren Urlaubszeit, bis zu einem Geldausgleich oder einer stückweisen Reduzierung der verbleibenden tarifl. ArbZ. Meist wird die ArbG-Seite schon im Voraus schauen, wo ungefähr eine realistische tarifl. ArbZ-Verkürzung am Verhandlungsende liegen wird und während der Tarifverhandlungen die eigentl. noch einforderbare tarifl. ArbZ freiwillig von sich aus verringern. Vgl. STSJ de Cantabria 19.02.1993, AS 660: Ein erst im April unterzeichneter statutarischer TV sah schon rückwirkend ab Januar desselben Jahres eine ArbZ-Verkürzung vor. Die Belegschaft hatte zwischenzeitl. aber schon 5 h und 15 min. „zuviel" gearbeitet. Lt. Gericht handelte es sich bei diesen Stunden nicht um „Überstunden" i.S.d. TV, der seinerseits zwingend ihre Ausbezahlung anordnete, weil sie z.Ztp. ihrer Leistung noch wie gewöhnl. Stunden im Rahmen des alten, eine höhere ArbZ festlegenden TV erbracht worden waren. Stattdessen mussten sie mit Freizeit ausgeglichen werden. Zu ähnl. Fällen in Deutschland: Stege/Weinspach/Schiefer, BetrVG, 2002, § 87, Rn. 169 a. Von *„excessiver Stabilität in zeitl. Hinsicht" durch die Nachwirkung spricht: Rivero, Estructuras, DL N° 43, 1994, S. 35 (41).*

[868] *Martín Valverde, Concurrencia, in: VV.AA., El ET, t. XII, 1985, S. 1 (80 ff.).*

ten Geltungsbereiche und Verhandlungseinheiten zu verändern, da andere und zumeist niedrigere Ebenen nur schwer in die zeitliche Lücke hineinstoßen und selbst einmal den chronologisch „früheren" (*prior in tempore*) statutarischen Tarifvertrag abschließen könnten. Damit würde die Tarifstrukturen „versteinert" (*petrificación de la estructura de la negociación colectiva*).

Um diesen Gesichtspunkt praktisch würdigen zu können muss erläutert werden, dass in der Praxis die meisten Arbeitnehmer von statutarischen *Provinz*tarifverträgen erfasst werden, weshalb eigentlich „kleinere" Ebenen, wie beispielsweise ein statutarischer *Firmen*tarifvertrag, das unmittelbare zeitliche Ineinandergreifen der nacheinander folgenden Provinztarifverträge nicht durchbrechen könnte. Nach dem Konkurrenzverbot würde ein statutarischer Firmentarifvertrag im Anschluss an seine Kündigung in der „Nachwirkungsphase" automatisch von einem gleichzeitig geltenden statutarischen Tarifvertrag höherer Ebene (z.B. Provinz) „absorbiert". Während jeder Verzögerung bei der Verhandlung eines statutarischen Firmentarifvertrags könnte der statutarische Provinztarifvertrag also in diese „zeitliche Bresche" springen und sich die ihm vorher „entzogene" Ebene „aneignen". Die Rechtsprechung hält in solchen Fällen das Konkurrenzverbot von Art. 84 Satz 1 Arbeitnehmerstatut wegen Art. 86.3 Arbeitnehmerstatut für *weiter anwendbar* und geht damit genau vom Gegenteil der oben genannten Argumentation aus.

Letztlich besteht der statutarische Firmentarifvertrag damit weiter und das Eindringen (*invasión*) des höheren statutarischen Provinztarifvertrags in die niedrigere Ebene wird über diese Haltung der Rechtsprechung verhindert. Aus dieser praktischen Erwägung heraus versucht die Rechtsprechung also die „niedrigeren" Ebenen, wie die des statutarischen Firmentarifvertrags, vor den größeren, meist Provinztarifverträgen zu schützen und die Firmentarifverträge „bevorzugt" im Rahmen des eigentlich geltenden Konkurrenzverbots zu behandeln. Im Ergebnis soll damit ihre „*Absorption*" durch die größeren Ebenen erschwert und ein „Wechsel" von den größeren (Provinz) zu den kleineren Ebenen (Firmen) erleichtert werden (*cambio de unidad de negociación*).[869]

---

[869] STCT 15.07.1981, RTCT 5027; STCT 14.03.1983, RTCT 2178; STCT 30.01.1984, RTCT 1878; STCT 03.02.1984, RTCT 1878; STCT 23.04.1985, RTCT 2877; STCT 01.06.1988, AL 1988-2, N° 913, S. 2147 ff.; *Sala, Estructura, in: Negociación, t. III, 1992, S. 37 (43 ff., 45); García-Perrote, Apertura, RL 1994-I, S. 1532 (1539 ff.); Sáez, Limitación, in: VV.AA., XI Jornadas, 1994, S. 59 ff.; González Ortega, Concurrencia, REDT 1987, N° 30, S. 187 (196 ff.); Sala/Goerlich, Cambio, REDT 1988, N° 35, S. 325 (351 ff.); dies., Cambio, PJ 1988, N° 12, S. 169 (173 ff.); Muga, Deber, RL 1992-I, S. 1219 ff.; Ojeda, Compendio, 1998, S. 326 ff. (Cap. 19/A/b/1); Sempere Navarro/Luján, Unidades, RT 1990, N° 99, S. 59 (65 ff.). Ferner käme eine Verletzung der „GewerkS-Freiheit" (Art. 28 Verfassung), bzw. des „Rechts auf Tarifverhandlung" (Art. 37.1 Verfassung) in Betracht, wenn die Verhandlung von neuen statutarischen TV noch während der Nachwirkungsphase untersagt würde: STCT 12.05.1986, AL 1986-2, N° 610, S. 1411 ff.; STCT 10.11.1988, RTCT 539; STS 23.10.1995, RL 1995-II, N° TS-159, S. 868 ff. Folgl. ist genau der Ztp. nach dem Übergang in die Nachwirkung der geeignete: de la Villa/García/García-Perrote, Instituciones, 1991, S. 272, 273, 274.*

2. Tarifliche Koordinierung der statutarischen Tarifverhandlung

Die Grundregel des Konkurrenzverbotes ist allerdings dispositiv und es leuchtet ein, dass die Gewerkschaftsorganisationen aus Machtgründen darauf erpicht sind, eine Vorrangstellung der von ihnen unterzeichneten Flächentarifverträge gegenüber den Firmentarifverträgen betrieblicher Interessenvertretungen herbeizuzwingen. Zu diesem Zwecke schuf der Gesetzgeber über Art. 83 Arbeitnehmerstatut zwei besondere Koordinierungsmöglichkeiten, für die das italienische Tarifrecht *Pate* stand.[870] Zum einen kann die Koordinierung bzw. „Artikulation" der Tarifverhandlungen (*negociación colectiva coordinada/articulada*) über „*Konkurrenzklauseln*" in normalen statutarischen Flächentarifverträgen höchster Ebene herbeigeführt werden und zum anderen über schon seit der spätfranquistischen Diktatur[871] bekannte sog. „*Rahmentarifverträge*" (*acuerdos marco/convenio cuadro*):

> „2. Die auf **gesamtstaatlichem Gebiet** oder dem einer **Autonomen Gemeinschaft** repräsentativen Gewerkschaftsorganisationen und Arbeitgeberverbände können mittels branchenübergreifender Abkommen [= *Rahmentarifvertrag*] oder durch [*statutarische Flächen-*] Tarifverträge die Struktur der [*statutarischen*] Tarifverhandlung ordnen und die Regeln festlegen, welche die Konflikte der Tarifkonkurrenz zwischen [*statutarischen*] Tarifverträgen verschiedener Geltungsbereiche lösen sollen ...
> 3. Besagte Arbeitnehmer- und Arbeitgeberorganisationen können ebenso [*statutarische*] Abkommen über konkrete Materien ausarbeiten. Diese [*statutarischen*] Abkommen, wie auch die branchenübergreifenden Abkommen, auf die sich der zweite Absatz dieses Artikels bezieht, müssen **dieselben Vorschriften dieses Gesetzes beachten, die für die [*statutarischen*] Tarifverträge gelten.**" (H.d.V.)

---

[870] In Italien wurde die Artikulation dagegen nicht gesetzl. vorgegeben, sondern durch freiwillige Koordinierung unter den diversen Ebenen erreicht: *Alf, TPolitik, in: VV.AA., BetrPolitk, 1982, S. 145 ff.; Ghezzi/Romagnoli, DirSind, 1997, S. 184 f. (Rn. 250 f.); Ramírez Martínez, Experiencia, in: VV.AA., Cuestiones, 1990, S. 501 ff.; de la Villa, Salario, in: VV.AA., Comentarios, 1980, S. 67 (70 ff.); Ojeda, DerSind, 1995, S. 797; Monereo, Introducción, 1996, S. 269 ff.; d'Antona, Italia, in: VV.AA., Negociación, 1991, S. 33 ff.; García Becedas, Interés, in: VV.AA., Cuestiones, 1990, S. 875 (879); Rodríguez-Piñero y Bravo, Estructura, in: VV.AA., Problemas, 1984, S. 21 (38 ff.).*
Zu ähnl. Versuchen einer négociation articulée in Frankreich mit „Gesetz vom 13.11. 1982": Lyon-Caen/u.a, DrTrav, 1994, S. 756 (Rn. 872).

[871] Vgl. *„Gesetz 38/1973" vom 19.12.1973 in seinem Art. „5.A. Cuatro".*

a) Konkurrenzklauseln innerhalb statutarischer Flächentarifverträge

In der Tarifpraxis bürgerte es sich ein, die Tarifstrukturen und Konkurrenzen der unteren Geltungsbereiche über Klauseln in statutarischen Flächentarifverträgen höchster Ebene (Staat, Autonome Gemeinschaft, Provinz) zu lenken.[872] Folglich entziehen die in einer Branche repräsentativen Gewerkschaften und Arbeitgeberverbände der Firmenebene fast immer die Möglichkeit, tarifliche „Herzstükke" wie Dauer der Arbeitszeit und Lohnhöhe festzulegen, und lassen, wenn überhaupt höchstens einmal Verbesserungen zu.[873]

Die statutarischen Tarifverträge dürfen dabei selbst in „vorausschauender" Weise Konkurrenzregeln enthalten und beliebige Auflösungsmöglichkeiten nach dem Gutdünken der Tarifvertragsparteien vorsehen, wie beispielsweise über das „Günstigkeitsprinzip", bei dem es sich dann eben nicht um die „gesetzliche" Anordnung nach Art. 3.3 Arbeitnehmerstatut handelt, sondern um die freie Wahl des Prinzips zur Lösung einer Konkurrenz durch die Sozialpartner nach dem gerade zitierten Art. 83.2 Arbeitnehmerstatut. Andere Konkurrenzregeln greifen entsprechend dem deutschen Vorbild auf das „Spezialitätsprinzip" zurück[874] oder auf das Prinzip, wonach der spätere Tarifvertrag den früheren ablöst oder umgekehrt.[875] Schließlich ist auch eine beliebige Kombination von allen Kriterien möglich, aber selten gebräuchlich.[876]

---

[872] *Mercader, Coordinación, 1992, S. 603 ff.; Fernández López/Cruz, Andalucía, in: VV.AA., Andalucía, 1987, S. 121 (153); Ojeda, Compendio, 1998, S. 384 ff. (Cap. 22/C/b); Molero, DerSind, 1996, S. 493 ff. Jenem Artikel entspringen die Abkommen wie das ASNC, AMEP usw.*

[873] Vgl. gesamtstaatl. ChemieTV (der in Spanien aufgrund seiner Regelungsdichte zumeist als vorbildl. angesehen wird): *Rijnen zu den koalitionsinternen Problemen: Asociaciones, RL 1986-I, S. 773 (778 ff.). Vgl. zum äußerst komplizierten Ineinandergreifen und Überschneiden einer Schichtzulage (plús de turno) und der Ebenen des gesamtstaatl. ChemieTV mit den Vereinbarungen auf Unternehmens- sowie Betriebsebene: Román Vaca, Plus, TL 1994, N° 34, S. 101 ff.; Fernández López/Cruz, Andalucía, in: VV.AA., Andalucía, 1987, S. 121 (151 ff.); Borrajo, Autonomía, AL 1993-I, IV, S. 51 (53 ff.); Rodríguez-Sañudo, Funciones, in: VV.AA., XI Jornadas, 1994, S. 39 (44 ff.); Mercader, Estuctura, 1994, S. 115 ff.; Molero, DerSind, 1995, S. 494; González de Lena, Negociación, Economistas 1989, N° 37, S. 12 (12).*
Die aufeinander folgenden nationalen TV für Zentren und Dozenten der Ausbildung im Hochschul- sowie Forschungsbereich, welche die ArbZ-Dauer und Lohnhöhe für niedrigere Tarifebenen (hier: überprovinziell) ausschließen: STSJ Cataluña 18.10.1989, AS, TSJ, Bd. II (Ss Núm. 1315-2549), 1989, N° 2408 (Segundo).
Nationaler SektorTV für den Baubereich: *ASNC: GS 1997, N° 156, S. 12. Vgl. zu dessen Vorgänger den Kommentar: VV.AA., Comentarios al Convenio General de la Construcción, 1993, S. 25 ff.; STSJ Gran Canaria, Las Palmas, 28.09.1989, AS, TSJ-Social, Bd. II, (Ss Núm. 1315-2549), 1989, N° 1335; de Soto Rioja, Estructura, TL 1991/92, N° 21/25, S. 43 (46 ff., 50 ff., 62 ff.); González del Rey, Conflictos, RL 1993-II, S. 114 ff.*

[874] STCT 05.02.1987, RTCT 2459; STCT 10.11.1988, RTCT 540; VV.AA., Articulación, in: VV.AA., Problemas, 1994, S. 177 (183 ff.).

[875] STCT 26.12.1986, RTCT 14660; STCT 21.07.1988, RL 1988-II, S. 720 ff.

[876] *de la Villa/García/García-Perrote, Instituciones, 1991, S. 44 (2°), 270, 271; Suárez González, Relaciones, 1980, S. 208; Desdentado, Concurrencia, in: VV.AA., Negociación II, CDJ 1995, S. 61 (81 ff.). ders. zu den*

b) Statutarischer und außerstatutarischer Rahmentarifvertrag

Ebenso können diese auf gesamtstaatlichem Gebiet oder dem einer Autonomen Gemeinschaft repräsentativen Koalitionen ein sog. *„branchenübergreifendes Abkommen"* vereinbaren. Mit ihm werden zumeist keine konkreten Arbeitsbedingungen angeordnet, sondern „von oben" die unteren Tarifgefüge strukturiert und zentralisiert,[877] weshalb jenes branchenübergreifende Abkommen in illustrativer Weise als „Rahmentarifvertrag" (*convenio marco*), „Tarifvertrag für Tarifverträge" (*convenio para convenios/para convenir*),[878] „Super-Tarifvertrag" (*superconvenio*) oder „Regenschirmtarifvertrag" (*convenios paraguas*) bezeichnet wird.[879]

Hier muss ausdrücklich darauf hingewiesen werden, dass es sich bei diesen Rahmentarifverträgen von ihrer dogmatischen Einordnung her um ganz „normale" *statutarische* Tarifverträge handelt, die folglich „normativ" und „allgemeinverbindlich" nach den oben geklärten Grundsätzen wirken. Obwohl sie in der Praxis zumeist nie konkrete Inhaltsnormen für einzelne Arbeitnehmer und Arbeitsbedingungen festgelegen, ist mit der wohl herrschenden Ansicht anerkannt, dass sie dies in rechtlich durchaus zulässiger Weise durchaus dürften.[880]

Vor- und Nachteilen anderer Prinzipien zur Auflösung der Tarifkonkurrenz: Articulación, in: VV.AA., Articulación, 1994, S. 141 (148 ff.).

[877] *Suárez González, Relaciones, 1980, S. 206 ff.; Sala/Albiol, DerSind, 1998, S. 323 ff. (Tema 5/III/2/B). Siehe als Bsp. für einen RahmenTV nach Art. 83.3 Arbeitnehmerstatut: ASEC vom 25.01.1996 (BOE 08.02.1996, in: RL 1998, Supl. especial) und dessen Durchführungs-RVO RASEC, die aufgrund einer zuvor getroffenen Übereinkunft von CEOE, CC.OO. und UGT am 30.01.1995 zustande kam: Odriozola, ASEC, RTSS 1996, N° 22, S. 145 (149). Zu den zahlreichen Vorläufern jener Abkommen, die zumeist nur obligatorischer Rechtsnatur sind: de la Villa, Antología, 1983, S. 21, 27 ff.; Torrente, Concertación, in: VV.AA., XII Jornadas, S. 85 (94 ff.); Montoya, Probleme, Informaciones I/1987, S. 57 (63 ff.); Desdentado, Concurrencia, in: VV.AA., Negociación II, CDJ 1995, S. 61 (78 ff.); Rodríguez-Sañudo, Funciones, in: VV.AA., XI Jornadas, 1994, S. 39 (41 ff.); Gil/Iglesias/Roa, ET, 1995, Art. 83 (S. 572); Sánchez Márquez, Ámbito, REST 1992, N° 18, S. 48 (50 ff.). Vgl. ebenfalls zu Art. 83.3 Arbeitnehmerstatut: Santiago, Cumbre, 1998, S. 20 ff. Zur Entstehungsgeschichte: Sagardoy, Estructura, REDT 1983, N° 13, S. 503 (505 ff.); de la Villa, Antología, 1983, S. 21 ff.*

[878] STSJ Madrid 08.06.1992, AS 3424; *Rodríguez-Piñero y Bravo, Estructura, in: VV.AA., Problemas, 1984, S. 21 (39 ff.); de la Villa, Salario, in: VV.AA., Comentarios, 1980, S. 67 (71); STCT 12.11.1987, RTCT 24841.*

[879] *Ojeda, DerSind, 1995, S. 796; R.Y. Quintanilla, Convenios, 1998, S. 166 ff.; Alonso García, Convenios, in: VV.AA., I Congreso, 1980, S. 35 (48); Pérez de los Cobos, Pactos, in: VV.AA., Manifestaciones, 1989, S. 11 (22 ff.); Abele, TarifR, Diss., 1996, S. 164 ff.*

[880] Die bislang unterzeichneten „Abkommen" gaben den Lohnsteigerungen im von Inflationen geschüttelten Spanien zumeist eine Obergrenze vor: *de la Villa, Salario, in: VV.AA., Comentarios, 1980, S. 67 (73 ff.); Borrajo, Autonomía, in: VV.AA., Libertad, 1993, S. 1063 (1070 ff.); Cruz/García, Regulación, RPS 1983, N° 137, S. 445 (498 ff.).*

Da nun also Rahmentarifverträge das untere Tarifgefüge von oben herab regeln dürfen, werden in der Praxis die unteren Ebenen entweder vollständig oder teilweise von ihrer Befugnis, bestimmte Arbeitsbedingungen zu regeln, enthoben. Ein gesamtstaatlich geltender statutarischer Rahmentarifvertrag kann also der Provinz- oder Firmenebene komplett untersagen, einen eigenen statutarischen Tarifvertrag abzuschließen. Genauso darf er diesen Ebenen verbieten, die Lohnhöhe, die Arbeitszeit- und Urlaubsdauer, die Eingruppierung in den Berufsgruppen etc. eigenständig festzulegen oder er kann die Vorgabe treffen, dass alleine Verbesserungen auf diesen Ebenen möglich sein sollen.[881]

Wird trotz dieses Verbots im statutarischen Rahmentarifvertrag dennoch ein Tarifvertrag auf einer dieser „unteren" Ebenen abgeschlossen, so ist dieser als *statutarischer* Tarifvertrag nichtig, kann aber noch möglicherweise in einen *außerstatutarischen* Tarifvertrag nach den weiter unten beschriebenen Voraussetzungen umgedeutet werden.[882]

Deshalb ergeben sich Schwierigkeiten im Zusammenhang mit der vom Verfassungsgericht weit verstandenen „Gewerkschaftsfreiheit" und dem mit ihr verknüpften „Recht auf Tarifverhandlungen" nach Art. 28 und 37.1 Verfassung. Durch die Befugnis, dass allein Gewerkschaften, die auf der Ebene des gesamten Staates oder der einer Autonomen Gemeinschaft als repräsentativ anerkannt sind, Rahmentarifverträge abschließen dürfen, mit deren Hilfe dann „niedrigeren" Ebenen die Möglichkeit genommen werden kann, eigene statutarische Tarifverträge zu vereinbaren, werden die kleineren und nicht repräsentativen Minderheitsgewerkschaften,[883] die betriebliche Interessenvertretungen mit Einheitsvertretung[884] sowie die Gewerkschaftssektion diskriminiert. Das Verfassungsgericht hält diese sehr weit gehende Befugnis zur Vereinbarung solcher statutarischen Rahmentarifverträge aber für zulässig, da die gerade aufgeführten Subjekte dann eben „außerstatutarische" Tarifverträge abschließen dürfen.[885]

Trotz allem kränkelt dieses auf den ersten Blick so machtvolle „Schlachtross"[886] des Rahmentarifvertrags an denselben Schwachstellen, die das „normale" statutarische Tarifsystem des Arbeitnehmerstatuts und des „Gesetzes über die Gewerkschaftsfreiheit" (*LOLS*) immer wieder vor eine Zerreißprobe stellen: Auch hier müssen beide Zentralen *UGT* sowie *CC.OO.* die wegen ihrer Zwistigkeiten schwierig zu erlangende Mehrheit bei der Schlussabstimmung zusammen bekommen („zweiter Filter"), um einen normativ wirkenden und allgemeinverbindlichen statutarischen Rahmentarif-

---

[881] Art. 1 Satz 2 II *Convenio Colectivo de Trabajo 1996-1997 de Enseñanza y Formación no reglada. Nur günstigere tarifl. Regelungen zulassend: Art. 3 Satz 2 Convenio Colectivo (Nacional) de Trabajo 1996-1997 del Sector de Prensa no Diaria.*

[882] Vgl. S. 124 ff. *Cabeza, Buena fe, 1995, S. 158 f.; Ojeda, DerSind, 1995, S. 794, 797; ders. zur parlamentarischen Entstehungsgeschichte und den Zwistigkeiten zwischen nationalistischen Parteien und PSOE: Delimitación, AL 1995-1, XVI, S. 253 (260, Fn. 24); VV.AA., Debate, 1982, t. III, S. 346 ff.*

[883] Bzw. die Gewerkschaften, die allein in einer Branche als repräsentativ anerkannt sind.

[884] Vgl.: S. 124 ff.

[885] Vgl. S. 124 ff. Dagegen von *„diktat" sprechend: Sala, Reforma, 1994, S. 244 (Rn. VI.2.3.3).*

[886] *Casas, Estructura, in: VV.AA., Reforma, 1994, S. 292 (308).*

vertrag vereinbaren zu können.[887] Verweigert eine Zentrale beispielsweise während einer Phase gewerkschaftlicher „Eiszeitstimmung" ihre Zustimmung, liegt nach spanischer Systematik eben nur ein „außerstatutarischer" Rahmentarifvertrag (*acuerdo marco extraestatutario*) mit den weiter unten beschriebenen Konsequenzen vor.[888]

Der Abschluss eines statutarischen Rahmentarifvertrags hängt somit von der Beachtung derselben „enervierenden" Förmlichkeiten ab, wie bei den „regulären" statutarischen Tarifverträgen und er verlangt unter anderem die Benachrichtigung der Arbeitsaufsichtsbehörde, die ordnungsgemäße Bildung der Verhandlungskommission in der vorgegebenen Frist, das Erreichen der Mehrheiten bei der Schlussabstimmung, die Pflicht zur Dokumentation der Verhandlungen, die Registrierung des Tarifvertrags, die Veröffentlichung im Amtlichen Gesetzesblatt usw. In der Praxis halten sich die Koalitionen jedoch fast nie an diese Pflichten und ordnen zudem allein eine obligatorische Wirkung ihrer eigenen Rahmentarifverträge an,[889] obwohl sie sogar wie „normale" statutarische Tarifverträge im Amtlichen Gesetzblatt veröffentlicht werden.[890]

---

[887] Vgl.: Art. 83.3 Satz 2 Arbeitnehmerstatut.

[888] *de la Villa, Antología, 1983, S. 42; Ojeda, DerSind, 1995, S. 794; ders., Compendio, 1998, S. 284 (Cap. 16/B/b), S. 383 (Cap. 22/C/a/4); ders., Acuerdos, in: VV.AA., Arbitraje, 1996, S. 199 (210); Pérez de los Cobos, Pactos, in: VV.AA., Manifestaciones, 1989, S. 11 (41 f); Cabeza, Buena fe, 1995, 156 ff.; Borrajo, AES, AL 1985-1, Rn. 383, S. 721 (728 ff., 733 ff.).*

MM. i.S.d. normativen Theorie: Sala/Ramírez, AES, AL 1985-1, Rn. 384, S. 741 (748 ff., 751 ff.).

A.A., die davon ausgeht, dass derartige außerstatutarische TV keinen „Daseinsgrund" besitzen, denen keinerlei rechtliche Wirkung zukommen soll: Santiago, Cumbre, 1998, S. 18 ff.

[889] Das *AMI von 1980 sah z.B. im „II. Abschnitt" vor: „Auf jeden Fall besitzt das Vereinbarte vertraglichen Charakter und erzeugt folglich Verpflichtungen für beide Vertragspartner {CEOE und UGT}." Vgl.: Alonso García, Naturaleza, in: VV.AA. Comentarios, 1980, S. 29 (35 ff.); Rivero, AMI, in: VV.AA., Comentarios, 1980, S. 129 (139 ff.); Serrano Carvajal, AMI, in: VV.AA., Comentarios, 1980, S. 161 (165 ff.); Rodríguez-Sañudo, Funciones, in: VV.AA., XI Jornadas, 1994, S. 39 (40); de la Villa, Salario, in: VV.AA., Comentarios, 1980, S. 67 (71 ff.). Zur rechtl. Einordnung: Rodríguez-Piñero/González, Centralisación, RPS 1083, N° 137, S. 357 ff.; Martín/Rodríguez-Sañudo/García, DTrab, 1998, S. 573 (Cap. 14/II/1/B); Pérez-Espinosa, Relación, REDT 1983, S. 521 (526 f.); Alonso/Casas, DTrab, 1998, S. 813 ff. (Cap. 28/V/A), 1077 ff. (Annexo III). Zum ABI, AMI, ANE, AI, AES: Borrajo, Autonomía, in: VV.AA., Libertad, 1993, S. 1063 (1070 ff.); de la Villa, Antología, 1983, S. 27 ff. (47 ff.); Sala/Ramírez, AES, AL 1985-1, Rn. 384, S. 741 (742 ff.); Ojeda, Concertación, 1990; ders., DerSind, 1995, S. 793, Fn. 56; Montoya, Diálogo, RMTAS 1997 (3), S. 141 ff.; ders., Probleme, Informaciones I/1987, S. 57 (65 ff.); Torrente, Concertación, in: VV.AA., XII Jornadas, S. 85 (94 ff.); García de Blas, Concertación, RTSS 1993 (enero-marzo), S. 129 ff.; Martín Valverde, Concertación, RMTAS 1997 (3), S. 155 ff.; Valdés, Legislación, RMTAS 1997 (3), S. 171 ff.; ders., Concertación, RL 1997, N° 2, S. 1 ff.; Pérez de los Cobos, Pactos, in: VV.AA., Manifestaciones, 1989, S. 11 (13 ff.); Fraga, Concertación, in: VV.AA., Libertad, 1993, S. 1097 ff.; Rivero, AMI, in: VV.AA., Comentarios, 1980, S. 129 (137 ff.); Zaguirre, Crisis (I), El Proyecto 1988, N° 4, S. 47 (52 ff.).*

[890] Vgl. Art. 87-90 Arbeitnehmerstatut sowie die *„RVO 1.040/1981 vom 22.05.1981 über Registrierung und Hinterlegung von arb.-rechtl. TV" (sobre registro y depósito de convenios colectivos de trabajo, BOE 06.06.1981): Rodríguez-Piñero y Bravo, Estructura, in: VV.AA., Problemas, 1984, S. 21 (41 ff.); Ojeda,*

Ferner ist öfters die Regierung als „dritte Partei" neben den beiden Sozialpartnern nach dem Modell eines „runden Tisches" (konzertierte Aktion – *concertación/negociación a tres bandas/pactos sociales/neo-corporativismo*) an der Unterschrift beteiligt, weshalb ihnen ebenfalls kein tariflicher, sondern eher ein politischer und damit „außerstatutarischer" Charakter zugesprochen wird.[891]

Schon die Tatsache des Zusammenkommens am Verhandlungstisch von Sozialakteuren und Regierung ist ein gewichtiges Indiz dafür, dass sie die bis in die achtziger Jahre währenden „Nachwehen" der Diktatur mit ihren politisch so aufgeheizten Tagen hinter sich gelassen haben. Insoweit wollen sogar die Arbeitgeber eine Veränderung von einer *„militant-politisch-revolutionären"* hin zu einer *„verantwortungsbewußt-reformistischen"* Gewerkschaftsbewegung ausmachen.[892]

Freilich erwärmt sich das Klima zwischen den Zentralen *UGT* und *CC.OO.* seit den letzten Jahren spürbar,[893] was 1997 seinen Niederschlag in einem zunächst auf vier Jahre und allein obligatorisch geltenden Rahmentarifvertrag, dem „Spitzenverbandsabkommen zur Tarifverhandlung" (*Acuerdo Interconfederal sobre Negociación Colectiva*)[894] zwischen allen gesamtstaatlich repräsentativen Koalitionen, d.h. der *UGT*, *CC.OO.* und *CEOE* fand.[895] Mit seiner Hilfe beabsichtigt man, die Aufteilung der Regelungsinhalte wie Lohnhöhe und Arbeitszeitdauer zwischen nationalen Flächen- und Firmentarifverträgen vorwärts zu treiben.[896] Nach *„IV. Inhaltlicher Anwendungsbereich – Arbeitszeit"*

DerSind, 1995, S. 782; ders., Acuerdos, in: VV.AA., Arbitraje, 1996, S. 199 (209 ff.); Alonso García, Introducción, 1987, S. 265 ff.; STCT 28.01. 1987, RTCT 2043; STCT 18.10.1988, RTCT 476; Pérez de los Cobos, Pactos, in: VV.AA., Manifestaciones, 1989, S. 11 (24 ff.).

[891] Zur Rolle der GewerkS im Rahmen konzertierter Aktionen: *Jordana, Concertación, RL 1989-II, S. 1138 ff.; Landa, Concertación, RL 1989-II, S. 98 ff.*

[892] *Serrano Carvajal (CEOE), Tendencias, 1984, S. 24 ff.; VV.AA., Memoria en 1997, 1998, S. 340 ff.*

Jüngst unterzeichnete sogar das erste Mal eine span. Regierung (der konservativen *PP) mit der CC.OO., unter Ausschluss der UGT, ein derartiges Abkommen, was vor Jahren noch undenkbar gewesen wäre. Vgl. auch: Kramer, Spanien, in: Bispinck/Lecher, Tarifpolitik, 1993, S. 370 (381 ff.).*

[893] Im gemeinsamen Dokument von *UGT und CC.OO. wird als Ziel der Tarifverhandlung ihre „Koordinierung" angestrebt: VV.AA., Memoria en 1997, 1998, S. 377 ff.; Alfonso/u.a., Negociación, RevTreb 1992, N° 18, S. 143 (155 ff, 170 ff., 186 ff.); VV.AA., Memoria en 1997, 1998, S. 376 ff.; Ulrich, ArbN-Statut, 1998, S. 72 ff. Vgl. von UGT und CC.OO.: Documento, RL 1994-I, S. 1453 ff.*

Vgl. das ASEC von 1996 zwischen CC.OO., UGT und CEOE: Sala/Alfonso, Solución, 1996, S. 196 ff.; Odriozola, ASEC, RTSS 1996, N° 22, S. 145 (150 ff.).

Vgl. den RahmenTV des span. Ölkonzerns *Repsol: GS 1997, N° 157, S. 20 f.: Ojeda, DerSind, 1995, S. 76, Fn. 71; Mercader, Estructura, 1994, S. 115.*

[894] Vom 28.04.1997 (*BOE 06.06.1997), abgedr. in: VV.AA., Estabilidad, 1998, S. 352 sowie RMTAS 1998, N° 8, S. 201 ff.*

[895] *Escudero, Tiempo, RL 1999, N° 4, S. 7 (21).*

[896] *Rodríguez Pastor, Distribución, TS 1997, N° 83, S. 61 (62, Fn. 5); García Murcia, AINC, RMTAS, 1998, N° 8, S. 99 (102 ff., 110 ff., 112 ff.); ders., AINC, TS 1998, N° 89, S. 79, 90 f., 96 ff.; Rodríguez-Sañudo, Estructura, RMTAS 1998, N° 8, S. 125 (133 ff.); González Ortega/Correa, AINC in: VV.AA., Estabilidad, 1998, S. 227 (239 ff., 246, 258 ff.); Casas, AINC, in: VV.AA., Estabilidad, 1998, S. 190 ff.;*

(*Ámbito material – Jornada*) soll diesem Rahmentarifvertrag zufolge ein nationaler Flächentarifvertrag für die jeweilige Branche die Höchstarbeitszeit und die Kriterien zu ihrer Verteilung festlegen, wobei an die unteren Ebenen, wie Betrieb, Unternehmen etc., die ungleichmäßige Verteilung der Arbeitszeit, die Festlegung der Erholungszeiten etc., also eher sekundäre Aspekte zurückverwiesen werden.[897] Ganz im Sinne einer noch stärkeren Zentralisierung der Tarifstruktur wird dann der nationale Flächentarifvertrag einer Branche für den Bereich der Arbeitszeit zur alles beherrschenden Verhandlungseinheit und so meinen einige Stimmen in der Literatur schon:[898]

> „Vielleicht ist dies einer der Punkte, mit dessen Hilfe man am schärfsten die Zentralisierung der Tarifverhandlungen beobachten kann, was durch die mit gesamtstaatlichem Geltungsbereich ausgehandelten Rahmenabkommen provoziert wurde ..."

Damit steht es im freilich folgenlosen Widerspruch zu den Bemühungen des Gesetzgebers, das Tarifpanorama über den weiter unten genannten und im Rahmen der Reform von 1994-1995 neu eingefügten Art. 84 Satz 2 Arbeitnehmerstatut zu dezentralisieren.[899]

Unter den spanischen Arbeitsrechtlern wird derzeit nach Wegen gesucht, um die jeweiligen Materien möglichst angemessen den einzelnen Ebenen der Tarifverträge zuzuordnen, was folgende Äußerungen klar machen:

> „Es erscheint nicht sachgemäß, diese Materien [*ungleichmäßige Verteilung der Arbeitszeit über das Jahr, Heraufsetzung des grundsätzlich vorgesehenen neun Stunden Tages*] wegen ihrer Natur und der organisatorischen Dimension der Arbeitszeitfrage für das Unternehmen, einer Regelung durch die Branchen- oder überberuflichen Tarifverträge anheim zu stellen. Aber im entgegengesetzten Sinne kann man Hauptgesichtspunkte, wie die tägliche und wöchentliche Arbeitszeitdauer,

---

dies., AINC, RL 1997, N° 10, S. 1 ff.; Vida, Estabilidad, RL 1997-I, S. 591 ff.; Baylos, Acuerdos, REDT 1997, N° 85, S. 653 ff.; Cruz, AINC, TS 1998, N° 89, S. 21 (37 ff.); VV.AA., Comentarios, 1998, Art. 83.2 (S. 368 ff.); Sánchez Márquez, Ámbito, REST 1992, N° 18, S. 48 (50 ff.).

897 *„Ein gesamtstaatl. geltender BranchenTV soll die tatsächl. Höchst-ArbZ im Hinblick auf die Berechnungsweise, welche die Tarifparteien vereinbaren, und im Hinblick auf die Kriterien für ihre Verteilung in der entspr. Branche festlegen; dabei soll er die Vereinbarung von Verpflichtungen sowie Bestimmungen auf niedrigere Tarifebenen delegieren, die ihrerseits eine ungleichmäßige oder gleichmäßige ArbZ-Verteilung, die Erholungszeiten, geteilte oder ungeteilte Urlaubszeiten, ggfs. die Tatbestandsvoraussetzungen für das Einfordern von Sonder-ArbZ etc. aufstellen können sowie andere Vorschriften, welche den kleineren Verhandlungseinheiten zu eigen sind, um den Gebrauch und die Nutzung der tatsächl. ArbZ besser anzupassen.": VV.AA., Estabilidad, 1998, S. 352 (355) und in: RMTAS 1998, N° 8, S. 201 ff.*

898 *Cruz/García, Regulación, RPS 1983, N° 137, S. 445 (498 ff.).*

899 Siehe S. 124 ff. Vgl.: *González Ortega/Correa, AINC, in: VV.AA., Estabilidad, 1998, S. 227 (258, 261); Rodríguez-Piñero, Transformaciones, in: Klebe/u.a., FS Däubler, 1999, S. 50 (58 f.); Alonso/Casas, DTrab, 1998, S. 816 (Cap. 28/V/A/a), 868 (Cap. 30/III/A/a/c'/b''/ 2); Rivero, Relaciones, RMTAS 1997 (3), S. 93 (106).*

nicht der direkten Verhandlung zwischen Arbeitgeber und den Arbeitnehmervertretern überlassen ... Folglich ist es wünschenswert, dass in der Zukunft die Branchentarifverhandlung den Raum besetzt, der ihr von Art. 17.3 RL 93/104/EG angeboten wird, um die Höchstdauer der täglichen sowie wöchentlichen Arbeitszeit und Dauer der Erholungszeiten festzulegen; genauso sollte sie gegebenenfalls auf die Verhandlungen auf Unternehmensebene verweisen, um die Verteilung der jährlichen und wöchentlichen Arbeitszeit sowie die Festlegung der Arbeitszeitlage [*im Sinne des täglichen Arbeitsbeginns und Arbeitsendes*] vorzunehmen."[900] – und –

„Die Arbeitszeitgestaltung ist eng mit den Unternehmerentscheidungen, welche die Organisation der Unternehmensproduktion berühren, verbunden. Deswegen würde es keinen Sinn machen, die gesamte kollektivrechtliche Regelung der Arbeitszeitfrage in den nationalen Branchentarifvertrag aufzunehmen, womit den Unternehmen eine Einheitsregelung auferlegt würde, die unfähig ist, die Einzelumstände zu regeln. Es sieht so aus, als ob nun der Zeitpunkt gekommen ist, sich darüber bewusst zu werden, dass es sich bei der Gestaltung der Arbeitszeit um einen Bereich handelt, bei dem die allgemeinen Branchentarifverträge geeignet sind Aspekte zu regeln, wie die Arbeitszeitdauer und Ruhezeiten sowie Ruhepausen und Grundsätze der Ergänzung aufzustellen, die es erlauben, andere Facetten bezüglich der Arbeitszeitorganisation und Arbeitszeitgestaltung auf der Unternehmens- oder Betriebsebene auszuhandeln."[901] – und –

„Im Wechsel dazu sollte der statutarische Tarifvertrag (solange es sich nicht um einen statutarischen Firmentarifvertrag handelt) nicht die Lage der Arbeitszeit auferlegen, weil dies zur internen Angelegenheit eines jeden Unternehmens gehört."[902] – und –

„Die Tatsache, wonach die Festlegung der Arbeitszeitlage eine unternehmerische Organisationsfähigkeit darstellt, hindert nicht daran, dass sie eine durch Tarifvertrag verhandelbare Materie darstellt, wie dies in einer großen Anzahl an Fällen geschieht; damit übt der Tarifvertrag seine klassische Funktion aus, Parzellen der Exklusivität dem Arbeitgeber zu entziehen, womit jene dann aus seiner Entscheidungssphäre in die der Arbeitnehmervertreter übertragen werden. Somit stell die Arbeitszeitlage eine potentiell aufgrund der Inhaltsfreiheit, die

[900] *Rivero, Horarios, DL 1995, N° 47, S. 13 (56 ff., 66 f.).*

[901] *Rivero, Tiempo, in: VV.AA., Nuevo ET, 1995, S. 25 (39, 56).*

[902] *Borrajo, Introducción, 1996, S. 290 (Lec. XXIII-IV); ders., Autonomía, AL 1993-1, IV, S. 51 (53, 54 f.). . Dort verweist er einerseits auf den „Unmittelbarkeitsgrds." zur betriebsnahen Regelung und andererseits darauf, dass die Festlegung der ArbZ-Lage sowie der Lohnverbesserungen von ArbG-Seite aus den einzelnen Betrieben oder Unternehmen überlassen werden muss; ders., Anm. zum Urteil „TCo 01.07.1992" (RTCo 105 = AL 1992-3, N° 1410, S. 3048 ff. = RL 1992-II, S. 559 ff.), Mejora, AL 1992-3, S. 3052 f.; ders., Autonomía, in: VV.AA., Reforma, 1993, S. 1063 (1082 ff.). Vgl. aber: Collado, Autonomía, AL 1994-1, XI, S. 153 (153)*

unsere Gesetzgebung dem Tarifvertrag ausstellt (Art. 85.1 Arbeitnehmerstatut), frei verhandelbare Materie dar, die deswegen von der Fähigkeit des Verhandlungssubjektes abhängt, um sie in den Tarifvertrag einfassen zu können."[903]

In der Praxis wird dennoch selbst die Lage der Arbeitszeit öfters nationalweit festlegt.[904] Teile der spanischen Literatur vertreten in noch viel weitergehender Weise vereinzelt sogar entschieden die Ansicht, anhand von Tarifverträgen mit *gesamteuropäischem* Geltungsbereich eine noch über dem nationalen Tarifvertrag liegende Verhandlungsebene zu etablieren.[905] Für die deutschen Arbeitnehmer und Arbeitgeber wäre dies angesichts der eklatanten Unterschiede hinsichtlich der Arbeitszeitdauer (1.573 zu 1.782 h) und des Lohnniveaus 17,90 Euro zu 9,20 Euro äußerst vorteilhaft, aber die spanischen Gewerkschaften werden sich mit aller Macht gegen solche Pläne stemmen, da sie sich ihrer Vorteile als „EG-Billiglohnland" durchaus bewusst sind und danach trachten werden, diese so lange wie möglich zu erhalten.[906]

Oben wurde dargelegt, dass ein „statutarischer" Rahmentarifvertrag anordnen darf, auf niedrigeren Ebenen keine statutarischen Tarifverträge mehr abschließen zu dürfen oder bestimmte Materien zu entziehen. Im Hinblick auf *„außerstatutarische"* Tarifverträge niedrigerer Ebene können diese *statutarischen Rahmentarifverträge* aber nicht so weit gehen, jene auszuschließen oder ihnen bestimmte Bereiche zu entziehen. Dies gilt deshalb, weil die Vorschriften von *Titel III* Arbeitnehmerstatut allein *statutarische* (Rahmen-) Tarifverträge erfassen.[907] Sowohl eine betriebliche Interessenvertretung als auch eine Kleingewerkschaft dürfte mithin selbst dann *außerstatutarische* Firmentarifverträge abschließen, wenn ihr ein statutarischer Rahmentarifvertrag derartiges untersagen würde.[908] Indessen sind dabei die Einschränkungen zu beachten, welche sich aus den allgemeinen Regelungen zur Tarifkonkurrenz zwischen statutarischen und außerstatutarischen Tarifverträgen ergeben. Vorweggreifend sei angemerkt, dass beide Tarifvertragsarten einem Günstigkeitsvergleich unterzogen werden und der dann insgesamt günstigere Tarifvertrag nach Art. 3.3 Arbeitnehmerstatut Anwendung findet.[909]

---

[903] *Román, Horario, in: VV.AA., Estudios, 1991, S. 579 (594).*

[904] Vgl. den TV für Sparkassen (*cajas de ahorro), der in Art. 19.1 die ArbZ-Dauer von insgesamt 1.700 h im Jahr und in seinem Abs. 2 die Festlegung der ArbZ-Lage von Mo.-Fr. 8.00-15.00 h vorsah (BOE 12.06.1990, N° 140, S. 16322 = RCL 1990/1200). Ebenso der nationalweite TV für private Versicherungen und Rückversicherungen (BOE 23.09.1986 = RCL 2950, S. 6204 ff.). Gleiches gilt für außerstatutarische TV: Diéguez, Negociación, in: VV.AA., Cuestiones, 1990, S. 237 (246).*

[905] *Ojeda, Recomendaciones, RL 1998, N° 17, S. 12 ff.*

[906] Vgl.: *Adomeit, ArbR, NJW 1989, S. 155 ff. Vgl.: Käding, Reducción, REST 1992, N° 15/16, S. 154 (159 ff.). Die wohl noch h.A. sieht dagegen in Art. 118 b EG-Vertrag keine Rechtsgrundlage für europ. TV: Wieland, FirmenTV, 1998, S. 199 ff.*

[907] *Acuerdo marco „versus" pacto: STCT 28.01.1987, RTCT 2043 (f.j. 5.°); Sala/Ramírez, AES, AL 1985-1, Rn. 384, S. 741 (748 ff.).*

[908] *Sala, Relación, in: VV.AA., Seminario, 1984, S. 71 (75, N° 4.°, 82).*

[909] Siehe unten auf den S. 124 ff. Vgl. STCT 28.01.1987, RTCT 2043 (f.j. 5.°).

Bislang wurde vom Schrifttum kaum die Frage beleuchtet, ob die Sozialpartner einen *außerstatutarischen Rahmen*tarifvertrag unterzeichnen und im Anschluss daran beispielsweise einen *außerstatutarischen Flächen*tarifvertrag für eine Branche abschließen dürfen. Da der außerstatutarische Rahmentarifvertrag nach herrschender Ansicht allein „obligatorisch" wirkt („Vertragstheorie"),[910] würde nach Ansicht des Verfassers eigentlich nur ein „schuldrechtlicher" Verstoß gegen ihn vorliegen, der im übrigen die Wirksamkeit des außerstatutarischen Flächentarifvertrags nicht berührt.[911]

Im Hinblick auf einen außerstatutarischen Rahmentarifvertrag gilt, dass jener keinesfalls den Abschluss eines statutarischen Flächentarifvertrags unterbinden kann, was in seiner „Wertigkeit" begründet ist, da er weder allgemeinverbindlich noch normativ wirkt und somit den Gewerkschaften oder betrieblichen Interessenvertretungen nicht ihr Recht auf statutarische Tarifverhandlungen nehmen darf. Selbst dann, wenn eine Gewerkschaft, die den außerstatutarischen Rahmentarifvertrag abschloss, später einen statutarischen Flächentarifvertrag unterzeichnet, liegt darin nur ein obligatorischer Verstoß gegen ihre Pflichten aus dem außerstatutarischen Rahmentarifvertrag, der im übrigen die Wirksamkeit des statutarischen Flächentarifvertrags unberührt lässt.

Ferner ist, wie gesagt, die Vereinbarung eines *statutarischen* Rahmentarifvertrags denkbar, der den Abschluss eines *statutarischen* Flächentarifvertrags untersagt. Können dieselben Sozialpartner, die den statutarischen Rahmentarifvertrag unterschrieben hatten, nun einen *außerstatutarischen Flächen*tarifvertrag vereinbaren? Wegen Nichterfüllung des von ihnen selbst unterzeichneten statutarischen Rahmentarifvertrags werden sie sich auch hier allein in „schuldrechtlicher" Hinsicht verpflichten und der außerstatutarische Flächentarifvertrag als solcher dagegen durchaus wirksam bleiben.[912]

---

[910] Vgl. S. 124 ff.

[911] Die Wirksamkeitsbewertung des außerstatutarischen FlächenTV hängt davon ab, ob man dem außerstatutarischen *RahmenTV ledigl. obligatorische oder normative Wirkung zubilligt. Wirkt er nur obligatorisch, so wäre der außerstatutarische FlächenTV trotz evtl. Nichterfüllung des schuldrechtl. Teils vom außerstatutarischen RahmenTV dennoch wirksam. Wirkt er dagegen normativ, so wäre er aufgrund seines Verstoßes gegen den außerstatutarischen RahmenTV nichtig. Die Rspr. folgt der „Vertragstheorie", so dass ihrer Ansicht nach der außerstatutarische TV obligatorisch gelten wird. Vgl. dazu: Sala, Relación, in: VV.AA., Seminario, 1984, S. 71 (82).*

[912] *Sala, Relación, in: VV.AA., Seminario, 1984, S. 71 (82). Zweifelhaft ist die Lage, wenn neben den Parteien, die den außerstatutarischen RahmenTV unterschrieben, auch noch andere Parteien an der Unterzeichnung des nachfolgenden außerstatutarischen FlächenTV teilnehmen, ohne allerdings vorher den außerstatutarischen RahmenTV mit unterschrieben zu haben. Nach Ansicht von Sala (der allerdings der normativen Theorie für solche außerstatutarischen TV folgt) soll auch dieser außerstatutarische FlächenTV nichtig sein: a.a.O., S. 71 (82). Die wohl h.A. wird wegen der rein obligatorischen Wirkung derartiger außerstatutarischer TV (Vertragstheorie) davon ausgehen, dass der außerstatutarische FlächenTV hier wirksam ist.*

Zur Annäherung an die realen Tarifstrukturen muss man sich die Erfassung der spanischen Arbeitnehmer[913] im Wesentlichen durch drei Geltungsbereiche statutarischer Tarifverträge verdeutlichen:[914]

- Branchentarifvertrag für das gesamte Staatsgebiet:
  34,97% aller Arbeitnehmer;
- Branchentarifvertrag einer Provinz:
  52,33% aller Arbeitnehmer;
- Tarifvertrag einer Firma:
  12,70% aller Arbeitnehmer.

Demzufolge sind 87,3% der Beschäftigten statutarischen Tarifverträgen unterworfen, die auf der Ebene oberhalb des Unternehmens ausschließlich von Gewerkschaften und nicht durch eine der beiden betrieblichen Interessenvertretungen abgeschlossen werden.[915] Der Statistik lässt sich allerdings nicht entnehmen, welche Inhalte diese statutarischen Firmentarifverträge behandeln.

Wegen der gerade beschriebenen tarifpolitischen Instrumente werden die Zentralen jedoch in den seltensten Fällen derart wichtige Bereiche wie Lohnhöhe und Arbeitszeitdauer einer freien Regelung durch betriebliche Interessenvertretungen überlassen.[916] Die oben genannte gesetzliche Grundregel von der angeblich „hierarchisch

---

[913] Mittlerweile werden ca. 90 % der ArbN von TV erfasst: *Mercader, Estructura, 1994, S. 108, Fn. 78. Einige Branchen sind freilich durch das Fehlen tarifl. Regelungen, sog. „tarifl. Wüsten", gekennzeichnet, weshalb dort das verwaltungsrechtl. Verfahren der „Ausdehnung" (extensión) nach Art. 92.2 Arbeitnehmerstatut betrieben wird, vgl. oben S. 124 ff. und 124 ff. Nach Rivero werden zwischen 1,5 und 2 Millionen ArbN von keinem TV erfasst: Contenidos, DL 1994, N° 43, S. 35 (41).*

[914] BranchenTV, die 2 oder mehrere Provinzen abdecken, erfassen 5,87% aller ArbN. BranchenTV einer Kommune oder eines Bezirks: 0,18 % aller ArbN. KonzernTV: 0,37% aller ArbN. FirmenTV lassen sich unterteilen in solche mit provinziellem Geltungsbereich, die 5,57% aller ArbN, mit dem Geltungsbereich einer Autonomen Gemeinschaft, die 0,84% aller ArbN oder mit dem Geltungsbereich von 2 oder mehreren Autonomen Gemeinschaften, die 4,27% aller ArbN erfassen, KonzernTV mit provinziellem Geltungsbereich: 0,11% aller ArbN, KonzernTV mit dem Geltungsbereich einer Autonomen Gemeinschaft: 0,02% aller ArbN, KonzernTV mit dem Geltungsbereich von 2 oder mehreren Autonomen Gemeinschaften: 0,19 % aller ArbN, BranchenTV mit dem Geltungsbereich einer Autonomen Gemeinschaft: 5,2% aller ArbN und BranchenTV mit dem Geltungsbereich von 2 oder mehreren Autonomen Gemeinschaften: 0,04% aller ArbN: *González de Lena, Marco, in: VV.AA., Anuario UGT, 1998, S. 57 (82, Cuadro 5); Cruz, AINC, TS 1998, N° 89, S. 21 (23 ff.); VV.AA., Memoria en 1997, 1998, S. 385.*

[915] Vgl. *Durán, El ET, RL 1990-II, S. 121 (129). Die nationalen statutarischen FlächenTV sehen öfters eine Staffelung der Lohnhöhe je nach Provinz vor: Der „Nationale TV für Dachziegel, Ziegel, Sonderstücke aus gebranntem Ton" (Convenio estatal de tejas, ladrillos y piezas especiales de arcilla cocida) führt z.B. für 30 Provinzen unterschiedl. Lohntabellen und –höhen ein: BOE 06.09.1994.*

Zu Bsp. für die span. Art der Branchenunterteilung mit ihren Verhandlungseinheiten: *González de Lena, Marco, in: VV.AA., Anuario UGT, 1998, S. 57 (91 ff., 106).*

gleichwertigen" Stellung statutarischer Tarifverträge unterschiedlicher Ebenen kehrte sich faktisch in eine Ausnahme um. Anders als in Deutschland, wo § 77 Absatz 3 Betriebsverfassungsgesetz ausdrücklich einen allzu offensichtlichen Machtvorbehalt zugunsten der Gewerkschaften anordnet, bildete sich die Vorherrschaft der spanischen Koalitionen in mittelbarer Weise über ein kompliziertes Geflecht aus Gesetzgebung, Rechtsprechung und Tarifpraxis heraus und so verwundert es kaum, dass von den beiden alles beherrschenden Gewerkschaften *UGT* und *CC.OO.* mit dem Arbeitgeberverband *CEOE* über 93% der Tarifverhandlungen abgewickelt werden, woraus man indirekt auf die sehr starke Zentralisierung in ihren Händen schließen kann.[917] Treffend erscheint daher folgende Feststellung:

> „Mittels dieser Ermächtigung [*zum Abschluss von Rahmentarifverträgen*] wird es den Gewerkschaftszentralen leicht gemacht, auf tatsächlichem Wege die den Betriebskomitees vom Gesetz ausgestellte Verhandlungsfähigkeit zu annullieren."[918] – und –
> „Das meilenweite Auseinanderklaffen zwischen dem, was man in den Gesetzesmotiven erklärt und dem, was man im Gesetz niederlegt, erreicht hier seine maximale Dimension."[919] – und –
> „In der Tat besteht eine bemerkenswerte und nicht in Abrede gestellte Tendenz, dass die Tariffähigkeit den Gewerkschaftsorganen ausgestellt wird, ganz auf der Linie, was bei den Flächentarifverträgen geschieht … , um insgesamt eine stärkere und bessere Koordinierung der Tarifverhandlung zu erreichen. Der … Widerstand der Gewerkschaften gegen die Durchführung von Verhandlungen durch Organe der Einheitsvertretung in den Unternehmen oder Betriebskomitees, Belegschaftsdelegierte oder andere ähnliche Kollektivsubjekte hat … den fast generellen Vorbehalt der Tariffähigkeit für jene mit sich gebracht, was in der großen Mehrheit der Fälle das absolute oder beinahe **absolute Monopol** der Tariffähigkeit für die Gewerkschaften bedeutet."[920] (H.d.V.)

Auch an dieser Stelle erkennt man ein Instrument des Machtkampfes, mit dem Ende der siebziger Jahre der kommunistisch-anarchistischen *CC.OO.*-Betriebsrätebewegung der Wind „aus den Segeln" genommen wurde. Über diesen Artikel konnte die sozialistische *UGT* im Arbeitnehmerstatut, bei Schützenhilfe ihrer politischen Schwesterpartei *PSOE*, die Vorrangstellung der Gewerkschaftszentralen etablieren, welche von

916 *Rodríguez-Piñero Royo/González, Centralización, RPS 1983, N° 137, S. 370 ff.; Fernández López, Convenio (I), AL 1995-1, VI, S. 87 (89 ff.); Fernández Domínguez/Martínez, Modificación, La Ley 1995-2, S. 881 (882); Durán/Sáez, Autonomía, RL 1991-II, S. 382 (388, 395); Collado, Autonomía, AL 1994-1, XI, S. 153 (154); STSJ Canarias, Las Palmas 29.09. 1994, AS 3367 (f.j. 2.°).*

917 MTSS, Anuario de Estadísticas Laborales, 1992, S. 504 f.; *Iglesias, Negociación, 1997, S. 97; Escudero, Negociadores, 1986, S. 31 ff.*

918 *Suárez González, Relaciones, 1980, S. 207, 208.*

919 *Plaza, Proyecto, Bol. AEDIPE marzo 1984, S. 7 (9).*

920 *Escudero, Negociadores, 1986, S. 16; Prados, Representación, RL 1991-I, S. 183 (187 ff., 183 ff.).*

oben herab mit „*Konkurrenzklauseln*" oder „*Rahmentarifverträgen*" die untere Tariflandschaft „ordnen" und damit mittelbar die eigentlich den betrieblichen Interessenvertretungen formell zugestandene Tariffähigkeit aushebeln dürfen.[921]

3. Das statutarische Desaffektierungsabkommen

Eine im Zuge der Reform von 1994-1995 neu in das Arbeitnehmerstatut eingefügte Vorschrift wäre theoretisch in der Lage, das gesamtstaatlich gegliederte Tarifsystem ein wenig zu dezentralisieren. Ihren Ausgangspunkt hat sie im delikaten Nationalitätenkonflikt Spaniens:[922]

Die im Baskenland sowie Navarra stark verwurzelte Gewerkschaft *ELA-STV* befürchtete seit Erlass des Arbeitnehmerstatuts im Jahre 1980, dass die dargestellten Mechanismen zur Staffelung der Tariflandschaft den beiden beherrschenden Zentralen *UGT* und *CC.OO.* eine absolute Vormachtstellung verschaffen könnten.[923] Die Vorstellung, von „Madrid aus" der *ELA-STV* „ihr" Recht auf statutarische Tarifverhandlungen im „eigenen" Baskenland nehmen zu können, erzeugte unter den Anhängern dieser Gewerkschaft seit jeher eine unheilvolle Vision von der „*Diktatur der Rahmentarifverträge*".[924] Aus diesem Grunde forderten sie seit Inkrafttreten des Arbeitnehmerstatuts eine gesetzliche Regelung, nach der Autonome Gemeinschaften von solch einer „Madrider-Bevormundung" abweichen dürfen, eine sog. „Verhandlung in Kaskaden" (*negociación en cascada*).[925]

Im Rahmen der Reform des Arbeitgeberstatuts im Jahre 1994-1995 ergab sich endlich eine günstige politische Situation, in der sie ihr langjähriges Ansinnen durchsetzen konnten und es wurde Art. 84 Satz 2 Arbeitnehmerstatut eingefügt. Dabei handelt es sich um das letzte große Gesetzgebungsverfahren der sozialistischen Regierung unter ihrem damaligen Präsidenten *Felipe González*. Da die Mehrheitsverhältnisse im Abgeordnetenkongress nicht ausreichten, war jene Partei zur Verabschiedung der Reform

---

[921] Vgl. die S. 124 ff.

[922] Nach Ansicht von *Ojeda wird mit der Schwerpunktsetzung auf regionale Flächentarifverhandlungen ein Nationalitätenkonflikt umgangen, welcher sich unweigerl. beim Abschluss von immerfort nationalweit geltenden FlächenTV einstellen würde: Sindicalismo, in: VV.AA., Cuestiones, 1990, S. 561 (580). Vgl.: Hartmann, Spanien, Pol-ZeitG 31/1979, S. 29 (42 ff.).*

[923] Vgl. oben S. 124 ff.

[924] Die GewerkS und ArbG-Verbände einer Autonomen Gemeinschaft haben bei entspr. Repräsentativität nach Art. 87.4 Arbeitnehmerstatut allein einen Anspruch darauf, an der Verhandlung eines gesamtstaatl. geltenden FlächenTV in der Verhandlungskommission teilzunehmen. Da sie in der Praxis nie allein die zum Abschluss eines solchen gesamtstaatl. geltenden FlächenTV notwendigen Mehrheiten in der Verhandlungskommission erreichen und die auf nationaler Ebene für repräsentativ befundenen GewerkS *UGT oder CC.OO. dort den „Ton angeben", besitzen sie letztlich keine reale Möglichkeit zur Einflussnahme, vgl.: Ojeda, Compendio, 1998, S. 364 ff.*

[925] *Rivero, Estructuras, REDT 1998, N° 98, S. 381 (386); ders., Estructuras, DL N° 43, 1994, S. 5 (40, 47); Alós/u.a., Reforma, 1994, S. 80 ff.; Rodríguez Pastor, Horario, 1997, S. 65.*

auf die Stimmen der baskisch-nationalistischen Regionalpartei *PNV* angewiesen. Diese Partei setzte das Einfügen von Art. 84. Satz 2 Arbeitnehmerstatut durch. Es handelt sich somit um einen „politischen Preis“ für die Zustimmung zur Arbeitsrechtsreform, die sonst wohl gescheitert wäre.[926]

Jener Artikel gibt nun also die Möglichkeit zur Vereinbarung von sog. „Desaffektierungsabkommen“ (*acuerdos de desafectación*):[927]

> „Die Gewerkschaften und Arbeitgeberverbände, welche die Bedingungen zur Tariffähigkeit nach den Artikeln 87 und 88 dieses Gesetzes erfüllen, können in jedem Fall und trotz des im vorherigen Artikel Angeordneten in solch einem tariflichen Geltungsbereich, welcher **über dem Unternehmen** liegen muss, [*statutarische*] Abkommen oder [*statutarische*] Tarifverträge verhandeln, die das Festgelegte in **noch höheren** Geltungsbereichen berühren dürfen; hierfür bedarf besagte Entscheidung der Rückendeckung mit den **Mehrheiten**, die notwendig sind, um die Verhandlungskommission in der entsprechenden Verhandlungseinheit bilden zu können.“ (H.d.V.)

Nach dem zuvor Gesagten müsste der Wortlaut dieser Vorschrift eigentlich nun überraschen, da er nun nicht mehr allein auf das Gebiet einer Autonomen Gemeinschaft beschränkt ist, sondern auch Desaffektierungsabkommen auf noch niedrigeren Ebenen zulässt, was einige Autoren von einem „Erdbeben“ im Tarifpanorama sprechen lässt.[928] Rein theoretisch sind Situationen möglich, in denen sich staffelweise ein zeitlich nachfolgender Tarifvertrag der Autonomen Gemeinschaft aus dem zuvor abgeschlossenen nationalen „ausklinkt“, ein provinzieller mit dem der Autonomen Gemeinschaft dasselbe macht und ein lokaler aus dem provinziellen Tarifvertrag „flieht“, wobei dann ähnliches zu verzeichnen wäre wie beim konfusen „*Weben und Entweben des Leichentuches durch Penelope*“.[929] Auch hier soll ausdrücklich darauf hingewiesen werden, dass es sich

---

[926] Vgl. *Grupo Parlamentario de Senadores Nacionalistas Vascos und Eusko Alkartasuna in der Grupo Mixto del Congreso de los Diputados, Diario de Sesiones del Senado, ComTrab y SS, sesión celebrada el miércoles 20.04.1994, S. 23; Casas, Estructura, in: VV.AA., Reforma, 1994, S. 292 (294, Fn. 1); Ojeda, Delimitación, AL 1995-1, XVI, S. 253 (260); García-Perrote, Art. 84, in: VV.AA., Estructura, 1996, S. 23 (45 ff., 53 ff.).*

[927] *Ojeda, DerSind, 1995, S. 797, Fn. 73.*

[928] *Ojeda, DerSind, 1995, S. 756; ders., Barrenado, in: VV.AA., Nuevo ET, 1995, S. 199 (207); Casas, Estructura, in: VV.AA., Reforma, 1994, S. 292 (311 ff.); García-Perrote, Art. 84, in: VV.AA., Estructura, 1996, S. 36 (49). Unzulässig wäre es, diese Vorschrift über die Tarifverhandlung „auszuhebeln“: Valdés, Reforma, RL 1999, N° 5 marzo, S. 1 (2 ff.).*

[929] Im Sinne des Vorranges eines Tarifvertrags *„posterior et minor“ als Ausnahme zu dem o.g. Prinzip des „prior in tempore“ nach Art. 84 1. Abschnitt Arbeitnehmerstatut und der Fähigkeit, über „Rahmentarifverträge“ (Art. 83.2 Arbeitnehmerstatut), die Tarifstruktur regeln zu können: Valdés, Reforma, RL 1999, N° 5 marzo, S. 1 (6 ff.). Vgl. Ojeda, DerSind, 1995, S. 757; ders., Compendio, 1998, S. 358 ff. (Cap. 20/D/a); Desdentado, Concurrencia, in: VV.AA., Negociación II, CDJ 1995, S. 61 (82 ff.); González Ortega, Reforma, in: VV.AA.,*

um einen ganz „normalen" statutarischen Tarifvertrag handelt, der sämtliche Voraussetzungen des Arbeitnehmerstatuts zu erfüllen hat, damit er „normativ" und „allgemeinverbindlich" wirkt (die „zwei Filter" mit Repräsentativität und Mehrheit bei Schlussabstimmung).

In der Praxis steht solch ein „Befreiungsschlag" gegen Rahmentarifverträge wegen der gewerkschaftlichen Kräfteverhältnisse allein der Regionalgewerkschaft *ELA-STV* im Baskenland und vielleicht noch der galizischen *CIG* offen.[930] Die restlichen Zentralen scheitern derzeit an den für das Zustandekommen der Desaffektierungsabkommen geltenden „zwei Filtern".

Aber selbst die Gewerkschaften im Baskenland und in Galizen werden selten die hohen gesetzlichen Anforderungen erfüllen, um ein derartiges Desaffektierungsabkommen vereinbaren zu können: Dem Gesetzeswortlaut nach muss eine noch höhere Mehrheit bei der Schlussabstimmung als beim Zustandekommen gewöhnlicher statutarischer Tarifverträge erreicht werden.[931] Bereits unter diesem Gesichtspunkt wird klar, dass jene Möglichkeit in Zukunft kaum einen geeigneten Fluchtweg aus der stark zentralisierten Tarifstruktur bieten kann.[932] Der Gesetzgeber wagte es nicht, den letzten sowie alles entscheidenden Schritt zu unternehmen, und zwar Tarifabschlüsse einfach solchen Stellen zu überlassen, die genau wissen „wo der Schuh drückt": Den Betrieben oder Unternehmen.[933]

Reforma, 1994, S. 335 (374 ff.). Folgt man im Rahmen der KonzernTV der MM. (S. 124 ff.), handelt es sich bei den Desaffektierungsabkommen um TV „über" der Unternehmensebene, weshalb sich z.B. auch ein Konzern aus einem z.B. nationalen BranchenTV „ausklinken" könnte: Monge, Comentarios, 1994, S. 164. Zu weiteren Zweifelsfragen, die aus jener Vorschrift entstehen können und zur Kritik bzw. der Äußerung, dass die mit dieser Vorschrift verfolgten Ziele nicht erreicht worden seien (*reforma fracasada/inútil): Valdés, a.a.O., S. 1 (3 ff., 7 ff.).*

[930] Es hängt von den Entscheidungsträgern der Spitzenkoalitionen ab, ob jene noch andere räuml. Geltungsbereiche als den der Autonomen Gemeinschaft für ihre untergeordneten Organisationen in der Zukunft zulassen werden: *Rodríguez Pastor, Horario, 1997, S. 95; ders., Distribución, TS 1997, N° 83, S. 61 (68).* Bezeichnend ist, dass bislang entspr. Abkommen, noch nicht abgeschlossen wurden: *Valdés, Reforma, RL 1999, N° 5 marzo, S. 1 (2 ff.). Im Baskenland war eines in Vorbereitung, scheiterte aber letztl.: „Branchenübergreifendes Abkommen zur berufl. Fortbildung im Baskenland" (AIFCPJ) vom 28.09.1995: Alonso/Casas, DTrab, 1998, S. 814, Fn. 111 (Cap. 28/V/A/2.°); Ochando, Pactos, RL 1994-II, S. 1225 ff.; VV.AA., Resaca, RL 1996-I, S. 1282 (1284); Albiol, Acuerdos, in: VV.AA., Estructura, VIII Jornadas, 1996, S. 57 (71); García-Perrote, Art. 84, in: VV.AA., Estructura, 1996, S. 36 (53); Montalvo, Reforma, in: VV.AA., Reforma, 1995, S. 9 (28).*

[931] Vgl. dazu: *Ojeda, DerSind, 1995, S. 758 (Cap.27/D/b) m.w.N.; Casas, Estructura, in: VV.AA., Reforma, 1994, S. 292 (310 ff.); Desdentado, Concurrencia, in: VV.AA., Negociación II, CDJ 1995, S. 61 (83 ff.).*

[932] *Casas, Estructura, in: VV.AA., Reforma, 1994, S. 292 (307); Alonso/Casas, DTrab, 1998, S. 868 ff. (Cap. 30/III/A/a/c'/2); Ojeda, DerSind, 1995, S. 758; Sala, DTrab, 1997, S. 171 (Tema 3/2/B/d); Rivero, Estructuras, DL N° 43, 1994, S. 35 (57 ff.).*

[933] Gefordert von: *Durán, Sistema, in: VV.AA., XI Jornadas, 1994, S. 13 (15 ff.). „Es handelt sich...um eine...Forderung, nach der das Unternehmen zentraler Punkt der Arbeitsbeziehungen sein soll.": Escudero, Tiempo, RL 1999, N° 4, S. 7 (19).*

4. Härteklauseln zur Abkopplung vom tariflichen Lohn

a) Pflicht zur Anordnung der Abkopplung in Flächentarifverträgen

Schon seit dem „Überbetrieblichen Grundabkommen" (*ABI*) vom 10. Juli 1979 zwischen *CEOE* und *UGT* (ohne Beteiligung der *CC.OO.*) wurden vor dem Inkrafttreten des Arbeitnehmerstatuts immer wieder Absichtsbekundungen zur Einrichtung von Abkopplungsklauseln vom Tarifvertrag getätigt, mit deren Hilfe es einem notleidenden Unternehmen schnell ermöglicht werden sollte, seine Belegschaft über einen bestimmten Zeitraum unterhalb des tariflich vereinbarten Lohns zu entgelten. In der Praxis wurden derartige Klauseln freilich sehr selten in statutarische Tarifverträge aufgenommen.[934] Paradigmatisch waren vor der Reform von 1994-1995 Situationen wie diese:

In der Textilbranche erklärten sich im Jahre 1987 von 173 Arbeitnehmern immerhin 95 (= 55%) in einer Betriebsversammlung dazu bereit, Löhne *unter* dem statutarischen Flächentarifvertrag, aber immerhin noch 12% *über* dem staatlich angeordneten „Mindestlohn" zu akzeptieren (*salario mínimo interprofesional – SMI*).[935] Obwohl die

---

Die Vorteile der EinbVertr. und GewerkS-Sektion wegen ihrer größeren Nähe zum Betrieb oder Unternehmen feststellend: Rodríguez-Piñero Royo, Representación, RL 1993-I, S. 12 (15). Contra: Ojeda, Acuerdos, in: VV.AA., Arbitraje, 1996, S. 199 (200 ff.); ebda.: Hanau, Principios, S. 224 (228); García-Perrote, Art. 84, in: VV.AA., Estructura, 1996, S. 23 (35 ff.).

[934] Die Regelung des „Überbetrieblichen Grundabkommens" (*ABI) wurde fast vollständig im ebenfalls allein von CEOE sowie UGT unterzeichneten „Überberuflichen Rahmenabkommen" (AMI) vom 5. Januar 1980, dem „Nationalen Abkommen für Beschäftigung" (ANE) von 1981, dem „Spitzenverbandsabkommen" (AI) von 1983 sowie dem „Wirtschafts- und Sozialabkommen" (AES) von 1984 für die Jahre 1985 und 1986 beibehalten. Zu beachten ist freil., dass es sich bei diesen „Spitzentarifverträgen" um rein obligatorisch wirkende, d.h. „außerstatutarische" Tarifverträge handelte. So lautete der entsprechende Passus im „Überberuflichen Rahmenabkommen" (AMI) in „Absatz II": „Die vereinbarten prozentualen Lohnzuwächse werden nicht notwendiger- und obligatorischerweise auf diejenigen Unternehmen angewandt, die sich in objektiven und erwiesenen Defizit- oder Verlustlagen während der letzten beiden Rechnungsjahre befanden. Ebenso müssen die Aussichten für das derzeitige Rechnungsjahr beachtet werden. Auf jeden Fall wird den Vertragsparteien die Festlegung des Lohnsteigerung anheim gestellt. Um die Lage einzuschätzen, sind die Umstände mit zu berücksichtigen, wie unter anderem nicht ausreichende Produktivität und Verkäufe und hierzu werden die Zahlen ihrer Buchführung, Bilanzen und Rechnungsabschlüsse beachtet. Bei Meinungsverschiedenheiten über die Wertung besagter Zahlen, kann auf Gutachten von Rechnungs- oder Buchprüfern zurückgegriffen werden, welche die Umstände und Ausmaße des Unternehmens zu beachten haben."* 1990 ordnete der statutarische FlächenTV für Sparkassen in Art. 11 an: *„Sonderklausel zur Abkopplung – Die Sparkassen, welche nach Ansicht der gemischten Interpretationskommission {dem Gremium zur Entscheidung über das „Ob" der Abkopplung} bewiesener- und anerkanntermaßen nicht mehr die Klauseln des gegenwärtigen TV wegen ihrer Verlustsituation anwenden können, dürfen mit der ArbN-Vertretung {auf Firmenebene} die Anpassung der festgelegten Einkünfte an ihre Situation vereinbaren...", BOE 12.06.1990, N° 140, S. 16322 = RCL 1990/1200. Siehe: STCT 18.10.1982, RTCT 5882 zur Abkopplungsklausel in einem statutarischen ProvinzTV für Bäckereien.*

[935] Für 2005 beträgt er 17,10 Euro am Tag. Dieser jährl. nach Art. 27.1 Arbeitnehmerstatut von der

Vorinstanz dieses Ansinnen der Mehrheit unterstützte und das Überleben des Unternehmens sowie den Erhalt der Arbeitsplätze für wichtiger hielt als einen Lohnanstieg im Branchentarifvertrag, sprach sich der Oberste Gerichtshof mangels tariflicher Abkopplungsklausel dagegen aus.[936]

Vor allem die *CC.OO.* weigerte sich Ende der siebziger Jahre derartige Abkopplungsklauseln in statutarische Flächentarifverträge für die Chemie-, Metall- und Baubranche zu integrieren. Folglich vereinbarten *CEOE* und *UGT* auch ohne Beteiligung der *CC.OO.* Flächentarifverträge mit derartigen Klauseln, die, weil die *CC.OO.* sich einer Unterschrift verweigerten, allein als außerstatutarische Tarifverträge in Erscheinung traten („zweiter Filter").[937]

Um dieses für zu starr empfundene allgemeinverbindliche Tarifsystem aufzulockern, wurde durch Reform von 1994-1995 in Art. 82.3 und 85.2.*c)* Arbeitnehmerstatut die äußerst bemerkenswerte *Pflicht* verankert, sog. *„Abkopplungsklauseln"* in statutarische Tarifverträge mit aufzunehmen (*cláusulas de descuelgue salarial*).[938] Damit darf sich ein

---

Regierung über eine *„Königl. RVO" (Real Decreto) festgelegte monatliche Mindestlohn i.H.v. 513,00 Euro für das Jahr 2005 (= 7.182,00 Euro/Jahr), wurde im 1998 das erste Mal ohne Einbußen für ArbN unter 18 Jahre verabschiedet, obwohl dies lt. STCo 07.03.1984, RTCo 31 durchaus zulässig ist; Real Decreto 2388/2004, de 20 de diciembre, por el que se fija el salario mínimo interprofesional para 2005 (BOE núm. 315, 31.12.2004, S. 42764); López-Tarruella, Modificacion, 1984, S. 144 ff.; Abele, TarifR, Diss., 1996, S. 134, Fn. 17. Zum „Warum" eines Mindestlohnes: Argandoña, Salario, BCE, dic. 1993, N° 57, S. 201 (212 ff.); Montoya, Retribución, in: VV.AA., Ordenamiento, 1987, S. 225 (244); Bosch, Flexibilität, Soziales Europa, Beiheft 1/95, S. 31 f. Vor seiner Festlegung sind die repräsentativen GewerkS und ArbG-Verbände zu hören. Vgl. zum Lohn Art. 35.1 Verfassung sowie Blasco, Individualización, 1995, S. 256 ff.* Zur Legaldef. von *„Lohn" siehe Art. 26.1 Arbeitnehmerstatut sowie Hernáez, Salarios, AL 1994-3, XXXVIII, S. 551 (551 ff.).*

936 STCT 12.11.1987, RTCT 24841 (vgl. Fn. 989).

937 *Gómez Álvarez, Descuelgue, REDT 1999, N° 98, S. 877 (878 ff.); Rivero, AMI, in: VV.AA., Comentarios, 1980, S. 129 (154 f.); Pradas, Negociación, DL 1994, N° 43, S. 13 (25 ff.); Garrido, Descuelgue, RL 1995-I, S. 363 (364 ff.); Alonso/Casas, DTrab, 1998, S. 1118, 1121 ff. (Annexo III/A und D); Cuevas López, Descuelgue, in: VV.AA., Arbitraje, 1996, S. 238 (242 f.).*

Vgl. die Bsp. der Tarifverträge mit Härteklauseln: *Martínez Girón, Descuelgue, REDT 1999, N° 95, S. 437 (438 ff.).*

938 Oder auch: *cláusulas de desenganche/inaplicación/descolgamiento. Nach h.A. ist es unzulässig, dass ein statutarischer FlächenTV die Einrichtung solcher Abkopplungsklauseln ausdrückl. untersagt oder, wegen zu hochgeschraubter, drakonischer Anforderungen, faktisch unmöglich macht. Umstritten ist die noch zulässige Reichweite der mögl. Einschränkung: Sala, Reforma, 1994, S. 240 (Rn. VI.2.3.1.2.°); Sala/Albiol, DerSind, 1998, S. 328 ff. (Tema 5/III/3/C); Iglesias, Negociación, 1997, S. 273 (Cap. X/4/Cuarto); Alfonso/Pedrajas/Sala, Descuelgue, RL 1995-II, S. 1429 (1430); Sala/Alfonso/Pedrajas, Acuerdos, 1996, S. 25, 26; González Ortega, Reforma, in: VV.AA., Reforma, 1994, S. 335 (347); Agut, Cláusula, TS 1998, N° 83, S. 9 (13 ff.); Gómez Álvarez, Descuelgue, REDT 1999, N° 98, S. 877 (885 ff.). Zur MM., nach der ein TV die gesetzl. Regelung zur Nichtwahrnehmung der aus einer Härteklauseln entspringenden Rechte aushebeln darf, und zwar unter Berufung auf das verfassungsrechtl. gewährleistete "Recht auf Tarifverhandlungen": Baylos, Cláusulas, in: VV.AA., Reforma, 1994, S. 322 (330 ff.); Casas, Descuelgue, RL 1995-I, S. 23 (25, 26). Zum notwendigen*

wirtschaftlich notleidendes „*Unternehmen*"[939] vom Tariflohn „abkoppeln"[940], wobei als Untergrenze zumindest der staatlich festgelegte Mindestlohn zu zahlen ist.[941] Der Art. 82.3 Arbeitnehmerstatut lautet:

Inhalt statutarischer TV: Art. 163 LPL; Cuevas López, Descuelgue, in: VV.AA., Arbitraje, 1996, S. 238 (238 ff.). Vgl. zu Bsp. von TV nach der Reform 1994: Staatl. TV für Reisebüros, BOE 01.03. 1995; Blumen- und Pflanzenhandel, BOE 12.04.1996; Teigwarenindustrie, BOE 10.05.1996; Ojeda, Compendio, 1998, S. 369 ff. (Cap. 21/E/b); Casas, Descuelgue (I), RL 1995-I, S. 23 ff. und (y II), S. 31 ff.; Garrido, Descuelgue, RL 1995-I, S. 363 (387 ff., Fn. 60 ff.); Pérez de los Cobos, Descuelgue, in: VV.AA., Aplicación, 1996, S. 41 ff.

[939] Also grds. nicht „*Betrieb*": *Alfonso/Pedrajas/Sala, Descuelgue, RL 1995-II, S. 1429 (1431).*

Unter Diskriminierungsgesichtspunkten (Art. 14 Verfassung) ist fraglich, ob eine Abkopplung nur für das gesamte Unternehmen oder auch Teile, wie für bestimmte Betriebe oder ArbN-Gruppen, mögl. sein darf. Bei „Ortung" bestimmter „Verlustbetriebsteile" oder „Verlustpersonengruppen" oder beim Dafürsprechen aus objektiven und sachl. Gründen (z.B. ArbN mit Unterhaltspflichten ggü. mehreren Kindern) bejahend: STSJ Andalucía, 25.04. 1997, AS 3857; Alfonso/Pedrajas/Sala, a.a.O., S. 1429 (1432); Sala/Alfonso/Pedrajas, Acuerdos, 1996, S. 29; Gala, Modificación, AS 1996-II (Ss 1247-2427), S. 2459 (2475 ff.); Pérez de los Cobos, Descuelgue, in: VV.AA., Aplicación, 1996, S. 41 (43 ff.); Gómez Álvarez, Descuelgue, REDT 1999, N° 98, S. 877 (889, 899, Fn. 86), der das Bsp. von Betrieben bringt, die in weitgehender Autonomie ihre eigene „Politik" fahren können und deren wirtschaftl. Lage sich sofort von der anderer Betriebe unterscheiden lasse (z.B. Fabriken, die einen bestimmten und sich schlecht verkaufen lassenden Auto-Typ herstellen).

A.A., *nach der eine Abkopplung nur das gesamte Unternehmen erfassen kann: Alfonso/Pedrajas/Sala, a.a.O., S. 1429 (1430 ff.); Baylos, Cláusulas, in: VV.AA., Reforma, 1994, S. 322 (329).*

Besitzt ein Unternehmen mehrere Betriebe, so kann ggfs. das Überbetriebl. Komitee die Abkopplung vornehmen: Gómez Álvarez, Descuelgue, REDT 1999, N° 98, S. 877 (894 ff.).

Abkopplungsklauseln bei „Konzernen": Iglesias, Negociación, 1997, S. 274 ff.; Martínez Girón, Descuelgue, REDT 1999, N° 95, S. 437 (443 ff.); Gómez Álvarez, Descuelgue, REDT 1999, N° 98, S. 877 (889 ff.); Pérez de los Cobos, Descuelgue, in: VV.AA., Aplicación, 1996, S. 41 (45 ff.).

[940] Zwölf Monate: *García Murcia, „Salarios", in: VV.AA., Anuario UGT, 1998, S. 227 (246 ff., 248 ff.). Zeitl. Begrenzung aus der Praxis: TV für Glas-, Keramikindustrie und deren Großhandelsverkaufsstellen, BOE 09.09.1994; TV für Blumen und Pflanzen, BOE 12.04.1996 mit automatischer „Rückkopplung" hin zur alten Lohnsituation bei Fristablauf der Abkopplung ohne Verlängerung.*

Problematisch ist auch hier, ob der die relative Friedenspflicht anordnende Art. 11.c) „Königliches provisorisches Eilgesetz über Arbeitsbeziehungen 17/1977" vom 4. März 1977 (vgl. S. 124 ff.) Arbeitskämpfe entweder zur Einrichtung derartiger Härteklauseln bei laufendem TV oder aber auch zur Anwendung jener untersagt. Die Anwendung der Härtefallklausel stellt weder eine Wieder- oder Neuverhandlung des TV noch seine Anwendung und auch keine einseitige Veränderung des TV-Inhaltes dar. Damit ist nach h.A. ein Arbeitskampf also „rechtmäßig": del Rey, Paz, 1984, S. 252; Gómez Álvarez, Descuelgue, REDT 1999, N° 98, S. 877 (894).

Zum Meinungsstand: *Gómez Álvarez, a.a.O., S. 877 (880 ff.); Baylos, Descuelgue, in: VV.AA., Reforma, 1995, S. 99 (105 ff.).*

[941] Vg. Fn. 935.

„Die [*statutarischen Flächen-*] Tarifverträge mit Geltungsbereich über dem Unternehmen müssen ... die Bedingungen und Verfahren festlegen, bei denen auf eine Lohnzahlung nach der [*tariflichen*] Lohnordnung verzichtet werden darf, falls ein Unternehmen betroffen ist, dessen wirtschaftliche Stabilität als Folge solch einer Bezahlung geschädigt werden könnte." (H.d.V.)

Die Tarifverträge sehen zum Nachweis einer derartigen Notlage meist einen Beurteilungszeitraum von zwei Jahren *vor*, in dem das kränkelnde Unternehmen entsprechende Verluste nachzuweisen bzw. glaubhaft zu machen hat.[942] Wird dem schriftlich zu fassenden Abkopplungsantrag[943] vom zuständigen Gremium[944] dann zugestimmt[945], so gilt die Abkopplung gewöhnlich auf zwölf Monate und wird im Anschluss daran erneut überprüft.[946]

---

[942] Lt. Gesetz darf allein die „zukünftige" Lage ausschlaggebend sein, d.h. wenn sich die Gewinnlage zu verschlechter droht. *Pro: Pérez de los Cobos, Descuelgue, in: VV.AA., Aplicación, 1996, S. 41 (44 ff.); Agut, Cláusula, TS 1998, N° 83, S. 9 (14). Contra: Garrido, Descuelgue, RL 1995-I, S. 363 (375, 376); Gómez Álvarez, Descuelgue, REDT 1999, N° 98, S. 877 (888 ff.).*
Die Rspr. ist großzügig bei den Abkopplungsmotiven: SAN 15.06.1994, AS 2790, wo ein Unternehmen zwar keine Verluste erlitt, das Gericht die Abkopplung dennoch für rechtmäßig erklärte, weil sein Kapital drastisch erhöht sowie ein behördliches Genehmigungsverfahren zur Durchführung der Massenkündigung von 532 ArbN durchgeführt wurde.
Meist führen die TV Umstände an, „die den Erhalt der Arbeitsplätze", „des Unternehmens gefährden könnten" oder das Unternehmen muss sich in „Verlustsituationen" befinden oder sogar allein „andere wirtschaftliche Gründe": STSJ Valencia 29.09.1997, AS 3018; Gómez Álvarez, a.a.O., S. 877 (887 ff., Fn. 32 ff.); Alfonso/Pedrajas/Sala, Descuelgue, RL 1995-II, S. 1429 (1433); Garrido, a.a.O., S. 363 (375); C. Martín, Descuelgue, GS 1996, N° 149, S. 38 ff.; Martínez Girón, Descuelgue, REDT 1999, N° 95, S. 437 (442 ff.).
[943] Ferner ist sie lt. TV auch meist den Arbeitnehmervertretern (BKom., GewerkS-Vertreter) und der Paritätischen Kommission des betreffenden TV mitzuteilen: *Gómez Álvarez, Descuelgue, REDT 1999, N° 98, S. 877 (891 ff., Fn. 52 ff.). Oft wird die Vorlage von Dokumenten der Buchhaltung und steuerlicher Angelegenheiten verlangt: Gómez Álvarez, Descuelgue, REDT 1999, N° 98, S. 877 (886 ff.).*
[944] Lt. Art. 82.3 Arbeitnehmerstatut steht den GewerkS und ArbG-Verbänden ein großer Spielraum i.B.a. sämtl. Aspekte zu. Das Gremium wird nicht vorgegeben und es kann über die Abkopplung vom TV („Ob") und Neufestlegung des Lohnes („Wieviel") entscheiden. Folgende Varianten sind mögl.: 1.) Ein Organ, das sicht aus Mitgliedern des betroffenen Unternehmens zusammensetzt. 2.) Eine Kommission, die sich aus ArbN des Unternehmens und der GewerkS zusammensetzt. 3.) Mitglieder der GewerkS-Sektion oder die Einheitsvertretung. 4.) Die Betriebsbelegschaft selbst. 5.) Ein Ausschuss, der von GewerkS- und ArbG-Seite beschickt wird, in dem keine Vertreter des betroffenen Unternehmens sitzen (a.A.: *Baylos, Cláusulas, in: VV.AA., Reforma, 1994, S. 322 (333)): Casas, Descuelgue (I), RL 1995-I, S. 23 (26 ff.); Garrido, Descuelgue, RL 1995-I, S. 363 (373 ff.); Alfonso/Pedrajas/Sala, Descuelgue, RL 1995-II, S. 1429 (1430 ff.); Gómez Álvarez, Descuelgue, REDT 1999, N° 98, S. 877 (897 ff.). Wurde tariflich ein bestimmtes Organ als Verhandlungspartner bestimmt, muss jenes und nicht ein anderes über die Abkopplung entscheiden: STSJ Valencia 01.04. 1998, AS 1944.*
Die Entscheidung über das „Ob" und „Wieviel" kann getrennt werden. Die EinhVertr. oder alternativ GewerkS-Sektion darf über das „Ob" entscheiden und die paritätische Kommission auf der Ebene über dem Unternehmen über

Bei Verschwinden der Verlustsituation soll eine „Rückkopplung" (*recuelgue*) an die alten Bedingungen stattfinden und manchmal ist aufgrund unklarer Formulierungen in den Tarifverträgen unklar, ob bei Feststellung der Verlustsituation *automatisch* die Rückkopplung stattfindet oder dies zuerst noch in den entsprechenden Organen ausgehandelt werden muss.[947] Daneben bestehen gewerkschaftliche Bestrebungen, im Anschluss an die Beendigung der wirtschaftlichen Krise des Unternehmens den entgangenen Lohn im Sinne einer „*Darlehensleistung an das ehemals notleidende Unternehmen*" sogar wieder zurückfordern zu dürfen.[948]

Kritik handelt sich diese Regelung von gewissen Kreisen des Schrifttums ein, weil in

---

das „Wieviel", bzw. umgekehrt: Alfonso/Pedrajas/Sala, Descuelgue, RL 1995-II, S. 1429 (1431); González Ortega, Reforma, in: VV.AA., Reforma, 1994, S. 335 (346 ff.); Gala, Modificación, AS 1996-II (Ss 1247-2427), S. 2459 (2475). Probleme kann eine Konkurrenz zwischen Einheitsvertretung und GewerkS-Sektion schaffen. Welches Organ hat Vorrang? Einige wollen einen Vorrang der GewerkS-Sektion erkennen *(arg. ex Art. 28 Verfassung – Gewerkschaftsfreiheit), andere bevorzugen die Einheitsvertretung (arg. ex Art. 87 a.E. Arbeitnehmerstatut): Gómez Álvarez, a.a.O., N° 98, S. 877 (895).*

945 Zum Abkopplungsverfahren: *Agut, Cláusula, TS 1998, N° 83, S. 9 (14 f.).*
Es kann eine Ausschlussfrist (i.d.R. 15 bis 90 Tage seit Veröffentlichung des fragl. TV im Amtlichen Gesetzesblatt) zum Antrag auf Abkopplung tariflich festgelegt werden. Diese gilt selbst, wenn bei verfristetem Antrag das Unternehmen ein Insolvenzverfahren beantragen müsste: STSJ Extremadura 09.02.1998, AL 1998-2, S. 2066; Martínez Girón, Descuelgue, REDT 1999, N° 95, S. 437 (444); Gómez Álvarez, Descuelgue, REDT 1999, N° 98, S. 877 (890 f., Fn. 50). Contra: Pérez de los Cobos, weil er darin eine vollkommene Aushebelung der gesetzl. Ermöglichung zur Abkopplung sieht: Descuelgue, in: VV.AA., Aplicación, 1996, S. 41 (47 ff.). Bei Unternehmen ohne betriebl. Interessenvertretung kann der statutarische FlächenTV Vorkehrungen für solche Fälle vorsehen, wonach die Entscheidung über „Ob" und „Wieviel" in die Hände der GewerkS, der Betriebsbelegschaft selbst oder der paritätischen Kommission des betreffenden FlächenTV gelegt wird: Casas, „Descuelgue" (y II), RL 1995-I, S. 31 (36, 37); Gómez Álvarez, Descuelgue, REDT 1999, N° 98, S. 877 (892 ff., Fn. 55, S. 895 ff.); Martínez Girón, a.a.O., S. 437 (441 ff.). A.A., nach der ohne Einheitsvertretung oder GewerkS-Sektion eine Abkopplung nicht vorgenommen werden kann: Baylos, Cláusulas, in: VV.AA., Reforma, 1994, S. 321 (333). Die Vereinbarung über die Lohnabkopplung soll analog nach Art. 160 LPL anfechtbar sein: Alfonso/Pedrajas/Sala, Descuelgue, RL 1995-II, S. 1427 (1433 ff.); Baylos, Cláusulas, in: VV.AA., Reforma, 1994, S. 321 ff.; Gómez Álvarez, Descuelgue, REDT 1999, N° 98, S. 877 (902 f.).

946 Das Unternehmen muss danach erneut den Antrag auf Abkopplung stellen: STSJ Cataluña 12.02.1998, AS 677. Eine zeitliche Begrenzung der Abkopplungsklausel bis zum Ablauf des statutarischen TV vorschlagend: *Agut, Cláusula, TS 1998, N° 83, S. 9 (17 f.). Freil. darf tarifl. auch ein Verbot angeordnet werden, in zwei aufeinander folgenden Jahren oder zweimal innerhalb von fünf Jahren eine Abkopplung vorzunehmen: Gómez Álvarez, Descuelgue, REDT 1999, N° 98, S. 877 (896).*

947 *C. Martín, Descuelgue, GS 1996, N° 149, S. 38 (39); Casas, „Descuelgue" (I), RL 1994-I, S. 23 (25).*

948 *C. Martín, Descuelgue, GS 1996, N° 149, S. 38 (40), vgl.: TV für Schuhindustrie, BOE 11.10.1994; TV für Gerbeien, Leder, Haut, Pelzwaren, BOE 30.08.1994; TV für Blumen und Pflanzen, BOE 12.04.1996, der eine automatische Rückkopplung, allerdings ex nunc, vorsieht, wenn der Abkopplungszeitraum ohne Verlängerung verstreicht. Vgl.: Gala, Modificación, AS 1996-II (Ss 1247-2427), S. 2459 (24171-24175, Fn. 45-66).*

ihr eine bewusste Schwächung der Gewerkschaften gesehen wird: Jene müssten ohnmächtig mit ansehen, wie die ehemals den Arbeitgebern abgerungenen Tarifbestimmungen von Unternehmen zu Unternehmen systematisch nicht mehr angewandt werden und unterhalb des Schutzstandards vom statutarischen Flächentarifvertrag sinken.[949] Wie tief das Misstrauen gegenüber den Arbeitgebern sitzt, veranschaulicht folgende absurde Äußerung aus dem Schrifttum, wonach die Gewerkschaften bei der Festlegung solcher Abkopplungsklauseln genau aufzupassen hätten, da ansonsten dem

> „Unternehmer gar ein Anreiz gegeben werden könnte ein Verlustjahr zu machen, um erwähnte Klausel für sich ausnutzen zu können."[950]

Als ob die Arbeitgeber nicht schon genug mit der Abwehr asiatischer Billigkonkurrenz beschäftigt sind und freiwillig einen Konkurs riskieren würden!

Die Vereinbarung von Abkopplungsklauseln in *außerstatutarischen* Tarifverträgen wird man ebenfalls für zulässig halten dürfen, da sie als „Spiegelbild" zu ihren statutarischen Gegenstücken die gleichen Regelungen beinhalten können. In der Praxis lassen sie sich auch ausmachen, über ihre rechtliche Zulässigkeit gibt es jedoch geteilte Ansichten.[951]

b) Subsidiäre Lohnabkopplung auf Firmenebene

Zwar *soll* die Härtefall-Regelung in statutarischen *Flächen*tarifverträgen festgeschrieben werden (*„über dem Unternehmen"*), gleichwohl besitzen sie trotz des entsprechenden Befehls bislang nur etwas mehr als die Hälfte aller Tarifverträge.[952] Dies ist zum einen

---

[949] *Baylos, Cláusulas, in: VV.AA., Reforma, 1994, S. 322 (340).*

[950] *Iglesias, Negociación, 1997, S. 280 (Cap.X/4).*

[951] Vgl. Zusatzvorschrift 3 außerstatutarischer TV 1994-1995 für die Kurierunternehmen (*empresas de mensajería), BOE 10.03.1995. Pro Zulässigkeit: Alonso/Casas, DTrab, 1998, S. 874 ff. (Cap. 30/III/A/c). Contra: Baylos, Cláusulas, in: VV.AA., Reforma, 1994, S. 321 (328); Ojeda, DerSind, 1995, S. 762 mit dem Argument, dass die Artikel 82.3 Satz 2 ff. Arbeitnehmerstatut ausschliessl. die statutarischen, nicht aber die außerstatutarischen TV regeln würde, weshalb dieser Typ von Klauseln allein durch statutarische TV angeordnet werden könne: Casas, Ley, RMTAS 1997 (3), S. 221 (223); Bejarano, CMB, 1998, S. 92.*

[952] Die Arbeitsverwaltung darf lt. Art. 90.5 Arbeitnehmerstatut kraft Amtes fehlerhafte TV anfechten. Fraglich ist, ob ein TV, der die Anordnung einer Härteklausel unterlässt, nichtig ist oder angefochten werden darf. Einige finden dies „unverhältnismäßig", da die Möglichkeit zur subsidiären und konkludenten Abkopplung auf Firmenebene freistehe (*norma minus quam perfecta): Gómez Álvarez, Descuelgue, REDT 1999, N° 98, S. 877 (881 ff.) m.w.N. Andere prangern diese Subsidiarität i.B.a. Art. 82.3, 85.2.c) Arbeitnehmerstatut als „paradox" an:* Iglesias, Negociación, 1997, S. 271 (Cap. X/4).
Analyse der jüngsten TV: Gómez Álvarez, Descuelgue, REDT 1999, N° 98, S. 877 (886 ff.). 1996 besaßen lediglich 43 % der TV solche Klauseln: C. Martín, Descuelgue, GS 1996, N° 149, S. 38 ff. Seit 1997 ist ein Ansteigen auf 65 % in nationalweit, 72 % in der Autonomen Gemeinschaft und 64 % in provinzweit geltenden TV zu beobachten: Balance, RL 1998, N° 6, S. 64 (73).

auf die relative „Frische" der gesetzgeberischen Auflage und zum anderen auf den traditionellen Widerstand der Gewerkschaftszentralen zurückzuführen, welche die Härtefall-Klauseln seit jeher bekämpfen und teilweise derartige Härtefallregelungen auf Branchenebene, auch für die unteren Geltungsbereiche, untersagen wollen.[953] Auch hier stehen handfeste und egoistische Machtinteressen der Gewerkschaften im Vordergrund, nämlich die Angst vor einer Mitgliederflucht, wenn man den Lohnverzicht zulassen würde.

In weiser Voraussicht[954] gab der Gesetzgeber deswegen eine Vorschrift zur Hand, mit der *subsidiär* zwischen Arbeitgeber und Einheitsvertretung oder Gewerkschafts-sektion[955] nach Art. 83.3 Satz 3 Arbeitnehmerstatut eine *Lohnabkopplung auf der Firmenebene* vorgenommen werden darf:[956]

„Sollten besagte Tarifverträge die genannte Abkopplungsklausel nicht enthalten, kann die Abkopplung **durch Vereinbarung zwischen dem Arbeitgeber und den Arbeitnehmervertretern** vorgenommen werden, falls dies die wirtschaftliche Lage des Unternehmens so verlangt. Kommt hierüber keine Einigung zustande, wird die Meinungsverschiedenheit durch die paritätische Schiedskommission des Tarifvertrags gelöst. Die Festlegung neuer Lohnbedingungen muss anhand einer Vereinbarung zwischen dem Unternehmen sowie den Arbeitnehmervertretern vorgenommen und kann, falls sie nicht zustande kommt, der paritätischen Schiedskommission des Tarifvertrags übertragen werden." (H.d.V.)

---

[953] Dies Verhalten ist unzulässig: *Martínez Girón, Descuelgue, REDT 1999, N° 95, S. 437 (441 ff.).*

[954] Freil. bieten sich auch andere Möglichkeiten zur Deutung an, nämlich, dass der Gesetzgeber nicht genug Mut besaß, derartige Härtefallregelungen ohne Umschweif auf Firmenebene zu verankern und in unauffälligerer Weise seine eigentlichen Ziele, nämlich die Härtefallregelung auf Unternehmensebene, zu erreichen suchte: *Gómez Álvarez, Descuelgue, REDT 1999, N° 98, S. 877 (883).*

[955] H.A.: *Gómez Álvarez, Descuelgue, REDT 1999, N° 98, S. 877 (900) m.w.N. in Fn. 89.*

[956] Enthält ein statutarischer Provinz-TV solch eine Abkopplungsklausel, darf die betriebl. Lohnabkopplung nicht mehr vorgenommen werden: *Gorelli/Valverde, Acuerdos, RL 1995-II, S. 414 (441 ff.); Cuevas López, Descuelgue, in: VV.AA., Arbitraje, 1996, S. 238 (241 ff.); Rivero, Contenidos, DL 1994, N° 43, S. 35 (48, 49). Untersagt ein Flächentarifvertrag die konkrete Härtefallregelung, soll nach der h.M. (trotz der o.g. Nichtigkeit dieser Flächentarifvertragsklausel, vgl. Fn. 938) kein Platz mehr verbleiben für die subsidiäre Anwendung der „Firmenabkopplung", und zwar aufgrund der Regelung von Tarifkonkurrenzen nach Art. 84.1 Arbeitnehmerstatut: Gómez Álvarez, Descuelgue, REDT 1999, N° 98, S. 877 (886 ff.). In solch einer „Vereinbarung" wird dann sowohl die Entscheidung über die Abkopplung („Ob") als auch über den neuen und niedrigeren Lohn („Wieviel") getroffen. In jedem TV muss die Einberufung der „paritätischen Kommission" geregelt werden, der bei Konfliktfällen bestimmte Aufgaben zukommt (vgl. Fn. 439). Bestehen Meinungsverschiedenheiten, so darf sie allein bzgl. des „Ob" den Streit beilegen: Sala/Albiol, DerSind, 1998, S. 343 ff. (Tema 5/III/6/A). Zur Festlegung der konkreten Lohnhöhe müssen EinhVertr. oder GewerkS-Sektion zustimmen, es sei denn, dass diese Organe die Entscheidung auf die paritätische Kommission übertragen haben. Besagte Kommission kann, je nach TV-Art, die Kommission sein, welche durch FirmenTV oder provinziellen oder nationalen TV eingerichtet wurde (Alfonso/Pedrajas/Sala, Descuelgue, RL 1995-II, S. 1429 (1432, 1435)). Wird auch im Sitz der paritätischen Kommission keine Einigung über die Lohnhöhe erzielt greifen die Verfahrensmechanismen zur Beilegung von Meinungsverschiedenheiten in ihrem Schoße, die nach Art. 85.2.c) und*

Die *gesetzliche* Anordnung, Abkopplungsklauseln in Tarifverträge mit aufnehmen zu *müssen*, erscheint m.E. in Deutschland politisch nur schwer durchsetzbar.[957] Auch in Spanien kamen Zweifel an der Verfassungsmäßigkeit auf, weil sich der Gesetzgeber mit Verankerung einer derartigen Pflicht[958] für statutarische Tarifverträge unzulässigerweise in die über die „Gewerkschaftsfreiheit" und das „Recht auf Tarifverhandlung" nach Art. 28 sowie 37.1 Verfassung geschützte „Kollektivautonomie" einmischen würde. Damit läge eine Verletzung des „Rechts auf Tarifverhandlung" vor.[959]

---

e) Arbeitnehmerstatut zwingend im statutarischen TV vorzusehen sind. Ist letzten Endes auch dann keine Einigung zu erreichen, wird die Lohnabkopplung nicht durchgeführt: Gala, Modificación, AS 1996-II (Ss 1247-2427), S. 2459 (2467, 2471); Gómez Álvarez, Descuelgue, REDT 1999, N° 98, S. 877 (901). Freil. darf der TV eine obligatorische Zwangsschlichtung vorsehen: STS 08.11.1994, RJ 8600; STSJ Valencia 25.09.1997, AS 3018; Gómez Álvarez, a.a.O., S. 877 (891 ff., Fn. 53). Die gesetzl. nicht näher beschriebene Vereinbarung über das „Ob" und „Wieviel" muss eine Zustimmung mit einfacher Mehrheit in der Kommission erhalten: Alfonso/Pedrajas/Sala, a.a.O., S. 1429 (1433/D). Unklar ist die Rechtsnatur der Abkopplungsvereinbarung: Handelt es sich um so etwas wie eine statutarische oder außerstatutarische Vereinbarungen oder gar um eine Vereinbarung sui generis?: Garrido, Descuelgue, RL 1995-I, S. 363 (382 ff.); Alfonso/Pedrajas/Sala, a.a.O., S. 1429 (1432 ff.); Alonso/Casas, DTrab, 1998, S. 874 (Cap. 30/III/A/c). Für den Zeitraum zwischen der Entscheidung über das „Ob" und die Einigung über das „Wieviel" ist umstritten, ob mit einer ersten Ansicht der Tariflohn weiterzuzahlen ist, von dem sich das Unternehmen gerade ausklinken möchte, oder ob nach m.E. vorziehungswürdigerer Meinung die Höhe des Lohnes vom vormals gültigen, älteren TV maßgebl. ist. Jener Streit ist jedoch eher „akademischer Natur", da die paritätische Kommission einer Abkopplung („Ob") i.d.R. erst dann zustimmen wird, wenn schon eine Einigung über die neuen und niedrigeren Löhne vorliegt: Alfonso/Pedrajas/Sala, a.a.O., S. 1429 (1435); Ramírez Martínez, Curso, 1995, S. 175 (Lec. 5/4). Zur ersten Ansicht unter Berufung auf Art. 82.3 Satz 1 Arbeitnehmerstatut: Baylos, Cláusulas, in: VV.AA., Reforma, 1994, S. 321 (333); Casas, Descuelgue (y II), RL 1995-I, S. 31 (38); Iglesias, Negociación, 1997, S. 281; Albiol, Acuerdos, in: VV.AA., Estructura, VIII Jornadas, 1996, S. 57 (60 f.); Pérez de los Cobos, Descuelgue, in: VV.AA., Aplicación, 1996, S. 41 (53 f.). Zur m.E. sinnvolleren zweiten Meinung unter Berufung auf die Nachwirkungsregel von Art. 86.3 Arbeitnehmerstatut: Sala/Albiol, DerSind, 1998, S. 344 ff. (Tema 5/III/6/A); Alfonso/Pedrajas/Sala, a.a.O., S. 1429 (1435); Ramírez Martínez, Curso, 1995, S. 175 (Lec. 5/4); Alfonso/Ramírez, Salario, TS 1994, N° 43, S. 37; Gómez Álvarez, Descuelgue, REDT 1999, N° 98, S. 877 (898 ff.). Besitzt das Unternehmen keine Einheitsvertretung oder GewerkS-Sektion, so können nach tarifl. Voraussicht, die Vertreter der GewerkS, die den FlächenTV unterzeichneten oder die Unternehmensbelegschaft zur Entscheidung ermächtigt werden: *Gómez Álvarez, a.a.O., S. 877 (900 ff.). A.A.: Baylos, a.a.O., S. 321 (333).*

[957] Und nicht zuletzt verfassungsrechtlich im Hinblick auf die Tarifautonomie nach Art. 9 Grundgesetz bedenklich

[958] Härteklauseln gehören damit zum zwingende *„Mindestinhalt" eines TV: Art. 85.2.c) Arbeitnehmerstatut.*

[959] *Escudero, Negociación, GS 1995, N° 142, S. 13 (17); González Ortega, Reforma, in: VV.AA., Reforma, 1994, S. 335 (350 ff.). „Echte Lockerungsvorschrift": Rivero, Contenidos, DL 1994, N° 43, S. 35 (48 ff.); Ojeda, DerSind, 1995, S. 760 ff. Ähnl. Garrido, Descuelgue, RL 1995-I, S. 363 ff.; Iglesias, Negociación, 1997, S. 269 ff., 271 (Cap. X/4.), weil die Koalitionen gesetzlich dazu verpflichten würden, die Nichtanwendbarkeit der von ihnen selbst vereinbarten Bedingungen festzuschreiben.*

Die spanische „Ombudsfrau" (*Defensora del Pueblo*) *Margarita Retuerto Buade* folgte dieser von Gewerkschaften und Parteien vorgebrachten Argumentation jedoch nicht, hielt die an die Koalitionen gerichtete Pflicht zur Anordnung von Härteklauseln für verfassungsmäßig und beantragte keine „abstrakte Normenkontrolle" (*recurso de inconstitucionalidad*) durch das Verfassungsgericht.[960]

Unabhängig von den verfassungsrechtlichen Überlegungen erscheint eine Abkopplungsklausel aber auch widersinnig. Dies deshalb, weil sie erst dann zur Hilfe kommt, wenn das „Kind schon in den Brunnen gefallen" ist: Zunächst muss sich das Unternehmen in einer fast unüberwindbaren wirtschaftlichen Notlage befinden, um erst dann im Anschluss „gerettet" zu werden. Abgesehen davon, dass mit Bekanntwerden der Liquiditätsschwierigkeiten den Unternehmen die benötigten Kredite versagt und wichtige Geschäftspartner aus Furcht vor einer niedrigen Gläubigerquote im Konkurs abspringen werden,[961] erscheint die rigide Beschränkung der Abkopplung allein auf Lohnfragen zu eng: Zwar ist der Lohn ein erheblicher Faktor im Rahmen der Unternehmenslage, den Unternehmen ließe sich aber noch besser helfen, wenn sie durch Vorbeugemaßnahmen schon im Vorfelde vor dem fatalen Automatismus wirtschaftlicher Notlagen beschützt würden. Dies kann nur mit einem Bündel an Vorkehrungen erreicht werden, welche beispielsweise neben einer Lohnabkopplung zudem noch die unbürokratische Einführung konkurrenzfähigerer Arbeitszeitmodelle erlauben, Zugeständnisse bei den Sozialabgaben machen usw. Damit handelt es sich bei den Abkopplungsklauseln m.E. nur um tarifpolitische „*Placebos*".

Trotz all dieser Kritik erscheint es dennoch erstaunlich fortschrittlich, dass sich der spanische Gesetzgeber dazu durchringen konnte, den Gewerkschaften solch unpopuläre Maßnahmen aufzuerlegen und sogar eine Abkopplung subsidiär auf Firmenebene zuzulassen.[962] Insofern lautet der Wahlspruch in Spanien schon: „*Was gut für's Unternehmen ist, ist auch gut für den Arbeitnehmer*"[963] und man stößt auf Äußerungen wie:[964]

> „... heute ist der Arbeitsplatz der schwächere [*und nicht mehr der einzelne Arbeitnehmer*] und deswegen neigen heutzutage die Richter dazu, das Unternehmen als Institution zu beschützen, die Arbeitsplätze schafft, und manchmal wird dies selbst über das strikte Interesse des Arbeitnehmers gestellt ..."

Im Gegensatz dazu vertritt man in Deutschland derzeit aus Angst vor einem vermeintlichen „Dammbruch" im Flächentarifvertrag immer noch:

---

[960] *Retuerto, Reforma, RL 1994-II, S. 1361 (1418 ff.); Rey, Transformación, in: VV.AA., Reforma, 1995, S. 9 (39); Baylos, Descuelgue, in: VV.AA., Reforma, 1995, S. 99 (101 ff.); Correa, Convenios, 1997, S. 108 ff.*

[961] Wer würde einem todkranken und „abgekoppelten" Unternehmen die meist dringend erforderl. Kredite gewähren oder Materialien liefern und so das hohe Risiko laufen, am Ende leer dazustehen?

[962] *„Ist und bleibt der Süden unseres Europas, im Erbe der Griechen und Römer, die Region der Klarheit, der germanische Norden ein Niflheim?": Adomeit, Spanien, RdA 1985, S. 354 (355).*

[963] *Borrajo, Derecho, AL 1994-3, XXXVII, S. 543 (549).*

[964] *Sagardoy, im Interview: La Vanguardia, 06.03.2001, S. 88.*

„Polemisch zugespitzt: Niemand denkt ernsthaft daran, Unternehmen, die sich in wirtschaftlichen Schwierigkeiten befinden, Sonderkonditionen für Energie, Rohstoffe etc. einzuräumen. Warum sollte es beim Kostenfaktor Lohn anders sein?“[965]

D. Konkurrenz zwischen statutarischem und außerstatutarischem Tarifvertrag bei unterschiedlichen Arbeitszeitregelungen

Von fundamentaler Bedeutung ist das Verhältnis zwischen statutarischem und außerstatutarischem Tarifvertrag, da sich hier der tatsächliche Stellenwert beider entscheidet. Im Folgenden soll insbesondere der Aspekt beleuchtet werden, ob außerstatutarische Tarifverträge in der Lage sind, die unflexiblen Strukturen des vom Gesetzgeber geschaffenen statutarischen Tarifsystems aufzubrechen.

Weil ein statutarischer Tarifvertrag wegen seiner Allgemeinverbindlichkeit sämtliche Arbeitnehmer erfasst, geraten die Beschäftigten, die zugleich dem Geltungsbereich eines außerstatutarischen Tarifvertrags unterliegen, in eine Konkurrenz beider Tarifvertragsarten.

Die vielleicht verbreitetste Konstellation wird die sein, wenn beispielsweise die beiden Gewerkschaften *UGT* und *CC.OO.* zunächst einen statutarischen Flächentarifvertrag unterzeichnen, der nach Fristende dann gekündigt wird und in die Nachwirkungsphase von Art. 86.3 Arbeitnehmerstatut eintritt.[966] Im Anschluss an gescheiterte *statutarische* Tarifvertragsverhandlungen, bei denen eine der beiden Gewerkschaften unter Protest die Verhandlungskommission verlässt, schließt die andere mit der Arbeitgeberseite einen *außerstatutarischen* Tarifvertrag ab, weil sie allein nicht auf die notwendige Mehrheit bei der Schlussabstimmung gelangt.[967] Dieser Tarifvertrag gilt grundsätzlich nur für ihre Mitglieder, wobei ein individueller Beitritt der Außenseiter möglich ist. Da aber während dieser Phase der normative Teil des gekündigten statutarischen Tarifvertrags nachwirkt, kann die hier untersuchte Tarifkonkurrenz auftreten.

Einer anderen Variante nach könnte es so sein, dass noch während der Laufzeit eines statutarischen Tarifvertrags oder auch erst später eine Gewerkschaft oder eine betriebliche Interessenvertretung der Arbeitnehmer mit dem Arbeitgeberverband oder Arbeitgeber einen anderen Tarifvertrag unterzeichnet. Da über den oben erläuterten Art. 84 Satz 1 Arbeitnehmerstatut anhand des darin festgelegten Konkurrenzverbots gilt, dass nach Wirksamwerden eines statutarischen Tarifvertrags kein anderer statuta-

---

[965] *Lieb, Flexibilität, NZA 1984, S. 289 (291). Vgl. aber die entsprechenden Vorschläge i.S.e. „Korridor-, Options-Menülösung“ oder von „Ausnahmeklauseln“ der Monopolkommission des Jahres 1994: „Von diesem Ausgangspunkt her schlägt sie eine Änderung von TVG und BetrVG dahin vor, dass von tarifvertraglichen Regelungen generell im Wege von Betriebsvereinbarungen abgewichen werden kann. In der Sache ist dies eine allgemeine, durch Gesetz erzwungene Öffnungsklausel. Eine Tarifautonomie sollte von vornherein unter dieser Begrenzung stehen.“, aus: Adomeit, Regelung, 1996, S. 24 ff., 39.*

[966] Vgl. S. 124 ff.

[967] „Zweiter Filter“, S. 124 ff.

rischer Tarifvertrag für denselben Geltungsbereich abgeschlossen werden darf, handelt es sich um einen „außerstatutarischen" Tarifvertrag. Auch in dieser Situation ist also eine Konkurrenz zwischen beiden Tarifvertragsarten möglich.

Diese Konkurrenz zwischen statutarischem und außerstatutarischen Tarifvertrag wird *nicht* von dem Konkurrenzverbot des Art. 84 Satz 1 Arbeitnehmerstatut aufgelöst, da jener Artikel von seinem Anwendungsbereich her ausschließlich auf *statutarische* Tarifverträge zugeschnitten ist.[968] Deswegen stellt sich die „verflixte Frage"[969], nach welchem Kriterium die Konkurrenz zwischen statutarischem und außerstatutarischem Tarifvertrag aufzulösen ist.

1. Günstigkeitsprinzip bei unterschiedlicher Arbeitszeitanordnung in statutarischem und außerstatutarischem Tarifvertrag

Dafür wendet die herrschende Ansicht das Günstigkeitsprinzip an, was im spanischen Arbeitsrecht, um dies noch einmal kurz in Erinnerung zu rufen, zweigeteilt wurde.[970] Einerseits betrachtet das *lex specialis* des oben beschriebenen Art. 3.1.*c)* Arbeitnehmerstatut das Verhältnis von statutarischem Tarif- zum Einzelarbeitsvertrag[971], andererseits wurde es in dem *lex generalis* nach Art. 3.3 Arbeitnehmerstatut verankert, der erneut genannt werden soll:[972]

---

[968] Art. 84 Arbeitnehmerstatut steht in einem Abschnitt (*„Titel III"), der sich exklusiv den statutarischen TV widmet, da es für außerstatutarische TV an einer Kodifizierung fehlt: Sala, Estructura, in: Negociación, t. III, CGPJ 1992, S. 37 (49 ff.); Gil/Iglesias/Roa, ET, 1995, Art. 84 (S. 575); Sagardoy, Eficacia, 1981, S. 23 ff.; STS 14.02.1996, RJ 1017; STS 27.12. 1994, RJ 10508; STS 17.10.1994, RJ 8052; STS 29.09.1993, RTCT 7088; STSJ País Vasco 18.12.1991, RL 1992-I, S. 883 (885); STCT 10.11.1988, RTCT 539; STCT 02.11.1988, RTCT 517; STCT 25.05.1987, RTCT 877; STCT 17.06.1986, RTCT 5330; STCT 04.12. 1985, RTCT 7101; STCT 30.01.1981, RTCT 611; Martín Valverde, Concurrencia, in: VV.AA., Comentarios, 1985, S. 3 (72).*

[969] *Mercader, Estructura, 1994, S. 346 (Seg.P./III/3.1./C.). Von schwierigsten Fragen der Koordinierung zwischen den beiden TV-Arten und einem Bruch des statutarischen Tarifsystems sprach schon frühzeitig: Alonso García, Convenios, in: VV.AA., I Congreso, 1980, S. 35 (54 f.); Borrajo, Obligatoriedad, RPS 1980, N° 126, S. 5 (38).*

[970] Vgl. S. 124 ff.; *Mercader, Estructura, 1994, S. 273 ff.; García Fernández, Manual, 1990, S. 332 ff.; Montalvo, Relaciones, in: VV.AA., Cuestiones, 1990, S. 291 (307); Alarcón Caracuel, Ley-Convenio, in: VV.AA., Reformas, 1998, S. 11 (23); Ramírez Martínez, Curso, 1997, S. 78 ff. (Lec. 2/13); de la Villa/García/García-Perrote, Instituciones, 1991, S. 44 ff.; Alonso García, Introducción, 1987, S. 289.* Eine MM. will das Konkurrenzverbot auf die außerstatutarischen TV anwenden, was sie mit der *„normativen" Wirkung der außerstatutarischen TV (im Unterschied zur Vertragstheorie der Rspr.) begründet. „Der Ausschluss der außerstatutarischen TV aus der allgemeinen Konkurrenzregel (Art. 84 Arbeitnehmerstatut) stellt sich nun als unnötige und disfunktionale Interpretation dar.": Martín Valverde, Concurrencia, in: VV.AA., Comentarios, El ET, 1995, 1995, S. 3 (97 ff.). Anders aber die ganz h.M.: STCT 21.07.1988, RL 1988-II, S. 720 ff.*

[971] Vgl. oben auf S. 124 ff.

[972] *Alonso García, Introducción, 1987, S. 279, 289; Sala, Estructura, in:* Negociación, *t. III, CGPJ 1992, S.*

„Die Konkurrenzen, die sich zwischen zwei oder mehreren arbeitsrechtlichen, in jedem Fall die Mindestbedingungen des zwingenden Rechts beachtenden Normen ... vereinbarter Art ergeben, werden durch Anwendung des für den Arbeitnehmer Günstigeren gelöst, wobei dies durch einen Vergleich in seiner Gesamtheit und in jährlicher Berechnung hinsichtlich mengenmäßig erfassbarer Größen zu ermitteln ist." (H.d.V.)

Dieser Artikel findet nach ganz unbestrittener Ansicht allein auf *„normativ"* wirkende Tarifverträge Anwendung (*„Normen ... vereinbarter Art"*) und nicht auf Vereinbarungen mit „obligatorischer" Wirkung.[973] Hier entwickelt der Streit über die dogmatische Rechtsnatur des außerstatutarischen Tarifvertrags seine gesamte Dynamik:

Geht man positiv von der „normativen" Wirkung außerstatutarischer Tarifverträge aus, ist der gerade zitierte Art. 3.3 Arbeitnehmerstatut auf sie anzuwenden.[974] Damit wäre kein Einzelvergleich nach Art. 3.1.*c)* Arbeitnehmerstatut zwischen dem statutarischen und außerstatutarischen Tarifvertrag durchzuführen, sondern ein nach Art. 3.3. Arbeitnehmerstatut angeordneter *Gesamtvergleich* entsprechend den weiter unten beschriebenen Grundsätzen.[975]

Billigt man den außerstatutarischen Tarifverträgen dagegen obligatorische Wirkung zu, würde sich eigentlich die Anwendung des allein auf *normative* Tarifverträge passenden Art. 3.3 Arbeitnehmerstatut zur Lösung dieser Konkurrenz verbieten. Statt dessen müsste dann konsequenterweise auf den ausschließlich für Beziehungen zwischen Tarif- und Individualarbeitsvertrag geltenden Art. 3.1.*c)* Arbeitnehmerstatut zurückgegriffen werden. Dies hätte nach den oben schon beschriebenen Grundsätzen allein einen *Einzelvergleich* zur Folge.[976]

---

37 (49 ff.); Cremades, ArbR, 1996, S. 4 f.

973 Der Art. 3.3 Arbeitnehmerstatut steht nicht im *„TITEL III" Arbeitnehmerstatut, welcher ausschliessl. die statutarischen TV regelt, sondern im „TITEL I", der als allgemeiner und „vor die Klammer gezogene" Teil alle Erscheinungsformen von TV, also auch den außerstatutarischen, erfassen soll.*

974 *García Fernández, Manual, 1990, S. 335; Correa, Convenios, 1997, S. 264 ff., 267; Sala, CCextra, in: VV.AA., Manifestaciones, 1989, S. 43 (69 ff.); ders., Relación, in: VV.AA., Seminario, 1984, S. 71 (81 ff.); Camps/Sala, Convenios, DL 1987, N° 21, S. 127 (143 ff.); Camps, Conflictos, in: VV.AA., Fuentes, 1981, S. 96 (104); de la Villa/García/García-Perrote, Instituciones, 1991, S. 175; Abele, TarifR, Diss., 1996, S. 183 ff.*

975 Siehe sogleich S. 124 ff.

976 Vgl. S. 124 ff. Deshalb dürfte der außerstatutarische TV dann ausschliessl. reine Verbesserungen einführen: *Desdentado, Succesión, RMTAS 1997 (3), S. 205 (210); ders., Articulación, in: VV.AA., Problemas, 1994, S. 141 (157 ff.). Dies bedeutet, es würde für das Konkurrenzverhältnis zwischen statutarischen sowie außerstatutarischen TV nichts anderes gelten, als im schon betrachteten Verhältnis des statutarischen TV zum Einzelarbeitsvertrag (S. 124 ff.). Dennoch gibt es auch immer wieder Urteile, die davon ausgehen, dass mit dem außerstatutarische TV „obligatorische Beziehungen" begründet werden. M.E. falsche Konsequenz daraus ist die Anwendung nicht des „Gesamt-" nach Art. 3.3. Arbeitnehmerstatut, sondern ledigl. des „Einzelvergleichs" nach Art. 3.1.c) Arbeitnehmerstatut: TSJ País Vasco, 18.12.1991, RL 1992-I, S. 883 (885); STCT 10.11.1988, RTCT 539.* In anderen Fällen ordnet ein außerstatutarischer TV ohne vergünstigende und ausgleichende Regelungen nur Lohneinbußen an, so dass die Durchführung eines Einzel- oder

Oben wurde auf die ordentliche Rechtsprechung hingewiesen, die der „Vertragstheorie" folgt und im Konkurrenzverhältnis zwischen statutarischem und außerstatutarischem Tarifvertrag somit eigentlich einen Einzelvergleich durchführen müsste.[977] Hier weicht sie allerdings vor einer standhaften Anwendung ihrer eigenen Doktrin zurück und gelangt, obwohl sie formal ihre Haltung nicht aufgibt, zumeist zur Anwendung von Art. 3.3 Arbeitnehmerstatut.[978] Aber auch die Vertreter in der Literatur, die auf den ersten Blick der Vertragstheorie folgen, wollen hier mit unterschiedlicher Argumentation den Art. 3.3 Arbeitnehmerstatut anwenden:

> „Der außerstatutarische Tarifvertrag ist auf halbem Wege zwischen dem [*statutarischen*] Tarifvertrag und dem [*Individual-*] Vertrag anzutreffen, befindet sich jedoch näher bei letzterem im Hinblick auf die Regeln, die auf ihn anwendbar sind, da er nicht den Vorschriften des Arbeitnehmerstatuts unterworfen ist, im

---

Gesamtvergleiches und damit auch die Wahl der anzuwendenden Vorschrift (Art. 3.1.*c) oder 3.3 Arbeitnehmerstatut) zur Ergebnisfindung dahingestellt bleiben durfte: STCT 12.11.1987, RTCT 24841.*

[977] Siehe S. 124 ff.

[978] STS 30.11.1998, RJ 10047 (*f.j. 4.°) und Anm. von Cavas Martínez, AS Jurisprudencia Social, Unificación de doctrina, nov. 1998, S. 15 ff.: Ein statutarischer TV befand sich in der Phase der Nachwirkung und ein außerstatutarischer TV wurde danach abgeschlossen. Es hätte ein Günstigkeitsvergleich nach Art. 3.3 Arbeitnehmerstatut durchgeführt werden müssen. SAN 21.10.1994 (f.j. 1.°, 2.°), JS-If, t. VIII, 1994, N° 4.084, S. 776 ff.: Ein von der GewerkS-Sektion abgeschlossener außerstatutarischer FirmenTV sah zur besseren Kundenbetreuung eine andere ArbZ-Lage vor, als der nationalweit geltende BranchenTV, der selbst in seinem Art. 39.4 solch eine Anpassung zuließ. Wegen der Verhandlungsführung über die GewerkS-Vertreter lag kein Fall der lt. Rspr. des VerfG unzulässigen „einzelvertragl. Massenänderungsangebote" vor (f.j. 3.°; vgl. S. 124 ff.). Das Gericht kam wegen insgesamt „günstigerer" Regeln für die ArbN nach Art. 3.3 Arbeitnehmerstatut dazu, dass jener außerstatutarischer HausTV zulässig war.* SAN 02.11.1992, JS-If, t. VI, 1992, N° 3.082, S. 734 ff.: Der alte statutarische, von den GewerkS ausgehandelte provinzielle BranchenTV für Sparkassen ordnete eine jährl. ArbZ-Dauer von 1.680 h und der im Streit stehende sowie von den GewerkS-Sektionen ausgehandelte außerstatutarische HausTV 1.644 h an. Letzterer sah vor, dass an einem Wochentag die ArbZ-Lage über den übl. Feierabend hinaus am „langen Donnerstag" (*super-jueves) verschoben werden darf. Lt. Urteil war der neue außerstatutarische HausTV nach Art. 3.3 Arbeitnehmerstatut günstiger. Die Parteien führten an, nicht die Klauseln des statutarischen BranchenTV während seiner Geltungsdauer verändern zu wollen, sondern ledigl. eine seiner Klauseln über eine Insgesamtbetrachtung in für die ArbN günstigerer Weise zu „spezifizieren"; STSJ País Vasco 11.10.1990, RL 1991-I, S. 478 = La Ley 1991-3, S. 345 ff.; STSJ Andalucía, Málaga 13.03.1995, AS 1020; STSJ Madrid 02.04.1990, AS, TSJ-Social/Madrid 1990, N° 1491 und 03.05.1990, AS, TSJ-Social/Madrid 1990, N° 1721; STSJ Castilla-La Mancha 08.11.1991, AS 5393; STCT 22.05.1989, RTCT 3418; STCT 15.09.1988, RTCT 5539; STCT 16.10.1986, RTCT 10735 = AL 1986-2, N° 1010, S. 2406 ff.; STCT 06.11.1986, RTCT 12744 = AL 1987-1, N° 97, S. 231 ff.; offen lassend: STCT 12.11.1987, RTCT 24841; Martínez Emperador, Convenios, in: VV.AA., Contenido, 1990, S. 55 (77); Bejarano, Usos, RL 1999, N° 14, julio, S. 12 (24 ff.); de la Villa/García/García-Perrote, Instituciones, 1991, S. 175. Der Art. 3.3 Arbeitnehmerstatut sei anzuwenden und nicht 3.1.c), da dem außerstatutarischen TV eine „normative", bzw. „quasi-normative" Wirkung zugesprochen werden müsse: Apilluelo, Convenios, AL 1995-1, IX, S. 133 (138).*

Stich gelassen durch das Arbeitnehmerstatut und dem Zivilrecht anheim gestellt ... Wir wissen, dass in Tarifkonkurrenzen [*zwischen statutarischen und außerstatutarischen Tarifverträgen*] nicht das auf die statutarischen Tarifverträge passende Kriterium – prior in tempore –, sondern das Günstigkeitsprinzip nach Art. 3.3 Arbeitnehmerstatut anzuwenden ist."[979]

Dementsprechend ist ein Günstigkeitsvergleich nach Art. 3.3 Arbeitnehmerstatut durchzuführen und die Rechtsprechung folgt formal gesehen der „Insgesamtbetrachtung".[980] Dabei sollen die Tarifverträge alles in allem miteinander zu vergleichen sein und der insgesamt günstigere würde angewendet:[981]

„... die Tarifverträge bilden eine untrennbare organische Gesamtheit, womit ein einheitliches Fachwerk geschaffen wird, welches keine Fragmentierung duldet; es kann wegen eines Angriffes auf die Essenz des Rechts, Tarifverhandlungen zu führen, nicht als zulässig angesehen werden, auf der einen Seite vorteilhafte Klauseln anzunehmen und auf der anderen die verschlechternden zurückzuweisen, da alle unter- sowie miteinander verbunden sind und die einen im Zusammenhang mit den anderen vereinbart wurden."

Von der Literatur wird aber nachgewiesen, dass die Rechtsprechung trotz dieser „textbausteinartigen" Formulierungen doch einen „Sachgruppenvergleich" bei der Beurteilung der Günstigkeit nach Art. 3.3 Arbeitnehmerstatut vornimmt:[982]

„Man machte ebenfalls Gebrauch von Art. 3.3 Arbeitnehmerstatut, um über ihn die Konkurrenz zwischen statutarischen und außerstatutarischen Tarifverträgen aufzulösen; das heißt noch genauer, um die Praxis der Rosinentheorie zu untersagen. Unter diesen Bedingungen darf man in Bezug auf den Günstigkeitsvergleich von Vorschrift zu Vorschrift nicht so viel Wert auf die Auslegung des Art. 3.3 Arbeitnehmerstatut legen; trotz dieser Vergleichsvorgabe bezieht er sich nämlich auf Materien oder Gruppen mit homogenem Inhalt und nicht auf die Gesamtheit der zu vergleichenden Normen; dies gilt schon deshalb, weil solch ein [*Gesamt-*] Vergleich in vielen Fällen unmöglich ist und das, was man in der Praxis entscheidet, ist die Auswahl der anzuwendenden Vorschrift; folglich ist das Schluss-

---

[979] *Ojeda, DerSind, 1995, S. 803, 805; Gil/Iglesias/Roa, ET, 1995, Art. 84 (S. 575).*

[980] STS 13.01.1992, RJ 35; STS 23.01.1991, RJ 174; STS 20.02.1989, RJ 903; STSJ Navarra 20.03.1992, AS 1273; STCT 15.09.1988, RTCT 5539; STCT 28.09.1988, RJ 7138; STCT 22.02.1988, RTCT 84 = AL 1988-1, N° 499, S. 1162 ff.; STCT 06.11.1986, RTCT 12744 = AL 1987-1, N° 97, S. 231 ff.; *García Murcia, Pactos (y II), XXXI, AL 1992-2, S. 413 (416 f.).*

[981] STSJ Madrid 03.05.1990 (f.j. 1.°), JS-If, t. V, 1991, N° 2.213, S. 49 ff.; STCT 15.09.1988, RTCT 5539.

[982] *García Fernández, Manual, 1990, S. 335; STCT 16.10.1986, RTCT 10735 = AL 1986-2, N° 1010, S. 2406 ff.; STCT 04.12.1986, RTCT 7101; STCT 15.09.1988, RTCT 5539; Diéguez, Lecciones, 1995, S. 193.*

ergebnis genau die „en bloque"-Anwendung der einen oder der anderen Vorschrift, trotz dieser Unmöglichkeit, einen globalen [*Gesamt-*] Vergleich durchführen zu können."

Zu jenen „*Größen*" gehören zweifelsohne Arbeitszeitdauer sowie Lohnhöhe. Ein außerstatutarischer Tarifvertrag kann nach Art. 3.3 Arbeitnehmerstatut also auf jeden Fall Verbesserungen des statutarischen Tarifvertrags in jedem einzelnen Block vornehmen, also entweder allein kürzere Arbeitszeiten oder ausschließlich höheren Lohn festlegen.[983]

Sehr selten findet man ausdrückliche Hinweise, ob in einem außerstatutarischen Tarifvertrag die Arbeitszeitdauer bei gleichzeitiger Erhöhung des Lohnes verlängert werden darf. Nach dem gerade zu Art. 3.3 Arbeitnehmerstatut Gesagten ist dies durchaus möglich, wenn es subjektiv im Interesse des einzelnen Arbeitnehmers liegt, mehr zu verdienen und damit kommt man genau zu dem entgegengesetzten Schluss, der sich bei dem Günstigkeitsvergleich zwischen einem statutarischen Tarif- und Einzelarbeitsvertrag unter Anwendung des dafür einschlägigen Art. 3.1.*c)* Arbeitnehmerstatut ergibt. Dort ist selbst diese Sichtweise, wie oben schon gesehen, untersagt.[984] Die Rechtsprechung erklärt im Verhältnis eines statutarischen zu einem außerstatutarischen Tarifvertrag, wonach es:

> „... im übrigen nicht verhindert wird, dass ein Gesamtvergleich der normativen Regelungen durchgeführt wird, um letztlich die Regelung anzuwenden, die sich insgesamt und in jährlicher Berechnung als günstiger herausstellt."[985]

Unzulässig dagegen ist im Verhältnis zwischen einem statutarischen und einem außerstatutarischen Tarifvertrag eine Vereinbarung, nach der für gleich bleibenden oder gar geringeren Lohn länger gearbeitet werden muss.[986] Dies ist nach der in Spanien noch

---

[983] Bei einer Umfrage unter span. ArbN antworteten auf die Frage, ob sie bereit wären, weniger Geld zu verdienen und im Gegenzug über mehr Freizeit zu verfügen, allein 22 % mit einem „*Si*" *und in überwältigenden 78 % mit einem „No", so dass jene Variante kaum realistisch erscheint: Bonasa, TPar, Bol. AEDIPE marzo 1997, S. 17 (22); Fina, Tiempo, REST 1992, N° 15/16, S. 10 (12, 13 ff.); VV.AA., Análisis, RL 1996-I, S. 1272 (1276).*

[984] Vgl. S. 124 ff.

[985] Selbstverständl. innerhalb der gesetzl. Grenzen der Höchst-ArbZ: STCT 06.09.1986, RTCT 8705. Selten wird diese Var. so ausdr. angesprochen: *Valdés, Convenios, 1988, S. 101 f.; Ojeda, DerSind, 1995, S. 805; keine „Rosinentheorie": STSJ Baleares 30.07.1991, AS 4730; STCT 06.11.1986, RTCT 12744 = AL 1987-1, S. 231 ff.,* N° 97; *García Murcia, Pactos (y II), AL 1992-2, S. 413 (424); Camps/Sala, Convenios, DL 1987, N° 21, S. 127 (145 f.). Zur dtsch. Lit.: Tyska, Günstigkeitsprzp., 1994, S. 118 ff., 125 ff., 132 ff.; 135 ff.*

[986] H.A.: *Baylos, Modelo, 1991, S. 118; STSJ Madrid 18.07.1989, AS, TSJ, Social-Madrid N° 57; STSJ Andalucía, Granada 18.07.1990, AS 2789; Desdentado/García-Perrote, Eficacia, REDT 1980, N° 4, S. 537 (557, 558); Casas, Disponibilidad, RL 1997-I, S. 31 (37); Ojeda, Pactos, in: VV.AA., Negociación, 1991, S. 189 (192, 193), demzufolge außerstatutarische TV zwingenden und unmittelbaren Charakter nach*

herrschenden Meinung selbst dann nicht möglich, wenn es unter dem Strich „günstiger" erscheint, bei gleichem Lohn länger zu arbeiten als im statutarischen Tarifvertrag angeordnet, anstatt seinen Job vollends zu verlieren.[987] Dieser in Deutschland als „bunter Korb der Günstigkeit"[988] bezeichnete progressive Gedankengang des Arbeitsplatzschutzes ist in Spanien zwar rezipiert worden, konnte sich in der höchstrichterlichen Rechtsprechung indes trotz aufkeimenden Zuspruches der unteren Instanzen noch nicht durchsetzen.[989] Immerhin war eine untere, gleichwohl später vom Obersten Gerichtshof korrigierte Gerichtsinstanz schon der Ansicht:

Art. 37.1 Verfassung haben, aber den vom Gesetzgeber privilegierten statutarische TV untergeordnet sind; STS 17.10.1994, RJ 8052 (f.j. 3.°); STS 24.01.1997, RJ 572; Camps/Sala, Convenios, DL 1987, N° 21, S. 127 (145 ff.); Linares, Concurrencia, DL 1984, N° 14, S. 55 (67 ff.); Cabeza, Buena fe, 1995, S. 159 ff.; STSJ Madrid 24.04.1990, AS, TSJ-Social/Madrid 1990, N° 1543; STCT 12.11.1987, RTCT 24841; STCT 16.11.1987, RTCT 25084; STCT 19.07.1985, RTCT 5115; STCT 06.09.1986, RTCT 8705.

[987] *Herraíz, Modificación, TS 1997, N° 79, S. 18 (22). Contra, weil allein ein Vergleich mit der zu ändernden Situation statthaft sei und nicht der Vergleich mit einer hypothetisch anzutreffenden Situation, die eintreten würde, wenn die Änderung nicht durchgeführt wird: Alarcón Caracuel, Ordenación, 1988, S. 121.*

[988] *Krauss, Der bunte Korb der Günstigkeit, NZA 1996, S. 294 ff.; ders., Günstigkeitsprinzip, 1995, S. 2 ff., 97 ff.; Hanau, Principios, in: VV.AA., Arbitraje, 1996, S. 224 (227 ff.); „Aushöhlen des Tarifrechts": Lieb, Flexibilität, NZA 1984, S. 289 (291 ff., 293 ff.); Joost, Verkürzung, ZfA 1984, S. 173 (176 ff.). Vgl. schon das Sächsische OVG 18.12.1925, NZfA 1927, S. 184 ff.; Tyska, Günstigkeitsprzp., 1994, S. 135 ff.; Zachert, ArbZ-Verkürzung, AuR 1995, S. 1 (11 ff.); Zöllner, Flexibilisierung, ZfA 1988, S. 265 (287 ff.); Konzen, Tarifautonomie, NZA 1995, S. 913 (919); Lieb, Flexibilität, NZA 1994, S. 289 (293); Henssler, Flexibilisierung, ZfA 1994, S. 487 (505 ff.). Pro: Adomeit, Günstigkeitsprzp., NJW 1984, S. 26, 38; ders., Arbeitsbedingungen, 1996, S. 38 ff., 42 ff.; Ehmann/Schmidt, NZA 1995, S. 193 (202).*

[989] Unter ausdr. Zurückweisung des dieser Betrachtungsweise stattgebenden erstinstanzl. Urteils STCT 12.11.1987, RTCT 24841: In der Textilbranche erklärten sich vor der Reform von 1994 in einer Betriebsversammlung von 173 immerhin 95 ArbN (= 55 %) dazu bereit, Löhne unter dem SektorTV, gleichwohl aber noch 12 % über dem staatl. Mindestlohn zu akzeptieren. Der TV sah keine Lohnabkopplungsklausel vor (zur Lohnabkopplung, S. 124 ff.). Obwohl die Vorinstanz dieses Ansinnen unterstützte und das Überleben des Unternehmens sowie den Erhalt der Arbeitsplätze für wichtiger als einen Lohnanstieg hielt, sprach sich das *Tribunal Central de Trabajo dagegen aus.*
Insoweit muss man sich m.E. fragen, ob der Begriff der „Freiheit" (der betroffenen ArbN) nicht auch die Fähigkeit umfasst, auf bestimmte Rechte in gewissem Maße zu verzichten. Dies gilt um so mehr, als dass vielleicht doch höhere Werte als der „schnöde Mammon" auf dem Spiel stehen, wie etwa der, einer Beschäftigung nachzugehen, dem Selbstwertgefühl, „sozial akzeptiert" zu sein und sich nicht in die Schar der passiv am Tropf des Sozialstaates hängenden Arbeitslosen einreihen zu müssen usw.: Conde Martín, Autonomía, RL 1991-II, S. 355 (367); Adomeit, Regelung, 1996, S. 33. Vgl.: STSJ Madrid 24.04.1990, AS, TSJ-Social/Madrid 1990, N° 1543 (Intangibilidad del convenio colectivo). Unter Berufung auf „zwingendes Recht des statutarischen TV" (derecho necesario) nach Art. 3.1.c) Arbeitnehmerstatut: STCT 26.05.1987, RTCT 11130; STCT 16.11.1987, RTCT 25084. Zur Rezeption der dtsch. Gedanken: Ojeda, Autonomía, RL 1991-II, S. 311 (351); García-Perrote, Ley, 1987, S. 371 ff.; Adomeit, Acuerdos, in: VV.AA., Arbitraje, 1996, S. 232. In der Hotelbranche galt ein statutarischer ProvinzTV. Der ArbG sowie die Gesamtheit des BKom. (mehrheitl. UGT-Mitglieder) unterschrieben aus Krisengründen für das 110 Arbeitnehmer starke Unternehmen einen außerstatutarischen

„... beim vorliegenden Interessenkonflikt zwischen dem Recht der Arbeitnehmer auf die im statutarischen Tarifvertrag vereinbarten Lohnerhöhungen auf der einen und dem Überleben des Unternehmens sowie dem Erhalt der Arbeitsplätze auf der anderen Seite, ist letzterem Ansinnen ein höherer Stellenwert einzuräumen."[990]

Ungleich schwieriger gestaltet sich die praktische Günstigkeitsbeurteilung, wenn mengenmäßig nicht erfassbare Größen zueinander in Verhältnis gesetzt werden.[991] Das wohl anschaulichste Beispiel für eine Haltung, die jeglichen unternehmerischen *Esprit* zu ersticken droht, stellt folgendes Urteil des Obersten Gerichtshofes dar:[992]

FirmenTV, der für die Zeitdauer von einem Jahr u.a. eine vierzehntägige Verkürzung der Urlaubszeit, des Urlaubsgeldes, eine 10 %-igen Lohneinbuße und die Vierzig-Stunden-Woche anordnete. Lohnhöhe und Arbeitszeitdauer waren aber selbst nach diesen Einschnitten noch identisch mit der des statutarischen ProvinzTV und lagen nicht etwa unter ihm, weil in dem außerstatutarischen FirmenTV einige Materien „umgeschichtet" wurden. Die UGT „knüppelte" auf „ihr" eigenes BKom. mit einer arb.-gerichtl. Klage gegen diesen außerstatutarischen und „verschlechternden" FirmenTV ein, was letztl. abgewiesen wurde: TSJ Canarias, Las Palmas 29.09.1994, AS 3367 (f.j. 2.°): „...die Verfassungsrechte umfassen auch den Respekt vor marktwirtschaftl. Regeln und Unternehmensproduktivität (Art. 38 Verfassung). ... Wenn aus Gründen der Bewahrung von Arbeitsplätzen die ArbN und ArbG eine Beschneidung ihrer Rechte in vernünftigem sowie bescheidenem Umfang für einen nicht allzu exzessiven Zeitraum vereinbaren, erschöpft sich die Willensautonomie nicht in dem {statutarischen} TV, obwohl dies im Rahmen der Arbeitsbeziehungen normalerweise und mehrheitl. der Fall ist, und {eben diese Willensautonomie} darf sich äußern sowie die Arbeitsbedingungen verändern. Die normative Wirkung des TV muss sich den konkreten Arbeitsbedingungen anpassen, vor allem dann, wenn man die zentralisierte Struktur der Tarifverhandlung, wie sie in unserer Rechtsordnung herrscht, beachtet." Eine Änderung der im statutarischen TV angeordneten Bedingungen sei möglich „falls eine Anpassung an spezifische Anforderungen der Produktivität und Marktkonkurrenz notwendig ist, um weiter zu bestehen; dies gilt vor allem dann, wenn die Anpassung in zeitl. begrenzter Weise vorgenommen wird (Art. 82.3 Arbeitnehmerstatut nach dem Gesetz 11/1994)." Vgl. zu ähnl. Konstellationen den deutschen Fall des Heizkesselherstellers *„Viessmann", wo ein Exempel statuiert werden sollte: Arbeitsgericht Marburg v. 07.08.1996, DB 1996, S. 1929; BAG 13.02.1995, DB 1996, S. 1284 = BB 1996, S. 1439 = AR-Bl. TV III, III Tarifgebundenheit Nr. 10 mit ablehn. Anm. Löwisch; BAG 24.01.1996, AP Nr. 8 zu § 77 BetrVG 1982 Tarifvorbehalt = DB 1996, S. 1882 = BB 1996, S. 1717).*

[990] Vgl. in TCT 12.11.1987, RTCT 24841 (f.j. 1.°).

[991] Der nationalweit geltende statutarische BranchenTV für Sparkassen sah eine jährl. ArbZ-Dauer von höchstens 1.690 Stunden vor. Ein im Urteil nicht näher gekennzeichnetes Verhandlungssubjekt (m.E. wohl die GewerkS-Sektion) schloss mit dem Unternehmen einen ausserstatutarischen FirmenTV ab, der günstigere 1.644 Stunden, einen Geldausgleich, keine Verschlechterung der ArbZ-Lage, zusätzl. Feiertage im Gegenzug für die Einführung des „langen Donnerstages" (*super-jueves) und vor allem eine „andere Verteilung der ArbZ über das Jahr" vorsah. Das Gericht führte dazu aus: „Der vollständig disponible Inhalt von Art. 18 statutarischen Sparkassen-TV für 1992 beschränkt sich auf die Regelung der jährl. Höchst-ArbZ, ohne dass es jene Vorschrift verbieten würde, auf dem Geltungsbereich des Unternehmens andere Anordnungen hinsichtl. der ArbZ-Verteilung vorzunehmen, vorausgesetzt, dass jene insgesamt günstiger sind. Der Art. 18 statutarischen Sparkassen-TV besagt wörtl., dass „man die Arbeitszeiten beachten wird, die bei jährl. Berechnung kürzer als die hier festgelegten sind", wobei ferner seine eigene Regelung als Rahmens zur Festlegung der ArbZ-Lage bezeichnet wird. Jene Klausel und diese Wortwahl zeigen deutl. die Möglichkeit einer*

Dort wollten Arbeitgeber und Einheitsvertretung einverständlich wegen einer wirtschaftlich kritischen Unternehmenssituation mit akuter Arbeitsplatzgefährdung die Verteilung der Arbeitszeit durch einen statutarischen Provinztarifvertrag, der eine Arbeitsleistung von *Montag* bis *Freitag* vorsah, über einen *außerstatutarischen Firmen*tarifvertrag abändern. Bei gleich bleibender Wochenstundenzahl sollte allein Samstagsarbeit neu eingeführt werden, weil nur so eine bessere Kundenbetreuung und Absatzsteigerung hätte gewährleistet werden können.[993] Das Gericht setzte sich jedoch über die Einwilligung der Einheitsvertretung hinweg und postulierte seine „eigene" Günstigkeitseinschätzung, wonach der beabsichtigte außerstatutarische Firmentarifvertrag ausschließlich wegen der Samstagsarbeit als unzulässig eingestuft wurde. Zur Begründung führte es an:

„Wenn man den Wortlaut und die Arbeitsbedingungen eines statutarischen Tarifvertrags durch außerstatutarische Tarifverträge verändern könnte, wie dies vom Arbeitgeberverband angeführt wird, stünden wir direkt am Tag nach ihrer Unterschrift vor einer Unmenge von Tarifverträgen diesen Kalibers, welche den Wortlaut der auf Allgemeinverbindlichkeit und Unteilbarkeit hin angelegten statutarischen Tarifverträge zerpflücken würden. Daher besteht die Notwendigkeit, den Grundsatz der Einheit der Tarifverhandlung und Ansicht, wonach das im statutarischen Tarifvertrag Vereinbarte einen unteilbaren Block zwingenden Rechts darstellt, solange aufrecht zu erhalten, wie es nicht in für die Arbeitnehmer günstigerer Weise überwunden wird."

Alles in allem darf bei einer Konkurrenz zwischen statutarischem und außerstatutarischem Tarifvertrag über die Anwendung und Interpretation des Günstigkeitsprinzips nach Art. 3.3 Arbeitnehmerstatut, ein außerstatutarischer Tarifvertrag den statutarischen Tarifvertrag „verbessern".

Aber selbst diese Möglichkeit zur Verbesserung erfährt noch von gewerkschaftsnaher

Zusatzregelung auf der Unternehmensebene an. Das entscheidende Argument für die im angegangenen Urteil aufgestellte Behauptung ist jedoch ein Argument der systematischen Interpretation. Der Art. 34.4 {heute: 34.6} Arbeitnehmerstatut vertraut dem Unternehmen die Ausarbeitung des Arbeitskalenders an, was ein Dokument ist, das „die Lage der ArbZ und die jährl. Verteilung der Arbeitstage" (Art. 4.3 Real Decreto 2001/1983, de 28 de julio {heute: 3. Zusatzvorschrift RVO 1.561/1995 über Sonderarbeitzeiten}) bestimmt. Deswegen sind es die Unternehmensinstanzen – Geschäftsleitung und ArbN-Vertretungen des Unternehmens –, welche die vorrangige Zuständigkeit zur Regelung dieser Bedingungen inne haben, wie dies schon in einem jüngeren obiter dictum dieser Kammer (TS vom 07.04.1994) angesprochen wurde. Die Regelung der Verteilung der ArbZ über einen statutarischen BranchenTV muss folgl. secundum legem ausgelegt werden als Grundregelung, die zurückzuweichen hat vor Regelungen der ArbZ-Lage, die insgesamt günstiger sind und auf der Unternehmensebene eingerichtet werden.": STS 08.06.1994, JS-If, t. VIII, 1994, N° 3.888, S. 400 ff.

[992] STCT 05.04.1988, RL 1988-II, S. 579 ff. (f.j. *único); STS 17.10.1994, RJ 8052 (f.j. 3.°); STS 24.01.1997, RJ 572; Ojeda, Pactos, in: VV.AA., Negociación, 1991, S. 189 (192, 193); Casas, Disponibilidad, RL 1997-I, S. 31 (39); García Murcia, Pactos (y II), AL 1992-2, S. 413 (424); Desdentado, Articulación, in: VV.AA., Problemas, 1994, S. 141 (158 ff.).*

[993] Der FirmenTV musste zwingend ein *außerstatutarischer TV sein, da Art. 84 Arbeitnehmerstatut zusam-*

Literatur „Schelte". Ihrer Ansicht nach führt das hieraus entstehende „*Multi*-Niveau-Verhandlungssystem" dazu, dass beispielsweise die nationalweiten oder provinziellen *statutarischen Flächen*tarifverträge allein „Mindestarbeitsbedingungen" vorgeben und über *außerstatutarischen Firmen*tarifverträge verbessert werden dürften. Damit ließen sich Lohnsteigerungen nicht kontrollieren, was zur Inflation führe. Zudem untergrübe eine derartige Konkurrenz auf Firmenebene die Attraktivität der Gewerkschaften, da die betrieblichen Interessenvertretungen ohne Pflicht zur monatlichen Beitragszahlung eine billigere und geradezu verführerische Alternative zur Verbesserung der Arbeitsbedingungen der Arbeitnehmerschaft darstellen würden. Insofern gehöre es nicht zur Aufgabe des statutarischen Tarifvertrags, Mindestarbeitsbedingungen festzulegen, die durch alle anderen Rechtsinstrumente und auch durch den außerstatutarischen Tarifvertrag einfach so verbessert werden dürften.[994] Andere verweisen darauf, dass mit der von der Rechtsprechung praktizierten Lösung von Tarifkonkurrenzen über das Günstigkeitsprinzip nach Art. 3.3 Arbeitnehmerstatut dem außerstatutarischen Tarifvertrag eine Fähigkeiten zugestanden würde (nämlich zur Verbesserung), die dem statutarischen Tarifvertrag aufgrund des Konkurrenzverbotes in Art. 84 Satz 1 Arbeitnehmerstatut verwehrt sei.[995]

Aus solchen Äußerungen lässt sich das gesamte Ausmaß der verheerenden Kartellwirkung „statutarischer" Tarifverträge erkennen. Sie bevormundet nicht nur Arbeitnehmer und deren Interessenvertreter gegen ihren expliziten Willen selbst dort, wo jene keinen Schutz einfordern, sondern unterbindet auch unangenehme Wettbewerbssituationen unter den verschiedenen Unternehmen ganz im Sinne einer mittelalterlichen Zunftordnung.[996] *Die Sonderfigur des außerstatutarischen Tarifvertrags ist aufgrund der unflexiblen und noch herrschenden Rechtsprechung*[997] *dabei nicht in der Lage, dieses staatliche Korsett aufzulockern.*

2. Konkurrenz mit statutarischem Tarifvertrag nach Beendigung des außerstatutarischen Tarifvertrags

Abgesehen von den dargestellten Fällen sind Situationen denkbar, in denen zunächst ein außerstatutarischer Tarifvertrag wirksam ist, der für seine Gültigkeit ein konkretes Fristende, beispielsweise nach zwei Jahren vorsieht, wie dies in der Praxis auch meistens vereinbart wird.[998] Mangels gesetzlicher Regelung des außerstatutarischen Tarifver-

---

men mit dem Prioritätsgrds. prior in tempore und der Nachwirkung von Art. 86.3 Arbeitnehmerstatut das Konkurrenzverbot für nachfolgende statutarische TV (siehe S. 124 ff.) anordnet; Román, Horario, in: VV.AA., Estudios, 1991, S. 579 (594 ff.).

994 *Alarcón Caracuel, Pro, in: Cuestiones, 1990, S. 835 (857); Bejarano, CMB, 1998, S. 7; Marco, Negociación, RL 1995-II, S. 1323 (1328 ff.).*

995 *Desdentado, Sucesión, RMTAS 1997 (3), S. 205 (210).*

996 Zu ähnl. Auswüchsen im deutschen Richterrecht: *Adomeit, Regelung, 1996, S. 33 ff.*

997 Span. Richter geben in weniger als 5 % der Urteile den ArbG Recht: *Vidal/Vidal, Análisis, 1994, S. 17, 22.*

998 *„Der außerstatutarische TV muss eine zeitl. Befristung besitzen, wie sie auch die statutarischen TV kennen...":*

trags kommen dessen „Normen" nicht in den Genuss der Regelungen über die „Nachwirkung" von statutarischen Tarifverträgen nach dem Arbeitnehmerstatut und erlöschen folglich automatisch mit Fristablauf. Demgemäß kann ein nachfolgender statutarischer Tarifvertrag solche zeitlich begrenzt geltenden Arbeitsbedingungen des außerstatutarischen Tarifvertrags dann ohne weiteres verbessern oder verschlechtern.[999]

Zweifelhafter ist die Lage jedoch dann, wenn solch ein außerstatutarischer Tarifvertrag kein ausdrückliches Fristende anordnet.[1000] Nach der Vertragstheorie werden seine günstigeren Bedingungen automatisch auf die erfassten Arbeitsverhältnisse angewen-

---

STCT 30.06.1983, RTCT 6319. Art. 3 außerstatutarischer Sparkassen-TV: „2.) Der vorliegende {außerstatutarische} TV hat eine Dauer von zwei Jahren und endet zum 31.12.1989. 3.) Die vorliegende Regelung gilt als stillschweigend verlängert, wenn sie nicht durch jedwede der Organisationen gekündigt wird; dazu sind nur solche Organisationen berechtigt, welche die letzten drei Monate vor Fristablauf oder jeglicher ihrer Verlängerungen zu Verhandlungen befähigt sind.": Resol. DGT 16.06.1988, in: BOE 23.06.1988, N° 150, S. 19768 = RCL 1988, 1367; STS 30.06.1983, RTCT 6319; Camps, CMB, in: VV.AA., III Congreso, 1993, S. 229 (281, Fn. 190); STSJ País Vasco 18.12.1991, RL 1992-I, S. 883 (885).

[999] STS 25.01.1999, RJ 896 *(f.j. 2.°) und Anm. von Sempere Navarro, AS Jurisprudencia Social, Unificación de Doctrina, enero 1999, S. 15 (17 ff.); STS 17.03.1992, RJ 1656; STSJ Andalucía, Sevilla 09.05.1995, AS 2164; STCT 23.10.1986, RTCT 10747; STCT 20.01.1987, RTCT 10740; STCT 30.06.1983, RTCT 6319; STCT 17.06.1986, RTCT 5330; Rojas, Eficacia, 1998, S. 176).*

[1000] STSJ Comunidad Valenciana 10.05.1994, AS 1867 = RL 1994, S. 791 (TSJ-673): Der dem außerstatutarischen nachfolgende statutarische TV soll eine Aufsaugung veranlassen. *Palomeque/Álvarez, DTrab, 1998, S. 238 (Cap. V-III) behaupten, dass der außerstatutarische TV durch einen nachfolgenden statutarischen TV vollkommen derogiert werde, wenn letzterer ausdr. die gleichen Tarifbedingungen regle sowie neue und spezifische Inhalte hinzufüge. Wiederhole er ledigl. die alte Regelung des außerstatutarischen TV, so soll der außerstatutarische TV weiterhin seine Wirksamkeit beibehalten. Dazu zitieren sie aus einem Urteil, was zudem noch zum entgegengesetzten Schluss kam: 1.) Der statutarische TV für die Sparkassen sah im Jahr 1982 ein Sozialdarlehen (provisión social) i.H.v. 500.000 Ptas vor. 2.) Dieser Punkt änderte sich mit Wirksamwerden des außerstatutarischen TV von 1988, der die Summe auf 1 Mio Ptas erhöhte. 3.) Der nachfolgende statutarische TV von 1990 schwieg darüber. Die Frage war, ob wegen des Schweigens des statutarischen TV von 1990 nicht mehr, wie im Vorjahr angeordnet, 1 Mio, sondern 500.000 oder gar nur 0 Ptas in Anspruch genommen werden konnten. Darf also ein nachfolgender statutarischer TV den zuerst wirksamen außerstatutarischen TV verschlechtern. Anstatt den auch im Urteil angesprochenen Weg über Art. 3.3 Arbeitnehmerstatut zum Gesamtvergleich unter Anwendung des Günstigkeitsprinzips zu geben, gelangte das Gericht über „Auslegung" zu dem Schluss, dass das Schweigen des statutarischen TV von 1990 ein konkl. Beibehalten der Summe von 1 Mio bedeute. 4.) In der Tat ordnete der statutarische TV von 1992 später ausdr. die Summe von 1 Mio Ptas an: STS 01.07.1991, RJ 5863 = JS-If, t. V, 1994, N° 2.449, S. 413 ff. Zu 1.): Art. 64.1 Satz 2 XIII Convenio de Cajas de Ahorros, BOE 04.05.1982, N° 106, S. 11407 = RCL 1982/1100. Zu 2.): Art. 24, BOE 23.06.1988, N° 150, S. 19768 = RCL 1988/1367. Zu 3.): keine Regelung des Sozialdarlehens, BOE 12.06.1990, N° 140, S. 16322 = RCL 1990/1200. Zu 4.): Art. 24, BOE 13.05.1992, N° 115, S. 16295 = RCL 1992/1089. Ähnl. wie Palomeque/Álvarez: Rojas, Eficacia, 1998, S. 176 ff. mit Verweis auf STCT 13.07.1988, AL 1988-1, N° 967, S. 2264 ff.*

det.[1001] Derlei Vertragsbestandteile sind einem direkten und nachträglichen Eingriff durch Gewerkschaften oder betriebliche Arbeitnehmervertretungen entzogen, da es sich um „persönlich erworbene, günstigere Rechtspositionen" handelt, sog. „vorteilhaftere Bedingungen" (*condiciones más beneficiosas*).[1002]

Insofern müssten die einmal im außerstatutarischen Tarifvertrag angeordneten und nun inkorporierten günstigeren Arbeitsbedingungen eigentlich unbegrenzt gelten und wären zumindest nicht über einen nachfolgenden statutarischen oder außerstatutarischen Tarifvertrag abbaubar.[1003] Eine Verschlechterung käme in mittelbarer Weise allenfalls über eine Neutralisierung *per* „Aufsaugung" (*absorción*) oder „Aufstockung" (*compensación*) in Betracht oder über eine „Teilkündigung" nach dem Verfahren, das in Art. 41 Arbeitnehmerstatut niedergelegt ist (*modificación sustancial de condiciones de trabajo*).[1004]

Da sich eine konsequent angewandte Vertragstheorie jedoch nicht mit der *„höheren Qualität"* des statutarischen Tarifvertrags vereinbaren lässt, verweist man bei diesen gesetzlich nicht geregelten Situationen plötzlich auf das eigentlich allein für *statutarische* Tarifverträge geltende „Ordnungsprinzip" (*principio de modernidad*).[1005] Nach tautologischer Argumentation soll der spätere (statutarische) den früheren (außerstatutarischen) Tarifvertrag verdrängen:[1006]

[1001] Vgl. S. 124 ff.

[1002] Vgl. Fn. 614 und STS 15.06.1988, RJ 4260; *Martínez Jiménez, CMB, RL 1988-I, S. 97 (104 ff.); Camps, CMB, in: VV.AA., III Congreso, 1993, S. 229 (279 ff.).*

[1003] Vgl. auch *Abele, TarifR, Diss., 1996, S. 177 ff., 186, jeweils m.w.N.*

[1004] *Sala, DerSind, 1998, S. 441 ff.*

Der reformierte Art. 41 Arbeitnehmerstatut ist in systematisch unsauberer Weise zweigeteilt: Ein Teil behandelt die zwingende Öffnungsklausel für statutarischen und außerstatutarische Tarifverträgen, der andere hat eine hier einschlägige „Teilkündigung" des Einzelarbeitsvertrags zum Inhalt. Teil- und nicht Änderungskündigung, weil die Rechtsfolgen dieses Artikels auf das Wegfallen „einzelner" Vertragsbestandteile gerichtet sind, den Fortbestand des Arbeitsverhältnisses insgesamt jedoch unberührt lassen. Falsch sind deshalb die im Schrifttum oft anzutreffenden Parallelen zur deutschen „Änderungskündigung". Vgl.: G. Hueck, Teilkündigung, RdA 1968, S. 201 (203 ff., 206 ff., 207 f.); BAG NZA 1991, S. 377; BAG AP zu § 620 Teilkündigung, Nr. 5 mit Anm. Wolf; Schaub, ArbR-HdB, 1996, § 123 III, Rn. 6; Zöllner/Loritz, ArbR, 1998, S. 276 (§ 22 I/2), S. 84 (§ 6a/I/2); Hromadka, Änderung, RdA 1992, S. 234 (242 ff.); Lotz, KündigungsS, 1996, S. 9 ff.

Die Teilkündigung steht dabei im Gegensatz zur einvernehml. „Novation" (Vertragserneuerung, -umwandlung oder Änderungsübereinkommen) über Vertragsgegenstand oder condiciones principales nach Art. 1.203.1, 1.255 Código Civil: STSJ Madrid 31.10.1989, AS 134; STCT 16.05.1985, RTCT 3164; STCT 07.03.1988, RTCT 102 = AL 1988-1, N° 610, S. 1393 ff. = RL 1988-II, S. 569 (573 ff.); STCT 25.05.1988, RTCT 249; STCT 17.10.1987, RTCT 19306; STS 13.05.1986, RJ 2538; Castán, DerCiv, t. III, S. 429 ff.; Cabrera, Novación, 1963, S. 15 ff., 62 ff.; Cruz, Modificaciones, 1983, S. 336 ff.; Rivero, Novación, 1963, S. 7 ff.; Montoya, Modificación, AS 1996-I (Ss 1-1246), S. 2669 (2670); ders., Poder, 1965, S. 163, 165 ff., 172 ff.; Rodríguez-Piñero Royo, Flexibilidad, RL 1993-II, S. 3 (9); Sagardoy/Gondino, Espacios, DL 1988, N° 24, S. 9 (23).

[1005] *„Modernitätsprinzip", niedergelegt in Art. 82.4, 86.4 Arbeitnehmerstatut.*

[1006] Dies geschieht, obwohl doch gerade die außerstatutarischen TV nicht kodifiziert wurden und die

„Das Gegenteil würde nicht allein mit der inneren Logik des Verhandlungssystems brechen, sondern dazu noch das im außerstatutarischen Tarifvertrag Vereinbarte auf ewig verlängern."[1007] – und –

Der außerstatutarische Tarifvertrag bleibt solange wirksam, bis er durch einen anderen Tarifvertrag verdrängt wird: „Aber es gilt, dass selbst wenn dem nicht so gewesen wäre [*die zeitliche Befristung des Tarifvertrags*], solche Vereinbarungen ab jenem Zeitpunkt ungültig geworden wären. Erstens, weil der Kollektivpakt oder Tarifvertrag, statutarischer oder außerstatutarischer Art, evident durch einen anderen nachträglichen Kollektivpakt oder Tarifvertrag verändert werden kann, der das in ihm Angeordnete abändert ..."[1008]

Entwirft man das Szenario einer weiteren Konstellation, könnte eine einzelne Gewerkschaftszentrale zunächst einen außerstatutarischen Tarifvertrag unterzeichnen, der eine Arbeitszeit von beispielsweise 35 Stunden in der Woche vorsieht. Noch vor Fristablauf des außerstatutarischen wird ein allgemeinverbindlich wirkender statutarischer Tarifvertrag unter Zustimmung ebenfalls jener Zentrale und noch weiterer Gewerkschaften über verschlechternde *37 W*ochenstunden abgeschlossen. Wäre hier wirklich Verschlechterung von 35 auf 37 Stunden in der Woche auch für die Mitglieder dieser Gewerkschaft oder der dem außerstatutarischen Tarifvertrag zuvor beigetretenen Außenseiter zulässig?

Auf der einen Seite ließe sich daran denken, dass die Einwilligung jener Gewerkschaft in den verschlechternden statutarischen Tarifverträgen eine zulässige konkludente Abänderung des besseren außerstatutarischen Tarifvertrags darstellt.[1009] Andererseits würde man aber unter folgerichtiger Anwendung des Günstigkeitsprinzips nach Art. 3.3 Arbeitnehmerstatut zu dem Schluss gelangen, dass ihre Mitglieder oder die beigetretenen Außenseiter weiter den Anspruch auf 35 Wochenstunden behalten. Einleuchtend wäre es, wenn ein Vorrang des für die tarifgebundenen Arbeitnehmer unmittelbar geltenden außerstatutarischen Tarifvertrags vor dem statutarischen Tarifvertrag gelten würde. Dem Schrifttum sind über solche Konstellation keine Äußerungen zu entnehmen.

Rspr. davon ausgeht, dass deren Arbeitsbedingungen Eingang in den Individualarbeitsvertrag finden. Aus diesem Grunde kritisch die Anm. von *Sempere Navarro, AS Jurisprudencia Social, Unificación de Doctrina, enero 1999, S. 15 (17 ff.) zum STS 25.01.1999, RJ 896.*

[1007] *Correa, Convenios, 1997, S. 289; Bejarano, Usos, RL 1999, N° 14, julio, S. 12 (26 ff.) m.w.N.; Escribano, CCex, REDT 1999, N° 97, S. 681 (700 ff.).*

[1008] STS 05.06.1991, RJ 5235 (f.j. 5.°, d); *R. Y. Quintanilla, Convenios, 1998, S. 123; Palomeque/Álvarez, DTrab, 1998, S. 238 (Cap. V-III). Vgl.: Fernández López, CMB, RL 1992-I, S. 187 ff.*

[1009] Dies würde freil. mit der Theorie von der Inkorporation der günstigeren Arbeitsbedingungen des außerstatutarischen TV in den Einzelarbeitsvertrag im Widerspruch stehen.

3. Indirekte Konkurrenzregelung zwischen statutarischen und außerstatutarischen Tarifverträgen über das Arbeitskampfrecht

Nach der Betrachtung der durch Rechtsprechung und Literatur herausgearbeiteten Regeln zur Auflösung von Konkurrenzen zwischen statutarischen und außerstatutarischen Tarifverträgen, soll nun untersucht werden, ob über die „Hintertür" des Arbeitskampfrechts eine indirekte Konkurrenzregel vorgegeben wird. Insoweit ist zu fragen, ob bei Vorliegen eines statutarischen Tarifvertrags ein Streik rechtmäßig ist, um einen außerstatutarischen Tarifvertrag herbeizuzwingen oder umgekehrt. Ohne die Möglichkeit, echten Druck auf die Arbeitgeberseite mit Hilfe von Streikmaßnahmen ausüben zu können, wäre die theoretische Chance auf Tarifabschlüsse nichts anderes als „kollektives Betteln".[1010]

Oben wurden schon die wesentlichen Grundzüge des spanischen Arbeitskampfrechts dargelegt.[1011] Zur Untersuchung der gerade gestellten Frage ist Art. 11.c) *„Königliches provisorisches Eilgesetz über Arbeitsbeziehungen 17/1977"* vom 4. März 1977 heranzuziehen, in dem eine dem deutschen Arbeitsrecht abgeschaute,[1012] aber nicht „absolute", sondern *„relative"* Friedenspflicht (*deber de paz relativa*) angeordnet wird:[1013]

[1010] Unter sinngemäßer Übertragung einer Redewendung von *Blainpain. Vgl.: BAG 06.10. 1980, NJW 1980, S. 1642 (1643) = AP N° 64, Art. 9 GG – Arbeitskampf; Abele, TarifR, Diss., 1996, S. 156 ff.*

[1011] Vgl. S. 124 ff.

[1012] *„Embrion" des deutschen Rechts: Suárez González, Relaciones, 1980, S. 21.*

[1013] Neben Anordnungen in anderen Vorschriften, wie Art. 8.1 desselben Gesetzes oder 82.2 Arbeitnehmerstatut. Deshalb erübrigt sich in der Praxis die ausdr. Vereinbarung tarifl. Friedensklauseln im schuldrechtl. Teil (*cláusulas de paz/tregua), weshalb 1997 diese allein 3 % aller TV hatten: VV.AA., Balance, RL 1998, N° 6, S. 64 (75); Ramos, Paz, 1993, S. 70 f. (Primera); Borrajo, Autonomía, AL 1993-I, IV, S. 51 (55 f.); 10 %: Matía, Huelga, RL 1993-II, S. 283 (310); Ojeda, DerSind, 1995, S. 660, Fn. 74 (Cap. 23/C/b/2.); ders., Compendio, 1998, S. 304 ff. (Cap. 17/C/b). Ohne diese ausdrückl. Anordnung der relativen Friedenspflicht ist in Spanien umstritten, ob den TV jene immanent ist. Dies ist nach Überprüfung von Art. 11.c) „Königliches provisorisches Eilgesetz über Arbeitsbeziehungen 17/1977" durch das VerfG-Urteil „TCo 08.04. 1981, RTCo 11" ein „Streit um des Kaisers Bart" (insofern nicht ganz korrekt Zachert, in: Spanien, in: ders., Krise, 1990, S. 51 {67}; Kramer, Spanien, in: Bispinck/Lecher, Tarifpolitik, 1993, S. 370 {388, Fn. 12}; Lecher, Spanien, Die Mitbestimmung 5/1983, S. 240 {241}). Contra immanente Friedenspflicht das „linke" Schrifttum mit folgender Argumentation: Durch die Verfassung bekamen mehrere Subjekte, wie die Gruppe der einzelnen ArbN und die GewerkS, das Grundrecht auf Streik (Art. 28.2 Verfassung) zugesprochen. Folglich dürfe nicht das eine Subjekt für das andere, das ihm ausgestellten Grundrecht beschneiden, d.h. also eine GewerkS könne sich selbst im statutarischen TV zum „Frieden" verpflichten, dürfe damit nicht die „Gruppe der einzelnen ArbN" ihres Streikrechts berauben. Dem widersprach das VerfG, demzufolge im o.g. Art. 11.c) eine Ausdehnung der Friedenspflicht auf die „einzelne ArbN-Gruppe" angeordnet werden dürfe. Dies sei ein zeitl. begrenzten Verzicht, aber kein unzulässiger Grundrechtsverzicht, da die GewerkS zuvor als berechtigte Vertreterin auch für die Gruppe der einzelnen ArbN gehandelt hätte: STCo 08.04.1981, RTCo 11 (f.j. 14.°). MM.: Ramos, Paz, 1993, S. 24 ff., 36 ff., 40 ff., 44 ff., 50 ff., 66 ff.; Ojeda, DerSind, 1995, S. 657 ff. (Cap. 23/C/b/1.), der im übrigen darauf hinweist, dass schon in Art. 12 „LCT von 1931" die Friedenspflicht gesetzl. angeordnet wurde (Fn. 69 a.E.); Casas, Huelga, RL 1994-I, S. 44 (48, 52); Rey, Paz,*

„Der Streik ist rechtswidrig: *c)* Wenn man beabsichtigt, das in einem Tarifvertrag ... Vereinbarte während seiner Geltungsdauer zu verändern." (H.d.V.)[1014]

1984, S. 324, der sogar den Art. 11.c) „Königliches provisorisches Eilgesetz über Arbeitsbeziehungen 17/1977" vom 4. März 1977 als verfassungswidrig ansieht, da sie der ArbN-Seite „ihr Hauptinstrument {nämlich den Streik} entziehen würde" und der Grds. des Vertragsrechts pacta sunt servanda nicht so einfach auf das Kollektivrecht übertragen werden können. Vgl.: Valdés, Constitución, RPS 1979, N° 121, S. 469 (498). Pro immanente Friedenspflicht h.M., die sie im Wortlaut der „bindenden Kraft der TV" von Art. 37.1 Verfassung angeordnet sehen will und dafür auf Sinzheimer, Lotmar, den Grds. pacta sunt servanda, die Theorien von Hobbes' Leviathan und Kant Rückgriff nimmt und meint, dass die Rspr. auch ohne positive Kodifizierung eine relative Friedenspflicht herausgearbeitet hätte. „...dies {Thema} ist ein klares Bsp. der Dunkelheit, in die das Unterlassen einer tiefgehenden und offenen Verfassungsdebatte führt, einer Debatte, die häufig durch Vereinbarungen ersetzt wurde, die man hinter dem Rücken des Parlaments schloss und nun für verschiedenartige, wenn nicht gar widersprüchl. Interpretationen empfängl. sind.": Suárez González, Trabajo, in: VV.AA., Constitución, 1978, S. 198 (212); ders., Relaciones, 1980, S. 196, Fn. 107; Valdés, Modelo, in: VV.AA., Negociación, 1982, S. 17 (34 ff.); Sala/Albiol DerSind, 1998, S. 307 f. (Tema 5/II); Rey, Transformación, in: VV.AA., Reforma, 1995, S. 9 (18 ff.); Sagardoy, Decreto-Ley, Bol. AEDIPE jun. 1981, S. 3 (6); Matía, Huelga, RL 1993-II, S. 283 (289, 290); Molero, DerSind, 1996, S. 522 ff.; Barreiro, Huelga, in: VV.AA., DTrab, 1980, S. 59 (113 f.); ders., Paz, in: VV.AA., I Congreso, S. 98; ders., Paz, REDT 1980 N° 4, S. 461 (477 ff.); ders., Disponibilidad, RPS 1979, N° 121, S. 88; Alonso/Casas, DTrab, 1998, S. 860 ff. (Cap. 30/II); ders., Fuentes, 1982, S. 126 f.; Martín Valverde, Estructura, REST 1992, N° 18, S. 19 (26); Alonso García, Introducción, 1987, S. 708 ff. (Parte 3/Tit. I/Cap.II/ Sec. 4/III/c), S. 709 d/c'; Montoya, DTrab, 1998, S. 178 f. (Cap. V/8./1°/b); ders., Contenido, in: Contenido, 1990, S. 81 (98 ff.); Borrajo, Introducción, 1996, S. 292 f. (Lec. XXIII-V); Diéguez, Paz, in: VV.AA., Problemas, 1984, S. 87 (89 ff.). [1014] Ein Streik ist während der Laufzeit des statutarischen TV zulässig, wenn er *a) nicht auf dessen Veränderung abzielt, sondern eine bestimmte, abweichende Interpretation einer Passage einfordert oder b) Ansprüche erhebt, die keine Veränderung des TV bedeuteten oder c) die Lehre vom WGG (cláusulas rebus sic stantibus/teoría de la base del negocio) anwendbar ist. Ferner ist er, in m.E. systemwidriger Weise i.S.e. „Notwehrrechts" bei Nichterfüllung der Pflichten durch ArbG-Seite rechtmäßig: STCo 04.04.1981, RTCo 11 (f.j. 14.°). Damit besteht in Spanien entweder kein Vertrauen in die Arbeitsgerichte oder es wurden in unkrit. Weise Elemente des engl. ArbR auf das kontinentale Tarifsystem übertragen. So kann sich in England mangels „normativer" Wirkung des TV der ArbN grds. nicht an die Gerichte zur Einforderung tarifl. Ansprüche wenden. Deshalb muss ihm ein „Druckmittel" oder „Notwehrrecht" in Form des Streiks gegeben werden, um den ArbG zur Erfüllung des TV anzuhalten. Damit kann in England keine „Friedenspflicht" gelten. In Spanien darf sich ein ArbN bei Nichterfüllung des statutarischen und normativ wirkenden TV an die Gerichte wenden, weshalb das Notwehrrecht „Streik" überflüssig ist. Darum wurde eine relative Friedenspflicht angeordnet: Matía, Huelga, RL 1993-II, S. 283 (285, 286). Vgl.: STS 03.04.1991, RJ 3248; Matía, a.a.O., S. 283 (293 f.); STS 14.02.1990, RJ 1088.* Zu einer solchen Streikankündigung wegen „Nichterfüllung" des TV durch die ArbG-Seite durch die im Notariat Beschäftigten in der Provinz Madrid: *El País 23.05.1998, S. 45; STCo 01.03.1990, RTCo 38; STS 14.02.1990, RJ 1088; STS 30.06.1990, RJ 5551; Ojeda, Compendio, 1998, S. 218 ff. (Cap. 12/C/b); Rivero, Revisión, in: VV.AA., Problemas, 1984, S. 69 (77 ff.); STCo 20.12.1990, RTCo 210; STS 04.07.1994, AL 1994-3, N° 1741, S. 3204 ff. und Anm. auf S. 3208; STS 04.07.1994, AL 1994-3, N° 1741, S. 3209 ff., mit Anm.: de las Cuevas, Rebus, S. 3212.*

Elementar ist nun, was unter dem Begriff „*Tarifvertrag*" zu verstehen ist, weil sich danach entscheidet, ob noch während der Geltungsdauer und vor Kündigung eines statutarischen oder außerstatutarischen Tarifvertrags ein Streik gerufen werden darf, um die jeweils andere Tarifvertragsart herbeizuzwingen.[1015] Anders ausgedrückt: Wirkt die gesetzlich angeordnete Friedenspflicht als „Hemmschuh" für das Zustandekommen statutarischer oder außerstatutarischer Tarifverträge?

a) Erstreiken eines statutarischen Tarifvertrages bei Geltung eines außerstatutarischen Tarifvertrags?

Erneut sind unterschiedliche Situationen auseinander zuhalten: Zunächst kann ein *außerstatutarischer* Tarifvertrag gelten und noch während dessen Wirksamkeit ein Streik zum Herbeizwingen eines *statutarischen* Tarifvertrags durchgeführt werden. Genau darauf bezieht sich das dürftige Anschauungsmaterial, was Rechtsprechung und Literatur zu dieser Konstellation bieten.

Nach wohl herrschender Ansicht soll ein Streik hier rechtmäßig und damit zulässig sein. Die Befürworter geben zu bedenken, dass sich bei entgegengesetzter Ansicht in der Praxis sonst kein allgemeinverbindlich wirkender *statutarischer* Tarifvertrag mehr herbeizwingen ließe. Um die Mehrheit bei der Schlussabstimmung des statutarischen Tarifvertrags zu erreichen („zweiter Filter"), bedarf es aufgrund der faktischen Zweiteilung der Gewerkschaftslandschaft in *UGT* und *CC.OO.* immer der Zustimmung von beiden Gewerkschaften. Gilt nun zuerst ein außerstatutarischer Tarifvertrag, dann bedeutet dies in der Praxis, dass eine von beiden Gewerkschaften den statutarischen Tarifentwurf nicht unterschreiben wollte und die andere nur einen außerstatutarischen Tarifvertrag vereinbaren konnte. Hätte diese Gewerkschaft nun ihr Streikrecht bereits für ihren außerstatutarischen Tarifvertrag „verbraucht", sei die andere und nun auf sich allein gestellte Gewerkschaft zu schwach, später einen statutarischen Tarifvertrag mit der notwendigen Mehrheit zu unterzeichnen. Damit würde man aber den betroffenen Arbeitnehmern *de facto* den Schutz eines statutarischen Tarifvertrags versagen, weshalb Art. 11.*c) „Königliches provisorisches Eilgesetz über Arbeitsbeziehungen 17/1977"* vom 4. März 1977 in dieser Konstellation keine Anwendung auf außerstatutarische Tarifverträge finden dürfe.[1016] Manche aus dem Schrifttum erklären gar explizit:[1017]

[1015] *Abele, TarifR, Diss., 1996, S. 186 ff.*

[1016] STSJ Navarra 02.09.1991, AS 4824; STCT 15.03.1988, RTCT 113 (f.j. 2.°, 3.°); STCT 22.03.1988, RTCT 128 (f.j. 2.°); STCT 22.06.1988, RTCT 300; *Matía, Huelga, RL 1993-II, S. 283 (291); STSJ País Vasco 07.11.1989, AS, TSJ-Social, Bd. II (Ss Núm. 1315-2549), 1989, N° 1525; Ojeda, Compendio, 1998, S. 300 f. (Cap. 17/B/b); STCo 08.06.1989, RTCo 108; Alonso Olea, Convenio, in: ders., JCo, t VII, 1990, N° 410, S. 333 (336, 337); Quintanilla, Convenios, 1998, S. 139.* Eng ist damit die Frage verbunden, ob für die ArbG-Seite eine Pflicht zur Verhandlung nach Art. 89.1 Satz 3 Arbeitnehmerstatut besteht, wenn zunächst ein *außerstatutarischer TV unterzeichnet wurde und dann die Verhandlung eines statutarischen TV eingefordert wird, wobei sich eine widersprüchl. Rspr. feststellen last. Contra: SAN 05.07.1990,*

„Wäre dem nicht so, würde man den Gebrauch des statutarischen Verfahrens der Tarifverhandlung unterbinden, falls ein [*außerstatutarischer*] Tarifvertrag besteht, der nicht besagtes statutarisches Verfahren beachten würde; auf diese Weise würde man schlussfolgern, dass der außerstatutarische Tarifvertrag mehr Kraft hätte als der statutarische, da der außerstatutarische bei gleichzeitiger Geltung untersagen könnte, dass ein statutarischer Tarifvertrag ausgehandelt wird."

In diesem Sinne lässt sich folgende Konstellation zur Verdeutlichung heranziehen, in dem der Oberste Gerichtshof über folgenden Fall zu urteilen hatte:[1018] Zwei Arbeitgeberverbände und verschiedene Gewerkschaften verhandelten einen nationalen und statutarischen Tarifvertrag in der Verhandlungskommission. Da die Arbeitgeberseite durch zwei Verbände *CECE* und *EyG* vertreten war, die sich nicht einigen konnten, verließ der Arbeitgeberverband *CECE* aus Protest die Wirtschaftsbank in der Verhandlungskommission und der andere Arbeitgeberverband *EyG* verblieb in ihr. Der *EyG* bekam für sich allein nicht die zur Schlussabstimmung notwendige Abstimmungsmehrheit in der Wirtschaftsbank zusammen und unterzeichnete mit den in der Verhandlungskommission ausharrenden Gewerkschaften notgedrungen einen außerstatutarischen Tarifvertrag. Ungefähr ein Jahr später fanden erneut Tarifverhandlungen statt, wobei es diesmal der Arbeitgeberverband *EyG* war, der seine Unterschrift verweigerte und die Wirtschaftsbank verließ. Zu diesem Zeitpunkt hatten sich die Repräsentativitätszahlen jedoch schon zugunsten des Arbeitgeberverbands *CECE* geändert, der nun „allein" die zur Schlussabstimmung notwendigen 63,51% Repräsentativität vorweisen konnte und somit nicht mehr auf die Zustimmung des *EyG* angewiesen war. Der *CECE* schloss einen statutarischen Tarifvertrag mit den erneut am Verhandlungstisch verbleibenden Gewerkschaften. Gegen diesen letzten statutarischen Tarifvertrag ging *EyG* gerichtlich vor, da seiner Ansicht nach, wegen der noch andauernden Wirksamkeit des mit dem *EyG* unterzeichneten außerstatutarischen Tarifvertrags, ein statutarischer Tarifvertrag diesen nicht nachträglich derogieren dürfe. Ferner war seiner Auffassung nach die Friedenspflicht (siehe oben S. 331 ff.), das Recht auf Tarifverhandlungen (Art. 37.1 Verfassung) etc. verletzt. Der Oberste Gerichtshof erklärte:

„Die Unterschrift eines außerstatutarischen Tarifvertrags durch eine Gewerkschaft hindert sie nicht daran, in der Verhandlung eines anderen zu intervenieren, selbst dann, wenn der [*statutarische*] Tarifvertrag den [*außerstatutarischen Tarifvertrag*] zeitlich überschneidet und mit allgemeinverbindlicher Wirkung ausgestattet ist; dabei wird vorausgesetzt, dass solch eine Gewerkschaft die notwendigen Voraussetzungen erfüllt, um ... die Verhandlungskommission beschicken zu dürfen; einer anderen Schlussfolgerung nach hätte die betroffene Branche keine Möglichkeit, einen allgemeinverbindlichen [*statutarischen*] Tarifvertrag abschließen zu können, was dann geschehen würde, wenn die Gewerkschaft, die eine

---

RTCT 92. Pro: STCT 27.01.1981, RTCT 597; STCT 26.05.1987, RTCT 11678.

[1017] *R. Y. Quintanilla, Convenios, 1998, S. 136.*

[1018] STS 14.02.1996, RJ 1017 (f.j. 6.°).

bestimmte Repräsentativität erreicht, den außerstatutarischen Tarifvertrag [*vorher*] unterzeichnete [*und deren Repräsentativität*] zu der von den anderen mitverhandelnden Gewerkschaften hinzugezählt werden müsste, um letztlich die im Arbeitnehmerstatut eingeforderte Mehrheit bei der Schlussabstimmung erlangen zu können ... Die Gewerkschaften, die den nun im Streit stehenden [*außerstatutarischen*] Tarifvertrag verhandelten, verletzten beim Abschluss des nachfolgenden [*statutarischen*] Tarifvertrags keine Pflichten, da sie sich weder verpflichteten – falls dies überhaupt möglich ist – auf nachträgliche Verhandlungen, deren Zweck darin bestand, einen allgemeinverbindlichen [*statutarischen*] Tarifvertrag zu vereinbaren, zu verzichten noch wurden sie durch ihre vorherige Handlungsweise der Fähigkeit beraubt, an seiner Verhandlung teilzuhaben ... Die Existenz eines außerstatutarischen Tarifvertrags schließt nicht die Verhandlung eines statutarischen Tarifvertrags mit zeitlich übereinstimmenden Geltungszeiträumen aus, da das in Art. 84 Arbeitnehmerstatut verankerte Konkurrenzverbot in solchen Fällen nicht greift. Die eine und die andere Tarifvertragsart ist perfekt von der anderen unterscheidbar ...“

Als weiteres Beispiel sei aus der Praxis das folgende genannt: Zunächst galt ein außerstatutarischer Branchentarifvertrag der Provinz *Valencia*, den allein die Gewerkschaft *UGT* mit dem entsprechenden Arbeitgeberverband *FEMV* abgeschlossen hatte. Danach rief das Betriebskomitee eines Einzelunternehmens einen Streik zur Durchsetzung eines statutarischen Firmentarifvertrags aus. Dem Gericht nach handelte es sich um einen „rechtmäßigen“ Streik, weil zum einen unterschiedliche Tarifparteien an dem Abschluss der Tarifverträge beteiligt gewesen waren (*UGT, Betriebskomitee*), zum anderen ein *außerstatutarischer* Tarifvertrag nicht den Abschluss eines allgemeinverbindlich wirkenden *statutarischen* Tarifvertrags verhindern dürfe und darum der Art. 11.*c)* *„Königliches provisorisches Eilgesetz über Arbeitsbeziehungen 17/1977“* allein auf das Verhältnis unter *statutarischen* Tarifverträgen Anwendung finden könne.[1019]

Wieder schimmern in solchen Äußerungen spanischer Rechtsgelehrter die Gedanken durch, wonach der statutarische Tarifvertrag in seiner Wertigkeit „höher“ als der außerstatutarische Tarifvertrag anzusiedeln sei, weshalb ihm mit aller Macht der Weg zum Zustandekommen geebnet werden müsse:

„Die statutarische und außerstatutarische Tarifverhandlung befindet sich nicht in einer Stellung der Parität oder Gleichheit im Range. Die gesetzgeberische Bevorzugung der statutarischen Tarifverhandlung bringt ihre Priorität gegenüber der außerstatutarischen mit sich, die somit auf einen untergeordneten oder zweiten Rang abgedrängt wird. Die Funktion des außerstatutarischen Vertragsabschlusses besteht nicht darin, die Tarifverhandlung, die Objekt eines besonderen gesetzlichen Schutzes gewesen ist, zu ersetzen oder wegzudrängen, sondern sie

---

[1019] STS 04.04.1988, AL 1988-2, N° 749, S. 1732 (1735).

anzupassen und sie vor allem zu ergänzen ... Die außerstatutarische Tarifverhandlung dient als „Sicherheitsventil" gegenüber den starren Regelungen der statutarischen Tarifverhandlung ..."[1020]

Einer m.E. besser durchdachten Mindermeinung nach, soll ein Streik bei Wirksamkeit eines außerstatutarischen Tarifvertrags zur Herbeiführung eines statutarischen Tarifvertrags mit folgender Begründung aber rechtswidrig sein:[1021]

> „... bis zur einverständlich vereinbarten Beendigung eines außerstatutarischen Tarifvertrags bleiben sowohl die Mitglieder der unterzeichnenden Arbeitgeberverbände als auch der Gewerkschaften ... verpflichtet. Niemand darf während dieser Geltungsdauer einen anderen Tarifvertrag unterzeichnen, **noch nicht einmal einen statutarischen Tarifvertrag.** Falls sie ihn [*den außerstatutarischen Tarifvertrag*] unterzeichnen, müssten sie einer Bedingung unterworfen sein, womit seine Anwendung auf sie vorläufig außer Kraft gesetzt würde; damit wäre das im neuen [*statutarischen*] Tarifvertrag Vereinbarte solange nicht auf ihre Mitglieder anwendbar, bis der außerstatutarische Tarifvertrag ausgelaufen ist. Solch eine Zurücksetzung in der Anwendbarkeit verletzt weder die Gewerkschaftsfreiheit [*nach Art. 28 Verfassung*] noch das Recht auf Tarifverhandlung [*nach Art. 37.1 Verfassung*]; es impliziert nicht die Verkennung von Befähigungen und noch weniger einen endgültigen Verzicht; es handelt sich einfach darum, das gegebene Wort in der Weise einzuhalten, wie dies vom Verfassungsgericht in Bezug auf das Streikrecht und die (zeitlich begrenzten) Vereinbarungen zur Friedenswahrung in seinem Urteil TCo 08.04.1981, RTCo 11 akzeptiert wurde. Deswegen muss man dafür eintreten, dass die vom Urteil des Obersten Gerichtshofes vom 14.02.1996 ... [= *STS 14.02. 1996, RJ 1017, vgl. S. 334 f.*] aufgestellten Kriterien keine Anwendung finden: Solch eine Behauptung würde die schon jetzt äußerst prekäre Regelung der außerstatutarischen Tarifverträge ruinieren, deren Wirkung bereits per se allein auf die Mitglieder begrenzt ist und die nicht auch noch in rechtlicher Hinsicht bedeutungslos gemacht werden dürfen." (H.d.V.)

b) Erstreiken eines außerstatutarischen (verbessernden) Tarifvertrages bei Geltung eines statutarischen Tarifvertrags?

Die andere Fallgestaltung betrifft, neben weiteren unklaren Varianten[1022], die umgekehrte Situation, in der zunächst ein *statutarischer* Tarifvertrag wirksam ist und dann noch während seiner Geltung ein *außerstatutarischer* Tarifvertrag über einen Streik

---

[1020] *Valdés, Convenios, 1988, S. 43 ff.*

[1021] *Borrajo, Introducción, S. 281 (Lec. XXII-VI/A).*

[1022] Eine derartige Situation könnte daraus entstehen, dass z.B. zunächst ein *statutarischer TV von UGT und CC.OO. unterzeichnet wird und noch vor dessen Ablauf die UGT Verbesserungen über einen „günstigeren"* durchgesetzt werden soll. Dort stellt sich ebenfalls die Frage, ob die Anordnung der relativen Friedenspflicht in Art. 11.*c) „Königliches provisorisches Eilgesetz über Arbeitsbeziehungen 17/1977“* solch einen Streik rechtswidrig werden lässt und damit untersagt. Eine derartige Konstellation fand der Verfasser selbst einmal bei seiner praktischen Tätigkeit in einer Kanzlei in Barcelona zur Begutachtung vor.

Der Rechtsprechung sind keine Entscheidungen über eine derartige Variante zu entnehmen, obwohl eher nebulöse Andeutungen gleichfalls auf die Rechtmäßigkeit eines solchen Streiks hinzuweisen scheinen.[1023] Diese Fälle werden selten einmal den Gerichten zur Klärung überantwortet, da die Arbeitgeber fast immer das Risiko scheuen, in einer schon aufgeheizten Stimmung mit Streiks dann auch noch dessen Rechtmäßigkeit prüfen zu lassen.

Mit dieser Problematik beschäftigen sich nur wenige Autoren und doch lassen sich zwei Lager ausmachen. Nach Ansicht der einen Gruppe sei mit dem Begriff *„Tarifvertrag“* in Art. 11.*c) „Königliches provisorisches Eilgesetz über Arbeitsbeziehungen 17/1977“* einzig und allein die *statutarische* Tarifvertragsart gemeint, weshalb ein Streik zur Herbeiführung eines *außerstatutarischen* Tarifvertrags rechtmäßig ist.[1024] Ihres Erachtens handele es sich bei der Figur des außerstatutarischen Tarifvertrags um eine legale

---

außerstatutarischen TV erreichen will. Nach einer anderen Fallvariante könnten z.B. zunächst UGT sowie CC.OO. gemeinsam einen statutarischen TV abgeschlossen haben und noch vor dessen Fristablauf eine dritte Gewerkschaft, die USO, einen Streik zur Herbeiführung eines noch günstigeren außerstatutarischen TV beginnen. Wäre dieser rechtmäßig oder würde sich nicht vielmehr die Friedenspflicht des vorher (freilich nicht von USO) unterzeichneten statutarischen TV auch auf die USO erstrecken, mit der Folge, dass die Friedenspflicht des statutarischen TV sozusagen „allgemeinverbindlich“ auch für die USO gilt?

[1023] Ein gesamtstaatl. geltender, statutarischer BranchenTV sah eine Nachtschichtzulage i.H.v. 28 % vor und die Belegschaft des betroffenen Unternehmens kam seit ca. 12-13 Jahren in den Genuss von 30 %, wobei offen gelassen wurde, ob die Rechtsquelle dafür ein *„außerstatutarischer TV“ (pacto impropio) oder eine „einseitige sowie in kollektiver Weise vorgenommene Gewährung durch den ArbG“ in Form der vorteilhafteren Bedingung (vgl. Fn. 614) zugunsten der gesamten Belegschaft (concesión unilateral del empresario) war. Die Erhöhung des Zuschlages von 30 % auf 32 % sollte zu einem Zeitpunkt per Streik durchgesetzt werden, zu dem der statutarische TV mit seinen 28 % noch wirksam war. Das Gericht sah diesen Streik als „rechtmäßig“ an: STCo 01.03.1990, RTCo 38.*

Die Lit. kritisiert dies, da ansonsten jedes Mal, bei Gewährung einer Bedingung, die vorteilhafter ist, als der statutarische TV, die relative Friedenspflicht mit dem Hinweis gebrochen werden dürfte, für noch höhere Bedingungen streiken zu können: Alonso Olea, CMB, N° 462, in: ders., JCo, t. VIII (1990), 1991, S. 103 (103); Beschluss (auto) TCo 07.11.1988, N° 1.230/1988, JCo, t. XXII, 1989, S. 1625; STSJ Madrid 31.10.1989, AS, TSJ, Social-Madrid 1989, N° 134.

[1024] *Matía, Huelga, RL 1993-II, S. 283 (291); Sala, CCextra, in: VV.AA., Manifestaciones, 1989, S. 43 (73 ff., 75). Sala/Albiol, DerSind, 1998, S. 370 f. (Tema 5/IV/5/C) in Abkehr vom früher Vertretenen: Sala, Convenios, 1981, S. 31. Offen: ders., Relación, in: VV.AA., Seminario, 1984, S. 71 (82). Vgl.: García Murcia, Pactos (I), AL 1992-2, (XXX), S. 403 (411); Molero, DerSind, 1996, S. 581 f. (Cap. XIX/6/2°/d); Ramírez Martínez, Curso, 1997, S. 220 (Lec. 6/5.3); Martín/Rodríguez-Sañudo/García, DTrab, 1996, S. 396 ff.; R.Y. Quintanilla, Convenios, 1998, S. 135 ff. Unklar: Ojeda, DerSind, 1995, S. 504 (Cap. 18/C/b/3°).*

Spielart der Tarifautonomie, weshalb Streiks zu seiner Durchsetzung erlaubt sein müssten. Daneben besäßen statutarische und außerstatutarische Tarifverträge eine völlig unterschiedliche Rechtsnatur, weshalb das in Art. 84 Arbeitnehmerstatut enthaltene Konkurrenzverbot nicht im Verhältnis zwischen statutarischen sowie außerstatutarischen Tarifverträgen greife. Demzufolge ließe sich ebenso wenig im Gewande der Friedenspflicht ein „indirektes" Konkurrenzverbot einführen. Letztlich habe der Gesetzgeber 1980 bei Erlass des Arbeitnehmerstatuts ein geschlossenes Tarifsystem einführen wollen, in dem es neben der statutarischen Tarifvertragsart keine andere geben sollte. Das *„Königliche provisorische Eilgesetz über Arbeitsbeziehungen 17/1977"* vom 4. März 1977 stamme aus einer Zeit vor der Geltung des Arbeitnehmerstatuts. Deshalb sei es unmöglich, dass im Jahre 1977 diese Vorschrift die Probleme zwischen statutarischen und außerstatutarischen Tarifverträgen habe erkennen und lösen können, die damals noch gar nicht bekannt gewesen wären.

Eine restriktivere und nach Ansicht des Verfassers einleuchtendere Meinung stellt sich genau auf den gegenteiligen Standpunkt,[1025] wonach Art. 11.*c) „Königliches provisorisches Eilgesetz über Arbeitsbeziehungen 17/1977"* vom 4. März 1977 beide Tarifvertragsarten erfasse, weshalb bei Gültigkeit eines statutarischen Tarifvertrags nicht zur Herbeiführung eines außerstatutarischen Tarifvertrags gestreikt werden dürfe.[1026] Ist beispielsweise ein *statutarischer* Branchentarifvertrag provinzweit wirksam, dann muss nach dieser Ansicht ein Streik zur Erzwingung noch günstigerer Arbeitsbedingungen über einen *außerstatutarischen* Tarifvertrag rechtswidrig sein. Es sei nämlich kaum mit dem Grundgedanken *pacta sunt servanda* und Art. 11.*c) „Königliches provisorisches Eilgesetz über Arbeitsbeziehungen 17/1977"* vom 4. März 1977 vereinbar, falls ein statutarischer Tarifvertrag durch einen vielleicht nur ein paar Wochen später von derselben Gewerkschaft erstreikten außerstatutarischen Tarifvertrag außer Kraft gesetzt werden könnte. Einige Stimmen geben zu bedenken:[1027]

> „Wofür schließt man denn dann überhaupt noch Tarifverträge ab? Wo bleibt das Konkurrenzverbot für Tarifverträge (Art. 84 und 89.1 Arbeitnehmerstatut), wenn der höhere durch einen niedrigeren gesetzlichen Geltungsbereich missachtet wird, um günstigere Bedingungen einzufordern oder die sogar noch zu verbessern, welche schon günstiger sind? Und wenn der beabsichtigte Tarifvertrag ein uneigentlicher bzw. „außerstatutarischer" ist, kann man dann sagen, es besteht eine Pflicht, einen Tarifvertrag dieser Art zu verhandeln – und dies gilt noch mehr bei gleichzeitig wirksamem statutarischen Tarifvertrag –, wenn es genau zu einer der Charakteristika gehört, wonach keine Verhandlungspflicht im Gegensatz zu den [*statutarischen Tarifverträgen*] besteht? ..."

[1025] Vgl.: *Alonso Olea, CMB, N° 462, in: ders., JCo, t. VIII (1990), 1991, S. 103 (108).*

[1026] STS 28.03.1994, RJ 2543.

[1027] *Alonso Olea, CMB, N° 462, in: ders., JCo, t. VIII, 1991, S. 103 (108) als Kommentar zu in Fn. 1023 genannten Urteil TCo 01.03.1990, RTCo 38.*

Ein spanisches Gericht entschied wie folgt einen der seltenen praktischen Fälle:[1028] Zuerst wurde in einem Unternehmen der „VII. statutarische Firmentarifvertrag" abgeschlossen. Nur drei Monate später rief dasselbe Unternehmenskomitee, was zuvor den statutarischen Firmentarifvertrag abgeschlossen hatte, einen Streik aus, mit dessen Hilfe es vom Arbeitgeber eine „Sonderzahlung" wegen angeblicher Verteuerung der Lebenshaltungskosten im Raum Barcelona erzwingen wollte. Zwar lässt sich dem Wortlaut des Urteils nicht eindeutig entnehmen, welche Tarifvertragsart hier beabsichtigt wurde (statutarisch oder außerstatutarisch), aber da die Sonderzahlung die einzige Forderung war, ohne etwaige Arbeitszeit-, Renten-, Überstundenregelungen etc., spricht alles für einen *außerstatutarischen* Firmentarifvertrag. Das Gericht kam zu dem Schluss, dass ein *„rechtswidriger"* Streik vorliegt. Dieses Ergebnis fand es unter Rückgriff auf Art. 11.*c) „Königliches provisorisches Eilgesetz über Arbeitsbeziehungen 17/1977"*.[1029]

E. Der Weg aus der Krise: Über den außerstatutarischen Tarifvertrag hin zur Dezentralisierung

Wie den vorherigen Seiten zu entnehmen war, kümmert sich die Rechtsprechung nicht konsequent um das von ihr selbst aufgestellte Bekenntnis, wonach der außerstatutarische Tarifvertrag allein obligatorische Wirkung entfaltet. Ausschließlich im Konkurrenzfall zum statutarischen Tarifvertrag dient ihr das Argumentationsmuster der „Vertragstheorie" dazu, die angeblich qualitative Minderwertigkeit des außerstatutarischen Tarifvertrags leichter herzuleiten und das „Dogma" von der alleinigen Möglichkeit zur Verbesserung eines statutarischen durch einen außerstatutarischen Tarifvertrag zu rechtfertigen und so fällt aufmerksamen Rechtsgelehrten folgendes auf:[1030]

> „Die unbefriedigenden Ergebnisse, zu denen der Grundsatz der Unangreifbarkeit des statutarischen Tarifvertrags gegenüber Handlungen der irregulären [*außerstatutarischen*] Tarifautonomie führt, liegen in nichts anderem, als der perversen vorkonstitutionellen Theorie einer Inkorporation von Arbeitsbedingungen, die im außerstatutarischen Tarifvertrags vereinbart wurden, in den Einzelarbeitsvertrag und dies als Rechtfertigungsgrund dafür, dass sich der außerstatutarische Tarifvertrag innerhalb der Rechtsordnung bewegt; all dies überzeugt mittlerweile fast kaum noch einen und hinterlässt zahlreiche Flickenteppiche, die nicht mehr zu stopfen sind ..."

[1028] STSJ de Cataluña 03.02.1997, AS 714 (f.j. 2.°).

[1029] Man könnte m.E. in solchen Fällen daran denken, dass die der „Vertragtheorie" folgende Rspr. unter Berufung auf den Vertragsgrds. von Treu und Glauben nach Art. 1.258 sowie der Erfüllungspflicht des Art. 1.091 *Código Civil und dem Vertrauensgrundsatz ein StreikR verneint: Borrajo, Autonomía, AL 1993-1, IV, S. 51 (56); Matía, Huelga, RL 1993-II, S. 283 (289).*

[1030] Hervorragend: *Goñi, Pacto, La Ley 1991-3, S. 345 (355 ff.).*

Dieses Dogma der Verbesserungsmöglichkeit erscheint nach Ansicht des Verfassers indes nicht so zwingend, wie dies die Rechtsprechung durch das gebetsmühlenartige Wiederholen ihrer Postulate zu suggerieren versucht:

Sämtliche Tarifvertragsarten unterstehen in Spanien, gleichgültig ob statutarische oder außerstatutarische, dem Schutz der verfassungsrechtlich gewährleisteten Tarifautonomie.[1031] In der Verfassung finden sich keinerlei Hinweise für eine Staffelung nach besonders wertvollen und deswegen schützenswerteren Tarifvertragsarten oder für eine etwaige „Höherwertigkeit" statutarischer Tarifverträge. Da auch der Gesetzgeber den außerstatutarischen Tarifvertrag oder sein Verhältnis zum statutarischen nicht kodifizierte, lässt sich ebenso wenig aus einfachgesetzlichen Anordnungen solch eine Hierarchisierung ableiten. Infolgedessen leuchtet es nicht ein, weshalb wegen zweifelhafter Geltung des Günstigkeitsprinzips ein außerstatutarischer Tarifvertrag die Arbeitsbedingungen eines statutarischen Tarifvertrags allein verbessern und nie verschlechtern können soll.[1032]

Historisch entwickelte sich das spanische Günstigkeitsprinzip, um Konkurrenzen unter mehreren zeitgleich geltenden Vorschriften zu lösen.[1033] Überschnitten sich also früher noch vor Inkrafttreten des Arbeitnehmerstatuts von 1980 mehrere Tarifverträge, die beispielsweise alle zugleich auf nationaler, provinzieller, lokaler Ebene und auf der Ebene eines Unternehmens galten, wurde die Tarifkonkurrenz ausschließlich über dieses Prinzip gelöst.[1034]

Mit Erlass des Arbeitnehmerstatuts änderte sich die Lage entscheidend und dem demokratischen Gesetzgeber schwebte offensichtlich vor, ein geschlossenes Tarifsystem zu entwerfen, in dem es ausnahmslos „statutarische" Tarifverträge geben sollte. Den Beratungen zum Arbeitnehmerstatut zufolge verschwendete man noch nicht einmal einen Gedanken daran, dass es weitere Tarifvertragsarten im Schatten der freiheitlichen Rechtsordnung geben könnte.

Für die gleichzeitige Geltung *statutarischer* Tarifverträge nebeneinander ordnet augenblicklich Art. 84 Satz 1 Arbeitnehmerstatut im „*Titel III*" das Verbot einer Konkurrenz an, weshalb dem traditionsreichen Günstigkeitsprinzip eigentlich kein Anwendungsbereich mehr übrig blieb. Der Grund dafür, weshalb es dennoch in Art. 3.3 Arbeitnehmerstatut mit aufgenommen wurde, hängt mit einer „*wenig überdachten Übertragung*" einiger früherer Vorschriften anderer Gesetze zusammen.[1035] Um

---

[1031] Zur a.A. von Autoren wie *Montoya etc. vgl. Fn. 124. Vgl. zum Problem, ob auch die Tariffähigkeit der EinhVertr. verfassungsrechtl. verankert ist auf S. 124 ff.*

[1032] Es lässt sich fragen, ob diese traditionelle span. Sicht nicht selbst die Tarifautonomie verletzt, da bestimmten Sozialpartnern (den nichtrepräsentativen Gewerkschaften oder Arbeitgeberverbänden) das ihnen zugestandene Recht auf autonome Festlegung der Arbeitsbedingungen beschnitten wird und ledigl. Verbesserungen, aber keine Verschlechterungen zugelassen werden. Zum richtig verstandenen Autonomiebegriff gehört sowohl die Freiheit, Verbesserungen einfordern, als auch Verschlechterungen vereinbaren bzw. Opfer dulden zu dürfen: *Escribano, CCex, REDT 1999, N° 97, S. 681 (697 ff.).*

[1033] Vgl. Fn. 798 und Fn. 1035.

[1034] Sehr lehrreich: *Brösse, WirtschaftsO, 1965, S. 80 ff.*

[1035] Art. 4.1 „*LRL 1976". Dieser entstammt Art. 9 „LCT": Ramírez Martínez, Curso, 1998, S. 84: „Aber*

so mehr mag es da den Außenstehenden erstaunen, dass die einhellige Ansicht in Spanien auf der einen Seite beim außerstatutarischen Tarifvertrag nicht auf die Regeln von *„Titel III"* Arbeitnehmerstatut zurückgreift, auf der anderen Seite dagegen sehr wohl das offensichtlich nicht für diese Tarifart entworfene Günstigkeitsprinzip des Art. 3.3 Arbeitnehmerstatut aus dem *„Titel I – Über die Beziehungen des Einzelarbeitsverhältnisses"* zur Lösung von Konkurrenzen heranzieht.[1036] Dem darum ohne eigenständigen Sinn vom Gesetzgeber eingefügten Art. 3.3 Arbeitnehmerstatut soll nach dieser Ansicht ein unbeabsichtigter, geradezu überraschend neuer Anwendungsbereich zukommen: Die Auflösung des Konkurrenzverhältnisses zwischen statutarischem und außerstatutarischem Tarifvertrag.

Solch ein Vorgehen ist m.E. inkonsequent, denn entweder erfasst das Arbeitnehmerstatut positiv die außerstatutarischen Tarifverträge oder aber deren Kodifizierung wird insgesamt unterlassen. In letzterem Falle verbietet es sich dann, auf sie einen einzelnen und nicht passenden Grundsatz wie das Günstigkeitsprinzip anzuwenden. Stattdessen muss aus allgemein zur Verfügung stehenden Prinzipien, welche derartige Tarifkonkurrenzen auflösen können, das geeignetste ausgesucht werden. In diesem Zusammenhang drängt sich das überall in Europa auf dem Vormarsch befindliche *Subsidiaritäts-* oder *Spezialitätsprinzip* auf.[1037]

Wendet man diese Grundsätze an, müssen die Anordnungen für kleinere Bereiche, wie Unternehmen oder Betrieb, in der Regel Vorrang vor den meist allgemeiner gefassten Branchentarifverträgen genießen. Mithin darf nach der hier vertretenen Ansicht beispielsweise ein *außerstatutarischer Firmen*tarifvertrag einen *statutarischen Branchen*tarifvertrag durchaus selbst *verschlechtern*. Falls sich die betriebliche Interessenvertretung nicht von der Notwendigkeit der verschlechternden unternehmerischen Maßnahme überzeugen ließen, würden die alten Arbeitsbedingungen des Branchentarifvertrags auch weiterhin gelten. Sollten sie jedoch zu dem Schluss kommen, dass es aus Gründen der Erhaltung von Unternehmen sowie Arbeitsplätzen besser ist, über einen bestimmten Zeitraum ungünstigere Arbeitsbedingungen zu akzeptieren, so könnte sich das Unternehmen über einen außerstatutarischen Firmen- aus den statutarischen oder außerstatutarischen Branchentarifvertrag „ausklinken". Den Branchentarifverträgen

---

tatsächlich gesehen, wird dieses im Gesetz festgeschriebene (Günstigkeits-) Prinzip (nach Art. 3.3 Arbeitnehmerstatut) zur Lösung von Konkurrenzen in der Praxis nicht angewandt, da es im Widerspruch zu anderen Vorschriften des Arbeitnehmerstatuts steht und darum allein lediglich rhetorischen Charakter besitzt. Sobald sich ein echter Konkurrenzfall ergibt, wird er, Fall für Fall, anders aufgelöst; und wenn man das Günstigkeitsprinzip (des Art. 3.3. Arbeitnehmerstatuts) anwendet, liegt gar keine echte Konkurrenz vor". Vgl. insoweit auch die 4. Vorauflage von 1995.

[1036] Es handelt sich um den „allgemeinen Teil" des Arbeitnehmerstatuts.

[1037] *Sagardoy, Flexibilidad, RL 1989-I, S. 107 (114) = VV.AA., Cuestiones, 1990, S. 261 ff. Das Subsidiaritätsprinzip wird grds. nur im Verhältnis der Sozialpartner zu staatl. Eingriffen genannt: Borrajo, Autonomía, AL 1993-I, IV, S. 51 (53).*

Deshalb steht Alonso García dem Art. 85 Arbeitnehmerstatut krit. ggü., da er den Koalitionen einen sog. „notwendigen Inhalt" zur Vereinbarung statutarischer TV vorschreibt: Convenios, in: VV.AA., I Congreso, 1980, S. 35 (49 f.); Valdés, Paradigma, RL 1990-I, S. 268 (274 ff.).

würde damit eine andere Funktion, nämlich die eines „Orientierungspunktes" zugewiesen und die ersten Stimmen im Schrifttum postulieren eine derartige Lösung, wenn den außerstatutarischen Tarifverträgen eine normative Wirkung zuerkannt würde:[1038]

> „Damit stünden wir vor einem [*außerstatutarischen*] Tarifvertrag, dessen Wirksamkeit dem objektiven Recht folgen würde, der allein den Grenzen unterworfen wäre, die dem Gesetz entspringen, und nicht dem zeitlich vorausgehenden statutarischen Tarifvertrag, und es gäbe die Möglichkeit, dass dieser [*außerstatutarische Tarifvertrag*] in allen seinen Bereichen für die Arbeitnehmer entweder verbessert oder **verschlimmert** werden könnte, je nachdem was die unterschiedlichen Bedingungen erfordern." (H.d.V.).

Vereinbart hingegen eine Gewerkschaftszentrale bei gleichzeitiger Geltung eines statutarischen oder außerstatutarischen Branchentarifvertrags einen verschlechternden außerstatutarischen Branchentarifvertrag, umfasst der Begriff der Freiheit und Tarifautonomie deshalb gerade auch die Fähigkeit, schlechtere Bedingungen festlegen zu können.

Es könnten sich allenfalls dann Zweifel ergeben, wenn verschlechternde außerstatutarische Firmentarifverträge, wie zu erwarten, meist von den Einheitsvertretungen abgeschlossen werden.[1039] Nach der vielleicht am häufigsten geäusserten Kritik von Gewerkschaftsseite sollen die Einheitsvertretungen mangels Rückhalt in größeren Organisationsstrukturen leichter durch den Arbeitgeber beeinflussbar oder gar manipulierbar sein.[1040] Dagegen lässt sich einwenden, dass diese Organe gerade in Spanien eine sehr starke Rückendeckung finden, da sie zu 96% vergewerkschaftlicht sind und die Gewerkschaften über ihre Mitglieder in den Einheitsvertretungen nicht zögern würden, gegen ein „schwarzes Arbeitgeber-Schaf" vorzugehen. Bis jetzt steht den betrieblichen Interessenvertretungen in Spanien dazu noch das „schneidige Schwert" des Streikrechts[1041] zur Verfügung, weshalb es sich bei ihnen keineswegs um ausgelieferte „Marionetten" in den Händen des Arbeitgebers oder – mit *Sinzheimer* gesprochen, um Grüppchen *„abhängiger Existenzen"*, bzw. mit *Flatow*, um die *„schlummernde Tendenz des Betriebsegoismus, ... des (gelben) Werkvereins"* – handelt.[1042] Ferner müssten solche Kritiker

---

[1038] *Goñi, Pacto, La Ley 1991-3, S. 345 (355 ff.).*

[1039] Zum Problem der verfassungsrechtl. Verankerung der EinhVertr. S. 124 ff. Folgt man der h.A., wonach die Tariffähigkeit der GewerkS-Sektion im Betrieb/*Unternehmen über die GewerkS-Freiheit nach Art. 28.1 Verfassung geschützt ist, muss auch für sie das o.G. entspr. gelten. Es gehört genauso wie bei den GewerkS gerade zum Wesen der Tarifautonomie und GewerkS-Freiheit, verbessernde sowie verschlechternde Arbeitsbedingungen festzulegen.*

[1040] *Chaves González, in: VV.AA., Debate, 1982, t. III, S. 445 f.; ähnl.: Goñi, Pacto, La Ley 1991-3, S. 345 (356). Cruz spricht von Misstrauen der GewerkS, da sich der ArbG betriebl. Interessenvertretungen entgegenstellen würde, die kaum Verhandlungserfahrung hätten und kaum Widerstand leisten könnten: Art. 41, in: VV.AA., Reforma, 1994, S. 116 (132).*

[1041] Und bezahlter Freistellungskonten, prozessualer Vertretungsrechte, finanzieller Mittel usw.

[1042] *Sinzheimer, Tarifgedanke (1915), ArbR und RSoz, Bd. I, 1976, S. 158; Flatow, BRäte, NZfA 1924, Sp. 385 (388).*

dasselbe Argument auch gegen die Gewerkschaftssektionen sowie Einheitsvertretungen bei „statutarischen" Tarifverhandlungen anführen, bei denen die Tariffähigkeit und damit ihre Unbeeinflussbarkeit durch den Gesetzgeber vorausgesetzt wird.[1043]

Selbst wenn man den Gedanken heranzieht, wonach der übermächtige Arbeitgeber dem einzelnen Arbeitnehmer gegenüber aufgrund seiner Verhandlungsstärke beim Vertragsschluss am „längeren Hebel" sitzt, ergibt sich für die an dieser Stelle vertretene Position nichts anderes: Dies Ungleichgewicht wird durch das kollektive *Counterweight*, genau gesagt die Einheitsvertretung, harmonisch ausgependelt, weshalb die hier vorgeschlagene Verschlechterungsmöglichkeit tariflicher Arbeitsbedingungen über einen außerstatutarischen Firmentarifvertrag nicht mit der schon dargestellten Situation der „einzelvertraglichen Massenänderungsangebote" vergleichbar ist.[1044]

Schließlich werden sich die Mitglieder der Einheitsvertretung nur in den dringendsten Fällen zu der *ultima ratio* bereit erklären, Einschnitte hinzunehmen sowie schlechtere Arbeitsbedingungen zu akzeptieren, da nicht zuletzt ihre eigene Wiederwahl auf dem Spiel steht und sie bei zu voreiligen Zugeständnissen dem Unmut der Belegschaft ausgeliefert wären. Bei den Arbeitnehmern im Betrieb lässt sich nur in besonderen Situationen erfolgreich für Verständnis werben, nämlich wenn das wirtschaftliche Überleben des Unternehmens gefährdet erscheint und die Wahl zwischen schlechteren Arbeitsbedingungen auf dem alten Arbeitsplatz oder einem totalen Arbeitsplatzverlust durch Bankrott besteht.

Die mit Gewerkschaftern „gespickten" Betriebskomitees, welche in der Praxis ihre Unternehmen retten müssen, die Präsidenten der betrieblichen Interessenvertretungen, die aktive Standortpolitik betreiben und die aufgeschlossenen Funktionäre, die ihren Anschluss nicht verpassen wollen, sie alle wissen dies in Spanien. In solchen Situationen sprechen folglich keine Gründe des Arbeitnehmerschutzes dafür, eine Verschlechterung statutarischer Tarifverträge durch außerstatutarische Firmentarifverträge zu untersagen.[1045] Nicht umsonst fühlen sich nach einer Umfrage selbst 41,2% der Belegschaftsmitglieder, die einer Gewerkschaft angehören, besser durch die Einheitsvertretung als durch die Gewerkschaft vertreten, der von nur 28,2% Vertrauen entgegengebracht wird.[1046]

[1043] Zu den Beschuldigungen während der Entstehungsgeschichte des Arbeitnehmerstatuts, als noch zwischen *UGT und CC.OO., bzw. den Parteien PSOE und PCE streitig war, welchen Organen die Tariffähigkeit zugestanden werden sollte, den EinhVertr., den GewerkS-Sektionen usw.: Montoya, Comités, in: VV.AA., Seminario, 1984, S. 31 (37 ff.).*

[1044] Die Situation ist grds. anders zu bewerten, als bei den einzelvertragl. „Massenänderungsangeboten", S. 124 ff. Zur Notwendigkeit eines kollektiven Gegengewichtes: *Escudero, Tiempo, RL 1999, N° 4, S. 7 (27).*

[1045] Ob die GewerkS wegen eines angebl. besseren Verständnisses der gesamtwirtschaftl. Zusammenhänge heraus die Tarifverhandlungen in ihren Händen zentrieren sollten, darf ruhig bezweifelt werden, da sie dem Papier nach zwar verpflichtet sind, dem volkswirtschafl. Nutzen zu dienen, *de facto jedoch ihren eigenen Interessen folgen.*

[1046] Gar 40,2 % gaben an, dass die GewerkS-Politik im Unternehmen von den EinhVertr. bestimmt würde und allein 13,1 % meinten, dies würde über die GewerkS-Sektion stattfinden: *Falguera/Senra,*

Mit der Sichtweise der (noch) dominierenden Rechtsprechung wird dagegen, ähnlich wie in Deutschland über § 77 Absatz 3 Betriebsverfassungsgesetz,[1047] ein in wirtschaftlichen Krisenzeiten nicht mehr haltbarer Machtvorbehalt zugunsten der großen Koalitionen künstlich am Leben gehalten, der eine Kompetenzverlagerung von der gewerkschaftlich beherrschten auf die näher an den Problemen liegende Firmenebene verhindert.[1048] So ist die bislang noch ganz herrschende Ansicht in Spanien der Auffassung:[1049]

> „Solange es kein arbeitsrechtliches Gesetz gibt, das diesen [*außerstatutarischen*] Ausdruck der Kollektivverhandlung aufnimmt, ist es möglich, das Recht auf außerstatutarische Tarifverhandlungen durch besagte [*nichtgewerkschaftliche*] Kollektivsubjekte [*die Einheitsvertretung*] zu unterbinden."

Beobachtet man die steigende Kritik an der immer exzessiveren Zentralisierung,[1050] erscheint dem Verfasser diese Möglichkeit als der geeignetste Kompromiss, um mit

Representaciones, RL 1996, N° 15, ago., S. 9 (32, Fn. 73).

1047 Nach dtsch. Recht ist noch nicht einmal eine Verbesserung durch Betriebsvereinbarung mögl. Dagegen sprach sich 1923 nach dem damals geltenden *Betriebsrätegesetz (heute: BetrVG) Hueck aus: „...so ist m.E. ausschlaggebend, dass die Tarifbestimmungen grds. Mindestbedingungen darstellen. So gut im Einzelvertrage Verbesserungen zu Gunsten des ArbN zulässig sind, müssen sie es auch in der Betriebsvereinbarung sein. Es ist sehr gut denkbar, dass in einem bestimmten Betriebe vom TV abweichende Bestimmungen zu Gunsten sämtlicher ArbN wünschenswert sind..": NZfA 1923, Sp. 87 (96); Ehmann/Lambrich, Subsidiaritätsprinzip, NZA 1996, S. 346 (347 f.). Die ganz h.M. in Deutschland sieht dies anders: Selbst „verbessernde" Betriebsvereinbarungen sind wegen des eng verstandenen Konkurrenzverhältnisses zwischen TV und Betriebsvereinbarung rechtswidrig. Der Grund dafür liegt in einem Machtvorbehalt zugunsten der GewerkS und zu Lasten der BRäte, die von dem DGB und der SPD seit jeher gefürchtet wurden. Vgl.: Däubler, República, in: VV.AA., Negociación, 1991, S. 17 (19 ff.).*

1048 *„Ergänzen – ja, ersetzen – nein": Kahn-Freund, Sinzheimer, in: Sinzheimer, ArbR und RSoz, Bd. I, 1976, S. 1 (17). Einige verteidigen diese Hierarchisierung sowie übergeordnete Stellung statutarischer TV, da es kaum logisch sei, wenn die Verfassung allen Tarifvertragsarten eine derart privilegierte Stellung gewähren würde. Der einfache Gesetzgeber habe sich in verf.-rechtl. nicht zu beanstandender Weise für eine selektive Sichtweise und promoting legislation entschieden. Demnach sei es zulässig, dass dem außerstatutarischen TV nicht dieselbe Wertigkeit zukomme, wie den zu fördernden und erwünschten statutarischen „Vorbild-Tarifarten": Alonso/Casas, DTrab, 1998, S. 897 (Cap. 30/IV/E).* Die GewerkS und ArbG-Verbände sind auf die Verteidigung ihrer egoistischen Interessen bedacht und betreiben keine „Auto-Flexibilisierung": *Moreno Toro, Contrato, RL 1996-I, S. 635 (636 ff., Fn. 3); Collado, Autonomía, AL 1994-1, XI, S. 153 (154 ff.). Zur dtsch. Rechtslage: Lieb, Flexibilität (Teil 2), NZA 1984, S. 337 (341).*

1049 *Gutiérrez-Solar, Modificación, REDT 1999, N° 99, S. 213 (215). Vgl. Rodríguez-Piñero, Transformaciones, in: Klebe/u.a., FS Däubler, 1999, S. 50 (58 f.); Ojeda, Acuerdos, in: VV.AA., Arbitraje, 1996, S. 199 (200 ff.); ders., Pactos, in: VV.AA., Negociación, 1991, S. 189 (192, 193); ders., DerSind, 1995, S. 803, 805; Casas, Disponibilidad, RL 1997-I, S. 31 (39).* A.A.: *Conde Martín, Autonomía, RL 1991-II, S. 355 (380); Durán/Sáez, Autonomía, RL 1991-II, S. 382 (398 ff.); Pérez de los Cobos,*

möglichst betriebsnahen Regelungen zum einen die notwendige Sensibilität für die Bedürfnisse der Unternehmen sicherzustellen und zum anderen keine sozial unverträglichen Einschnitte im Wohlergehen der Arbeitnehmerschaft hinnehmen zu müssen.

Über verschlechternde außerstatutarische Firmentarifverträge könnte eine volkswirtschaftlich gesunde Abkehr von den allzu einschnürenden Strukturen der statutarischen Branchentarifverhandlung herbeigeführt und die so negative Wirkung der Allgemeinverbindlichkeit statutarischer Tarifverträge abgeschwächt werden. Damit würde den Unternehmen ein Mechanismus zur Hand gegeben, über den sie bereits *ex ante* und vor Auftauchen akuter wirtschaftlicher Notsituationen in sämtlichen Bereichen geeignete Maßnahmen zur Anpassung an die spezifische Wettbewerbssituation vornehmen könnten.[1051]

Letztlich erscheint es allein eine Frage der Zeit zu sein, wann sich im von Lobbyisten und Verbänden gesteuerten Spanien endlich entsprechende Vorstellungen zur Kodifizierung „außerstatutarischer" Tarifverträge durchsetzen werden[1052] und selbst heute ist der alte Ausspruch *Hugo Sinzheimers* modern:[1053]

> „Die Arbeitsrechtswissenschaft stand von Anfang an vor der Aufgabe, nicht beim geltenden Recht stehenzubleiben, sondern musste sich darüber hinaus in den Dienst der rechtspolitischen Behandlung des Arbeitsrechts stellen."

Und auch zeitgenössische Autoren, wie *Klaus Adomeit* erklären in ähnlichem Sinne:[1054]

Reorganización, in: VV.AA., Manifestaciones, 1989, S. 143 ff.

[1050] MM.: *Goñi, Pacto, La Ley 1991-3, S. 345 (356). Vgl.: Escribano, CCex, REDT 1999, N° 97, S. 681 (697 ff.); Borrajo, in: Convenios, RES 1979, N° 1, S. 37 (49): „reforma in peius". Jenen „verbotenen" Gedanken anschneidend: Apilluelo, Convenios, AL 1995-1, IX, S. 133 (138); Fernández Caveda, Sacrificio, Bol. AEDIPE sept. 1980, S. 11 ff.; Conde Martín sieht im außerstatutarischen TV eine Öffnung des Tarifsystems, weg vom statutarischen TV und hin zur Individualautonomie, da der einzelne ArbN über Mitgliedschaft bzw. individuellen Beitritt (S. 124 ff.) selbst bestimmen könne, welchen Arbeitsbedingungen er unterworfen sein will: Autonomía, RL 1991-II, S. 355 (370); Durán/Sáez, Autonomía, RL 1991-II, S. 382 (388 ff.); Escudero, Negociadores, 1986, S. 57 ff., S. 69 ff. Noch h.M. jedoch: STCT 28.01. 1987, RTCT 2043.*

[1051] Und nicht nur in Lohnfragen, vgl. die S. 124 ff.

[1052] Mit dieser Forderung: *Sempere Navarro, AS Jurisprudencia Social, Unificación de Doctrina, enero 1999, S. 15 (18). Dem Schrifttum sind Vorschläge zur Neuordnung des Verhältnisses vom außerstatutarischen zum statutarischen TV zu entnehmen, vgl.: Suárez González, Relaciones, 1980, S. 203 f., Fn. 122; Valdés, Convenios, 1988, S. 80 ff.; Martín Valverde, Concurrencia, in: VV.AA., Comentarios, t. XII-Vol. 2.°, 1995, S. 3 (101 ff.). Nach Alarcón Caracuel sollen den außerstatutarischen TV die Regeln zur Verhandlung der auf den S. 124 ff. erläuterten „BerufsgruppenTV" zugrunde gelegt werden: Autonomía, in: VV.AA., Reforma, 1995, S. 51 (81 ff.). A.A.: Goñi, Pacto, La Ley 1991-3, S. 345 (356).*

[1053] *Sinzheimer, Hintergrund (1936), ArbR und RSoz, Bd. II, 1976, S. 149 (150 und Fn. 3).*

[1054] *Adomeit, Regelung, 1996, S. 29.*

„Es ist in der Geschichte des Arbeitsrechts typisch (anders wäre das Arbeitsrecht überhaupt nicht entstanden), dass wir an einem beharrenden und konservativen Gesetzgeber vorbei das sozialpolitisch für richtig Erachtete durchsetzen mussten."

F. Konkurrenz zwischen außerstatutarischen Tarifverträgen untereinander

Ein Konkurrenzverhältnis zwischen zwei außerstatutarischen Tarifverträgen besteht, abgesehen von außergewöhnlichen Situationen,[1055] im Grunde nur dann, wenn der eine dem anderen zeitlich nachfolgt. Wie oben erwähnt,[1056] sehen außerstatutarische Tarifverträge in der Regel einen konkreten Geltungszeitraum vor oder bedingen ihre eigene Wirksamkeit bis zu dem Zeitpunkt, in dem ein darauf folgender Tarifvertrag die von ihnen vorgenommene Regelung weiterentwickelt.[1057] Die außerstatutarischen können, wie dies auch bei den statutarischen Tarifverträgen möglich ist, selber Regelungen zur Auflösung von Tarifkonkurrenz zwischen außerstatutarischen Tarifverträgen haben.[1058] In solchen Fällen ergeben sich keinerlei Schwierigkeiten.

Dennoch drängt sich die Frage auf was zu geschehen hat, wenn solch eine Anordnung unterbleibt und die Arbeitsbedingungen der außerstatutarischen Tarifverträge wegen ihrer Inkorporation in den Einzelarbeitsvertrag eigentlich auf ewig gelten müssten.[1059] So wundern sich einige im Schrifttum:

> „... diese Inkorporation in den Einzelarbeitsvertrag wirft nicht wenige Schwierigkeiten auf, wenn man ihre Änderung beabsichtigt: Da die [*vorteilhaftere Bedingung aufgrund der Inkorporation des außerstatutarischen Tarif- in den Einzelarbeitsvertrag*] zumindest formal gesehen einer einzelvertraglichen Absprache entstammt, dürfte grundsätzlich allein jene auf solche Arbeitsbedingungen einwirken; somit wären solche Arbeitsbedingungen einem [*späteren*] Tarifvertrag gegenüber immun und, was paradox erscheint, sie wären es auch einem neuen informellen [*außerstatutarischen*] Tarifvertrag gegenüber, ähnlich dem, aus dem [eben diese vorteilhaftere Bedingung] entsprungen ist."[1060] (*H.d.V.*)

[1055] Wenn ein einzelner ArbN Mitglied in 2 GewerkS ist, die jeweils einen außerstatutarischen TV abgeschlossen haben, oder wenn ihre Geltungsbereiche unterschiedl., die abschließenden Verbände aber identisch sind, z.B. wenn Verhandlungsführer der *CEOE mit der UGT sowohl auf nationalem als auch auf provinziellem Gebiet paktieren. Aufzulösen ist diese Konkurrenz mit dem Günstigkeitsprinzip nach Art. 3.3 Arbeitnehmerstatut: Correa, Convenios, 1997, S. 290 f.; Sala, Relación, in: VV.AA., Seminario, 1984, S. 71 (81 ff.).*

[1056] Siehe unten auf den S. 124 ff.

[1057] STCT 30.06.1983, RTCT 6319.

[1058] *Álvarez Alcolea, Concurrencia, in: VV.AA., I Congreso, Vol. I, 1981, 59 (70); Camps, Conflictos, in: VV.AA., Fuentes, 1981, S. 96 (103 f.).*

[1059] Ein Abschaffen des durch den außerstatutarischen TV Angeordneten, ist nach dessen Inkorporation („vorteilhaftere Bedingung", vgl. Fn. 614) allein mögl. durch das Änderungsverfahren über die Öffnungsklausel des Art. 41 Arbeitnehmerstatut.

[1060] *Camps, CMB, in: VV.AA., III Congreso, 1993, S. 229 (279 f., Fn. 182); Moreno Vida, Compensación, in:*

In der Literatur lassen sich diesbezüglich nur sehr selten Überlegungen finden und differenziert betrachtende Autoren unterteilen wie folgt:[1061]

Betrifft die zeitliche Sukzession von zwei oder mehreren außerstatutarischen Tarifverträgen *denselben* Geltungsbereich (z.B.: Metallbranche der Provinz Sevilla für das Jahr 1997 und danach das Jahr 1998), soll dies über Anwendung des „Ordnungsprinzips" (*norma posterior derogat priori*) gelöst werden, da *dieselben* Verhandlungsparteien beteiligt

---

VV.AA., Comentarios, t. I-Vol. 1.°, 1994, S. 149 (163); Sala, DTrab, 1997, S. 201 ff. (Tema 3/6/A); Valdés, Convenios, 1988, S. 49 ff., 54 ff., 87 ff.; Sempere Avellán, Intangibilidad, in: VV.AA. III Congreso, 1993, S. 297 (299 ff.).

[1061] Die formal an der Vertragstheorie festhaltende Rspr. orientiert sich bei bestimmten Fällen an Lösungen, die mit der eigenen Dogmatik im Widerspruch stehen: Käme außerstatutarischen TV lediglich eine „obligatorische" Rechtsnatur zu, so müssten die Bedingungen des ausserstatutarischen TV nach Art. 3.1.*c) Arbeitnehmerstatut in den Einzelarbeitsvertrag inkorporiert und damit zu Bestandteilen des Arbeitsvertrags werden. Damit wäre sie der erneuten Tarifverhandlung entzogen, d.h. die GewerkS, EinbVertr. oder GewerkS-Sektion könnten solche einzelvertragl. Bedingungen nicht mehr ändern oder beseitigen und ließen sich bei nachfolgenden Tarifverhandlungen nur noch über die „Aufsaugung" oder „Anrechnung" (STS 23.11.1989, RJ 9192; STCT 04.10.1984, RTCT 8257) oder Art. 41 Arbeitnehmerstatut beseitigen: Camps, CMB, in: VV.AA., III Congreso, 1993, S. 229 (280); Rivera, Alteración, in: VV.AA., III Congreso, 1993, S. 285 (290 ff.).*

[1062] *„Der statutarische oder außerstatutarische TV kann ohne Zweifel durch einen nachträgl. TV verändert werden, welcher das in ihm Festgelegte abändert, vorausgesetzt, dass immer die Grenzen des zwingenden Rechts beachtet werden und nicht gegen die bestehende Rechtsordnung verstoßen wird.": Correa, Convenios, 1997, S. 290; STS 05.06.1991, RJ 5235; STS 17.03.1992, RJ 1656. „Die kollektiv vereinbarten vorteilhafteren Bedingungen erzeugen keine unwiderrufl. erlangten Ansprüche, falls sie im Zusammenhang mit einer veränderbaren Norm angeordnet werden, die durch einen anderen außerstatutarischen TV oder nachträgl. statutarischen TV ersetzt werden können.": STSJ Galicia 19.01.1995, AS 144 und 31.07.1989, AS 1689; STS 10.02.1995, RJ 1148; STS 22.09.1995, RJ 6789; STCT 20.09.1982, RTCT 5101. Nach diesen Urteilen erzeugt ein außerstatutarischer TV jene „vorteilhafteren Bedingungen" kollektiver Art (vgl. Fn. 614), die trotz ihrer angebl. nur „vertragl." Wirkungsweise dennoch allein befristet auf die vereinbarte Dauer des außerstatutarischen TV gelten sollen. Eine Inkorporation in den Einzelarbeitsvertrag findet also gerade nicht statt. Vgl.: STCT 05.06.1984, RTCT 5886; STCT 28.02.1986, RTCT 1352; Rey, AutIndiv, REDT 1996, N° 77, S. 425 (439 f.); Martínez Jiménez, CMB, RL 1988-I, S. 97 (105 ff., Fn. 43); Valdés, Convenios, 1988, S. 93; Sala, Relación, in: VV.AA., Seminario, 1984, S. 71 (78); Ramírez Martínez/Sala, CMB, PJ 1989, N° 13, S. 163 (167 ff.). Einer a.M. nach soll bei Identität von Verhandlungssubjekten sowie Geltungsbereich eine Neutralisierung über „Aufsaugung" oder „Aufstockung" erfolgen und die dem ArbN günstigere Einzelregelung übrig bleiben: R.Y. Quintanilla, Convenios, 1998, S. 140 f., Fn. 204. A.A. aber: STCT 15.06.1982, RTCT 4035; Sala/Blasco, CMB, AL 1998-2, XXV, S. 413 (417); STS 14.12.1996, RJ 9462; STSJ Murcia 16.12.1996, AS 4126; STSJ Navarra 29.09.1997, AS 3275; STS 17.03.1992, RJ 1656: „Zusammenfassend befinden wir uns nicht vor Zugeständnissen, die sich wegen ihrer Wiederholung in den Einzelarbeitsvertrag inkorporieren. Im Gegenteil, es handelt sich um zeitl. befristete außerstatutarische TV, deren Klauseln sich nicht von den in jedem Einzelfall in Betracht zu ziehenden Umständen oder Gegenleistungen lösen lassen." und 29.03.1996, AS 1178: „auf jedem Fall bilden sich diese den außerstatutarischen TV entspringenden Bedingungen als Kollektivinstrument mit eigenem Rechtscharakter (heraus)."*

seien.[1062] Das Ergebnis kommt dabei dem für die statutarischen Tarifverträge in Gesetzesform gegossenen nahe.[1063] Begründet wird dies mit einem Rückgriff auf die zivilrechtlichen Grundsätze von „Treu und Glauben“, wonach die Arbeitsbedingungen des früheren außerstatutarischen Tarifvertrags „implizit“ durch den neuen begrenzt werden sollen, da sich der alte schon im voraus sowie stillschweigend zukünftigen Änderungen durch nachfolgende außerstatutarische Tarifverträge unterwerfen wolle und man trägt vor:

> „... die vorteilhafteren Bedingungen, die gegebenenfalls auch durch einen außerstatutarischen Tarifvertrag festgelegt werden können, besitzen ... auch eine zeitliche Begrenzung auf den festgelegten Zeitraum desselben, ohne dass sie für eine spätere Zeit nachwirken, da eine derartige Befristung, mit Ausnahme spezifischer Gegenabreden, für alle seine Klauseln wirkt.“[1064] – und –
> „Aus Treu und Glauben scheint sich ... zu ergeben, dass der **außerstatutarische Tarifvertrag mit unbefristeter Dauer** die Pflicht mit umfasst, solche Änderungen ... zuzulassen, deren Dauer vom nachträglichen und zum Erlöschen bringenden Willen derjenigen, die ihn unterschrieben haben, abhängig ist, es sei denn, er würde etwas anderes verlauten lassen.“[1065] (H.d.V.) – und in tautologischer Weise –
> „Die rechtliche Behandlungsweise [*der vorteilhafteren Bedingungen durch außerstatutarische Tarifverträge*] ... muss ihre kollektive und spätere Verfügbarkeit ohne die richterrechtlichen Fesseln – Forderung einer unmittelbaren und homogenen Kompensierung – erlauben ...“[1066]

Handele es sich beim zeitlichen Aufeinanderfolgen der beiden außerstatutarischen Tarifverträge dagegen nicht um identische Verhandlungseinheiten (*z.B. außerstatutarischer Firmentarifvertrag von 1997 und außerstatutarischer Branchentarifvertrag für die Provinz von 1998*), greife das „Günstigkeitsprinzip“ nach Art. 3.3 Arbeitnehmerstatut, da nicht dieselben Verhandlungssubjekte agieren und ihnen darum die Befähigung fehlen würde in Rechte einzugreifen, für deren Vereinbarung sie ehemals nicht zuständig gewesen wären.

1063 Art. 82.4, 86.4 Arbeitnehmerstatut.

1064 *„Convenio posterior deroga al anterior“ (nachträgl. TV verdrängt den vorherigen) bei sog. „zeitl. begrenzten vorteilhafteren Bedingungen“ (condiciones más beneficiosas de signo temporal): STS 20.09.1993, RJ 6887 = JS-If, t. VII, 1993, N° 3.489, S. 568 ff.*

1065 *Arg. ex. Art. 1.258 Código Civil: „Die Verträge werden durch bloße Einigung abgeschlossen und verpflichten ab diesem Zeitpunkt nicht nur zur Erfüllung des ausdrücklich Vereinbarten, sondern auch zur Einhaltung der Nebenpflichten, die sich je nach ihrem Ursprung aus Treu und Glauben, Übung und Gesetz ergeben.“: Ramírez Martínez/Sala, CMB, PJ 1989, N° 13, S. 163 (167, 168); Camps, CMB, in: VV.AA., III Congreso, 1993, S. 229 (281); Martínez Girón, Procedimiento, 1985, S. 341 ff.; Sala, DTrab, 1997, S. 202 (Tema 3/6/A).*

1066 *Alonso/Casas, DTrab, 1998, S. 923 (Cap. 31/III/C); STS 13.02.1997, RJ 1265 (f.j. 3.°).*
Damit soll, m.E. zu Recht kritisiert, ein „juristischer Kunstgriff“ (artificio jurídico) vorliegen: Martínez Jiménez, CMB, RL 1988-I, S. 97 ff.

Schließlich könnte man sich durch die „deutsche Brille“ hindurch noch fragen, ob es in Spanien so etwas wie eine „*Fortwirkung*“ eines einmal unterzeichneten außerstatutarischen Flächentarifvertrags gibt, d.h. kann sich ein einzelner Arbeitgeber durch schlichten Austritt aus seinem unterzeichnenden Arbeitgeberverband der Erfüllung dieses Tarifvertrags verweigern? Diese Möglichkeit ist vor allem unter dem Gesichtspunkt, dass die „vorteilhafteren Arbeitsbedingungen“[1067] des außerstatutarischen Flächentarifvertrags laut Rechtsprechung in den Einzelarbeitsvertrag inkorporiert werden und danach dem einseitigen Verfügungsrecht des Arbeitgebers entzogen sind, unzulässig.[1068]

G. Das Verhältnis zwischen außerstatutarischem Tarif- und Einzelarbeitsvertrag

Im Verhältnis eines außerstatutarischen Tarifvertrags zum Einzelarbeitsvertrag gilt, dass Vereinbarungen günstigerer einzelvertraglicher Arbeitsbedingungen ganz im Sinne des Art. 3.1.*c)* Arbeitnehmerstatut gestattet sind.[1069]

Unabhängig davon muss erneut die Frage nach der Wirkung des außerstatutarischen Tarifvertrags gestellt werden. Legt man die Auffassung von Rechtsprechung und Schrifttum zugrunde, wonach außerstatutarische Tarifverträge lediglich obligatorischen Charakter besitzen, sollen dessen Arbeitsbedingungen ausdrücklich oder konkludent in den Einzelarbeitsvertrag inkorporiert werden. Freilich würden sich die Vertreter der Vertragstheorie über die daraus folgenden Konsequenzen „verwundert die Augen reiben“.[1070]

Würde der Arbeitgeber seiner Inkorporationspflicht nicht nachkommen, so stünde gegen solch ein „schwarzes Schaf“ allein der wenig Erfolg verheißende Weg offen, über verbandsinterne Sanktionen die Herbeiführung des im außerstatutarischen Tarifvertrag Vereinbarten zu erzwingen. Ein direkter Weg des Arbeitnehmers vor die Gerichte käme dann mangels „normativer“ Wirkung des außerstatutarischen Tarifvertrags nicht in Frage.

Die Rechtsprechung weicht angesichts solcher, für den Arbeitnehmer nachteiligen Folgen von einer konsequenten Anwendung der eigenen „Vertragstheorie“ ab.[1071] Ihrer Ansicht zufolge strahlt der außerstatutarische Tarifvertrag „wie ein Akt der privat-

---

[1067] Vgl. unten Fn. 614 ff.

[1068] Vgl.: *Olarte, Negocios, 1995, S. 165 ff., nach der eine Veränderung des außerstatutarischen TV nach dem Beitritt des nichtorganisierten Außenseiters keinerlei Wirkung auf dessen Arbeitsbeziehung haben könne, da über den Beitritt die im außerstatutarischen TV enthaltenen Arbeitsbedingungen nach Art. 3.1.c) Arbeitnehmerstatut in den Arbeitsvertrag inkorporiert worden seien; Martínez Jiménez, CMB, RL 1988-I, S. 97 (105 ff., Fn. 42).*

[1069] *Bejarano, CMB, 1998, S. 28 f.*

[1070] *Diéguez, Negociación, in: VV.AA., Cuestiones, 1990, S. 237 (256).*

[1071] STCT 28.02.1983, RTCT 1672; STCT 16.04.1985, RTCT 2502; STCT 19.02.1985, RTCT 1442; *Bejarano, CMB, 1998, S. 32 f.*

rechtlichen Kollektivautonomie" auf den Arbeitsvertrag hinüber[1072] und sie sucht, um die Bezeichnung *„normativ"* nicht nennen zu müssen, im vernebelnden Begriff der *„realen"* Wirkung (*eficacia real*) außerstatutarischer Tarifverträge Zuflucht.[1073]

Der Arbeitgeber kann sich nach dieser spanischen Variante der „Sonnenscheintheorie" auch bei entgegenstehendem Willen nicht von der Erfüllung eines außerstatutarischen Tarifvertrags frei machen und dem Arbeitnehmer steht bei Nichterfüllung selbst ohne ausdrückliche oder konkludente Inkorporation sofort ein gerichtlich einklagbarer Anspruch wegen der „realen" Wirkung des außerstatutarischen Tarifvertrags zu.[1074]

[1072] *„Diese Art Verbesserung...wird über ihre Inkorporation in die Einzelarbeitsverträge vorgenommen oder legt jenen ihre bindende Kraft ohne Notwendigkeit einer Inkorporation in die Einzelarbeitsverträge auf, wobei sie keinen normativen Rang erreicht": Alonso/Casas, DTrab, 1998, S. 923 (Cap. 31/III/C); Martínez Jiménez, CMB, RL 1988-I, S. 104.*

[1073] Bzw. „faktische Unveränderbarkeit" (*inderogable de facto), um dennoch die automatische oder zwingende Wirkung, ohne zusätzl. Erfordernis der Inkorporation durch den Einzelarbeitsvertrag beizubehalten. „Super-contractual": Ojeda, DerSind, 1995, S. 804 (Cap. 29/A/ c/1.); ders., Pactos, in: VV.AA., Negociación, 1991, S. 189 (191 ff.); ders., Compendio, 1998, S. 389 ff. (Cap. 23/A/c/1); de Soto, Libertad, 1998, S. 315 ff., 316, Fn. 38; Escribano, CCex, REDT 1999, N° 97, S. 681 (688 ff.); STSJ Castilla y León, Valladolid 05.03.1991, AS 2143; Martínez Emperador, Convenios, in: VV.AA., Contenido, 1990, S. 55 (63 ff., 66 ff., 70 ff., 74 ff.); R.Y. Quintanilla, Convenios, 1998, S. 58 ff.; Valdés, Modelo, in: VV.AA., Negociación, 1982, S. 17 (31 ff.); ders., Convenios, 1988, S. 46 ff., 73 ff., 75 ff., 80 ff.; Bejarano, Usos, RL 1999, N° 14, julio, S. 12 (23 ff.); Abele, TarifR, Diss., 1996, S. 178, Fn. 66, S. 179, Fn. 67.*

[1074] Neben dieser *„unmittelbaren" wird dem außerstatutarischen TV auch eine „zwingende" Wirkung zugesprochen. Nach Treu und Glauben (buena fe) sind außerstatutarische TV nicht durch einseitige und individualrechtl. Anordnungen des ArbG verschlechterbar. Dies kann allein über den Weg des Art. 41 Arbeitnehmerstatut, eine Neuverhandlung des außerstatutarischen TV oder die Grundsätze vom WGG geschehen: Valdés, Modelo, in: VV.AA., Negociación, 1982, S. 17 (31 ff.); STSJ Navarra 21.03.1994, AS 889; Borrajo, Introducción, S. 281 (Lec. XXII-VI/A); STSJ Castilla y León, Valladolid 05.03.1991, AS 2143; Prados, Acuerdos, RL 1991-II, S. 1423 (1428 ff.); einschränkend: Sala, Convenios, 1981, S. 16 ff.; ders., Relación, in: VV.AA., Seminario, 1984, S. 71 (79); Rojas, Eficacia, 1998, S. 160 ff.; Valdés, Modelo, in: VV.AA., Negociación, 1982, S. 17 (30); Martínez Emperador, Convenios, in: VV.AA., Contenido, 1990, S. 55 (71 ff.); STSJ Madrid 30.10.1990, AS 2577; Verstoß gegen Treu und Glauben: STCT 05.10.1988, AL 1988-2, N° 1126, S. 2630 ff.; STCT 13.07.1988, AL 1988-2, N° 967, S. 2264 ff.; STCT 13.07.1987, AL 1987-2, N° 906, S. 2023 ff.; STCT 22.11.1984, RTCT 8876; STCT 28.06.1985, RTCT 4398; STCT 06.02.1987, RTCT 4539; „Gesetzeskraft": STCT 23.04.1987, AL 1987-1, N° 631, S. 1393 ff. = RTCT 9082; Desdentado/García-Perrote, Eficacia, REDT 1980, N° 4, S. 537 (553, Fn. 61); Fernández López, CMB, RL 1992-I, S. 186. Zur theoretischen Änderung eines außerstatutarischen TV während seiner Laufzeit nach der Lehre vom WGG: STS 04.07.1994, AL 1994-3, N° 1741, S. 3204 ff. mit Anm., S. 3208; STS 04.07.1994, AL 1994-3, N° 1742, S. 3409 mit Anm. von de las Cuevas, Rebus, S. 3212; Martínez Jiménez, CMB, RL 1988-I, S. 97 (105 ff.); Correa, Fuente, REDT 1998, N° 88, S. 225 (232 ff., 244 ff.); Prados, Acuerdos, RL 1991-II, S. 1423 (1428 ff.); Borrajo, Introducción, 1996, S. 281 (Lec. XXII-VI/A), 312 (Lec. XXV-I/2). Eine MM, die der normativen Theorie bei außerstatutarischen TV folgt, bejaht die Möglichkeit (wie bei den statutarischen TV), dem ArbG bei ihrer Nichterfüllung eine Geldbuße aufzuerlegen wegen „schwerer Ordnungswidrigkeit": Sala, CCextra, in: VV.AA., Manifestaciones, 1989, S. 43 (77 ff.); Ramírez Martínez,*

VI. Kapitel: Die Arbeitszeitfrage in den Tarifverträgen

A. Gesetzliche Rahmenvorgaben der Arbeitszeitregelung für Tarifverträge

Auch in Spanien können die Tarifverträge die Arbeitszeitregelung unter sämtlichen Aspekten festlegen. Dafür müssen sie aber bestimmte und vom Gesetzgeber vorwiegend in den Art. 34 bis 37 Arbeitnehmerstatut vorgegebene Voraussetzungen des zwingenden Rechts beachten und haben sich innerhalb dieser sofort zu skizzierenden „Grundkoordinaten" zu bewegen. Diese Vorschriften des Arbeitnehmerstatuts zur Arbeitszeitfrage nehmen dabei in etwa den Stellenwert ein, den das *„Arbeitszeitgesetz"* in Deutschland besitzt.[1075]

1. Verfassungsrechtlicher Befehl zur einfachgesetzlichen Arbeitszeitbegrenzung

Die Art. 34 bis 37 Arbeitnehmerstatut beruhen ihrerseits auf einer Anweisung des Verfassungsgebers an den einfachen Gesetzgeber nach Art. 40.2 Verfassung, wo es heißt:[1076]

Curso, 1997, S. 210 (Lec. 5/14/6°). Die h.A. verneint dies: Alonso/Casas, DTrab, 1998, S. 898, Fn. 110 ff. (Cap. 30/IV/E).

[1075] Ausgeschlossen sind die Personen nach Art. 1.3 und 1. Schlußvorschrift Arbeitnehmerstatut: *Cremades, ArbR, 1996, Rn. 68, S. 28 ff., Rn. 115, S. 53 f. Sonderregeln gelten nach Art. 2 Arbeitnehmerstatut, z.B. für leitende Angestellte, Berufssportler, Künstler, Handelsvertreter, Personal des Luftverkehrs etc.; Muñoz, Directivo, RL 1986-I, S. 123 ff.; Roqueta, Deportistas, 1996, S. 177 ff. und „RD 1.006/985, de 26 de jun., por el que se regula la relación laboral especial de los deportistas profesionales" (BOE 27.06.1985); Roqueta, Artistas, 1995, S. 74 ff.; Durán, Artistas, RL 1986-I, S. 225 ff. und „RD 1.435/1985, de 1 de ago., por el que se regula la relación laboral especial de los artistas en espectáculos públicos" (BOE 14.08. 1985); Lopera, Operaciones, 1990, S. 323 ff. und „RD 1.438/1985, de 1 de ago., por el que se regula la relación laboral de carácter especial de las personas que intervengan en operaciones mercantiles por cuenta de uno o más empresarios, sin asumir el riesgo y ventura de aquéllas" (BOE 15.08.1985); Camara, Aeronáutico, 1995, S. 135 ff.; VV.AA., Comentarios, El ET, t. II-Vol. 1.°, 1987; Sala, DTrab, 1997, S. 228 ff. (Tema 4/4); ders., a.a.O., S. 243 ff. (Tema 4/5); González de Lena, Relaciones, RL 1986-I, S. 111 ff. Lit.-Übersicht: RL 1986-I, S. 1205 f.*

Zur Historie der ArbZ in Deutschland: Bischoff, ArbZR, 1987; Richardi/Wlotzke, MüHdB ArbR, Bd. 2, Indiv. ArbR II, 1993, § 209, S. 1571 ff., § 210, S. 1588 ff., § 211, S. 1608 ff., § 212, S. 163. ff., § 213, S. 1638 ff.; Schaub, ArbR-HdB, 1996, § 156, S. 1327 ff., § 157, S. 1331 ff., § 158, S. 1337 ff., § 159, S. 1339 ff.

[1076] „Leitprinzip" *(principio rector): Alonso Olea, Fuentes, 1982, S. 42; STCo 20.12.1990, RTCo 210; Escudero, Tiempo, RL 1994, N° 4, S. 7 (13); Alfonso/García, Jornada, 1994, S. 29; Martín Rodríguez-Sañudo/García, DTrab, 1998, S. 572 f. (Cap. 14/III/1/A); VV.AA., Comentarios, 1998, Art. 34, S. 141; Cebrián, Jornada, AL 1989-1, IX, S. 95 (97 ff.); Alonso García, Introducción, 1987, S. 474.*

„... die Öffentlichen Gewalten ... gewährleisten mittels einer Arbeitszeitbegrenzung die notwendigen Erholungszeiten ..."

2. Gesetzlicher Grundsatz der Höchstarbeitszeit und gleichmäßigen Verteilung der Arbeitszeit über das Jahr

Der Art. 34.1 Arbeitnehmerstatut gibt der Arbeitzeit von einfachgesetzlicher Seite folgende Höchstdauer vor, die „grundsätzlich" in jährlicher Berechnung zu erfolgen hat:[1077]

> „1. Die **Dauer** der Arbeitszeit bestimmt sich nach dem in den **Tarif**- oder Arbeitsverträgen Vereinbarten.
> Die Höchstdauer der gewöhnlichen Arbeitszeit beträgt **durchschnittlich vierzig** tatsächlich gearbeitete **Wochenstunden** in der **Jahresberechnung**." (H.d.V.)

Demnach darf die Höchstdauer der Arbeitszeit im Jahresdurchschnitt vierzig Wochenstunden „grundsätzlich" nicht überschreiten (*jornada máxima a módulo de la semana*). Netto und unter Abzug der diversen Erholungs-, Urlaubszeiten sowie Feiertage bei den ca. 274 Werktagen entspricht dies ungefähr 1.826 Stunden und 27 Minuten.[1078] Im Vergleich dazu lässt in Deutschland das Arbeitszeitgesetz ohne Einbeziehung der Überstunden dagegen theoretisch jährlich um die 2.360 Stunden zu.[1079]

Das Arbeitnehmerstatut geht neben der „grundsätzlich" gleichmäßigen Verteilung der Arbeitszeit über das Jahr (*distribución regular de la jornadaa lo largo del año*) auch in Art. 34.3 Satz 2 Arbeitnehmerstatut davon aus, dass ebenfalls „grundsätzlich" höchstens neun Stunden am Arbeitstag gearbeitet werden (*duración máxima de la jornada diaria*).[1080]

1077 Die ArbZ-*Dauer bezeichnet man mit duración/tiempo de trabajo/jornada, obwohl jornada am ehesten mit „Tagewerk" zu übersetzen wäre (franz. journée): VV.AA., Dicc., t. II, 1992; Alarcón Caracuel, Ordenación, 1988, S. 75 ff.; Martín Valverde, Jornada, in: VV.AA., Estudios, 1991, S. 679 (685); ders., Jornadas, RL 1995-II, S. 398 (401). Die ArbZ-Lage heißt colocación del tiempo de trabajo/horario (lat. horarius: García Viña, Horario, AL 1999-2, XXXI, S. 463 (464 ff., 469 f.))*

1078 Gerichtl. ausgerechnet von STCT 29.04.1985, RTCT 2896; STCT 30.11.1987, RTCT 26787; STCT 19.11.1984, RTCT 9172; *Alarcón Caracuel, Ordenación, 1988, S. 90: 1.826,66 h; Giráldez/Agüero, Jornada, REST 1992, N° 15/16, S. 88 ff.; García Blasco, Flexibilidad, in: VV.AA., Reforma, 1995, S. 303 (308).*

Für Minderjährige sind rechnerisch 1.808 Stunden im Jahr möglich: Art. 34.3 Satz 3 Arbeitnehmerstatut: Rodríguez Pastor, Distribución, TS 1997, N° 83, S. 61 (64, Fn. 14).

1079 *Bosch, Distribución, REST 1992, N° 15/16, S. 31 (32).*

1080 Diese 9-stündige Tageshöchst-ArbZ, die zu 45 Wochenstunden führen würde, kontrastiert mit der 40-Stunden-Begrenzung. Letztere spielt sie für die im nächsten Absatz beschriebenen „ungleichmäßige Verteilung der ArbZ über das Jahr" eine Rolle, Art. 35 Arbeitnehmerstatut. In solch einem Fall liegt ab einschliessl. der 10. Arbeitsstunde eine „Überstunde" (*außergewöhnl. Stunde) vor, die ihrerseits besonderen Regeln unterworfen ist und keinen Eingang in die Berechnung der hier genannten Höchst-ArbZ-Dauer findet. Ausnahmsweise kann aber auch eine höhere „gewöhnl." ArbZ vorliegen, wenn Art. 35.2 Satz 3*

3. ... Die Anzahl der tatsächlich gearbeiteten gewöhnlichen Stunden darf täglich neun nicht überschreiten, es sei denn ... [*vgl. S. 354 ff.*].

3. Verteilung der Arbeitszeit über das Jahr und Verlängerung der täglichen Höchstarbeitszeit

Sowohl die „gleichmäßige Verteilung der Arbeitszeit" über das Jahr als auch der Grundsatz am Tag höchstens „neun Stunden" arbeiten zu dürfen, kann seit der Reform von 1994-1995[1081] unter bestimmten Voraussetzungen modifiziert werden.[1082] Nach dem neuen Art. 34.2 und 34.3 Arbeitnehmerstatut gilt nun folgendes:

> „2. Mittels [*statutarischen*] Tarifvertrag oder, falls nicht vorhanden, durch [*Lücken-*] Vereinbarung zwischen dem Unternehmen und den Arbeitnehmervertretern kann die ungleichmäßige Verteilung der Arbeitszeit über das Jahr eingeführt werden. Besagte Verteilung muss auf jeden Fall die in diesem Gesetz vorgesehenen Mindestzeiträume der [*zwölfstündigen*] Erholungszeit zwischen den Arbeitstagen[108] und der [*fünfzehnminütigen*] Erholungspause[1084] sowie der wöchentlichen [*sechsunddreißigstündigen*] Erholungszeit beachten.[1085]

Arbeitnehmerstatut greift: Die eigentl. als „Überstunde" erbrachte Leistung gilt als „gewöhnl." Stunde, wenn sie in vier Monaten mit Erholungszeit ausgeglichen wird (also keine Geldauszahlung).

[1081] Vor Reform von 1994-1995 konnte in TV die ungleichmäßige Verteilung der ArbZ über das Jahr nach der alten RVO über Sonderarbeitszeiten „*2.001/1983*" *vorgenommen werden. Die Tarifparteien machten selten davon Gebrauch. Der Gesetzgeber will mit der „Lückenvereinbarung" (näher S. 124 ff.) auf Firmenebene die Koalitionen zur Aktion drängen: Durán, Ordenación, in: VV.AA., Ordenamiento, 1987, S. 143 (163 ff.); García Blasco, Flexibilidad, in: VV.AA., Reforma, 1995, S. 303; krit.: Elorza, Acuerdos, in: VV.AA., Arbitraje, 1996, S. 244 (246 f.).*

Früher war die 9-stündige Höchst-ArbZ am Tag sowohl den Tarif- als auch Arbeitsverträgen zwingend vorgegeben, weswegen „absurde Situationen" entstanden: Alarcón Caracuel, Fomento, in: VV.AA., Flexibilidad, 1993, S. 435 (447); Prados, Tiempo, RL 1996-I, S. 498 (504); García-Perrote, Jornada, in: VV.AA., Estudios, 1991, S. 79 (97); García Ninet, Tiempo, in: VV.AA., Comentarios, t. I-Vol. 2.°, 1994, S. 7 (32, Fn. 19, 58, Fn. 57); STS 22.12.1992, RJ 10353.

Zur alten Rechtslage: Mateos Beato, Jornada, in: VV.AA., Estudios, 1991, S. 529 (548 ff.); Hernáez, Salarios, AL 1994-3, XXXVIII, S. 551 (558 f.).

[1082] Dies wird als konsensuale „*Ergänzung*" *des Gesetzes durch den TV bezeichnet (supletoriedad ley-convenio colectivo): Elorza, Acuerdos, in: VV.AA., Arbitraje, 1996, S. 244 (248); Martínez Abascal, Adaptación, RL 1995-II, S. 211 (237 ff.).*

[1083] *Descanso entre la jornada: Art. 34.3 Satz 1 Arbeitnehmerstatut. Zu Ausn.: Art. 2, 3.2, 5.3 Satz 1, 7.2, 9, 11.4, 17.3, 19.2, 21, 22 „RD 1.561/1995".*

[1084] *Descanso durante la jornada, bzw. pausa por bocadillo: Art. 34.4 Arbeitnehmerstatut: Bei Volljährigen bei Überschreitung von 6 ununterbrochenen Stunden. Bei Minderjährigen beträgt sie mindestens 30 Minuten bei Überschreitung von 4 ½ ununterbrochenen Stunden tatsächlicher Arbeitszeit.*

[1085] *Descanso semanal: Art. 37.1 Arbeitnehmerstatut. Die 1 ½ Tage können bis zu 14 Tage aufgespart werden und*

3. ... Die Anzahl der tatsächlich gearbeiteten gewöhnlichen Stunden darf täglich **neun nicht überschreiten**, es sei denn, dass ein [*statutarischer*] Tarifvertrag oder, falls nicht vorhanden, eine Vereinbarung zwischen dem Unternehmen und den Arbeitnehmervertretern eine **andere Verteilung der täglichen Arbeitszeit anordnet**; dabei muss unbedingt die [*zwölfstündige*] Erholungszeit zwischen den Arbeitstagen gewahrt werden ..." (H.d.V.)

Diese Vorschrift eröffnet also die Möglichkeit, mit zwei, voneinander vollkommen unabhängigen Regelungen zum einen eine „ungleichmäßige Verteilung" der Arbeitszeit über das Jahr unter Beachtung der durchschnittlich vierzig Wochenstunden vorzunehmen (distribución irregular de la jornada a lo largo del año) und zum anderen den Grundsatz der neunstündigen Höchstarbeitszeit am Tag zu durchbrechen.[1086]

Hier lässt sich eine sehr sublime Gesetzesstruktur beobachten, über welche die auf den ersten Blick recht freizügig erscheinende Möglichkeit zur „ungleichmäßigen Verteilung" der Arbeitszeit wieder eingeschränkt wird:[1087]

Hat beispielsweise ein statutarischer Tarifvertrag oder eine „Vereinbarung zwischen dem Unternehmen und den Arbeitnehmervertretern" (*acuerdo entre la empresa y los representantes de los trabajadores*) zunächst eine ungleichmäßige Verteilung der Arbeitszeit über das Jahr festgelegt, andererseits keine besondere Regelung über die neunstündige Tageshöchstarbeitszeit in einer zweiten Absprache getroffen, liegt ab der neunten Stunde zwingend eine *„außergewöhnliche Stunde"*, d.h. eine Überstunde vor. Die Anordnung der ungleichmäßigen Verteilung der Arbeitszeit über das Jahr führt demnach nicht automatisch zum Wegfall der neunstündigen Höchstarbeitszeit am Tag.

Lediglich dann, wenn zusätzlich noch eine *zweite* Abrede hinzukommt, ist es möglich, jene Schwelle zu überwinden und dann täglich maximal zwölf „gewöhnliche" Stunden zu arbeiten. Diese werden allein dann, wenn eine derartige zweite Abrede im statutarischen Tarifvertrag oder in einer „Vereinbarung" getroffen wird, nicht als *„außergewöhn-*

---

sie dürfen wahlweise den Samstagnachmittag oder den Montagvormittag sowie den ganzen Sonntag erfassen. Für Minderjährige beträgt sie zwei ununterbrochene Tage. Im span. Text steht der ohne nähere Definition gebrauchte Begriff der „täglichen *Erholungszeit" (descanso diario). Man muss darunter sowohl die „Erholungspause" (descanso durante la jornada) als auch die „Erholungszeit zwischen zwei Arbeitstagen" (descanso entre las jornadas) verstehen: García Ninet, Tiempo, in: VV.AA., Comentarios, t. I-Vol. 2.°, 1994, S. 7 (31); Linares, Flexibilidad, EdJ, RC 1994, N° 11, S. 95 (98).*

[1086] Lt. *Alfonso/García soll dies den niedrigeren Ebenen (Betrieb/Unternehmen) überlassen werden: Jornada, 1994, S. 35; García Blasco, Flexibilidad, in: VV.AA., Reforma, 1995, S. 303 (308); Merino, Tiempo, in: VV.AA., Anuario UGT, 1998, S. 199 (203, 206 ff.); Cruz, Flexibilidad, RL 1989-I, S. 535 (536 ff.); Sagardoy, Flexibilidad, in: VV.AA., Cuestiones, 1990, S. 261 (269); Rivero, Horarios, DL 1995, N° 47, S. 13 (25).* Bei Minderjährigen ist diese Möglichkeit beschränkt durch Art. 34.3 Satz 3, 37.1 Satz 2 Arbeitnehmerstatut. Für sie ist die 40-h-Woche eine indisponible Hürde: *Rodríguez Pastor, Distribución, TS 1997, N° 83, S. 61 (64).*

[1087] *Escudero, Tiempo, RL 1999, N° 4, S. 7 (23 ff.); Monge, Comentarios, 1994, S. 57; Prados, Tiempo, RL 1996-I, S. 498 (504 f.).*

liche", d.h. Überstunden behandelt.[1088] Folglich ist es zulässig, dass ein provinzieller statutarischer Branchentarifvertrag eine „ungleichmäßige Verteilung" der Arbeitszeit über das Jahr anordnet und eine „Vereinbarung zwischen dem Unternehmen und den Arbeitnehmervertretern" auf Firmenebene wegen des „Schweigens" vom provinziellen statutarischen Branchentarifvertrag in diesem Punkt die neunstündige Höchstarbeitszeit am Tag heraufsetzt.

Ordnet im selten vorkommenden Fall weder ein statutarischer „Tarifvertrag" noch eine „Vereinbarung" die „ungleichmäßige Verteilung" der Arbeitszeit über das Jahr an und wird ein Betrieb neu eröffnet, darf der Arbeitgeber nach wohl herrschender Auffassung kraft seines Direktionsrechts die „ungleichmäßige Verteilung" bestimmen.[1089]

Einer Mindermeinung nach aber soll ein Einzelarbeitsvertrag oder die Ausübung des Direktionsrechts nicht die gesetzliche Grundregel des Arbeitnehmerstatuts mit der vierzig Stundenwoche bei „gleichmäßiger Verteilung" der Arbeitszeit über das Jahr durchbrechen dürfen, falls es weder eine statutarische tarifliche Regelung noch eine „Vereinbarung" gebe. Der Art. 34.1 Arbeitnehmerstatut stelle insoweit die Grundregel dar und für Individualarbeitsverträge handele es sich damit um eine indisponible Vorschrift. Dispositiv sei sie allein für statutarische „Tarifverträge" sowie „Vereinbarungen".[1090]

Unabhängig von solchen Problemen werfen allein schon wegen der Möglichkeit über statutarische Tarifverträge oder subsidiär dazu über „Vereinbarungen zwischen dem Unternehmen und den Arbeitnehmervertretern" eine „ungleichmäßige Verteilung der Jahresarbeitszeit" vorzunehmen, einige Autoren dem Gesetzgeber in kritischer Weise einen „Rückzug des Staates", eine „Kapitulation des Gesetzes", einen fatalen „Gesetzes-" oder „Rechtsabbau" (*deslegalización/derecho de reflujo*) vor.[1091]

In der Tarifpraxis bürgerte sich die Festlegung der jährlichen Höchstarbeitszeitdauer über zwei Formen ein: Entweder ordnen die Tarifverträge allein eine Gesamtzahl der Jahresarbeitsstunden an (z.B.: „*1.792 Stunden*") oder sie geben noch zusätzlich eine Orientierungsvorgabe mit Festlegung einer Wochenstundenzahl zur Hand (z.B.:

[1088] Freil. unter Beachtung der durchschnittl. 40 Wochenstunden im Jahr, vgl.: *Prados, Tiempo, RL 1996-I, S. 498 (504 f.); Alfonso/García, Jornada, 1994, S. 36.*

[1089] H.A.: *Alarcón Caracuel, Tiempo, in: VV.AA., Reforma, 1994, S. 53 (64); García Ninet, Tiempo, TS 1994, N° 43, S. 39 (41 f.); Moreno Toro, Contrato, RL 1996-I, S. 635 (667).*

[1090] *Rojo, Spanien, in: Hoffmann/Lapeyre, ArbZ, 1995, S. 240 (259); Rivero, Tiempo, in: VV.AA., Nuevo ET, 1995, S. 25 (35); Escudero, Tiempo, RL 1999, N° 4, S. 7 (18 ff.); Monreal, Distribución, AL 1999-2, XXXVI, S. 555 (558 ff., 560 ff.).*

[1091] *Fernández López, Convenio, in: VV.AA., Protagonistas, 1995, S. 42 ff.; Alfonso/Pedrajas/Sala, Pactos, RL 1995-I, 1390 ff.; Merino, Jornada, in: VV.AA., Reforma, 1994, S. 258 (275).*

„1.711 Stunden in durchschnittlich 37 Wochenstunden").[1092] Die im Jahre 1996 in den Branchentarifverträgen durchschnittlich vereinbarte Arbeitszeitdauer lag in Spanien bei 1.769 Stunden, was einer Wochenarbeitszeit von 38,6 Stunden gleichkommt, wobei freilich noch die durch Streik, Krankheit usw. verlorenen Zeiten abgezogen werden müssen. Daraus ergibt sich eine tatsächliche Arbeitszeit von ca. 36,4 Wochenstunden.[1093]

Nach Auskunft des Expertengremiums zur Beratung der spanischen Regierung, dem „Wirtschafts- und Sozialrat" (*Consejo Económico y Social – CES*), vereinbarten die Tarifparteien eine Überschreitung der grundsätzlich vorgesehenen vierzigstündigen Wochenarbeitszeit und des Neun-Stunden-Tages auf Unternehmensebene in 20% der

---

[1092] Vgl.: *Escudero, Tiempo, RL 1999, N° 4, S. 7 (23 ff.); ABI von 1980: 1980 h; AMI von 1982: 1880 h; AI von 1983 für das Jahr 1984: 1826 h und 27 min. Vgl.: Hernández Vigueras, Paro, Bol.* AEDIPE *sept. 1995, S. 46 (52) sowie das Arbeits- und Sozialministerium unter http://www.mtas.es/Estadisticas/BEL/CCT/cct5_1.html:*

	Durchschnitt (h/Jahr)	FirmenTV	andere TV
1982	1.877,3	1.842,8	1.883,5
1983	1.845,2	1.824,3	1.849,6
1984	1.798,0	1.797,7	1.798,1
1985	1.793,1	1.781,4	1.795,5
1986	1.786,8	1.772,9	1.789,7
1987	1,782,1	1.761,8	1.786,0
1988	1.778,8	1.755,6	1.783,1
1989	1.772,2	1.743,5	1.777,3
1990	1.769,7	1.739,1	1.775,1
1991	1.768,0	1.733,3	1.774,0
1992	1.766,5	1.727,8	1.773,5
1993	1.765,4	1.727,4	1.770,4

Zur Tarifpraxis: *Rodríguez Pastor, Distribución, TS 1997, N° 83, S. 61 (62); Rojo, Spanien, in: Hoffmann/Lapeyre, ArbZ, 1995, S. 240 (249 ff.); Merino, TParc, 1994, S. 229; Montalvo, Reivindicaciones, in: VV.AA., Estudios, 1991, S. 719 (716 ff., 726 ff.); Martínez Fenoll, Tiempo, 1997, S. 253 ff., 327 ff.; González de Lena, Reducción, REST 1992, N° 15/16, S. 80 ff.*

[1093] Bei der ArbZ ist ein Auseinanderklaffen feststellbar: In Kleinbetrieben (6-50 ArbN) wurde 1994 durchschnittl. 1.707 h, in mittelständischen Betrieben (51-250 ArbN) 1.693 h und in Großbetrieben (über 250 ArbN) 1.659 h gearbeitet: Anuario de Estadísticas Laborales del MTSS. Vgl.: *http://www.mtas.es/Estadisticas/BEL/CCT/cct9_1.html; Moya, Reducción, CL 1999, N° 4, S. 1 (11); Ojeda, Intervención, in: VV.AA., Estabilidad, 1998, S. 271 (303, Fn. 95): In der EG soll Spanien allein von England und Portugal übertroffen werden; Revue Eurostat, Anuario 1996 (Visión estadística sobre Europa), S. 136.* Insgesamt liegt Spanien bei 1.774,4 h: *Ojeda, Tiempo, RLSS, año II, N° 15, mayo 1996, S. 255 (260); Merino, Tiempo, in: VV.AA., Anuario UGT, 1998, S. 199 (209). Lt. CES bei 1.769 h und einer Wochen-ArbZ von 38 h und 44 min.: VV.AA., Memoria en 1997, 1998, S. 406 ff. Nach htp://www.ugt.es: 1.762,08 h Jahres-ArbZ und 38,62 Wochenstunden liegen soll.*

statutarischen Tarifverträge. Zur Rechtfertigung einer solchen „ungleichmäßigen Verteilung" der Arbeitszeit über das Jahr dienen dann Spitzenproduktionszeiten, Eilfälle, saisonbedingte Gründe etc.[1094] Einige Autoren führen auch Beispiele an, in denen provinzielle Branchentarifverträge zu diesem Zweck entweder der Firmenebene „Korridore" und „Kriterien" vorgeben (z.B.: *„maximal zwischen sieben und neun Stunden am Tag", „35 bis 45 Wochenstunden bei maximal 200 Stunden im Jahr"*) oder lassen den niedrigeren Ebenen auch vollkommen freie Hand.[1095]

B. Nähere Ausgestaltung auf den verschiedenen Tarifebenen

Da in Spanien nicht nur die Arbeitszeitdauer, sondern vor allem ihre Lage und Verteilung das Hauptthema bilden, werden sie zu einem heiß umstrittenen Zankapfel in den Händen der Verantwortlichen. Die Wünsche der spanischen Arbeitgeber gehen, ähnlich wie in Deutschland, dahin, flexiblere Arbeitszeiten in der Woche, im Jahr oder im gesamten Berufsleben einführen zu können, um längere Maschinenlauf- oder Öffnungszeiten zu erreichen.[1096] Von gewerkschaftlicher Seite will man dem jedoch ohne entsprechendes finanzielles Entgegenkommen nicht zustimmen. Denn, so die Gewerkschaftsphilosophie, sobald diese Maßnahmen zu einer besseren Anpassung an die Bedürfnisse der Nachfrage führen würden, dürften die hieraus entstehenden höheren Gewinne nicht „kostenfrei" der Arbeitgeberseite überlassen werden, *„damit nicht immer dieselben {nämlich die Arbeitnehmer} bezahlen"*.[1097]

1. Subsidiäre „Vereinbarung zwischen Unternehmen und Arbeitnehmervertretern" auf Betriebsebene („Lückenvereinbarung")

In diesem Zusammenhang muss nochmals auf die interessante Regelung von Art. 34.2 Arbeitnehmerstatut eingegangen werden, die besagt:

> „2. Mittels [*statutarischen*] Tarifvertrag oder, falls nicht vorhanden, durch [*Lücken-*] Vereinbarung zwischen dem Unternehmen und den Arbeitnehmervertretern kann die ungleichmäßige Verteilung der Arbeitszeit über das Jahr eingeführt werden." (H.d.V.)

[1094] VV.AA., Memoria en 1997, 1998, S. 412 ff.

[1095] *Merino, Tiempo, in: VV.AA., Anuario UGT, 1998, S. 199 (216 ff.). Bisweilen werden solche veränderten Arbeitsstunden dann auch in günstigerer Weise vergütet oder mit Freizeit vergolten: dies., S. 199 (219 f.).*

[1096] „Kind" dieser Streitigkeiten ist u.a. die Reaktion der ArbG sog. „Massenänderungsangebote" zu unterbreiten (vgl. S. 124 ff.).

[1097] Slogan beim halbtägigen Generalstreik vom 28.05.1992.

Diese auf den ersten Blick eindeutige Regelung ist einigen Zweifeln und Unklarheiten ausgesetzt, wenn man beginnt, sich mit ihr vor dem Hintergrund der vorherigen Seiten auseinanderzusetzen.[1098]

Noch eindeutig ist, dass die gerade zitierte „Vereinbarung zwischen dem Unternehmen und den Arbeitnehmervertretern"[1099] allein „subsidiär" dann eingegangen werden darf, wenn die „Falls-nicht-vorhanden-Regelung" greift, also kein „statutarischer" Tarifvertrag „*vorhanden*" ist. Aus diesem Grunde wird sie von der Literatur zur besseren Anschaulichkeit auch „Lückenvereinbarung" (*acuerdo de defecto/acuerdo defectivo de empresa*) genannt. Mit der Wortwahl „*Vertreter der Arbeitnehmer*" wird Bezug auf die Einheitsvertretung oder Gewerkschaftssektion des Betriebes oder Unternehmens genommen.[1100] Bei dem Wort „Tarifvertrag" muss es sich um einen „statutarischen" Tarifvertrag handeln, da die „außergesetzlichen" Tarifverträge nicht kodifiziert sind und der Gesetzgeber in derselben Reform, mit der die Möglichkeit zum Abschluss von „Lückenvereinbarungen" zugelassen wurde, in Art. 41.2 Arbeitnehmerstatut die außergesetzlichen Tarifverträge das erste und einzige Mal nannte, und zwar mit der Bezeichnung „kollektive Abmachung" (*pacto colectivo*). Im hier betrachteten Art. 34.2 Arbeitnehmerstatut führt der Gesetzgeber allein den „statutarischen" Tarifvertrag (*convenio colectivo*) auf.

Zunächst muss gefragt werden, was geschieht, wenn kein „Tarifvertrag" vorliegt, dann eine Lückenvereinbarung eine ungleichmäßige Verteilung der Arbeitszeit über das Jahr vornimmt und im Anschluss daran ein Tarifvertrag wirksam wird, der aus-

---

[1098] *Linares, Flexibilidad, EdJ, RC 1994, N° 11, S. 95 (101 f.); Sala/Alfonso/Pedrajas, Acuerdos, 1996, S. 41 (Rn. 17); García Ninet, Tiempo, in: VV.AA., Comentarios, t. I-Vol. 2.°, 1994, S. 7 (25); Sala, Reforma, 1994, S. 188 ff. (Rn. IV.7.1); Pérez de los Cobos, Pactos, RL 1996-II, S. 356 (361); ders., Denuncia, AL 1996-2, XXIII, S. 413 (418 ff., 420 ff.); Rodríguez Pastor, Horario, 1997, S. 20 f., 58 f.; ders., Distribución, TS 1997, N° 83, S. 61 (61 ff., 68); Merino; Tparc, 1994, S. 358 ff.; dies., Tiempo, in: VV.AA., Anuario UGT, 1998, S. 199 (223 f.); Monreal, Distribución, AL 1999-2, XXXVI, S. 555 (567 ff.); a.A.: García-Perrote, Art. 84 ET, in: VV.AA., Estructura, 1996, S. 23 (31 ff.); Pedrajas, Modificaciones, in: VV.AA., Reforma, 1994, S. 376; Albiol, Movilidad, TS 1994, N° 43, S. 61 (63); ders., Acuerdos, in: VV.AA., Estructura, VIII Jornadas, 1996, S. 57 (73 ff.); Alfonso/García, Jornada, 1994, S. 59.*

[1099] Die Möglichkeit zum Abschluss von „Lückenvereinbarungen" findet sich ferner in Art. 22.1, 24.1, 29.1 Arbeitnehmerstatut und Art. 6.1, 7.1, 22.2 *RD 1.561/1995: Sala/Alfonso/ Pedrajas, Acuerdos, 1996, S. 17 ff., 20 ff.*

[1100] H.A.: *Elorza, Acuerdos, in: VV.AA., Arbitraje, 1996, S. 244 (252).*

Einer MM. nach soll die „Lückenvereinbarung" allein auf Unternehmensebene wirken, da ansonsten ein Verstoß gegen das (freil. nirgends kodifizierte) Dogma der „Unternehmenseinheit" (unidad de empresa) vorläge: Escudero, Ley, in: VV.AA., Reforma, 1994, S. 37 (55); Purcalla, Acuerdo, in: VV.AA., Arbitraje, 1996, S. 307 (314, Fn. 44) Diese Ansicht ist m.E. falsch, weil die Worttechnik des Arbeitnehmerstatuts selten eine strikte Unterscheidung zwischen „Betrieb" und „Unternehmen" einhält (z.B. wird das „Betriebs-" andauernd als „Unternehmenskomitee" bezeichnet). Es steht nach Art. 83.1 Arbeitnehmerstatut dem freien Willen der Tarifparteien offen, statutarische TV auch „unterhalb des Unternehmens" zu vereinbaren. Dies muss auch für die „Lückenvereinbarung" gelten. Nur wenige Unternehmen besitzen ein Organ, das befähigt ist, Vereinbarungen für das gesamte Unternehmen abzuschließen. Dann könnte nur selten die „Lückenvereinbarung" abgeschlossen werden

drücklich eine andere Regelung enthält: Soll die Lückenvereinbarung weiterhin vorrangig bleiben oder etwa durch den Eintritt des Tarifvertrags „subsidiär" („*falls nicht vorhanden*") und damit aufgehoben werden? Nach wohl herrschender Ansicht soll diese Lückenvereinbarung dann ihre Wirksamkeit verlieren und vom Tarifvertrag somit „verdrängt" werden. Die Stimmen in der Literatur postulieren:[1101]

> „Folglich wird der Regelungsvorrang des Tarifvertrags gegenüber der Unternehmensvereinbarung nicht angezweifelt."

a) Vorliegen einer Lücke – Subsidiarität

Weiter ist auch umstritten, wann überhaupt eine „Lücke" vorliegt, d.h. wann der Anwendungsbereich dieser Vorschrift eröffnet ist:

Einer Mindermeinung nach soll allein dann eine tarifliche „Lücke" vorliegen, wenn überhaupt kein Tarifvertrag wirksam ist.[1102]

Die herrschende Ansicht ist dagegen der Auffassung, dass damit jedoch der Anwendungsbereich zum Abschluss dieser sowieso nur subsidiären „Lückenvereinbarung" zu stark eingeschränkt wäre. Demnach dürfe sie schon dann abgeschlossen werden, wenn entweder überhaupt kein Tarifvertrag gültig sei oder aber ein gültiger Tarifvertrag im Hinblick auf die „ungleichmäßige Verteilung" der Arbeitszeit über das Jahr keine ausdrückliche Anordnung treffe, also beispielsweise nur die jährliche Gesamtstundenzahl festlegt.

Umstritten ist ferner, ob ein schlichtes Unterlassen der Regelung mit der Intention der Tarifpartei, keine „ungleichmäßige Verteilung" zuzulassen, einer „Lückenvereinbarung" schon den Weg versperren kann. Die wohl überwiegende Ansicht im Schrifttum ist der Auffassung, dass es hierzu in jedem Fall einer ausdrücklichen Verbotsanordnung im Tarifvertrag bedarf, eine „Lückenvereinbarung" abzuschließen.[1103]

(vgl. S. 124). Dies würde dem gesetzgeberischen Willen widersprechen, der mit Reform von 1994-1995 insbesondere den Bedürfnissen der „Betriebe" stärker entsprechen wollte (Dezentralisierungsbestrebung).

[1101] *Escudero, Tiempo, RL 1999, N° 4, S. 7 (19); García Ninet, Tiempo, in: VV.AA., Comentarios, t. I-Vol. 2.°, 1994, S. 7 (25); Mercader, Estructura, 1994, S. 355; Elorza, Acuerdos, in: VV.AA., Arbitraje, 1996, S. 244 (252); Ojeda, Acuerdos, in: VV.AA., Arbitraje, 1996, S. 199 (204).*

[1102] *Camps, Mercado, 1994, S. 198 (Rn. 81); Purcalla, Acuerdo, in: VV.AA., Arbitraje, 1996, S. 307 (315); Elorza, a.a.O., S. 244 (249).*

[1103] *Sala, DTrab, 1997, S. 152 (Tema 2/8/C/b/2ª); Alfonso/García, Jornada, 1994, S. 32; Goerlich/Valverde, Acuerdos, RL 1995-II, S. 414 (430 f.).*
A.A.: Escudero, Ley, in: VV.AA., Reforma, 1994, S. 37 (56); Purcalla, Acuerdo, in: VV.AA., Arbitraje, 1996, S. 307 (314).

b) Verhältnis zwischen Lückenvereinbarung und außerstatutarischem Tarifvertrag

Nicht zuletzt an dieser Stelle ergeben sich einmal mehr Schwierigkeiten im Zusammenhang mit den *außerstatutarischen* Tarifverträgen. Es ist unklar, ob eine „Lückenvereinbarung" abgeschlossen werden kann, wenn zwar kein „statutarischer", dafür gleichwohl ein *„außerstatutarischer"* Tarifvertrag (z.B. der Branche) wirksam ist. Die sich nun sofort aufdrängende Frage lautet, ob solch ein außerstatutarischer Tarifvertrag mit einer eigenen Anordnung im Hinblick auf die „gleichmäßige" oder „ungleichmäßige" Verteilung der Arbeitszeit über das Jahr eine „Lückenvereinbarung" „sperren" kann, so wie dies der statutarische Tarifvertrag darf, mit anderen Worten, ob die „Falls-nicht-vorhanden-Regelung" nicht nur für statutarische, sondern auch für außerstatutarische Tarifverträge gilt:

Nach Ansicht des sich sehr selten zu dieser Variante äußernden Schrifttums tritt die subsidiäre „Lückenvereinbarung" an die Stelle eines *statutarischen* Tarifvertrags, weshalb es sich um ein Kollektivabkommen handele, das vom Gesetzgeber in seiner „Wertigkeit" diesen statutarischen Tarifverträgen in etwa gleichgestellt worden sei. Da die statutarischen Tarifverträge allerdings den außerstatutarischen Tarifverträgen übergeordnet seien, gelte dieses gleichermaßen im Verhältnis der betrieblichen „Lückenvereinbarung" zu den außerstatutarischen Tarifverträgen, selbst wenn sie eine Branche erfassen würden. Eine andere Auffassung würde ansonsten mit der „Logik" brechen, weshalb der Gesetzgeber die Figur der „Lückenvereinbarungen" neu in das Arbeitnehmerstatut mit eingeführt habe.[1104]

Wieder einmal schimmern zwischen den Äußerungen die Vorstellungen von einer „Hackordnung" im Verhältnis zwischen statutarischem und außerstatutarischem Tarifvertrag hindurch, die nun sogar auf das „subsidiäre Derivat" eines statutarischen Tarifvertrags in Form der „Lückenvereinbarung" angewandt werden.[1105] Aus praktischer Sicht bedeutet dies, dass dieser Meinung nach beispielsweise ein „außerstatutarischer" Branchentarifvertrag für die Provinz nicht den Abschluss einer vorrangig anwendbaren „Lückenvereinbarung" auf Betriebsebene unterbinden könnte.

Kritischere Stimmen im Schrifttum hegen stärkere Bedenken, da sich der außerstatutarische Tarifvertrag immerhin auf Art. 37.1 Verfassung und das dort festgelegte „Recht auf Tarifverhandlung" berufen könne, weshalb er sicherlich keine geringere „Wertigkeit" habe als eine betriebliche „Lückenvereinbarung".[1106]

[1104] *Gorelli/Valverde, Acuerdos, RL 1995-II, S. 414 (431).*

[1105] M.E. mangelt es diesen Hierarchisierungsversuche im Allgemeinen jedoch an einer ausreichenden Grundlage, vgl.: S. 124 ff.

[1106] *Rojas, Eficacia, 1998, S. 171 ff.*

c) Rechtsnatur, Zustandekommen, Wirkungsweise und Form der Lückenvereinbarung

Aber nicht nur diese hier kurz dargestellten Schwierigkeiten mit den Lückenvereinbarungen geben knifflige Rätsel auf. Kurioserweise nennt das Arbeitnehmerstatut zwar die Aufgabengebiete dieser Lückenvereinbarung, unterschlägt andererseits jegliche Regelung vom Zustandekommen, von ihrer Wirkungsweise, Form usw.[1107]

Zum einen handelt es sich bei den „Lückenvereinbarungen" nach wohl herrschender Ansicht nicht um echte „statutarische" Tarifverträge nach dem *„Titel III"* Arbeitnehmerstatut, weil sie in diesem Teil des Arbeitnehmerstatuts ausdrücklich nicht näher geregelt werden.[1108]

Zum anderen gehören sie ebenso wenig zur Spezies der *„außer"*-statutarischen Tarifverträge, da sie vom Gesetzgeber als zusätzliche Spielart der Kollektivverhandlung ausdrücklich mit *„in"* das Arbeitnehmer*statut* aufgenommen wurden, also gewissermaßen *„statutarisch"* sind.[1109]

Der herrschenden Auffassung nach hat man es folglich mit einem *tertium genus* (*convenio colectivo impropio/atípico*) zu tun, dessen Rechtsnatur sich stark der eines „statutarischen" Tarifvertrags annähert, bei dessen Abschluss die „enervierenden" Formalitäten zur Wirksamkeit dieser „statutarischen" Tarifverträge aber nicht beachtet werden müssen.[1110]

[1107] *Ojeda, Acuerdos, in: VV.AA., Arbitraje, 1996, S. 199 (214 ff.). Vgl.: Escudero, Tiempo, RL 1999, N° 4, S. 7 (19).*

[1108] Die Gleichstellung der *„Lückenvereinbarung" mit einem statutarischen TV wäre eine unzulässige Tautologie Fernández López, Convenio, in: VV.AA., Protagonistas, 1995, S. 42 ff.; Casas, Estructura, in: VV.AA., Reforma, 1994, S. 292 (299); Purcalla, Acuerdo, in: VV.AA., Arbitraje, 1996, S. 307 (309); Elorza, Acuerdos, in: VV.AA., Arbitraje, 1996, S. 244 (250 ff.). A.A.: Die „Lückenvereinbarungen" den statutarischen TV von „Kapitel III" Arbeitnehmerstatut gleichstellend: Cruz, Art. 41, in: VV.AA., Reforma, 1994, S. 116 (127); Escudero, Ley, in: VV.AA., Reforma, 1994, S. 37 (53 ff., 55).*

[1109] *Purcalla, Acuerdo, in: VV.AA., Arbitraje, 1996, S. 307 (309).*
A.A.: Apilluelo, Convenios, AL 1995-1, IX, S. 133 (140); Sala, Reforma, 1994, S. 133 ff. (Rn. IV.3.3)

[1110] Es muß z.B. keine Mindestberatungsperiode eingehalten werden: *Elorza, Acuerdos, in: VV.AA., Arbitraje, 1996, S. 244 (251 f.); Alfonso/Pedrajas/Sala, Pactos, RL 1995-I, S. 1390 (1394); Rivero, Relaciones, RMTAS, 1997, N° 3, S. 93 (114 ff.); Fernández López, Convenio (I), AL 1995-1, VI, S. 87 (95) = VV.AA., Protagonistas, 1995, S. 42 ff.; Alfonso/García, Jornada, 1994, S. 32; Casas, Estructura, in: VV.AA., Reforma, 1994, S. 292 (299); Purcalla, Acuerdo, in: VV.AA., Arbitraje, 1996, S. 307 (314); García Ninet, Tiempo, in: VV.AA., Comentarios, t. I-Vol. 2.°, 1994, S. 7 (25). Das Konkurrenzverbot nach Art. 84 Satz 1 Arbeitnehmerstatut findet auf das Verhältnis zwischen „statutarischem TV" und „Lückenvereinbarung" keine Anwendung, weil letztere allein subsidiär zum „dominierenden" statutarischen TV abgeschlossen werden darf und eine Konkurrenz nicht auftreten kann: Rivero, Horarios, DL 1995, N° 47, S. 13 (67); ders., Tiempo, in: VV.AA., Nuevo ET, 1995, S. 25 (40).*

So soll zwar eine *direkte* Anwendung der Regeln zum Abschluss einer weiter unten besprochenen „Änderungsvereinbarung" nach Art. 41.4 Satz 4 Arbeitnehmerstatut verboten sein, da die *„Lückenvereinbarung"* keinerlei Berührungspunkte zu jenen Verfahren aufweist. Allerdings will man diese Vorschriften ihrem Sinngehalt nach *analog* anwenden.[1111]

Berechtigt zur Unterzeichnung solcher Lückenvereinbarungen sind nach einhelliger Auffassung die „Einheitsvertretung" oder „Gewerkschaftssektion"[1112] und der einzelne Arbeitgeber, keinesfalls aber die einzelnen Arbeitnehmer.[1113]

Zur wirksamen Verabschiedung wird die absolute Mehrheit der Mitglieder der Einheitsvertretung oder der Gewerkschaftssektion unter analoger Anwendung einiger Vorschriften des Arbeitnehmerstatuts verlangt,[1114] teilweise ihre Schriftform oder auch nur der Aushang am schwarzen Brett des Betriebes.[1115]

In Anlehnung an den „statutarischen" Tarifvertrag kommt ihnen nach wohl herrschender Ansicht sowohl eine „allgemeinverbindliche" als auch „normative" Wirkung zu.[1116]

Sollte aber beispielsweise einmal eine fehlerhafte Lückenvereinbarung vorliegen, weil etwa die Abstimmungsmehrheiten nicht erreicht wurden oder nicht befähigte Kollektivsubjekte handelten, hat man es ganz im Sinne des am Dualismus der Tarifvertragsarten ausgerichteten Denkschemas in Spanien eben mit ihrer „außerstatutarischen" Variante, das heißt einer *„außerstatutarischen"* Lückenvereinbarung zu tun. Bei einer derartigen „außerstatutarischen" Lückenvereinbarung ist deren Wirkung dann auf die Gewerkschaftsmitglieder beschränkt, wenn die Gewerkschaftssektion sie unterzeichnet. Unterschreibt sie die Einheitsvertretung, so muss sich ihre Wirkung aufgrund der Vertretungsmacht des Kollegialorgans Einheitsvertretung für die *gesamte* Belegschaft dennoch auf sämtliche Arbeitnehmer des Betriebes oder Unternehmens erstrecken.[1117]

1111 *Linares, Flexibilidad, EdJ, RC 1994, N° 11, S. 95 (100). Analogie ebenfalls zu Art. 40.2 Satz 5, 51.4 Satz 4 Arbeitnehmerstatut.*

1112 *Analog Art. 87.1 Arbeitnehmerstatut: Casas, Estructura, in: VV.AA., Reforma, 1994, S. 292 (299).*

1113 Unumstritten: *Escudero, Tiempo, RL 1999, N° 4, S. 7 (20).*

1114 Für die EinhVertr. *analog nach Art. 65.1 und für die GewerkS-Sektion analog nach 41.4 Satz 4, 40.2 Satz 5, 51.4 Satz 4 Arbeitnehmerstatut: Linares, Flexibilidad, EdJ, RC 1994, N° 11, S. 95 (100); Escudero, Ley, in: VV.AA., Reforma, 1994, S. 37 (55); Elorza, Acuerdos, in: VV.AA., Arbitraje, 1996, S. 244 (251).*

1115 Aus Gründen der Rechtssicherheit: Elorza, *Acuerdos, in: VV.AA., Arbitraje, 1996, S. 244 (252 f.).*

1116 H.A.: Alfonso/Pedrajas/Sala, *Pactos, RL 1995-I, S. 1390 ff.; Purcalla, Acuerdo, in: VV.AA., Arbitraje, 1996, S. 307 (314).*

A.A.: *Elorza, Acuerdos, in: VV.AA., Arbitraje, 1996, S. 244 (251, Fn. 32), der beim (in der Praxis selten vorkommenden) Abschluss einer „Lückenvereinbarung" durch die „GewerkS-Sektion" allein eine Geltung für die Mitglieder der GewerkS, die diese Lückenvereinbarung abschloss, annehmen möchte.*

1117 Art. 63.1, 62.2 Arbeitnehmerstatut; *Elorza, Acuerdos, in: VV.AA., Arbitraje, 1996, S. 244 (252).*

2. Ungleichmäßige Verteilung der Arbeitszeit über „Desaffektierungsabkommen" oder außerstatutarischen Firmentarifvertrag

Unabhängig von der Regelung nach Art. 34.2 Arbeitnehmerstatut mit dessen subsidiärer „Lückenvereinbarung" kommt, freilich allein in theoretischer Weise, noch die Möglichkeit zur „ungleichmäßigen Verteilung" der Arbeitszeit über das Jahr in Betracht, wenn die Voraussetzungen für ein oben genanntes *„Desaffektierungsabkommen"* nach Art. 84 Satz 2 und 3 Arbeitnehmerstatut gegeben wären.[1118] Dieses darf von den Vorgaben der meist provinziellen oder gar nationalweiten Branchentarifverträge allein für die Ebene *über* dem Unternehmen abweichen und andere Anordnungen treffen. Wegen der realen Kräfteverhältnisse unter den spanischen Gewerkschaften wird in der Praxis der Anwendungsbereich solcher Desaffektierungsabkommen nur auf das Baskenland sowie eventuell noch Galizien beschränkt bleiben und keine Bedeutung im Hinblick auf eine betriebsnähere Tarifpolitik erlangen.

Schließlich ist noch theoretisch folgendes möglich: Die Einheitsvertretung oder Gewerkschaftssektion könnte im Hinblick auf die „ungleichmäßige Verteilung" der Arbeitszeit über das Jahr beispielsweise einen *außerstatutarischen* Betriebs- oder Firmentarifvertrag abschließen, der vom provinziellen und statutarischen Branchentarifvertrag so abweicht, dass er nach Art. 3.3 Arbeitnehmerstatut insgesamt „günstiger" wäre. Da hier aber eine nicht quantifizierbare Materie festgelegt wird und die Rechtsprechung in ihrer Günstigkeitseinschätzung kaum berechenbar ist, wird diese theoretisch zur Verfügung stehende Möglichkeit in der Praxis kaum gangbar sein.[1119]

3. Anordnung der „außergewöhnlichen Stunden" (Überstunden) im Einzelarbeits- oder Tarifvertrag

Auf komplizierte Weise regelt der spanische Gesetzgeber in Art. 35 Arbeitnehmerstatut die sog. „außergewöhnlichen Stunden" (*horas extraordinarias* – Überstunden).[1120] Diese restriktive Vorschrift ist vollständig vom Geiste beschäftigungspolitischer Zielsetzungen erfüllt:

[1118] Vgl. S. 124 ff.

[1119] *Valdés, Notas, RL 1995-I, S. 263 (285); Rodríguez Pastor, Horario, 1997, S. 93 ff., Rn. 67, 68. Vgl. S. 124 als Bsp. für ein m.E. „verunglücktes" Urteil.*

[1120] *Martín Valverde/Rodríguez-Sañudo, DTrab, 1998, S. 451 (Cap. 11/II/2./A); Serrano Argüello, Horas, AL 1999-1, XI, S. 169 ff. Krit.: Cruz, Flexibilidad, RL 1989-I, S. 535 (538); Merino/Román, Horas, RL 1987-I, S. 957 (961 ff.); Alonso Olea, Bien, 1995, S. 42 ff.*

Zur Historie der Überstunden: Roa, Horas, in: VV.AA., Comentarios, t. I-Vol. 2.°, 1994, S. 105 (106 ff.); Gómez Abelleira, Límite, TL 1991/92, N° 21/25, S. 17 ff.; García Murcia, Horas, RL 1986-II, S. 147 ff.; de la Villa, Hora, in: VV.AA., Estudios, 1991, S. 361 (365 ff.); Castiñeira, Horas, in: VV.AA., Flexibilidad, 1993, S. 497 ff.; Alarcón Caracuel, Fomento, in: VV.AA., Flexibilidad, 1993, S. 442 ff.; ders., Ordenacion, 1988, S. 435 (448 ff.).

„1. Als außergewöhnliche Stunden werden die Stunden bezeichnet, die in Übereinstimmung mit dem im vorherigen Artikel Festgelegten über die Höchstdauer der gewöhnlichen Arbeitszeit hinaus geleistet werden. Mittels Tarifvertrag oder, falls nicht vorhanden, durch Einzelarbeitsvertrag muss zwischen einer Abgeltung der außergewöhnlichen Stunden in einer festzulegenden Lohnhöhe oder einem entsprechenden Ausgleich in bezahlter Erholungszeit gewählt werden; die festzulegende Lohnhöhe darf auf keinen Fall geringer als der Wert der gewöhnlichen Stunde sein. Ohne diesbezügliche Abmachung müssen die erarbeiteten außergewöhnlichen Stunden mittels Erholungszeit innerhalb der darauf folgenden vier Monate ausgeglichen werden.

2. Die Anzahl der außergewöhnlichen Stunden darf, abgesehen von dem in Absatz 3 dieses Artikels Vorgesehenen, **achtzig innerhalb eines Jahres** nicht überschreiten. Für solche Arbeitnehmer, die durch die Bedingungen oder Dauer des Arbeitsvertrags eine Arbeitszeit erfüllen, welche in jährlicher Berechnungsweise unter der allgemeinen Durchschnittsarbeitszeit im Unternehmen liegt, verringert sich die Höchstzahl der möglichen außergewöhnlichen Stunden pro Jahr im gleichen Verhältnis, das zwischen solchen Arbeitszeiten besteht.

Zum Zweck des im vorherigen Abschnitt Festgelegten werden solche außergewöhnlichen Stunden, die mittels **Erholungszeit** innerhalb der darauf folgenden **vier Monate** ausgeglichen werden, **nicht mit einberechnet**.

Die Regierung kann für einen bestimmten Zeitraum die Höchstzahl außergewöhnlicher Stunden streichen oder verringern; dies darf für alle oder nur für bestimmte Tätigkeitszweige oder Landstriche geschehen, um so die Möglichkeiten zu erhöhen, dass unfreiwillig Arbeitslose eine Anstellung finden [*davon wurde bislang noch kein Gebrauch gemacht*].

3. Bei der Berechnung der Höchstdauer der gewöhnlichen Arbeitszeit wie auch bei der Berechnung der Höchstzahl zulässiger außergewöhnlicher Stunden wird diejenige Überschreitung der Arbeitszeit nicht mit berücksichtigt, die darauf zurückzuführen ist, dass Unglücksfällen sowie anderen außergewöhnlichen und dringend auszubessernden Schadenseintritten vorgebeugt wird oder diese beseitigt werden; dabei bleibt die Verpflichtung unberührt, jene aufgewandten Zeiten wie außergewöhnliche Stunden auszugleichen.

4. Die Leistung von außergewöhnlichen Stunden muss freiwillig sein, es sei denn, dass sie im Tarif- oder Einzelarbeitsvertrag vereinbart worden sind; letzterenfalls müssen sie sich im Rahmen von Absatz 2 dieses Artikels bewegen. (H.d.V.)

a) Definition der Überstunde

Nach dem gerade Gesagten kann also ab unterschiedlichen Zeitpunkten eine „Überstunde" vorliegen und der Arbeitnehmer weiß zum Zeitpunkt der Arbeitsleistung manchmal gar nicht, ob er eine „Überstunde" oder eine „gewöhnliche Stunde" leistet:[1121]

[1121] *Rivero, Horarios, DL 1995, N° 47, S. 13 (29, 51); ders., Tiempo, in: VV.AA., Nuevo ET, 1995, S. 25*

Hält man sich an die gesetzliche Grundregel mit der Vorgabe einer gleichmäßigen Verteilung der Arbeitszeit über das Jahr bei vierzig oder weniger Stunden in der Woche, so liegt bei deren Überschreitung eine „Überstunde" vor. Ferner hat man es mit einer Überstunde zu tun, wenn die Berechnungsweise in Jahres-, Monats- oder Wochenarbeitszeit erfolgt und überschritten wird.

Bei „ungleichmäßig" über das Jahr verteilter Arbeitszeit, jedoch unter Beibehalt der gesetzlichen Grundregel einer Höchstzeit am Tag von neun Stunden liegt mit Ableistung der zehnten Stunde ebenfalls eine Überstunde vor.

Ordnet ein statutarischer Tarifvertrag oder die *„Lückenvereinbarung"* eine längere gewöhnliche Höchstarbeitszeit am Tag mit beispielsweise elf gewöhnlichen Arbeitsstunden für eine bestimmte Jahresperiode an, liegt ab der zwölften Arbeitsstunde eine Überstunde vor, Art. 35.1, 34.3 Satz 2 Arbeitnehmerstatut.

b) Festlegung von Überstunden im Einzelarbeits- oder Tarifvertrag

Die Pflicht zur Überstundenleistung als solche kann im statutarischen und außerstatutarischen Tarifvertrag[1122] sowie im Einzelarbeitsvertrag festgelegt werden, wobei sie nach dessen Maßgabe vom Arbeitgeber ohne weiteres einforderbar ist.[1123] Ohne nähere

---

(46 ff.); Merino, Tiempo, in: VV.AA., Anuario UGT, 1998, S. 199 (221 ff.); Alfonso/García, Jornada, 1994, S. 38 f.; Merino, TParc, 1994, S. 231; Serrano Argüello, Horas, AL 1999-1, XI, S. 169 (172 ff., 180 ff.); krit.: Mateos Beato, Jornada, in: VV.AA., Estudios, 1991, S. 529 (543).

[1122] STCT 24.01.1985, RTCT 655.

[1123] Zur ungleichmäßigen Verteilung der ArbZ über das Jahr gehört auch die Überstundenverteilung, weshalb die Tarifpartner und *subsidiär auch die Parteien der „Lückenvereinbarung" solch eine Verteilung vornehmen dürfen: Roa, Horas, in: VV.AA., Comentarios, t. I-Vol. 2.°, 1994, S. 105 (136). Die Überstundenleistung stellt keine „vorteilhaftere Bedingung" i.S.d. Günstigkeitsprinzips dar (vgl. Fn. 614), d.h., der ArbG ist nicht verpflichtet, Überstunden einzufordern und der ArbN kann sich nicht auf eine derartige Anspruchsgrundlage zur Überstundenleistung berufen: García Ninet, Tiempo, in: VV.AA., Comentarios, t. I-Vol. 2.° 1994, S. 7 (72, 73, 74, 76); Roa, a.a.O., S. 105 (138); STSJ Aragón 30.10.1996, AS 4288. Wird z.B. Nachtarbeit erbracht, so liegt mit Leistung der ersten Stunde nach 24⁰⁰ h nicht etwa ein neuer Arbeitstag vor, sondern die Stundenzahl wird wie im dtsch. § 3 Satz 1 ArbZG durchgehend weitergezählt: STS 22.12.1992, RJ 10353 und 09.12.1994, RJ 9961; STSJ Madrid 19.06.1995, AS 2668. Zur a.F. des Arbeitnehmerstatuts, in der die 9-h-Regel selbst für TV unveränderbar war: STS 04.07.1995, RJ 5477; STS 22.12.1992, RJ 10353; STS 27.02.1995, RJ 1262; STSJ Madrid 19.06.1995, AS 2668 und 28.04.1994, AS 16?1. Zur 10. Stunde und ihrer Behandlung als „Überstunde" am „langen Donnerstag" (super-jueves) bei den Sparkassen: STS 30.09.1994, RJ 7267; STS 14.01.1995, RJ 351; SAN 10.03.1993, RL 1993-I, S. 665 ff. Zur zulässigen Einrichtung des langen Donnerstages bei Sparkassen über einen außerstatutarischen TV, wobei dann mit Leistung der 10. Stunde, aufgrund der alten Regelung eine zulässige „Überstunde" vorliegen sollte: STS 28.09.1994, JS-If, t. VIII, 1994, N° 4.027, S. 665 ff.; STS 14.11.1994 (f.j. 3.°), JS-If, t. VIII, 1994, N° 4.?16, S. 826 (827 ff.); García Ninet, Tiempo, in: VV.AA., Comentarios, t-I, Vol. 2.°, 1994, S. 7 (31); Alonso/Barreiro, EL ET, 1995, Art. 35.1, S. 166; Merino, Jornada, in: VV.AA., Reforma, 1994, S. 258 (282); Rivero, Horarios, DL 1995, N° 47, S. 13 (28). Minderjährigen und Behinderte dürfen grds. keine Überstunden leisten: Art. 6.3*

Anordnung steht es dem Arbeitgeber kraft seines Direktionsrechts frei, den Zeitpunkt der Überstundenleistung anzuordnen, wobei er allerdings die Grenzen der Billigkeit zu beachten hat.[1124]

Häufig sehen tarifliche oder einzelvertragliche Klauseln in sog. „Vereinbarungen über die Leistung von Überstunden" (*pactos para la realización de horas extraordinarias*) bestimmte, sich aus dem Gesetz dergestalt nicht ergebende Beschränkungen zur Überstundenleistung vor, wie beispielsweise wegen Mehrfachbeschäftigung, aus Gründen der Gesundheit, des Alters, der Familie, der Erziehung oder der Ausübung einer Gewerkschaftstätigkeit etc.[1125] Ausdrücklich für zulässig werden Tarif- oder Arbeitsvertragsklauseln angesehen, nach denen Überstunden kraft Arbeitgeberanordnung dann zu leisten sind, wenn die Nachfragesituation auf dem Markt dies verlangt.[1126]

Wurde im Tarif- oder Arbeitsvertrag keine Überstundenzahl vereinbart, muss sich der Arbeitgeber entweder um eine individuelle Absprache mit dem Arbeitnehmer bemühen,[1127] oder er kann eine Art „Teilkündigung" des Einzelarbeitsvertrags aussprechen.[1128] In diesem Fall darf der Arbeitnehmer jedoch vom Arbeitsvertrag zurücktreten (*rescisión del contrato laboral*), was für den auf Überstundenleistung angewiesenen Arbeitgeber unangenehm sein dürfte.[1129] Keineswegs ist der Arbeitgeber imstande, kraft seines Direktionsrechts eine Überstunde einseitig einzufordern.[1130]

Arbeitnehmerstatut. In Notfällen dürfen nach Ansicht einiger Autoren Minderjährige nur zur Hilfe verpflichtet werden, wenn Volljährige nicht zur Verfügung stehen. Lt. Roa darf bei derartigen Ausnahmesituationen sofort auf sie zurückgegriffen werden: Horas, in: VV.AA., Comentarios, t. I-Vol. 2.°, 1994, S. 105 (119 f.). Leistet der Minderjährige dennoch Überstunden, steht ihm der Anspruch auf Lohnzahlung oder Freizeitausgleich zu.

Vgl. zu Behinderten: Art. 13 „*RVO 1.368/1985" vom 17.07.1985, wo Überstunden wegen Notfällen ausdr. zugelassen werden.*

1124 Direktionsrecht: Art. 5, 20.2 Arbeitnehmerstatut. Zur Billigkeit nach Art. 7 *Código Civil; Roa, Horas, in: VV.AA., Comentarios, t. I-Vol. 2.°, 1994, S. 105 (129).*

1125 Zu Bsp. dieser Kausalitätsnachweise: *Rodríguez-Sañudo, Jornada, in: VV.AA., Flexibilidad, 1993, S. 461 (468 f.); Rivero, Tiempo, in: VV.AA., Nuevo ET, 1995, S. 25 (45); Sala, DTrab, 1997, S. 430 (Tema 9/3/A).*

1126 STCT 24.01.1985, RTCT 655; *Roa, Horas, in: VV.AA., Comentarios, t. I-Vol. 2.°, 1994, S. 105 (136); García Ninet, Tiempo, in: VV.AA., Comentarios, t. I-Vol. 2.°, 1994, S. 7 (72 f.).*

1127 Der ArbN darf ihr zustimmen oder kann sie ablehnen: Art. 35.4 Arbeitnehmerstatut (*novación modificativa*).

1128 Nach Art. 41.3 Arbeitnehmerstatut, vgl. *Merino, Jornada, in: VV.AA., Reforma, 1994, S. 258 (285). Siehe: Art. 41.2 Satz 2 Arbeitnehmerstatut und Fn. 1004. Zum deutschen Recht: Lotz, KündigungsS, 1996, S. 9 ff.*

1129 Nach Art. 41.3 Satz 2 und 50.1 *a) Arbeitnehmerstatut.*

1130 *Sala, DTrab, 1997, S. 430 (Tema 9/3/A); García Ninet, Tiempo, in: VV.AA., Comentarios, t. I-Vol. 2.°, 1994, S. 7 (73); Roa, Horas, in: VV.AA., Comentarios, t. I-Vol. 2.°, 1994, S. 105 (136).*

(1) Grundsätzliche Begrenzung der Überstundenzahl auf 80 im Jahr

Das indisponible Höchstkontingent (*norma de derecho necesario/de orden público*)[1131] zur Überstundenleistung beträgt achtzig Stunden innerhalb eines Jahres, was bei den theoretisch maximalen 1.826 Arbeitsstunden im Jahr eine Erhöhung der Arbeitszeit allein um 4,37% darstellt.[1132]

(2) Möglichkeit zur Überschreitung des Überstundenkontingents von 80 Stunden im Jahr

Dieses Maximum darf aber *de facto* „überschritten" werden, wenn die geleisteten Überstunden nach dem oben zitierten Art. 35.2, 2. Absatz Arbeitnehmerstatut innerhalb einer Periode von höchstens vier Monaten als „Erholungszeit" *abgefeiert* und nicht ausbezahlt werden.[1133] Mit dieser „*Bumerang*-Bestimmung" soll ein arbeitsplatzschaffender[1134] Anreiz dafür erreicht werden, den Überstundenausgleich in „Erholungszeit" vorzunehmen und eine Auszahlung in Geld zu unterlassen. Dies wird teilweise als „*Umfüllen von gewöhnlichen Arbeitsstunden*" bezeichnet, da damit die jährliche Gesamtarbeitszeit nicht erhöht wird.[1135]

Dennoch erfährt selbst diese Möglichkeit zur leichten Auflockerung der stark beschnittenen Möglichkeit, Überstunden zu leisten, aus dem Schrifttum Kritik und man stempelt sie abschätzig als „Achtzig-Stunden-Tüte" (*bolsa de 80 horas*) ab, in die der Arbeitgeber „beliebig" hineingreifen könne.[1136]

Mit dieser Regelung wird also zusätzlich noch einmal der oben beschriebene Grundsatz des „Neun-Stunden-Tages" aufgeweicht und manche wollen diese Art „Überstunden", die sich aufgrund des Abfeierns innerhalb von vier Monaten wieder in „gewöhnliche" Arbeitsstunden umwandeln, als „gewöhnliche und vorweggenommene Stunden" (*horas ordinarias anticipadas*) bezeichnen.[1137] Wird der viermonatige Zeitraum

---

[1131] STS 27.01.1990, RJ 225; STSJ Andalucía, Sevilla 13.05.1993, AS 2376 und 25.09.1993, RL 1993-II, N° TSJ-407, S. 782 (783).

[1132] Die Beschränkung gilt seit den Anfängen des span. ArbR. Früher durften an 150 Tagen im Jahr Überstunden geleistet werden, aber nicht mehr als 50 in einem Monat und mit einem 20, 40, 50 %-igem Aufschlag (Mindestsatz, über 10 h, Nacht- oder Sonntagsarbeit). Bei Notfällen waren 240 im Jahr möglich: *Stoye, ArbR, 1928, S. 51; Fita, Jornada, 1999, S. 43 ff.*

[1133] Art. 35.4, 35.2 Satz 1, 35.2 Satz 3 Arbeitnehmerstatut.

[1134] *Roa, Horas, in: VV.AA., Comentarios, t. I-Vol. 2.°, 1994, S. 105 (128); Martín Valverde/ Rodríguez-Sañudo, DTrab, 1998, S. 451 (Cap. 11/II/2./A); Rollano, DLab turístico, 1995, S. 85.*

[1135] *Alfonso/García, Jornada, 1994, S. 41; García Blasco, Flexibilidad, in: VV.AA., Reforma, 1995, S. 303 (312 f.).*

[1136] *Alarcón Caracuel, Tiempo, in: VV.AA., Reforma, 1994, S. 53 (64 f.). Krit. wegen auftretender Kontrollschwierigkeiten: Merino, Jornada, in: VV.AA., Reforma, 1994, S. 258 (287 f.).*

[1137] *García Ninet, Tiempo, in: VV.AA., Comentarios, t. I-Vol. 2.°, 1994, S. 7 (34 f., 69); Serrano Argüello, Horas, AL 1999-1, XI, S. 169 (174 ff.); Fita, Jornada, 1999, S. 47 ff.*

zum Abfeiern überschritten, kommt diese Möglichkeit nicht mehr in Betracht. Der Ausgleich für Überstundenleistung wird „Ausgleichserholungszeit" (*descanso compensatorio*) genannt und darf über Tarifvertrag oder eine Vereinbarung zwischen dem Unternehmen und der Einheitsvertretung oder Gewerkschaftssektion allein verkürzt, aber keinesfalls verlängert werden.[1138]

Diese gesetzlich vorgegebene Überstundenkontingentierung darf durch Tarifverträge selbst noch einmal verringert werden und es sind Fälle wie in der katalonischen Hotel- und Tourismusbranche bekannt, in denen eine Höchstgrenze von weniger als 80 Stunden zum „Zwecke der Arbeitsplatzschaffung" tariflich vereinbart wurde.[1139]

(3) Tarifvertragliche Überstundenregelung als einzelvertraglich indisponible Begrenzung

Wird dann beispielsweise *tariflich* ein Überstundenkontingent von höchstens *fünfzig* Stunden festgelegt, ist unklar, ob die Vertragsparteien einverständlich im Einzelarbeitsvertrag eine höhere Überstundenanzahl von beispielsweise *sechzig* Stunden vereinbaren dürfen. Insoweit könnte es unter dem Blickwinkel des Günstigkeitsprinzips nach Art. 3.1.*c)* Arbeitnehmerstatut und aus Arbeitnehmersicht durchaus vorteilhafter sein, mehr Stunden zu arbeiten und damit schließlich auch mehr Geld zu verdienen.

Obwohl sich dem Schrifttum kaum Äußerungen dazu entnehmen lassen, wird man das *einzelvertragliche* Aufstocken des Überstundenkontingents, was im Widerspruch zur *tariflichen* Anordnung steht, für unzulässig halten müssen: Zur Stütze dieser fest in der spanischen Arbeitsrechtskultur verwurzelten und sehr restriktiven Ansicht verweisen die Autoren auf die gesetzliche Beschränkung des Überstundenkontingentes auf *achtzig* Stunden, die ihren Grund einerseits im „Gesundheitsschutz der Arbeitnehmer" findet[1140] und andererseits „beschäftigungspolitische Absichten", wie die einer besseren „Arbeitsverteilung" (*reparto de trabajo*), verfolgt.[1141]

Der Rahmentarifvertrag, das „Spitzenverbandsabkommen zur Tarifverhandlung" vom 28. April 1997 (*Acuerdo Interconfederal sobre Negociación Colectiva – AINC*), welches von der *CEOE*, *CC.OO.* und *UGT* unterzeichnet, aber allein mit „obligatorischer" Wirkung versehen wurde, erklärt beispielsweise, dass „*die Verwirklichung der streng gesehen nicht notwendigen Überstunden klar die Schaffung von Arbeitsplätzen beeinträchtigt*", weshalb „*ein möglicher Überstundenabbau mit Hilfe der gesamtstaatlich geltenden Tarifverträge und der Ausgleich dieser Überstunden in Erholungszeit vorgenommen werden*" solle.

Im Sinne der traditionellen Sichtweise in Spanien dürften nach der ganz herrschenden Ansicht die „beschäftigungspolitischen Absichten" nicht durch egoistische

---

[1138] *García Ninet, Tiempo, in: VV.AA., Comentarios, t. I-Vol. 2.°, 1994, S. 7 (69); Serrano Argüello, Horas, AL 1999-1, XI, S. 169 (175, Fn. 31, 32).*

[1139] *Rollano, DLab turístico, 1995, S. 85.*

[1140] *Alarcón Caracuel, Ordenacion, 1988, S. 435 (448 ff.).*

[1141] Die Überberufl. Abkommen stellen den Überstundenabbau in den Mittelpunkt: *AMI von 1980; ANE 1981; AI 1983; AES 1984; AINC 1997.*

„Einzelinteressen" untergraben werden, weshalb nicht das „Günstigkeitsprinzip" anzuwenden sei, sondern das „Prinzip der Maximalnorm bei bedingt zwingendem Recht" (*principio de la norma máxima de derecho necesario relativo*).[1142] Ein Tarifvertrag kann den einzelvertraglichen Abreden bei den Überstunden folglich eine echte Obergrenze auferlegen und man verkündet unisono:[1143]

> „Wenn sie [*die Tarifverträge*] dem Arbeitnehmer die Leistung von Überstunden aufzwingen können, [*können sie*] ihm dies auch [*vollständig*] untersagen."

An dieser Stelle vermisst der Verfasser eine tiefergehende Debatte über die Frage, ob die politische Bekämpfung der Massenarbeitslosigkeit dem Kompetenzbereich der „Tarifparteien" unterliegt oder statt dessen allein der demokratisch legitimierte „Gesetzgeber" solch ein beschäftigungspolitisches Mandat inne hat.[1144] So mahnen nur wenige kritische Stimmen:[1145]

> „Allgemein ist bekannt, dass die Gewerkschaftsbewegung in Spanien in vielen Bereichen stark ihre [*eigentlich*] strikt [*einzuhaltenden*] Zuständigkeiten überschreitet und sich gerade in ein gern genutztes Instrument politischer Aktion umwandelt."

Abgesehen davon verbleibt noch der negative Beigeschmack, wonach eine derartige tarifliche Beschneidung der Überstundenzahl nach aller Erfahrung kaum geeignet erscheint, neue Arbeitsplätze zu schaffen und statt dessen den Rationalisierungsdruck auf die Unternehmen erhöht, also eher kontraproduktiv wirkt.[1146]

1142 *Sala, DTrab, 1997, S. 173 (Tema 3/2/C); Gómez Abelleira, Horas, AS 1998, N° 19, S. 21 (29); Martín Valverde/Rodríguez-Sañudo, DTrab, 1998, S. 585 (Cap. 14/II/4/D).*

1143 *Montalvo, Jornada, in: VV.AA., Comentarios, 1980, S. 105 (124 ff.).*

1144 Vgl. dazu Art. 7 Verfassung. *Sala/Albiol wollen den GewerkS dennoch und unter Zugrundelegung anderer Verfassungsvorschriften einen politischen Handlungsbereich überantworten, wobei jedoch nicht geklärt wird, wie weit jener zu gehen hat: DerSind, 1998, S. 55 ff. (Tema 2/II/2/A/b); Sanguineti, Libertad, RDS N° 8, 1999, S. 35 (36 ff.).*
Zur verf.-rechtl. Stellung der GewerkS: Montoya, Sindicatos, in: VV.AA., Trabajadores, 1980, S. 181 (183 ff.); Palomeque, Función, in: de la Villa, Materiales, 1979, S. 282 ff. (Rn. 77.).

1145 *Vidal/Vidal, Análisis, 1994, S. 21; Serrano Carvajal, Tendencias, 1984, S. 12 ff.; Moya, Reducción, CL 1999, N° 4, S. 1 (9 ff.).*

1146 *Serrano Carvajal (CEOE), AMI, in: VV.AA., Comentarios, 1980, S. 161 (175 f.); Bilbao, Fantasía, CRL 1996, N° 9, S. 179 (182 ff., 192 ff.); Cruz/García, Regulación, RPS 1983, N° 137, S. 465 (497).*
A.A.: Alarcón Caracuel, Reordenación, REST 1992, N° 15/16, S. 20 ff.; González de Lena, Reducción, TS 1998, N° 88, S. 35 (45 ff., 47).
Zur Haltung schwedischer und nordamerikanischer GewerkS: Schoenaich-Carolath, ArbZ-Verkürzung, NJW 1988, S. 290 (291 ff.).

c) Überstunden bei Notfällen

Die Pflicht zur Überstundenleistung bei Notfällen muss in Spanien nicht umständlich aus der Treuepflicht des Arbeitnehmers abgeleitet werden, sondern hat stattdessen ausdrücklich Eingang in Art. 35.3 Arbeitnehmerstatut gefunden.[1147] Jene „unfreiwilligen" Überstunden (*horas extraordinarias obligatorias*) werden weder in die Höchstdauer der gewöhnlichen Arbeitszeit noch in das achtzigstündige Überstundenkontingent mit einberechnet.[1148]

d) Höhe des Überstundenausgleichs

Der Ausgleich für Überstunden in Lohn, Erholungszeit oder einem gemischten System hat „zumindest" dem einer gewöhnlichen Arbeitsstunde zu entsprechen[1149] und ohne besondere Regelung ist er zwingend innerhalb von vier Monaten in Freizeit zu neh-

---

[1147] Restriktiv handhabbar: STS 29.07.1989, RJ 4804; STS 22.12.1989, RJ 9014; STS 17.07. 1990, RJ 6416. Zur Historie seit Art. 4 *„Gesetz über die gesetzl. Höchst-ArbZ von 1931" (Ley de Jornada Máxima Legal): Roa, Delimitación, in: VV.AA., Ordenación, 1983, S. 115 (119 ff.).*

[1148] Sie können ausbezahlt oder mit Freizeit ausgeglichen werden: *García Ninet, Tiempo, in: VV.AA., Comentarios, t. I, Vol. 2.°, 1994, S. 7 (71); Rivero, Horarios, DL 1995, N° 47, S. 13 (34).*

Die ungerechtfertigte Weigerung des ArbN vereinbarte Überstunden oder Notfallüberstunden zu leisten, stellt u.U. einen Kündigungsgrund i.S.d. *„disziplinarischen Kündigung" wegen Gehorsamsverweigerung dar: Art. 54.2.b) Arbeitnehmerstatut: STS 31.05.1988, RJ 4219; STCT 13.12.1988, RTCT 8216; Martín Serrano, Horas, in: VV.AA., Estudios, 1991, S. 379 (383 ff.); Palomeque, Horas, in: VV.AA., Estudios, 1991, S. 411 (420 ff.); Roa, Horas, in: VV.AA., Comentarios, t. I-Vol. 2.°, 1994, S. 105 (134); Lotz, KündigungsS, 1996, S. 18 ff. Der ArbN darf wegen einer ungerechtfertigten Einforderung von Notfallüberstunden Klage einreichen.*

[1149] Bis zum *„Gesetz 11/1994" ordnete Art. 35.1 Arbeitnehmerstatut a.F. und Art. 40 „RVO über Sonderarbeitszeiten" (RD 2.001/1983) einen 75 %-igen Lohnaufschlag zur gewöhnl. Stunde an. Dies war als Pönalisierung einer Überstundenleistung gedacht, real wirkte es als starker Anreiz für die ArbN. Mit „listiger" Fassung der TV sowie wohlwollender Rspr. wurde diese Anordnung dann „umgangen", weil der vom Wortlaut her eigentl. zwingende Art. 35 Arbeitnehmerstatut a.F. für „tarifdispositiv" erklärt wurde. Die Parteien konnten dann den Wert der „gewöhnl. Arbeitstunde" frei festgelegen: Hernáez, Salarios, AL 1994-3, XXXVIII, S. 551 (564); Conde Martín , Horas, AL 1985-2, N° 1079, S. 2289 ff.; Roa, Retribución, AL 1984, N° 225, S. 409 (421 ff.); Merino, Jornada, in: VV.AA., Reforma, 1994, S. 258 (269 f.); García Blasco, Flexibilidad, in: VV.AA., Reforma, 1995, S. (313); de la Villa, Hora, in: VV.AA., Estudios, 1991, S. 361 (375 ff.); García Murcia, Flexibilización, AL 1986-1, N° 502, S. 1181 (1190 f.); Alfonso/García, Jornada, 1994, S. 42 f.; García Ninet, Tiempo, in: VV.AA., Comentarios, t. I-Vol. 2.°, 1994, S. 7 (59); Moya, Reducción, CL 1999, N° 4, S. 1 (2 ff.).*

Heute richtet sich der Wert einer Überstunde nach dem im Tarif- oder Arbeitsvertrag festgelegten Betrag: Alfonso/García, Jornada, 1994, S. 45. Die Auszahlung bestimmt sich nach Art. 29.1 Arbeitnehmerstatut und beträgt einen Monat. Zur bezahlten Erholungszeit (descanso retribuido; in Spanien gilt, dass z.B. auch die wöchentl. Ruhezeit entgeltet wird): Alfonso/García, Jornada, 1994, S. 45.

men.[1150] Sieht beispielsweise ein „Tarifvertrag“ die „Abgeltung“ einer Überstunde vor, darf „einzelvertraglich“ nicht die andere Ausgleichsart des „Abfeierns“ angeordnet werden, selbst wenn dies dem Arbeitnehmer und Arbeitgeber günstiger erscheint. Dies gilt, obwohl viele Arbeitnehmer in Spanien ein großes Interesse daran haben, „ausbezahlt“ zu werden und einen Ausgleich in Freizeit ablehnen, da sie die Überstunden bei ihren Ausgaben mit einplanen wollen. Man erkennt hier erneut die alles überragende Stellung des *statutarischen* Tarifvertrags als beherrschendes Regelungsinstrument.[1151]

Im Jahre 1997 betrug der durchschnittlich für Überstunden gezahlte Lohn nur 9,97 Euro.[1152], wobei der Lohn gewöhnlicher Stunden freilich bei kärglichen 8,13 Euro und der staatlich festgelegte Mindestlohn damals gar bei 2,56 Euro lag.[1153]

Wird ein Überstundenausgleich in Erholungszeit vereinbart, kann diese in beliebiger Frist und Form innerhalb eines Jahres abgefeiert werden, wobei sicherlich beide Seiten darauf erpicht sein werden, sie in Blöcken zur Wochenends-, Feiertags- oder Urlaubsverlängerung zu nehmen.[1154] In den in Spanien vorherrschenden Kleinbetrieben werden die Überstunden nur selten ausbezahlt und wenn überhaupt fast nur abgefeiert. Ferner muss nicht selten auch Wochenendarbeit bei Arbeitsspitzen auf Anforderung des Arbeitgebers hin geleistet werden, was freilich rechtswidrig ist.[1155]

Die untere Grenze ergibt sich aus dem staatl. festgelegten Mindestlohn: García Blasco, Flexibilidad, in: VV.AA., Reforma, 1995, S. 303 (312). Krit.: Valdés, Flexibilidad, RL 1999, N° 2, S. 1 (6 ff.).

[1150] Art. 35.1 Satz 3 Arbeitnehmerstatut: *Alfonso/García, Jornada, 1994, S. 43 ff.; Monereo, Salario, in: VV.AA., Comentarios, t. I-Vol. 1.°, 1994, S. 45 (123 ff.).*

[1151] *Hernáez, Salarios, AL 1994-3, XXXVIII, S. 551 (565); Prados, Tiempo, RL 1996-I, S. 493 (509 f.).*

[1152] Geringer als noch 1996 mit damals 10,63 Euro: VV.AA., Memoria en 1997, 1998, S. 405.

[1153] Freil. liegt die Produktivität span. ArbN wegen veralteter Maschinen etc. teilweise erhebl. unter der von anderen europ. Ländern.

Nach *„The Economist“ liegt der „Preis“ für eine Arbeitsstunde einschliessl. der Sozialabgaben in Spanien bei 15,60 Euro, in England bei 13,30 Euro in Deutschland bei 24,00 Euro und in Tschechien bei 7,70 Euro, aus: Vidal/Vidal, Análisis, 1994, S. 20.*

Nach Adomeit sollten 1989 die Durchschnittslohnkosten eines Industrie-ArbN mit Nebenkosten in Spanien bei umgerechnet 9,20 Euro und in Deutschland bei 17,90 Euro liegen: ArbR, NJW 1989, S. 155 ff. Vgl. zum Mindestlohn Fn. 1153.

[1154] Letztl. wird dem ArbG die Wahl des konkreten Ausgleichszeitpunktes kraft seines Direktionsrechts zugestanden (Art. 5, 20.2 Arbeitnehmerstatut), wobei ein willkürl. Verhalten des ArbG nach Art. 7 *Código Civil unzulässig ist: Roa, Horas, in: VV.AA., Comentarios, t. I-Vol. 2.°, 1994, S. 105 (125). Damit entfällt dann aber die Möglichkeit nach Art. 35.2 Satz 3 Arbeitnehmerstatut.*

Es kann ein gemischtes System aus Freizeitausgleich und anteiliger Bezahlung der Überstunden vorgesehen werden: STSJ Canarias, Santa Cruz de Tenerife 26.09.1995, AS 3287. Zu weiteren Ausgleichsformen: Roa, a.a.O., S. 105 (124 ff.).

Das Überstundenabfeiern darf nicht dazu führen, dass andere ArbN deswegen ihrerseits erneut Überstunden leisten müssen, vgl.: Art. 11 *„TV für Arbeitsunfallversicherungen und Berufskrankheiten der Sozialversicherung“, BOE 27.04.1994; García Ninet, Tiempo, in: VV.AA., Comentarios, t. I-Vol. 2.°, 1994, S. 7 (63 ff.).*

[1155] *Fita, Empresa, 1997, S. 167.*

Kommt der Arbeitgeber seiner Pflicht zur Ausgleichsgewährung innerhalb des gesetzlich, tariflich oder vertraglich festgelegten Zeitraumes nicht nach, kann der Arbeitnehmer dies theoretisch der Arbeitsaufsichtsbehörde („Arbeitsinspektion" – *Inspección de Trabajo*) anzeigen. Dies wird er aufgrund der angespannten Arbeitsmarktsituation in der Praxis jedoch unterlassen, obwohl arbeitgeberseitige Sanktionen als Reaktion auf solch eine Arbeitnehmeranzeige selbstverständlich rechtswidrig wären.

Grundsätzlich stehen dem Arbeitnehmer in solch einem Fall zwei Möglichkeiten offen: Entweder darf er den Freizeitausgleich für Überstunden auch noch nach der gesetzlichen oder vereinbarten Frist einfordern oder deren Auszahlung verlangen.[1156] Sollte ein Tarifvertrag nach gerade Gesagtem dagegen aus beschäftigungspolitischen Gründen die „Auszahlung" von Überstunden untersagen, steht dem Arbeitnehmer ein Ausgleich allein in „Freizeit" zu.[1157] Das „Abfeiern" des Freizeitausgleiches auf „eigene Faust" ist freilich untersagt.[1158]

Fordert der Arbeitgeber in illegaler Weise Überstunden ein, beispielsweise wegen Überschreitung des gesetzlichen, tariflichen oder arbeitsvertraglichen Kontingents, verlieren die Arbeitnehmer nicht ihren Anspruch auf den entsprechenden Ausgleich.[1159] Der Arbeitgeber kann in solch einem Fall zudem noch mit einer Geldbuße wegen einer „schweren Ordnungswidrigkeit" belegt werden.[1160]

[1156] *García Ninet, Tiempo, in: VV.AA., Comentarios, t. I-Vol. 2.°, 1994, S. 7 (65, 66). A.A. wohl Roa, der nach Fristablauf allein eine Ausbezahlung der Überstunden für zulässig hält: Horas, in: VV.AA., Comentarios, t. I-Vol. 2.°, 1994, S. 105 (129).*

Die Arbeitsgerichte verlangen vom ArbN wie in Deutschland einen genauen und häufig misslingenden Nachweis, dass der ArbG die Überstunden nicht vollständig oder teilweise entlohnte (Art. 1.214 Código Civli, 97.2 LPL, 35.5 Arbeitnehmerstatut): STS 17.05.1995, RJ 3982; STS 26.09.1990, RJ 7051; STS 31.01.1986, RJ 253; STS 20.01.1986, RJ 195; STSJ Cantabria 10.03.1995, AS 1056; STSJ Castilla y León, Valladolid 11.04.1995, AS 1397; Roa, Horas, in: VV.AA., Comentarios, t. I-Vol. 2.°, 1994, S. 105 (139 ff., 141 ff.); Oliet, Horas, AL 1992-3, S. 3072 als Anm. zu: STSJ Andalucía, Sevilla 09.06.1992, AL 1992-3, N° 1421, S. 3070 ff.

[1157] *Alfonso/García, Jornada, 1994, S. 46 f.*

[1158] Dann stünde es dem ArbG frei, dem ArbN Sanktionen aufzuerlegen.

[1159] Art. 9.2 Arbeitnehmerstatut: STS 27.01.1990, RJ 225. Der Lohngarantiefond übernimmt beim Konkurs nicht das Lohnrisiko für solche „illegalen" Überstunden: STSJ Galicia 27.06. 1995, AS 2815.

[1160] Vgl.: *Real Decreto Legislativo 5/2000, de 4 de agosto, por el que se aprueba el texto refundido de la Ley sobre Infracciones y Sanciones en el orden social und Resolución de 16 de octubre de 2001, de la Subsecretaría, por la que se conviertn a euros las cuantías de las sanciones previstas el Real Decreto Legislativo 5/2000. Zur Aussetzung des Verwaltungsverfahrens, falls ein Gerichtsverfahren begonnen wird: Art. 149, 150 LPL.*

e) Kontrolle der Leistung von Überstunden durch die Einheitsvertretung und Gewerkschaftssektion

Den betrieblichen Interessenvertretungen, also der Einheitsvertretung und der Gewerkschaftssektion, steht nach Art. 64.1.9.):*a)* Arbeitnehmerstatut[1161] ein monatliches Informationsrecht bezüglich der Überstundenleistung eines jeden Arbeitnehmers zu:

> „1. Das Betriebskomitee hat folgende Zuständigkeiten: 9.): Folgende Aufgaben auszuüben a) Zu wachen über die Erfüllung von geltenden Vorschriften im Bereich des Arbeitsrechts, der Sozialversicherung und Beschäftigung sowie die restlichen geltenden Abmachungen, Bedingungen, Betriebsübungen, wobei gegebenenfalls die angebrachten gesetzlichen Schritte dem Arbeitgeber und den zuständigen Behörden oder Gerichten gegenüber unternommen werden können."

Diese allgemeine Vorschrift wird ergänzt durch die 3. Zusatzbestimmung „Königliche Rechtsverordnung 1.561/1995 vom 21. September über Sonderarbeitszeiten", die unter der Überschrift: *„Zuständigkeit der Arbeitnehmervertreter bezüglich der Arbeitszeit"* anordnet:

> „Abgesehen von den im Arbeitnehmerstatut und in der vorliegenden Königlichen Rechtsverordnung anerkannten Zuständigkeiten für die Arbeitnehmervertreter [*Einheitsvertretungen und Gewerkschaftssektionen*] bezüglich der Arbeitszeit haben diese ein Recht darauf: b) monatlich vom Arbeitgeber über die von den Arbeitnehmern geleisteten außergewöhnlichen Stunden unterrichtet zu werden, wobei es gleichgültig ist, wie sie ausgeglichen werden; zu diesem Zweck erhalten sie Kopien der Auflistungen im Sinne von Artikel 35.5 Arbeitnehmerstatut."

Die Kontrolle findet im Nachhinein statt und eventuelle Einwände von Seiten der betrieblichen Interessenvertretung der Arbeitnehmer entfalten keine zwingende Wirkung.[1162]

Das Informationsrecht der betrieblichen Interessenvertretung bezieht sich dabei auf die Anzahl der von einem „einzelnen" Arbeitnehmer geleisteten Überstunden und nicht etwa auf die durch die „gesamte" Belegschaft geleisteten Überstunden, was aus dem Verweis auf Art. 35.5 Arbeitnehmerstatut geschlossen wird, der auf die Individualabrechnung mit folgenden Worten Bezug nimmt:[1163]

[1161] I.v.m. Art. 10.3.1.). *LOLS.*

[1162] *Suárez González, Relaciones, 1980, S. 131.*

[1163] Damit liegt kein Eingriff in das persönl. Selbstbestimmungsrecht (*intimidad) des ArbN vorliegen, da sich die Information allein auf die Überstundenanzahl und nicht auf die Ausgleichsmodalitäten, wie Höhe des Überstundenzuschlags o.ä. bezieht.*

Die EinbVertr. und GewerkS-Vertreter unterliegen selbstverständl. dem „Schweigegebot" (deber de sigilo), Art. 65.2 Arbeitnehmerstatut, 10.3.3.° LOLS: Albiol, Comités, 1992, S. 39 ff.; Fernández López, Sigilo, AL

„5. Zum Zwecke der **Berechnung** von außergewöhnlichen Stunden muss die Arbeitszeit eines **jeden Arbeitnehmers** von Tag zu Tag erfasst und in den festgelegten Zeiträumen, die für die Stundenvergütung maßgeblich sind, zusammengezählt werden; eine Kopie der Auflistung ist dem Arbeitnehmer zusammen mit der entsprechenden Lohnabrechnung zu übergeben." (H.d.V.)

Der Arbeitgeberverband *CEOE* zog gegen die gerade zitierte „3. Zusatzbestimmung" gerichtlich durch die Instanzen bis vor den *Obersten Gerichtshof in Verwaltungsrechtsstreitigkeiten* (*Tribunal Supremo, Sala de lo contencioso-administrativo*). Seine Klage begründete er damit, dass das Gebot zur Unterrichtung der Belegschaftsvertretungen nicht über materielles „Gesetz" im Arbeitnehmerstatut, sondern alleine über eine „Rechtsverordnung" angeordnet wurde. Damit sollte nach Ansicht der *CEOE* ein Verstoß gegen den oben genannten „Wesensgehalt" nach Art. 53.1 Verfassung vorliegen.[1164] Dieser Argumentation folgten die Richter nicht, da die Regierung auf Vorschlag des Arbeitsministeriums über die „gesetzliche Ermächtigung" in Art. 35.2 Satz 4 Arbeitnehmerstatut hierzu befähigt worden sei.[1165]

f) Die Realität bei der Leistung von Überstunden

Die Anzahl der Überstunden steigt mit fortschreitender Arbeitszeitverkürzung laut Statistik immer stärker an.[1166] So leistete ein Arbeitnehmer im Jahr 1994 noch 95,9 Überstunden, im darauf folgenden Jahr bereits 100,6, danach 107,7, um schließlich 1997 im bislang höchsten Wert von 123,7 Überstunden einzumünden.[1167] Dies soll

---

1992-1, IX, S. 125 ff. Zur Registrierungspflicht von Überstunden nach Art. 35.5 Arbeitnehmerstatut und den Folgen eines Unterlassens ihrer ordtl. Erfassung: STS 16.12.1995, RJ 9930; STSJ Madrid 18.05.1995, AS 2219 (f.j. 2.°).

[1164] Siehe S. 114.

[1165] Noticiario Jurídico Aranzadi, 25.02.1999, N° 4, año I, S. 3 (Supl. del RJ de Aranzadi); *Morón, Jornadas, RL 1996-I, S. 1001 (1019 f.); Prados, Tiempo, RL 1996-I, S. 498 (511); Serrano Argüello, Horas, AL 1999-1, XI, S. 169 (182 ff.). Vgl. auch die gleiche Streitigkeit beim „Arbeitskalender", Fn. 678. Krit.: Suárez Fernández, Jornadas, La Ley 1995-4, S. 912 (913 f.).*

[1166] Beklagt von den GewerkS im Banken-, Handels- und Hotelwesen: *Escudero, Tiempo, RL 1999, N° 4, S. 7 (11 ff., Fn. 4); VV.AA., Europ. GewerkS-Institut, AZ-Politik, in: Hoffmann/ Lapeyre, ArbZ, 1995, S. 265 (277 ff., 280 ff.).*

[1167] Die Überstunden, die in den nächsten 4 Monaten über Freizeit ausgeglichen werden, werden trotz der Beschränkung auf 80 h im Jahr nach Art. 35.2 Satz 1 nach Art. 35.2 Satz 3 Arbeitnehmerstatut nicht in jenes mit eingerechnet; VV.AA., Memoria en 1997, 1998, S. 408.

Dtsch. ArbN leisten im Jahresdurchschnitt um die 65 Überstunden: *Zachert, Lecciones, 1998, S. 103 f., 128, was man seines Erachtens nach 275.000 neuen Arbeitsplätzen gleichsetzen kann; ADAMY, Mehrarbeit, Soziale Sicherheit 1994, S. 294 ff.*

nach suggerierender „Milchmädchenrechnung", die jene Zahlen einfach in Arbeitsplätze umwandeln möchte, entweder 29.000,[1168] 35.877[1169] oder sogar 39.950[1170] Vollzeitarbeitsplätze ausmachen.

Freilich wird selbst von Gewerkschaftsseite bei einem derzeit in Spanien diskutierten „35-Stunden Gesetz" auf die Gefahr des Ansteigens der Überstundeneinforderung und der sich derzeit mehr als deutlich zeigenden Schwarzarbeit aufmerksam gemacht.[1171]

Obendrein ist in diesem Zusammenhang das für die Praxis der Tarifstruktur schon zuvor genannte *„Spitzenverbandsabkommen zur Tarifverhandlung"* (*AINC*)[1172] zu beachten, welches im Jahr 1997 mit einer Laufzeit bis zunächst 2001 zwischen allen gesamtstaatlich repräsentativen Koalitionen abgeschlossen wurde und obligatorisch wirken soll. Nach ihm richten sich die statutarischen Tarifverträge, wie der für die gesamtstaatliche Metall- und Baubranche von 1998 etc., aus.[1173] Ganz im Sinne einer verstärkten Zentralisierung der Tarifstrukturen wird darauf hingewirkt, dass sich der gesamtstaatliche Branchentarifvertrag in die alles beherrschende Verhandlungseinheit verwandelt und bezüglich der „Überstunden" heißt es dort:[1174]

> „Auf der anderen Seite behindert die Leistung von streng gesehen nicht notwendigen Überstunden ganz klar die Schaffung von Arbeitsplätzen in der gerade herrschenden Situation hoher Arbeitslosigkeit. Die mögliche Verringerung von Überstunden und ihr Ausgleich in Freizeit muss über gesamtstaatlich wirkende Tarifverträge stattfinden. In den kleineren Verhandlungsebenen dürfen die Ausgleichskriterien im Hinblick auf ihre Menge sowie Verteilung und gegebenenfalls auszuhandelnde Alternativen vereinbart werden, die dazu beitragen, Überstunden überflüssig zu machen."

4. Theoretisch mögliche Spitzenarbeitszeiten über kurze Zeiträume

Rein theoretisch wäre es mangels absoluter Höchstgrenzen für die wöchentliche Arbeitszeit und bei entsprechendem Entgegenkommen der Gewerkschaften erdenklich, arbeitsintensive „Monsterwochen"[1175] zu vereinbaren, in denen beispielsweise neun

---

[1168] Falls alle nur 35-h arbeiten würden: *Moya, Reducción, CL 1999, N° 4, S. 1 (2 ff.).*

[1169] Lt. Schlussfolgerung von *Rivero, Flexibilización, DL 1998, N° 56, S. 19 (56).*

[1170] Nach Berechnung der VV.AA., Memoria en 1997, 1998, S. 408; *Zachert, Medidas, RL 1998, N° 4, S. 84 (91 ff.); VV.AA., ArbZ, Europ. Info-Bull. 1996, Nr. 4, S. 1 ff. (Rocard-Bericht).*

[1171] *Fidalgo, 35 Horas, GS 1998, N° 166, S. 24 (25).*

[1172] Vgl. S. 124 ff.

[1173] Metall: *BOE 20.05.1998. Die gesamtstaatl. BranchenTV für Chemie oder Textil differenzieren nicht zwischen den verschiedenen Verhandlungsebenen; Escudero, Tiempo, RL 1999, N° 4, S. 7 (21); Serrano Argüello, Horas, AL 1999-1, XI, S. 169 (184 ff.).*

[1174] *„IV.-5.°-Jornada" AINC, in: VV.AA., Estabilidad, 1998, S. 352 (355). Zur Absicht, Überstunden abzubauen: VV.AA., Reflexiones, RTSS 1986, N° 29-32, S. 205 (226 ff.).*

[1175] *Semana monstruosa: Martínez Fenoll, Tiempo, 1996, S. 53.*

gewöhnliche Arbeitsstunden und drei Überstunden unter Beachtung der vierzig gewöhnlichen Wochenstunden im Jahresdurchschnitt, der Erholungspausen sowie des achtzigstündigen Überstundenkontingents gearbeitet werden:[1176]

Rechnet man noch die Möglichkeit zum Aufsparen der „wöchentlichen Erholungszeit" (*descanso semanal*) auf zwei Wochen mit ein, ist gesetzlich innerhalb von elf Tagen die Einforderung von 132 Arbeitsstunden möglich.[1177] Innerhalb der ersten sieben Tage dürften 84 Stunden gearbeitet werden, wobei in den vorausgehenden oder nachfolgenden Perioden die Arbeitszeit freilich entsprechend verringert werden muss, um den gesetzlich zwingend geforderten Durchschnitt der Vierzig-Stunden-Woche im Jahr zu halten.

Diese Praxis stünde freilich in offenem Widerspruch zum Wortlaut der „Richtlinie 93/104/EG vom 23. November 1993 über bestimmte Aspekte der Arbeitszeitgestaltung" und natürlich ist auch die Gewerkschaftspolitik weit davon entfernt, solches auch nur ansatzweise zuzulassen.[1178]

[1176] Krit. wegen der damit verbundenen Risikoerhöhung im Hinblick auf Arbeitsunfälle: *Alfonso/García, Jornada, 1994, S. 34 f. (2/B/b/6.); Martínez Fenoll, Tiempo, 1996, S. 53 ff.; Linares, Flexibilidad, EdJ, RC 1994, N° 11, S. 95 (98).*

[1177] Art. 37.1 Satz 1 Arbeitnehmerstatut: *„Die Arbeitnehmer haben einen Anspruch auf eine wöchentliche Mindesterholungszeit von insgesamt anderthalb Tagen, die nicht unterbrechbar sind; diese Mindesterholungszeit kann bis zu Zeiträumen von 14 Tagen aufgespart werden..." Somit können elf Tage nacheinander gearbeitet und drei Tage hintereinander geruht werden; ferner kann in einer Woche ein freier Tag und in der nächsten zwei freie Tage eingelegt werden. Der konkrete Moment für das Nehmen der Erholungszeit kann durch Einzelarbeitsvertrag, Vereinbarung zwischen dem Unternehmen und den Arbeitnehmervertretern oder Tarifvertrag bestimmt werden: Alfonso/García, Jornada, 1994, S. 53 f.; Rodríguez Pastor, Distribución, TS 1997, N° 83, S. 61 (63).*

[1178] Manche konstatieren einen Implementierungsfehler. Eine mögl. Nichterfüllung der Art. 6.2.) i.V.m. 16.2 *„ArbZ-RL 93/104/EG kann deswegen vorliegen, da ihr zufolge innerhalb eines Bezugzeitraumes von 4 Monaten die Wochen-ArbZ, einschliessl. der Überstunden, durchschnittl. nicht 48 h überschreiten darf. Weil diese 4 Monate ungefähr 16 oder 17 Wochen ausmachen und das Überstundenkontingent 80 beträgt, gelangt die ArbZ bei der gesetzl. festgelegten 40-h-Woche sowie 5 oder 4 1/2 wöchentl. Überstunden allein auf 45 Wochenstunden und übersteigt damit nicht die durch die RL angeordneten 48 Wochenstunden. Hier liegt also kein Verstoß vor. Anders ist es jedoch, wenn die wöchentl. ArbZ ungleichmäßig über das Jahr verteilt wurde und statt der gesetzl. Grundregel von 40 nun 45 Wochenstunden für diese viermonatige Periode vorsieht. Werden nun durchschnittl. 5 oder 4 1/2 Überstunden in einer Woche geleistet, so beträgt in 4 Monaten die durchschnittl. Wochen-ArbZ 50, bzw. 49,5 h und steht damit in erkennbarem Widerspruch zum Maximum der Richtlinie: Alfonso/García, Jornada, 1994, S. 34 f.; Martínez Fenoll, Tiempo, 1997, S. 53 f.; Merino, Jornada, in: VV.AA., Reforma, 1994, S. 258 (276 ff., 283). A:A.: Rivero, Tiempo, in: VV.AA., Nuevo ET, 1995, S. 25 (41), weil neben dem Gesetzgeber auch die Sozialpartner die ArbZ-RL erfüllen können, weshalb kein Implementierungsfehler vorläge; Fernández García, Directiva, AS 1994, S. 2291 (Fn. 110, 2318 f.); Fita, Jornada, 1999, S. 39 ff. A.A.: Merino, Jornada, in: VV.AA., Reforma, 1994, S. 258 (277).*

Zur schnellen Umsetzung (trasposición) der „ArbZ-RL 93/104/EG": García Ninet, Tiempo, in: VV.AA., Comentarios, t. I-Vol. 2.°, 1994, S. 7 (10 ff., 14 ff.); CES, RL 1994-I, S. 1409 ff.; Rivero, Horarios, DL 1995, N° 47, S. 13 (26 ff.); Colina, Tiempo, in: VV.AA., Estudios, 1991, S. 39 ff.; Hernández Vigueras, Reducción, Bol. AEDIPE marzo 1983, S. 37 ff.; Valdés, Flexibilidad, RL 1999, N° 2, S. 1 (4 ff.); Fernández

VII. Kapitel: Betriebliche Instrumente zur Regelung der Arbeitszeitfrage

Da sich in Spanien die Tarifverträge in das beherrschende Instrument zur kollektiven Festlegung sämtlicher Arbeitsbedingungen verwandelten, werden Arbeitszeitdauer und Lohnhöhe ausnahmslos in den provinziell oder gar gesamtstaatlich geltenden Branchentarifverträgen vereinbart. Nicht selten ordnen diese Tarifverträge aber ebenfalls die genaue tägliche Arbeitszeitlage, den Schichtplan, die Grundsätze zur Entlohnung usw. an.[1179] Weil sie in Spanien zumeist eine Laufzeit von ein bis zwei

---

García, Directiva, AS 1994, S. 2291 ff.; Rivero, Tiempo, in: VV.AA., Nuevo ET, 1995, S. 25 (32 ff.); Prados, Normativa, DL 1994, N° 43, S. 129 ff.; Fernández MarcoS, Jornada, REDT 1992, N° 51, S. 39 ff.; Escudero, Tiempo, RL 1994, N° 4, S. 7 (13 f., 14 ff.).

Zur *ArbZ-RL 93/104/EG aus europäischem Blickwinkel: Blanpain/u.a., ArbR, 1996, S. 285 ff.; Krimphove, ArbR, 1996, S. 194 ff.; Savoini, Reducción, REST 1992, N° 15/16, S. 175 ff.; VV.AA., Time, EIRR, 1991, S. 14 ff., 33 ff.; VV.AA., EC, EIRR nov. 1996, N° 274, S. 3; VV.AA., Directive, Bargaining Report 166, nov. 1996, S. 5; Bosch, Flexibilität, Soziales Europa, Beiheft 1/95; VV.AA., Comité, DL 1994, S. 161 (165 ff.); Tyskiewicz, Reducción, REST 1992, N° 15/16, S. 192 ff.; Michón Tiempo, REST 1992, N° 15/16, S. 105 ff.*

Zur *ArbZ-RL 93/104/EG aus dtsch. Lit.: Lörcher, AZ-RL, AuR 1994, S. 49 ff.; ders., RL, Rn. 446, Einleitung, in: Däubler/Kittner/Lörcher, Int. Arb- und SozO, 1994, S. 1163 ff., 1259; Weyand/Kröll, EG-RL-Vorschlag, AiB 10/1991, S. 357 ff.; Schoenaich-Carolath, ArbZ, Der Arbeitgeber, Sonderausgabe März 1990, S. 3 ff., S. 9 ff.; Hausmann, AZG, Umschau 1994, N° 3, S. 37 ff.; Sommer, ArbZ, Der Gewerkschafter 9/1992, S. 14; Berié/Hofmann, ArbZ, BArbBl. 4/1992, S. 18 ff.; Zachert, Lecciones, 1998 S. 119 ff.; Bosch, Distribución, REST 1992, N° 15/16, S. 31 ff.; Peters, HdB AZG, 1994; Dobberahn, AZG, 1994; Kraegeloh, AZG, 1995; Zmarzlik/Anzinger, Kommentar AZG, 1995; Nemann/Biebl, AZG, 1995; Roggendorff, AZG, 1994; Diller, ArbZR, NJW 1994, S. 2726 ff. Zur ArbG-Sicht: Eramsy, Flexibilität, Der Arbeitgeber 1/46-1994, S. 24 ff.; ders., Bewertung, Der Arbeitgeber 1993, N° 50, S. 1 f.; Neifer-Dichmann, ArbZ, Der Arbeitgeber 1989, S. 446 ff.; Sondermann, ArbZR, DB 1993, S. 1922 ff.; Hartmann, AZG, NZA 1993, S. 734 ff.*

[1179] Wurde keine konkrete Bestimmung der tägl. ArbZ-Lage in ausdr. oder konkl. Weise vorgenommen, so kann sich diese auch durch faktisches Handeln, z.B. durch übl. Erscheinen zu einer bestimmten Zeit vollziehen. Dieses wird dann in den Einzelarbeitsvertrag inkorporiert und kann allein noch über das Verfahren der „Teilkündigung" von Art. 41.3 Arbeitnehmerstatut abgeändert werden. Zu differenzieren ist dort weiter, ob eine Bedingung *kollektiver oder individueller Art vorliegt, was Einfluss auf die Beratungszeit und das Verfahren hat: Art. 41.3, 41.4 Arbeitnehmerstatut; Sala, DTrab, 1997, S. 195 ff. (Tema 3/6/A); Román, Poder, 1992, S. 237 ff.; Fernández Domínguez/Martínez, Modificación, La Ley 1995-2, S. 881 (913, Fn. 203); Ojeda, Acuerdos, in: VV.AA., Arbitraje, 1996, S. 199 (205 ff.); Rodríguez-Piñero, Transformaciones, in: Klebe/u.a., FS Däubler, 1999, S. 50 (54 ff.); Collado, Autonomía, AL 1994-1, XI, S. 153 (153); Rodríguez Pastor, Horario, 1997, S. 65.*

In Deutschland wird dies sowohl vom Tarif- als auch vom Arbeitsvertrag Offengelassen. Würde die ArbZ-Lage aber dennoch in Deutschland per TV geregelt, so könnte der ArbG ohne tarifl. Öffnungsklausel nicht mit dem BRat ihre Änderung aushandeln und müsste entweder einzelvertragl. günstigere Angebote machen oder

Jahren besitzen und zumindest die statutarischen Tarifverträge im Anschluss daran bis zur Unterzeichnung eines neuen nachwirken,[1180] würde die Notwendigkeit einer Veränderung von derartigen eher sekundären Arbeitsbedingungen eine unflexible *Neu*verhandlung notwendig machen.[1181]

Seit der Reform mit „Gesetz 11/1994" stellt der Gesetzgeber das Verfahren der „wesentlichen Änderung der Arbeitsbedingungen" (*modificación sustancial de las condiciones de trabajo*) zur Verfügung, mit dem unter bestimmten Umständen einige Arbeitsbedingungen, die in einem Tarifvertrag auf *„jeder Ebene"* im Betrieb oder Unternehmen „vereinfacht abgeändert" werden können. Vom Ergebnis her betrachtet werden in Spanien bestimmte Regelungsbereiche, die in Deutschland von vornherein aufgrund §§ 77 Absatz 3 sowie 87 Absatz 1 Betriebsverfassungsgesetz dem Zuständigkeitsbereich des Betriebsrates unterliegen, durch das Verfahren der „wesentlichen Änderung der Arbeitsbedingungen" der Möglichkeit zur nachträglichen Abänderung durch Einheitsvertretung oder Gewerkschaftssektion überantwortet. Nach deutscher Systematik handelt es sich um eine gesetzlich verankerte und zwingende Öffnungsklausel.

A. „Änderung" eines statutarischen Tarifvertrags jedweder Ebene auf dem Geltungsbereich eines Betriebs oder Unternehmens

Niedergelegt wurde das Verfahren zur „Änderung" von Tarifverträgen jedweder Ebene in der „Marathonvorschrift" des Art. 41 Arbeitnehmerstatut, der wegen seiner Wichtigkeit schon als *„Galionsfigur"* des spanischen Arbeitsrechts bezeichnet wird.

Neuverhandlungen abwarten. Vgl. zum vertraglich vereinbarten arbeitsfreien Samstag trotz tariflichen oder betriebsvertraglichen Verbots: Löwisch, Samstagsarbeit, DB 1989, S. 1185 ff.

Läge eine Bestimmung der ArbZ-Lage *per Einzelarbeitsvertrag vor, so hätte der ArbG seinem ArbN eine Änderungskündigung nach § 2 KSchG mit all den Erschwernissen des KSchG auszusprechen. Aus diesem Grund fehlt es in den meisten Fällen an einer ausdr. Regelung und die Festlegung der ArbZ-Lage ist grds. dem Direktions- und Leistungsbestimmungsrecht des ArbG überantwortet. Dieses ist aber nicht mit willkürl. und absolut freiem Gutdünken des ArbG zu verwechseln und darf nur nach billigem Ermessen sowie unter Berücksichtigung der Zumutbarkeit für die Belegschaft ausgeübt werden. Eine einmal auf diese Weise vorgenommene Festlegung der ArbZ-Lage inkorporiert sich mangels anfängl. Bestimmtheit und anders als im span. Recht nicht in den Arbeitsvertrag ein, d.h. der ArbG kann nachträgl. in den Grenzen des billigen Ermessens und Zumutbarkeit eine Änderung der ArbZ-Lage vornehmen. Besteht ein BRat, so wird jenes grds. freie Leistungsbestimmungsrecht des ArbG ggfs. über §§ 77 Abs. 3, 87 Abs. 1 BetrVG eingeschränkt.*

[1180] Vgl. S. 124 ff.

[1181] Daneben kann nach Art. 3.1.*c) Arbeitnehmerstatut eine günstigere einzelvertragl. Absprache vorgenommen werden und manche verweisen sogar auf die Lehre zum WGG (cláusula rebus sic stantibus).*

Auch im Rahmen dieses Artikels setzt sich die Zweiteilung des Tarifrechts mit ihrer spanientypischen Unterscheidung in „statutarische" und „außerstatutarische" Tarifverträge fort:[1182]

> „1. Bei Bestehen erwiesener wirtschaftlicher, technischer, organisatorischer Erfordernisse oder solchen der Produktion darf die Geschäftsleitung des Unternehmens wesentliche Änderungen der Arbeitsbedingungen bestimmen. Zu diesen wesentlichen Änderungen der Arbeitsbedingungen zählen … :
> a) …
> b) Lage der Arbeitszeit.
> c) Schichtplan.
> d) Entgeltsystem …
> Man geht vom Vorliegen der sich auf diesen Artikel beziehenden Gründe aus, wenn die Anwendung der vorgeschlagenen Maßnahmen dazu beitragen soll, die Lage des Unternehmens durch eine zweckmäßigere Ausnutzung seiner Ressourcen zu verbessern, was seine Marktstellung stärken oder für eine bessere Ausrichtung hin auf die Bedürfnisse der Nachfrage sorgen soll.
> 2. … Die Änderung der Bedingungen, die in den **Tarifverträgen** des III. Titels [= ***statutarische Tarifverträge***] vom vorliegenden Gesetz festgelegt sind, darf nur durch **Vereinbarung zwischen dem Unternehmen und den Arbeitnehmervertretern** sowie hinsichtlich der Gegenstände, auf die sich die Buchstaben <u>*b), c), d)*</u> … des vorherigen Absatzes beziehen, vorgenommen werden …
> 4. Der Entscheidung zur wesentlichen Änderung von Vertragsbedingungen **kollektiver Art** muss eine **Beratungszeit** mit **nicht weniger als 15 Tagen** mit den gesetzlichen Arbeitnehmervertretern vorausgehen. Besagte Beratungszeit hat von den Beweggründen der unternehmerischen Entscheidung und der Möglichkeit einer Vermeidung oder Verringerung ihrer Wirkung zu handeln, wie auch von den notwendigen Maßnahmen, um die Folgen für die betroffenen Arbeitnehmer abzuschwächen.
> Während der Beratungszeit müssen die Parteien nach Treu und Glauben verhandeln sowie mit dem Ziel eine Einigung zu erreichen.
> Besagte Einigung benötigt die **Billigung durch die Mehrheit der Mitglieder** des oder der Betriebskomitees, gegebenenfalls der Belegschaftsdelegierten oder, falls vorhanden, der Gewerkschaftssektionen, die insgesamt die Mehrheit jener vertreten.
> Nach Beendigung der Beratungszeit teilt der Unternehmer den Arbeitnehmern seine Entscheidung über die Änderung mit, die mit Ablauf der in Absatz 3 dieses Artikels genannten Frist wirksam wird." (H. sowie Unterstreichung d.V.)

[1182] *Cruz, Aplicación, RL 1996-II, S. 428 (431 ff.); ders., El Art. 41, in: VV.AA., Reforma, 1994, S. 116 (117); „echte politischen Achse der Reform": Pérez de los Cobos, Denuncia, AL 1996-2, XXIII, S. 413 (413 ff.); Rodríguez-Piñero Royo, Flexibilidad, RL 1993-II, S. 3 (7); Ruíz, Movilidad, RTSS 1995, Nº 18, S. 93 (116 ff.); Casas, Disponibilidad, RL 1997-I, S. 31 (32 ff.); Ulrich, ArbN-Statut, 1998, S. 159 ff.; Lotz, KündigungsS, 1996, S. 9 ff.*

1. Objekt der „Änderung": Ein statutarischer Tarifvertrag jedweder Ebene

Aus der Wortwahl in Art. 41.2 Arbeitnehmerstatut („*Tarifverträge des III. Titels*") wird gefolgert, dass sämtliche statutarischen Tarifverträge „jedweder" Ebene (Staat, Autonome Gemeinschaft, Provinz, Firma etc.)[1183] Gegenstand einer Änderung sein dürfen.

Die Vorschrift von Art. 41 Arbeitnehmerstatut ist dabei nicht dispositiv, sondern zwingend für Tarifverträge. Dies bedeutet, dass ein Tarifvertrag die Möglichkeit zur Änderung seiner eigenen Vorschriften nicht ausschließen, d.h. sich eine „Selbstpanzerung" (*autoblindaje del convenio colectivo*) anlegen darf, um vor etwaigen Änderungen verschont zu bleiben.[1184] Würde man diese Möglichkeit zulassen, käme dies einer verbotenen und damit nichtigen „*Invasion*" des Tarifvertrags in das zwingende Recht von Art. 41 Arbeitnehmerstatut gleich.[1185]

1183 H.M.: STSJ Comunidad Valenciana 08.06.1995, AS 2554 zu einem BranchenTV; STSJ Galicia 21.02.1995, AS 602 zu einem FirmenTV; SAN 12.06.1995, AS 3689; *Ojeda, Compendio, 1998, S. 371 ff. (Cap. 21/F/b); Blasco, Autonomía, RL 1995-I, S. 565 (577); Fernández Domínguez/Martínez, Modificación, La Ley 1995-2, S. 881 (900). Gorelli/Valverde, Acuerdos, RL 1995-II, S. 414 (425 ff.) zu einem statutarischen BerufsgruppenTV mit der Unklarheit, welches die zur „Änderung" nach Art. 41 Arbeitnehmerstatut befähigten Verhandlungssubjekte sind; Fernández Domínguez/Martínez, a.a.O., S. 881 (904 ff.); dies., a.a.O., S. 881 (906 ff.) zu einem KonzernTV; Cruz, Art. 41, in: VV.AA., Reforma, 1994, S. 116 (131); Casas, Estructura, in: VV.AA., Reforma, 1994, S. 292 (300); Albiol, Acuerdos, in: VV.AA., Estructura, VIII Jornadas, 1996, S. 57 ff.; ders., Movilidad, TS 1994, N° 43, S. 61 (74); Sala/Alfonso/Pedrajas, Acuerdos, 1996, S. 40 ff.; Pérez de los Cobos, Pactos, RL 1996-II, S. 356 (362 ff.).* A.A.: *Baylos, Cláusulas, in: VV.AA., Reforma, 1994, S. 322 (338); Valdés, Notas, RL 1995-I, S. 263 (291 ff.); Durán, Sistema, in: VV.AA., XI Jornadas, 1994, S. 13 (20); de la Villa/García-Perrote, Modificación, AL 1992-3, XL, S. 563 (564 ff.); Labera, Modificación, RL 1997-I, S. 351 (361 f.); Sala, Estructura, in: Negociación, CDJ 1992, S. 37 (44); González del Rey, Acuerdos, REDT 1996, N° 75, S. 89 (102); González Ortega, Poder, in: VV.AA. XI Jornadas, 1994, S. 49 (57).* 1184 *Ojeda, Compendio, 1998, S. 373 (Cap. 21/F/a/3); Rey, AutIndiv, REDT 1996, N° 77, S. 425 (433 ff.); ders., Autonomía, in: VV.AA., Negociación II, CDJ 1995, S. 247 ff.; González del Rey, Acuerdos, REDT 1996, N° 75, S. 89 (123 ff.); Rivero, Condiciones, in: VV.AA., Reforma, 1995, S. 247 (276); López-Tarruella, Modificaciones, in: VV.AA., Comentarios, t. I-Vol. 2.°, 1994, S. 311 (351); CAMÓS, Modificación, AL 1996-2, XXX, S. 545 (549 ff.). Umstritten ist, ob der TV, nach dem Grds. der Vertragsfreiheit, der paritätischen Kommission (vgl. Fn. 439) die Fähigkeit überantworten darf, über das Vorliegen der Rechtfertigungsgründe zu entscheiden, d.h. also der betriebl. Interessenvertretung dieses Recht nehmen kann. Pro: Da keine einseitige ArbN-Entscheidung vorliegt: Baylos, Cláusulas, in: VV.AA. Reforma, 1994, S. 322 (339); Sala/Alfonso/Pedrajas, Acuerdos, 1996, S. 49; Fernández Domínguez/Martínez, Modificación, La Ley 1995-2, S. 881 (931 ff.); STSJ Comunidad Valenciana 08.06.1995, AS 3674; SAN 03.02.1995, AS 2554. Contra: Matía, Reforma, in: VV.AA., Reforma, 1994, S. 13 (30).*

1185 Es ist mögl., tarifl. das Verfahren näher festzulegen, d.h. die Rechtfertigungsgründe vollkommen wegfallen zu lassen, näher auszugestalten oder allein von der Vereinbarung mit der betriebl. Interessenvertretung abhängen zu lassen, was aus Machterhaltungsgründen zugunsten der Zentralen dementspr. selten geschieht: *Sala, DTrab, 1997, S. 603 (Tema 13/3/C/a/d'); Rey, AutIndiv, REDT 1996, N° 77, S. 425 (433).*

2. Allein änderbare Arbeitsbedingungen: Lage der Arbeitszeit, Schichtplan, Entgeltsystem

Ausweislich des Art. 41.1 Satz 2 Buchstabe *b)*, *c)* und *d)* Arbeitnehmerstatut dürfen allein die sekundären Arbeitsbedingungen der „Lage der Arbeitszeit", der „Schichtplan"[1186] und das „Entgeltsystem" geändert werden.

Der Buchstabe *a)* von Art. 41.2 Satz 2 Arbeitnehmerstatut erscheint nicht im *Numerus-clausus*-Katalog und deswegen ist die dort angeführte *„Dauer der Arbeitszeit"* ausdrücklich von einer Änderung ausgenommen.[1187] Eine Änderung der *„Lohnhöhe"* verbietet sich mangels Auflistung ebenfalls, wobei hier aber erneut an die zwingende Anordnung von tariflichen Lohnabkopplungsklauseln erinnert werden soll.

3. Wesentlichkeit der Änderung und Rechtfertigungsgründe zur Änderung

Wurde in einem statutarischen Tarifvertrag die Lage der täglichen Arbeitszeit oder der Schichtplan fixiert, dürfen jene Punkte allein dann „wesentlich"[1188] geändert werden, wenn die an das deutsche Kündigungsschutzgesetz erinnernden „Rechtfertigungsgründe" des Art. 41.1 Satz 1 und 3 Arbeitnehmerstatut greifen.[1189]

[1186] Bei Neueröffnung steht dem ArbG kraft Direktionsrecht die Einteilung zu: *Montoya, Movilidad, REDT 1989, N° 38, S. 165 (167 ff.); Alarcón Caracuel, Ordenación, 1988, S. 142 ff.; Fernández Domínguez/Martínez, a.a.O., S. 881 (918); VV.AA., Prontuario, 1995, S. 270 ff.; Martínez Fenoll, Tiempo, 1997, S. 122 ff.*

Bei Einführung oder Aufgabe eines „rotierenden Schichtsystem" mit Rückkehr zur „normalen" ArbZ-Lage, bei Verlängerung einer einzelnen Schicht, bei Streichung der Rotationsform greift Art. 41.1 Satz 2 lit. c) Arbeitnehmerstatut: Fernández Domínguez/Martínez, a.a.O., S. 881 (918); Ramírez Martínez, Modificación, in: VV.AA., Libertad, 1993, S. 515 ff.; Rodríguez Pastor, a.a.O., S. 61 (68, Fn. 29).

Ändert der ArbG bei „fixen Schichten" die Arbeitsbedingungen, ist die „Lage der ArbZ" nach Art. 41.1 Satz 2 lit. b) Arbeitnehmerstatut betroffen, z.B. wenn neue fixe Schichten geschaffen werden, wegfallen oder innerhalb der fixen Schichten selbst Änderungen vorgenommen werden: Ramírez Martínez, a.a.O., S. 515 ff.

Bei ArbN mit „fixen Schichten" soll der „Schichtplan" Änderungsobjekt sein, wenn z.B. eine Nachtschicht neu eingerichtet wird und der ArbN unfreiwillig in jener zu arbeiten hat: Rodríguez Pastor, Horario, 1997, S. 22 (Rn. 9.2). A.A.: Ramírez Martínez, a.a.O., S. 515 ff., der weiterhin von einer Änderung der „ArbZ-Lage" ausgeht; Román, Poder, 1992, S. 238; Fernández Domínguez/Martínez, a.a.O., S. 881 (918).

[1187] *Cruz, Art. 41, in: VV.AA., Reforma, 1994, S. 116 (126); Fernández Domínguez/Martínez, Modificación, La Ley 1995-2, S. 881 (915). Zum dtsch. BetrVG: Boers, MitBR, BB 1963, S. 562 ff.*

[1188] Lt. h.A. muss die *„Änderung" der im Katalog genannten Bedingungen „wesentl." sein, also ein merkbarer und grundlegender Unterschied eintreten. Unerheblich ist, ob dieser Unterschied zum Nachteil des ArbN geht oder nicht: Planas, Modificación, REDT 1983, N° 13, S. 93 (105); Alonso/Casas, DTrab, 1998, S. 367 (Cap. 14/II/B); STCT 20.06.1986, RTCT 5338; Apilluelo, Ordenación, in: VV.AA., Reforma, 1995, S. 127 (138 ff.). Einer MM. nach impliziert dieser Artikel schon die Wesentlichkeit, falls eine im Katalog aufgeführte Arbeitsbedingung betroffen ist: López-Tarruella, Modificación, 1984, S. 135.*

Vgl. als Bsp. einer „wesentl." Änderung: STS 22.07.1995, RJ 6325; STS 03.04.1995, RJ 2905; STS

06.02.1995, RJ 778; STS 03.12.1987, RJ 8822; SAN 03.02.1995, AS 3674; STSJ Cantabria 17.01.1995, AS 200; STSJ Castilla-La Mancha 16.06.1995, AS 2592; STSJ Navarra 30.09.1996, AS 2794; STSJ Aragón 22.11.1995, AS 4260 und 20.07.1995, AS 2848; STSJ Andalucía, Málaga 24.01.1997, AS 250 und 24.11.1995, AS 4240 und 20.09.1993, AS 4039 und 05.02.1992, AS 855; STSJ Andalucía, Sevilla 18.07.1995, AS 2772; STSJ Asturias 25.01.1993, AS 587; STSJ Castilla y León, Valladolid 12.04.1995, AS 1338 und 12.04.1995, AS 1338 (5-min. Verschiebung des Arbeitsbeginns); STSJ Castilla y León, Burgos 30.11. 1994, AS 4234; STSJ País Vasco 05.09.1995, AS 3440 und 20.12.1994, AS 4993; STSJ La Rioja 15.11.1995, AS 4246 und 12.06.1992, AS 2992 und 29.10.1992, AS 4273; STSJ Cataluña 05.09.1995, AS 3501 und 20.04.1995, AS 1585 und 22.06.1994, AS 2596 und 10.01. 1994, AS 139; STSJ Canarias, Santa Cruz de Tenerife 30.09.1993, AS 3788; STSJ Murcía 15.03.1996, RL 1996-II, N° TSJ 1050, S. 800 ff. = AS 579; STSJ Comunidad Valenciana 23.04.1996, AS 1301 und 03.11.1995, AS 4197; STSJ Madrid 15.04.1996, AL 1996-3, N° 1248, S. 2498; STSJ Galicia 04.02.1994, AS 686; STS (cont.-adm.) 02.02.1994, RJ 900 = AL 1994-2, N° 991, S. 1820 ff., mit Anm. von Conde Martín, Modificación, S. 1817 ff.; STS 27.11.1989, RJ 8264; STS 21.03.1989, RJ 1905; STCT 28.06.1988, RTCT 4344; STCT 06.10.1987, RL 1988-I, S. 460 ff.; STCT 08.09.1987, RTCT 18599; STCT 13.04.1987, RTCT 9070; STS 10.07.1985, RJ 3730; STCT 29.07.1987, RTCT 17104 = AL 1987-2, N° 984, S. 2201 ff.; STCT 20.06.1986, RTCT 5338; STCT 17.03.1986, RTCT 2004; STS 24.09.1985, RJ 4361; STCT 26.03.1985, RTCT 2099; STCT 23.05.1984, RTCT 4902; Cruz, Art. 41, in: VV.AA., Reforma, 1994, S. 116 (122); Fernández Domínguez/Martínez, Modificación, La Ley 1995-2, S. 881 (911 ff.); Blasco, Autonomía, RL 1995-I, S. 565 (568); Montoya, DTrab, 1998, S. 424 f. (Cap. XVIII/4/1.°); Rey, Movilidad, in: VV.AA., Reforma, 1994, S. 208; Pedrajas, Modificaciones, in: VV.AA., Reforma, 1994, S. 357 (367); Vida, Modificaciones, in: VV.AA., Nuevo ET, 1995, S. 75 (91); Moreno Toro, Contrato, RL 1996-I, S. 635 (660, Fn. 111); Gil SUÁREZ, Variación, DL 1987, N° 22, S. 39 (76 ff.); Pérez de los Cobos/Riera, Modificación, AL 1997-3, LIX, S. 1107 (1108 ff.); Martín Valverde, Jornada, in: VV.AA., Estudios, 1991, S. 679 (693); Camps, Mercado, 1994, S. 226 (IX/A, Rn. 98); Cruz, Art. 41, in: VV.AA., Reforma, 1994, S. 116 (122); Fernández Domínguez/Martínez, a.a.O., S. 881 (910).

Einer „unwesentl." Änderung (modificación accidental) darf der ArbG kraft seines Direktionsrechts nach Art. 5.c), 20.2 Arbeitnehmerstatut anordnen: SJS Madrid, N° 33, 28.04. 1995, AL 1995-2, N° 1111, S. 2184 ff.; STSJ Navarra 09.06.1995, AS 2267; STS (cont.-adm.) 02.02.1994, RJ 900 = AL 1994-2, N° 991, S. 1820 ff. mit Anm. von Conde Martín, a.a.O., S. 1817 ff.; Cruz, Flexibilidad, RL 1989-I, S. 535 (545 ff.); Gil Suárez, Variación, DL 1987, N° 22, S. 39 (77 ff.); Pérez de los Cobos, Denuncia, AL 1996-2, XXIII, S. 413 (415); Román, Poder, 1993, S. 217 ff.; Diéguez, Poder, REDT 1986, N° 27, S. 325 ff.; Martín/Rodríguez-Sañudo/García, DTrab, 1998, S. 697 (Cap. 17/II/1/A); Alonso/Barreiro, El ET, 1995, Art. 41, Rn. 2 (S. 198 f.); Cruz, a.a.O., S. 116 (119); Montoya, a.a.O., S. 28 ff.; Aramendi, Poder, PJ 1998, N° 49, S. 731 (737 ff.).

1189 Dies wäre so, als ob man dem Katalog des § 87 BetrVG die „dringenden betriebl. Erfordernisse" von § 1 KSchG voranstellen würde. Der Art. 41 Arbeitnehmerstatut verlangt allein eine Anpassung an sich wandelnde Umstände und keine Verlustlagen oder Überlebensschwierigkeiten wie beim „reinen" Kündigungsrecht z.B. nach Art. 51.1 Satz 2 Arbeitnehmerstatut oder wie bei den Härteklauseln zur Lohnabkopplung (S. 124 ff.): Sala/Alfonso/Pedrajas, Acuerdos, 1996, S. 42, 43. „Wirtschaftl.": Gründe, bei denen neben Einnahmen und Ausgaben auch finanzielle, produktionsbedingte und verkaufstechnische Aspekte beachtet werden müssen, die ein Ungleichgewicht in den Bilanzen und eine Gefahr für das Weiterbestehen des Unternehmens hervorrufen können: STSJ Castilla y León, Valladolid 17.02.1995, AS 626; STSJ Andalucía, Málaga 24.11.1995, AS 4240;

4. Geltungsbereich der „Vereinbarung": Betrieb oder Unternehmen

Die „Vereinbarung" muss zwischen dem „Unternehmen" und den „Arbeitnehmervertretern" erzielt werden. Während der Begriff „Unternehmen" auf den Arbeitgeber Bezug nimmt, ist mit *„Arbeitnehmervertretern"* die Gewerkschaftssektion oder *alternativ*[1190] das Betriebskomitee bzw. dessen weitere Organisationsformen wie „Gemeinsames Betriebskomitee" oder „Überbetriebliches Komitee" oder die Belegschaftsdelegierten gemeint. Da die Einheitsvertretung und die Gewerkschaftssektion in der Regel im „Betrieb" errichtet werden, ist der Geltungsbereich der „Vereinbarung" auch auf den Betrieb beschränkt. Sollte einmal beispielsweise ein Überbetriebliches Komitee oder die Gewerkschaftssektion auch das gesamte Unternehmen vertreten, so erstreckt sich ihr Geltungsbereich auf das gesamte Unternehmen.

STSJ Canarias, Las Palmas 29.09. 1995, AS 3585; STSJ La Rioja 15.11.1995 und 05.12.1995, AS 4246 sowie AS 4602; TSJ Navarra 11.11.1994, AS 4197; Cruz, Art. 41, in: VV.AA., Reforma, 1994, S. 116 (118 ff.); de la Borbolla, Equilibrio, 1994, S. 41 ff.; Lotz, KündigungsS, 1996, S. 77. „Technisch": Rationalisierungsmaßnahmen aus Konkurrenzgründen, bei denen die letzten Neuerungen eingeführt werden. „Organisatorisch": Um die eigene Unternehmensstruktur und die personellen sowie materiellen Ressourcen besser anzupassen. „Solche der Produktion": Kostengründe und solche des Produktionsvolumens: Martínez Emperador Modificación, AL 1994, N° 29, S. 474 ff. Alle letztl. auf den „wirtschaftl." Grund zurückführend: López-Tarruella, Modificaciones, in: VV.AA., Comentarios, t. I-Vol. 2.°, 1994, S. 311 (316); Pérez de los Cobos/Roqueta, Causas, DL 1997, N° 51, S. 33 (43 ff.); STSJ Andalucía, Málaga 24.11.1995, AS 4240; STSJ País Vasco 05.09.1995, AS 3440; STSJ Galicia 26.03.1996, AS 604; STSJ Aragón 22.11.1995, AS 4260; STSJ Cataluña 05.10.1996, AS 3911; Cruz, Aplicación, RL 1996-II S. 428 (439 ff., Fn. 30) = in: VV.AA., Modificación, 1997, S. 147 ff.; ders., Art. 41, in: VV.AA., Reforma, 1994, S. 116 (120); Fernández Domínguez/Martínez, Modificación, La Ley 1995-2, S. 881 (910); Pérez de los Cobos/Riera, Modificación, AL 1997-3, LIX, S. 1107 (1116 ff.); Pérez de los Cobos, Denuncia, AL 1996-2, XXIII, S. 413 (415, Fn. 5); Cruz, Art. 41, in: VV.AA., Reforma, 1994, S. 116 (120); Sagardoy/Gondinez, Espacios, DL 1988, N° 24, S. 9 (23); CES, RL 1994-I, S. 1409 (1424 ff.); Lotz, a.a.O., S. 77 ff.

Tariflich kann verzichtet werden auf das Vorliegen von Rechtsfertigungsgründen: Alfonso/Pedrajas/Sala, Modificación, RL 1995-I, S. 1395 (1404); Sala/Alfonso/Pedrajas, a.a.O., S. 49; Rivero, Contenidos, DL 1994, N° 43, S. 35 (86).

[1190] Insoweit gelten dieselben Regeln wie bei statutarischen FirmenTV: *Pérez de los Cobos, Pactos, RL 1996-II, S. 356 (367 f.); Sala/Alfonso/Pedrajas, Acuerdos, 1996, S. 45 f.; Sala, Reforma, 1994, S. 182 (Rn. IV.6.5); López-Tarruella, Modificaciones, in: VV.AA., Comentarios, t. I-Vol. 2.°, 1994, S. 311 (322, 322, Fn. 14); Cruz, Art. 41, in: VV.AA. Reforma, 1994, S. 116 (147); Albiol, Movilidad, TS 1994, N° 43, S. 61 (73); Fernández Domínguez/ Martínez, Modificación, La Ley 1995-2, S. 881 (901); Ramírez Martínez, Curso, 1997, S. 387 (Lec. 10/5/C/3ª); Alfonso/Pedrajas/Sala, Modificación, RL 1995-I, S. 1395 (1402).*

5. „Allgemeinverbindliche" Wirkung der „Vereinbarung" für die gesamte Belegschaft

Die „allgemeinverbindliche" Wirkung der „Vereinbarung", mit der also die gesamte Belegschaft von ihr erfasst wird, lässt sich bei der Einheitsvertretung mit ihrer Stellung als Kollegialorgan und „Vertreterin" der *gesamten* Belegschaft ableiten.[1191]

Bei der Gewerkschaftssektion folgt die Befähigung, sämtliche Belegschaftsmitglieder zu erfassen, aus den speziellen Mehrheitserfordernissen, die nach Art. 41.4 Satz 4 Arbeitnehmerstatut erreicht werden müssen und weil sie zusätzlich noch, wie beim Abschluss eines statutarischen Firmentarifvertrags, die „Mehrheit der Mitglieder der Einheitsvertretung" auf sich vereinen muss.[1192]

6. Notwendigkeit der „Vereinbarung" zur Änderung eines statutarischen Tarifvertrags

Nach dem Verstreichen der mindestens fünfzehntägigen Beratungszeit[1193] muss eine zustimmende „Vereinbarung" erzielt werden.[1194] Stimmen die Arbeitnehmervertreter zu, so erlangt die „Änderung" durch den Arbeitgeber ihre Wirksamkeit. Damit gilt, dass ein statutarischer Tarifvertrag die Durchführung von Änderungen keinesfalls der einseitigen Arbeitgeberentscheidung überlassen darf, weil eine einseitige Ermächtigung des Arbeitgebers die verfassungsrechtlich nach Art. 37.1 gewährleistete *„bindende Kraft der Tarifverträge"* verletzen würde.[1195] Streitig ist zudem, ob die *„Vereinbarung"* in Schriftform zu fassen ist[1196] und ob eine konkludente Zustimmung zur „Vereinbarung" gegeben werden kann.[1197]

[1191] Art. 63.1, 62.2 Arbeitnehmerstatut.

[1192] *Gorelli/Valverde, Acuerdos, RL 1995-II, S. 414 (429 ff.); Fernández Domínguez/Martínez, Modificación, La Ley 1995-2, S. 881 (929 ff.); Sáez, Acuerdos, RL 1995-I, S. 547 (555 ff.); Ojeda, Delimitación, AL 1995-1, XVI, S. 253 (264 ff.).*

[1193] Diese Frist verlängern TV meist auf einen Monat, obwohl die eigentl. Beratung vielleicht nicht länger als *„eine halbe Minute" gedauert haben wird: Vida, Modificaciones, in: VV.AA., Nuevo ET, 1995, S. 75 (99).*

[1194] Vgl. *Martín Valverde, Modificaciones, EdJ, RC 1994, N° 11, S. 179 (184); Sala, DTrab, 1997, S. 436 (Tema 9/4); STS 22.07.1995, RJ 6325; Alfonso/García, Jornada, 1994, S. 59 f., 78 f.; Fernández Domínguez/Martínez, Modificación, La Ley 1995-2, S. 881 (913, Fn. 204); Rodríguez Pastor, Horario, 1997, S. 20 f. (Rn. 6).*

[1195] *Sala, Conferencia, RevTreb 1994, N° 24, S. 57 (65); STSJ Galicia 16.02.1994, RL 1994-I, N° TSJ-554, S. 918 f., wonach eine FirmenTV-Klausel unzulässig war, über die der ArbG einseitig die Arbeitsbedingungen hinsichtl. der ArbZ abändern dufte, falls Notwendigkeiten der Organisation dies in einem konkreten Fall erforderl. machten; STSJ La Rioja 15.11.1995, AS 4246, wo ein TV der Winzer für die Autonome Gemeinschaft allein anordnete, dass zur „wesentl. Änderung" u.a. der ArbZ-Lage ledigl. eine vorherige Mitteilung des ArbG an das BKom. oder die Belegschaftsdelegierten notwendig ist und damit im Unterschied zu Art. 41 Arbeitnehmerstatut auf deren zwingende Zustimmung verzichtete. Das Gericht kam in Auslegung die-*

Bezüglich der Gültigkeitsdauer dieser *„Vereinbarung"* gilt nach herrschender Ansicht, dass sie solange wirksam bleibt, wie dies auch der statutarische Tarifvertrag ist, der von ihr geändert wird.[1198] Einer anderen Ansicht nach soll sie nur solange wirksam sein, bis ihre Rechtfertigungsgründe verschwunden sind, um dann automatisch zur ursprünglichen Regelung im statutarischen Tarifvertrag zurückzukehren.[1199]

Legen die Arbeitnehmervertreter aber ihr Veto ein, ist der Arbeitgeber daran gehindert, die beabsichtigte Änderung des statutarischen Tarifvertrags im Hinblick auf die Arbeitszeitlage, den Schichtplan und das Entgeltsystem durchzuführen.[1200] Bei Firmen ohne betriebliche Interessensvertretung kann, da eine „Vereinbarung" dann nicht möglich ist, dementsprechend auch keine „Änderung" nach Art. 41 Arbeitnehmerstatut vorgenommen werden.[1201]

---

ser Tarifklausel dazu, dass hiermit nur die anfängl. Festlegung der ArbZ-Lage bei Neueröffnung eines Betriebes gemeint sei, nicht jedoch die „nachträgl. Änderung", da dann die gesetzl. Regelung greife: Sala/Alfonso/Pedrajas, Acuerdos, 1996, S. 49; Gala, Modificación, AS 1996-II (Ss 1247-2427), S. 2459 (2467); Cruz, Art. 41, in: VV.AA., Reforma, 1994, S. 116 (128); Camps, Mercado, 1994, S. 233 (Rn. 101.2).

1196 Analog nach Art. 90.1, 85.2, 8.4 Arbeitnehmerstatut, 1.279 *Código Civil. Pro Schriftform, die wohl h.M.: López-Tarruella, Modificaciones, in: VV.AA., Comentarios, t. I-Vol. 2.°, 1994, S. 311 (321); Lahera, Modificación, RL 1997-I, S. 351 (364 f.); González del Rey, Acuerdos, REDT 1996, N° 75, S. 89 (117 ff.); Pérez de los Cobos, Pactos, RL 1996-II, S. 356 (373 f.); Cruz, Art. 41, in: VV.AA., Reforma, 1994, S. 116 (153, 154 ff.); Fernández Domínguez/Martínez, Modificación, La Ley 1995-2, S. 881 (930); González del Rey, a.a.O., S. 89 (117 ff.). Contra Schriftform, die MM.: Ramírez Martínez, Curso, 1997, S. 387 (Lec. 10/5/C/3ª).*

1197 *Contra: Ramírez Martínez, a.a.O., S. 387 (Lec. 10/5/C/3ª). Pro: STSJ Aragón 03.05.1995, AS 2003.*

1198 Anders als nach § 77 Abs. 5 und 6 BetrVG, legt das Arbeitnehmerstatut keine Kündigungsmöglichkeit fest: *Correa, Convenios, 1997, S. 155 ff., 170 ff., 191 ff.; Gorelli/Valverde, Acuerdos, RL 1995-II, S. 414 (434 ff.); Rodríguez Pastor, Horario, 1997, S. 92. Zum dtschen Recht: Stege/Weinspach/Schiefer, BetrVG, 2002, § 77 Rn. 41 ff.*

1199 *Fernández Domínguez/Martínez, a.a.O., S. 881 (883, 916 ff., 928 ff.).*

1200 Die Änderung ist nichtig: SJS 16.1.1994, RL 1995-I, S. 702; STSJ Galicia 21.02.1995, AS 602; SAN 12.06.1995, AS 3689; STSJ Castilla-La Mancha 16.05.1995, AS 2128; STSJ Castilla y León, Valladolid 12.04.1995, AS 1388; STSJ La Rioja 27.06.1995, AS 2248; STSJ Madrid 29.06.1995, AS 3358 und 29.06.1995, AS 2248; *Fernández López, Convenio (I), AL 1995-1, VI, S. 87 (96).* Vor der Reform von 1994-1995 durfte die Arbeitsaufsichtsbehörde eine Verweigerung der Zustimmung zur Durchführung einer „Änderung" von Seiten der betriebl. Interessenvertretung nach Art. 41 Arbeitnehmerstatut *a.F. „ersetzen" und sie genehmigen. Damit besaß die Verwaltung weitgehende Rechte zur staatl. Einmischung in den Bereich der sozialen Selbstverwaltung. Das VerfG-Urteil „TCo 11.06.1992, RTCo 92 (f.j. 4°)" stellte die Verfassungswidrigkeit der alten Fassung fest, da sie die „bindende Kraft der TV" (Art. 37.1 Verfassung) i.V.m. der GewerkS-Freiheit (Art. 28.1 Verfassung) verletzt („Allergie" vor staatl. Einmischung).*

1201 Dies ist ein Unterschied zum dtsch. Recht. Gibt es in Deutschland keinen BRat (z.B. wegen § 1 BetrVG), darf der ArbG, wegen der Praxis die ArbZ-Lage weder tarifl. noch einzelvertragl. festzulegen, über § 315 BGB sein Leistungsbestimmungsrecht zur ihrer Änderung nach billigem Ermessen und im Rahmen der Zumutbarkeit ausüben: *Anzinger/Koberski, Dienstleistungsabend, NZA 1989, S. 737 (740 ff.).*

Eine weitere Frage ist, was zu geschehen hat, wenn z.B. die durch einen *statutarischen* Tarifvertrag vorgegebene Arbeitszeitlage schon einmal über eine „*Vereinbarung*" geändert wurde. Theoretisch könnte diese „Änderung einer Änderung" ihrerseits dem vereinfachten Verfahren des Art. 41.2 Satz 3 Arbeitnehmerstatut unterliegen (dann dürfte der Arbeitgeber unter Einhaltung verschiedener Fristen letztlich *einseitig* die Änderung anordnen[1202]). Nach einhelliger Auffassung muss aber auch bei der „Änderung einer Änderung" die Zustimmung der betrieblichen Interessenvertretung vorliegen, da diese Regelung immer noch ihren „Ursprung" in einem *statutarischen* Tarifvertrag findet.[1203]

Beim Verfahren zur „wesentlichen Änderung der Arbeitsbedingungen" ordnete der spanische Gesetzgeber, anders als dies beispielsweise im deutschen Betriebsverfassungsrecht geschah, kein „Zwangsschlichtungsverfahren" in besonderen Gremien nach Art der „Einigungsstelle" an, wenn die Arbeitnehmervertreter ihr Veto einlegen.[1204]

Bei Neueröffnung des Betriebes steht dem ArbG in Spanien kraft seines Direktionsrechts die Festlegung der ArbZ-Lage zu: García VIÑA, Horario, AL 1999-2, XXXI, S. 463 (465). Früher hing sie dagegen ab von der Billigung durch das sog. „Ordnungsamt für gute Sitten" (policía de costumbres) oder „Ordnungsamt für Elektrizität" (policía de energía eléctrica): García VIÑA, a.a.O., S. 465 ff., 468 f.

Vgl.: Alfonso/García, Jornada, 1994, S. 63; Hernáez, Salarios, AL 1994-3, S. 551 (561); Fernández Domínguez/Martínez, Modificación, La Ley 1995-2, S. 881 (914). Zur BRat-Beteiligung nach dtsch. Recht: Dräger, ArbZ-Systeme, 1986, S. 21 ff., 140 ff.

1202 *„Kraft Vereinbarung oder kollektiven Vertrags": Art. 41.2 Satz 3, 41.4 Satz 5, 41.3 Arbeitnehmerstatut.*

1203 Andernfalls könne der ArbG nach einer Zustimmung willkürl. solche „Vereinbarungen" einseitig abändern. Dagegen spreche die *„bindende Kraft der TV" nach Art. 37.1 Verfassung: Retuerto (Ombudsfrau), Reforma, RL 1994-II, S. 1361 (1403 ff.); Rojas, Eficacia, 1998, S. 104 ff.; García-Perrote, Art. 84, in: VV.AA., Estructura, 1996, S. (31); Ojeda, Barrenado, in: VV.AA., Nuevo ET, 1995, S. 199 (202 f.); González del Rey, Acuerdos, REDT 1996, N° 75, S. 89 (105); Labera, Modificación, RL 1997-I, S. 351 (369 f.); Cruz, Art. 41, in: VV.AA., Reforma, 1994, S. 116 (136); ders., Trabajo, CDJ 1995, S. 181 (213 f.); Sala/Alfonso/Pedrajas, Acuerdos, 1996, S. 41.*

1204 Daran ändert auch nichts das von *CEOE, CEPYME, UGT und CC.OO. unterzeichnete AINC vom 28.04.1997, was ein freiwilliges Schlichtungsverfahren vorsieht. Letztl. kann ohne Einverständnis der Parteien niemals eine Zustimmung ersetzt werden. Ferner unterzeichneten sie nach Art. 83.3 Arbeitnehmerstatut den Rahmentarifvertrag ASEC und RASEC, die in bestimmten Bereichen, wie den BranchenTV oder Großunternehmen, welche mehrere, sich über verschiedene Autonome Gemeinschaften verstreute Betriebe besitzen, eine freiwillige Schlichtung anordnen. Weder ArbG-Verbände noch GewerkS zeigen sich von der Schlichtungsidee angetan, da sie die Entscheidungsgewalt und somit ihren Protagonismus an Dritte abgeben: Manuel Cuevas (CEOE) im Interview: RL 1998, N° 1, S. 3 (9 f.); Monge, Comentarios, 1994, S. 167; Sala/Alfonso, Solución, 1996, S. 196 ff.; Odriozola, ASEC, RTSS 1996, N° 22, S. 145 (150 ff.); VV.AA., Memoria en 1997, 1998, S. 463 f.; Ojeda, Compendio, 1998, S. 258 f. (Cap. 14/B/b); Alemán, Arbitraje, REDT 1996, N° 75, S. 77 ff.; Martínez Girón, Mediación, REDT 1997, N° 83, S. 333 ff.*

Mittlerweile traten ähnl. Verordnungen wie *ASEC-RASEC auf dem Gebiet der 16 Autonomen Gemeinschaften in Kraft: Andalusien, SERCLA, in: RL 1998, Supl. especial; Madrid, Acuerdo Interprofesional sobre la creación del sistema de Solución Extrajudicial de Conflictos y del Instituto Laboral de la Comunidad de Madrid; Reglamento de Funcionamiento del Sistema de Solución Extrajudicial de Conflictos de*

Wegen dieses Veto-Rechts trifft für Spanien erst recht die Bemerkung zu, dass die betriebliche Interessenvertretung eine „Nacht- in eine Milchbar" verwandeln kann.[1205] Vor allem dieser Punkt stellt m.E. die „Achillesferse" von Art. 41 Arbeitnehmerstatut dar und hier kommt eine Geisteshaltung durch, nach der die verschiedenen Sozialpartner statt über Kooperation und Schlichtung den Versuch starten, im gemeinsamen Dialog Lösungen zu finden, selbst bei Fragen der Betriebsorganisation (Arbeitszeitlage, Schichtplan, Entgeltsystem) auf Konfrontation und Antagonismus setzen.[1206] Bis jetzt wollten, ganz wie in Deutschland zu Zeiten *Bismarcks*, ebenso spanische Gewerkschaften in den Mitbestimmungsmodellen einen „perversen" Mechanismus zur Integration der Arbeiterklasse aufspüren, der schließlich ein Korrumpieren der Zentralen zufolge hätte. Zudem ließen sich Konfrontationsdynamik und Radikalisierung wesentlich besser für die eigenen gewerkschaftlichen Ziele ausnutzen („*Wer nicht zum Amboss werden will, muss Hammer sein.*"). So manch spanischer Gewerkschaftstraditionalist steht im Geist immer noch im „Blaumann" unter dem Hochofen und auch in Spanien setzt sich nur langsam die Erkenntnis durch, dass jene Epoche des klassischen Klassenkampfes mit industrieller Massenproduktion abgelaufen und die Zeiten einer rasanten, hochtechnologisierten sowie spezialisierten Dienstleistungsgesellschaft angebrochen sind. Dort muss aber eine flexible Tarifordnung gefunden werden, welche den neuen Arbeitnehmertypus in attraktiver Weise für sich gewinnen kann.[1207] Aber auch die solchen Kampflosungen misstrauisch begegnende Arbeitgeberseite war wegen ihres autoritären Führungsstils nicht gerade unschuldig an einem nur zögerlichen Herausbilden eines Klimas mit gegenseitigem Vertrauen, auf welchem die Vorteile einer „nordischen" Mitbestimmungskultur ihre Früchte tragen können.

Wieder einmal erkennt man, dass auch in Spanien die machtvollen Koalitionen insoweit unter dem Schutz des Gesetzgebers den betrieblichen Interessenvertretungen eher „sekundäre" Gesichtspunkte wie die „Lage" der täglichen Arbeitszeit, den Schichtplan, das Entgeltsystem zur Regelung überlassen und sich selbst die Regelung der elementarsten Arbeitsbedingungen, nämlich „Arbeitszeitdauer" sowie „Lohnhöhe", vorbehal-

---

Trabajo y del Instituto Laboral de la Comunidad de Madrid vom 22.11.1994 (UGT, CC.OO., CEIM), BOCAM vom 05.03.1995; Baskenland: Acuerdos Interconfederales sobre Procedimientos Voluntarios de Resolulución de Conflictos, PRECO-II (CC.OO., UGT, ELA-STV, CONFEBASK), BOPV N° 131 vom 31.07.1990, revisado 14.04.1994, BOPV vom 21.06.1994; Katalonien: Acuerdo Interprofesional de Catalunya (CC.OO., UGT und Fomento de Trabajo Nacional); Valencia: Alfonso/ Pedrajas/Sala, Conflictos, in: VV.AA., Arbitraje, 1996, S. 99 ff.; Ballester, Solución, TS 1993, N° 26, S. 7 ff.

1205 Vgl. insoweit: *Zachert, Lecciones, 1998, S. 28 (Cap. 1/4).*

1206 *Suárez González, Relaciones, 1980, S. 25 ff.; Escudero, Negociadores, 1986, S. 39 ff.; Veciana, Empresa, Bol. AEDIPE sept. 1984, S. 11 (13 ff.); Serrano Carvajal, Tendencias, 1984, S. 99 ff., 105 ff.; Sala, Representación, RL 1990-II, S. 152 (160 ff.); Jiménez García, Participación, 1994, S. 54 ff., Cap. I, III, 1, f); Rodríguez-Piñero y Bravo, Diálogo, RL 1995-II, S. 93 (98 ff., 100 f.); ders., Representación, RL 1993-I, S. 12 ff.; Falguera/Senra, Representaciones, RL 1996, N° 15, ago., S. 9 (13 ff., 21 ff., 28 ff.).*

1207 Vgl. deshalb die Versuche mit der GewerkS-Fusion zwischen *ÖTV, HBV, IG Medien DAG, DPG „ver.di" im neuen Dienstleistungsgewerbe und geschätzten 3 Mio Mitgliedern Fuß zu fassen: Focus 47/1999, S. 58 ff.*

ten.[1208] Selbst Art. 41 Arbeitnehmerstatut bietet keinen energischen Schritt hin zu einer echten Dezentralisierung mit einer konsequenten Delegierung auf die betriebliche Ebene.

7. Unklare Rechtsnatur der „Vereinbarung"

Im Hinblick auf die „Vereinbarung zwischen dem Unternehmen und den Arbeitnehmervertretern" herrscht, wie auch schon oben bei der „Lückenvereinbarung", Unklarheit über deren Rechtsnatur, da der Gesetzgeber diese Frage nicht mitentschied. Klar erscheint es noch, sie nicht als „statutarischen" Tarifvertrag einzuordnen, da sie zu ihrer Wirksamkeit nicht alle Requisiten von *„Titel III"* Arbeitnehmerstatut zu erfüllen hat, der das Zustandekommen der statutarischen Tarifverträge regelt. Ebenso wenig ist sie aber ein *außerstatutarischer* Tarifvertrag, da das Arbeitnehmerstatut ihre Regelung positiv vornahm und sie sich damit „im" Arbeitnehmerstatut befinden. Der wohl herrschenden Ansicht nach richtet sie sich nach der Rechtsnatur des Kollektivinstruments, das sie jeweils ändern soll.[1209] Dies bedeutet folglich, wird ein *statutarischer* Tarifvertrag durch die „Vereinbarung" geändert, kommt ihr dann auch eine *statutarische* Rechtsnatur zu. Liegt dagegen eine Änderung eines *außerstatutarischen* Tarifvertrags vor, soll die „Vereinbarung" dann außerstatutarische Rechtsnatur besitzen.

[1208] Die span. Autoren erkennen die Konkurrenzproblematik zwischen GewerkS und betrieblicher Interessenvertretung: *Rodríguez-Piñero, Transformaciones, in: Klebe/u.a., FS Däubler, 1999, S. 50 (57 ff.).*

[1209] H.A.: *González del Rey, Acuerdos, REDT 1996, N° 75, S. 89 (121 ff.); Pérez de los Cobos, Pactos, RL 1996-II, S. 356 (374 ff.); Albiol, Acuerdos, in: VV.AA., Estructura, VIII Jornadas, 1996, S. 57 ff.; Labera, a.a.O., S. 351 (365 f.); González del Rey, a.a.O., S. 89 (112 ff.); Matía, Reforma, in: VV.AA., Reforma, 1994, S. 13 (26); Cruz, Art. 41, in: VV.AA., Reforma, 1994, S. 116 (130 ff.); Schnelle, Europ. BRat, 1999, S. 76 f.; Rey, Movilidad, in: VV.AA., Reforma, 1994, S. (214); Montoya, Viabilidad, in: VV.AA., Problemas, 1984, S. 49 (66 ff.); Gorelli/Valverde, Acuerdos, RL 1995-II, S. 414 (418 ff., 426 ff.); Fernández López, Convenio (I), AL 1995-1, VI, S. 87 (95 ff.); Sala/Alfonso/Pedrajas, Acuerdos, 1996, S. 41, 42; dies., Pactos, RL 1995-I, S. 1390 (1394): „Hybrid, tertium genus"; Ojeda, Delimitación, AL 1995-1, XVI, S. 253 (264 ff.); Ramírez Martínez, a.a.O., S. 387 (Lec. 10/5/3ª); „uneigentlicher TV sui generis": Suárez González, Relaciones, 1980, S. 142; STCT 09.02.1987, RTCT 2706; STCT 06.03.1989, RTCT 1996; Alarcón Caracuel, Autonomía, in: VV.AA., Reforma, 1995, S. 51 (67 ff.); García Murcia, Acuerdos, DL 1995, N° 46, S. 37 (49, 50); Pradas, Negociación, DL 1994, N° 43, S. 13 (21); Rivero, Contenidos, DL 1994, N° 43, S. 35 (57); Labera, a.a.O., S. 351 (356 f.); Rodríguez-Piñero Royo/González, Derecho, in: VV.AA., Reforma, 1995, S. 23 (34 ff.); Martín/Rodríguez-Sañudo/García, DTrab, 1998, S. 702 (Cap. 17/II/2/B); STSJ Aragón 22.11.1995, AS 4260; Pérez de los Cobos, Denuncia, AL 1996-2, XXIII, S. 413 (418); López-Tarruella, Modificaciones, in: VV.AA., a.a.O., S. 311 (324).*

Immer für eine „obligatorische" Wirkungsweise der Vereinbarung: González Velasco, Modificaciones, RL 1996-II, S. 251 (267); Palomeque/Álvarez, DTrab, 1998, S. 240 (Cap. V-III); Casas/Baylos, Autonomía, RL 1988-II, S. 159 (170).

8. Verfassungsrechtliche Zulässigkeit der gesetzlichen Regelung zur Änderung von statutarischen Tarifverträgen

Die gesetzliche Öffnungsklausel nach Art. 41 Arbeitnehmerstatut wirft aber nicht nur einfachgesetzliche Zweifel auf, sondern „schockierte" geradezu das Schrifttum wegen der damit verbundenen verfassungsrechtlichen Aspekte:

Nach Ansicht einer Mindermeinung soll mit der gesetzgeberischen Anordnung einer Öffnungsklausel zur Änderung statutarischer Tarifverträge selbst bei subsidiären Angelegenheiten wie der „Lage der Arbeitszeit", dem „Schichtplan" und „Entgeltsystem" mittelbar über das „Recht auf Tarifverhandlung" nach Art. 37.1 Verfassung eine Verletzung der „Gewerkschaftsfreiheit" nach Art. 28 Verfassung vorliegen.[1210]

Der Gesetzgeber dürfe nicht anordnen, dass die „normativ" wirkenden Arbeitsbedingungen beispielsweise eines statutarischen Branchentarifvertrags, der durch „repräsentative Gewerkschaften" und „Arbeitgeberverbände" abgeschlossen wurde, allein durch „betriebliche Interessenvertretungen" abgeändert werden kann. Sinn und Zweck der in der Verfassung angeordneten normativen Wirkung von statutarischern Tarifverträgen sei es, gerade deren Unabänderlichkeit zu gewährleisten.[1211] Diese Mindermeinung fragt sich:[1212]

[1210] Vertreter der *CC.OO., UGT etc., RL 1994-II, S. 1335 ff.; STSJ Castilla-La Mancha 16.05. 1995, AS 2128; Baylos, Cláusulas, in: VV.AA., Reforma, 1994, S. 322 ff.; ders., Negociación, GS 1994, N° 128, S. 44 (48 ff.); Mercader, Estructura, 1994, S. 239 (2ª Parte/II/6/6.2), 356 ff. (2ª Parte/III/3/3.2); Rentero, Modificación, 1995, S. 11 ff.; Blasco, Autonomía, RL 1995-I, S. 565 (573, 579); Ojeda, Acuerdos, in: VV.AA., Arbitraje, 1996, S. 199 ff.; ders., Barrenado, in: VV.AA., Nuevo ET, 1995, S. 199 (203 ff., 215); Bejarano, CMB, 1998, S. 67 ff.; Fernández Domínguez/Martínez, Modificación, La Ley 1995-2, S. 881 (895 ff.); Vida, Modificaciones, in: VV.AA., Nuevo ET, 1995, S. 75 (81 ff.); Montoya, Acuerdos, DL 1996, N° 49, S. 81; VV.AA., Comentarios, AS 1995, S. 219 ff.; Galiana, Vigencia, RMTAS 1997 (3), S. 193 (200); Casas, Ley, RMTAS 1997 (3), S. 221 (222); dies., Disponibilidad, RL 1997-I, S. 31 ff.; CES, RL 1994-I, S. 1409 (1424); STS (cont.-adm.) 18.10.1995, RJ 7367 (die Urteile ergingen bei den Verwaltungsgerichten, weil ehem. um die Verweigerung oder Zustimmung der Arbeitsaufsichtsbehörde nach Art. 41 Arbeitnehmerstatut a.F. gestritten wurde); STS (cont.-adm.) 04.05.1987, RJ 3267; STS (cont.-adm.) 11.04.1991, RJ 3262; STSJ Cataluña 07.03.1994, AS 1243; STSJ Cantabria 07.10.1994, AS 7326; Rodríguez-Piñero Royo, Presentación, RL 1991-I, S. 53 (55); Cruz Modificaciones, 1983, S. 221 ff., 246 ff.; López-Tarruella, Modificación, 1984, S. 131 ff., 217 ff. Mercader, Régimen, RL 1992-I, S. 423 ff.; Rivero, Modifiación, in: VV.AA., Comentarios, El ET, t. VIII, 1988, S. 125 (157 ff.); Fernández López, Contrato, RPS 1984, N° 143, S. 187 (192 ff.).*

[1211] *Sagardoy, Spanien, ZIA 1987, S. 345 (361); VV.AA., Debate, 1981, t. II, S. 215 ff.; Vida, Modificaciones, in: VV.AA., Nuevo ET, 1995, S. 75 (79).*

Die Möglichkeit zur „Abänderung" von statutarischen TV durch Einh-Vertr. oder GewerkS-Sektion war schon vor der Reform mit Gesetz 11/1994 nach der alten Fassung von Art. 41 Arbeitnehmerstatut umstritten und wurde von der h.A. in Schrifttum und Rechtsprechung verneint. Es handelte sich bei diesem Artikel um ein „juristisches Hindernis erster Ordnung": Sagardoy, a.a.O.

[1212] *Sala/López-Tarruella, Modificación, 1991, S. 103 ff.*

„... bis zu welchem Punkt könnte man die Vereinbarung zur Änderung des in einem statutarischen Tarifvertrag Festgelegten zulassen, wenn man damit die erga omnes-Wirkung umgeht oder ihr Hohn spottet?"

Zudem ruft die Möglichkeit zur Änderung nach Art. 41 Arbeitnehmerstatut von statutarischen Tarifverträgen, die meist von Gewerkschaften abgeschlossen werden, in gewerkschaftsnahen Literaturkreisen „Groll" hervor, da man in den betrieblichen Interessenvertretungen und insbesondere in der Einheitsvertretung eine mangels Beitragspflicht „unentgeltliche Konkurrenzveranstaltung" im Gegensatz zu den Gewerkschaften sieht, die deren Macht untergrabe und den Beitritt in eine Gewerkschaft unattraktiv erscheinen lasse.[1213]

Die ganz herrschende Ansicht, der sich unter anderem der Gesetzgeber anschloss, ist der Überzeugung, dass die Änderung statutarischer Tarifverträge auf der Ebene des Betriebs oder Unternehmens verfassungsrechtlich zulässig ist.[1214] Etwas anderes würde nur zu einer unerwünschten „*Fossilisierung*" der Arbeitsbedingungen führen. Der Verfassungsgeber habe dem Recht auf „freie Unternehmertätigkeit" nach Art. 38 Verfassung einen, allerdings aufgrund des Erfordernisses der Zustimmung durch die betriebliche Interessenvertretung beschränkten, Spielraum überlassen wollen.[1215] Die

---

[1213] *Durán, El ET, RL 1990-II, S. 121 (149 ff.). „Efecto perverso": Ojeda, Intervención, in: VV.AA., Estabilidad, 1998, S. 271 (281); ders., Sindicalismo, in: VV.AA., Cuestiones, 1990, S. 561 (580); Casas, Representatividad, REDT 1988, S. 71 (72 ff.).*

[1214] *Retuerto (Ombudsfrau), Reforma, RL 1994-II, S. 1361 ff.; Rey, Movilidad, in: VV.AA., Reforma, 1994, S. 189 (209); ders., Transformación, in: VV.AA., Reforma, 1995, S. 9 (29 ff.); Albiol, Acuerdos, in: VV.AA., Estructura, VIII Jornadas, 1996, S. 57 ff.; ders., Comités, 1992, S. 128 ff.; Cruz, Art. 41, in: VV.AA., Reforma, 1994, S. 116 (129 ff.); Valdeolivas, Modificación, 1996, S. 97; Rivero, Modificación, in: VV.AA., Reforma, 1995, S. 245 (282 ff.); ders., Relaciones, RMTAS 1997 (3), S. 93 (108); Labera, Modificación, RL 1997-I, S. 351 (356 f.); López-Tarruella, Modificaciones, in: VV.AA., Comentarios, t. I-Vol. 2.°, 1994, S. 311 (350 ff.); Rodríguez-Piñero y Bravo, Autonomía, RL 1992-II, S. 19 (20 ff.); Durán, Sistema, REST, 1992, N° 18, S. 8 ff. = VV.AA., XI Jornadas, 1994, S. 13 (24 ff.); Elorza, Modificación, TL 1997, N° 42, S. 61 ff.; Sala, Comentarios, RL 1998, N° 15/16, S. 67 (68 ff., 72 ff.); Borrajo, Derecho, AL 1993-2, XXXVII, S. 543 (546 ff.); ders., Galerías, AL 1991-3, N° 1142, S. 2451 ff.; Miñambres, Constitucionalidad, REDT 1994, S. 151 ff.; Senra, Promoción, RL 1995-I, S. 299 (326 f.); Duréndez, Novación, REDT 1994, N° 66, S. 625 ff.; Ramírez Martínez, Modificación, AL 1991-2, XXVI, S. 297 ff.; ders., Modificiación, in: VV.AA., Libertad, 1993, S. 515 ff.; PLANAS, Modificación, REDT 1983, N° 13, S. 93 ff.; Conde Martín, Modificación, AL 1994-2, N° 991, S. 1817 ff.; Sáez, Autonomía, RL 1991-I, S. 200 ff.; Cabeza, Proceso, RL 1994-I, S. 492 ff.; Apilluelo, Ordenación, in: VV.AA., Reforma, 1995, S. 127 (145 ff.); Collado, Autonomía, AL 1994-1, XI, S. 153 (157, Fn. 15); Burgos, Art. 41, RTSS 1992, S. 107 ff., 127 ff.; STS (cont.-adm.) 01.02.61994, RJ 896; STS (cont.-adm.) 07.12.1993, RJ 9789; STS (cont.-adm.) 30.11.1989, RJ 9295; STS (con.-adm.) 20.04.1990, RJ 3077; STS 27.06.1984, RJ 3368; Martín Herrero, JPrud., 1991, Art. 41, S. 368 ff.; Pérez de los Cobos, Reorganización, in: VV.AA., Manifestaciones, 1989, S. 143 (154 ff.); Durán/Sáez, Autonomía, RL 1991-II, S. 382 (392 ff., 396 ff.); Durán, Sistema, in: VV.AA., XI Jornadas, 1994, S. 13 (24 ff.); Sagardoy/Rivero, Regulación, BCE, dic. 1993, N° 57, S. 273 (290 ff.).*

[1215] *Gorelli/Valverde, Acuerdos, RL 1995-II, S. 414 (440 ff.).*

„Vereinbarung" auf Firmenebene könne zum einen nur bei bestimmten Materien, nicht aber bei der Arbeitszeitdauer oder Lohnhöhe vorgenommen werden. Auch diese „Vereinbarung" sei ein besonderer Ausdruck der verfassungsrechtlich über die Art. 37.1 und 28 geschützten Kollektivautonomie und unterbinde keinesfalls eine statutarische Tarifverhandlung. Zu ihrem Abschluss seien ferner nur Subjekte befähigt, die auch statutarische oder außerstatutarische Firmentarifverträge abschließen dürften, also die Einheitsvertretung, die Gewerkschaftssektion und der einzelne Arbeitgeber. Schließlich müssten, wie für die statutarische Tarifverhandlung, auch hier die strengen Mehrheitserfordernisse eingehalten werden und es gelte nach Treu und Glauben die auch bei den statutarischen Tarifverhandlungen so typische Verhandlungs*pflicht* zwischen Arbeitgeber- und Arbeitnehmerlager. Damit handele es sich bei dieser „Vereinbarung" nach Art. 41 Arbeitnehmerstatut im Ergebnis um eine verfassungsmäßig zulässige Ausnahme vom „Konkurrenzverbot" des Art. 84 Satz 1 Arbeitnehmerstatut.

B. Änderung eines außerstatutarischen Tarifvertrags jeglicher Ebene auf dem Geltungsbereich eines Betriebs oder Unternehmens

Sämtliche Arbeitsbedingungen, die in einem statutarischen Tarifvertrag geregelt werden, können ohne Weiteres Gegenstand eines außerstatutarischen Tarifvertrags sein.[1216] Der Gesetzgeber nahm in der Reform mit „Gesetz 11/1994" das erste Mal explizit Bezug auf den außerstatutarischen Tarifvertrag, dem er in dieser Vorschrift offiziell die Bezeichnung „kollektive Abmachung" (*pacto colectivo*) gab.

Da das spanische Tarifrecht zwei Arten von Tarifverträgen kennt, den statutarischen und den außerstatutarischen, wurde dieser Zweiteilung auch beim Verfahren zur „Änderung" von Tarifverträgen Rechnung getragen. Das vereinfachte und weitergehende Verfahren zur Änderung eines außerstatutarischen Tarifvertrags unterscheidet sich von dem restriktiveren zur Änderung eines statutarischen, womit der Gesetzgeber der unterschiedlichen „Qualität" und der niedrigeren Rangstellung des außerstatutarischen Tarifvertrags Genüge tun wollte. Für außerstatutarische Tarifverträge muss man den reformierten Art. 41 Arbeitnehmerstatut wie folgt lesen:

> „1. Beim Vorliegen von erwiesenen wirtschaftlichen, technischen, organisatorischen Erfordernissen oder Erfordernissen in der Produktion darf die Geschäftsleitung des Unternehmens wesentliche Änderungen der Arbeitsbedingungen bestimmen. Zu solchen wesentlichen Änderungen der Arbeitsbedingungen zählen unter anderem diejenigen, die folgende Bereiche betreffen:
> a) Dauer der Arbeitszeit,
> b) Lage der Arbeitszeit,
> c) Regelung der Schichtarbeit,

[1216] *Díguez, Negociación, in: VV.AA., Cuestiones, 1990, S. 237 (246).*

d) Entgeltsystem,

e) Arbeits- und Leistungssystem,

f) Tätigkeiten, wenn sie die für die Tätigkeitsänderung aufgestellten Beschränkungen nach Artikel 39 dieses Gesetzes überschreiten.

Man geht vom Vorliegen der sich auf diesen Artikel beziehenden Gründe aus, wenn die Anwendung der vorgeschlagenen Maßnahmen dazu beitragen soll, die Lage des Unternehmens durch eine zweckmäßigere Ausnutzung seiner Ressourcen zu verbessern, was seine Marktstellung stärken oder für eine bessere Ausrichtung hin auf die Bedürfnisse der Nachfrage sorgen soll.

2. Die wesentlichen Änderungen der Arbeitsbedingungen können ... kollektiver Eigenschaft sein ...

Kollektiver Eigenschaft ist die Änderung dann, wenn diejenigen Arbeitsbedingungen erfasst werden, die den Arbeitnehmern kraft Vereinbarung oder kraft kollektiver Abmachung zuerkannt werden ...

Abgesehen vom vorherigen Abschnitt werden auf keinen Fall als kollektive Eigenschaft im Sinne von Absatz 4 dieses Artikels angesehen, die Aufgabenänderungen für Tätigkeiten innerhalb derselben Berufsgruppierung sowie die Änderungen der Arbeitszeitlage für einen Zeitraum von neunzig Tagen, die eine geringere Anzahl an Arbeitnehmern betreffen als:

a) 10 Arbeitnehmer in den Unternehmen, die weniger als 100 Arbeitnehmer beschäftigen,

b) 10% der Arbeitnehmer in Unternehmen, die zwischen 100 und 300 Arbeitnehmer beschäftigen,

c) 30 Arbeitnehmer in den Unternehmen, die 300 oder mehr Arbeitnehmer beschäftigen ...

4. Der Entscheidung zur wesentlichen Änderung von Vertragsbedingungen kollektiver Art muss eine Beratungszeit über zumindest fünfzehn Tage mit den gesetzlichen Arbeitnehmervertretern vorausgehen. Besagte Beratungszeit muss von den Beweggründen der unternehmerischen Entscheidung und der Möglichkeit einer Vermeidung oder Abschwächung ihrer Wirkung handeln wie auch von den notwendigen Maßnahmen, um die Folgen für die betroffenen Arbeitnehmer abzumildern.

Während der Beratungszeit müssen die Parteien nach Treu und Glauben verhandeln sowie mit der Aussicht, eine Vereinbarung zu erreichen.

Besagte Vereinbarung benötigt die Billigung durch die Mehrheit der Mitglieder des oder der Betriebskomitees, gegebenenfalls der Belegschaftsdelegierten oder, falls vorhanden, der Gewerkschaftsvertretungen, die insgesamt die Mehrheit jener auf sich vereinen können.

Nach Beendigung der Beratungszeit teilt der Unternehmer den Arbeitnehmern seine Entscheidung über die Änderung mit, die mit Ablauf der Frist *{von dreißig Tagen}* nach Absatz 3 dieses Artikels wirksam wird.

Gegen diese Entscheidungen des vorliegenden Absatzes kann unabhängig von der in Absatz 3 dieses Artikels vorgesehenen Einzelklage das Verfahren des Kollektivkonfliktes eingeleitet werden. Die Einleitung des Konfliktes hemmt die Bearbeitung der eingereichten Einzelklagen bis zu seiner Entscheidung.

Die Vereinbarung mit den gesetzlichen Arbeitnehmervertretern während der Beratungszeit lässt das Recht der betroffenen Arbeitnehmer unberührt, die in Absatz 3 zweiter Abschnitt dieses Artikels vorgesehene Befugnis auszuüben *{Rücktritt vom Arbeitsvertrag und Einforderung einer Abfindung}* …"

1. Objekt der „Änderung": Ein außerstatutarischer Tarifvertrag jedweder Ebene

Auch hier ist wegen der Wortwahl in Art. 41.2 Arbeitnehmerstatut („*kollektive Abmachung*") anerkannt, dass sämtliche außerstatutarischen Tarifverträge gleich welcher Ebene (Staat, Autonome Gemeinschaft, Provinz, Firma etc.) Gegenstand einer Änderung sein dürfen und ein außerstatutarischer Tarifvertrag keinesfalls eine „Selbstpanzerung" gegen seine Änderung anordnen kann.

2. Abänderbarkeit sämtlicher Arbeitsbedingungen bei außerstatutarischen Tarifverträgen

Im Unterschied zum statutarischen Tarifvertrag wird die Änderung nicht auf bestimmte Arbeitsbedingungen beschränkt (*numerus apertus*), was aus Art. 41.1 Arbeitnehmerstatut und der Formulierung „*unter anderem*" sind änderbar gefolgert wird. Damit kann also die Lohnhöhe, Arbeitszeitdauer, tägliche Arbeitszeitlage, Schichtplan usw. geändert werden.[1217]

Indes ist der Arbeitgeber in den meisten Fällen aber nicht vollkommen frei in der neuen Festlegung: Galt früher einmal ein statutarischer Tarifvertrag, so wirken dessen Bedingungen mit seinem normativen Teil nach.[1218] Genauso verhält es sich, wenn parallel zur Wirksamkeit des zu ändernden außerstatutarischen Tarifvertrags ein statutarischer Tarifvertrag gilt, da auch dieser statutarische Tarifvertrag die nicht unterbietbaren normativen Mindestarbeitsbedingungen vorschreibt und somit die Reichweite einer „Änderung" stark einschränkt (Art. 3.3 Arbeitnehmerstatut – Günstigkeitsprinzip).[1219] Allein in dem selten vorkommenden Fall, dass zuvor noch nie ein statutarischer

[1217] *„Ad exemplum": Tovillas/u.a., Lecciones, 1995, S. 403 ff.; López-Tarruella, Modificaciones, in: VV.AA., Comentarios, t. I-Vol. 2.°, 1994, S. 311 (313); Herraíz, Modificación, TS 1997, N° 79, S. 18 (22); Martín/Rodríguez-Sañudo/García, DTrab, 1998, S. 697 ff., Modificación, AS 1996-II (Ss 1247-2427), S. 2459 (2477, 2480 ff.); STS 03.04.1995, RJ 2905. Vgl. zu Art. 41 Arbeitnehmerstatut*

[1218] Art. 86.3 Arbeitnehmerstatut, vgl. S 124 ff.

[1219] Abbau allein der „vorteilhafteren Bedingungen" des außerstatutarischen TV (siehe: Fn. 439). Vgl. Cruz, Art. 41, in: VV.AA., Reforma, 1994, S. 116 (135); Blasco, Individualización, 1995, S. 270; Gala,

Tarifvertrag galt, bilden die gesetzlichen Vorschriften, wie der staatlich vorgegebene Mindestlohn und die Höchstarbeitszeit des Arbeitnehmerstatuts, die von der Änderung des außerstatutarischen Tarifvertrags einzuhaltenden Grenzen.

3. Wesentlichkeit der Änderung und Rechtfertigungsgründe zur Änderung

Auch hier muss eine Änderung „wesentlicher" Natur sein und es müssen wie bei der Änderung eines statutarischen Tarifvertrags die „Rechtfertigungsgründe" vorliegen.

4. Bedarf es zur Änderung eines außerstatutarischen Tarifvertrags zwingend einer „Vereinbarung"?

Umstritten ist der Punkt, ob der Arbeitgeber beim außerstatutarischen Tarifvertrag nach der mindestens über fünfzehn Tage durchzuführenden Beratungsperiode auch ohne die Zustimmung der betrieblichen Interessenvertretung unilateral die Änderung anordnen kann oder ob es insoweit zwingend einer Zustimmung über eine „Vereinbarung zwischen dem Unternehmen und den Arbeitnehmervertretern" bedarf.[1220] Bei Art. 41 Arbeitnehmerstatut fehlt bei den außerstatutarischen Tarifverträgen insoweit der Zusatz, wie er in Art. 41.2 Arbeitnehmerstatut für die statutarischen Tarifverträge ausdrücklich vorgesehen wurde, nämlich, dass eine Änderung „nur durch Vereinbarung" vorgenommen werden darf. Erneut flammt an dieser Stelle der Disput über die „obligatorische", bzw. „normative" Wirkungsweise von außerstatutarischen Tarifverträgen auf:

Nach der Mindermeinung, welche die „normative" Wirkungsweise außerstatutarischer Tarifverträge befürwortet, bedarf es zur Änderung und entgegen des insoweit klaren Wortlautes von Art. 41.2 Satz 3 Arbeitnehmerstatut immer zwingend einer Zustimmung.[1221] Die Begründung dafür ziehen die Vertreter dieser Ansicht aus dem Wortlaut des Art. 37.1 Verfassung, welcher mit der Formulierung *„bindende Kraft der*

Modificación, AS 1996-II (Ss 1247-2427), S. 2459 (2479 ff.).

1220 Bzgl. außerstatutarischer TV ließ die ordtl. Rspr. eine Änderung vor der Reform mit „Gesetz 11/1994" dagegen sehr wohl über das Verfahren von Art. 41 Arbeitnehmerstatut zu, da sie der „Vertragstheorie" folgte (STCT 08.07.1985, RTCT 5087; STCT 25.11.1985, RTCT 6859 = RL 1986-I, S. 493). Heute kritisiert allein Gutiérrez-Solar, dass die Subjekte, welche einen außerstatutarischen TV unterschreiben und solche, die ihn danach „ändern", dem Gesetz nach nicht identisch sein müssen, weshalb er eine Verletzung der Gewerkschaftsfreiheit (Art. 28.1 Verfassung) und damit auch die Verfassungswidrigkeit der Reform von 1994 konstatiert: Modificación, REDT 1999, N° 99, S. 213 (227 ff.).

1221 Gutiérrez-Solar, Modificación, REDT 1999, N° 99, S. 213 (218 ff.); Rojas, Eficacia, 1998, S. 48, 102 ff., 163 ff.; Blasco, Autonomía, RL 1995-I, S. 565 (579ff., 582); Cruz, Aplicación, RL 1996-II S. 428 (443 ff.) = in: VV.AA., Modificación, 1997, S. 147 ff.; ders., Art. 41, in: VV.AA., Reforma, 1994, S. 116 (136 ff., 145); López-Tarruella, Modificaciones, in: VV.AA., Comentarios, t. I-Vol. 2.°, 1994, S. 311 (319, 351, Fn. 69); Herraíz, Modificación, TS 1997, N° 79, S. 18 (24); Gala, Modificación, AS 1996-II

Tarifverträge" eine normative Wirkungsweise auch für außerstatutarische Tarifverträge angeordnet habe. Falls nun der Arbeitgeber „einseitig" die Arbeitsbedingungen eines außerstatutarischen Tarifvertrags abändern dürfte, würde genau jene „*bindende*", d.h. „normative" Wirkung verletzt. Handele es sich um außerstatutarische Tarifverträge, die von Gewerkschaften oder Gewerkschaftssektionen abgeschlossen wurden, so verletze solch eine Sichtweise außerdem noch die „*Gewerkschaftsfreiheit*" in Art. 28 Verfassung, da ansonsten der Arbeitgeber einen „Freischein" besäße, die eingegangenen Verpflichtungen über einfache Ausübung seines Direktionsrechts zu umgehen.[1222] Dies sei ganz sicher nicht die Absicht des Reformgesetzgebers von 1994 gewesen. Mit der nur beiläufigen und erstmaligen Erwähnung des außerstatutarischen Tarifvertrags in Art. 41 Arbeitnehmerstatut habe der Gesetzgeber wohl kaum vorgehabt, den seit langem herrschenden Streit über dessen Wirkungsweise „kleinlaut" beizulegen.[1223]

Die Vertreter der herrschenden „Vertragstheorie" und damit die Gerichte haben demgegenüber keine große Schwierigkeit, eine „einseitige" Änderung durch den Arbeitgeber zuzulassen, da dem außerstatutarischen Tarifvertrag keine normative, sondern nur eine „obligatorische" Wirkung zukommen soll.[1224] Zur Begründung wird auf

---

(Ss 1247-2427), S. 2459 (2477); Sala, Reforma, 1994, S. 194 (Rn. IV.7.4); Alfonso/Pedrajas/Sala, Pactos, RL 1995-I, S. 1390 ff.; Fernández López, Convenio (I), AL 1995-1, VI, S. 87 (97); Pedrajas, Modificaciones, in: VV.AA., Reforma, 1994, S. 357 (380).

[1222] Handelt es sich dagegen um außerstatutarische FirmenTV, die von der EinhVertr. unterzeichnet wurden, liegt kein Verstoß gegen die „GewerkS-Freiheit" vor, da diese unabhängig von den GewerkS sind und, wie oben gesehen, nach der h.A. keine Verankerung in der Verfassung besitzen (vgl. S. 124 ff.); Cruz, Art. 41, in: VV.AA., Reforma, 1994, S. 116 (136 ff.); Herraíz, Modificación, TS 1997, N° 79, S. 18 (24).

[1223] Art. 41.2 Satz 5 Arbeitnehmerstatut bringt Schwierigkeiten mit sich, da wegen der Wendung „im vorherigen Abschnitt" unklar ist, ob er sich auf die außerstatutarischen Tarifverträge (Satz 4) oder ausschließlich auf die übrigen, in der Normenhierarchie nicht so hoch anzusiedelnden kollektiven Rechtsquellen (Satz 3) bezieht. Der Verweis bezieht sich nach h.A. auf die übrigen kollektiven Regelungsinstrumente: STSJ Madrid 29.06.1995, AS 3358; STSJ Galicia 21.02.1995, AS 602; STSJ Castilla y León, Burgos 20.06.1996, AS 1717; Ramírez Martínez, Curso, 1997, S. 386 (Lec. 10/5/C/2a); López-Tarruella, Modificaciones, in: VV.AA., Comentarios, t. I-Vol. 2.°, 1994, S. 311 (319, 323, Fn. 17, 351, 354, Fn. 69); Cruz, Art. 41, in: VV.AA., Reforma, 1994, S. 116 (145); Lahera, Modificación, RL 1997-I, S. 351 (368 f.); Sala/Alfonso/Pedrajas, Acuerdos, 1996, S. 42; Pérez de los Cobos, Pactos, RL 1996-II, S. 356 (357); Martín/Rodríguez-Sañudo/García, DTrab, 1998, S. 699 (Cap. 17/II/1/B); Rivero, Modificación, in: VV.AA., Reforma, 1995, S. 245 (256 ff., 284 ff.); Camps, Mercado, 1994, S. 233, 234 (IX/C7, Rn. 102.2); Lahera, Modificación, RL 1997-I, S. 351 (352 ff.); Fernández Domínguez/Martínez, Modificiación, La Ley 1995-2, S. 881 (917); Blasco, Autonomía, RL 1995-I, S. 565 (575 f.); Pedrajas, Modificaciones, in: VV.AA., Reforma, 1994, S. 357 (380).

[1224] Gutiérrez-Solar, Modificación, REDT 1999, N° 99, S. 213 (223 ff., 225 ff); STSJ Aragón 22.11.1995, AS 4260; STSJ Madrid 19.10.1995, AS 3912; Pérez de los Cobos, Denuncia, AL 1996-2, XXIII, S. 413 (420 ff., 424); Fernández López, Convenio (I), AL 1995-1, VI, S. 87 (100 ff.); Escudero/Palomo, Salarios, in: VV.AA., Reforma, 1994, S. 13 ff.; Rivero, Modificación, in: VV.AA., Reforma, 1995, S. 245 (262 f.); López-Tarruella, Modificaciones, in: VV.AA., Comentarios, t. I-Vol. 2.°,

den klaren Wortlaut von Art. 41.2 Satz 3 Arbeitnehmerstatut verwiesen, der für außerstatutarische Tarifverträge – im Unterschied zu den statutarischen Tarifverträgen – eben keine zwingende Zustimmung der betrieblichen Interessenvertretung anordnet. Der Gesetzgeber habe mit dieser Vorschrift den ihm zugestandenen weiten verfassungsrechtlichen Ermessensspielraum ausgenutzt und die „obligatorische" Wirkungsweise des außerstatutarischen Tarifvertrags festgeschrieben.[1225]

Freilich ist dies selbst innerhalb dieser Ansicht nicht unumstritten und so verfechten auch einige Vertreter der Vertragstheorie die Ansicht, wonach der außerstatutarische Tarifvertrag auf keinen Fall Objekt einer einseitigen Änderung durch den Arbeitgeber sein könne.[1226]

1994, S. 311 (319, 351, 354, Fn. 69); Senra, Promoción, RL 1995-I, S. 299 (330); Retuerto (Ombudsfrau), Reforma, RL 1994-II, S. 1361 (1411 ff.); Pedrajas, Modificaciones, in: VV.AA., Reforma, 1994, S. 369 (376); Albiol, Acuerdos, in: VV.AA., Estructura, VIII Jornadas, 1996, S. 57 ff.; Rodríguez Pastor, Distribución, TS 1997, N° 83, S. 61 (66, Fn. 23).

1225 STSJ Madrid 19.10.1995, AS 3912; Rivero, Horarios, DL 1995, N° 47, S. 13 (64); Retuerto (Ombudsfrau), Reforma, RL 1994-II, S. 1361 (1414 ff.).

1226 Gutiérrez-Solar, Modificación, REDT 1999, N° 99, S. 213 (226 ff.). Zum Streitstand: S. 218 ff., 223 ff.

VIII. Kapitel: Schlussbetrachtung

Auf den vorherigen Seiten wurde ein Überblick über die Geschichte des spanischen Tarifrechts, seine aktuellen Strukturen und Schwierigkeiten, an denen die iberische Tarifordnung leidet, gegeben. Aus den Besonderheiten schon während der Diktatur unter Franco bildete sich auch in der Demokratie ein zweigleisiges Tarifsystem mit zum einen offiziellen und staatlicherseits gewollten Tarifverträgen (statutarische Tarifverträge), zum anderen inoffiziellen, aber dennoch faktisch auf die Arbeitsverhältnisse einwirkenden Tarifverträgen heraus (außerstatutarische Tarifverträge). Grundsätzlich kennt das spanische Tarifrecht dabei verschiedene Geltungsbereiche, die gesetzlich aufgeteilt werden in den Bereich über dem Unternehmen (Flächen-, bzw. Branchentarifvertrag) und einen Bereich, der darunter liegt (Firmen-, bzw. Betriebstarifvertrag).

Das Zustandekommen statutarischer Flächentarifverträge ist an besondere Voraussetzungen geknüpft, die vereinfacht gesehen an zwei Filter erinnern. So müssen Koalitionen beim Tarifabschluss handeln, eine gesetzlich genau definierte Repräsentativität, bzw. soziale Mächtigkeit innehaben. Schließlich hat eine gesetzlich festgelegte Mehrheit dem Tarifentwurf zuzustimmen, damit seine Akzeptanz sichergestellt ist. Sind diese beiden Filter überwunden, wird der statutarische Flächentarifvertrag mit gesetzesgleichen Attributen, d.h. normativer und allgemeinverbindlicher Wirkung ausgestattet.

In der Praxis scheitert das Zustandekommen eines derartigen statutarischen Flächentarifvertrages freilich nicht selten an einem dieser beiden Filter. Dies liegt in den meisten Fällen daran, dass die beiden, sich in Konkurrenz gegenüberstehenden sozialistischen und kommunistischen Gewerkschaftsblöcke UGT und CC.OO. einzeln nicht auf die notwendige Mehrheit bei der Abstimmung über den Tarifentwurf gelangen. Um die gesetzlich eingeforderte Mehrheit zu erreichen, müssen sie aber zusammen für den Tarifvertrag stimmen. Verweigert nun eine Gewerkschaft ihre Zustimmung und spricht sich die andere dafür aus, kommt mangels ausreichender Mehrheit kein statutarischer, sondern nur ein außerstatutarischer Flächentarifvertrag zustande. Die Wirkungen dieses außerstatutarischen Tarifvertrags sind gesetzlich nicht geregelt und wurden erst im Laufe der Zeit durch Rechtsprechung und Schrifttum, unter Rückgriff auf Grundsätze, die schon zu Zeiten Francos entstanden waren, herausgearbeitet. Demnach genießen außerstatutarische Tarifverträge keine allgemeinverbindliche Wirkung, sondern gelten grundsätzlich nur für die Mitglieder der dem Tarifentwurf zustimmenden Koalition. Die Rechtsprechung räumt nicht Organisierten das Recht ein, dem Anwendungsbereich dieses außerstatutarischen Tarifvertrags beizutreten. Über diese „Hintertür" erreicht der außerstatutarische Flächentarifvertrag in der Praxis dann doch noch eine möglichst breite Anwendung auf zahlreiche Arbeitsverhältnisse. Damit wird ein tarifliches Vakuum vermieden und eine gewisse Ruhe unter der Arbeitnehmerschaft hergestellt. Im Hinblick auf die Wirkung von außerstatutarischen Flächentarifverträgen ist umstritten, ob jene normativer oder obligatorischer Art ist. Die wohl herrschende Meinung in Rechtsprechung und Schrifttum geht von einer bloß obligatorischen Wirkung aus. Freilich wird dieses stereotyp wiederholt propagierte Ergebnis in den wichtigsten und entscheidenden Fallgestaltungen wie beispielsweise im Rahmen der komplizierten Konkurrenzregelungen zwischen statutarischen sowie außerstatutarischen Tarif- und Einzelarbeitsverträgen nicht konsequent durchgehalten. Mit Fug und Recht lässt sich mit der Mindermeinung somit behaupten, dass auch die außerstatutarischen Tarifverträge normative Wirkung haben.

Auf den beiden zuvor genannten Geltungsebenen, d.h. also über dem Unternehmen oder auf der Ebene des Unternehmens selbst oder einem darunter liegenden Anwendungsbereich sind unterschiedliche Rechtssubjekte zur Aushandlung und zum Abschluss eines Tarifvertrages berufen: Auf der Ebene über dem Unternehmen können wie in Deutschland auch ausschließlich Gewerkschaften oder Arbeitgeberverbände handeln. Die andere Ebene ist exklusiv der Einheitsvertretung, der Gewerkschaftssektion und dem Arbeitgeber vorbehalten. Sowohl Einheitsvertretung als auch Gewerkschaftssektion sind befähigt, statutarische Firmentarifverträge abzuschließen. Die Einheitsvertretung ist stark vergewerkschaftlicht, so dass häufig die Konflikte, die auf der Ebene über dem Unternehmen zwischen den konkurrierenden Gewerkschaftsblöcken entstanden sind, in das Unternehmen hineingetragen werden. Aufgrund der gesetzlichen Regelung zur Stimmenmehrheit, die für das Zustandekommen von Firmentarifverträgen gelten, kann es dann zu außerstatutarischen Firmentarifverträgen kommen, die nach h.M. ebenfalls obligatorisch gelten sollen.

Während in Deutschland das Konkurrenzverhältnis zwischen Gewerkschaften und Betriebsräten durch den Machtvorbehalt des § 77 Abs. 3 BetrVG explizit zugunsten der Gewerkschaften und ihrer Tarifverträge gelöst ist, lässt sich in Spanien ein derartig offener Machtvorbehalt nicht sofort anhand der Gesetzeslektüre ersehen. De facto wird jener aber auch über eine komplizierte Anwendung gesetzlicher Vorschriften, allgemeiner Prinzipien und Vorgaben der Rechtsprechung in den verschiedenen möglichen Konkurrenzverhältnissen erreicht (Prioritäts-, Günstigkeitsprinzip, Konkurrenzklauseln, Rahmentarifverträge, Desaffektierungsabkommen, Härteklauseln zur Lohnabkopplung etc.). Im Rahmen der Arbeitszeitfrage gelangen noch weitere Instrumente wie die subsidiäre Lückenvereinbarung auf Unternehmens-, bzw. Betriebsebene zur Anwendung. Letztlich bestimmen aber auch in erheblichem Umfang gesetzliche Regelungen die Arbeitszeitfrage, die selbst den Koalitionen oder betrieblichen Verhandlungspartnern Einheitsvertretung, Gewerkschaftssektion und Arbeitgeber nur wenig Spielraum überlassen (z.B. grundsätzliche Begrenzung der Überstunden auf 80 Stunden pro Jahr, enge Verteilungsgrundsätze etc.). Den betrieblichen Verhandlungspartnern wird allenfalls bei marginalen Themenkomplexen, wie der Arbeitszeitlage, dem Schichtplan und dem Entgeltsystem die Möglichkeit zugestanden, Änderungen von den Vorgaben eines statutarischen Tarifvertrages zu vereinbaren. In diesem Aspekt ähnelt die Vorschrift des Art. 41 Arbeitnehmerstatut über die wesentliche Änderung von Arbeitsbedingungen dem deutschen § 87 Abs. 1 BetrVG. Allein bei außerstatutarischen Tarifverträgen sind die betrieblichen Verhandlungspartner frei, Änderungen zu vereinbaren, die innerhalb bestimmter Grenzen auch die „big points" des Tarifrechts, also Arbeitszeitdauer und Lohnhöhe betreffen.

Im Laufe der Zeit sah selbst ein sozialistischer Gesetzgeber in Spanien Handlungsbedarf, diese für zu starr empfundenen Strukturen etwas aufzulokkern. Freilich wird in diesem Prozess den alles beherrschenden Zentralen *UGT*, *CC.OO.* sowie dem Arbeitgeberverband *CEOE* eindeutig der Vorrang zu Lasten der näher am Problem angesiedelten Firmenebene gewährt. Über verschiedene gesetzliche und tarifliche Techniken hält man zum Vorteil von Zentralen und Verbänden immer wieder die sachnähere Betriebsebene davon ab, entscheidenden Einfluss auf die Festlegung der Lohnhöhe, Arbeitszeitdauer oder Verteilung über das Jahr zu nehmen. Wenn überhaupt, dann wird den Betrieben lediglich streng subsidiär einmal eine Regelungsermächtigung ausgestellt, über die dann aber nur sekundäre Punkte, wie die Lage der täglichen Arbeitszeit etc. festgelegt werden dürfen. An dieser Knebelung kann selbst die in Deutschland unbekannte Figur des außerstatutarischen Tarifvertrags nichts ändern. Eine äußerst restriktive Rechtsprechung leistet den gesetzlichen und tariflichen Zentralisierungsbestrebungen dazu noch beflissen Schützenhilfe. Damit entstand ein System, welches sich im Hinblick auf die Verteilung von Zuständigkeitsbereichen und Aufgabenwahrnehmung im groben und ganzen nicht allzu sehr von dem deutschen Kollektivrecht unterscheidet. Während das deutsche Kollektivrecht mit seinem Tarifvertrags- und Betriebsverfassungsgesetz allerdings diese Kompetenzvereilung zwischen betrieblicher und gewerkschaftlicher Zuständigkeit ausdrücklich anspricht, wird dies in Spanien über ein kaum transparentes Geflecht aus Rechtsprechung und vereinzelten Reformen des Gesetzgebers erreicht.

Der richtungsweisende Schritt, anhand einer Neuinterpretation des Konkurrenzverhältnisses insbesondere zwischen statutarischem und außerstatutarischem Tarifvertrag, zu einer verstärkten Verlagerung des Tarifgeschehens hin zu den Betrieben zu finden, wurde bislang nicht gewagt, da der Druck der Verbandslobbyisten noch zu stark ist. Dabei darf nicht das Auftauchen von Stimmen übersehen werden, die in erfrischender Weise genau solch eine *Perestroika* der schwerfälligen Apparate von Gewerkschaften und Arbeitgeberverbänden einfordern.

Rechtsstaatlich führt der wohl einwandfreieste Weg zu dieser volkswirtschaftlich notwendigen Neuordnung über das Parlament in Form von gesetzlichen Regelungen. Da aber auch in Spanien dem Gesetzgeber in arbeitsrechtlich sensiblen Bereichen *de facto* Fesseln angelegt sind, bietet nach realistischerer Sicht allein eine Änderung der Rechtsprechung die Möglichkeit, dasselbe Ziel zu erreichen. Erste Ansatzpunkte lassen sich dafür bereits in einigen wissenschaftlichen Äußerungen erkennen, und da sich die Rechtsprechung in Spanien wie in Deutschland ihre Anregungen von wissenschaftlicher Seite holt, ist auch diese Darstellung neben dem auf den ersten Seiten genannten Zweck als Gedankenanregung in solch eine Richtung zu verstehen. Allerdings sollten durchgreifende Änderungen nicht auf die lange Bank geschoben werden, denn nicht nur in den ehemaligen Ländern des real existierenden Sozialismus gilt: „*Wer zu spät kommt, den bestraft das Leben*“.[1227]

[1227] „Кто не успел, тот опоздал“ (sprich: Któ njé uspéll, tot oposdáll). Dieses „seherische“ Zitat sprach Michael Sergejewitsch Gorbatschow vor Journalisten auf der (Ost-) Berliner Straße „Unter den Linden“ aus, als er kurz vor dem Mauerfall am 6. Oktober 1989 anlässl. der Feierlichkeiten zum vierzigsten Jahrestag der DDR Erich Honecker einen Besuch abstattete und Reformen anmahnte. In wörtl. Übersetzung: „Wer es nicht geschafft hat, hat sich verspätet.“

Literaturverzeichnis

Abele, Roland: Tarifrecht in Spanien, Inaugural-Dissertation zur Erlangung eines Doktors der Rechte des Fachbereiches Rechtswissenschaft der Universität Trier, Tag der mündlichen Prüfung: 27.11.1996 (zit.: *TarifR*)

Adamy, Wilhelm: Mehrarbeit trotz Arbeitslosigkeit, Ein Abbau von Überstunden ist nötig und möglich, Soziale Sicherheit 1994, S. 294 ff. (zit.: *Mehrarbeit*)

Adomeit, Klaus: Arbeitsplätze und Solidarität, NJW 1994, S. 837 f. (zit.: *Arb-Plätze*)

ders.: Das Günstigkeitsprinzip – neu verstanden, NJW 1984, S. 26 ff. (zit.: *Günstigkeitsprzp.*)

ders.: Der Schein-Schein-Selbständige, NJW 1999, S. 2086 ff. (zit.: *Schein-Schein-Selbständige*)

ders.: Dos acuerdos de empresa paradigmáticos en el sector automovilístico alemán, in: VV. AA., El arbitraje laboral. Los acuerdos de empresa, VI Congreso Nacional de Derecho del Trabajo y de la Seguridad Social, Antonio Ojeda Avilés (Coord.), Junta de Andalucía, Consejería de Trabajo y Asuntos Sociales, ed. Tecnos, Madrid 1996, S. 232 (zit.: *Acuerdos, in: VV.AA., Arbitraje*)

ders.: Eine arbeitsrechtliche Lektion aus Spanien, RdA 1985, S. 354 f. (zit.: *Spanien*)

ders.: Unser Arbeitsrecht – europäisch getestet, NJW 1989, S. 155 ff. (zit.: *ArbR*)

ders.: Regelung von Arbeitsbedingungen und ökonomische Notwendigkeiten – Eine Untersuchung zu aktuellen Fragen des deutschen Tarifrechts, Aktuell im Verlag moderne Industrie AG, München – Landsberg am Lech, Bonn 1996 (zit.: *Regelung*)

Adomeit, Klaus/Frühbeck Olmedo, Guillermo: Einführung in das spanische Recht, Das Verfassungs-, Zivil-, Wirtschafts- und Arbeitsrecht des Königreichs Spanien, C.H. Beck'sche Verlagsbuchhandlung, 2. Aufl., München 2001 (zit.: *Einführung*)

Agee, Philipp: CIA intern, Tagebuch 1956-1974, Titel der Originalausgabe: Inside the company, CIA diary, Penguin Books, Harmondsworth, Middlesex 1975, aus dem Englischen übersetzt von Heinrich Berenberg-Gossler und Thomas Schmid, 2. Auflage, Europäische Verlagsanstalt, Frankfurt a.M. 1981

ders.: Der CIA in Portugal (I): Philip Agees „Brief an das portugiesische Volk", in: Neuberger, Günter/Opperskalski, Michael, CIA in Westeuropa, Lamuv Verlag, Bornheim 1982 = Agee, Philip/Wolf, Luis (Hrsg.), Die CIA in Portugal, Die CIA in Westeuropa, Titel der Originalausgabe: Dirty Work. The CIA in Western Europe, Lyle Stuart Inc., Secaucus, New York 1978, Übersetzung aus dem Englischen: Ernst Adler, VEB Deutscher Verlag der Wissenschaften, Berlin 1981, S. 44 ff. (zit.: *Brief*)

ders.: Der CIA in Portugal (II): Das Revirement, in: Neuberger, Günter/Opperskalski, Michael, CIA in Westeuropa, Lamuv Verlag, Bornheim 1982 (zit.: *Revirement*)

Agee, Philip/Wolf, Luis (Hrsg.): Die CIA in Westeuropa, Titel der Originalausgabe: Dirty Work. The CIA in Western Europe, Lyle Stuart Inc., Secaucus, New York

1978, Übersetzung aus dem Englischen: Ernst Adler, VEB Deutscher Verlag der Wissenschaften, Berlin 1981 (zit.: *CIA WestE*)

Agut García, Carmen: Breves consideraciones en torno a la cláusula de inaplicación del régimen salarial pactado en convenio colectivo supraempresarial (la cláusula de descuelgue salarial), TS 1998, N° 83, S. 9 ff. (zit.: *Cláusula*)

Ahumada Villalba, Begoña: Secciones sindicales intercentros y delegados sindicales (Comentario a la sentencia del Tribunal Constitucional 61/1989, de 3 de abril), REDT 1990, N° 43, S. 535 ff. (zit.: *Secciones*)

Alarcón Bravo de Rueda, Percy: Configuración de las cláusulas de seguridad sindical en el ordenamiento español. El descuento en la nómina y el canon de negociación colectiva, RL 1995-I, S. 338 ff. (zit.: *Cláusulas*)

Alarcón Caracuel, Manuel Ramón: Fomento y defensa del empleo y ordenación del tiempo de trabajo, in: VV.AA., La flexibilidad laboral en España, Juan Rivero Lamas (Coord.), Instituto de Relaciones Laborales, Universidad Zaragoza, Zaragoza 1993, S. 435 ff. (zit.: *Fomento, in: VV.AA. Flexibilidad*)

ders.: Formas de reordenación y reducción del tiempo de trabajo, REST 1992, N° 15/16, S. 20 ff. (zit.: *Reordenación*)

ders.: La autonomía colectiva: concepto, legitimación y eficacia de los acuerdos, in: VV. AA., La reforma de la negociación colectiva, Manuel Ramón Alarcón Caracuel/Salvador del Rey Guanter (Coord.), ed. Marcial Pons, Madrid 1995, S. 51 ff. (zit.: *Autonomía, in: VV.AA., Reforma*)

ders.: La ordenación del tiempo de trabajo, ed. Tecnos, Madrid 1988 (zit.: *Ordenación*)

ders.: La vigencia del principio „pro operario", in: VV.AA., Cuestiones actuales de Derecho del Trabajo, Estudios ofrecidos por los catedráticos españoles de Derecho del Trabajo al profesor Manuel Alonso Olea, Centro de Publicaciones Ministerio de Trabajo y Seguridad Social, Madrid 1990, S. 835 ff. (zit.: *Pro, in: VV.AA., Cuestiones*)

ders.: Las relaciones Ley-Convenio Colectivo, in: VV.AA., Las reformas laborales de 1994 y 1997, Eduardo Rojo Torrecilla (Coord.), Associació Catalana de Iuslaboralistes, ed. Marcial Pons, Madrid – Barcelona 1998, S. 11 ff. (zit.: *Ley-Convenio, in: VV.AA., Reformas*)

ders.: Tiempo de trabajo en la reforma laboral, in: VV.AA., La reforma del Estatuto de los Trabajadores, Fernando Valdés Dal-Ré/María Emilia Casas Baamonde (Coord.), Monografías Relaciones Laborales, ed. La Ley, Madrid 1994, S. 53 ff. (zit.: *Tiempo, in: VV.AA., Reforma*)

ders.: Un concepto clásico de la relación entre ley y convenio colectivo, in: VV.AA., Las Relaciones Laborales y la Reorganización del Sistema Productivo, Edición preparada por: Federico Durán López, Publicaciones del Monte de Piedad y Caja de Ahorros de Córdoba, Córdoba 1983, S. 47 ff. (zit.: *Concepto, in: VV.AA., Relaciones*)

Alba-Ramírez, Alfonso: Job Losses, Unemployment Duration an New Jobs in Spain, Labour, vol. 5, number 1, spring '91, S. 23 ff. (zit.: *Job*)

Albiol Montesinos, Ignacio: Comités de empresa y delegados de personal, ed. Deusto, Madrid – Barcelona – Bilbao 1992 (zit.: *Comités*)

ders.: La nueva regulación de la movilidad geográfica y de la modificación sustancial de condiciones de trabajo, TS 1994, N° 43, S. 61 ff. (zit.: *Movilidad*)
ders.: La representación sindical en la empresa, in: VV.AA., Cuestiones actuales de Derecho del Trabajo, Estudios ofrecidos por los catedráticos españoles de Derecho del Trabajo al profesor Manuel Alonso Olea, Centro de Publicaciones Ministerio de Trabajo y Seguridad Social, Madrid 1990, S. 719 ff. = Sala Franco/Albiol Montesinos, Derecho Sindical, 4ª edición, ed. Tirant lo Blanch, Valencia 1996, S. 178 ff., Tema 3 (zit.: *Representación, in: VV.AA. Cuestiones*)
ders.: Los acuerdos de empresa, TS 1995, N° 54, S. 10 ff. = in: VV.AA., Estructura de la negociación colectiva, VIII Jornadas de Estudio sobre la Negociación Colectiva, Madrid, 8 de junio de 1995, Comisión Consultiva Nacional de Convenios Colectivos, ed. Centro de Publicaciones, Ministerio de Trabajo y Asuntos Sociales, Madrid 1996, S. 57 ff. (zit.: *Acuerdos*)
Alcaide Castro, Manuel: Algunos aspectos relevantes de la evolución del mercado de trabajo en España, RL 1995-I, S. 1289 ff. (zit.: *Mercado*)
Alemán Páez, Francisco: Ideas para un arbitraje paritario, REDT 1996, N° 75, S. 77 ff. (zit.: *Arbitraje*)
Alf, Sophie G.: „Artikulierte Tarifpolitik" in Italien, in: VV.AA., Gewerkschaftliche Betriebspolitik in Westeuropa – Vergleiche und Möglichkeiten der Zusammenarbeit, Internationale Tagung der Sozialakademie Dortmund in Verbindung mit dem Europäischen Gewerkschaftsinstitut in Brüssel, Peter Kühne (Hrsg.), Duncker & Humblot, Berlin 1982, S. 145 ff. (zit.: *TPolitik, in: VV.AA., BetrPolitik*)
Alfonso Mellado, Carlos L.: La nueva regulación del contrato de trabajo a tiempo parcial: aspectos laborales, ed. Tirant lo Blanch, Valencia 1999 (zit.: *TPart*)
Alfonso Mellado, Carlos L./Beneyto, Pere/Blasco, Carmen/Blasco Pellicer, Ángel: Estructura y contenido de la negociación colectiva. La estrategia de las agentes sociales, RevTreb 1992, N° 18, S. 143 ff. (zit.: *Negociación*)
Alfonso Mellado, Carlos L./García Ortega, Jesús: Jornada y ordenación del tiempo de trabajo, ed. Tirant lo Blanch, Valencia 1994 (zit.: *Jornada*)
Alfonso Mellado, Carlos L./Pedrajas Moreno, Abdón/Sala Franco, Tomás: La modificación sustancial de condiciones establecidas en convenios colectivos estatutarios, RL 1995-I, S. 1394 ff. (zit.: *Modificación*)
dies.: La solución de los conflictos colectivos jurídicos en el acuerdo valenciano sobre Solución de Conflictos Laborales: un arbitraje cuasi-obligatorio, in: VV.AA., El arbitraje laboral. Los acuerdos de empresa, VI Congreso Nacional de Derecho del Trabajo y de la Seguridad Social, Antonio Ojeda Avilés (Coord.), Asociación Española de Derecho del Trabjo y de la Seguridad Social, Junta de Andalucía, ed. Tecnos, Madrid 1996, S. 99 ff. (zit.: *Conflictos, in: VV.AA., Arbitraje*)
dies.: Los acuerdos de empresa de descuelgue salarial de un convenio colectivo supraempresarial, RL 1995-II, S. 1429 ff. (zit.: *Descuelgue*)
dies.: Los pactos o acuerdos de empresa: naturaleza y régimen juridíco, RL 1995-I, S. 1390 ff. = in: VV.AA., El arbitraje laboral: Los acuerdos de empresa, VI Congreso Nacional de Derecho del Trabajo y de la Seguridad Social, Antonio Ojeda

Avilés (Coord.), Junta de Andalucía, Consejería de Trabajo y Asuntos Sociales, ed. Tecnos, Madrid 1996, S. 233 ff. (zit.: *Pactos*)
dies.: Pactos de „fin de huelga" en la empresa, RL 1995-II, S. 1436 ff. (zit.: *Fin*)
dies.: Sobre la posibilidad de conversión de un contrato a tiempo completo en un contrato a tiempo parcial, RL 1995-I, S. 1383 ff. (zit.: *Conversión*)
Alfonso Mellado, Carlos L./Ramírez Martínez, Juan Manuel: La reforma del salario, TS 1994, N° 43, S. 37 ff. (zit.: *Salario*)
Alonso García, Manuel: Curso de Derecho del Trabajo, 10ª edición, ed. Ariel, Barcelona 1987 (zit.: *Curso*)
ders.: Introducción al Estudio del Derecho del Trabajo, ed. Bosch, Barcelona 1958 (zit.: *Introducción*)
ders.: La naturaleza del Acuerdo Marco Interconfederal, in: VV.AA., Comentarios al Acuerdo Marco Interconfederal sobre negociación colectiva, Autores: Manuel Alonso García/Ricardo Calle Saíz/Luis Enrique de la Villa Gil/lberto Estaban Romero/Jaime Montalvo Correa/Juan Rivero Lamas/José Serrano Carvajal/Fernando Valdés Dal-Ré, ed. IES, Madrid 1980, S. 29 ff. (zit.: *Naturaleza, in: VV.AA., Comentarios*)
ders.: Los convenios colectivos en el Estatuto de los Trabajadores, in: VV.AA., I Congreso Nacional de Derecho del Trabajo y de la Seguridad Social, Volumen I, Los convenios colectivos y la extinción del contrato de trabajo en la Ley del ET. Ponencias, comunicaciones, cartas y conclusiones, ed. Centro de Publicaciones, Ministerio de Trabajo y Seguridad Social, Málaga 1980, S. 35 ff. (zit.: *Convenios, in: VV.AA., I Congreso*)
ders.: Naturaleza del acuerdo-marco, in: VV.AA., Acuerdo Marco Interconfederal sobre negociación colectiva, Instituto de Estudios Sociales, ed. Ministerio de Trabajo y Seguridad Social, Madrid 1980, S. 9 ff. (zit.: *Acuerdomarco, in: VV.AA., AMI*)
Alonso Olea, Manuel: Constitución, libertad sindical y negociación colectiva. Legitimación para negociar colectivamente. Sobre la creación de unidades de negociación nuevas, (N° 108. Sentencia 45/1984, de 27 de marzo, Sala 2.ª, en recurso de amparo núm. 361/1983, BOE de 25 de abril de 1984), Manuel Alonso Olea, Jurisprudencia Constitucional sobre Trabajo y Seguridad Social, Elenco y estudio de las Sentencias del Tribunal Constitucional (1984), Tomo II, 1ª edición, ed. Civitas, Madrid 1985, S. 125 ff. (zit.: *Constitución, in: ders., JCo*)
ders.: De la consagración del convenio colectivo extraestatutario o impropio, como conclusión esencial: además, en conexión con ello o como sus derivaciones: la adhesión informal al convenio impropio; libertad sindical y negociación colectiva, en general y para un supuesto concreto, que es precisamente el de la negociación extraestatutaria. „Obiter": igualdad o no ante la Ley; adaptación [en hecho nuevo] a la realidad de la práctica negocial, (N° 410. Sentencia 108/1989, de 8 de junio, Sala 2.ª, en recurso de amparo núm. 1031/1987, BOE de 4 de julio de 1989), in: Manuel Alonso Olea, Jurisprudencia Constitucional sobre Trabajo y Seguridad Social, Elenco y estudio de las Sentencias del Tribunal Constitucional (1989), Tomo VII, 1ª edición, ed. Civitas, Madrid 1990, S. 333 ff. (zit.: *Convenio, in: ders., JCo*)

ders.: Derecho del Trabajo, 2ª edición, revisada, ed. Universidad de Madrid, Facultad de Derecho, Sección de Publicaciones, Madrid 1973 (zit.: *Derecho del Trabajo*)
ders.: El derecho a la negociación colectiva [*qua* integrante de la libertad sindical, fundamentalmente así] llevado al límite; o sobre la interdicción de pactos de condiciones de trabajo mejores, o que puedan serlo, que las colectivas formalmente pactadas, (N° 633. Sentencia 105/1992, de 1 de julio, Sala 1.ª, en recurso de amparo núm. 2054/1988, BOE de 24 de julio de 1992), in: Manuel Alonso Olea, Jurisprudencia Constitucional sobre Trabajo y Seguridad Social – Elenco y Estudio de las Sentencias del Tribunal Constitucional, Tomo X, ed. Civitas, Madrid 1992, S. 384 ff. = La negociación colectiva y la mejora de las condiciones de trabajo (Comentario a la Sentencia del Tribunal Constitucional 105/1992, de 1 de julio. De la Sala 1.ª, en recurso de amparo núm. 2054/1988. Publicada en el suplemento del „BOE" de 24 de julio de 1992), REDT 1994, N° 63, S. 137 ff. (zit.: *Pactos, in: ders., JCo*)
ders.: El trabajo como bien escaso y la reforma de un mercado, ed. Civitas, Madrid 1995 = in: VV.AA., Las Relaciones Laborales y la Reorganización del Sistema Productivo, Edición preparada por: Federico Durán López, Publicaciones del Monte de Piedad y Caja de Ahorros de Córdoba, Córdoba 1983, S. 9 ff. (zit.: *Bien*)
ders.: En general, sobre las relaciones colectivas de trabajo; y sobre la sentencia interpretativa, N° 2. Sentencia de 8 de abril de 1981 (Pleno, en recurso de inconstitucionalidad núm. 192/1980, BOE de 25 de abril de 1981), in: Manuel Alonso Olea, Jurisprudencia Constitucional sobre Trabajo y Seguridad Social – Elenco y estudio de las sentencias del Tribunal Constitucional (1981-1983), Tomo I, 1.ª edición, ed. Civitas, Madrid 1984, S. 25 ff. (zit.: *Relaciones, in: ders., JCo*)
ders.: Las fuentes del Derecho, en especial del Derecho del Trabajo según la Constitución, ed. Civitas, Madrid 1982 (zit.: *Fuentes*)
ders.: Los pactos de seguridad sindical. Algunas decisiones recientes, REDT 1982, N° 12, S. 565 ff. (zit.: *Seguridad*)
ders.: Pactos colectivos y contratos de grupo Instituto de los estudios políticos, Madrid 1955 (zit.: *Pactos*)
ders.: Panorama general de la Ley Orgánica de Libertad Sindical, Seminario sobre el proyecto de Ley Orgánica de Libertad Sindical, RFDUC 1985, N° 7, S. 17 ff. (zit.: *Libertad*)
ders.: Sobre la composición del „banco social" de comisión negociadora de convenio colectivo. Libertad sindical y negociación colectiva. Sobre la eficacia de una sentencia de amparo, (N° 567, Sentencia 137/1991, de 20 de junio, Sala 1.ª, en recurso de amparo núm. 906/1988, BOE de 22 de julio de 1991), in: Manuel Alonso Olea, Jurisprudencia Constitucional sobre Trabajo y Seguridad Social, Elenco y Estudios de las Sentencias del Tribunal Constitucional (1991), Tomo IX, ed. Civitas, 1.ª edición, Madrid 1992, S. 459 ff. (zit.: *Banco, in: ders., JCo*)
ders.: Sobre la legalidad o ilegalidad de la huelga, vigente un convenio colectivo y, para decidir sobre ello: sobre cuándo está o deja de estar vigente un convenio colectivo y sobre la relación entre el convenio colectivo y las condiciones más beneficiosas superiores y anteriores al convenio. El auto de aclaración de senten-

cia y el plazo para recurrir en amparo contra ésta, (N° 462. Sentencia 38/1990, de 1 de marzo, Sala 1.ª, en recurso de amparo núm. 1623/1987, BOE de 22 de marzo de 1990), in: Manuel Alonso Olea, Jurisprudencia Constitucional sobre Trabajo y Seguridad Social, Elenco y Estudio de las Sentencias del Tribunal Constitucional (1990), Tomo VIII, 1.ª edición, ed. Civitas, Madrid 1991, S. 103 ff. (zit.: *CMB, in: ders., JCo*)

ders.: Tiempo para votar y quién lo haya a pagar (crónica, comentario, crítica), ed. Civitas, Madrid 1992 (zit.: *Tiempo*)

Alonso Olea, Manuel/Barreiro González, Germán: El Estatuto de los Trabajadores, Texto, Comentarios, Jurisprudencia, 4.ª edición, ed. Civitas, Madrid 1995 (zit.: *El ET*)

Alonso Olea, Manuel/Casas Baamonde, María Emilia: Derecho del Trabajo, 16ª edición, revisada, ed. Civitas, Madrid 1998 (zit.: *DTrab*)

Alós, Ramón/Falguera, Miquel/González, Paco/Senra, Rafael: La reforma de la legislación laboral, Texto y análisis crítico, „El cambio del cambio", Colecció Sociologia del Treball, Núm. 3, ed. Columna, Madrid 1994 (zit.: *Reforma*)

Álvarez Alcolea, M.: La concurrencia de convenios colectivos en el Estatuto de los Trabajadores, in: VV.AA., I Congreso Nacional de Derecho del Trabajo y de la Seguridad Social, Volumen I, Los convenios colectivos y la extinción del contrato de trabajo en la Ley del ET. Ponencias, comunicaciones, cartas y conclusiones, ed. Centro de Publicaciones, Ministerio de Trabajo y Seguridad Social, Málaga 1980, S. 59 ff. (zit.: *Concurrencia, in: VV.AA., I Congreso*)

Álvarez de la Rosa, Manuel: El derecho de negociación colectiva: legitimación para convenir e impugnación de convenios colectivos, RL 1998, N° 15/16, S. 74 ff. (zit.: *Legitimación*)

Anibaldi, Paolo: La contratación temporal y a tiempo parcial, Boletín Círculo de Empresarios, diciembre 1993, N° 57, S. 137 ff. (zit.: *Contratación*)

Anzinger, Rudolf/Koberski, Wolfgang: Das Gesetz zur Einführung eines Dienstleistungsabends und seine Auswirkungen auf individualarbeitsrechtliche, kollektivrechtliche und kartellrechtliche Fragen, NZA 1989, S. 737 ff. (zit.: *Dienstleistungsabend*)

Aparicio, Miguel Ángel: El sindicalismo vertical y la formación del Estado Franquista, ed. Ediciones de la Universidad de Barcelona (Eunibar), Barcelona 1980 (zit.: *Sindicalismo vertical*)

Apilluelo Martín, Margarita: Grupo de empresas y derecho del trabajo, AL 1996-1, XVIII, S. 335 ff. (zit.: *Grupo*)

ders.: Libertad sindical-negociación colectiva y autonomía individual. A propósito de la S.T.Co. Núm. 208/1993, de 28 de junio, en relación con la reforma del mercado de trabajo, in: VV.AA., XII Jornadas Universitarias andaluzas de Derecho del Trabajo y Relaciones Laborales, La reforma del mercado de trabajo y de la seguridad y salud laboral, José Monereo Pérez (Coord.), Edición preparada por el Departamento de Derecho del Trabajo y de la Seguridad Social, Universidad de Granada, ed. Servicio de Publicaciones de la Universidad de Granada. Campus Universitario de Cartuja, Granada 1996, S. 135 ff. (zit.: *Autonomía, in: VV.AA., XII Jornadas*)

ders.: Los convenios colectivos extraestatutarios y los acuerdos colectivos y plurales de empresa. Algunas precisiones de la jurisprudencia y la nueva LET de 1994, AL 1995-1, IX, S. 133 ff. (zit.: *Convenios*)
ders.: Una nueva ordenación de los poderes en las relaciones laborales, Comunicación a la ponencia, in: VV.AA., Reforma laboral y Negociación Colectiva, VII Jornadas de Estudio sobre la Negociación Colectiva, Madrid, 9 de junio de 1994, ed. Centro de Publicaciones, Ministerio de Trabajo y Seguridad Social, Madrid 1995, S. 127 ff. (zit.: *Ordenación, in: VV.AA., Reforma*)
Aragón Medina, Jorge: Los grupos de empresas como unidad económica dominante, in: VV. AA., Grupos de empresas y derecho del trabajo, Antonio Baylos Grau/Luis Collado García (ed.), ed. Trotta, Madrid 1994, S. 23 ff. (zit.: *Grupos, in: VV.AA., Grupos*)
Aragón Reyes, Manuel: Apuntes sobre el significado constitucional de la libertad de empresa, in: VV.AA., La reforma del mercado de trabajo: Libertad de empresa y relaciones laborales, Efrén Borrajo Dacruz (Dir.), ed. Actualidad Editorial, Madrid 1993, S. 159 ff. (zit.: *Libertad, in: VV.AA., Libertad*)
Aramendi Sánchez, Pablo: El control del poder del empresario, PJ 1998, N° 49, S. 731 ff. (zit.: *Poder*)
ders.: Novedades de la Reforma laboral en materia de contratación. Contratos de duración determinada, el contrato a tiempo parcial, el contrato de fomento del empleo, in: VV. AA., La nueva regulación de la contratación temporal. Modificación individual y modificaciones colectivas del contrato de trabajo, CDJ 1995, S. 55 ff. (zit.: *Contratación, in: VV.AA., Regulación*)
ders.: Reflexiones para la aplicación de la reforma laboral, RL 1994-II, S. 1290 ff. (zit.: *Reflexiones*)
Araúz de Robles, José María: Corporativismo Gremial, La organización social en la nueva España, Recopilación de las conferencias radiadas por „Radio Castilla-Burgos", sobre este interesante tema, desde 1 de noviembre a 31 diciembre 1936, ed. Requeté, Burgos 1937 (zit.: *Corporativismo*)
Argandoña, Antonio: El salario mínimo como factor condicionante del empleo, Boletín Círculo de Empresarios, diciembre 1993, N° 57, S. 201 ff. (zit.: *Salario*)
Arija, José Manuel: Trabajadores y sindicatos ante una nueva etapa, Boletín AEDIPE septiembre 1982, S. 11 ff. (zit.: *Trabajadores*)
Aristoteles: Politik, Teil II, in: Aristoteles Werke in deutscher Übersetzung, Begründet von Ernst Grumbach, Herausgegeben von Hellmut Flashar, Band 9, Buch II – Über Verfassungen, die in einigen Staaten in Kraft sind, und andere Verfassungen, die von gewissen Männern entworfen wurden und als vorbildlich gelten, Übersetzt und erläutert von Eckart Schütrumpf, Wissenschaftliche Buchgesellschaft Akademie Verlag Berlin, Darmstadt 1991 (zit.: *Politik*)
Ariza Rico, Julián: Enseñanza de las elecciones, GS 1981, N° 9, S. 8 f. (zit.: *Elecciones*)
Arroyo González, Marta: Modificación de condición más beneficiosa convencional por convenio posterior – Comentario a la STS 4.ª de 28 de octubre de 1998, RL 1999-I, S. 720 ff. (zit.: *Modificación*)
Ávila Romero, Manuel: Contenido y duración del convenio colectivo, in: VV.AA., La

negociación colectiva, Tomo III, CDJ 1992, S. 107 ff. (zit.: *Contenido, in: VV.AA., Negociación*)

Ballester Pastor, María Amparo: Los pactos autonómicos de solución de conflictos colectivos de trabajo, TS 1993, N° 26, S. 7 ff. (zit.: *Solución*)

Ballester Pastor, María Amparo/Altés Tárrega, Juan Antonio: Las comisiones paritarias en la negociación colectiva, RL 1996, N° 19, octubre, S. 32 ff. (zit.: *Comisiones paritarias*)

Ballesteros Gonzalo, I./Velázquez León, A. M.: El impacto de la reducción – por la Ley 4/1983 de 29 de junio – de la jornada máxima sobre los convenios colectivos existentes al tiempo de su entrada en vigor, N° 518: Sentencia 210/1990, de 20 de diciembre, in: Manuel Alonso Olea, Jurisprudencia Constitucional sobre Trabajo y Seguridad Social – Elenco y Estudio de las Sentencias del Tribunal Constitucional, Tomo VIII, ed. Civitas, Madrid 1990, S. 521 ff. (zit.: *Reducción, in: Alonso Olea, JCo*)

Barón Crespo, Enrique: Debatteneinwand in: Empresa y sindicato en un estado social de derecho, N° 3, Documentos y Estudios, Versión grabada del 1er encuentro entre representantes empresariales y sindicales de España y la República Federal de Alemania, ed. Fundación Friedrich Ebert-Madrid, Oficina de Madrid, Febrero 1978, S. 6 ff., 31 ff. (zit.: *Empresa*)

Barreiro González, German: Ensayo crítico sobre la paz laboral en el convenio colectivo con especial referencia a su carácter inmanente, REDT 1980, N° 4, S. 461 ff. (zit.: *Paz*)

ders.: La disponibilidad del derecho de huelga y su garantía en la Constitución, RPS 1979 N° 121, S. 88 ff. (zit.: *Disponibilidad*)

ders.: La huelga, el cierre patronal y el conflicto colectivo, in: VV.AA., Derecho del Trabajo y de la Seguridad Social en la Constitución, Ponencias revisadas presentadas al Simposio sobre este tema celebrado en el Centro de Estudios Constitucionales en mayo-junio 1979, ed. Centro de Estudios Constitucionales, Madrid 1980, S. 59 ff. (zit.: *Huelga, in: VV.AA., DTrab*)

ders.: Los créditos sindicales de tiempo: problemas especiales, in: VV.AA., La ordenación de las jornadas de trabajo, Ciclo de Mesas Redondas, Ponencias, marzo 1983, Segundo Ciclo de Mesas Redondas sobre Relaciones Laborales, ed. Confederación Española de Organizaciones Empresariales, Madrid 1983, S. 101 ff. (zit.: *Créditos, in: VV.AA., Jornadas*)

ders.: *Paz laboral en el convenio colectivo, con especial referencia a su carácter inmantente, in: VV.AA., I Congreso Nacional de Derecho del Trabajo y de la Seguridad Social, Volumen I, Los convenios colectivos y la extinción del contrato de trabajo en la Ley del ET. Ponencias, comunicaciones, cartas y conclusiones, ed. Centro de Publicaciones, Ministerio de Trabajo y Seguridad Social, Málaga 1980, S. 98 ff. (zit.:* Paz, in: VV.AA., I Congreso*)*

ders.: Sobre la constitución de secciones sindicales y existencia de delegados sindicales (Comentario a la Sentencia 173/1992, de 29 de octubre, del Tribunal Constitucional), REDT 1993, N° 57, S. 109 ff. (zit.: *Secciones*)

Barrenechea Suso, Jon/Ferrer López, Miguel A.: El Estatuto de los Trabajadores, 2.ª edición actualizada, ed. Deusto, Bilbao 1996 (zit.: *El ET*)

Barrionuevo Peña, José: Los sindicatos y las asociaciones de empresarios, in: VV.AA.,

Derecho del Trabajo y de la Seguridad Social en la Constitución, Ponencias revisadas presentadas al Simposio sobre este tema celebrado en el Centro de Estudios Constitucionales en mayo-junio 1979, ed. Centro de Estudios Constitucionales, Madrid 1980, S. 117 ff. (zit.: *Sindicatos, in: VV.AA., Trabajo*)

ders.: Un acuerdo racional y sensato, *El País* 16.01.1993, S. 40 (zit.: *Acuerdo*)

Baylos Grau, Antonio: „Cláusulas de descuelgue" en la negociación colectiva, in: VV.AA., La reforma del Estatuto de los Trabajadores, Fernando Valdés Dal-Ré/María Emilia Casas Baamonde (Coor.), Monografías Relaciones Laborales, ed. La Ley, Madrid 1994, S. 322 ff. (zit.: *Cláusulas, in: VV.AA., Reforma*)

ders.: Cláusulas de descuelgue, GS 1994, N° 128, S. 50 ff. = in: VV.AA., Reforma laboral y Negociación Colectiva, VII Jornadas de Estudio sobre la Negociación Colectiva, Madrid, 9 de junio de 1994, ed. Centro de Publicaciones, Ministerio de Trabajo y Seguridad Social, Madrid 1995, S. 99 ff. (zit.: *Descuelgue, in: VV.AA., Reforma*)

ders.: Derecho del trabajo: modelo para armar, ed. Trotta, Madrid 1991 (zit.: *Modelo*)

ders.: Diez años de jurisprudencia constitucional: el derecho de huelga, in: VV.AA., constitución y derecho del trabajo: 1981-1991 (Análisis de diez años de jurisprudencia constitucional), Manuel Ramón Alarcón Caracuel (Coord.), Associació Catalana de Iuslaboristes, ed. Marcial Pons, Madrid 1992, S. 293 ff. (zit.: *Huelga, in: VV.AA., Constitución*)

ders.: La intervención normativa del Estado en materia de relaciones colectivas, in: VV.AA., Las relaciones laborales en España, 2ª edición, ed. Siglo veintiuno editores, Madrid 1995, S. 289 ff. (zit.: *Intervención, in: VV.AA. Relaciones*)

ders.: La negociación colectiva, GS 1994, N° 128, S. 44 ff. (zit.: *Negociación*)

ders.: Los acuerdos de abril de 1997 sobre la negociación colectiva: algunas impresiones, REDT 1997, N° 85, S. 653 ff. (zit.: *Acuerdos*)

Bejarano Hernández, Andrés: Desigualdad de trato retributivo de los trabajadores de nuevo ingreso y autonomía colectiva e individual, RL 1997-I, S. 441 ff. (zit.: *Autonomía*)

ders.: La supresión o modificación unilateral de obligaciones pactadas en contrato de trabajo o convenio colectivo en aplicación de la cláusula *rebus sic stantibus*, REDT 1999, N° 95, S. 519 ff. (zit.: *Supresión*)

ders.: Principio de condición más beneficiosa y modificación sustancial de condiciones de trabajo, Universidad Pompeu Fabra, Barcelona 1998, noch unveröffentlicht (zit.: *CMB*)

ders.: Usos de empresa y pactos colectivos informales mejorativos de condiciones de trabajo. A vueltas sobre la eficacia jurídica de los mismos, RL 1999, N° 14, S. 12 ff. (zit.: *Usos*)

Bercovitz y Rodríguez-Cano, Rodrigo: La actuación mancomunada de los delegados de personal en el Estatuto de los Trabajadores, REDT 1981, N° 6, S. 149 ff. (zit.: *Actuación*)

Berenstein, Alexandre: La nouvelle loi suisse sur les conventions collectives de travail, Droit Social 1957, N° 7/8, S. 419 ff. (zit.: *Loi suisse*)

Berié, Hermann/Hofmann, Claus F.: Arbeitszeiten in der EG, Bundesarbeitsblatt 4/1992, S. 18 ff. (zit.: *ArbZ*)

Bernaldo de Quirós, Lorenzo: Las consecuencias económicas de los sindicatos, Boletín Círculo de Empresarios, Diciembre 1993, N° 57, S. 79 ff. (zit.: *Consecuencias*)

Bernecker, Walther L.: Arbeiterbewegung und Sozialkonflikte im Spanien des 19. und 20. Jahrhunderts, Vervuert Verlag, Frankfurt a.M. 1993 (zit.: *Arbeiterbewegung*)

ders.: Die spanische Arbeiterbewegung zwischen Republik und Monarchie: Kontinuitäten und Diskontinuitäten, in: Peter Waldmann/Walther L. Bernecker/-Francisco López-Casero (Hrsg.), Sozialer Wandel und Herrschaft im Spanien Francos, Ferdinand Schöiningh, Padeborn – München – Wien – Zürich 1984, S. 95 ff. (zit.: *Kontinuitäten, in: Sozialer Wandel*)

ders.: Gewerkschaftsbewegung und Staatssyndikalismus in Spanien, Quellen und Materialien zu den Arbeitsbeziehungen 1936-1980, Campus Verlag, Frankfurt a.M. – New York 1985 (zit.: *GewerkS-Bewegung*)

ders.: Sozialgeschichte Spaniens im 19. und 20. Jahrhundert – Vom Ancién Régime zur Parlamentarischen Monarchie, 1. Auflage, Edition Suhrkamp, Frankfurt a.M. 1990 (zit.: *Sozialgeschichte*)

Bieback, Karl-Jürgen: in: Däubler, Wolfgang (Hrsg.), Arbeitskampfrecht, 2. Auflage, Nomos Verlagsgesellschaft, Baden-Baden 1987 (zit.: *ArbKR*)

Bilbao, Andrés: La transición política y los sindicatos, CRL 1992, N° 1, S. 105 ff. (zit.: *Transición*)

ders.: Una fantasía de la negociación sindical: el reparto del tiempo de trabajo, CRL 1996, N° 9, S. 179 ff. (zit.: *Fantasía*)

Birk, Rolf: Die Tarifautonomie in rechtsvergleichender Sicht, RdA 1995, S. 71 ff. (zit.: *Tarifautonomie*)

ders.: Einführung, in: Rolf Birk, Europäisches Arbeitsrecht, Textausgabe, C.H. Beck'sche Verlagsbuchhandlung, München 1990, S. 1 ff. (zit.: *Einführung, in: ders., Europ. ArbR*)

Birk, Rolf/u.a.: Gesetz zur Regelung kollektiver Arbeitskonflikte – Entwurf und Begründung, Tübingen 1988 (zit.: *Gesetz*)

Bischoff, Sabine: Arbeitszeitrecht in der Weimarer Republik, Duncker & Humblot, Berlin 1987 (zit.: *ArbZR*)

Blanco, Juan/Otaegui, Amaia: Los trabajadores de las PYMES y la acción sindical, Sociología del Trabajo 1990/91, N° 11, S. 93 ff. (zit.: *Trabajadores*)

Blanke, Thomas: Recht und Praxis der Europäische Betriebsräte, Zur Effektivität „weicher" Regulierung für die Integration der Arbeitsbeziehung in Europa, Kritische Justiz 4/1999, S. 497 ff. (zit.: *EuropBRäte*)

Blanpain, Roger/Schmidt, Marlene/Schweibert, Ulrike: Europäisches Arbeitsrecht, 2. Auflage, Nomos Verlagsgesellschaft, Baden – Baden 1996 (zit.: *ArbR*)

Blasco Pellicer, Ángel: Autonomía individual, autonomía colectiva y modificación sustancial de condiciones de trabajo, RL 1995-I, S. 565 ff. (zit.: *Autonomía*)

ders.: La individualización de las relaciones laborales, ed. Consejo Económico y Social, Madrid 1995 (zit.: *Individualización*)

ders.: La relación entre la norma estatal y el convenio colectivo, AL 1993-2, XXXIV, S. 513 ff. (zit.: *Norma*)

Boers, Hans: Unterliegt die Dauer der Arbeitszeit dem Mitbestimmungsrecht des Betriebsrates?, BB 1963, S. 562 ff. (zit.: *MitBR*)

Bonasa Romeo, Ignacio: El contrato a tiempo parcial en España, Boletín AEDIPE marzo 1997, S. 17 ff. (zit.: *TPar*)

Borbolla Camoyan, José Rodríguez de la: De la rigidez al equilibrio flexible, El concepto de causas económicas y tecnológicas y su evolución legal, ed. Consejo Económico y Social, Madrid 1994 (zit.: *Equilibrio*)

Borrajo Dacruz, Efrén: Articulación entre la autonomía individual y colectiva y las normas estatales en la regulación del trabajo: Balance y nuevas perspectivas, AL 1993-1, IV, S. 51 ff. (zit.: *Autonomía*)

ders.: Contenido del Estatuto de los Trabajadores según la Constitución, in: VV.AA., El Estatuto de los Trabajadores, Autores: E. Borrajo Dacruz/C. López-Monis/A. Nuñez Samper/R. Martínez Emperador/E. Rayon Suárez, Tomo XII, Volumen 1.°, Departamento de Derecho del Trabajo, Facultad de Ciencias Económicas – Universidad Complutense, ed. Edersa, Madrid 1980, S. 11 ff. (zit.: *Contenido, in: VV.AA., El ET*)

ders.: Delegados sindicales: ¿en la empresa o en el centro de trabajo?, AL 1987-2, Rn. 842, S. 1849 ff. (zit.: *Delegados*)

ders.: Eficacia jurídica del AES, AL 1985-1, N° 383, S. 721 ff. (zit.: *AES*)

ders.: El caso „Galerías preciado", AL 1991-3, Rn. 1142, S. 2451 ff. (zit. *Galerías*)

ders.: Impugnación de convenios colectivos (Arts. 160 a 163 de la L.P.L.), in: VV.AA., Comentarios a las leyes laborales, La nueva Ley de Procedimiento Laboral (Real Decreto Legislativo 521/1990, de 27 de abril), Tomo XIII – Volumen 2.°, Dirigidos por Efrén Borrajo Dacruz, ed. Edersa, Madrid 1990, S. 1117 ff. (zit.: *Impugnación, in: VV.AA., Comentarios*)

ders.: Introducción al Derecho del Trabajo, Concepto e historia del Derecho del Trabajo. La empresa. El sindicato. La administración laboral nacional e internacional. Las fuentes del Derecho del Trabajo. La aplicación del Derecho del Trabajo, 9.ª edición, revisada y actualizada, ed. Tecnos, Madrid 1996 (zit.: *Introducción*)

ders.: La obligatoriedad general de los convenios colectivos de trabajo en el nuevo derecho español, RPS 1980, N° 126, S. 5 ff. = La obligatoriedad general o limitada de los convenios colectivos de trabajo, in: VV.AA., El Estatuto de los Trabajadores, Autores: E. Borrajo Dacruz/C. López-Monis/A. Nuñez Samper/R. Martínez Emperador/E. Rayon Suárez, Tomo XII, Volumen 1.°, Departamento de Derecho del Trabajo, Facultad de Ciencias Económicas – Universidad Complutense, ed. Edersa, Madrid 1980, S. 175 ff. (zit.: *Obligatoriedad*)

ders.: La regulación de condiciones de trabajo en España: poderes normativos y autonomía individual, in: VV.AA., La reforma del mercado de trabajo: Libertad de empresa y relaciones laborales, Efrén Borrajo Dacruz (Coord.), ed. Actualidad Editorial, Madrid 1993, S. 1063 ff. (zit.: *Autonomía, in: VV.AA., Libertad*)

ders.: Las secciones sindicales en la empresa: puntos críticos, Boletín AEDIPE diciembre 1986, S. 3 ff. (zit.: *Secciones*)

ders.: Los convenios colectivos en el nuevo marco de las relaciones laborales (Una

introducción al Estatuto de los Trabajadores), RES 1979, N° 1, S. 37 ff. (zit.: *Convenios*)
ders.: Nota. Alcance y beneficiarios del canon sindical de negociación, AL 1985-2, S. 2428 ff. (zit.: *Canon*)
ders.: Nota. Dirección de empresa y Autonomía Colectiva, AL 1993-2, S. 1806 ff. (zit.: *Dirección*)
ders.: Nota. Indisponibilidad de derechos pactados y condición más beneficiosa, AL 1985-2, S. 2697 (zit.: *Indisponibilidad*)
ders.: Nota. La eficacia reguladora de la autonomía individual, AL 1994-2, S. 1682 ff. (zit.: *Eficacia*)
ders.: Nota. Libertad sindical y asociaciones empresariales, AL 1992-2, S. 1726 ff. (zit.: *Libertad*)
ders.: Nota. Mejora de condiciones de trabajo establecidas en un convenio colectivo con alteración de algunas de sus reglas, AL 1992-3, S. 3052 f. (zit.: *Mejora*)
ders.: Nuevas manifestaciones del derecho vivo del trabajo, AL 1992-2, XXXVIII, S. 543 ff. (zit.: *Derecho*)
ders.: ¿Reforma laboral o nuevo derecho del trabajo?, AL 1994-3, XXXVII, S. 543 ff. (zit.: *Derecho*)
ders.: Sindicatos y negociación colectiva en el Proyecto de Ley Orgánica de Libertad Sindical, RFDUC 1984, N° 7, S. 143 ff. = Sindicatos: Negociación colectiva en el Proyecto de Ley Orgánica de Libertad Sindical, in: VV.AA., Seminario sobre negociación colectiva, Madrid, 22 y 23 de noviembre de 1984, ed. CEOE, Madrid 1984, S. 13 ff. (zit.: *Sindicatos*)
ders.: Valoración política: balance y perspectiva, in: VV.AA., El Estatuto de los Trabajadores, Autores: E. Borrajo Dacruz/C. López-Monis/A. Nuñez Samper/R. Martínez Emperador/E. Rayon Suárez, Tomo XII, Volumen 1.°, Departamento de Derecho del Trabajo, Facultad de Ciencias Económicas – Universidad Complutense, ed. Edersa, Madrid 1980, S. 231 ff. (zit.: *Balance, in: VV.AA., El ET*)
Bosch, Gerhard: Flexibilität und Arbeitsorganisation, Soziales Europa, Beiheft 1/95, Bericht der Experten-Arbeitsgruppe, Maßnahmen im Anschluß an das Weißbuch Wachstum, Wettbewerbsfähigkeit und Beschäftigung, Europäische Kommission, Generaldirektion Beschäftigung, Arbeitsbeziehungen und soziale Angelegenheiten, Luxemburg: Amt für amtliche Veröffentlichungen der Europäischen Gemeinschaften, EGKS-EG-EAG, Brüssel – Luxemburg 1995 (zit.: *Flexibilität*)
ders.: La distribución del tiempo de trabajo en Alemania: Tendencias y estructuras, REST 1992, N° 15/16, S. 31 ff. (zit.: *Distribución*)
Bravo de Laguna, Juan Hernández: Franquismo y transición política, Historia Popular de Canarias, ed. Centro de la Cultura Popular Canaria, Cabildo Insular de Tenerife, Santa Cruz de Tenerife 1992 (zit.: *Franquismo*)
Brösse, Ulrich: Die Syndikate in Spanien – Ihre Entwicklung in den letzten 25 Jahren, Gewerkschaftliche Monatshefte 1/1967, S. 20 ff. (zit.: *Syndikate*)
ders.: Wirtschaftsordnung und Arbeitsrecht in Spanien, Dargestellt anhand eines Vergleichs mit dem Recht der Bundesrepublik Deutschland – Von der Fakultät

für Kultur- und Sozialwissenschaften der Technischen Hochschule Darmstadt zur Erlangung der Würde eines Doktors der Wirtschaftswissenschaften (Dr. rer. pol.) genehmigte Dissertation, Gustav Fischer Verlag, Stuttgart 1965 (zit.: *WirtschaftsO*)

Buchner, Herbert: Arbeitszeit und Günstigkeitsprinzip, in: Hromadka, Wolfgang (Hrsg.), Arbeitszeitrecht im Umbruch – eine Zwischenbilanz, Fachverlag für Wirtschaft und Steuern Schäffer GmbH & Co., Stuttgart 1988, S. 3 ff. (zit.: *ArbZ, in: Hromadka, ArbZR*)

Buck, Karl-Hermann: Die spanische Linke – Kommunisten, Sozialisten und linke Splittergruppen – Worin lag die Bedeutung der „Arbeiterkommissionen"?, Der Bürger im Staat 2/1977, S. 103 ff. (zit.: *Linke*)

Burgos Giner, María Ángeles: Jurisprudencia del Tribunal Central de Trabajo (1980-1989) sobre el artículo 41 del Estatuto de los Trabajadores (Primera parte y segunda parte), RTSS 1992 (abril-junio), S. 107 ff. (julio-septiembre), S. 127 ff. (zit.: *Art. 41*)

Butzer: Verfassungsrechtliche Grundlagen zum Verhältnis zwischen Gesetzgebungshoheit und Tarifautonomie, RdA 1994, S. 375 ff. (zit.: *Grundlagen*)

Cabero Morán, Enrique: Negociación colectiva y representación de los trabajadores en los grupos de empresas nacionales y multinacionales, AL 1990-3, XXXV, S. 371 ff. (zit.: *Grupos*)

Cabeza Pereiro, Jaime: El proceso de oficio como instrumento de control de las modificaciones, suspensiones y extinciones contractuales de los arts. 41, 47 y 51 ET, RL 1994-I, S. 492 ff. (zit.: *Proceso*)

ders.: La buena fe en la negociación colectiva, Xunta de Galicia, ed. Escola Galega de Administración Pública, Santiago de Compostela 1995 (zit.: *Buena fe*)

ders.: Poder de dirección presuntamente antisindical, N° 763. Sentencia 208/1993, de 28 de junio, Sala 1.ª, en recurso de amparo núm. 232/1990, BOE de 2 de agosto de 1993, in: Alonso Olea, Manuel/Montoya Melgar, Alfredo, Jurisprudencia constitucional sobre trabajo y seguidad social, Elenco y Estudios de las sentencias del Tribunal Constitucional (1993), Tomo XI, ed. Civitas, Madrid 1993, S. 501 ff. (zit.: *Poder, in: Alonso Olea/Montoya, JCo*)

Cabrera Bazán, José: Debatteneinwand in: Empresa y sindicato en un estado social de derecho, N° 3, Documentos y Estudios, Versión grabada del primer encuentro entre representantes empresariales y sindicales de España y la República Federal de Alemania, ed. Fundación Friedrich Ebert-Madrid, Oficina de Madrid, Febrero 1978, S. 30 (zit.: *Debatteneinwand, in: Fundación Friedrich Ebert, Documentos y Estudios*)

ders.: La novación ilícita del contrato de trabajo, Instituto García Oviedo, Universidad de Sevilla, Sevilla 1963 (zit.: *Novación*)

ders.: La titularidad y el ejercicio del interés colectivo, Instituto García Oviedo, Universidad de Sevilla, Sevilla 1967 (zit.: *Interés*)

ders.: Wirtschaftsordnung und Gewerkschaften in der span. Verfassung, in: Wolfgang Däubler, Arbeitsbeziehungen in Spanien, Geschichte – Ideologien – Rechtsnormen, Otto Brenner Stiftung, Franfurt a.M. 1982, S. 166 ff. (zit.: *WirtschaftsO, in: Däubler, Spanien*)

Calvo Gallego, Francisco Javier/Soto Rioja, Sebastián de: Los colegios profesionales como asociaciones empresariales, AL 1998-2, XXVI, S. 421 ff. (zit.: *Colegios*)
Camacho Abad, Eulegio Marcelino: Gespräche im Gefängnis – Die gewerkschaftliche Arbeiterbewegung in Spanien, Originaltitel: Charlas en prisión – El movimiento obrero sindical, Colección Ebro, Paris 1974 oder Barcelona 1976, herausgegeben und aus dem Spanischen übersetzt von Hans-Werner Franz, Globus Verlag Wien 1976, der deutschen Ausgabe Verlag Marxistische Blätter GmbH, Frankfurt a.M. 1976 (zit.: *Gespräche*)
ders.: La unidad sindical, sentimiento mayoritario de los trabajadores, GS 1983, N° 23, S. 22 ff. (zit.: *Unidad*)
ders.: Opiniones que pesan, Gaceta de Derecho Social 1975, diciembre, N° 55, S. 35 ff. (zit.: *Opiniones*)
Camara Botia, Alberto: El contrato de trabajo aeronáutico, 1.ª edición, ed. Civitas, Madrid 1995 (zit.: *Aeronáutico*)
Camós Victoria, Ignacio: La modificación sustancial de condiciones de trabajo reconocidas en virtud de un acuerdo o pacto colectivo o fijadas en un convenio estatutario y su incidencia en el sistema de fuentes, AL 1996-2, XXX, S. 545 ff. (zit.: *Modificación*)
Campos Alonso, Miguel Ángel: Los convenios de franja. A propósito de la legitimación para negociarlos, AL 1985, N° 38, Ref. 952, S. 1900 ff. (zit.: *Franja*)
ders.: Validez de los convenios colectivos de trabajo, in: VV.AA., Comentarios a las leyes laborales, Tomo XII – Volumen 2.°, Artículos 84, 86, 90 y 91 del Real Decreto legislativo 1/1995, de 24 de marzo, Dirigidos por Efrén Borrajo Dacruz, 2.ª edición, ed. Edersa, Madrid 1995, S. 181 ff. (zit.: *Validez, in: VV.AA., Comentarios*)
Camps Ruiz, Luis Miguel: La condición más beneficiosa, in: VV.AA., III Congreso Nacional de Derecho del Trabajo y de la Seguridad Social, Generalitat Valencia, Consellería de Treball, Asociación Española de Derecho del Trabajo y de la Seguridad Social, Edición preparada por el Departamento de Derecho del Trabajo de la Universidad de Alicante, ed. Tirant lo Blanch, Valencia 1993, S. 229 ff. (zit.: *CMB, in: VV.AA., III Congreso*)
ders.: La nueva regulación del mercado de trabajo, ed. Tirant lo Blanch, Valencia 1994 (zit.: *Mercado*)
ders.: La problemática jurídico-laboral de los grupos de sociedades, ed. Centro de Publicaciones, Ministerio de Trabajo y Seguridad Social, Madrid 1986, S. 116 ff. (zit.: *Grupos*)
ders.: Los conflictos entre normas laborales, in: VV.AA., Fuentes de la relación laboral y criterios de aplicación en el Estatuto de los Trabajadores – Jornadas de Estudio de los Profesores Españoles de Derecho del Trabajo, ed. Instituto de Estudios Sociales, Madrid 1981, S. 96 ff. (zit.: *Conflictos, in: VV.AA., Fuentes*)
ders.: Problemática jurídico – laboral del grupo de empresas: puntos críticos, in: VV.AA., Grupos de empresas y Derecho del trabajo, Antonio Baylos Grau/Luis Collado García (ed.), ed. Trotta, Madrid 1994, S. 87 ff. (zit.: *Empresas, in: VV.AA., Grupos*)
ders.: Tratamiento laboral de los grupos de sociedades (I y II), AL 1990-3, XXXVII, S. 401 ff., XXXVIII, S. 415 ff. (zit.: *Tratamiento*)

Camps Ruiz, Luis Miguel/Sala Franco, Tomás: Control de legalidad de los convenios colectivos, prohibición de concurrencia y lesión de intereses de terceros. Estaciones de servicio, (A propósito de la STCT de 17 de marzo de 1987), PJ 1989, N° 13, S. 155 ff. (zit.: *Concurrencia*)

dies.: El deber de negociar, el principio de no concurrencia y el cambio de unidad de negociación, (A propósito de la STCT de 29 de octubre de 1986), PJ 1988, N° 12, S. 169 ff. (zit.: *Cambio*)

dies.: La legitimación para negociar Convenios Colectivos estatutarios, (A propósito de la sentencia del Tribunal Supremo, Sala Sexta, de 16 de enero de 1986), PJ 1986, N° 4, S. 187 ff. (zit.: *Legitimación*)

dies.: Los convenios colectivos extraestatutarios: eficacia, articulación con los convenios estatutarios e incidencia sobre el deber de negociación, (A propósito de la STCT de 6 de noviembre de 1986), DL 1987, N° 21, S. 127 ff. (zit.: *Convenios*)

Carnelutti, Francesco: Teoria del regolamento collettivo. Dei rapporti di lavoro, Lezioni di diritto industriale, ed. Casa Editrice Dott. Antonio Milani, Padova 1927 (zit.: *Regolamento*)

Carratalá Teruel, José L.: Real Decreto 1.561/1995, de 21 de septiembre, sobre jornadas especiales de trabajo, TS 1995, N° 59, S. 86 ff. (zit.: *Jornadas*)

Carrillo Solares, Santiago: Los comunistas en el movimiento obrero, Reunión de militantes obreros comunistas en Madrid 1980, 17-18 mayo 1980, Resumen de las intervenciones, Mundo Obrero (semanal) 1980, 29 mayo a 3 junio 1980, N° 77, S. 14 ff. (zit.: *Comunistas*)

Casarrubios Paniagua, Ángeles/Rivero González, Julia/Valentín.Gamazo, Manuel: Remedios jurídicos contra los convenios colectivos lesivos o ilegales (A propósito de la Sentencia del Tribunal Constitucional 12/1996, de 29 de enero), REDT 1997, N° 82, S. 271 ff. (zit.: *Convenios*)

Casas Baamonde, María Emilia: Democracia, representatividad y afiliación sindicales, in: VV.AA., Cuestiones actuales de Derecho del Trabajo, Estudios ofrecidos por los catedráticos españoles de Derecho del Derecho, Huelga y Constitución: ¿Nuevas perspectivas?, RL 1994-I, S. 44 ff. (zit.: *Huelga, in VV.AA., Cuestiones*)

dies.: „Descuelgue" salarial, acuerdos de empresa y conflictos de intereses (I y II), RL 1995-I, S. 23 ff., 31 ff. (zit.: *Descuelgue*)

dies.: Diálogo y concertación social: el Acuerdo Interconfederal sobre Negociación Colectiva, RL 1997, N° 10, S. 1 ff. (zit.: *AINC*)

dies.: ¿Hacia la disponibilidad de la eficacia de los convenios colectivos?, RL 1997-I, S. 31 ff. (zit.: *Disponibilidad*)

dies.: Jurisprudencia constitucional y representatividad sindical, TL 1990, N° 19/20, S. 41 ff. (zit.: *JPrud.*)

dies.: La estructura de la negociación colectiva y las nuevas reglas sobre competencias y concurrencia de los convenios colectivos, in: VV.AA., La reforma del Estatuto de los Trabajadores, Fernando Valdés Dal-Ré/María Emilia Casas Baamonde (Coor.), Monografías Relaciones Laborales, ed. La Ley, Madrid 1994, S. 292 ff. (zit.: *Estructura, in: VV.AA., Reforma*)

dies.: La individualización de las relaciones laborales, RL 1991-II, S. 402 ff. = Jurisprudencia Brasileira Trabalhista 1992, Vol. 35 (Subsistuição processual, doutrina julgados diversos), S. 49 ff. (zit.: *Individualización*)

dies.: La reforma del Derecho del Trabajo, Diez años de legislación laboral: 1985-1995, RL 1996-I, S. 155 ff. (zit.: *Reforma*)

dies.: La representación y la necesaria representatividad de los sindicatos: las singularidades del sistema español, REST 1990, N° 10, S. 101 ff. (zit.: *Representación*)

dies.: Ley, autonomía colectiva y eficacia de los convenios colectivos, RMTAS 1997 (3), S. 221 ff. (zit.: *Ley*)

dies.: Política legislativa y crisis económica en el Estatuto de los Trabajadores; sobre las nuevas formulaciones de los principios de aplicación de las normas laborales, in: VV. AA., Fuentes de la relación laboral y criterios de aplicación en el Estatuto de los Trabajadores – Jornadas de Estudio de los Profesores Españoles de Derecho del Trabajo, ed. Instituto de Estudios Sociales, Madrid 1981, S. 21 ff. (zit.: *Política, in: VV.AA., Fuentes*)

dies.: Representatividad y mayor representatividad de los sindicatos en España. ¿Un modelo en crisis?, REDT 1988, S. 71 ff. (zit.: *Representatividad*)

dies.: Un debate interpretativo pendiente en la jurisprudencia constitucional: representaciones unitarias y titularidad colectiva del derecho de libertad sindical (y sobre el contenido esencial, y menos esencial o adicional, y organizativo y funcional del derecho), RL 1998, N° 15/16, S. 52 ff. (zit.: *Representaciones*)

Casas Baamonde, María Emilia/Baylos Grau, Antonio: Organización del trabajo y autonomía individual: la „desregulacion" del convenio colectivo, RL 1988-II, S. 159 ff. (zit.: *Autonomía*)

Casas Baamonde, María Emilia/Baylos Grau, Antonio/Escudero Rodríguez, Ricardo: El Estatuto de los Trabajadores. Diez años después: pervivencias, insuficiencias, desviaciones y reformas, RL 1990-I, S. 182 ff. (zit.: *El ET*)

Casas Baamonde, María Emilia/Escudero Rodríguez, Ricardo: Representación unitaria y representación sindical en el sistema español de relaciones laborales, REDT 1984, N° 17, S. 51 ff. (zit.: *Representación*)

Casas, José Ignacio: Hacia menos contenidos de la negociación colectiva, GS 1980, N° 5, S. 14 ff. (zit.: *José I. Casas, Negociación*)

Castán Tobeñas, Jaime: Derecho Civil Español, Común y Foral, 13.ª edición, revisada y puesta al día, Tomo III, Madrid 1983 (zit.: *DerCiv*)

Castells, Pilar: Todo sobre el comité de empresa, ed. De Vecchi, Barcelona 1988 (zit.: *Comité*)

Castiñeira Fernández, Jaime: Horas extraordinarias: compensación por tiempo de descanso, in: VV.AA., La flexibilidad laboral en España, Rivero Lamas, Juan (Coord.), Instituto de Relaciones Laborales, Universidad Zaragoza, Zaragoza 1993, S. 497 ff. (zit.: *Horas, in: VV.AA., Flexibilidad*)

ders.: Libertad sindical y negociación colectiva, RL 1999, N° 1, S. 51 ff. (zit.: *Libertad*)

Cavas Martínez, Faustino: Diversificación *versus* uniformidad en el Derecho español del Trabajo, REDT 1994, N° 63, S. 71 ff. (zit.: *Diversificación*)

ders.: Las relaciones laborales en el sector agrario, ed. Centro de Publicaciones, Ministerio de agricultura, pesca y alimentación, Madrid 1995 (zit.: *Agrario*) *ders.:* Notas jurisprudenciales sobre la novación contractual en masa de las condiciones de trabajo establecidas en convenio colectivo, in: VV.AA., Homenaje al profesor Juan García Abellán, 1ª edición, ed. Secretario de Publicaciones de la Universidad de Murcia, Murcia 1994, S. 41 ff. (zit.: *Novación, in: VV.AA., Homenaje*)

CC.OO./UGT: Por el empleo, estable y con derechos – Campaña unitaria por el empleo, Documento elaborado por CC.OO. y UGT, RL 1996-I, S. 1435 ff. (zit.: *Empleo*)

Cebrián Badía, Francisco Javier: El nuevo sistema de medición de la representatividad sindical, Estudios de Jurisprudencia, Revista Colex 1994, N° 11, S. 237 ff. (zit.: *Medición*)

ders.: La jornada ilimitada, las guardias médicas y los convenios colectivos, AL 1989-1, IX, S. 95 ff. (zit.: *Jornada*)

ders.: Los convenios colectivos y la eficacia de las leyes, AL 1986-2, Rn. 1016, S. 2421 ff. (zit.: *Convenios*)

Claudin, Fernando: Die neue spanische Arbeiterbewegung – Sozialstruktur des Francismus, Kritik der politischen Ökonomie 8/9/10/1976, S. 118 ff. (zit.: *ArbBewegg*)

Colina Robledo, Miguel: Normativa sobre tiempo de trabajo en el ámbito de la Comunidad Europea, in: VV.AA., Estudios sobre la jornada de trabajo, Luis Enrique de la Villa Gil (Coord.), ed. Acarl, Madrid 1991, S. 39 ff. (zit.: *Tiempo, in: VV.AA., Estudios*)

Collado Luis, Santiago: Autonomía colectiva y autonomía individual en la fijación de condiciones de trabajo, AL 1994-1, XI, S. 153 ff. (zit.: *Autonomía*)

Conde y Conde, Mario: Libertad de empresa y responsabilidad social del empresario y del Estado ante la nueva economía, in: VV.AA., La reforma del mercado de trabajo: Libertad de empresa y relaciones laborales, Efrén Borrajo Dacruz (Dir.), ed. Actualidad Editorial, Madrid 1993, S. 7 ff. = AL 1993, N° 35 (sept.-oct.), XLI, S. 625 ff. (zit.: *Libertad, in: VV.AA., Libertad*)

Corcuera, José Luis: Valoración general del Acuerdo Marco Interconfederal, in: Balance del Acuerdo Marco Interconfederal, Documentos y estudios N° 18, Ponencias del XI encuentro entre empresarios, sindicalistas y laboralistas, Madrid, 16 y 17 de octubre de 1980, Fundación Friedrich Ebert, S. 23 ff. (zit.: *Valoración, in: VV.AA., Balance*)

Correa Carrasco, Manuel: Convenios y Acuerdos Colectivos de Trabajo, ed. Aranzadi, Pamplona 1997 (zit.: *Convenios*)

ders.: La eficacia jurídica del convenio colectivo como fuente (formal) del Derecho del Trabajo, REDT 1998, N° 88, S. 225 ff. (zit.: *Fuente*)

Council of Europe – Conseil de l'Europe: Hours of work – Comparative study evolution and prospects, Report prepared by the Study Group of the 1981/1982 Co-ordinated Research Programme, Social Co-operation in Europe, Strasbourg 1983 (zit.: *Hours of work*)

Council of Europe – Conseil de l'Europe: Reorganisation of working time, Study carried out by the European Trade Union Institute, Strasbourg, 16 November 1982 (zit.: *Working time*)

Cremades, Bernardo María: Das Ordnungsprinzip im gegenwärtigen spanischen

Arbeitsrecht, Inaugural-Dissertation zur Erlangung der Doktorwürde einer Hohen Rechtswissenschaftlichen Fakultät der Universität zu Köln, 1967 (zit.: *Ordnungsprinzip*)

ders.: La regulación contractual unitaria, RPS 1968, N° 80, S. 5 ff. (zit.: *Regulación*)

Cremades, Javier: Arbeitsrecht in Spanien, unter Mitwirkung von Alberto Valdés, 1. Auflage, Jehle-Rehm-Verlagsgruppe, München 1996 (zit.: *ArbR*)

Cruz Villalón, Jesús: Breve panorama del régimen de los trabajadores fijos discontinuos, TS 1998, N° 85, S. 32 ff. (zit.: *Fijos discontinuos*)

ders.: El artículo 41 del Estatuto de los Trabajadores tras la reforma de 1994, in: VV.AA., La reforma del Estatuto de los Trabajadores, Fernando Valdés Dal-Ré/ María Emilia Casas Baamonde (Coord.), Monografías Relaciones Laborales, ed. La Ley, Madrid 1994, S. 116 ff. (zit.: *Art. 41, in: VV.AA., Reforma*)

ders.: El contrato de trabajadores fijos discontinuos en la Ley 32/1984, RL 1985-I, S. 445 ff. (zit.: *Trabajadores*)

ders.: El reconocimiento legal de la representación y la acción sindical en la empresa, in: VV.AA., Comentarios a la Ley de Libertad Sindical, Ley Orgánica 11/1985, de 2 de agosto, de Libertad Sindical, Miguel Rodríguez-Piñero y Bravo-Ferrer (Coord.), ed. Tecnos, Madrid 1986, S. 219 ff. (zit.: *Reconocimiento, in: VV.AA., Comentarios*)

ders.: La aplicación judicial de la reforma en materia de modificaciones sustanciales de condiciones de trabajo, RL 1996-II, S. 428 ff. = in: VV.AA., La modificación del contrato de trabajo, Vicente-Antonio Martínez Abascal (Coord.), 1ª edición, ed. Ibidem Ediciones, Madrid 1997, S. 147 ff. (zit.: *Aplicación*)

ders.: La estructura de la negociación colectiva y el Acuerdo Interconfederal de negociación colectiva de 1997, TS 1998, N° 89, S. 21 ff. (zit.: *AINC*)

ders.: La flexibilidad en la distribución del tiempo de trabajo. Comentario a la sentencia TCT 5.ª S 7 feb. 1989, RL 1989-I, S. 535 ff. (zit.: *Flexiblidad*)

ders.: La negociación colectiva en los grupos de empresa, in: VV.AA., Grupos de empresas y Derecho del trabajo, Antonio Baylos Grau/Luis Collado García (ed.), ed. Trotta, Madrid 1994, S. 273 ff. (zit.: *Grupos, in: VV.AA., Grupos*)

ders.: La representación de los trabajadores en la empresa y en el grupo. Un marco legal insuficiente, Consejo Andaluz de Relaciones Laborales, ed. Trotta, Madrid 1992 (zit.: *Empresa*)

ders.: Las modificaciones de la prestación de trabajo, 1.ª edición, ed. Servicio de Publicaciones, Ministerio de Trabajo y Seguridad Social, Madrid 1983 (zit.: *Modificaciones*)

ders.: Las modificaciones sustanciales de condiciones de trabajo tras la reforma de 1994, in: La nueva regulación de la contratación temporal. Modificación individual y modificaciones colectivas del contrato de trabajo, Consejo General del Poder Judicial, CDJ 1995, S. 181 ff. (zit.: *Trabajo*)

Cruz Villalón, Jesús/García Murcia, Joaquín: La regulación de las condiciones de trabajo en los convenios coletivos (1980-1982), RPS 1983, N° 137, S. 445 ff. (zit.: *Regulación*)

Cuadrat, Xavier: Socialismo y anarquismo en Cataluña (1899-1911), Los orígenes de la

C.N.T., Ediciones de la Revista de Trabajo, Madrid 1976 (zit.: *Socialismo*)
Cuevas González, Félix de las: Nota. *¿Rebus sic stantibus?*, ¿base del negocio? Interpretación de la cláusula del convenio colectivo, AL 1994-3, S. 3212 (zit.: *Rebus*)
Cuevas López, Joaquín: Consideraciones acerca de la negociación por los Sindicatos de los convenios de empresa o ámbito inferior, *La Ley* 1984-2, S. 1003 ff. (zit.: *Consideraciones*)
ders.: El régimen del descuelgue salarial y la inserción de los acuerdos de empresa en su regulación negociada, in: VV.AA., El arbitraje laboral. Los acuerdos de empresa, VI Congreso Nacional de Derecho del Trabajo y Seguridad Social, Antonio Ojeda Avilés (Coord.), Asociación Española de Derecho del Trabajo y de la Seguridad Social, Junta de Andalucía, Consejería de Trabajo y Asuntos Sociales, ed. Tecnos, Madrid 1996, S. 238 ff. (zit.: *Descuelgue, in: VV.AA., Arbitraje*)
D'Antona, Massimo: La negociación colectiva regional en Italia, in: VV.AA., Negociación colectiva y Comunidades Autónomas, Antonio Ojeda Avilés (Coor.), ed. Tecnos, Madrid 1991, S. 33 ff. (zit.: *Italia, in: VV.AA., Negociación*)
Däubler, Wolfgang: La reforma del mercado de trabajo en materia de empleo en Alemania Federal, TL 1985, N° 5, S. 26 ff. (zit.: *Alemania*)
ders.: Negociación colectiva regional en la República Federal Alemana, in: VV.AA., Negociación colectiva y Comunidades Autónomas, Antonio Ojeda Avilés (Coor.), ed. Tecnos, Madrid 1991, S. 17 ff. (zit.: *República, in: VV.AA., Negociación*)
ders.: Tarifvertragsrecht – Ein Handbuch, 3., grundlegend überarbeitete Auflage, Nomos Verlagsgesellschaft, Baden-Baden 1993 (zit.: *TVR*)
Debray, Régis/Gallo, Max/Carrillo, Santiago/Sami, Renate/Franz, Hans-Werner: Spanien nach Franco. Aus dem Französischen von Renate Sami. Die Übersetzung des Interviews zur deutsch-sprachigen Ausgabe erfolgte durch Hans-Werner Franz, 2. Auflage, Verlag für das Studium der Arbeiterbewegung, Berlin 1975 (zit.: *Spanien*)
Desdentado Bonete, Aurelio: La concurrencia de convenios colectivos tras la reforma laboral de 1994, in: Negociación colectiva II, Consejo General del Poder Judicial, CDJ 1995, S. 61 ff. (zit.: *Concurrencia, in: VV.AA., Negociación II*)
ders.: Ni homologación ni eficacia general del convenio, *El País* 23.02.1980, S. 36 (zit.: *Eficacia*)
ders.: Notas sobre concurrencia y succesión de convenios colectivos en la doctrina jurisprudencial reciente, Ley y pacto en el Derecho de Trabajo, Homenaje a Rafael Martínez Emperador, RMTAS 1997 (3), S. 205 ff. (zit.: *Succesión*)
ders.: Problemas de concurrencia y articulación de convenios colectivos, in: VV.AA., Los problemas actuales de la Negociación Colectiva, VI Jornadas de Estudio sobre negociación colectiva, Madrid, 3 de junio de 1993, Edición preparada por Comisión Consultiva Nacional de Convenios Colectivos, ed. Centro de Publicaciones, Ministerio de Trabajo y Seguridad Social, Madrid 1994, S. 141 ff. (zit.: *Articulación, in: VV.AA., Problemas*)
Desdentado Bonete, Aurelio/Baylos Grau, Antonio: Convenio de eficacia limitada e injerencia antisindical, Comentario a una sentencia: El caso del Convenio Diputación de Madrid-UGT, GS 1980, N° 7, S. 21 ff. (zit.: *Ingerencia*)

Desdentado Bonete, Aurelio/García-Perrote Escartín, Ignacio: En torno a los problemas del convenio de eficacia limitada en Derecho español, REDT 1980, N° 4, S. 537 ff. (zit.: *Eficacia*)
Despax, Michel: Négociations, conventions et accords collectifs, in: VV.AA., Droit du travail, Publié sous la direction de G.H. Camerlynck, tome 7, Deuxième édition, ed. Dalloz, Paris 1989 (zit.: *Négociations, in: VV.AA. Droit*)
Diéguez Cuervo, Gonzalo: La juricidad de los deberes de paz y nuestro ordenamiento, in: VV. AA., Problemas actuales de la negociación colectiva, (Seminario organizado por la Asociación de Cajas de Ahorros para Relaciones Laborales y el Departamento de Derecho del Trabajo de la Facultad de Derecho de la Universidad Complutense de Madrid, los días 10 y 11 de junio de 1983), ed. Acarl, Madrid 1984, S. 87 ff. (zit.: *Paz, in: VV.AA., Problemas*)
ders.: Lecciones de Derecho del Trabajo, 4ª edición, ed. Marcial Pons, Madrid 1995 (zit.: *Lecciones*)
ders.: Nueva lección sobre la negociación colectiva informal, in: VV.AA., Cuestiones actuales de Derecho del Trabajo, Estudios ofrecidos por los catedráticos españoles de Derecho del Trabajo al profesor Manuel Alonso Olea, ed. Centro de Publicaciones Ministerio de Trabajo y Seguridad Social, Madrid 1990, S. 237 ff. (zit.: *Negociación, in: VV. AA., Cuestiones*)
ders.: Poder empresarial: Fundamento, contenido y límites, REDT 1986, N° 27, S. 325 ff. (zit.: *Poder*)
Díez-Picazo, Luis: Constitución y fuentes del Derecho, REDA 1979, S. 189 ff. (zit.: *Constitución*)
Diller, Martin: Fortschritt oder Rückschritt? – Das neue Arbeitszeitrecht, NJW 1994, S. 2726 ff. (zit.: *ArbZR*)
Dobberahn, Peter: Das neue Arbeitszeitrechtsgesetz, Verlag C.H. Beck, München 1994 (zit.: *AZG*)
Dräger, Thomas: Beteiligung des Betriebsrates bei der Einführung flexibler Arbeitszeitsysteme, Europäische Hochschulschriften, Reihe II – Rechtswissenschaft, Bd. 553, Verlag Peter Lang, Frankfurt am Main – Bern – New York 1986 (zit.: *ArbZ-Systeme*)
Dudra, Michael: The Swiss System of Union Security, Labor Law Journal, march 1959, Vol. 10., No. 3, S. 167 ff. (zit.: *Security*)
Durán López, Federico: Das Streikrecht im Prozeß der politischen Reform und unter der neuen demokratischen Ordnung, in: *Däubler*, Arbeitsbeziehungen in Spanien, Geschichte – Ideologien – Rechtsnormen, Otto Brenner Stiftung, Franfurt a.M. 1982, S. 194 ff. (zit.: *StreikR, in: Däubler, Spanien*)
ders.: El Consejo Económico y Social, instrumento del diálogo social, Ley y pacto colectivo en el Derecho de Trabajo – Homenaje a Rafael Martínez Emperador, RMTAS 1997 (3), S. 185 ff. (zit.: *Consejo*)
ders.: El convenio colectivo en el sistema de fuentes del Derecho del Trabajo: Las relaciones Ley-Convenio Colectivo. El papel de la autonomía individual, in: La negociación colectiva, CDJ 1992, t. III, S. 249 ff. (zit.: *Fuentes*)
ders.: El Estatuto de los Trabajadores y la negociación colectiva, RL 1990-II, S. 121 ff. (zit.: *El ET*)

ders.: La reducción del tiempo de trabajo: una aproximación al debate europeo, RT 1980, N° 57/58, S. 47 ff. (zit.: *Reducción*)
ders.: La relación laboral especial de los artistas, RL 1986-I, S. 225 ff. (zit.: *Artistas*)
ders.: Negociación colectiva y sistema de relaciones laborales, REST 1992, N° 18, S. 8 ff. = in: VV.AA., XI Jornadas Universitarias Andaluzas de Derecho del Trabajo y Relaciones Laborales, Negociación colectiva y solución de conflictos en el sistema español de relaciones laborales, Federico Navarro Nieto (Coord.), Consejo Andaluz de Relaciones Laborales, ed. Trotta, Madrid 1994, S. 13 ff. (zit.: *Sistema, in: VV.AA., XI Jornadas*)
ders.: Ordenación del tiempo de trabajo, in: Durán López, Federico/Montoya Melgar, Alfredo/Sala Franco, Tomás, El ordenamiento laboral español y los límites a la autonomía de las partes y a las facultades del empresario, ed. Centro de Publicaciones, Ministerio de Trabajo y Seguridad Social, Madrid 1987, S. 143 ff. (zit.: *Ordenación, in: VV.AA., Ordenamiento*)
ders.: Pacto de no concurrencia, in: VV.AA., Comentarios a las leyes laborales. El Estatato de los Trabajadores, Tomo V, Artículos 19 a 25, Dirigidos por Efrén Borrajo Dacruz, ed. Edersa, Madrid 1985, S. 152 ff. (zit.: *No concurrencia, in: VV.AA. Comentarios*)
ders.: Problemas de la extensión de los convenios colectivos, RL 1994-I, S. 97 ff. = VV.AA., Los problemas actuales de la Negociación Colectiva, VI Jornadas de Estudio sobre la Negociación Colectiva, Madrid, 3 de junio de 1993, ed. Centro de Publicaciones, Ministerio de Trabajo y Seguridad Social, Madrid 1994, S. 21 ff. (zit.: *Extensión*)
ders.: Sindicatos y crisis económica, REDT 1981, S. 429 ff. (zit.: *Sindicatos*)
Durán López, Federico/Sáez Lara, Carmen: Autonomía colectiva y autonomía individual en la fijación y modificación de las condiciones de trabajo, RL 1991-II, S. 382 ff. (zit.: *Autonomía*)
dies.: Libertad sindical y acción sindical en la empresa en la Jurisprudencia del Tribunal Constitucional, REDT 1992, S. 165 ff. = in: VV.AA., Constitución y derecho del trabajo: 1981-1991 (Análisis de diez años de jurisprudencia constitucional), Manuel Ramón Alarcón Caracuel (Coord.), Associació Catalana de Iuslaboralistes, ed. Marcial Pons, Madrid 1992, S. 123 ff. (zit.: *Libertad, in: VV.AA., Constitución*)
Duréndez Sáez, Ignacio: Novación contractual, modificación sustancial de condiciones de trabajo y autonomía colectiva (Comentario a la Sentencia del Tribunal Constitucional 199/1993, de 18 de octubre, Sala 1.ª, Recurso de Amparo 975/1993, BOE de 9 de noviembre de 1993), REDT 1994, N° 66, S. 625 ff. (zit.: *Novación*)
Echevarría Mayo, Bernabé: La negociación colectiva en los grupos de empresas. Sentencia del Tribunal Supremo de 27 de abril de 1995, DL 1995, N° 46, S. 209 ff. (zit.: *Grupos*)
Ehmann, Horst: Arbeitsordnung im Wandel, Vom Arbeits- zum Gesellschaftsrecht? Von der Tarif- zur Betriebsautonomie?, RdA 1990, S. 77 ff. (zit.: *Arbeitsordnung*)
ders.: Deutschland – eine Standortfrage?, Flucht aus den Tarifverträgen und aus der sozi-

al- und nationalstaatlichen Ordnung, Institut für Gesellschaftswissenschaften Walberberg, Die neue Ordnung, Sondernummer April 1996 (zit.: *Standortfrage*)

ders.: Die Tarifbindung des Arbeitgebers als Voraussetzung des Tarifvorbehalts, in: VV. AA., Festschrift für Zöllner, Zum 70. Geburtstag, Herausgegeben von Manfred Lieb/ Ulrich Noack/Herm Peter Westermann, Carl Heymanns Verlag, Köln – Berlin – Bonn – München 1999, S. 715 ff. (zit.: *Tarifbindung, in: VV.AA., FS Zöllner*)

ders.: Empfiehlt es sich, die Regelungsbefugnis der Tarifparteien im Verhältnis zu den Betriebsparteien neu zu ordnen?, ZRP 1996, S. 314 ff. (zit.: *Regelungsbefugnis*)

ders.: Tarifautonomie im Wandel der Industriegesellschaft, Bitburger Gespräche, Jahrbuch 1985, Sonderdruck, C. H. Beck'sche Verlagsbuchhandlung, München 1985, S. 19 ff. (zit.: *Tarifautonomie*)

Ehmann, Horst/Lambrich, Thomas: Vorrang der Betriebs- vor der Tarifautonomie kraft des Subsidiaritätsprinzips?, NZA 1996, S. 346 ff. (zit.: *Subsidiaritätsprinzip*)

Ehmann, Horst/Schmidt, Thomas Benedikt: Betriebsvereinbarungen und Tarifverträge, NZA 1995, S. 193 ff. (zit.: *Betriebsvereinbarungen*)

Eich, Dieter: Spanien: Von der Diktatur zur behinderten Demokratisierung, Gewerkschaftliche Monatshefte 1/1981, S. 22 ff. (zit.: *Spanien*)

Elorza Guerrero, Fernando: Acuerdos colectivos de empresa y jornada: el artículo 34 del Real Decreto Legislativo 1/1995, de 24 de marzo, in: VV.AA., El arbitraje laboral. Los acuerdos de empresa, VI Congreso Nacional de Derecho del Trabajo y de la Seguridad Social, Antonio Ojeda Aviles (Coord.), Junta de Andalucía, Consejería de Trabajo y Asuntos Sociales, ed. Tecnos, Madrid 1996, S. 244 ff. (zit.: *Acuerdos, in: VV.AA., Arbitraje*)

ders.: Los Tribunales Superiores de Justicia y la modificación sustancial del tiempo de trabajo, TL 1997, N° 42, S. 61 ff. (zit.: *Modificación*)

Embid Irujo, José Miguel: Caracterización jurídica del grupo de sociedades y de su significado en Derecho del Trabajo, RL 1985-I, S. 564 ff. (zit.: *Grupo*)

Engels, Gerd: Der Betrieb – Mittelpunkt gewerkschaftlicher Tätigkeit in Frankreich, RdA 1973, S. 87 ff. (zit.: *Frankreich*)

Eramsy, Walter: Differenzierte Bewertung notwendig, Der Arbeitgeber 1993, N° 50, S. 1 f. (zit.: *Bewertung*)

ders.: Wettbewerbsfähigkeit erfordert Flexibilität, Der Arbeitgeber 1/46-1994, S. 24 ff. (zit.: *Flexibilität*)

Escribano Gutiérrez, Juan: Eficacia de los convenios colectivos extraestatutarios en el seno de las nuevas funciones de la autonomía colectiva, REDT 1999, N° 97, S. 681 ff. (zit.: *CCex*)

Escudero Rodríguez, Ricardo: El lugar de los sindicatos en la nueva regulación de las elecciones a representantes de trabajadores y de funcionarios públicos, in: VV.AA., Reforma de la legislación laboral. Estudios dedicados al prof. Manuel Alonso Olea, Luis Enrique de la Villa Gil (Coord.), Asoción Española de Derecho del Trabajo y de la Seguridad Social, ed. Marcial Pons, Madrid 1995, S. 517 ff. (zit.: *Sindicatos, in: VV.AA., Reforma*)

ders.: La representatividad de los sindicatos españoles en el modelo laboral español, ed. Tecnos, Madrid 1990 (zit.: *Representatividad*)
ders.: La singularidad española de los sujetos negociadores en la empresa. Un estudio comparado, ed. Centro de Publicaciones, Ministerio de Trabajo y Seguirdad Social, Madrid 1986 (zit.: *Negociadores*)
ders.: Ley, convenios colectivos y acuerdos de empresa, in: VV.AA., La reforma del mercado laboral, Fernando Valdés Dal-Ré/Hernar Merino Senovilla (Coord.), ed. Lex Nova, Valladolid 1994, S. 37 ff. (zit.: *Ley, in: VV.AA., Reforma*)
ders.: Los sujetos de los convenios de empresa (Representantes unitarios y representaciones sindicales), ed. Centro de Publicaciones, Ministerio de Trabajo y Seguridad Social, Madrid 1985 (zit.: *Sujetos*)
ders.: Osservatorio internazionale – Le relazioni industriali in transizione: contrattazione collettiva o individuale?, Il caso spagnolo, LeD 1987, N° 4, S. 672 ff. (zit.: *Contrattazione*)
ders.: Significación del tiempo de trabajo, fuentes reguladoras y dinámica de la negociación colectiva, RL 1999, N° 4, S. 7 ff. (zit.: *Tiempo*)
ders.: Sindicatos de Comunidad Autónoma y negociación colectiva de ámbito estatal, DL 1991, N° 34, S. 67 ff. (zit.: *Comunidad*)
ders.: Sobre la eficacia general o limitada del convenio colectivo, REDT 1980, N° 1, S. 141 ff. (zit.: *Eficacia*)
ders.: Una negociación colectiva más peligrosa e incierta, GS 1995, N° 142, S. 13 ff. (zit.: *Negociación*)
Escudero Rodríguez, Ricardo/Palomo Balda, Emilio: La reforma del régimen de los salarios, in: VV.AA., La reforma del Estatuto de los Trabajadores, Fernando Valdés Dal-Ré/ María Emilia Casas Baamonde (Coord.), Monografías Relaciones Laborales, ed. La Ley, Madrid 1994, S. 13 ff. (zit.: *Salarios, in: VV.AA., Reforma*)
Esteban Romero, Alberto: Comentarios al Acuerdo Marco Interconfederal sobre negociación colectiva, in: VV.AA., Comentarios al Acuerdo Marco Interconfederal sobre negociación colectiva, Autores: Manuel Alonso García/Ricardo Calle Saíz/Luis Enrique de la Villa Gil/Alberto Estaban Romero/Jaime Montalvo Correa/Juan Rivero Lamas/José Serrano Carvajal/Fernando Valdés Dal-Ré, ed. IES, Madrid 1980, S. 83 ff. (zit.: *AMI, in: VV.AA., Comentarios*)
Falguera Baró, Miguel/Senra Biedma, Rafael: Marco jurídico competencial de las representaciones sindicales y unitarias: Análisis crítico de la situación actual y propuestas modificativas, RL 1996, N° 15, agosto 1996, S. 9 ff. (zit.: *Representaciones*)
Farthmann: Rechtsprobleme zur Einziehung des Gewerkschaftsbeitrages durch den Arbeitgeber, AuR 1973, S. 354 ff. (zit.: *Einziehung*)
Fernández Caveda, Alberto: Nuevas formas de negociación colectiva: „el sacrificio compartido", Boletín AEDIPE septiembre 1980, S. 11 ff. (zit.: *Sacrificio*)
Fernández Domínguez, Juan José/Agra Viforcos, Beatriz: Adhesión individual tácita a convenio colectivo extraestatutario: sobre la eficacia general *de facto* de lo negociado y las posibles conductas contrarias a la libertad sindical en presencia (Comentario a la STS de 10 de junio de 1998), REDT 1999, N° 94, S. 281 ff. (zit.: *Adhesión*)

Fernández Domínguez, Juan José/Martínez Barroso, María de los Reyes: La modificación de convenios colectivos supraempresariales por acuerdo de empresa: el supuesto del artículo 41.2 párrafo 3.° del Estatuto de los Trabajadores, *La Ley* 1995-2, S. 881 ff. (zit.: *Modificación*)

Fernández Frutos, Rafael: La práctica de la extensión de los convenios colectivos en España, REST 1992, N° 18, S. 103 ff. (zit.: *Extensión*)

Fernández García, Francisca María: Sobre la Directiva 93/104/CE (LCEur 1993, 4042), relativa a determinados Aspectos de la Ordenación del Tiempo de Trabajo, AS 1994-III (Sentencias 2530-3820), S. 2291 ff. (zit.: *Directiva*)

Fernández González, Victor: La vinculación de trabajadores y de empresarios a convenios colectivos en los que no estuviesen representados, in: VV.AA., I Congreso Nacional de Derecho del Trabajo y de la Seguridad Social, Volumen I, Los convenios colectivos y la extinción del contrato de trabajo en la Ley del ET. Ponencias, comunicaciones, cartas y conclusiones, ed. Centro de Publicaciones, Ministerio de Trabajo y Seguridad Social, Málaga 1980, S. 105 ff. (zit.: *Vinculación, in: VV.AA., I Congreso*)

Fernández López, María Fernanda: Condición más beneficiosa: absorción y compensación, RL 1992-I, S. 187 ff. = in: VV.AA., IX Jornadas Universitarias Andaluzas de Derecho del Trabajo y Relaciones Laborales, Autonomía colectiva y autonomía individual – La dimensión social del mercado único europeo, Edición coordinada por: María Fernada Fernández López, ed. Consejería de Fomento y Trabajo, Consejo Andaluz de Relaciones Laborales, Junta de Andalucía, Sevilla 1992, S. 85 ff. (zit.: *CMB*)

dies.: De nuevo sobre la mayor representatividad: Asociaciones Patronales, procedimiento de elección de los representantes legales de los trabajadores; negociación colectiva, N° 390. Sentencia 57/1989, de 16 de marzo, Pleno, en recursos de inconstitucionalidad acumulados 75 Y 768/1984, BOE de 19 de april de 1989, in: Manuel Alonso Olea, Jurisprudencia Constitucional sobre Trabajo y Seguridad Social, Elenco y estudio de las Sentencias del Tribunal Constitucional (1989), Tomo VII, ed. Civitas, Madrid 1989, S. 127 ff. = REDT 1990, N° 42, S. 323 ff. (zit.: *Asociaciones, in: Alonso Olea, JCo*)

dies.: El alcance material de la ultraactividad de los convenios colectivos, RL 1999, N° 13, S. 13 ff. (zit.: *Alcance*)

dies.: El deber de sigilo de los representantes del personal, AL 1992-1, IX, S. 125 ff. (zit.: *Sigilo*)

dies.: El papel del convenio colectivo como fuente del Derecho del Trabajo tras la reforma de la legislación laboral, (I), AL 1995-1, VI, S. 87 ff. und (y II), AL 1995-1, VII, S. 103 ff. = in: VV.AA., Los protagonistas de las relaciones laborales tras la reforma del mercado de trabajo, Jesús Cruz Villalón (Coord.), ed. Departamento de Publicaciones, Consejo Económico y Social, Madrid 1995, S. 41 ff. (zit.: *Convenio, in: VV.AA., Protagonistas*)

dies.: La „transgresión de la buena fe contractual", (Nota a la STC de 12-XI-1981), RPS 1983, N° 138, S. 219 ff. (zit.: *Buena fe*)

dies.: Tribunal Central de Trabajo. Contrato de trabajo y otras materias, RPS 1984, N° 143, S. 187 ff. (zit.: *Contrato*)

Fernández López, María Fernanda/Cruz Villalón, Jesús: La negociación colectiva en Andalucía, in: VV.AA., Las relaciones industriales en Andalucía, Antonio Ojeda Avilés (Dir.), ed. Instituto de Desarrollo Regional de la Universidad de Sevilla, Sevilla 1987, S. 121 ff. (zit.: *Andalucía, in: VV.AA., Andalucía*)

Fernández Marcos, Leodegario: Jornada de trabajo *versus* seguridad e higiene en la Propuesta de Directiva de 3 de agosto de 1990, REDT 1992, N° 51, S. 39 ff. (zit.: *Jornada*)

Fernández Márques, Oscar: Autonomía individual y autonomía colectiva en la relación de trabajo: un apunte de jurisprudencia, REDT 1996, N° 77, S. 525 ff. (zit.: *Autonomía*)

Fidalgo, José María: 35 Horas, ¿por Ley?, GS 1998, N° 166, S. 24 f. (zit.: *35 horas*)

Fina Sanglas, Lluis: Por una nueva cultura de la organización del tiempo, REST 1992, N° 15/16, S. 10 ff. = RT 1994, N° 2, S. 23 ff. (zit.: *Tiempo*)

Fita Ortega, Fernando: La pequeña y mediana empresa en el ordenamiento jurídico-laboral, Comité Econòmic i Social de la Comunitat Valenciana, ed. Tirant lo Blanch, Valencia 1997 (zit.: *Empresa*)

ders.: Límites legales a la jornada de trabajo, ed. Tirant lo Blanch, Valencia 1999 (zit.: *Jornada*)

Flatow, Georg: Betriebsräte und Gewerkschaften, NZfA 1924, Sp. 385 ff. (zit.: *BRäte*)

Folguera Crespo, José: Negociación colectiva y autonomía individual, (Comentario a la Sentencia del Tribunal Constitucional 105/1992 de 1 de julio), RL 1993-II, S. 1266 ff. (zit.: *Autonomía*)

Fraga Iribarne, Manuel: La concertación en una sociedad democrática, in: VV.AA., La reforma del mercado de trabajo: Libertad de empresa y relaciones laborales, Efrén Borrajo Dacruz (Dir.), ed. Actualidad Editorial, Madrid 1993, S. 1097 ff. (zit.: *Concertación, in: VV.AA., Libertad*)

Franz, Hans-Werner: Klassenkämpfe in Spanien heute, Band 4 der Serie „Klassenkämpfe im kapitalistischen Europa", herausgegeben vom Institut für Marxistische Studien und Forschungen (IMSF), Frankfurt a.M., Verlag Marxistische Blätter, Frankfurt a.M. 1975 (zit.: *Klassenkämpfe*)

Franz, Hans-Werner/Tovar, Santiago (Hrsg): Gewerkschaftsbewegung in Spanien – Auf dem Weg zur Einheit? Verlag für das Studium der Arbeiterbewegung, Westberlin 1976 (zit.: Spanien)

Fraser, Ronald: Spanien am Wendepunkt – Kontinuität und Bruch nach Francos Tod, Kritik der politischen Ökonomie 8/9/10/1976, S. 1 ff. (zit.: *Spanien*)

Freyer, Helge: Spanien – Arbeitsrecht, Internationales und ausländisches Wirtschafts- und Steuerrecht, Bundesstelle für Außenhandelsinformationen (BfAI), Köln – Berlin 1995 (zit.: *Spanien*)

Frowein, Jochen Abr.: Zur völkerrechtlichen und verfassungsrechtlichen Gewährleistung der Aussperrung, 1. Auflage, Recht und Staat in Geschichte und Gegenwart – Eine Sammlung von Vorträgen und Schriften aus dem Gebiet der gesamten Staatswissenschaften, J.C.B. Mohr (Paul Siebeck), Tübingen 1976 (zit.: *Aussperrung*)

Fuentes Rodríguez, Francisca: El papel del convenio colectivo como fuente del derecho tras la reforma laboral, ed. Tirant lo Blanch, Valencia 1995 (zit.: *Convenio*)

Führer-Ries, Ilse Marie: Gewerkschaften in Spanien, Vom Klassenkampf zu kooperativen Strategien, Reihe XXII – Soziologie, Série XXII – Sociologie, Series XXII – Sociology, Europäische Hochschulschriften; Publications Universitaires Européennes; European University Studies, Bd./Vol. 222, Peter Lang-Verlag, Frankfurt a.M. – Bern – New York – Paris 1991 = spanische Übersetzung: Los Sindicatos en España, De la lucha de clases a estrategias de cooperación, ed. Departamento de Publiaciones, Consejo Económico y Social, 1.ª edición, Madrid 1996 (zit.: *GewerkS/Sindicatos*)

Gala Durán, Carolina: Modificación sustancial de condiciones de trabajo y cuantía salarial, AS 1996-II (Sentencias 1247-2427), S. 2459 ff. (zit.: *Modificación*)

Galiana Moreno, Jesús María: Notas sobre la vigencia, aplicación e interpretación del convenio colectivo, Ley y pacto en el Derecho del Trabajo, Homenaje a Rafael Martínez Emperador, RMTAS 1997 (3), S. 193 ff. (zit.: *Vigencia*)

ders.: Crisis del contrato de trabajo, RDS 1998, N° 2, S. 47 ff. (zit.: *Crisis*)

Gamillscheg, Franz: Die Differenzierung nach der Gewerkschaftszugehörigkeit, Schriften zum Sozial- und Arbeitsrecht, Dunker & Humblot, Berlin 1966 (zit.: *Differenzierung*)

ders.: Nochmals: Zur Differenzierung nach der Gewerkschaftszugehörigkeit, BB 1967, S. 45 ff. (zit.: *GewerkS-Zugehörigkeit*)

García Abellán, Juan: El costo de la negociación colectiva, ¿Problema jurídico?, in: VV.AA., El canon por negociación colectiva, Cuadernos del Departamento de Derecho del Trabajo, ed. Secretariado de Publicaciones, Universidad de Murcia, Facultad de Ciencias Económicas y Empresariales, Murcia 1982, S. 39 ff. (zit.: *Costo, in: VV.AA., Canon*)

ders.: Sindicalización de la representación unitaria y competencias de las secciones sindicales, como presupuesto de la negociación colectiva en la empresa, in: VV.AA., Seminario sobre negociación colectiva, Madrid, 22 y 23 de noviembre de 1984, ed. CEOE, Madrid 1984, S. 61 ff. (zit.: *Sindicalización, in: VV.AA., Seminario*)

García Becedas, Gabriel: Apuntes para un análisis de la libertad sindical en la Constitución española, RPS 1979, N° 124, S. 39 ff. (zit.: *Libertad*)

ders.: Interés colectivo e interés sindical ¿Un lugar para el interés individual?, in: VV.AA., Cuestiones actuales de Derecho del Trabajo, Estudios ofrecidos por los catedráticos españoles de Derecho del Trabajo al profesor Manuel Alonso Olea, Centro de Publicaciones Ministerio de Trabajo y Seguridad Social, Madrid 1990, S. 875 ff. (zit.: *Interés, in: VV.AA., Cuestiones*)

García Blasco, Juan: El deber de negociación colectiva en el Derecho comparado y en el Derecho español, REDT 1981, N° 6, S. 193 ff. (zit.: *Deber*)

ders.: Flexibilidad del tiempo de trabajo; jornadas y descansos, in: VV.AA., Reforma de la legislación laboral. Estudios dedicados al Prof. Manuel Alonso García, Prof. Dr. Luis Enrique de la Villa Gil (Coord.), Dirección: Junta Directiva de la Asociación Española de Derecho del Trabajo y de la Seguridad Social, Ed. Marcial Pons, Madrid 1995, S. 303 ff. (zit.: *Flexibilidad, in: VV.AA., Reforma*)

ders.: La Comisión Consultiva Nacional de Convenios Colectivos, Ley y pacto en el

Derecho de Trabajo, Homenaje a Rafael Martínez Emperador, RMTAS 1997 (3), S. 255 ff. (zit.: *Comisión*)

ders.: Obligación legal de negociar convenios colectivos de trabajo (y II), AL 1988-2, Rn. 972, S. 2277 ff. (zit.: *Obligación*)

García Blasco, Juan/Vallejo d'Acosta, Ruth: Los criterios jurisprudenciales recientes sobre composición y actuación del órgano negociador de los convenios colectivos, AS 1991-V (sentencias 5690-7087), S. 73 ff. (zit.: *Composición*)

García de Blas, Antonio: Concertación social y competitividad de la empresa española, RTSS 1993 (enero-marzo), S. 129 ff. (zit.: *Concertación*)

ders.: El modelo de negociación colectiva en España, Boletín AEDIPE marzo 1984, S. 2 ff. (zit.: *Modelo*)

García Fernández, Manuel: La liberté syndicale des salariés en Espagne, in: VV.AA., Die Koalitionsfreiheit des Arbeitnehmers – Rechtsvergleichung und Völkerrecht, Max-Planck-Institut für ausländisches öffentliches Recht und Völkerrecht, Beiträge zum ausländischen öffentlichen Recht und Völkerrecht, Begründet von Viktor Bruns, Band 75, Teil 1, Springer-Verlag, Berlin – Heidelberg – New York 1980, S. 865 ff. (zit.: *Liberté, in: VV.AA., KoalFr*)

ders.: Las unidades de negociación colectiva de trabajo, in: VV.AA., Normas estatales y negociación colectiva en materia laboral – Mesa redonda, febrero, 1988, ed. CEOE, Madrid 1988, S. 31 ff. (zit.: *Unidades, in: VV.AA., Normas*)

ders.: Manual de Derecho del Trabajo, 1.ª edición, ed. Ariel, Barcelona 1990 (zit.: *Manual*)

García González, Rafael H.: Pactos colectivos extrasindicales, RPS 1976, N° 110, S. 5 ff. (zit.: *Pactos*)

García Murcia, Joaquín: Criterios jurisprudenciales sobre la naturaleza y la eficacia de los pactos colectivos atípicos (I y II), AL 1992-2, XXX, S. 403 ff., XXXI, S. 413 ff. (zit.: *Pactos*)

ders.: Derecho de sindicación y colegios profesionales en la jurisprudencia constitucional, REDC 1991, N° 31, S. 151 ff. (zit.: *Sindicación*)

ders.: El Acuerdo Interconfederal sobre negociación colectiva: Contenido y ámbito material, TS 1998, N° 89, S. 79 ff. (zit.: *AINC*)

ders.: El nuevo tratamiento de las horas extraordinarias, RL 1986-I, S. 147 ff. (zit.: *Horas*)

ders.: Función, significado y tipología de los acuerdos de empresa, DL 1995, N° 46, S. 37 ff. (zit.: *Acuerdos*)

ders.: Naturaleza jurídica y rasgos generales del Acuerdo Interconfederal sobre Negociación Colectiva, RMTAS, 1998, N° 8, S. 99 ff. (zit.: *AINC*)

ders.: Organizaciones sindicales y empresariales más representativas, Posición jurídica y dimensión política, ed. Centro de Publicaciones, Ministerio de Trabajo y Seguridad Social, Madrid 1987 (zit.: *Organizaciones*)

ders.: Representación sindical en la empresa y criterios de representatividad: un apunte de jurisprudencia, REDT 1996, N° 80, S. 1049 ff. (zit.: *Representación*)

ders.: Reserva de Ley y potestad reglamentaria en materia social: un apunte de Jurisprudencia, RL 1993-I, S. 445 ff. (zit.: *Reserva*) *ders.:* „Salarios", in: VV.AA., Anuario de negociación colectiva 1997 de la UGT, ed. Secretaría de Acción Sindical Confederal de la Unión General de los Trabajadores (UGT), Madrid 1998, S. 227 ff. (zit.: *„Salarios", in: VV.AA., Anuario UGT*)

ders.: Un nuevo paso en la flexibilización del mercado de trabajo (Breve análisis del Real Decreto-ley 1/1986, de 14 de marzo, de medidas urgentes administrativas, financieras, fiscales y laborales), AL 1986-1, Rn. 502, S. 1181 ff. (zit.: *Flexibilización*)

García Ninet, José-Ignacio: Editorial, TS 1998, N° 85, S. 5 ff.

ders.: Las jornadas especiales de trabajo, in: VV.AA., Estudios sobre la jornada de trabajo, Luis Enrique de la Villa Gil (Coord.), ed. Acarl, Madrid 1991, S. 325 ff. (zit.: *Jornadas, in: VV.AA., Estudios*)

ders.: Ordenación del tiempo de trabajo, in: Comentarios a las leyes laborales. La reforma del Estatuto de los Trabajadores (Ley 11/1994, de 19 de mayo, y normas concordantes), Tomo I – Volumen 2.°, Jornada laboral, movilidad y modificación de condiciones de trabajo, Dirigidos por Efrén Borrajo Dacruz, ed. Edersa, 2.ª edición, Madrid 1994, S. 7 ff. = La ordenación del tiempo de trabajo, TS 1994, N° 43, S. 39 ff. (zit.: *Tiempo, in: VV.AA., Comentarios*)

García Ortega, Jesús: La negociación colectiva infraempresarial, AL 1985-1, N° 581, S. 1113 ff. (zit.: *Infraempresarial*)

García Piqueras, Manuel: Las modalidades de contratos de trabajo en la reforma laboral, 2.ª edición, ed. Comares, Granada 1995 (zit.: *Contratos*)

García Viña, Jordi: Horario de trabajo, AL 1999-2, XXXI, S. 463 ff. (zit.: *Horario*)

García-Amigo, Manuel: Las condiciones generales de los contratos, (Civiles y Mercantiles), ed. Revista de Derecho Privado, Madrid 1969 (zit.: *Condiciones*)

García-Perrote Escartín, Ignacio: Acuerdos colectivos extraestatutarios – Nota a la sentencia TCT 5ª S 14 ene. 1986, RL 1986-I, S. 557 ff. (zit.: *Acuerdos*)

ders.: Autonomía individual „en masa" y antisindicalidad, RL 1989-II, S. 256 ff. (zit.: *Autonomía*)

ders.: Convenio colectivo y contrato de trabajo. Y sobre los derechos constitucionales „inespecíficos" del trabajador, in: VV.AA., Las reformas laborales de 1994 y 1997, Eduardo Rojo Torrecilla (Coord.), Associació Catalana de Iuslaboralistes, ed. Marcial Pons, Madrid – Barcelona 1998, S. 41 ff. (zit.: *Convenio, in: VV.AA., Reformas*)

ders.: Dos comentarios jurisprudenciales sobre negociación colectiva, RT 1985, N° 79, S. 117 ff. (zit.: *Negociación*)

ders.: El acuerdo individual „en masa" como vía de eludir la negociación colectiva con los representantes de los trabajadores – Nota a la sentencia TCT 5ª S 6 nov. 1987, RL 1988-I, S. 642 ff. (zit.: *Acuerdo*)

ders.: Jornada de trabajo legal y jornadas convencionales, in: VV.AA., Estudios sobre la jornada de trabajo, Luis Enrique de la Villa Gil (Coord.), ed. Acarl, Madrid 1991, S. 79 ff. (zit.: *Jornada, in: VV.AA., Estudios*)

ders.: La apertura de los comercios los sábados por la tarde en Cantabria: El contrato de trabajo y el convenio colectivo de empresa contra el convenio colectivo sectorial, in: VV.AA., Homenaje al profesor Juan García Abellán, 1ª edición, ed. Secretariado de Publicaciones de la Universidad de Murcia 1994, S. 143 ff. = RL 1994-I, S. 1532 ff. (zit.: *Apertura*)

ders.: La reforma del artículo 84 del Estatuto de los Trabajadores, in: VV.AA., Estructura de la negociación colectiva, VIII Jornadas de Estudio sobre la Negociación Colectiva, Madrid, 8 de junio de 1995, Edición preparada por Comisión Consultiva Nacional de Convenios Colectivos, ed. Centro de Publicaciones, Ministerio de Trabajo y Asuntos Sociales, Madrid 1996, S. 23 ff. (zit.: *Art. 84, in: VV.AA. Estructura*)

ders.: Ley y autonomía colectiva: un estudio sobre las relaciones entre la norma estatal y el convenio colectivo, ed. Centro de Publicaciones, Ministerio de Trabajo y Seguridad Social, Madrid 1987 = Evolución reciente de las relaciones entre la ley y el convenio colectivo en España, RFDUC 1988, N° 14, Estudios sobre la Flexibilidad Laboral y nuevos comportamientos sindicales (Seminario ítalo-español de Derecho del Trabajo), S. 163 ff. (zit.: *Ley*)

Garrido Pérez, Eva: Las cláusulas de descuelgue salarial en la nueva ordenación estatutaria, RL 1995-I, S. 363 ff. (zit.: *Descuelgue*)

dies.: El contrato de relevo, ed. Centro de Publicaciones, Ministerio de Trabajo y Seguridad Social, Madrid 1987 (zit.: *Relevo*)

Gerhards, Christiane/Rauch, Malte/Schirmbeck, Samuel: Portugal: sozialistische Verfassung und soziale Realität, Kursbuch 46/1976, S. 131 ff. (zit.: *Portugal*)

Gete Castrillo, Pedro: La reforma del Derecho de representación colectiva, in: Fernando Valdés Dal-Ré/Hernar Merino Senovilla, La reforma del mercado laboral, ed. Lex nova, Valladolid 1994, S. 499 ff. (zit.: *Representación, in: VV.AA., Reforma*)

Ghezzi, Giorgio/Romagnoli, Umberto: Il diritto sindacale, quarta edizione, ed. Zanichelli, Bologna 1997 (zit.: *DirSind*)

Gil Suárez, Luis: Variación de las condiciones de trabajo por iniciativa del empresario, DL 1987, N° 22, S. 39 ff. (zit.: *Variación*)

Gil Suárez, Luis/Iglesias Cabero, Manuel/Roa Rico, Luis Fernando: Estatuto de los Trabajadores, Texto Refundido aprobado por Real Decreto Legislativo 1/1995, de 24 de marzo, Jurisprudencia. Comentarios doctrinales, 5.ª edición, ed. Colex, Madrid 1995 (zit.: *ET*)

Giráldez Nuñez, María Teresa/Agüero Menendez, Isabel: La jornada de trabajo en España: un análisis estructural, REST 1992, N° 15/16, S. 88 ff. (zit.: *Jornada*)

Giugni, Gino: Negociación colectiva en el ordenamiento constitucional, in: VV.AA., Los trabajadores y la Constitución, Miguel Rodríguez-Piñero y Bravo-Ferrer (Coord.), Sociedad de Estudios Laborales – SELSA, Separada del núm. 4 de la Revista, CDT (Separada del núm. 4 de la Revista) 1978, N° 4, S. 63 ff. (zit.: *Negociación, in: VV.AA., Trabajadores*)

Godino Reyes, Martín: Autonomía colectiva y voluntad individual en la fijación de la jornada de trabajo, in: VV.AA., Estudios sobre la jornada de trabajo, Luis Enrique de la Villa Gil (Coord.), ed. Acarl, Madrid 1991, S. 106 ff. (zit.: *Autonomía, in: VV.AA., Estudios*)

Goerlich Peset, José María: Los acuerdos de resolución de los conflictos colectivos, in:

Sala Franco, Tomás/Pérez de los Cobos Orihuel, Francisco/Goerlich Peset, José María, Manifestaciones de la autonomía colectiva en el ordenamiento español, ed. Acarl, Madrid 1989, S. 105 ff. (zit.: *Resolución, in: VV.AA., Manifestaciones*)

ders.: Los convenios colectivos impropios, in: VV.AA., Normas estatales y negociación colectiva en materia laboral – Mesa redonda, febrero, 1988, ed. CEOE, Madrid 1988, S. 53 ff. (zit.: *Convenios, in: VV.AA., Normas*)

ders.: Los pactos informales de empresa, in: Sala Franco, Tomás/Pérez de los Cobos Orihuel, Francisco/Goerlich Peset, José María, Manifestaciones de la autonomía colectiva en el ordenamiento español, ed. Acarl, Madrid 1989, S. 81 ff. (zit.: *Pactos, in: VV.AA., Manifestaciones*)

Gómez Abelleira, Francisco Javier: La adhesión al convenio colectivo, ed. Xunta de Galicia, Consellería da Presidencia e Aministración Pública, Escola Galega de Administración Pública, Santiago de Compostela 1997 (zit.: *Adhesión*)

ders.: La negociación colectiva en empresas sin representantes legales de los trabajadores, en especial tras la reciente reforma del mercado de trabajo, REDT 1995, S. 227 ff. (zit.: *Negociación*)

ders.: Las horas extraordinarias en el trabajo a tiempo parcial, AS 1998, N° 19, S. 21 ff. (zit.: *Horas*)

ders.: Las horas extraordinarias y el límite máximo autorizado. La fuerza mayor como excepción, TL 1991/92, N° 21/25, S. 17 ff. (zit.: *Horas*)

Gómez Álvarez, Tomás: La cláusula de descuelgue o inaplicación salarial. El estado de la cuestión, REDT 1999, N° 98, S. 877 ff. (zit.: *Descuelgue*)

Gómez-Reino y Carnota, Enrique: Horarios comerciales y de oficinas de farmacias, ed. Marcial Pons, Madrid 1997 (zit.: *Horarios*)

Goncer Coca, Fernando: Experiencia de aplicación de los convenios no estatutarios, in: VV. AA., Seminario sobre negociación colectiva, Madrid, 22 y 23 de noviembre de 1984, ed. CEOE, Madrid 1984, S. 89 ff. (zit.: *Convenios, in: VV.AA., Seminario*)

Goñi Sein, José Luis: Flexibilidad y revisión del ámbito del derecho de trabajo, in: VV.AA., La flexibilidad laboral en España, Instituto de Relaciones Laborales, Facultad de Derecho, Universidad de Zaragoza, Zaragoza 1993, S. 71 ff. (zit.: *Flexibilidad, in: VV.AA., Flexibilidad*)

ders.: La indisponibilidad de derechos reconocidos en convenio colectivo a través de pacto extraestatutario – Comentario a la sentencia TSJ País Vasco de 11 de octubre de 1990, *La Ley* 1991-3, S. 345 ff. (zit.: *Pacto*)

González Biedma, Eduardo: La responsabilidad de los grupos de empresarios a efectos laborales, RL 1989-II, S. 213 ff. (zit.: *Grupos*)

González de Lena Álvarez, Francisco: La negociación colectiva en España a finales de los años ochenta y sus posibilidades de desarrollo, Economistas 1989, N° 37, S. 12 ff. (zit.: *Negociación*)

ders.: La negociación colectiva en 1997. Marco laboral, resultados generales y estructura, in: VV.AA., Anuario de negociación colectiva 1997 de la U.G.T., ed. Secretaría de Acción Sindical Confederal de la Unión General de los Trabajadores (UGT) – Publicaciones Unión, Madrid 1998, S. 57 ff. (zit.: *Marco, in: VV.AA., Anuario UGT*)

ders.: Las relaciones especiales de trabajo, el Estatuto de los Trabajadores y los Decretos reguladores, RL 1986-I, S. 111 ff. (zit.: *Relaciones*)

ders.: Reducción y reordenación de la jornada de trabajo en España, REST 1992, N° 15/16, S. 80 ff. = RT 1994, N° 2, S. 111 ff. (zit.: *Reducción*)

González del Rey Rodríguez, Ignacio: Acuerdos de empresa y modificaciones de trabajo pactadas en convenio colectivo estatutario, in: VV.AA., El arbitraje laboral. Los acuerdos de empresa, VI Congreso Nacional de Derecho del Trabajo y Seguridad Social, Antonio Ojeda Avilés (Coord.), Asociación Española de Derecho del Trabajo y de la Seguridad Social (AEDT), ed. Tecnos, Madrid 1996, S. 267 ff. = Acuerdos de empresa y modificación de condiciones de trabajo pactadas en convenio colectivo, REDT 1996, N° 75, S. 89 ff. (zit.: *Acuerdos*)

ders.: La negociación colectiva en la jurisprudencia del Tribunal Constitucional, in: VV.AA., Constitución y derecho del trabajo: 1981-1991, (Análisis de diez años de jurisprudencia constitucional), Manuel Ramón Alarcón Caracuel (Coord.), Associació Catalana de Iuslaboristas, ed. Marcial Pons, Madrid 1992, S. 393 ff. (zit.: *JPrud., in VV.AA., Constitución*)

ders.: Los procedimientos de solución de conflictos laborales en el VIII Convenio General de la Industria Química, RL 1993-II, S. 114 ff. (zit.: *Conflictos*)

González Ortega, Santiago: Concurrencia y sucesión de convenios y estructura de la negociación colectiva, REDT 1987, N° 30, S. 187 ff. (zit.: *Concurrencia*)

ders.: Contenido negocial y sucesión de convenios, in: VV.AA., La reforma de la negociación colectiva, Manuel Ramón Alarcón Caracuel/Salvador del Rey Guanter (Coord.), ed. Marcial Pons, Madrid 1995, S. 87 ff. (zit. *Sucesión, in: VV.AA., Reforma*)

ders.: El tiempo de trabajo, TL 1985, N° 4, S. 73 ff. (zit.: *Tiempo*)

ders.: Kollektivverhandlungen im spanischen System der Arbeitsbeziehungen (1939-1978), in: Wolfgang Däubler (Hrsg.), Arbeitsbeziehungen in Spanien, Geschichte – Ideologien – Rechtsnormen, Otto Brenner Stiftung, Frankfurt a.M. 1982, S. 86 ff. (zit.: *Kollektivverhandlungen, in: Däubler, Spanien*)

ders.: La negociación colectiva en el sistema español de relaciones laborales, in: VV.AA., Ideologías jurídicas y relaciones de trabajo, José Cabrera Bazán/Federico Durán López/Santiago González Ortega/Antonio Martín Valverde/Antonio Ojeda Avilés/Miguel Rodríguez Piñero y Bravo Ferrer, Anales de la Universidad Hispalense, Serie: Económicas y Empresariales – N° 4 – 1977, ed. Publicaciones de la Universidad de Sevilla, Sevilla 1978, S. 161 ff. (zit.: *Negociación, in: VV.AA., Ideologías*)

ders.: La reforma de la negociación colectiva, in: VV.AA., La reforma laboral de 1994, Manuel Ramón Alarcón Caracuel (Coord.), ed. Marcial Pons, Madrid 1994, S. 335 ff. (zit.: *Reforma, in: VV.AA., Reforma*)

ders.: Poder de dirección, negociación colectiva e intervención estatal (Notas a propósito de la Sentencia 92/1992, de 11 de junio, del Tribunal Constitucional), in: VV.AA., XI Jornadas Universitarias Andaluzas de Derecho del Trabajo y Relaciones Laborales, Negociación colectiva y solución de conflictos en el sistema español de relaciones laborales, Federico Navarro Nieto (Coord.), ed. Trotta,

Madrid 1994, S. 49 ff. (zit.: *Poder, in: VV.AA., XI Jornadas*)
González Ortega, Santiago/Correa, José María: El Acuerdo Interconfederal sobre Negociación Colectiva, in: VV.AA., Estabilidad en el empleo, diálogo social y negociación colectiva, La reforma laboral de 1997, Miguel Rodríguez-Piñero y Bravo-Ferrer/FernandoValdés Dal-Ré/María Emilia Casas Baamonde (Cood.), ed. Tecnos, Madrid 1998, S. 227 ff. (zit.: *AINC, in: VV.AA., Estabilidad*)
González Sánchez, José Juan: Evolución del tiempo de trabajo en Francia. La Ley de 13 de junio de 1998, de orientación e incitación a la reducción del tiempo de trabajo (Ley de las 35 horas o Ley Aubry), TS 1999, N° 97, S. 29 ff. (zit.: *Francia*)
ders.: La política social europea. Nuevas tendencias para la lucha contra el desempleo: sobre la reducción del tiempo de trabajo, TS 1998, N° 88, S. 35 ff. (zit.: *Reducción*)
González Velasco, Jesús: Lo colectivo en los traslados y modificaciones individuales, RL 1996-II, S. 251 ff. (zit.: *Modificaciones*)
González-Rothvoss, Mariano: El contrato colectivo de trabajo en España, Revista de Derecho Privado 1954 (diciembre), S. 1111 ff. (zit.: *Contrato*)
Gorelli Hernández, Juan: La reforma del mercado de trabajo: una valoración crítica, TL 1994, N° 30, S. 67 ff. (zit.: *Reforma*)
Gorelli Hernández, Juan/Valverde Asencio, Antonio: La reforma de 1994 y los acuerdos de empresa, RL 1995-II, S. 414 ff. (zit.: *Acuerdos*)
Granado, Conrado: Quién es quién en las elecciones, El Socialista 22.-28.10.1980, N° 176 (zit.: *Elecciones*)
Gutiérrez Vegara, Antonio: El Sindicato CC.OO. y la Concertación, in: VV.AA., El Cambio Laboral en la Década de los 90, Dirigido por Gonzálo Vidal Caruana, ed. Espasa-Calpe, Madrid 1991, S. 35 ff. (zit.: *Sindicato CC.OO., in: VV.AA., Cambio*)
ders.: Las relaciones laborales entre la Ley y el pacto en el Derecho de Trabajo, RMTAS 1997 (3), S. 29 ff. (zit.: *Relaciones*)
Gutiérrez-Solar Calvo, Beatriz: La modificación sustancial de las condiciones de trabajo establecidas en convenios colectivos extraestatutarios: un aspecto más de la conflictiva figura del convenio colectivo extraestatutario, REDT 1999 (N° 94), S. 213 ff. (zit.: *Modificación*)
Hagemeier, Christian/Kempen, Otto Ernst/Zachert, Ulrich/Zilius, Jan: Tarifvertragsgesetz, 2. Auflage, Kommentar für die Praxis, Köln 1984 (zit.: *TVG*)
Hamann, Kerstin: Afiliación, movilizaciones y aliados políticos: las incógnitas del poder sindical español, (1970-1988), CRL 1993, N° 3, S. 107 ff. (zit.: *Afiliación*)
Hanau, Peter: Principios del Derecho del Trabajo postmoderno, in: VV.AA., El arbitraje laboral. Los acuerdos de empresa, VI Congreso Nacional de Derecho del Trabajo y Seguridad Social, Antonio Ojeda Aviles (Coord.), Junta de Andalucía, Consejería de Trabajo y Asuntos Sociales, ed. Tecnos, Madrid 1996, S. 224 ff. (zit.: *Principios, in: VV.AA., Arbitraje*)
ders.: Verkürzung und Differenzierung der Arbeitszeit als Prüfsteine des kollektiven Arbeitsrechts, NZA 1985, S. 73 ff. (zit.: *Verkürzung*)
Hartmann, Angelika: Überlegungen zur geplanten Neufassung von Regelungen zur Arbeitszeit in Form eines Arbeitszeitgesetzes, NZA 1993, S. 734 ff. (zit.: *AZG*)

Harmann, Jürgen: Spanien nach Franco, Beilage zur Wochenzeitung „Das Parlament", aus „Politik und Zeitgeschichte" 31/1979, S. 29 ff. (zit.: *Spanien*)

Hausmann, Peter: Neues Arbeitszeitgesetz löst alte Regelungen ab, Umschau 1994, N° 3, S. 37 ff. (zit.: *AZG*)

Heintzen, Markus: Die Neuregelung des § 116 AFG und das internationale Recht, DB 1987, S. 482 ff. (zit.: *§ 116 AFG*)

Hemmer, Hans O.: Vor einer Strukturkrise der Gewerkschaften?, Gewerkschaftliche Monatshefte 2/1985, S. 101 ff. (zit.: *Strukturkrise*)

Henssler, Martin: Flexibilisierung der Arbeitsmarktordnung, – Überlegungen zur Weiterentwicklung der tariflichen Regelungsmacht –, ZfA 1994, S. 487 ff. (zit.: *Flexibilisierung*)

Hentschel, Volker: Die Sozialpolitk in der Weimarer Republik, in: VV.AA., Die Weimarer Republik 1918-1933, Politik – Wirtschaft – Gesellschaft, 2., durchgesehene Auflage, Karl Dietrich Bracher/Manfred Funke/Hans-Adolf Jacobsen (Hrs.), Schriftenreihe, Bd. 251, ed. Bundeszentrale für politische Bildung, Bonn 1988 (zit.: *Sozialpolitik, in: VV. AA., Republik*)

Hernáez Manrique, Francisco J.: Cuadro general sobre salarios y jornada en la Ley 11/1994, de reforma del Estatuto de los Trabajadores, AL 1994-3, XXXVIII, S. 551 ff. (zit.: *Salarios*)

Hernández Vigueras, Juan: Memorandum sobre la reducción y reajuste de la jornada de trabajo, Boletín AEDIPE marzo 1983, S. 37 ff. (zit.: *Reducción*)

ders.: Paro y jornada laboral en Europa: Reducción o flexibilidad, Boletín AEDIPE septiembre 1995, S. 46 ff. (zit.: *Paro*)

Hernández, A.: Lo que esconden las listas abiertas, El Socialista 09.10.1977, N° 25, S. 17 (zit.: *Listas*)

Herraíz Martín, María del Sol: La modificación o supresión de las mejoras salariales, TS 1997, N° 79, S. 18 ff. (zit.: *Modificación*)

Herschel, Wilhelm: Über das Verhältnis von Tarifvertrag und Einzelarbeitsvertrag, NZfA 1924, Sp. 339 ff. (zit.: *EinzelarbV*)

ders.: Zur Entstehung des Tarifvertragsgesetzes, ZfA 1973, S. 183 ff. (zit.: *TVG*)

Herzog, Werner: Spanien: der Faschismus, die „Demokratische Opposition" und die revolutionäre Linke, Kursbuch 46/1976, S. 107 ff. (zit.: *Spanien*)

Hijas Fernández, Juan J.: El nuevo régimen del Comité Intercentros, AL 1986-1, Rn. 124, S. 321 ff. (zit.: *Comité*)

Hoffmann, Reiner/Lapeyre, Jean (Hrsg.): Arbeitszeit – Lebenszeit, Perspektiven einer Europäischen Arbeitszeitpolitik, Dokumentierung der gemeinsamen Tagung des Europäischen Gewerkschaftsbundes (EGB) und des Europäischen Gewerkschaftsinstituts (EGI) (Dezember 1994), 1. Auflage, Verlag Westfälisches Dampfboot, Münster 1995 (zit.: *ArbZ*)

Hommel, Klaus: Spanien und die Europäische Wirtschaftsgemeinschaft: Geschichte einer Integration, 1. Auflage, Nomos Verlagsgesellschaft, Baden-Baden 1992 (zit.: *Spanien*)

Hromdka, Wolfgang: Änderung von Arbeitsbedingungen, RdA 1992, S. 234 ff. (zit.: *Änderungen*)

Hueck, Alfred: Schaffung von Arbeitsnormen durch Betriebsvereinbarungen, NZfA 1923, Sp. 87 ff. (zit.: *Arbeitsnormen*)

Hueck, Götz: Die Teilkündigung im Arbeitsrecht, RdA 1968, S. 201 ff. (zit.: *Teilkündigung*)

Hueck, Alfred/Nipperdey, Hans-Carl: Lehrbuch des Arbeitsrechtes, Band II/1, 7. Auflage, Berlin-Frankfurt a.M. 1967 (zit.: *LehrB ArbR*)

Ibán, Iván C.: Einführung in das spanische Recht, aus dem Spanischen übersetzt von Kerstin Brandt, Titel der spanischen Originalausgabe: Introducción al Derecho Español, 1. Auflage, Die Rechtsordnungen der europäischen Staaten, herausgegeben von Prof. Dr. Gerhard Robbers, Band 4 D, Nomos Verlagsgesellschaft, Baden-Baden 1995 (zit.: *Einführung*)

Iglesias Cabero, Manuel: Algunos aspectos de la acción sindical en la empresa, DL 1987, N° 23, S. 25 ff. (zit.: *Acción*)

ders.: Derecho Sindical y Representación de los Trabajadores, ed. Colex, Madrid 1996 (zit.: *DerSind*)

ders.: La legitimación para negociar convenios colectivos de eficacia general después de la Ley 11/1994, de 19 de mayo, Estudios de Jurisprudencia, Revista Colex 1994, N° 11, S. 261 ff. (zit.: *Eficacia*)

ders.: La prolongación de la jornada, DL 1987, N° 22, S. 163 ff. (zit.: *Prolongación*)

ders.: Negociación colectiva, ed. Colex, Madrid 1997 (zit.: *Negociación*)

Ihering, Rudolf von: Geist des römischen Rechts auf den verschiedenen Stufen seiner Entwicklung. Erster Teil, Siebente und achte Auflage, Druck und Verlag Breitkopf & Härtel, Leipzig 1924 (zit.: *Geist des römischen Rechts*)

Javillier, Jean-Claude: Droit du Travail, 5e édition, ed. Libraire Générale de Droit et de Jurisprudence, Paris 1996 (zit.: *DrTrav*)

Jiménez García, Juan: Participación y control en la empresa, ed. Servicio de Publicaciones de la Universidad de Las Palmas de Gran Canaria y Unión General de Trabajadores de Canarias, Las Palmas de Gran Canaria 1994 (zit.: *Participación*)

Jiménez Velasco, Francisco José: La naturaleza jurídica del acto de extensión de convenios colectivos, RL 1988-I, S. 269 ff. (zit.: *Extensión*)

Jódar, Pere: Notas para un planteamiento sindical de la flexibilidad laboral, in: VV.AA., Transformaciones del Derecho de Trabajo: nuevas formas de empleo y concertación social. Primeras jornadas interuniversitarias Barcelona-Toulouse, Facultad de Derecho Toulouse, Barcelona 2 y 3 de marzo 1989, ed. Universitat de Barcelona, Barcelona 1991, S. 185 ff. (zit.: *Flexibilidad, in: VV.AA., Transformaciones*)

Joost, Detlev: Tarifrechtliche Grenzen der Verkürzung der Wochenarbeitszeit, – Günstigkeitsprinzip als Schranke der Kollektivmacht –, ZfA 1984, S. 173 ff. (zit.: *Verkürzung*)

Jordana, Jacint: La concertación y el futuro de los sindicatos: entre la confusión y el desconcierto, RL 1989-II, S. 1138 ff. (zit.: *Concertación*)

Käding, Klaus Harald: Negociaciones colectivas sobre la reducción y reestructuración del tiempo de trabajo en los Estados miembros de la Comunidad Europea, REST 1992, N° 15/16, S. 154 ff. = RT 1994, N° 2, S. 99 ff. (zit.: *Reducción*)

Kahn-Freund, Otto Sir: Hugo Sinzheimer (1875-1914), in: Arbeitsrecht und Rechtssoziologie, Gesammelte Aufsätze und Reden, herausgegeben von Otto Kahn-Freund und Thilo Ramm mit einer Einleitung von Otto Kahn-Freund, Band 1, Europäische Verlagsanstalt, Frankfurt a.M. – Köln 1976, S. 1 ff. (zit.: *Sinzheimer*)

ders.: Trabajo y Derecho, 3ª edición inglesa a cargo de Paul Daviel y Mark Freeland, Traducción y Nota Preliminar de Jesús María Galiana Moreno, ed. Centro de Publicaciones, Ministerio de Trabajo y Seguridad Social, Madrid 1987 (zit.: *TrabyDer*)

Klevemann, Joachim: KAPOVAZ und Überstunden, BB 1987, S. 1242 ff. (zit.: *Kapovaz*)

Klotz, Valentin: Der Einfluß der Übereinkommen der IAO auf die innterstaatliche Gesetzgebung, BArbBl. 1973, S. 499 ff. (zit.: *IAO*)

Konzen, Horst: Die Tarifautonomie zwischen Akzeptanz und Kritik, NZA 1995, S. 913 ff. (zit.: *Tarifautonomie*)

Kraegeloh, Wolfgang: Arbeitszeitgesetz, Kommentierte Ausgabe, Carl Heymanns Verlag, Köln – Berlin – Bonn – München 1995 (zit.: *AZG*)

Kramer, Michael: Einzelvertragliche Verlängerbarkeit tariflich festgelegter Arbeitszeit, DB 1994, S. 426 f. (zit.: *Verlängerbarkeit*)

Kramer, Susanne: Spanien, in: Bispinck, Reinhard/Lecher, Wolfgang (Hrsg.), Tarifpolitik und Tarifsysteme in Europa – Ein Handbuch über 14 Länder und europäische Kollektivverhandlungen, Europahandbuch für Arbeitnehmer, Band 3, Herausgegeben von Wolfgang Däubler, Wolfgang Lecher und Rudolf Welzmüller, Bund-Verlag, Köln, 1993, S. 370 ff. (zit.: *Spanien*)

Krauss, Stefan: Der bunte Korb der Günstigkeit, NZA 1996, S. 294 ff.

ders.: Günstigkeitsprinzip und Autonomiebestreben am Beipiel der Arbeitszeit, Verlag P.C.O., Bayreuth 1995 (zit.: *Günstigkeitsprinzip*)

Krieger, Gabriel: Das französische Tarifvertragsrecht, Decker & Müller, Heidelberg 1993 (zit.: *TarifVR*)

Krimphove, Dieter: Europäisches Arbeitsrecht, Verlag Franz Vahlen, München 1996 (zit.: *ArbR*)

Kühne, Karl: Eurokommunismus – Ursprünge, Wirtschaftspolitik und Rolle der Gewerkschaften, Gewerkschaftliche Monatshefte 9/1977, S. 545 ff. (zit.: *EuroKomm.*)

Lahera Forteza, Jesús: La modificación de condiciones de trabajo contenidas en convenios colectivos estatutarios, RL 1997-I, S. 351 ff. (zit.: *Modificación*)

Lambrich, Thomas: Tarif- und Betriebsautonomie, Ein Beitrag zu den Voraussetzungen und Grenzen des Tarifvorbehaltes, insbesondere dem Erfordernis der Tarifbindung des Arbeitgebers, Schriften zum Sozial- und Arbeitsrecht, Band 171, Duncker & Humblot, Berlin 1999 (zit.: *Tarif- und BetrAuton*)

Lambrich, Thomas/Trappehl, Bernhard: Tarifflucht, Verbandsaustritt, Betriebsveräußerung, Unternehmensumwandlung - ein arbeitsrechtlicher Leitfaden. F.A.Z.-Institut für Management-, Markt- und Medieninformationen, Frankfurt a.M., 2002 (zit.: *Tarifflucht*)

Landa Zapirain, Juan Pablo: Las perspectivas de la concertación después de la crisis, RL 1989-II, S. 98 ff. (zit.: *Concertación*)

Lecher, Wolfgang: Arbeitnehmerrechte und Gewerkschaften in Spanien, Die Mitbestimmung 5/1983, S. 240 ff. (zit.: *Spanien*)

Lettieri, Antonio: La revolución en el tiempo de trabajo, Traducción del original italiano de Paola Travaglini, RDS 1999, N° 7, S. 31 ff. (zit.: *Tiempo*)

Lieb, Manfred: Mehr Flexibilität im Tarifvertragsrecht? „Moderne" Tendenzen auf dem Prüfstand, NZA 1994, S. 289 ff. – Teil 1, S. 337 ff. – Teil 2 (zit.: *Flexibilität*)

Lillo Pérez, Enrique: Discriminación sindical contra representantes de los trabajadores de CC.OO. y UGT en El Corte Inglés a favor de representantes de otros sindicatos, GS 1995, N° 133 (februar), S. 74 ff. (zit.: *Discriminación*)

ders.: Eficacia del convenio frente a acuerdos individuales y decisiones administrativas de modificación de trabajo, GS 1994, N° 125, S. 35 ff. (zit.: *Eficacia*)

ders.: La individualización de las relaciones laborales desde el punto de vista sindical, RL 1991-II, S. 422 ff. (zit.: *Individualización*)

ders.: La Ley de jornada y los convenios colectivos, *La Ley* 1984-2, S. 1148 ff. (zit.: *Ley*)

Linares Lorente, Juan Antonio: Análisis jurisprudencial sobre la concurrencia de convenios colectivos, DL 1984, N° 14, S. 55 ff. (zit.: *Concurrencia*)

ders.: El régimen de extensión y prórroga de los Convenios Colectivos en atención a su contenido normativp y obligacional, in: VV.AA., El contenido de los Convenios Colectivos, Contenido Normativo y Contenido Obligacional, II Jornadas de Estudio sobre La Negociación Colectiva, Madrid 24 y 25 noviembre 1988, Edición preparada por: La Comisión Consultiva Nacional de Convenios Colectivos, ed. Centro de Publicaciones Ministerio de Trabajo y Seguridad Social, Madrid 1988, S. 13 ff. (zit.: *Extensión, in: VV.AA., Contenido*)

ders.: Flexibilidad en materia de jornada de trabajo, Estudios de Jurisprudencia, Revista Colex, 1994, N° 11, S. 95 ff. (zit.: *Flexibilidad*)

Lohs, René A.: Kann der Gesetzgeber in laufende Tarifverträge eingreifen?, BB 1996, S. 1273 ff. (zit.: *Gesetzgeber*)

Lope Peña, Andreu: Concertación social y sindicatos: estrategias sindicales hacia un nuevo modelo de concentración en España, in: VV.AA., Transformaciones del Derecho de Trabajo: nuevas formas de empleo y concertación social. Primeras jornadas interuniversitarias Barcelona-Toulouse, Facultad de Derecho Toulouse, Barcelona 2 y 3 de marzo 1989, ed. Universitat de Barcelona, Barcelona 1991, S. 205 ff. (zit.: *Concertación, in: VV.AA., Transformaciones*)

Lopera Castillejo, María José: Límites de aplicación del contenido normativo del convenio denunciado, RL 1988-II, S. 179 ff. (zit.: *Convenio*)

dies.: El contrato de trabajo especial de las personas que intervienen en operaciones mercantiles, ed. Centro de Publicaciones, Ministerio de Trabajo y Seguridad Social, Madrid 1990 (zit.: *Operaciones*)

López Cumbre, Lourdes: Jornada parcial, in: VV.AA., Estudios sobre la jornada de trabajo, Luis Enrique de la Villa Gil (Coord.), ed. Acarl, Madrid 1991, S. 159 ff. (zit.: *Jornada, in: VV.AA., Estudios*)

López-Tarruella Martínez, Francisco: Las modificaciones sustanciales de las condiciones de trabajo, in: Comentarios a las leyes laborales. La reforma del Estatuto de los Trabajadores (Ley 11/1994, de 19 de mayo, y normas concordantes), Tomo I –

Volumen 2.°, Jornada laboral, movilidad y modificación de condiciones de trabajo, Dir. Efrén Borrajo Dacruz, ed. Edersa, Madrid 1994, S. 311 ff. (zit.: *Modificaciones, in: VV.AA., Comentarios*)

ders.: La modificación sustancial de las condiciones de trabajo, Secretariado de Publicaciones Universidad de Alicante, Alicante 1984 (zit.: *Modificación*)

Lörcher, Klaus: Die Arbeitszeitrichtlinie der EU, AuR 1994, S. 49 ff. (zit.: *AZ-RL*)

ders.: Richtlinie des Rates vom 23.11.1993 über bestimmte Aspekte der Arbeitszeitgestaltung (93/104/EG), Rn 446, ABl. vom 13.12.1993 Nr. L 307, S. 18, – Arbeitszeitrichtlinie – (ArbzRili), in: Däubler, Wolfgang/Kittner, Michael/Lörcher, Klaus, Internationale Arbeits- und Sozialordnung, 2. Auflage, Köln 1994, S. 1163 ff. (zit.: *RL, in: Däubler/Kittner/Lörcher, Int. Arb- und Soz.O*)

ders.: Streikformen und internationales Arbeitsrecht – Welche Aussagen sind dem Übereinkommen Nr. 87 der Internationalen Arbeitsorganisation (ILO) und der Europäischen Sozialcharta (ESC) zu entnehmen? WSI-Mitteilung 1987, S. 227 ff. (zit.: *Int. ArbR*)

Losada, Diego de: 1979, el año del „despegue" de la UGT, El Socialista 06.01.1980, N° 142, S. 16 f. (zit.: *UGT*)

Lotz, Rüdiger: Arbeitsrechtlicher Kündigungsschutz in Spanien, Inaugural-Dissertation zur Erlangung des Grades eines Doktors der Rechte bei dem Fachbereich Rechtswissenschaft der Freien Universität Berlin, Lima/Peru 1996 (zit.: *KündigungsS*)

Löwisch, Manfred: Die Freiheit zu arbeiten – nach dem Günstigkeitsprinzip, BB 1990, S. 387 ff. (zit.: *Günstigkeitsprinzip*)

ders.: Zur Zulässigkeit freiwilliger Samstagsarbeit nach dem Günstigkeitsprinzip, DB 1989, S. 1185 ff. (zit.: *Samstagsarbeit*)

Lyon-Caen, Antoine: Reducción del tiempo de trabajo en Francia: efectos sobre la remuneración (o las sombras necesarias de la Ley de 13 de junio de 1998), RL 1999-I, S. 1321 ff. (zit.: *Reducción*)

Lyon-Caen, Gérard: Constitucionalización del derecho del trabajo, in: VV.AA., Los trabajadores y la constitución, Miguel Rodríguez-Piñero y Bravo-Ferrer (Coord.), Separada del núm. 4 de la Revista „Cuadernos de Derecho del Trabajo", Madrid 1980, S. 31 ff. (zit.: *Constitucionalización, in: VV.AA., Trabajadores*)

ders.: Critique de la negotiation collective, Droit Social 1979, S. 350 ff. (zit.: *Critique*)

Lyon-Caen, Gérard/Pélissier, Jean/Supiot, Alain: Droit du travail, 17e édition, ed. Dalloz, Paris 1994 (zit.: *DrTrav*)

Mäder, Werner: Sozialpolitik in den Europäischen Gemeinschaften, NZA 1990 (Beilage 22), S. 10 ff. (zit.: *Sozialpolitik*)

Maier, Lothar: Die Stützen des alten Regimes heute – Nach der Auflösung des „Movimiento Nacional" – Spaniens äußerste Rechte, Der Bürger im Staat 2/1977, S. 100 ff. (zit.: *Regime*)

Mancini, Giuseppe Federico: Costituzione e movimento operario, ed. Il Mulino, Bologna 1976 (zit.: *Costituzione*)

ders.: Libertà sindacale e contratto collettivo „erga omnes", Rivista Trimestrale di Diritto e Procedura Civile 1963, S. 570 ff. (zit.: *Libertà*)

Marco Aledo, María Luz: Negociación colectiva en España y resultados macroeconómicos, RL 1995-II, S. 1323 ff. (zit.: *Negociación*)
Marín Arce, Jose María: Los Sindicatos y la Reconversión Industrial durante la Transición. 1976-1982, ed. Consejo Económico y Social, Madrid 1997 (zit.: *Transición*)
Marín Correa, José María: Algunos aspectos del contrato de relevo a la luz del Real Decreto-Ley 18/1993, Estudios de jurisprudencia, Revista Colex 1994, N° 9, S. 69 ff. (zit.: *Relevo*)
ders.: La extensión del convenio colectivo y la libertad de empresa (un supuesto concreto en Galicia), in: VV.AA., La reforma del mercado de trabajo: Libertad de empresa y relaciones laborales, Efrén Borrajo Dacruz (Dir.), ed. Actualidad Editorial, Madrid 1993, S. 449 ff. (zit.: *Extensión, in: VV.AA., Libertad*)
ders.: La igualdad de naturaleza entre el contrato a jornada completa y el contrato „a tiempo parcial", AL 1995-3, N° 1989, S. 3891 ff. (zit.: *Jornada*)
Márquez, Luis Fabián: Comparación de los textos (2), *El País* 05.01.1993, S. 34 (zit.: *Comparación*)
Márquez, Luis Fabián/Romero, José María: Valoración general del Acuerdo Marco Interconfederal, in: VV.AA., Balance del Acuerdo Marco Interconfederal, Documentos y estudios N° 18, Ponencias del XI encuentro entre empresarios, sindicalistas y laboralistas, Madrid, 16 y 17 de octubre de 1980, Fundación Friedrich Ebert, S. 41 ff. (zit.: *AMI, in: VV.AA., Balance*)
Martín de Hijas, Vicente Conde: Autonomía individual: alternativa de desarrollo, RL 1991-II, S. 355 ff. (zit.: *Autonomía*)
ders.: Fraude de Ley y Jurisprudencia, in: VV.AA., El Cambio Laboral en la Década de los 90, Dirigido por Gonzálo Vidal Caruana, ed. Espasa-Calpe, Madrid 1991, S. 129 ff. (zit.: *Fraude, in: VV.AA., Cambio*)
ders.: La absorción y compensación como instrumento legal de potenciación de la autonomía individual, AL 1993-2, XXVIII, S. 399 ff. = VV.AA., La reforma del mercado de trabajo: Libertad de empresa y relaciones laborales, Efrén Borrajo Dacruz (Dir.), ed. Actualidad Editorial, Madrid 1993, S. 577 ff. (zit.: *Absorción*)
ders.: La retribución de las horas extraordinarias: Normas generales y normas sectoriales. Un caso práctico, AL 1985-2, N° 1079, S. 2289 ff. (zit.: *Horas*)
ders.: Modificación de condiciones de trabajo. Algunos puntos críticos, AL 1994-2, N° 991, S. 1817 ff. (zit.: *Modificación*)
ders.: Proceso de impugnación de convenios colectivos, Estudios sobre la nueva Ley de Procedimento Laboral, ed. Consejo General del Poder Judicial, Madrid 1991, S. 735 ff. (zit.: *Impugnación*)
Martín Herrero, Pedro: Jurisprudencia del Estatuto de los Trabajadores, 2.ª edición, ed. Centro de Publicaciones, Ministerio de Trabajo y Seguridad Social, Madrid 1991 (zit.: *JPrud. del ET*)
Martín Serrano, Ángel Luis: Horas por necesidades urgentes y por fuerza mayor, in: VV.AA., Estudios sobre la jornada de trabajo, Luis Enrique de la Villa Gil (Coord.), ed. Acarl, Madrid 1991, S. 379 ff. (zit.: *Horas, in: VV.AA., Estudios*)
Martín Valverde, Antonio: Concertación y diálogo social en 1996, Ley y pacto en el

Derecho del Trabajo – Homenaje a Rafael Martínez Emperador, RMTAS 1997 (3), S. 155 ff. (zit.: *Concertación*)

ders.: Concurrencia de los convenios colectivos de trabajo, in: VV.AA. Comentarios a las leyes laborales. El Estatuto de los Trabajadores, Tomo XII – Volumen 2.°, Art. 84, 86, 90, 91 del Real Decreto legislativo 1/1995, de 24 de marzo. Los nuevos convenios colectivos de trabajo: puntos críticos, 2.ª edición, Dirigidos por Efrén Borrajo Dacruz, ed. Edersa, Madrid 1995, S. 3 ff. (zit.: *Concurrencia, in: VV.AA., Comentarios*)

ders.: Concurrencia de los convenios colectivos de trabajo, RPS 1978, N° 119, S. 12 ff. (zit.: *Concurrencia*)

ders.: El Reglamento sobre jornadas especiales de trabajo de 1995 – Propósito, contenido general, novedades, RL 1995-II, S. 398 ff. (zit.: *Jornadas especiales*)

ders.: Espacio y límites del convenio colectivo de trabajo, in: VV.AA., Los límites del Convenio Colectivo, la legitimación empresarial y órganos para la resolución de conflictos, V Jornadas de Estudio sobre la Negociación Colectiva, Madrid, 17 de junio de 1992, ed. Centro de Publicaciones, Ministerio de Trabajo y Seguridad Social, Madrid 1993, S. 53 ff. (zit.: *Espacio, in: VV.AA., Límites*)

ders.: Estudio preliminar. La Formación del Derecho del Trabajo en España, in: VV.AA., La Legislación Social en la Historia de España. De la Revolución Liberal a 1936, ed. Publicaciones del Congreso de los Diputados, Dirección de Estudios y Documentación de la Secretaría General, Gabinete de Publicaciones, Congreso de los Diputados, Madrid 1987, S. XI ff. (zit.: *Formación, in: VV.AA., Historia*)

ders.: Estructura y proceso de la negociación colectiva, REST 1992, N° 18, S. 19 ff. (zit.: *Estructura*)

ders.: La Constitución como fuente del Derecho del Trabajo, REDT 1988, N° 33, S. 55 ff. (zit.: *Constitución*)

ders.: Las transformaciones del derecho del trabajo en España (1976-1981) y la Ley 32/1984 de reforma del Estatuto de los Trabajadores, in: VV.AA., Comentarios a la nueva legislación laboral. Ley reformada del Estatuto de los Trabajadores, Ley de Protección por Desempleo y Decretos de desarrollo, Miguel Rodríguez-Piñero y Bravo-Ferrer (Coord.), ed. Tecnos, Madrid 1985, S. 17 ff. (zit.: *Transformaciones, in: VV.AA., Comentarios*)

ders.: Modificaciones de la jornada y del horario de trabajo, in: VV.AA., Estudios sobre la jornada de trabajo, Luis Enrique de la Villa Gil (Coord.), ed. Acarl, Madrid 1991, S. 679 ff. (zit.: *Jornada, in: VV.AA., Estudios*)

ders.: Modificaciones sustanciales de condiciones de trabajo (Comentario al art. 41 del Estatuto de los Trabajadores en la nueva redacción de la Ley 11/1994, de 19 de mayo), Estudios de Jurisprudencia, Revista Colex 1994, N° 11, S. 179 ff. (zit.: *Modificaciones*)

Martín Valverde, Antonio/Rodríguez-Sañudo Gutiérrez, Fermín/García Murcia, Joaquín: Derecho del Trabajo, 7ª edición, ed. Tecnos, Madrid 1998 (zit.: *DTrab*)

Martín, Carlos: La cláusula de descuelgue en los convenios firmados tras la reforma, GS 1996, N° 149, S. 38 ff. (zit.: *Descuelgue*)

Martínez Abascal, Vicente-Antonio: Flexibilidad laboral y reforma de la normativa sobre movilidad funcional, REDT 1994, S. 745 ff. (zit.: *Flexibilidad*)
ders.: La relación ley-negociación colectiva en la reforma de la normativa laboral: ¿una adaptación del Derecho del Trabajo a la dimensión de la empresa?, RL 1995-II, S. 211 ff. (zit.: *Adaptación*)
Martínez Abascal, Vicente-Antonio/Pérez Amorós, Francisco/Rojo Torrecilla, Eduardo: La regulación promocional, legal y convencional del derecho de huelga, in: VV. AA., Constitución y derecho del trabajo: 1981-1991 (Análisis de diez años de jurisprudencia constitucional), Manuel Ramón Alarcón Caracuel (Coord.), Associació Catalana de Iuslaboristes, ed. Marcial Pons, Madrid 1992, S. 321 ff. (zit.: *Huelga, in: VV. AA., Constitución*)
Martínez Barroso, María de los Reyes: Análisis jurídico-laboral de los grupos de empresas, REDT 1993, N° 62, S. 915 ff. (zit.: *Grupos*)
Martínez Emperador, Rafael: La intervención de la Autoridad laboral en materia de convenios colectivos en el Estatuto de los Trabajadores, ed. Instituto de Estudios Sociales, Madrid 1981 (zit.: *Autoridad*)
ders.: La modificación sustancial de condiciones de trabajo, AL 1994, N° 29, S. 474 ff. (zit.: *Modificación*)
ders.: Las partes del convenio colectivo, in: La negociación colectiva, Tomo III, CDJ 1992, S. 53 ff. (zit.: *Partes, in: Negociación*)
ders.: Los Convenios Colectivos extraestatutarios: contenido, clasificación y régimen jurídico, in: VV.AA., El contenido de los Convenios Colectivos, Contenido Normativo y Contenido Obligacional, II Jornadas de Estudio sobre la Negociación Colectiva, Madrid 24 y 25 noviembre 1988, Edición preparada por: La Comisión Consultiva Nacional de Convenios Colectivos, ed. Centro de Publicaciones Ministerio de Trabajo y Seguridad Social, Madrid 1990, S. 55 ff. (zit.: *Convenios, in: VV.AA., Contenido*)
ders.: Interpretación general de los convenios colectivos, DL 1984, N° 12, S. 47 ff. (zit.: *Interpretación*)
Martínez Fenoll, José Salvador: El tiempo de trabajo, Jornada, horas extraordinarias, trabajo nocturno, a turnos y ritmo de trabajo, descanso semanal, fiestas y permisos, vacaciones, contratos a tiempo parical, ed. Ciss, Madrid 1996 (zit.: *Tiempo*)
Martínez Girón, Jesús: La articulación de las comisiones paritarias y los servicios no estatales de mediación y arbitraje, REDT 1997, N° 83, S. 333 ff. (zit.: *Mediación*)
ders.: Las cláusulas de descuelgue salarial en la jurisprudencia, REDT 1999, N° 95, S. 437 ff. (zit.: *Cláusulas*)
ders.: Los pactos de procedimiento en la negociación colectiva, ed. Servicio de Publicaciones, Ministerio de Trabajo y de la Seguridad Social, 1ª edición, Madrid 1985 (zit.: *Procedimiento*)
ders.: Unidades de negociación colectiva sin representantes legales o sindicales de los trabajadores, in: VV.AA., VI Jornadas luso-hispano-brasileiras de Derecho del Trabajo, 6 al 8 de mayo de 1990, Santiago de Compostela, ed. Xunta de Galicia, Santiago de Compostela 1992, S. 65 ff. (zit.: *Unidades, in: VV.AA., VI Jornadas*)

Martínez Jiménez, José Miguel: La condición más beneficiosa. Especial referencia a los pactos colectivos y a los usos de empresas como fuentes de la misma, RL 1988-I, S. 97 ff. (zit.: *CMB*)

Martínez Mendoza, José Manuel F.: Buena fe y abuso del crédito horario sindical, RL 1998, N° 18, S. 8 ff. (zit.: *Crédito*)

Martínez Moreno, Carolina: Autonomía individual y contrato de trabajo: a propósito del contrato a tiempo parcial, in: VV.AA., Los protagonistas de la Relaciones Laborales tras la Reforma del Mercado de Trabajo, Jesús Cruz Villalón (Coord.), ed. Departamento de Publicaciones, Consejo Económico y Social, Madrid 1995, S. 363 ff. (zit.: *Autonomía, in: VV.AA., Protagonistas*)

dies.: Sobre el alcance y significado de la prohibición de concurrencia de convenios colectivos contenida en el artículo 84 del ET, REDT 1990, N° 42, S. 263 ff. (zit.: *Concurrencia*)

Martínez Noval, Luis: Los sindicatos en la Europa de los noventa, REST 1990, N° 10, S. 8 ff. (zit.: *Sindicatos*)

Martínez Quinteiro, Esther: La denuncia del Sindicato Vertical, Volumen II (Segunda Parte), El debate internacional sobre la violación del derecho de libertad sindical en el tardo-franquismo, 1.ª edición, ed. Departamento de Publicaciones, Consejo Económico y Social, Madrid 1997 (zit.: *Sindicato*)

Mateos Beato, Alfredo: La jornada máxima ordinaria y su control, in: VV.AA., Estudios sobre la jornada de trabajo, Luis Enrique de la Villa Gil (Coord.), ed. Acarl, Madrid 1991, S. 529 ff. (zit.: *Jornada, in: VV.AA., Estudios*)

Mateos, Abdón: El PSOE contra Franco. Continuidad y renovación del socialismo español. 1953-1974, 1.ª edición, ed. Pablo Iglesias, Madrid 1993 (zit.: *PSOE*)

Matía Prim, Javier: Las elecciones en la empresa, in: VV.AA., La reforma del Estatuto de los Trabajadores, Fernando Valdés Dal-Ré/María Emilia Casas Baamonde (Coor.), Monografías Relaciones Laborales, ed. La Ley, Madrid 1994 (zit.: *Elecciones, in: VV.AA., Reforma*)

ders.: Las horas extraordinarias estructurales: el problema de su delimitación y efectos sobre la política de reducción del trabajo extraordinario, RL 1986-II, S. 844 ff. (zit.: *Horas*)

ders.: Negociación colectiva y derecho de huelga. Los pactos de paz, RL 1993-II, S. 283 ff. = Negociación colectiva y derecho de huelga. Deber y pactos de paz, in: VV.AA., Los problemas actuales de la Negociación Colectiva, VI Jornadas de Estudio sobre negociación colectiva, Madrid, 3 de junio de 1993, Edición preparada por Comisión Consultiva Nacional de Convenios Colectivos, ed. Centro de Publicaciones, Ministerio de Trabajo y Seguridad Social, Madrid 1994, S. 75 ff. (zit.: *Huelga*)

ders.: Sentido y alcance de la reforma de la legislación laboral, in: VV.AA. La reforma del mercado laboral, Fernando Valdés Dal-Ré/Hernar Merino Senovilla (Coord.), ed. Lex Nova, Valladolid 1994, S. 13 ff. (zit.: *Reforma, in: VV.AA., Reforma*)

Mella Méndez, Lourdes: Consideraciones sobre el contrato de relevo, AL 1998, N° 46, Rn. LIII, S. 865 ff. (zit.: *Relevo*)

Mendoza Navas, Natividad/Zachert, Ulrich: Spanisches Arbeitsrecht, Arbeit und Arbeitsrecht 1994, S. 77 ff. (zit.: *ArbR*)

Mercader Uguina, Jesús R.: Estructura de la negociación colectiva y relaciones entre convenios, 1ª edición, ed. Civitas, Madrid 1994 (zit.: *Estructura*)

ders.: Problemas de conflicto y coordinación entre convenios colectivos en el seno de la empresa: notas para un estudio, RTSS 1993, N° 11, S. 7 ff. (zit.: *Coordinación*)

ders.: Reglamento de Régimen Interior y expediente de modificaciones sustanciales. Precisiones a la luz de un supuesto concreto, RL 1992-I, S. 423 ff. (zit.: *Régimen*)

Merino Senovilla, Hernar: El trabajo a tiempo parcial (Un tratamiento diferente del tiempo de trabajo), ed. Lex Nova, Valladolid 1994 (zit.: *Tiempo parcial*)

dies.: Jornada y tiempo de trabajo, in: VV.AA., Anuario de negociación colectiva 1997 de la U.G.T., ed. Secretaría de Acción Sindical Confederal de la Unión General de los Trabajadores (UGT) – Publicaciones Unión, Madrid 1998, S. 199 ff. (zit.: *Tiempo, in: VV. AA., Anuario UGT*)

dies.: La jornada de trabajo, in: VV.AA., La reforma del mercado laboral, Fernando Valdés Dal-Ré/Hernar Merino Senovilla (Coord.), ed. lex nova, Valladolid 1994, S. 258 ff. (zit.: *Jornada, in: VV.AA., Reforma*)

Merino Senovilla, Hernar/Román de la Torre, María Dolores: Los convenios de enero y febrero. Las horas extraordinarias como medida de fomento al empleo en la negociación colectiva, RL 1987-I, S. 957 ff. (zit.: *Horas*)

Michón, François: El tiempo de trabajo en los países industrializados. Convergencias y divergencias, REST 1992, N° 15/16, S. 105 ff. (zit.: *Tiempo*)

Miguélez Lobo, Faustino: Corporatismo y relaciones laborales en Europa en tiempo de crisis, REIS 1985, N° 30, S. 149 ff. (zit.: *Corporatismo*)

Millán Villanueva, Antonio José: Las jornadas especiales de trabajo en el marco de la prevención, RL 1986-I, S. 97 ff. (zit.: *Jornadas especiales*)

Miñambres Puig, César: El centro de trabajo. El reflejo jurídico de las unidades de producción, Ministerio de Trabajo y Seguridad Social, Madrid 1985 (zit.: *Centro*)

ders.: Sobre la „absoluta" prevalencia en el orden social de la autonomía colectiva sobre la autonomía individual (Comentario a la Sentencia del Tribunal Constitucional 105/1992, de 1 de julio. Sala 1.ª, en recurso de amparo núm. 2054/1988, BOE de 24 de julio de 1992), REDT 1993 (57-62), S. 767 ff. (zit.: *Autonomía*)

ders.: Sobre la constitucionalidad del artículo 41.1 del Estatuto de los Trabajadores. Alcance de las modificaciones sustanciales del contrato de trabajo por la autoridad laboral (Comentario de la Sentencia del Tribunal Constitucional 92/1992, de 11 de junio. Pleno, en cuestión de inconstitucionalidad núm. 90/1988. BOE de 15 de julio de 1992), REDT 1994, S. 151 ff. (zit.: *Constitucionalidad*)

Miret Magdalena, Enrique: Gesprächsbeitrag in: Empresa y sindicato en un estado social de derecho, N° 3, Documentos y Estudios, Versión grabada del primer encuentro entre representantes empresariales y sindicales de España y la República Federal de Alemania, ed. Fundación Friedrich Ebert-Madrid, Oficina de Madrid, Febrero 1978, S. 43 ff. (zit.: *VV.AA., Empresa*)

Molero Manglano, Carlos: Derecho Sindical, ed. Dykinson, Madrid 1996 (zit.: *DerSind*) *ders.:* Estructura y desarrollo del contrato de trabajo, (Tomo II), 1er Volumen, Desarrollo del contrato de trabajo, Universidad Pontificia Comillas, Madrid 1989 (zit.: *Estructura*)

ders.: Las llamadas gratificaciones voluntarias, RPS 1974, N° 103, S. 51 ff. (zit.: *Gratificaciones*)

Molina Navarrete, Cristóbal: Una nueva fase en el proceso de normalización de las prácticas de grupo: la empresa colectiva articulada como ámbito adecuado para la acción social, RL 1995-II, S. 581 ff. (zit.: *Normalización*)

Molina Navarrete, Cristóbal/Olarete Encabo, Sofía: Algunas reflexiones a propósito del problema de la legitimación negocial de los grupos de empresa, in: VV.AA., XI Jornadas Universitarias Andaluzas de Derecho del Trabajo y Relaciones Laborales, Negociación colectiva y solución de conflictos en el sistema español de relaciones laborales, Federico Navarro Nieto (Coord.), ed. Trotta, Madrid 1994, S. 101 ff. (zit.: *Grupos, in: VV.AA., XI Jornadas*)

dies.: Los grupos de empresa ¿definitivamente una unidad de negociación de ámbito empresarial y no supraempresarial?, [A propósito de la sentencia de la Audiencia Nacional (Sala de los Social) de 19 de octubre de 1992], AL 1993-3, LI, S. 773 ff. (zit.: *Unidad*)

Molinero y Pere Ysàs, Carmen: Productores disciplinados: control y represión laboral durante el franquismo (1939-1958), CRL 1993, N° 3, S. 33 ff. (zit.: *Franquismo*)

Monereo Pérez, José Luis: Aspectos laborales de los grupos de empresas, REDT 1985, N° 21, S. 83 ff. (zit.: *Grupos*)

ders.: Introducción al nuevo Derecho del Trabajo, Una reflexión crítica sobre el Derecho flexible del Trabajo, ed. Tirant lo Blanch, Valencia 1996 (zit.: *Introducción*)

ders.: La estructura del salario, in: VV.AA., Comentarios a las leyes laborales, La reforma del Estatuto de los Trabajadores (Ley 11/1994, de 19 de mayo, y normas concordantes), Tomo I – Vol. 1.°, El nuevo régimen jurídico del salario, Dirigidos por Efrén Borrajo Dacruz, ed. Edersa, Madrid 1994, S. 45 ff. (zit.: *Salario, in: VV.AA., Comentarios*)

ders.: La intervención de la Administración laboral en la tramitación y en el control de legalidad de los convenios colectivos „erga omnes“, REDT 1987, N° 32, S. 519 ff. (zit.: *Administración*)

ders.: Los derechos de información de los representantes de los trabajadores, ed. Civitas, Madrid 1992 (zit.: *Información*)

ders.: Teoría jurídica de los grupos de empresas y derecho del trabajo, ed. Comares, Granada 1997 (zit.: *Teoría*)

Monge Recalde, José Luis: Comentarios a la reforma laboral de 1994, ed. Bosch, Barcelona 1994 (zit.: *Comentarios*)

Monreal Bringsvaerd, Erik J.: Autonomía colectiva e iniciativa empresarial en la distribución irregular de la jornada, AL 1999-2, XXXVI, S. 555 ff. (zit.: *Distribución*)

Montalvo Correa, Jaime: Estudio jurisprudencial sobre los sujetos en los convenios colectivos de empresa (I, II), DL 1988, N° 24, S. 199 ff., N° 25, S. 199 ff. (zit.: *Sujetos*)

ders.: La jornada y la reducción del tiempo de trabajo en el Acuerdo Marco Interconfederal, in: VV.AA., Comentarios al Acuerdo Marco Interconfederal sobre negociación colectiva, Autores: Manuel Alonso García/Ricardo Calle Saíz/Luis Enrique de la Villa Gil/ Alberto Estaban Romero/Jaime Montalvo Correa/Juan Rivero Lamas/José Serrano Carvajal/Fernando Valdés Dal-Ré, ed. IES, Madrid 1980, S. 105 ff. (zit.: *Jornada, in: VV.AA., Comentarios*)

ders.: La reforma del marco institucional, in: VV.AA., Reforma laboral y Negociación Colectiva, VII Jornadas de Estudio sobre la Negociación Colectiva, Madrid, 9 de junio de 1994, ed. Centro de Publicaciones, Ministerio de Trabajo y Seguridad Social, Madrid 1995, S. 9 ff. (zit.: *Reforma, in: VV.AA., Reforma*)

ders.: Las Normas de Obligado Cumplimiento, Un estudio sobre el intervencionismo del Estado en la negociación colectiva en España, 1ª edición: febrero de 1972, ed. Publicaciones de la Escuela Nacional de Administración Pública, Madrid 1972 (zit.: *Normas*)

ders.: Relaciones laborales y constitución: Anotaciones a una decada, in: VV.AA., Cuestiones actuales de Derecho del Trabajo, Estudios ofrecidos por los catedráticos españoles de Derecho del Trabajo al profesor Manuel Alonso Olea, ed. Centro de Publicaciones Ministerio de Trabajo y Seguridad Social, Madrid 1990, S. 291 ff. (zit.: *Relaciones, in: VV.AA., Cuestiones*)

ders.: Reivindicaciones sindicales y jornada de trabajo, in: VV.AA., Estudios sobre la jornada de trabajo, Luis Enrique de la Villa Gil (Coord.), ed. Acarl, Madrid 1991, S. 709 ff. (zit.: *Reivindicaciones, in: VV.AA., Estudios*)

Montoro Chiner, María J.: Spanien als Land der Autonomen Gemeinschaften, JuS 1986, S. 502 ff. (zit.: *Spanien*)

Montoya Melgar, Alfredo: Aktuelle Probleme des Kollektiven Arbeitsrechts in Spanien – Problemas actuales del Derecho Colectivo de Trabajo en España, Informaciones Bonn I/1987, S. 56 ff. (zit.: *Probleme*)

ders.: Convenios, acuerdos colectivos y contratos de trabajo tras la reforma laboral, DL 1996, N° 49, S. 81 ff. (zit.: *Acuerdos*)

ders.: ¿Convenios colectivos al margen del Estatuto de los Trabajadores?, Boletín AEDIPE septiembre 1982, S. 4 ff. (zit.: *Convenios*)

ders.: De nuevo sobre el acto de extensión del convenio colectivo y las competencias del Estado y las Comunidades Autónomos, N° 560. Sentencia 102/1991, de 13 de mayo, (Pleno, en conflicto positivo de competencia, núms. 533/1986 y 933/1987 [acumulados], BOE de 18 de junio de 1991), Jurisprudencia Constitucional sobre Trabajo y Seguridad Social, Elenco y Estudios de las Sentencias del Tribunal Constitucional (1991), Tomo IX, ed. Civitas, 1.ª edición, Madrid 1992, S. 417 f. (zit.: *Competencias, in: Alonso Olea, JCo*)

ders.: Derecho del Trabajo, 19ª edición, ed. Tecnos, Madrid 1998 (zit.: *DTrab*)

ders.: Derecho y Trabajo, 1ª edición, ed. Civitas, Madrid 1976 (zit.: *DTrab*)

ders.: El acto de extensión del convenio colectivo y las competencias del Estado y las Comunidades Autónomas, (N° 552. Sentencia 86/1991, de 25 de abril, Pleno, en conflicto positivo de competencia, núms. 1208/1986, 1211/1985, 642/1986 y 208/1987 [acumulados], BOE de 29 de mayo de 1991), Jurisprudencia Constitucional sobre Trabajo y Seguridad Social, Elenco y Estudios de las Sentencias del Tribunal Constitucional (1991), Tomo IX, ed. Civitas, 1.ª edición, Madrid 1992, S. 323 ff. (zit.: *Extensión, in: Alonso Olea, JCo*)

ders.: El canon por negociación colectiva en el debate parlamentario de la Ley Orgánica de Libertad Sindical, Seminario sobre Proyecto de Ley Orgánica de Libertad Sindical, RFDUC 1985, N° 7, S. 105 ff. (zit.: *Canon*)

ders.: El diálogo social en el Derecho del Trabajo, Ley y pacto en el Derecho del Trabajo – Homenaje a Rafael Martínez Emperador, RMTAS 1997 (3), S. 141 ff. (zit.: *Diálogo*)

ders.: El Estado y la autonomía colectiva, AL 1989-2, XXII, S. 275 ff. (zit.: *Autonomía*)

ders.: El marco jurídico de la jornada laboral, in: VV.AA., La ordenación de las jornadas de trabajo, Ciclo de Mesas Redondas, Ponencias, marzo 1983, Segundo Ciclo de Mesas Redondas sobre Relaciones Laborales, ed. Confederación Española de Organizaciones Empresariales, Madrid 1983, S. 11 ff. (zit.: *Jornada, in: VV.AA., Ordenación*)

ders.: El modelo español de convenio colectivo; especial referencia al „convenio colectivo extraestatutario", in: La negociación colectiva, CDJ 1992, S. 271 ff. (zit.: *Convenio, in: Negociación*)

ders.: El poder de dirección del empresario, Colección Estudios de Trabajo y Previsión, ed. Instituto de Estudios Políticos, Madrid 1965 (zit.: *Poder*)

ders.: Empresas multinacionales y relaciones de trabajo, REDT 1983, N° 16, S. 485 ff. (zit.: *Multinacionales*)

ders.: Ideología y lenguaje en las leyes laborales de España (1873-1978), 1ª edición, ed. Civitas, Madrid 1992 (zit.: *Ideología*)

ders.: La inclusión en los convenios colectivos de cláusulas sobre „cuota de solidaridad por negociación", (Comentario a la Sentencia de la Magistratur de Trabajo número 2 de Murcia, de 23 de enero de 1982), in: VV.AA., El canon por negociación colectiva, ed. Secretariado de Publicaciones, Universidad de Murcia, Facultad de Ciencias Económicas y Empresariales, Cuadernos del Departamento de Derecho del Trabajo, Murcia 1982, S. 9 ff. = REDT 1981, N° 8, S. 501 ff. (zit.: *Solidaridad, in: VV.AA., Canon*)

ders.: La Negociación Colectiva en el Horizonte de los 90, in: VV.AA., El Cambio Laboral en la Década de los 90, Dirigidos por Gonzálo Vidal Caruana, ed. Espasa-Calpe, Madrid 1991, S. 97 ff. (zit.: *Horizonte, in: VV.AA., Cambio*)

ders.: La negociación colectiva en la empresa: Comités y delegados de personal y representaciones sindicales, in: VV.AA., Seminario sobre negociación colectiva, Madrid, 22 y 23 de noviembre de 1984, ed. CEOE, Madrid 1984, S. 31 ff. (zit.: *Comités, in: VV.AA., Seminario*)

ders.: La retribución del trabajo, in: Durán López, Federico/Montoya Melgar, Alfredo/Sala Franco, Tomás, El ordenamiento laboral español y los límites a la autonomía de las partes y a las facultades del empresario, ed. Centro de publicaciones, Ministerio de Trabajo y Seguridad Social, Madrid 1987, S. 225 ff. (zit.: *Retribución, in: VV.AA., Ordenamiento*)

ders.: Los sindicatos ante la crisis económica, REDT 1985, S. 181 ff. (zit.: *Crisis*)
ders.: Modificación sustancial de condiciones de trabajo y movilidad geográfica: la reforma del Estatuto de los Trabajadores y su aplicación judicial, AS 1996-I, S. 2669 ff. (zit.: *Modificación*)
ders.: Poder del empresario y movilidad laboral, REDT 1989, N° 38, S. 167 ff. = VV.AA., La flexibilidad laboral en España, Rivero Lamas, Juan (Dir.), Instituto de Relaciones Laborales, Facultad de Derecho, Universidad de Zaragoza, Zaragoza 1993, S. 205 ff. (zit.: *Movilidad*)
ders.: Presente y Futuro de los Sindicatos (Los sindicatos ante la década de los 90), in: VV. AA., El Cambio Laboral en la Década de los 90, Dirigido por Gonzálo Vidal Caruana, ed. Espasa-Calpe, Madrid 1991, S. 25 ff. (zit.: *Presente, in: VV.AA., Cambio*)
ders.: Sindicatos, convenios y conflictos colectivos: el debate constitucional, in: VV.AA., Los trabajadores y la Constitución, Miguel Rodríguez-Piñero y Bravo-Ferrer (Coord.), Separada del núm. 4 de la Revista „Cuadernos de Derecho del Trabajo", Madrid 1980, S. 181 ff. (zit.: *Sindicatos, in: VV.AA., Trabajadores*)
ders.: Sobre la viabilidad legal de convenios colectivos al margen del Estatuto de los Trabajadores, in: VV.AA., Problemas actuales de la negociación colectiva, (Seminario organizado por la Asociación de Cajas de Ahorros para Relaciones Laborales y el Departamento de Derecho del Trabajo de la Facultad de Derecho de la Universidad Complutense de Madrid, los días 10 y 11 de junio de 1983), ed. Acarl, Madrid 1984, S. 49 ff. (zit.: *Viabilidad, in: VV.AA., Problemas*)
Moreno Toro, Carmen: Contrato de trabajo y autonomía de la voluntad, RL 1996-I, S. 635 ff. (zit.: *Contrato*)
Moreno Vida, María Nieves: La compensación y absorción de salarios, in: VV.AA., Comentarios a las leyes laborales. La reforma del Estatuto de los Trabajadores, Tomo I – Volumen 1.°, El nuevo régimen jurídico del salario, 2.ª edición, Dirigidos por Efrén Borrajo Dacruz, ed. Edersa, Madrid 1994, S. 149 ff. (zit.: *Compensación, in: VV.AA., Comentarios*)
Moreno, Juan/González Zamora, Miguel: Razones de un ingreso, GS 1990, N° 111, S. 42 ff. (zit.: *Ingreso*)
Morodo Raúl: La transición política, 1ª edición, 2.ª reimpresión, 1988, ed. Tecnos, Madrid 1988 (zit.: *Transición*)
Morón Prieto, Ricardo: La flexibilización de la jornada: la experiencia en las Cajas de Ahorro, RTSS 1992, N° 7, S. 37 ff. (zit.: *Flexibilización*)
ders.: Novedades en la ordenación de las jornadas especiales de trabajo, RL 1996-I, S. 1001 ff. (zit.: *Jornadas*)
Moya Castilla, José Manuel: La reducción del tiempo de trabajo como medida de creación de empleo: el debate social acerca de la jornada de 35 horas, Carta Laboral 1999, N° 4, S. 1 ff. (zit.: *Reducción*)
Mozo Gayo, Almudena: El asambleismo en la transición: La experiencia de la Casa de la Moneda de Madrid (1977-87), CRL 1993, N° 3, S. 95 ff. (zit.: *Asambleísmo*)
Muños Campos, Juan: El concepto de trabajador directivo en la Jurisprudencia y en el Real Decreto 1382/85, RL 1986-I, S. 123 ff. (zit.: *Directivo*)

Muga Robledo, Antonio: El deber de negociar colectivamente. Supuestos de cambio de unidad de negociación, RL 1992-I, S. 1219 ff. (zit.: *Deber*)

Murcia Clavería, Ana: Trabajo nocturno, trabajo a turnos y ritmo de trabajo, in: VV.AA., La reforma del mercado laboral, Fernando Valdés Dal-Ré/Hernan Merino Senovilla (Coord.), ed. Lex Nova, Valladolid 1994, S. 291 ff. (zit.: *Trabajo, in: VV.AA., Reforma*)

Navarro Nieto, Federico: La sindicalización de la representación unitaria y su reflejo jurídico en la jurisprudencia, RL 1998, N° 8, S. 42 ff. (zit.: *Sindicalización*)

Navarro Nieto, Federico/Triclin, Alexis: El debate francés sobre la reducción del tiempo de trabajo, RL 1999, N° 3, S. 90 ff. (zit.: *Reducción*)

Neifer-Dichmann, Elisabeth: Arbeitszeit – ein Standortfaktor, Der Arbeitgeber 1989, S. 446 ff. (zit.: *ArbZ*)

Nohlen, Dieter/Carlos Huneeus: Elitenwettbewerb in der Spätphase des Franco-Regimes. Der Kampf um die politische Reform, in: Peter Waldmann/Walther L. Bernecker/Francisco López-Casero (Hrsg.), Sozialer Wandel und Herrschaft im Spanien Francos, Ferdinand Schöningh, Paderborn – München – Wien – Zürich, 1984, S. 349 ff. (zit.: *Elitenwettbewerb*)

Ochando Claramunt, Carlos: Los pactos sociales regionales: ¿una nueva fórmula de superación de la crisis económica en España?, RL 1994-II, S. 1225 ff. (zit.: *Pactos*)

Odriozola Landeras, Alazne: Acuerdo sobre solución extrajudicial de conflictos laborales: ASEC, RTTS 1996, N° 22, S. 145 ff. (zit.: *ASEC*)

Ojeda Avilés, Antonio: Ámbito esencial de la negociación colectiva e intervención proporcionada de la Ley, in: VV.AA., Estabilidad en el empleo, diálogo social y negociación colectiva. La reforma laboral de 1997, Miguel Rodríguez-Piñero y Bravo-Ferrer/Fernando Valdés Dal-Ré/María Emilia Casas Baamonde (Coord.), ed. Tecnos, Madrid 1998, S. 271 ff. (zit.: *Intervención, in: VV.AA., Estabilidad*)

ders.: Autonomía colectiva y autonomía individual, RL 1991-II, S. 311 ff. = in: VV.AA., IX Jornadas Universitarias Andaluzas de Derecho del Trabajo y Relaciones Laborales, Autonomía colectiva y autonomía individual – La dimensión social del mercado único europeo, Edición coordinada por: María Fernada Fernández López, ed. Consejería de Fomento y Trabajo, Consejo Andaluz de Relaciones Laborales, Junta de Andalucía, Sevilla 1992, S. 33 ff. (zit.: *Autonomía*)

ders.: „Barrenado" de convenios y contenido esencial del derecho a la negociación colectiva, in: VV.AA., El nuevo Estatuto de los Trabajadores: puntos críticos, Efrén Borrajo Dacruz (Coord.), 1.ª edición: febrero 1995, ed. Actualidad editorial, Madrid 1995, S. 199 ff. (zit.: *Barrenado, in: VV.AA. Nuevo ET*)

ders.: Compendio de Derecho Sindical, ed. Tecnos, Madrid 1998 (zit.: *Compendio*)

ders.: Delimitación de los acuerdos y pactos colectivos, AL 1995-1, XVI, S. 253 ff. (zit.: *Delimitación*)

ders.: Der Ausbau betriebsbezogener gewerkschaftlicher Organisationsstrukturen nach dem Sturz der Franco-Diktatur, in: VV.AA., Gewerkschaftliche Betriebspolitik in Westeuropa – Vergleiche und Möglichkeiten der Zusammenarbeit, Internationale Tagung der Sozialakademie Dortmund in

Verbindung mit dem Europäischen Gewerkschaftsinstitut in Brüssel, Peter Kühne (Hrsg.), Duncker & Humblot, Berlin 1982, S. 106 ff. (zit.: *Sturz, in: VV.AA. BetrPolitik*)

ders.: Derecho Sindical, 5ª edición, ed. Tecnos, Madrid 1990 (zit.: *DerSind*)

ders.: Derecho Sindical, 7ª edición, ed. Tecnos, Madrid 1995 (zit.: *DerSind*)

ders.: El fomento del contrato a tiempo parcial en España, Relaciones Laborales y Seguridad Social, año II, N° 15, mayo 1996, S. 255 ff. (zit.: *Tiempo*)

ders.: El principio de condición más beneficiosa, RPS 1982, N° 133-134, S. 7 ff. (zit.: *CMB*)

ders.: Flexibilidad judicial y contractualismo (I y II), AL 1988-1, Rn. 240, S. 557 ff.; Rn. 264, S. 613 ff. = Estudios sobre la Flexibilidad Laboral y nuevos comportamientos sindicales (Seminario ítalo-español de Derecho del Trabajo), RFDUC 1988, N° 14, S. 59 ff. (zit.: *Flexibilidad*)

ders.: La actuación del sindicalismo en épocas de crisis, in: VV.AA., Cuestiones actuales de Derecho del Trabajo, Estudios ofrecidos por los catedráticos españoles de Derecho del Trabajo al profesor Manuel Alonso Olea, ed. Centro de Publicaciones Ministerio de Trabajo y Seguridad Social, Madrid 1990, S. 561 ff. (zit.: *Sindicalismo, in: VV.AA., Cuestiones*)

ders.: La concertación social tras la crisis, 1ª edición, ed. Ariel, Barcelona 1990 (zit.: *Concertación*)

ders.: La doctrina del equilibrio interno del convenio. O aporías judiciales entre jeraquía y equivalencia negocial, REDT 1987, N° 31, S. 333 ff. (zit.: *Equilibrio*)

ders.: La „legislación promocional" en España, RPS 1980, N° 125, S. 5 ff. (zit.: *Legislación*)

ders.: La negociación colectiva europea, RL 1993-II, S. 1249 ff. (zit.: *Negociación*)

ders.: La representatividad sindical como excepción, RL 1992-I, S. 238 ff. (zit.: *Representatividad*)

ders.: Las nuevas formas de contratación laboral, in: VV.AA., Las Relaciones Laborales y la Reorganización del Sistema Productivo, Edición preparada por: Federico Durán López, Publicaciones del Monte de Piedad y Caja de Ahorros de Córdoba, Córdoba 1983, S. 63 ff. (zit.: *Contratación, in: VV.AA., Relaciones*)

ders.: Los acuerdos de la empresa en la estructura de la negociación colectiva, in: VV.AA., El arbitraje laboral. Los acuerdos de empresa, Antonio Ojeda Avilés (Coord.), Asociación Española de Derecho del Trabajo y de la Seguridad Social, Junta de Andalucía, Consejería de Trabajo y Asuntos Sociales, Asociación Española de Derecho del Trabajo y de la Seguridad Social, ed. Tecnos, Madrid 1996, S. 199 ff. (zit.: *Acuerdos, in: VV.AA., Arbitraje*)

ders.: Los contratos a tiempo parcial y de empleo compartido, DL 1984, N° 14, S. 27 ff. (zit.: *Empleo*)

ders.: Los convenios de franja sectoriales, AL 2000, N° 48, LIV, S. 781 ff. (zit.: *Franja*)

ders.: Pactos colectivos de eficacia limitada y vacíos de negociación en Andalucía, in: VV. AA., Negociación colectiva y Comunidades Autónomas, Antonio Ojeda Avilés (Coord.), ed. Tecnos, Madrid 1991, S. 189 ff. (zit.: *Pactos, in: VV.AA., Negociación*) *ders.:* ¿Son „meras recomendaciones" los acuerdos colectivos europeos? RL 1998, N° 17, S. 12 ff. = Sind Europäische Tarifverträge „bloße Empfehlungen"? Aus dem Spanischen übersetzt von Ilja Igorewitsch Selenkewitsch, in: Klebe, Thomas/Wedde, Peter/Wolmerath, Martin (Hrsg.), Recht und soziale Arbeitswelt, Festschrift für Däubler zum 60. Geburtstag, Bund-Verlag, Frankfurt a.M. 1999, S. 516 ff. (zit.: *Recomendaciones/Empfehlungen*)

Ojeda Avilés, Antonio/Pérez Pérez, Manuel: Gewerkschaftsrechte im Betrieb nach spanischem Recht, AiB 1989, S. 382 ff. (zit.: *GewerkSR*)

Olarte Encabo, Sofía: El convenio colectivo por adhesión. Régimen jurídico-positivo, ed. Civitas, Madrid 1995 (zit.: *Adhesión*)

dies.: Negocios jurídicos adhesivos y sistema de contratación colectiva, 1ª edición, ed. Bosch, Barcelona 1995 (zit.: *Negocios*)

dies.: Pactos individuales y representación legal de los trabajadores, (Comentarios a la Sentencia del Tribunal Central de Trabajo, Sala 1.ª de 15 de marzo de 1989), REDT 1991, S. 957 ff. (zit.: *Pactos*)

Oliet Gil, Blas: Nota. Autonomía de la voluntad individual frente a la Autonomía colectiva. La negociación colectiva de los sindicatos como parte integrante de la libertad sindical, AL 1993-I, S. 29 (zit.: *Autonomía*)

ders.: Nota. La composición de una mesa negociadora para el desarrollo de la conversión del sector siderúrico. Primacía del principio constitucional de igualdad, AL 1993-1, S. 633 (zit.: *Composición*)

ders.: Nota. La prueba de las horas extraordinarias, AL 1992-3, S. 3072 (zit.: *Horas*)

ders.: Nota. Transformación de un Convenio Colectivo de ámbito estatal en otro de eficacia limitada, AL 1991-2, S. 1190 f. (zit.: *Transformación*)

Ortega Prieto, Eduardo: El Estatuto de los Trabajadores, Estudio comparativo y comentarios prácticos, 2.ª edición, totalmente puesta al día, incluyendo jurisprudencia y legislación, hasta diciembre de 1984, ed. Deusto, Bilbao 1984 (zit.: *El ET*)

Ortiz Lallana, María del Carmen: Permisos retribuidos y créditos sindicales de tiempo en la legislación y en la jurisprudencia (I y II), AL 1989-2, XXIII, S. 289 ff., XXIV, S. 305 ff. (zit.: *Créditos*)

Otero Luna, Manuel: Límites de la norma convencional en las PYMES: la ultraactividad Ley y pacto en el Derecho de Trabajo, RMTAS 1997 (3), S. 23 ff. (zit.: *PYMES*)

Otto y Pardo, Ignacio de: Die Regelung der Ausübung der Grundrechte. Die Garantie ihres Wesensgehaltes in Artikel 53 Abs. 1 der Verfassung, in: VV.AA., Spanisches Verfassungsrecht. Ein Handbuch, Antonio López Pina (Hrsg.), C.F. Müller Justischer Verlag, Heidelberg 1993, S. 309 ff. (zit.: *Wesensgehalt, in: VV.AA., VerfR*)

Palomeque López, Manuel Carlos: Derecho sindical español, 5.ª edición, revisada, ed. Tecnos, Madrid 1994 (zit.: *DerSind*)

ders., Función del sindicato en la Constitución Española, in: de la Villa Gil, Luis Enrique, Materiales para el estudio del sindicato, 1.ª edición, ed. Instituto de Estudios Sociales, Madrid 1979, S. 253 ff. (zit.: *Función, in: de la Villa, Materiales*)

ders.: La nulidad parcial del contrato de trabajo, ed. Tecnos, Madrid 1975 (zit.: *Nulidad*)

ders.: Sobre la libertad sindical de los empresarios, DL 1985, N° 17, S. 31 ff. (zit.: *Empresarios*)
ders.: Voluntariedad y obligatoriedad en la prestación de las horas extraordinarias, in: VV. AA., Estudios sobre la jornada de trabajo, Luis Enrique de la Villa Gil (Coord.), ed. Acarl, Madrid 1991, S. 411 ff. (zit.: *Horas, in: Estudios*)
Palomeque López, Manuel-Carlos/Álvarez de la Rosa, Manuel: Derecho del Trabajo, 6ª edición, ed. Centro de Estudios Ramón Areces, Madrid 1998 (zit.: *DTrab*)
Paoli, Pascal: Reducción del tiempo de trabajo y opciones de ordenación, REST 1992, N° 15/16, S. 133 ff. (zit.: *Reducción*)
Pardo, Carlos: Zur Lage der Gewerkschaften in Spanien, Gewerkschaftliche Monatshefte 9/1977, S. 586 ff. (zit.: *Spanien*)
Patzig, Günter: Ethik ohne Metaphysik, 2., durchgesehene und erweiterte Auflage, Vandenhoeck & Ruprecht, Göttingen 1983 (zit.: *Ethik*)
Pedrajas Moreno, Abdón: Modificaciones sustanciales de las condiciones de trabajo, in: VV. AA., La reforma del mercado laboral, Fernando Valdés Dal-Ré/Hernar Merino Senovilla (Coord.), ed. lex nova, Vallodolid 1994, S. 369 ff. (zit.: *Modificaciones, in: VV. AA., Reforma*)
Pérez Amorós, Francisco: Garantías del derecho de participación de los trabajadores en la empresa – A propósito de la necesaria revalorización del art. 129,2 de la Constitución, RL 1989-II, S. 329 ff. (zit.: *Art. 129,2*)
ders.: La designación de los componentes del „banco social" de la comisión negociadora de un convenio colectivo de empresa negociado por el comité de empresa, A propósito de la TCT 5ª S 23 de jun. 1987, RL 1988-I, S. 465 ff. (zit.: *Banco*)
Pérez de los Cobos Orihuel, Francisco: Autonomía individual y determinación del objeto del contrato de trabajo, AL 1992-2, XXVIII, S. 373 ff. (zit.: *Autonomía*)
ders.: La denuncia modificativa empresarial y el principio de condición más beneficiosa, AL 1996-2, XXIII, S. 413 ff. (zit.: *Denuncia*)
ders.: La flexibilidad y la doctrina: la extraña pareja, RL 1991-I, S. 79 ff. (zit.: *Flexibilidad*)
ders.: La movilidad de los trabajadores en los grupo de sociedades europeos: el caso español, DL 1991, N° 33, S. 37 ff. (zit.: *Grupo*)
ders.: Los pactos de reorganización productiva, in: Tomás Sala Franco/Francisco Pérez de los Cobos Orihuel/José María Goerlich Peset, Manifestaciones de la autonomía colectiva en el ordenamiento español, ed. Acarl, Madrid 1989, S. 143 ff. (zit.: *Reorganización, in: VV.AA., Manifestaciones*)
ders.: Los pactos modificatorios de condiciones de trabajo, RL 1996-II, S. 356 ff. (zit.: *Pactos*)
ders.: Los pactos sociales y los acuerdos y convenio colectivo marco, in: Tomás Sala Franco/Francisco Pérez de los Cobos Orihuel/José María Goerlich Peset, Manifestaciones de la autonomía colectiva en el ordenamiento español, ed. Acarl, Madrid 1989, S. 11 ff. (zit.: *Pactos, in: VV.AA., Manifestaciones*)
ders.: Mecanismos legales de descuelgue salarial, in: VV.AA., La aplicación de la reforma del Estatuto de los Trabajadores en la Negociación Colectiva, IX Jornadas de Estudio sobre la Negociación Colectiva, Madrid, 6 de junio de 1996, Edición

preparada por Comisión Consultiva Nacional de Convenios Colectivos, ed. Ministerio de Trabajo y Asuntos Sociales, Subdirección General de Publicaciones, Madrid 1996, S. 41 ff. = AL 1997-1, S. 192 ff. (zit.: *Descuelgue, in: VV.AA., Aplicación*)

Pérez de los Cobos Oribuel, Francisco/Riera Vayreda, Carlos: La modificación sustancial de las condiciones de trabajo: problemas jurisprudenciales, AL 1997-3, LIX, S. 1107 ff. (zit.: *Modificación*)

Pérez de los Cobos Oribuel, Francisco/Roqueta Buj, Remedios: La llamadas „causas económicas, técnicas, organizativas o productivas", DL 1997, N° 51, S. 33 ff. (zit.: *Causas*)

Pérez Francesch, Juan Luis: Composición de las comisiones negociadoras de convenio colectivo y garantía constitucional de la libertad sindical (Comentario a la STC 137/1991, de 20 de junio), in: VV.AA., Constitución y derecho del trabajo: 1981-1991 (Análisis de diez años de jurisprudencia constitucional), Manuel Ramón Alarcón Caracuel (Coord.), Associació Catalana de Iuslaboristes, ed. Marcial Pons, Madrid 1992, S. 153 ff. (zit.: *Composición, in: VV.AA., Constitución*)

Pérez Pérez, Manuel: El Derecho del trabajo en la década de los '90, RL 1994-I, S. 140 ff. (zit.: *Década*)

ders.: El descuento por el empresario del canon por negociación y de la cuota sindical (Artículo 11 LOLS), in: VV.AA., Comentarios a la Ley de Libertad Sindical, Ley Orgánica 11/1985, de 2 de agosto, de Libertad Sindical, Miguel Rodríguez-Piñero y Bravo-Ferrer (Coord.), ed. Tecnos, Madrid 1986, S. 289 ff. (zit.: *Descuento, in: VV.AA., Comentarios*)

ders: La extensión de los convenios colectivos en la RFA, REDT 1987, N° 31, S. 357 ff. (zit.: *Extensión*)

ders.: Sobre la competencia para dictar actos de exclusión de convenios colectivos, RL 1987-II, S. 3 ff. (zit.: *Competencia*)

Pérez Yáñez, Rosa María: El Control Judicial de los Pactos Colectivos, 1.ª edición, ed. Departamento de Publicaciones, Conesejo Económico y Social, Madrid 1997 (zit.: *Pactos*)

dies.: El marco legal de relación entre convenios: sus excepciones en la negociación colectiva de 1992, RL 1993-I, S. 1047 ff. (zit.: *Convenios*)

Pérez Yruela, Manuel: Corporativismo, sindicalismo y democracia, REST 1990, N° 10, S. 72 ff. (zit.: *Corporativismo*)

Pérez-Espinosa Sánchez, Fernando: La relación Ley y convenio colectivo: A propósisto de la vigencia de la Ley de jornada máxima de 29 de junio de 1983, REDT 1983, S. 521 ff. (zit.: *Relación*)

Planas Puchades, Luis: La modificación sustancial de las condiciones de trabajo, REDT 1983, N° 13, S. 93 ff. (zit.: *Modificación*)

Plaza Escarpa, Carlos: El proyecto de Ley de Libertad Sindical, Boletín AEDIPE marzo 1984, S. 7 ff. (zit.: *Proyecto*)

Polo Sánchez, María Cristina: La posición de los delegados sindicales en el centro de trabajo: problemática actual tras la reforma laboral, RL 1994-II, S. 300 ff. (zit.: *Delegados*)

Potthoff, Heinz: Nichtigkeit oder Einspruchsrecht gegen gewerkschaftliche Maßregelung durch fristgerechte Kündigung, Arbeitsrecht 1924, Sp. 204 ff. (zit.: *Nichtigkeit*)

Pradas Montilla, Ricardo: Negociación colectiva en la nueva Ley de reforma del Estatuto de los Trabajadores, DL 1994, N° 43, S. 13 ff. (zit.: *Negociación*)

ders.: Presentación, El contrato a tiempo parcial, DL 1998, N° 55, S. 5 ff. (zit.: *TParc*)

Prados de Reyes, Francisco Javier: Acuerdos informales de empresa: tipificación y eficacia jurídica. Valor frente a condiciones más beneficiosas, RL 1991-II, S. 1423 ff. (zit.: *Acuerdos*)

ders.: El tiempo de trabajo en la normativa comunitaria, DL 1994, N° 43, S. 129 ff. (zit.: *Normativa*)

ders.: La ordenación del tiempo de trabajo en la Reforma del Estatuto de los Trabajadores, RL 1996-I, S. 498 ff. (zit.: *Tiempo*)

ders.: Los derechos colectivos en la negociación colectiva de las grandes empresas, REST, 1992, N° 18, S. 36 ff. (zit.: *Derechos*)

ders.: Representación unitaria y representación sindical en la empresa. Evolución de sistemas, RL 1991-I, S. 181 ff. (zit.: *Representación*)

Preston, Paul: Die Kommunistische Partei Spaniens im Kampf um die Demokratisierung, in: Peter Waldmann/Walther L. Bernecker/Francisco López-Casero (Hrsg.), Sozialer Wandel und Herrschaft im Spanien Francos, Ferdinand Schöningh, Paderborn – München – Wien – Zürich 1984, S. 325 ff. (zit.: *KPS*)

Puchol Moreno, Luis: La reducción de tiempo de trabajo y el trabajo a tiempo parcial como factores de creación de empleo, Boletín AEDIPE septiembre 1986, S. 33 ff. (zit.: *Tiempo*)

Purcalla Bonilla, Miguel Ángel: El acuerdo de empresa como instrumento de ordenación del tiempo de trabajo, in: VV.AA., El arbitraje laboral. Los acuerdos de empresa, VI Congreso Nacional de Derecho del Trabajo y de la Seguridad Social, Antonio Ojeda Avilés (Coord.), Asociación Española de Derecho del Trabajo y de la Seguridad Social, Junta de Andalucía, Consejería de Trabajo y Asuntos Sociales, ed. Tecnos, Madrid 1996, S. 307 ff. (zit.: *Acuerdo, in: VV.AA., Arbitraje*)

Quintanilla Navarro, Beatriz: Configuración jurisprudencial de los permisos laborales retribuidos (I y II), AL 1991-1, VI, S. 55 ff.; VI, S. 67 ff. (zit.: *Configuración*)

Quintanilla Navarro, Raquel Yolanda: Convenios colectivos extraestatutarios, ed. Tecnos, Madrid 1992 (zit.: *CCextra*)

dies.: Los convenios colectivos irregulares, 1ª edición, ed. Departamento de Publicaciones, Consejo Económico y Social, Madrid 1998 (zit.: *Convenios*)

Radbruch, Gustav: Einführung in die Rechtswissenschaft, 12., durchgearbeitete Auflage nach dem Tode des Verfassers besorgt von Konrad Zweigert, K.F. Koehler Verlag, Stuttgart 1969 (zit.: *Einführung*)

Radke, Olaf: Das Bundesarbeitsgericht und die Differenzierungsklausel, (Zum Beschluß des Großen Senats des Bundesarbeitsgerichtes vom 29.11.1967 – GS 1/67), AuR 1971, S. 4 ff. (zit.: *DiffKl*)

Ramírez Martínez, Juan Manuel (Dir.): Curso de Derecho del Trabajo, Autores: Jesús García Ortega/Juan Manuel Ramírez Martínez/Tomás Sala Franco, Director:

Juan Manuel Ramírez Martínez, 6ª edición, ed. Tirant lo Blanch, Valencia 1997 (zit.: *Curso*)

ders.: Curso de Derecho del Trabajo, Autores: Jesús García Ortega/Juan Manuel Ramírez Martínez/Tomás Sala Franco, Director: Juan Manuel Ramírez Martínez, 7ª edición, ed. Tirant lo Blanch, Valencia 1998

ders.: Curso de Derecho del Trabajo, Autores: Jesús García Ortega/Juan Manuel Ramírez Martínez/Tomás Sala Franco, Director: Juan Manuel Ramírez Martínez, 4ª edición, ed. Tirant lo Blanch, Valencia 1995

ders.: El deber de negociar, in: VV.AA., Los problemas actuales de la Negociación Colectiva, VI Jornadas de Estudio sobre negociación colectiva, Madrid, 3 de junio de 1993, Edición preparada por Comisión Consultiva Nacional de Convenios Colectivos, ed. Centro de Publicaciones, Ministerio de Trabajo y Seguridad Social, Madrid 1994, S. 41 ff. (zit.: *Deber, in: VV.AA., Problemas*)

ders.: La experiencia italiana de la negociación colectiva articulada, in: VV.AA., Cuestiones actuales de Derecho del Trabajo, Estudios ofrecidos por los catedráticos españoles de Derecho del Trabajo al profesor Manuel Alonso Olea, Centro de Publicaciones Ministerio de Trabajo y Seguridad Social, Madrid 1990, S. 501 ff. (zit.: *Experiencia, in: VV. AA., Cuestiones*)

ders.: La modificación substancial de las condiciones de trabajo: planteamientos jurisprudenciales, AL 1991-2, XXVI, S. 297 ff. (zit.: *Modificación*)

ders.: Modificion de condiciones de trabajo, movilidad geográfica y funcional, in: VV.AA., La reforma del mercado de trabajo: Libertad de empresa y relaciones laborales, Efrén Borrajo Dacruz (Dir.), ed. Actualidad Editorial, Madrid 1993, S. 515 ff. (zit.: *Modificación, in: VV.AA., Libertad*)

ders.: Negociación colectiva en la empresa y secciones sindicales, DL 1987, N° 22, S. 35 ff. (zit.: *Secciones*)

Ramírez Martínez, Juan Manuel/Sala Franco, Tomás: La condición más beneficiosa nacida de pacto de empresa, (A propósito de la STCT de 25 de mayo de 1988), PJ 1989, N° 13, S. 163 ff. (zit.: *CMB*)

Ramos Quintana, Margarita Isabel: El deber de paz laboral, (Su regulación en la Ley y en el Convenio colectivo), 1ª edición, ed. Civitas, Madrid 1993 (zit. *Paz*)

Rathfelder, Erich/Stein, Anna/Vogel, Klaus: „Alle oder keiner!" Comisiones Obreras – neue Arbeiterbewegung in Spanien, Rotbuch Verlag Berlin 1976 (zit.: *Alle*)

Ray, Jean-Emmanuel: Droit du Travail, droit vivant, 5ᵉ édition actualisée et augmentée, ed. Liaisons, Rueil-Mamaison 1996 (zit.: *DrTrav*)

Rayón Suárez, Enrique: Descanso semanal, fiestas y permisos, in: VV.AA., Comentarios a las leyes laborales. El Estatuto de los Trabajadores, Tomo VII, Artículos 34 a 38, Dirigidos por Efrén Borrajo Dacruz, ed. Edersa, Madrid 1982, S. 293 ff. (zit.: *Descanso, in: VV.AA., Comentarios*)

ders.: La inclusión del asociacionismo empresarial en el ámbito del artículo 28.1 de la Constitución, (Notas a la Sentencia del Tribunal Supremo, Sala 3.ª, de 31 de enero de 1984), REDT 1984, N° 17, S. 151 ff. (zit.: *Asociacionismo*)

Redondo Urbieta, Nicolás: „De nuevo en Madrid", Discurso de apertura XXX Congreso de la UGT, UGT 1976, mayo, N° 370, S. 3 ff. = UGT, XXX Congreso, Epílogo de Nicolás Redondo, ed. Akal, Cuadernos de Alternativa, Madrid 1976, S. 11 ff. (zit.: *Discurso, in: UGT, XXX Congreso*)

ders.: Discurso de Nicolás Redondo ante el XXXVI Congreso Confederal de UGT, RL 1994-I, S. 1432 ff. (zit.: *Congreso*)

ders.: No aceptamos dictadores, El Socialista 04.06.1978, N° 59, S. II f. – suplemento XXXI Congreso UGT (zit.: *Dictadores*)

ders.: Una aproximación a la transición sindical española, Claridad 1984, N° 1, mayo-junio, S. 11 ff. (zit.: *Transición*)

ders.: „Un discurso-programa" zum XXXI Congreso, UGT junio 1978, N° 399, S. 27 ff. (zit.: *Discurso-programa*)

Rentero Jover, Jesús: El canon por negociación colectiva, in: VV.AA., El canon por negociación colectiva, ed. Secretariado de Publicaciones, Universidad de Murcia, Facultad de Ciencias Económicas y Empresariales, Cuadernos del Departamento de Derecho del Trabajo, Murcia 1982, S. 21 ff. (zit.: *Canon, in: VV.AA., Canon*)

ders.: La modificación sustancial del lugar o de las condiciones de trabajo en la reforma laboral, 1ª edición, Sociedad Editorial de Formación Jurídica y Económica Ibidem Ediciones, Madrid 1995, (zit.: *Modificación*)

ders.: Reflexiones sobre los „pactos de fin de huelga", AS 1992-II, S. 2611 ff. (zit.: *Fin*)

Retuerto Buades, Margarita: La reforma laboral y su constitucionalidad – Escrito del Defensor de Pueblo en funciones respondiendo a la petición de interponer recurso de inconstitucionalidad contra diversos preceptos de la Leyes 10/1994, 11/1994 y 14/1994, RL 1994-II, S. 1361 ff. (zit.: *Reforma*)

Reuß: Der Streit um Differenzierungsklauseln, AuR 1969, S. 33 ff. (zit.: *DiffKl*)

Reuter, Dieter: Das Verhältnis von Individualautonomie, Betriebsautonomie und Tarifautonomie. Ein Beitrag zum Wandel der Arbeitsrechtsordnung, RdA 1991, S. 193 ff. (zit.: *Individualautonomie*)

Rey Guanter, Salvador del: Autonomía individual y autonomía colectiva: algunos puntos críticos a la luz del Texto Refundido del Estatuto de los Trabajadores, REDT 1996, N° 77, S. 425 ff. (zit.: *AutIndiv*)

ders.: Autonomía individual y autonomía colectiva: algunos puntos críticos tras la reforma de 1994, in: Negociación colectiva II, Consejo General del Poder Judicial, CDJ 1995, S. 247 ff. (zit.: *Autonomía*)

ders.: Canon de negociación colectiva y discriminación en las relaciones laborales, in: VV. AA., II Jornadas Hispano-Luso-Brasileñas de Derecho del Trabajo, Celebrada en Madrid los días 26, 27 y 28 de abril de 1983 en el Instituto de Estudios Laborales y de la Seguridad Social, ed. Centro de Publicaciones, Ministerio de Trabajo y Seguridad Social, Madrid 1985, S. 861 ff. (zit.: *Canon, in: VV.AA., II Jornadas*)

ders.: La conducta antisindical: principios generales a la luz de la Ley Orgánica de Libertad Sindical,; La conducta antisindical del empresario; Conducta antisindical de sujetos distintos del empresario, RL 1987-I, S. 242 ff., 261 ff., 287 ff. (zit.: *Conducta*) *ders.:* Las asociaciones empresariales andaluzas, in: VV.AA., Las relaciones industriales en Andalucía, Antonio Ojeda Avilés (Dir.), ed. Instituto de Desarrollo Regional de la Universidad de Sevilla, Sevilla 1987, S. 41 ff. (zit.: *Asociaciones, in: VV.AA. Relaciones*)

ders.: Las asociaciones empresariales en el sistema de relaciones laborales: una aproximación inicial, RPS 1983, N° 137, S. 301 ff. (zit.: *Aproximación*)

ders.: Los convenios colectivos de franja, REDT 1984, N° 17, S. 93 ff. (zit.: *Franja*)

ders.: Movilidad funcional, movilidad geográfica y modificaciones sustanciales de las condiciones de trabajo, in: VV.AA., La reforma laboral de 1994, Manuel Ramón Ramón Alarcón Caracuel (Coord.), ed. Marcial Pons, Madrid 1994, S. 189 ff. (zit.: *Movilidad, in: VV.AA., Reforma*)

ders.: Negociación colectiva y paz laboral, Instituto de Estudios Sociales, Madrid 1984 (zit.: *Paz*)

ders.: Transformación del sistema de negociación colectiva, in: VV.AA., La reforma de la negociación colectiva, Manuel Ramón Alarcón Caracuel/Salvador del Rey Guanter (Coord.), ed. Marcial Pons, Madrid 1995, S. 9 ff. (zit.: *Transformaciones, in: VV.AA., Reforma*)

ders.: Una década de transformación del sistema de negociación colectiva y la „refundación" de la teoría jurídica de los convenios colectivos, RL 1996-I, S. 178 ff. (zit.: *Década*)

Richardi, Reinhard/Wlotzke, Otfried (Hrsg.): Münchener Handbuch zum Arbeitsrecht, Band 1 und 2, Individualarbeitsrecht I, §§ 1 – 110, II, §§ 111 – 232, C.H. Beck'sche Verlagsbuchhandlung, München 1992/1993 (zit.: *MüHdB ArbR*)

Rijnen, Harry: Asociaciones empresariales y negociacion colectiva en la industria química y de plásticos, RL 1986-I, S. 773 ff. (zit.: *Asociaciones*)

Ritter, Ernst-Hasso: Anmerkung, JZ 1969, S. 111 ff.

Rivera Sánchez, Juan Ramón: La alteración de la condición más beneficiosa a través del artículo 41 del E.T., in: VV.AA., III Congreso Nacional de Derecho del Trabajo y de la Seguridad Social, Generalitat Valencia, Consellería de Treball, Edición preparada por el Departamento de Derecho del Trabajo de la Universidad de Alicante, Asociación Española de Derecho del Trabajo y de la Seguridad Social, ed. Tirant lo Blanch, Valencia 1993, S. 285 ff. (zit.: *Alteración, in: VV.AA., III Congreso*)

Rivero Lamas, Juan: Estructuras y contenidos de la negociación colectiva en la Ley 11/1994 (Una aproximación interpretativa), DL 1994, N° 43, S. 35 ff. (zit.: *Contenidos*)

ders.: Estructuras y funciones de la negociación colectiva tras la reforma laboral de 1997, REDT 1998, N° 98, S. 381 ff. (zit.: *Estructuras*)

ders.: La contratación colectiva en el Acuerdo Marco Interconfederal de 5 de enero de 1980, in: VV.AA., Comentarios al Acuerdo Marco Interconfederal sobre negociación colectiva, Autores: Manuel Alonso García/Ricardo Calle Saíz/Luis Enrique de la Villa Gil/ Alberto Estaban Romero/Jaime Montalvo Correa/Juan Rivero Lamas/José Serrano Carvajal/Fernando Valdés Dal-Ré, ed. IES, Madrid 1980, S. 129 ff. (zit.: *AMI, in: VV. AA., Comentarios*)

ders.: La flexibilización de la vida laboral: potencialidades y retos para el Derecho del Trabajo, DL 1998, N° 56, S. 19 ff. (zit.: *Flexibilización*)
ders.: La flexibilización del tiempo de trabajo, in: VV.AA., El nuevo Estatuto de losTrabajadores: puntos críticos, Efrén Borrajo Dacruz (Coord.), 1.ª edición, febrero 1995, ed. Actualidad Editorial, Madrid 1995, S. 25 ff. (zit.: *Tiempo, in: VV.AA., Nuevo ET*)
ders.: La legitimación empresarial para la negociación colectiva. Asociaciones empresariales legitimadas para negociar. La legitimación empresarial en los grupos de empresas, RL 1992-II, S. 414 ff. = in: VV.AA., Los límites del Convenio Colectivo, la legitimación empresarial y órganos para la resolución de conflictos, V Jornadas de Estudio sobre la Negociación Colectiva, Madrid, 17 de junio de 1992, ed. Centro de Publicaciones, Ministerio de Trabajo y Seguridad Social, Madrid 1993, S. 98 ff. (zit.: *Legitimación*)
ders.: La novación del contrato de trabajo, ed. Bosch, Barcelona 1963 (zit.: *Novación*)
ders.: La reforma del mercado de trabajo y el modelo español de relaciones laborales, in: VV.AA., XII Jornadas Universitarias Andaluzas de Derecho del Trabajo y Relaciones Laborales, La reforma del mercado de trabajo y de la seguridad y salud laboral, Edición preparada por el Departamento de Derecho del Trabajo y de la Seguridad Social, Universidad de Granada, José Luis Monereo Pérez (Coordinador), Granada 1996, S. 53 ff. (zit.: *Reforma, in: VV.AA., XII Jornadas*)
ders.: Las relaciones entre la ley, el convenio colectivo y las manifestaciones de negociación informal Ley y pacto en el Derecho de Trabajo, RMTAS 1997 (3), S. 93 ff. (zit.: *Relaciones*)
ders.: Modificación de las condiciones de trabajo, in: VV.AA., Comentarios a las leyes laborales. El Estatuto de los Trabajadores, Tomo VIII, Artículos 39 a 44, Flexibilidad laboral, 2ª edición, Dirigidos por Efrén Borrajo Dacruz, ed. Edersa, Madrid 1988, S. 125 ff. (zit.: *Modificación, in: VV.AA., Comentarios*)
ders.: Modifiación sustancial de condiciones de trabajo. Algunos problemas del artículo 41 ET, in: VV.AA., La Reforma de la legislación laboral, Estudios dedicados al profesor Manuel Alonso García, Luis Enrique de la Villa Gil (Coord.), Asociación española de Derecho del Trabajo y Seguridad Social, ed. Marcial Pons, Madrid 1995, S. 247 ff. (zit.: *Condiciones, in: VV.AA., Reforma*)
ders.: Modificación y revisión de los convenios colectivos, in: VV.AA., Problemas actuales de la negociación colectiva, (Seminario organizado por la Asociación de Cajas de Ahorros para Relaciones Laborales y el Departamento de Derecho del Trabajo de la Facultad de Derecho de la Universidad Complutense de Madrid, los días 10 y 11 de junio de 1983), ed. Acarl, Madrid 1984, S. 69 ff. (zit.: *Revisión, in: VV.AA., Problemas*)
ders.: Poderes, libertades y derechos en el contrato de trabajo, REDT 1996, N° 80, S. 969 ff. (zit.: *Poderes*)
ders.: Régimen de la jornada y de los horarios en la reforma del Estatuto de los Trabajadores, DL 1995, N° 47, S. 13 ff. (zit.: *Horarios*)
Roa Rico, Luis Fernando: El nuevo régimen jurídico de las horas extraordinarias, in: VV. AA., Comentarios a las leyes laborales. La reforma del Estatuto de los Traba-

jadores (Ley 11/1994, de 19 de mayo, y normas concordantes), Tomo I – Volumen 2.°, Jornada laboral, movilidad y modificación de condiciones de trabajo, Dirigidos por Efrén Borrajo Dacruz, ed. Edersa, Madrid 1994, S. 105 ff. (zit.: *Horas, in: VV.AA., Comentarios*)

ders.: Horas extraordinarias, Comentarios y jurisprudencia, RT 1988, N° 89, S. 9 ff. (zit.: *Comentarios*)

ders.: Horas extraordinarias, in: VV.AA., Comentarios a las leyes laborales. El Estatuto de los Trabajadores, Tomo VII – Artículos 34 a 38, Dirigidos por Efrén Borrajo Dacruz, ed. Edersa, Madrid 1982, S. 143 ff. (zit.: *Horas, in: VV.AA., Comentarios*)

ders.: Horas extraordinarias y su retribución, AL 1984, N° 225, S. 409 ff. (zit.: *Retribución*)

ders.: Las horas extraordinarias: delimitación legal y pactada, in: VV.AA., La ordenación de las jornadas de trabajo, Ciclo de Mesas Redondas, Ponencias, marzo 1983, Segundo Ciclo de Mesas Redondas sobre Relaciones Laborales, ed. Confederación Española de Organizaciones Empresariales, Madrid 1983, S. 115 ff. (zit.: *Delimitación*)

ders.: Las horas extraordinarias en la empresa RENFE (Algunos aspectos generales y específicos), AL 1989-1, XII, S. 141 ff. (zit.: *RENFE*)

Rodrigo Bercovitz y Rodríguez-Cano, Alberto: La actuación mancomunada de los delegados de personal en el Estatuto de los Trabajadores, REDT 1981, N° 6, S. 149 ff. (zit.: *Actuación*)

Rodríguez Pastor, Guillermo: Cuestiones relacionadas con la distribución de la jornada y el horario, TS 1997, N° 83, S. 61 ff. (zit.: *Distribución*)

ders.: La modificación del horario de trabajo, ed. Tirant lo Blanch, Valencia 1997 (zit.: *Horario*)

Rodríguez Santos, Baltasar: Comentarios al Estatuto de los Trabajadores, 4.ª edición actualizada, Tomo III – Artículos 51 al final, ed. Lex Nova, Valladolid 1992 (zit.: *Comentarios*)

Rodríguez-Piñero y Bravo-Ferrer, Miguel: Autonomía individual, negociación colectiva y libertad sindical, RL 1992-II, S. 19 ff. (zit.: *Autonomía*)

ders.: Colegiación obligatoria y Constitución, RL 1989-I, S. 76 ff. (zit.: *Colegiación*)

ders.: Comité Intercentros y representación de „independientes", RL 1991-I, S. 11 ff. (zit.: *Comité*)

ders.: Debatteneinwand in: Empresa y sindicato en un estado social de derecho, N° 3, Documentos y Estudios, Versión grabada del 1er encuentro entre representantes empresariales y sindicales de España y la República Federal de Alemania, ed. Fundación Friedrich Ebert-Madrid, Oficina de Madrid, Febrero 1978, S. 107 f., 124 ff.

ders.: Diálogo social, participación y negociación colectiva, RL 1995-II, S. 93 ff. (zit.: *Diálogo*)

ders.: El valor „cuasi-legal" de los convenios colectivos, RL 1987-I, S. 32 ff. (zit.: *Valor*)

ders.: La estructura de la negociación colectiva y los acuerdos interprofesionales, in: VV. AA., Problemas actuales de la negociación colectiva, (Seminario organizado por la Asociación de Cajas de Ahorros para Relaciones Laborales y el Departamento de Derecho del Trabajo de la Facultad de Derecho de la Universidad Complutense de Madrid, los días 10 y 11 de junio de 1983), ed. Acarl, Madrid 1984, S. 21 ff. (zit.: *Estructura, in: VV.AA., Problemas*)

ders.: La Ley Orgánica de Libertad Sindical, RL 1985-II, S. 23 ff. (zit.:*La LOLS*)

ders.: La libertad sindical en la Constitución, in: VV.AA., Los trabajadores y la Constitución, Miguel Rodríguez-Piñero y Bravo-Ferrer (Coord.), Separada del núm. 4 de la Revista „Cuadernos de Derecho del Trabajo", Madrid, S. 93 ff. (zit.: *Libertad, VV.AA., in: Trabajadores*)

ders.: Las Transformaciones del Convenio Colectivo (Der Funktionswandel des Tarifvertrages), in: Klebe, Thomas/Wedde, Peter/Wolmerath, Martin (Hrsg.), Recht und soziale Arbeitswelt, Festschrift für Wolfgang Däubler zum 60. Geburtstag, Bund-Verlag, Frankfurt a.M. 1999, S. 50 ff. (zit.: *Transformaciones*)

ders.: Representación de los trabajadores y democracia en la empresa, RL 1991-II, S. 19 ff. (zit.: *Democracia*)

Rodríguez-Piñero Royo, Miguel: La negociación colectiva como derecho de libertad y como garantía institucional, RL 1992-I, S. 47 ff. (zit.: *Negociación*)

ders.: La negociación colectiva europea y Maastricht, REST 1992, N° 18, S. 81 ff. (zit.: *Maastricht*)

ders.: La representación de los trabajadores a nivel de empresa, RL 1993-I, S. 12 ff. (zit.: *Representación*)

ders.: Los límites constitucionales de la contratación colectiva, RL 1992-I, S. 55 ff. (zit.: *Contratación*)

ders.: Mayorías y minorías en la negociación colectiva, RL 1985-II, S. 40 ff. (zit.: *Mayorías*)

ders.: Negociación colectiva e individualización de las relaciones laborales, RL 1991-II, S. 47 ff. (zit.: *Individualización*)

ders.: Negociación colectiva y constitución, in: La negociación colectiva, Tomo III, CDJ 1992, S. 9 ff. (zit.: *Constitución, in: Negociación*)

ders.: No discriminación en las relaciones laborales, in: VV.AA., Comentarios a las leyes laborales. El Estatuto de los Trabajadores, Tomo IV, Artículos 14 a 18, Dirigidos por Efrén Borrajo Dacruz, ed. Edersa, Madrid 1983, S. 323 ff. (zit.: *No discriminación, in: VV.AA., Comentarios*)

ders.: Ordenación y flexibilidad del mercado de trabajo, RL 1993-II, S. 3 ff. (zit.: *Flexibilidad*)

ders.: Presentación, RL 1991-I, S. 53 ff.

Rodríguez-Piñero y Bravo-Ferrer, Miguel/González Ortega, Santiago: Acuerdos interprofesionales, centralización de la negociación colectiva y Ley del Estatuto de los Trabajadores, RPS 1983, N° 137-138, S. 347 ff. (zit.: *Centralización*)

dies.: Derecho legal y tutela colectiva en la Ley 11/1994, in: VV.AA., Reforma de la legislación laboral. Estudios dedicados al Prof. Manuel Alonso García, Prof. Dr. D. Luis Enrique de la Villa Gil (Coord.), Asociación Española de Derecho del Trabajo y de la Seguridad Social, ed. Marcial Pons, Madrid 1995, S. 23 (zit.: *Derecho, in: VV.AA., Reforma*)

Rodríguez-Piñero y Bravo-Ferrer, Miguel/Rey Guanter, Salvador del: El nuevo papel de la negociación colectiva y de la ley, in: VV.AA., Las Relaciones Laborales y la Reorganización del Sistema Productivo, Edición preparada por: Federico Durán López, Publicaciones del Monte de Piedad y Caja de Ahorros de Córdoba, Córdoba 1983, S. 27 ff. (zit.: *Negociación, in: VV.AA., Relaciones*)

dies.: Workers' representative bodies and collective bargaining at the workplace: Notes on the recent evolution in Western Europe, The International Journal of Comparative Labour Law and Industrial Relations, Bd. 1/1985, S. 67 ff. (zit.: *Workers*)

Rodríguez-Sañudo Gutiérrez, Fermín: Canon de negociación colectiva, in: VV.AA., Enciclopedia Jurídica Básica, Tomo I, ABA-COR, Alfredo Montoya Melgar (Dir.), 1ª edición, ed. Civitas, Madrid 1995, S. 895 ff. (zit.: *Canon, in: VV.AA., Enciclop.*)

ders.: Conflicto de Trabajo, in: VV.AA., Enciclopedia Jurídica Básica, Tomo I, ABA-COR, Alfredo Montoya Melgar (Dir.), 1ª edición, ed. Civitas, Madrid 1995, S. 1431 ff. (zit.: *Conflicto, in: VV.AA., Enciclop.*)

ders.: Convenio colectivo, in: VV.AA., Enciclopedia Jurídica Básica, Tomo I, ABA-COR, Alfredo Montoya Melgar (Dir.), 1ª edición, ed. Civitas, Madrid 1995, S. 1684 ff. (zit.: *Convenio, in: VV.AA., Encicop.*)

ders: Estructura negocial y distribución de contenidos de los convenios en el Acuerdo Interconfederal sobre Negociación Colectiva, RMTAS 1998, N° 8, S. 125 ff. (zit.: *Estructura*)

ders.: La negociación colectiva en la Constitución de 1978, in: VV.AA., Derecho del Trabajo y de la Seguridad Social en la Constitución, Ponencias revisadas presentadas al Simposio sobre este tema celebrado en el Centro de Estudios Constitucionales en mayo-junio 1979, ed. Centro de Estudios Constitucionales, Madrid 1980, S. 337 ff. (zit.: *Negociación, in: VV.AA., Derecho*)

ders.: Flexibilización de la jornada de trabajo. Normas legales y normas convenidas, DL 1987, N° 22, S. 11 ff. = in: VV.AA., La flexibilidad laboral en España, Juan Rivero Lamas (Dir.), Instituto de Relaciones Laborales, Facultad de Derecho, Universidad de Zaragoza, Zaragoza 1993, S. 461 ff. (zit.: *Jornada, in: VV.AA., Flexibilidad*)

ders.: Funciones de los convenios colectivos de sector en la ordenación de la negociación colectiva, VV.AA., XI Jornadas Universitarias Andaluzas de Derecho del Trabajo y Relaciones Laborales, Negociación colectiva y solución de conflictos en el sistema español de relaciones laborales, Federico Navarro Nieto (Coord.), Consejo Andaluz de Relaciones Laborales, ed. Trotta, Madrid 1994, S. 39 ff. (zit.: *Funciones, in: VV.AA., XI Jornadas*)

ders.: La negociación colectiva en España durante la crisis económica (enero-octubre 1982), DL 1982, N° 6, S. 53 ff. (zit.: *Crisis*)

ders.: Nota sobre la regulación actual de la capacidad convencional, REDT 1980, N° 4, S. 447 ff. (zit.: *Capacidad*)

ders.: Vigencia de los convenios colectivos de trabajo, in: VV.AA., Comentarios a las leyes laborales, Tomo XII – Volumen 2.°, Artículos 84, 86, 90 y 91 del Real Decreto legislativo 1/1995, de 24 de marzo, Dirigidos por Efrén Borrajo Dacruz, 2.ª edición, ed. Edersa, Madrid 1995, S. 129 ff. (zit.: *Vigencia, in: VV.AA., Comentarios*)

Roggendorff, Peter: Arbeitszeitgesetz, Erläuterte Textausgabe mit Einführung und amtlicher Begründung sowie ergänzenden Rechtsvorschriften, 1. Auflage, Rehm Verlagsgruppe, München 1994 (zit.: *AZG*)

Rojas Miño, Irene: La eficacia jurídica de los convenios colectivos, ed. Bancaixa, fundació Caixa Castelló, Comité Econòmic i Social de la Comunitat Valenciana, Economía y Empresa, Castelló 1998 (zit.: *Eficacia*)

Rojo Torrecilla, Eduardo: Flexibilisierung der Arbeitszeitgestaltung in Spanien – Auswirkungen der Arbeitsmarktreform von 1994, in: Hoffmann, Reiner/Lapeyre, Jean (Hrsg.), Arbeitszeit – Lebenszeit, Perspektiven einer europäischen Arbeitszeitpolitik, Dokumentation der gemeinsamen Tagung des Europäischen Gewerkschaftsbundes (EGB) und des Europäischen Gewerkschaftsinstituts (EGI) (Dezember 1994), 1. Auflage, Verlag Westfälisches Dampfboot, Münster 1995, S. 240 ff. (zit.: *Spanien, in: Hoffmann/Lapeyre, Arbeitszeit*)

Rollano Borús, Esperanza: Derecho laboral turístico, ed. Síntesis, Madrid 1995 (zit.: *DLab turístico*)

Román de la Torre, María Dolores: *La fijación del horario de trabajo, in: VV.AA., Estudios sobre la jornada de trabajo, Luis Enrique de la Villa Gil (Coord.), ed. Acarl, Madrid 1991, S. 579 ff. (zit.:* Horario, in: VV.AA., Estudios*)*

ders.: *Poder de dirección y contrato de trabajo, 1ª edición, Grapheus, Valladolid 1992 (zit.:* Poder*)*

Román Vaca: *El plus de turno y sus diversas modalidades: un ejemplo real, TL 1994, N° 34, S. 101 ff. (zit.:* Plus*)*

Romero de Bustillo, Santiago: Voluntad colectiva e individual en la relación laboral, in: VV. AA., La administración de los convenios y su valor normativo, III Jornadas de Estudio sobre la Negociación Colectiva, Madrid, 26 y 27 abril 1990, Edición preparada por la Comisión Consultiva Nacional de Convenios Colectivos, ed. Servicio de Publicaciones, Ministerio de Trabajo y Seguridad Social, Madrid 1991 (zit.: *Voluntad, in: VV. AA., Administración*)

Roqueta Buj, Remedios: El trabajo de los artistas, ed. Tirant lo Blanch, Valencia 1995 (zit.: *Artistas*)

ders.: El trabajo de los deportistas profesionales, Fundación del fútbol profesional, ed. Tirant lo Blanch, Valencia 1996 (zit.: *Deportistas*)

Rubio Llorente, Francisco: La libertad de empresa en al Constitución, in: VV.AA., La reforma del mercado de trabajo: Libertad de empresa y relaciones laborales, Efrén Borrajo Dacruz (Dir.), ed. Actualidad Editorial, Madrid 1993, S. 25 ff. (zit.: *Libertad, in: VV. AA., Libertad*)

Ruiz Castillo, María del Mar: Movilidad geográfica, funcional y modificación sustancial de condiciones de trabajo en convenios colectivos de sector, RTSS 1995, N° 18, S. 93 ff. (zit.: *Movilidad*)

Ruiz-Ogarrio, Javier: La negociación colectiva y los agentes sociales, Boletín Círculo de Empresarios, Diciembre 1993, N° 57, S. 73 ff. (zit.: *Negociación*)

Saavedra Acevedo, Jerónimo: Debatteneinwand in: Empresa y sindicato en un estado social de derecho, N° 3, Documentos y Estudios, Versión grabada del 1er encuentro entre representantes empresariales y sindicales de España y la República Federal de Alemania, ed. Fundación Friedrich Ebert-Madrid, Oficina de Madrid, Febrero 1978, S. 115 ff. (zit.: *Empresa*)

Säcker, Franz-Jürgen: Zur Interpretation der Öffnungsklausel des § 59 BetrVG, RdA 1967, S. 370 ff. (zit.: *Öffnungsklausel*)

Sáez Lara, Carmen: Limitación al deber de negociar en los supuestos de cambio de unidad negocial, in: VV.AA., XI Jornadas Universitarias Andaluzas de Derecho del Trabajo y Relaciones Laborales, Negociación colectiva y solución de conflictos en el sistema español de relaciones laborales, Federico Navarro Nieto (Coord.), Consejo Andaluz de Relaciones Laborles, ed. Trotta, Madrid 1994, S. 59 ff. (zit.: *Limitación, in: VV.AA., XI Jornadas*)

dies.: Los acuerdos colectivos de empresa: una aproximación a su naturaleza y régimen jurídico, RL 1995-I, S. 547 ff. (zit.: *Acuerdos*)

dies.: Los límites de la autonomía individual en la modificación de las condiciones de trabajo, RL 1991-I, S. 200 ff. = in: VV.AA., IX Jornadas Universitarias Andaluzas de Derecho del Trabajo y Relaciones Laborales, Autonomía colectiva y autonomía individual – La dimensión social del mercado único europeo, Edición coordinada por: María Fernada Fernández López, ed. Consejería de Fomento y Trabajo, Consejo Andalúz de Relaciones Laborales, Junta de Andalucía, Sevilla 1992, S. 157 ff. (zit.: *Autonomía*)

dies.: Representación y acción sindical en la empresa, ed. Ministerio de Trabajo y Seguridad Social, Madrid 1992 (zit.: *Representación*)

Sagardoy Bengoechea, Juan Antonio: Addenda al artículo doctrinal publicado en el número 24 de „Documentación Laboral" bajo el título de la „Libertad sindical y los espacios de la autonomía privada", DL 1988, N° 25, S. 99 ff. (zit.: *Addenda*)

ders.: Contrato de trabajo de ejecución de obra, in: VV.AA., Catorce lecciones sobre contratos especiales de trabajo, Universidad de Madrid – Facultad de Derecho, Seminario de Derecho del Trabajo, ed. Sección de Publicaciones e Intercambio de la Facultad, Recogidas por Ignacio Bayón Marine, Madrid 1965, S. 205 ff. (zit.: *Ejecución, in: VV.AA., Lecciones*)

ders.: Flexibilidad laboral. El caso de España, RT 1983/86, N° 70/82/83, S. 9 ff. (zit.: *España*)

ders.: Flexibilität des Arbeitsrechts (übersetzt von Roland Abele), ZIAS 1987, S. 354 ff. (zit.: *Flexibilität*)

ders.: Hacia una concepción positiva de la flexibilidad laboral, in: VV.AA., Cuestiones actuales de Derecho del Trabajo, Estudios ofrecidos por los catedráticos españoles de Derecho del Trabajo al profesor Manuel Alonso Olea, Centro de Publicaciones Ministerio de Trabajo y Seguridad Social, Madrid 1990, S. 251 ff. = in: VV.AA., La flexibilidad laboral en España, Rivero Lamas, Juan (Dir.), Instituto de Relaciones La-borales, Facultad de Derecho, Universidad Zaragoza, Zaragoza 1993, S. 181 ff. = RL 1989-I, S. 107 ff. (zit.: *Flexibilidad, in: VV.AA., Cuestiones*)

ders.: Intrahistoria de un Proyecto de Ley. El Estatuto de los Trabajadores, RL 1990-I, S. 169 ff. (zit.: *Intrahistoria*) *ders.:* La eficacia de los convenios colectivos y su contenido, en el Estatuto de los Trabajadores, ed. Instituto de Estudios Sociales, Ministerio de Trabajo, Madrid 1981 (zit.: *Eficacia*)

ders.: La estructura de la negociación colectiva antes y después del Estatuto de los Trabajadores, REDT 1983, N° 13, S. 503 ff. (zit.: *Estructura*)

ders.: La lesión a terceros en la contratación colectiva (El control de lesividad en los convenios colectivos), REDT 1984, N° 17, S. 201 ff. (zit.: *Lesión*)

ders.: La regulación del tiempo de trabajo en el Estatuto de los Trabajadores, in: VV.AA., Estudios sobre la jornada de trabajo, Luis Enrique de la Villa Gil (Coord.), ed. Acarl, Madrid 1991, S. 13 ff. (zit.: *Regulación, in: VV.AA., Estudios*)

ders.: Las relaciones laborales en la Constitución Española, Servicio de Publicaciones Ministerio de Trabajo, ed. Agosa, Madrid 1979 = Las relaciones laborales en la Constitución, Libre Empresa 1978, N° 8 – Separata del núm. 8 septiembre 1978 (Publicación bimestral de la Asociación de Estudios Empresariales), S. 72 ff. (zit.: *Constitución*)

ders.: Los principios de aplicación del Derecho de Trabajo, 2ª edición, ed. Acarl, Madrid 1991 (zit.: *Aplicación*)

ders.: Sentencia del Tribunal Constitucional sobre el Decreto-Ley de Relaciones de Trabajo, Boletín AEDIPE junio 1981, S. 3 ff. (zit.: *Decreto-Ley*)

ders.: Un acuerdo empresarial frente a la crisis: el acuerdo sobre salarios y empleo de ERT, RPS 1984, N° 142, S. 33 ff. (zit.: *Acuerdo*)

Sagardoy Bengoechea, Juan Antonio/Godino Reyes, Martín: La libertad sindical y los espacios de la autonomía privada, DL 1988, N° 24, S. 9 ff. (zit.: *Espacios*)

Sagardoy Bengoechea, Juan Antonio/Rivero Lamas, Juan: La regulación legal del mercado de trabajo, Boletín Círculo de Empresarios, diciembre 1993, N° 57, S. 273 ff. (zit.: *Regulación*)

Sala Franco, Tomás: Comentarios a la sentencia del Tribunal Constitucional 92/1992, de 11 de junio, sobre modificación de convenios colectivos, RL 1998, N° 15/16, S. 67 ff. (zit.: *Comentarios*)

ders.: Conferencia, RevTreb 1994, N° 24, S. 57 ff.

ders.: Derecho del Trabajo, 11ª edición (actualizada hasta junio de 1997), Tomás Sala Franco (Dir.), Autores: Ignacio Albiol Montesinos/Luis Camps Ruiz/Ignacio García Ninet/ Juan López Gandía/Tomás Sala Franco, ed. Tirant lo Blanch, Valencia 1997 (zit.: *DTrab*)

ders.: Dos cuestiones mal resueltas: la naturaleza imperativa de las normas legales y la complementariedad convencional de las mismas, RMTAS 1997 (3), S. 121 ff. (zit.: *Imperativa*)

ders.: El sindicato más representativo a nivel estatal. Funciones y competencia – Estudio especial en relación con la negociación colectiva, RL 1986-I, S. 367 ff. (zit.: *Sindicato*)

ders.: Estructura de la negociación colectiva, in: La negociación colectiva, Tomo III, CDJ 1992, S. 37 ff. (zit.: *Estructura*)

ders.: La Jurisprudencia de los Tribunales en materia de negociación colectiva y convenios colectivos, DL 1984, N° 11, S. 7 ff. (zit.: *JPrud.*)

ders.: La libertad sindical y la jurisprudencia del Tribunal Constitucional, in: VV.AA., Constitución y derecho del trabajo: 1981-1991 (Análisis de diez años de jurisprudencia constitucional), Manuel Ramón Alarcón Caracuel (Coord.), Associació Catalana de Iuslaboralistes, ed. Marcial Pons, Madrid 1992, S. 93 ff. (zit.: *Libertad, in: VV.AA., Constitución*)

ders.: La reforma del mercado de trabajo, 1ª edición, ed. CISS, Valencia 1994 (zit.: *Reforma*)

ders.: La representación de los trabajadores en la empresa, RL 1990-II, S. 152 ff. (zit.: *Representación*)

ders.: La suplencia o derogación de las reglamentaciones y ordenanzas del trabajo, in: VV. AA., Reforma de la legislación laboral. Estudios dedicados al prof. Manuel Alonso Olea, Luis Enrique de la Villa Gil (Coord.), Asociación Española de Derecho del Trabajo y de la Seguridad Social, ed. Marcial Pons, Madrid 1995, S. 39 ff. (zit.: *Suplencia, in: VV.AA., Reforma*)

ders.: Los convenios colectivos extraestatutarios, ed. Instituto de Estudios Sociales, Madrid 1981 (zit.: *Convenios*)

ders.: Los convenios colectivos extraestatutarios, in: Sala Franco, Tomás/Pérez de los Cobos Orihuel, Francisco/Goerlich Peset, José María, Manifestaciones de la autonomía colectiva en el ordenamiento español, ed. Acarl, Madrid 1989, S. 43 ff. (zit.: *CCextra, in: VV.AA., Manifestaciones*)

ders.: Los convenios colectivos extraestatutarios y su relación con los estatutarios, in: VV. AA., Seminario sobre la negociación colectiva, Madrid, 22 y 23 de noviembre de 1984, ed. CEOE, Madrid 1984, S. 71 ff. (zit.: *Relación, in: VV.AA., Seminario*)

Sala Franco, Tomás/Albiol Montesinos, Ignacio: Derecho Sindical, 5ª edición, ed. Tirant lo Blanch, Valencia 1998 (zit.: *DerSind*)

Sala Franco, Tomás/Alfonso Mellado, Carlos L.: Los procedimientos extrajudiciales de solución de los conflictos laborales establecidos en la negociación colectiva, ed. Tirant lo Blanch, Valencia 1996 (zit.: *Solución*)

Sala Franco, Tomás/Alfonso Mellado, Carlos L./Pedrajas Moreno, Abdon: Los acuerdos o pactos de empresa (Distintas modalidades de negociación en la empresa), ed. Tirant lo Blanch, Valencia 1996 (zit.: *Acuerdos*)

Sala Franco, Tomás/Blasco Pellicer, Ángel: Las condiciones más beneficiosas de disfrute colectivo, AL 1998-2, XXV, S. 413 ff. (zit.: *CMB*)

Sala Franco, Tomás/Camps Ruiz, Luis Miguel: El deber de negociar, el principio de no concurrencia y el cambio de unidad de negociación, (A propósito de la STCT de 29 de octubre de 1986), PJ 1988, N° 12, S. 169 ff. (zit.: *Cambio*)

Sala Franco, Tomás/Goerlich Peset, José María: La problemática jurídica de las unidades de negociación colectiva, con especial referencia a los supuestos de cambio de unidad, REDT 1988, N° 35, S. 325 ff. (zit.: *Cambio*)

Sala Franco, Tomás/López-Tarruella Martínez, Francisco: La modificación de la prestación de trabajo, ed. Deusto, Bilbao 1991 (zit.: *Modificación*)

Sala Franco, Tomás/Pérez de los Cobos Orihuel, Francisco: La composición de los comités intercentros, (A propósito de la STCT de 11 de noviembre de 1987), PJ 1988, N° 9, S. 159 ff. (zit.: *Comités*)

Sala Franco, Tomás/Ramírez Martínez, Juan Manuel: Problemas jurídicos en la aplicación del AES, AL 1985-1, N° 384, S. 741 ff. (zit.: *AES*)
Saldaña, Eva: Negociación colectiva y lesión de derechos fundamentales: la impugnación indirecta en los convenios colectivos, in: VV.AA., XI Jornadas Universitarias Andaluzas de Derecho del Trabajo y Relaciones Laborales, Negociación colectiva y solución de conflictos en el sistema español de relaciones laborales, Federico Navarro Nieto (Coord.), Consejo Andaluz de Relaciones Laborales, ed. Trotta, Madrid 1994, S. 91 ff. (zit.: *Impugnación, in: VV.AA., XI Jornadas*)
Salido Banús, José Luis/Ibars Álvaro, Javier: Tiempo de trabajo y creación de empleo. La problemática de las 35 horas, Carta Laboral 1999, N° 4, S. 7 ff. (zit.: *35 horas*)
Salinas Molina, Fernando: Protección social del trabajo a tiempo parcial, RDS 1999, N° 8, S. 9 ff. (zit.: *Protección*)
Sanahuja Sanchis, Francisco Javier: Clausura de la Jornada, RevTreb 1994, N° 24, S. 71 ff.
Sánchez Márquez, Luis Fabián: El ámbito de los convenios colectivos y los conflictos sobre la determinación del mismo, REST 1992, N° 18, S. 48 ff. (zit.: *Ámbito*)
Sanchís, Enric/Picó Josep: La economía sumergida. El estado de la cuestión en España, ST 1983, N° 9, S. 65 ff. (zit.: *Economía*)
Sanguineti Raymond, Wilfredo: Libertad sindical y rol institucional de los sindicatos: anotaciones a dos décadas de vigencia del texto constitucional, RDS 1999, N° 8, S. 35 ff. (zit.: *Libertad*)
Santiago Redondo, Koldo Mikel: A vueltas con el modelo constitucional de negociación colectiva: titularidad y contenidos, REDT 1997, N° 85, S. 731 ff. (zit.: *Titularidad*)
ders.: La negociación colectiva en la cumbre (Art. 83.3 E.T.), ed. Tirant lo Blanch, Valencia 1998 (zit.: *Cumbre*)
Santillán, Sergio: Procedimiento negociador de los convenios colectivos, in: La negociación colectiva, Tomo III, CDJ 1992, S. 129 ff. (zit.: *Procedimiento*)
Sartorius, Nicolás: El 1001: reflexión 25 años después, *El País* 19.12.1998, S. 16 (zit.: *El 1001*)
Savatier, Jean: Espèces et variétés dans la famille des accords collectifs, DS 1960, N° 12, S. 598 ff. (zit.: *Espèces*)
Savoini, Carlo: La acción de la comunidad en materia de reducción y reorganización del tiempo de trabajo, REST 1992, N° 15/16, S. 175 ff. (zit.: *Reducción*)
Schaub, Günter: Arbeitsrechts-Handbuch, Systematische Darstellung und Nachschlagewerk für die Praxis, 8., überarbeitete Auflage, C.H. Beck'sche Verlagsbuchhandlung, München 1996 (zit.: *ArbR-HdB*)
Schick, Gerd: Das spanische „Syndikale Gesetz" vom 17. Februar 1971, RdA 1973, S. 93 ff. (zit.: *Gesetz*)
Schnelle, Sylvia: Der Europäische Betriebsrat in Spanien, Zugleich eine Einführung in das spanische Recht der Arbeitnehmervertretung, Peter Lang, Europäischer Verlag der Wissenschaften, Frankfurt am Main – Berlin – Bern – Bruxelles – New York – Wien 1999 (zit.: *Europ. BRat*)
Schoenaich-Carolath, Alexandra-Friederike Prinzessin zu: Arbeitszeit – nach wie vor zu kurz und unflexibel, „Arbeitszeitverkürzung, Arbeitszeitflexibilisierung,

Sonntagsarbeit", – Aktualisierter internationaler Vergleich 1990 –, Bundesrepublik Deutschland im internationalen Arbeitszeitvergleich, Der Arbeitgeber, Sonderausgabe März 1990, S. 3 ff. (zit.: *ArbZ*)
dies.: Arbeitszeitverkürzung, Arbeitszeitflexibilisierung, Sonntagsarbeit im 19-Ländervergleich, NJW 1988, S. 290 ff. (zit.: *ArbZ-Verkürzung*)
Schütz, Roland: Dezentralisierung in Spanien – Ein Beitrag zur Stabilisierung der Demokratie?, Demokratie und Recht 2/1983, S. 162 ff. (zit.: *Spanien*)
Schütze, Bernhard: Rekonstruktion der Freiheit – Die politische Oppositionsbewegung in Spanien, Suhrkamp Verlag, Frankfurt a.M. 1969 (zit.: *Freiheit*)
Schüren, Peter: Der Anspruch Teilzeitbeschäftigter auf Überstundenzuschläge – „Frauendiskriminierung per Tarifvertrag", RdA 1990, S. 18 ff. (zit.: *Überstundenzuschläge*)
Selenkewitsch, Ilja I.: Mitgliedschaft in Ausschüssen des Gemeinderates, VR 1994, S. 274 ff. (zit.: *Mitgliedschaft*)
ders.: Rechtswidrigkeit von Arbeitskämpfen?, VR 1994, S. 307 ff. (zit.: *ArbK*)
Sempere Avellán, Jorge: Sobre la intangibilidad de las condiciones más beneficiosas, in: VV. AA., III Congreso Nacional de Derecho del Trabajo y de la Seguridad Social, Generalitat Valencia, Consellería de Treball, Edición preparada por el Departamento de Derecho del Trabajo de la Universidad de Alicante, ed. Tirant lo Blanch, Valencia 1993, S. 297 ff. (zit.: *Intangibilidad, in: VV.AA., III Congreso*)
Sempere Navarro, Antonio-Vicente: Distribución de las jornadas laborales, in: VV.AA., La ordenación de las jornadas de trabajo, Ciclo de Mesas Redondas, Ponencias, marzo 1983, Segundo Ciclo de Mesas Redondas sobre Relaciones Laborales, ed. Confederación Española de Organizaciones Empresariales, Madrid 1983, S. 27 ff. (zit.: *Distribución, in: VV.AA.,Ordenación*)
ders.: Tribunal Constitucional. Subsistencia del sindicalismo vertical (Sentencia 45/1982, de 12 de julio, pronunciada en el recurso de amparo 389/1981), RPS 1983, N° 138, S. 235 ff. (zit.: *Sindicalismo vertical*)
Sempere Navarro, Antonio-Vicente/Luján Alcaraz, José: Límites a la fijación de unidades de negociación en la jurisprudencia española, RT 1990, N° 99, S. 59 ff. (zit.:*Unidades*)
Senra Biedma, Rafael: Promoción profesional, movilidad funcional, movilidad geográfica y modificación sustancial, RL 1995-I, S. 299 ff. (zit.: *Promoción*)
Serrano Argüello, Noemí: La continuación de una tendencia en la regulación jurídica de las horas extraordinarias, AL 1999-1, XI, S. 169 ff. (zit.: *Horas*)
Serrano Carvajal, José: Libertad de empresa y planificación en la Constitución Española, RPS 1979 N° 121, S. 439 ff. = in: VV.AA., Derecho del Trabajo y de la Seguridad Social en la Constitución, Ponencias revisadas presentadas al Simposio sobre este tema celebrado en el Centro de Estudios Constitucionales en mayo-junio 1979, ed. Centro de Estudios Constitucionales, Madrid 1980, S. 399 ff. (zit.: *Libertad*)
ders.: Nuevas tendencias sindicales, ed. Acarl, Madrid 1984 (zit.: *Tendencias*)
ders.: Perspectivas empresariales del Acuerdo Marco Interconfederal, in: VV.AA., Comentarios al Acuerdo Marco Interconfederal sobre negociación colectiva, Auto-

res: Manuel Alonso García/Ricardo Calle Saíz/Luis Enrique de la Villa Gil/Alberto Estaban Romero/Jaime Montalvo Correa/Juan Rivero Lamas/José Serrano Carvajal/Fernando Valdés Dal-Ré, ed. IES, Madrid 1980, S. 161 ff. (zit.: *AMI, in: VV.AA., Comentarios*)

ders.: Resumen de las intervenciones de los miembros del seminario, in: VV.AA., Problemas actuales de la negociación colectiva, (Seminario organizado por la Asociación de Cajas de Ahorros para Relaciones Laborales y el Departamento de Derecho del Trabajo de la Facultad de Derecho de la Universidad Complutense de Madrid, los días 10 y 11 de junio de 1983), ed. Acarl, Madrid 1984, S. 107 ff. (zit.: *Resumen, in: VV.AA., Problemas*)

Serrano Martínez, José Enrique: El convenio colectivo de franja en el ordenamiento español, in: VV.AA., Lecciones de Derecho del Trabajo en homenaje a los profesores Gaspar Bayón Chacón y Carlos del Peso y Calvo, Ofrecidas por los profesores del Departamento de Derecho del Trabajo de la Facultad de Derecho de la Universidad de Madrid, ed. Sección de Publicaciones, Universidad Complutense de Madrid, Madrid 1980, S. 199 ff. (zit.: *Franja, in: VV.AA., Lecciones*)

Setién, Julio: El movimiento obrero y el sindicalismo de clase en España (1939-1981), ed. Ediciones de la Torre, Madrid 1982 (zit.: *Movimiento*)

Sinzheimer, Hugo: Das Rätesystem (1919), in: Arbeitsrecht und Rechtssoziologie, Gesammelte Aufsätze und Reden, herausgegeben von Otto Kahn-Freund und Thilo Ramm mit einer Einleitung von Otto Kahn-Freund, Band 1, Europäische Verlagsanstalt, Frankfurt a.M. – Köln 1976, S. 325 ff. (zit.: *Rätesystem, in: ArbR und RSoz*)

ders.: Der Hintergrund des Arbeitsrechtes (1936), in: Arbeitsrecht und Rechtssoziologie, Gesammelte Aufsäze und Reden, herausgegeben von Otto Kahn-Freund und Thilo Ramm mit einer Einleitung von Otto Kahn-Freund, Band 2, Europäische Verlagsanstalt, Frankfurt a.M. – Köln 1976, S. 149 ff. (zit.: *Hintergrund, in: ArbR und RSoz*)

ders.: Der Tarifgedanke in Deutschland (1915), in: Arbeitsrecht und Rechtssoziologie, Gesammelte Aufsätze und Reden, herausgegeben von Otto Kahn-Freund und Thilo Ramm mit einer Einleitung von Otto Kahn-Freund, Band 1, Europäische Verlagsanstalt, Frankfurt a.M. – Köln 1976, S. 158 ff. (zit.: *Tarifgedanke, in: ArbR und RSoz*)

ders.: Einheitliche Arbeitnehmerorganisation (1916), in: Arbeitsrecht und Rechtssoziologie, Gesammelte Aufsätze und Reden, herausgegeben von Otto Kahn-Freund und Thilo Ramm mit einer Einleitung von Otto Kahn-Freund, Band 1, Europäische Verlagsanstalt, Frankfurt a.M. – Köln 1976, S. 169 ff. (zit.: *ArbN-Organisation, in: ArbR und RSoz*)

ders.: Gewerkschaftsbewegung und korporativer Gedanke (1936), in: Arbeitsrecht und Rechtssoziologie, Gesammelte Aufsätze und Reden, herausgegeben von Otto Kahn-Freund und Thilo Ramm mit einer Einleitung von Otto Kahn-Freund, Band 1, Europäische Verlagsanstalt, Frankfurt a.M. – Köln 1976, S. 307 ff. (zit.: *GewerkS-Bewegung, in: ArbR und RSoz*)

ders.: Rätebewegung und Gesellschaftsverfassung (1920), in: Arbeitsrecht und

Rechtssoziologie, Gesammelte Aufsätze und Reden, herausgegeben von Otto Kahn-Freund und Thilo Ramm mit einer Einleitung von Otto Kahn-Freund, Band 1, Europäische Verlagsanstalt, Frankfurt a.M. – Köln 1976, S. 356 ff. (zit.: *Rätebewegung, in: ArbR und RSoz*)

Söllner, Alfred: Grenzen des Tarifvertrags, NZA 1996, S. 897 ff. (zit.: *Grenzen*)

Sommer, Jerry: Genügend Luft – Arbeits- und Betriebszeiten in Europa, Der Gewerkschafter 9/1992, S. 14 (zit.: *ArbZ*)

Sondermann, Markus: Die geplante Neuregelung des Arbeitszeitrechts, DB 1993, S. 1922 ff. (zit.: *ArbZR*)

Sotelo, Ignacio: Von der Franco-Diktatur zu einer sozialistischen Regierung, Notizen über die aktuelle politische Situation Spaniens, Gewerkschaftliche Monatshefte 8/1983, S. 500 ff. (zit.: *Franco-Diktatur*)

Soto Rioja, Sebástian de: Estructura y contenido de la negociación colectiva en la industria química onubense, TL 1991/92, N° 21/25, S. 43 ff. (zit.: *Estructura*)

ders.: La libertad sindical negativa, primera edición, ed. Civitas, Madrid 1998 (zit.: *Libertad*)

Stege, Dieter/Weinspach, Friedrich Karl (Peter): Betriebsverfassungsgesetz. Handkommentar für die betriebliche Praxis, 8., überarbeitete Auflage, Deutscher Instituts-Verlag, Köln 2002 (zit.: *BetrVG*)

Stoye, Johannes: Die Grundzüge des spanischen Arbeitsrechts und die Grundlagen seiner Entwicklung, Inaugural-Dissertation zur Erlangung der Doktorwürde bei der Juristischen Fakultät der Universität Leipzig, Druck: Hartmann & Wolf, Leipzig 1928 (zit.: *ArbR*)

Suárez Fernández, Alejandro: Comentario del Real Decreto 1561/1995 de 21 de septiembre, sobre jornadas especiales de trabajo, *La Ley* 1995-4, S. 912 ff. (zit.: *Jornadas*)

Suárez González, Fernando: El Derecho del Trabajo en la Constitución, in: VV.AA., Lecturas sobre la Constitución Española, ed. Facultad de Derecho, Universidad Nacional de Educación a Distancia, Madrid 1978, S. 198 ff. (zit.: *Trabajo, in: VV.AA., Constitución*)

ders.: Las nuevas relaciones laborales y la Ley del Estatuto de los trabajadores, Círculo de Empresarios, ed. Pirámide, Madrid 1980 (zit.: *Relaciones*)

ders.: Visión crítica de la Ley Orgánica de Libertad Sindical, Seminario sobre el Proyecto de Ley Orgánica de Libertad Sindical, RFDUC 1985, N° 7, S. 37 ff. (zit.: *Visión*)

Süllow, Bernd: Korporative Repräsentation der Gewerkschaften – Zur institutionellen Verbandsbeteiligung in öffentlichen Gremien, Campus Verlag, Frankfurt a.M. – New York 1982 (zit.: *Repräsentation*)

Taddei, Dominique: Los efectos sobre el empleo de la reorganización-reducción del tiempo de trabajo, REST 1992, N° 15/16, S. 118 ff. = RT 1994, N° 2, S. 35 ff. = La réduction du temps de travail, Quelles leçons tirer des expériences européennes récents pour la politique française de réduction du temps de travail?, Conseil d'Analyse économique, primer ministre, La documentation française, Paris 1997, S. 9 ff. (zit.: *Reducción*)

Tamames, Ramón: Demokratische Umgestaltung – Der „eurokommunistische" Weg für Spanien, 1. Auflage, Originaltitel: ¿Adónde vas, España?, aus dem Spanischen von Hans-Werner Franz, VSA-Verlag, Hamburg 1978 (zit.: *Umgestaltung*)

Tárraga Poveda, José: Naturaleza de la relación jurídica entre liberado sindical y sindicato, RL 1998, N° 12, S. 10 ff. (zit.: *Liberado*)

Terradillos Ormaetxea, Edurne: Representación y negociación colectiva en los grupos de empresa, (A propósito de la sentencia de la Sala 4.ª del Tribunal Supremo de 30 de octubre de 1995), RL 1996-II, S. 518 ff. (zit.: *Grupos*)

Torrente Gari, Susana: Flexibilidad laboral y concertación, in: VV.AA., XII Jornadas Universitarias Analuzas de Derecho del Trabajo y Relaciones Laborales, La reforma del mercado de trabajo y de la seguridad y salud laboral, José Monereo Pérez (Coord.), Edición preparad por el Departamento de Derecho del Trabajo y de la Seguridad Social, Universidad de Granada, ed. Servicio de Publicaciones de la Universidad de Granada. Campus Universitario de Cartuja, Granada 1996, S. 85 ff. (zit.: *Concertación, in: VV. AA., XII Jornadas*)

Tovillas Zorzano, José Julián/Cavedo Demangeot, María Ángeles/Rivas Vallejo, María Pilar: Lecciones de Derecho del Trabajo, ed. Cedecs, Madrid 1995 (zit.: *Lecciones*)

Treu, Tiziano: La negociación colectiva de empresa: estructura y procedimiento (I y II), RL 1987-I, S. 907 ff., 925 ff. (zit.: *Negociación*)

Tudela Cambronero, Gregorio: Crédito de horas y trabajo a tiempo parcial, A propósito de la TCT 5ª S 15 marzo 1988, RL 1988-I, S. 490 ff. (zit.: *Crédito*)

ders.: Las garantías de los representantes de los trabajadores en la empresa, 2.ª edición, revisada, ed. Tecnos, Madrid 1991 (zit.: *Garantías*)

Tyska, Hans-Joachim: Das Günstigkeitsprinzip im Tarifvertragsrecht, Bielefeld 1994 (zit.: *Günstigkeitsprzp.*)

Tyskiewicz, Zigmund: La reducción y reorganización del tiempo de trabajo. El punto de vista de los empleadores europeos, REST 1992, N° 15/16, S. 192 ff. (zit.: *Reducción*)

Ulrich, Alexander: Das Arbeitnehmerstatut in Spanien, Vorbild für ein Arbeitsvertragsgesetz in Deutschland?, C. F. Müller Verlag, Heidelberg 1998 (zit.: *ArbN-Statut*)

ders.: Nuevas tendencias en la negociación colectiva: Sumario breve de las experiencias y discusiones en Alemania, in: VV.AA., Los protagonistas de las relaciones laborales tras la reforma del mercado de trabajo, Jesús Cruz Villalón (Coord.), ed. Departamento de Publicaciones, Consejo Económicoy Social, Madrid 1995, S. 299 ff. (zit.: *Tendencias, in: VV.AA., Protagonistas*)

Val Arnal, Jesús J. del/Val Tena, Ángel Luis de: La negociación colectiva en el deporte profesional. Estudio de los sujetos negociadores y de las cláusulas conflictivas, in: VV.AA., XI Jornadas Universitarias Andaluzas de Derecho del Trabajo y Relaciones Laborales, Negociación colectiva y solución de conflictos en el sistema español de relaciones laborales, Federico Navarro Nieto (Coord.), Consejo Andaluz de Relaciones Laborales, ed. Trotta, Madrid 1994, S. 165 ff. (zit.: *Deporte, in: VV.AA., XI Jornadas*)

Valdeolivas García, Yolanda: Antisindicalidad y relaciones de trabajo (Un estudio de la conducta antisindical en la empresa), 1ª edición, ed. Civitas, Madrid 1994 (zit.: *Antisindicalidad*)

dies.: La modificación sustancial de condiciones de trabajo pactadas en convenio colectivo, ed. Consejo Económico y Social, Madrid 1996 (zit.: *Modificación*)

Valdés Dal-Ré, Fernando: Algunos aspectos de la reforma del marco de la negociación colectiva, in: VV.AA., La reforma del Estatuto de los Trabajadores, Fernando Valdés Dal-Ré/María Emilia Casas Baamonde (Coor.), Monografías Relaciones Laborales, ed. La Ley, Madrid 1994, S. 257 ff. (zit.: *Negociación, in: VV.AA., Reforma*)

ders.: Aplicación inmediata de Ley y Derecho a la negociación colectiva (I, II y III), RL 1991-I, S. 15 ff., 21 ff., 28 ff. (zit.: *Aplicación*)

ders.: Aspectos constitucionales de la democracia sindical (I y II), RL 1988-I, S. 34 ff. (zit.: *Aspectos*)

ders.: Configuración y eficacia de los convenios colectivos extraestatutarios, ed. Acarl, Madrid 1988 (zit.: *Convenios*)

ders.: Crisis y continuidad en la estructura de la negociación colectiva, RPS 1983, N° 137, S. 44 ff. (zit.: *Crisis*)

ders.: El Convenio General del Metal: luces y sombras de una nueva experiencia contractual, RL 1987-II, S. 355 ff. (zit.: *Experiencia*)

ders.: El modelo español de negociación colectiva de condiciones de trabajo, in: VV.AA., La negociación colectiva en las pequeñas y medianas empresas, Fernando Valdés Dal-Ré/Elías González-Posada/Fernando Pérez-Espinosa/Javier Matía Prim (Aut.), ed. Instituto de la Pequeña y Mediana Empresa Industrial, Ministerio de Industria y Energía, Madrid 1982, S. 17 ff. (zit.: *Modelo, in: VV.AA., Negociación*)

ders.: El paradigma legal en la negociación colectiva, RL 1990-I, S. 268 ff. (zit.: *Paradigma*)

ders.: El sistema de diferenciación entre organizaciones sindicales: de la mayor representatividad a la suficiente implantación y representatividad (I, y II), RL 1993-I, S. 79 ff., 86 ff. (zit.: *Diferenciación*)

ders.: La exclusión de los empresarios del derecho de libertad sindical: el acertado cierre por la jurisprudencia constitucional de una falsa polémica, RL 1998, N° 15/16, S. 42 ff. (zit.: *Exclusión*)

ders.: La flexibilidad del tiempo de trabajo: un viejo, inacabado y cambiante debate, RL 1999, N° 2, S. 1 ff. (zit.: *Flexibilidad*)

ders.: La legislación laboral negociada, Ley y pacto en el Derecho del Trabajo – Homenaje a Rafael Martínez Emperador, RMTAS 1997 (3), S. 171 ff. (zit.: *Legislación*)

ders.: La negociación colectiva en la Constitución, RPS 1979, N° 121, S. 469 ff. (zit.: *Constitución*)

ders.: La ordenación de las relaciones laborales: legislación y negociación colectiva, Boletín AEDIPE marzo 1985, S. 3 ff. (zit.: *Ordenación*)

ders.: La potestad reglamentaria en el Ordenamiento laboral, in: VV.AA., Cuestiones actuales de Derecho del Trabajo, Estudios ofrecidos por los catedráticos españoles de Derecho del Trabajo al profesor Manuel Alonso Olea, Centro de Publicaciones Ministerio de Trabajo y Seguridad Social, Madrid 1990, S. 337 ff. (zit.: *Potestad, in: VV.AA., Cuestiones*)

ders.: La reforma de las reglas de legitimación negocial (I), (II), (y III), RL 1994-I, S. 54 ff., 62 ff., 70 ff. (zit.: *Legitimación*)

ders.: Legislación negociada y concertación social: una aproximación, RL 1997, N° 2, S. 1 ff. (zit.: *Concertación*)

ders.: Negociación colectiva y representación del personal directivo, RL 1986-I, S. 171 ff. (zit.: *Personal*)

ders.: Negociación cooperativa, flexibilidad laboral y crisis económica: El Acuerdo para las empresas del Sector Metal del Grupo INI-TENEO (I), RL 1993-II, S. 31 ff. (zit.: *Ini-Teneo*)

ders.: Notas sobre la reforma del marco legal de la estructura de la negociación colectiva, RL 1995-I, S. 263 ff. = in: VV.AA., La reforma de la negociación colectiva, Manuel Ramón Alarcón Caracuel/Salvador del Rey Guanter (Coord.), ed. Marcial Pons, Madrid 1995, S. 119 ff. (zit.: *Notas*)

ders.: Una nueva modalidad de jornada de trabajo: las horas complementarias en el contrato a tiempo parcial (I y II), RL 1999, N° 20, S. 1 ff. und RL 1999, N° 21, S. 1 ff. (zit.: *Horas complementarias*)

ders.: Reforma de la estructura contractual y autonomía colectiva, RL 1999, N° 5 marzo, S. 1 ff. (zit.: *Reforma*)

ders.: Relaciones entre norma estatal y norma colectiva: una aproximación, in: VV.AA., El Trabajo en la Constitución, II Coloquio sobre Relaciones Laborales, Instituto Universitario de Relaciones Laborales, ed. Facultad de Derecho, Universidad de Zaragoza, Zaragoza 1982, S. 55 ff. (zit.: *Relaciones, in: VV.AA., Trabajo*)

ders.: Representación y acción sindical en la empresa en el Acuerdo Marco Interconfederal, in: VV.AA., Comentarios al Acuerdo Marco Interconfederal sobre negociación colectiva, Autores: Manuel Alonso García/Ricardo Calle Saíz/Luis Enrique de la Villa Gil/ Alberto Estaban Romero/Jaime Montalvo Correa/Juan Rivero Lamas/José Serrano Carvajal/Fernando Valdés Dal-Ré, ed. IES, Madrid 1980, S. 183 ff. (zit.: *Representación, in: VV.AA., Comentarios*)

ders.: Sobre la prórroga de la vigencia de los convenios colectivos denunciados y vencidos, AL 1986-2, Rn. 586, S. 1369 ff. (zit.: *Prórroga*)

ders.: Tiempo de trabajo y trabajo a tiempo parcial, RL 1994-II, S. 47 (zit.: *TParc*)

Valdueza, Rafaél: Die spanische Gewerkschaftsbewegung unter Franco, Minerva-Publikation München (MPM) 1982 (zit.: *GewerkS-Bewegung*)

Valle Villar, José Manuel del: Los límites a los poderes del empresario en el estado de derecho, in: VV.AA., La reforma del mercado de trabajo: Libertad de empresa y relaciones laborales, Efrén Borrajo Dacruz (Dir.), ed. Actualidad Editorial, Madrid 1993, S. 183 ff. (zit.: *Límites, in: VV.AA., Libertad*)

Veciana Vergés, José María: Las relaciones entre la empresa y el comité de empresa – Asignatura pendiente, Boletín AEDIPE septiembre 1984, S. 11 ff. (zit.: *Empresa*)

Vega Rafael de la: Die spanische Gewerkschaftsbewegung und der Kampf um die sozia-

le und politische Demokratie, Blätter für deutsche und international Politik 6/1978, S. 717 ff. (zit.: *GewerkS-Bewegung*)
Vida Soria, José: El nuevo régimen jurídico de las modificaciones sustanciales de las condiciones de trabajo, in: VV.AA., El nuevo Estatuto de los Trabajadores: puntos críticos, Efrén Borrajo Dacruz (Coord.), 1.ª edición, febrero 1995, ed. Actualidad Editorial, Madrid 1995, S. 75 ff. (zit.: *Modificaciones, in: VV.AA., Nuevo ET*)
ders.: Los Acuerdos para la Estabilidad en el Empleo y la Negociación Colectiva de 1997, en el marco de las reformas del sistema normativo para las relaciones de trabajo, RL 1997-I, S. 591 ff. (zit.: *Estabilidad*)
Vidal Caruana, Gonzálo/Vidal Beneyto, Gonzálo: Análisis práctico de la reforma laboral, Primera edición: Octubre 1994, ed. Ciss, Valencia 1994 (zit.: *Análisis*)
dies.: El acuerdo que pone fin a la huelga: su Validez y valoración por la jurisprudencia (Comentario de la sentencia TSJ Sevilla de 26 de diciembre de 1990), in: VV.AA., El arbitraje laboral. Los acuerdos de empresa, VI Congreso Nacional de Derecho del Trabajo y de la Seguridad Social, Antonio Ojeda Avilés (Coord.), Asociación Española de Derecho del Trabajo y de la Seguridad Social, Junta de Andalucía, Consejería de Trabajo y Asuntos Sociales, ed. Tecnos, Madrid 1996, S. 316 ff. (zit.: *Fin, in: VV.AA., Arbitraje*)
dies.: La Ley de Huelga Consensuada, Texto definitivo y comentarios, ed. Ciencias de CDN, La dirección, Madrid 1992 (zit.: *Huelga*)
Villa Gil, Luis Enrique de la: Aspectos jurídicos sobre el salario y su estructura, in: VV.AA., Comentarios al Acuerdo Marco Interconfederal sobre negociación colectiva, Autores: Manuel Alonso García/Ricardo Calle Saíz/Luis Enrique de la Villa Gil/Alberto Estaban Romero/Jaime Montalvo Correa/Juan Rivero Lamas/José Serrano Carvajal/Fernando Valdés Dal-Ré, ed. IES, Madrid 1980, S. 67 ff. (zit.: *Salario, in: VV.AA., Comentarios*)
ders.: El concepto de „hora extraordinaria", in: VV.AA., Estudios sobre la jornada de trabajo, Luis Enrique de la Villa Gil (Coord.), ed. Acarl, Madrid 1991, S. 361 ff. (zit.: *Hora, in: VV.AA., Estudios*)
ders.: Impugnación de los convenios colectivos tras la LPL de 1990, Estudios sobre la nueva Ley de Procedimento Laboral, ed. Consejo General del Poder Judicial, Madrid 1991, S. 779 ff. (zit.: *Impugnación*)
ders., La transición política y las relaciones de trabajo, in: de la Villa Gil, Luis Enrique, Materiales para el estudio del sindicato, 1.ª edición, ed. Instituto de Estudios Sociales, Madrid 1979, S. 253 ff. (zit.: *Transición, in: de la Villa, Materiales*)
ders.: Los grandes pactos, acuerdos y convenios colectivos a partir de la transición democrática, Antología, ed. Centro de Publicaciones, Ministerio de Trabajo y de la Seguridad Social, Madrid 1983 (zit.: *Antología*)
ders.: Materiales para el estudio del sindicato, 1.ª edición, ed. Instituto de Estudios Sociales, Madrid 1979 (zit.: *Materiales*)
Villa Gil, Luis Enrique de la/García Becedas, Gabriel/García-Perrote Escartín, Ignacio: Instituciones de Derecho del Trabajo – Ordenamiento y defensa de los derechos laborales, 2ª edición revisada, ed. Centro de Estudios Ramón Areces, Madrid 1991 (zit.: *Instituciones*)

Villa Gil, Luis Enrique de la/García-Perrote Escartín, Ignacio: La modificación del convenio colectivo durante su vigencia, AL 1992-3, XL, S. 563 ff. (zit.: *Modificación*)
VV.AA.: Aceptaron la propuesta de U.G.T., UGT-Informa 01.01.1980, N° 5, S. 5 (zit.: *Aceptaron*)
VV.AA.: Acuerdo Marco Interconfederal sobre negociación colectiva, Instituto de Estudios Sociales, ed. Ministerio de Trabajo y Seguridad Social, Madrid 1980 (zit.: *AMI*)
VV.AA.: Análisis de los convenios colectivos en 1995. Proyección sobre 1996, RL 1996-I, S. 1272 ff. (zit.: *Análisis*)
VV.AA.: Autogestión y sindicalismo, una crónica de la transición, Josep Rojo i Cabellido, En homenaje a nuestro compañero y amigo Josep Rojo i Cabellido, fallecido prematuramente el 19 de agosto de 1992, ed. Fesalc, Ohne Ortsangabe, 1996 (zit.: *Transición*)
VV.AA.: Balance de la negociación colectiva de 1997: una encuesta de la CEOE, Analistas de Relaciones Laborales, Estudio preparado para Relaciones Laborales por Analistas de Relaciones Industriales, bajo la dirección de Luis Fabián Márquez, RL 1998, N° 6, S. 64 ff. (zit.: *Balance*)
VV.AA.: Carta abierta a Camacho. Sobre un desagradable comentario, UGT 14.04.1977, N° 384, S. 4 (zit.: *Carta*)
VV.AA.: CC.OO. ingresa en la Confederación Europea de Sindicatos, GS 1990, N° 90, S. 40 f. (zit.: *CC.OO.*)
VV.AA.: Comentarios a las leyes laborales. El Estatuto de los Trabajadores, Tomo II – Volumen 1.°, Art. 2, Relaciones especiales de trabajo, Dirigidos por Efrén Borrajo Dacruz, ed. Edersa, Madrid 1987 (zit.: *Comentarios*)
VV.AA.: Comentarios al Acuerdo Marco Interconfederal sobre negociación colectiva, Autores: Manuel Alonso García/Ricardo Calle Saíz/Luis Enrique de la Villa Gil/Alberto Estaban Romero/Jaime Montalvo Correa/Juan Rivero Lamas/José Serrano Carvajal/ Fernando Valdés Dal-Ré, ed. IES, Madrid 1980 (zit.: *Comentarios*)
VV.AA.: Comentarios al Estatuto de los Trabajadores, Montoya Melgar, Alfredo/Galiana Moreno, Jesús María/Sempere Navarro, Antonio-Vicente/Ríos Salmerón, Bartolomé, 2ª edición (Ajustada a la Reforma de 1997), ed. Aranzadi, Pamplona 1998 (zit.: *Comentarios*)
VV.AA.: Comité permanente de empleo de las Comunidades Europeas. Nuevas formas de trabajo: creación de empleos (30 de marzo de 1994), DL 1994, S. 161 ff. (zit.: *Comité*)
VV.AA.: ¿Concertar o no?, Analistas de Relaciones Industriales, RL 1996-I, S. 254 ff. (zit.: *Concertar*)
VV.AA.: Concurrencia y articulación de los convenios colectivos – Comunicación a la ponencia CC.OO., in: VV.AA., Los problemas actuales de la Negociación Colectiva, VI Jornadas de Estudio sobre negociación colectiva, Madrid, 3 de junio de 1993, Edición preparada por Comisión Consultiva Nacional de Convenios Colectivos, ed. Centro de Publicaciones, Ministerio de Trabajo y Seguridad Social, Madrid 1994, S. 177 ff. (zit.: *Articulación, in: VV.AA., Problemas*)

VV.AA.: Country Profile: Spain, New leader prioritises jobs growth, IDS, issue 416, august 1996, S. 13 ff. (zit.: *Spain*)
VV.AA.: Debate parlamentario sobre el Estatuto de los Trabajadores (La relación individual de trabajo), Tomo I, Bajo la dirección del Profesor Dr. Juan Antonio Sagardoy Bengoechea/Alberto Briones Fabrega/Ignacio Ayuso Canals, Instituto de Estudios Sociales, ed. Servicio de Publicaciones, Ministerio de Trabajo y Seguridad Social, Zaragoza 1981 (zit.: *Debate*)
VV.AA.: Debate parlamentario sobre el Estatuto de los Trabajadores (La relación individual de trabajo), Tomo II, Bajo la dirección del Profesor Dr. Juan Antonio Sagardoy Bengoechea/Alberto Briones Fabrega/Ignacio Ayuso Canals, Instituto de Estudios Sociales, ed. Servicio de Publicaciones, Ministerio de Trabajo y Seguridad Social, Zaragoza 1981 (zit.: *Debate*)
VV.AA.: Debate Parlamentario sobre el Estatuto de los Trabajadores (Representación colectiva, derecho de reunión y convenios colectivos), Tomo III, Bajo la dirección del Prof. Dr. Juan Antonio Sagardoy Bengoechea/Briones Fabrega, Alberto, Instituto de Estudios Laborales y de la Seguridad Social, ed. Servicio de Publicaciones, Ministerio de Trabajo y Seguridad Social, Zaragoza 1982 (zit.: *Debate*)
VV.AA.: Diccionario de la Lengua Española, Real Academia Española, Tomo I y II, Vigésima Primera Edición, ed. Espasa Calpe, Madrid 1992 (zit.: *Dicc.*)
VV.AA.: Die CIA in Spanien nach Franco, von CAMBIO 16 (Ermittlungsteam: Eduardo Chamorro, Galo Freixet, Consuelo Álvarez de Toledo, Nicole Szulc und Steve Weissman), im Original: „La CIA, Aquí, Ahora", in der Ausgabe von „Cambio 16" vom 12.01.1976, Madrid, in: Agee, Philip/Wolf, Luis (Hrsg.), Die CIA in Westeuropa, Titel der Originalausgabe: Dirty Work. The CIA in Western Europe, Lyle Stuart Inc., Secaucus, New York 1978, Übersetzung aus dem Englischen: Ernst Adler, VEB Deutscher Verlag der Wissenschaften, Berlin 1981, S. 96 ff. (zit.: *CIA Spanien*)
VV.AA.: Die Gewerkschaftsbewegung in Spanien, Europäisches Gewerkschaftsinstitut – EuroInst, Info 17, Brüssel 1986 (zit.: *GewerkS-Bewegung*)
VV.AA.: Documento sindical unitario para la negociación colectiva de 1994, RL 1994-I, S. 1453 ff. (zit.: *Documento*)
VV.AA.: Documento sindical. Propuesta unitaria (10 de junio de 1998), La reducción y reordenación del tiempo de trabajo como política de empleo: por las 35 horas, UGT/ CC.OO., Carta Laboral 1999, N° 4, S. 3 ff. (zit.: *Propuesta*)
VV.AA.: Economía sumergida y mercados paralelos de trabajo, Documentos y Estudios N° 46, XXVII Encuentro de empresarios, sindicalistas y laboralistas, Stiges (Barcelona), mayo de 1985, ed. Fundación Friedrich Ebert, Madrid 1985, S. 33 ff. (zit.: *Economía*)
VV.AA.: Economía, Trabajo y Sociedad. Memoria sobre la situación socioeconómica y laboral en España en 1996, 1.ª edición, junio de 1998, ed. Consejo Económico y Social, Madrid 1997 (zit.: *VV.AA., Memoria en 1996*)
VV.AA.: Economía, Trabajo y Sociedad. Memoria sobre la situación socioeconómica y laboral en España en 1997, Aprobada en la sesión ordinaria del Pleno del Con-

sejo Económico y Social colebrada el 27 de mayo de 1998, 1.ª edición, junio de 1998, ed. Consejo Económico y Social, Madrid 1998 (zit.: *Memoria en 1997*)

VV.AA.: Empresa y sindicato en un estado social de derecho, N° 3, Documentos y Estudios, Versión grabada del 1er encuentro entre representantes empresariales y sindicales de España y la República Federal de Alemania, ed. Fundación Friedrich Ebert-Madrid, Oficina de Madrid, Febrero 1978 (zit.: *VV.AA., Empresa, DyE*)

VV.AA.: Estabilidad en el empleo, diálogo social y negociación colectiva, La reforma laboral de 1997, Miguel Rodríguez-Piñero y Bravo-Ferrer/Fernando Valdés Dal-Ré/María Emilia Casas Baamonde (Cood.), ed. Tecnos, Madrid 1998, S. 352 ff. (zit.: *Estabilidad*)

VV.AA.: Estatuto de los Trabajadores, Comentarios y Texto legal, José Armando Caro/Sergio Ernesto Santillán, Unión General de Trabajadores (UGT), Servicios Técnicos de Unión General de Trabajadores, ed. Comunicación editorial, Madrid 1980 (zit.: *ET*)

VV.AA.: Europäisches Gewerkschaftsinstitut (EGI): Für eine innovative Arbeitszeitpolitik zur Sicherung von Beschäftigung und Verbesserung der Lebensqualität, in: Hoffmann, Reiner/Lapeyre, Jean (Hrsg.), Arbeitszeit – Lebenszeit, Perspektiven einer europäischen Arbeitszeitpolitik, Dokumentation der gemeinsamen Tagung des Europäischen Gewerkschaftsbundes (EGB) und des Europäischen Gewerkschaftsinstituts (EGI) (Dezember 1994), 1. Auflage, Verlag Westfälisches Dampfboot, Münster 1995, S. 265 ff. (zit.: *AZ-Politik, in: ArbZ*)

VV.AA.: European Communities – EIRR november 1996, N° 274, S. 3 (zit.: *EC*)

VV.AA.: Hacia una mayor flexibilidad en el tiempo de trabajo, Boletín AEDIPE septiembre 1982, S. 39 ff. (zit.: *Flexibilidad*)

VV.AA.: Hacia un cambio en la negociación colectiva, Los convenios que hemos heredado, GS 1981, N° 10, S. 15 f. (zit.: *Cambio*)

VV.AA.: Huelga del calzado, Fracasó el movimiento asambleario, UGT 26.09.1977, N° 391, S. 7 f. (zit.: *Huelga*)

VV.AA.: Huelga (Documentación preparada para la tramitación del Proyecto de Ley de Huelga y de Medidas de Conflicto Colectivo). (Orgánica), (BOCG Congreso, Serie A, n.° 87-1, de 1 de junio de 1992), Documentación n.° 96, Junio, 1992, (Documentación española, Comunidades Europeas, Documentación extranjera, Organismos internacionales, Información estadística y económica, Bibliografía), ed. Secretaría General del Congreso de Diputados, Madrid 1992 (zit.: *Huelga*)

VV.AA.: Im Rampenlicht: Die Arbeitszeitverkürzung, Europäischer Informationsbulletin für Gewerkschaften 1996 Nr. 4 (zit.: *ArbZ*)

VV.AA.: La acción sindical en la empresa, Cuarto encuentro de „empresarios, sindicalistas y laboralistas", Barcelona, 13-15 de diciembre 1978, Fundación Friedrich Ebert 1979 (zit.: *Acción*)

VV.AA.: La Confederación Europea de Sindicatos: historia, estructura y política, Instituto Sindical Europeo, Bruselas, 1990, REST 1990, N° 10, S. 111 ff. (zit.: *Confederación*)

VV.AA.: La economía sumergida y el empleo, Analistas de Relaciones Laborales, Estudio preparado para Relaciones Laborales por Analistas de Relaciones Industriales, bajo la dirección de Luis Fabián Márquez, RL 1998, N° 9, S. 88 ff. (zit.: *Economía*)

VV.AA.: La Ley de presupuestos generales del Estado para 1985 y la contención de rentas salariales en el sector público, in: VV.AA., Trabajo y Seguridad Social en la Ley de Presupuestos del Estado para 1985, Ministerio de Economía y Hacienda, Madrid 1985 S. 3 ff. (zit.: *Presupuestos, in: VV.AA., Trabajo*)

VV.AA.: La negociación colectiva en las pequeñas y medianas empresas, Fernando Valdés Dal-Ré/Elías González-Posada/Fernando Pérez-Espinosa/Javier Matía Prim (Aut.), ed. Instituto de la Pequeña y Mediana Empresa Industrial, Ministerio de Industria y Energía, Madrid 1982 (zit.: *Negociación PYME*)

VV.AA.: La patata caliente, Analistas de Relaciones Industriales, Estudio elaborado bajo la dirección de Luis Fabián Márquez, RL 1994-II, S. 1253 ff.

VV.AA.: La reforma del mercado de trabajo, Analistas de Relaciones Industriales, Estudio elaborado bajo la dirección de Luis Fabián Márquez, RL 1994-I, S. 1298 ff. (zit.: *Reforma*)

VV.AA.: La reforma del mercado de trabajo, Analistas de Relaciones Industriales, Estudio elaborado bajo la dirección de Luis Fabián Márquez, RL 1994-II, S. 1293 ff. (zit.: *Reforma*)

VV.AA.: La reforma del mercado de trabajo, Documento que el Gobierno dirige al Consejo Económico y Social en demanda de un dictamen, RL 1993-I, S. 1255 ff. (zit.: *Reforma*)

VV.AA.: La reforma laboral y su constitucionalidad – Escrito dirigido al Defensor del Pueblo en funciones por determinadas organizaciones sindicales solicitando la interposición de recurso de inconstitucionalidad frente a ciertos preceptos de las Leyes 10/1994 y 11/1994, RL 1994-II, S. 1335 mit Erwiderung von: Margarita Retuerto Buades, La reforma laboral y su constitucionalidad – Escrito del Defensor del Pueblo en funciones respondiendo a la petición de interponer recurso de inconstitucionalidad contra diversos preceptos de las Leyes 10/1994, 11/1994 y 14/1994, RL 1994-II, S. 1361 ff.

VV.AA.: La responsabilidad de cada uno, ante el Estatuto y el Acuerdo Marco, UGT-Informa 01.01.1980, N° 5, S. 1 (zit.: *Responsabilidad*)

VV.AA.: Los despidos en España: legislación, evolución y coste, GS, 1992, N° 111, S. 34 ff. (zit.: *Despidos*)

VV.AA.: Memoria que presenta la Comisión Ejecutiva al XXXI Congreso de la Unión General de Trabajadores, ed. Secretaría General, Barcelona, 25-28 de mayo, 1978 (zit.: *Memoria*)

VV.AA.: „Principio de la democracia en la empresa", UGT-Informa 01.01.1980, N° 5, S. 2 f. (zit.: *Principio*)

VV.AA.: Prontuario de Derecho del Trabajo, Juan Antonio Sagardoy Bengoechea/José Manuel del Valle Villar/José Luis Gil y Gil/Pedro Gete Castrillo (Dir.), 2.ª edición, ed. Civitas, Madrid 1995 (zit.: *Prontuario*)

VV.AA.: Proyecto de dictamen del Consejo Económico y Social sobre reforma del mercado de trabajo, RL 1994-I, S. 1409 ff. (zit.: *CES*)

VV.AA.: Reflexiones de la Unión General de Trabajadores sobre la flexibilidad en el mercado de trabajo, RTSS 1986, N° 29-32, S. 205 ff. (zit.: *Reflexiones*)
VV.AA.: Resaca electoral: los pactos posibles, RL 1996-I, S. 1283 ff. (zit.: *Resaca*)
VV.AA.: Resolución de Política Social, XXXI Congreso de la Unión General de Trabajadores, ed. Secretaría General, Barcelona, 25-28 de mayo 1978 (zit.: *Resolución*)
VV.AA.: Resumen, in: Criterios de CC.OO. sobre algunos aspectos de la negociación colectiva y las nuevas condiciones democráticas, Secretaria de Información y Publicaciones de la Confederación Sindical, Madrid 1978 (zit.: *Resumen, in: Criterios*)
VV.AA.: Sozialer Wandel und Herrschaft im Spanien Francos, Peter Waldmann/Walther L. Bernecker/Francisco López-Casero (Hrsg.), Ferdinand Schöningh Verlag, Paderborn – München – Wien – Zürich 1984 (zit.: *Wandel*)
VV.AA.: Working time directive decision due, Bargaining Report 166, november 1996, S. 5 (zit.: *Directive*)
VV.AA.: Working time in Europe, The duration and flexibility of working time in 17 European countries from European Industrial Relations Review, EIRR Report number five 1991 (zit.: *Time*)
Weingardt: Debatteneinwand in: Empresa y sindicato en un estado social de derecho, N° 3, Documentos y Estudios, Versión grabada del 1er encuentro entre representantes empresariales y sindicales de España y la República Federal de Alemania, ed. Fundación Friedrich Ebert-Madrid, Oficina de Madrid, Febrero 1978, S. 12 ff.
Weyand, Joachim/Kröll, Michael: Halbherziger EG-Richtlinienvorschlag zur Arbeitszeitgestaltung, AiB 10/1991, S. 357 ff. (*EG-RL-Vorschlag*)
Wiedemann, Herbert/Stumpf, Hermann: Tarifvertragsgesetz mit Durchführungs- und Nebenvorschriften. Kommentar, 6. Auflage, C. H. Beck, München, 1999 (zit.: *TVG*)
Wieland, Peter: Recht der Firmentarifverträge, Verlag Dr. Otto Schmidt, Köln 1998 (zit.: *FirmenTV*)
Zachert, Ullrich: Die Wirkung des Tarifvertrages in der Krise: das Beispiel Spanien, in: Zachert, Ulrich (Hrsg.), Die Wirkung des Tarifvertrages, Ein Vergleich des Verhältnisses von autonomem Tarifrecht mit staatlichem Recht und anderen arbeitsrechtlichen Schutzebenen in verschiedenen europäischen Ländern, Nomos Verlagsgesellschaft, Baden-Baden 1990, S. 51 ff. (zit.: *Spanien, in ders., Krise*)
ders.: Gewerkschaftsrechte in Europa – Eine Skizze, AiB 1989, S. 372 ff. (zit.: *GewerkSR*)
ders.: Lecciones de Derecho del Trabajo alemán, Colecciones Informes y Estudios, ed. Subdirección General de Publicaciones, Ministerio de Trabajo y Asuntos Sociales, Madrid 1998 (zit.: *Lecciones*)
ders.: Medidas de creación y reparto de empleo en Alemania, RL 1998, N° 4, S. 84 ff. (zit.: *Medidas*)
ders.: Mehr Arbeitsplätze durch bewegliches Tarifrecht?, ZTR 1996, S. 289 ff. (zit.: *ArbPlätze*)
ders.: Rechtsfragen zu den aktuellen Tarifverträgen über Arbeitszeitverkürzung und

Beschäftigungssicherung, AuR 1995, S. 1 ff. (zit.: *ArbZ-Verkürzung*)
ders.: Renaissance der tariflichen Differenzierungsklauseln?, DB 1995, S. 322 ff. (zit.: *DiffKl*)
ders.: Tarifautonomie zwischen Wirtschaftsliberalismus und Wiederentdeckung des Individuums, WSI-Mitteilungen 8/1993, S. 481 ff. (zit.: *TAut*)
ders.: Tarifrecht, Tarifstrukturen und Tarifpraxis in Spanien, ZIAS 1991, S. 1 ff. (zit.: *TarifR*)
Zaguirre, Manuel: El sindicalismo español también es responsable de su propia crisis (I), El Proyecto 1988, N° 4, S. 47 ff. (zit.: *Crisis*)
Zanetti, B.: Gewerkschaftsfreiheit und obligatorische Beiträge der nicht-organisierten Arbeitnehmer in der Schweiz, RdA 1973, S. 77 ff. (zit.: *GewerkS-Freiheit*)
Zelinsky, Ulrich: Spaniens wirtschaftspolitische Wende von 1959: Vorgeschichte, Determinanten, Durchsetzungsstrategie, in: Peter Waldmann/Walther L. Bernecker/Francisco López-Casero (Hrsg.), Sozialer Wandel und Herrschaft im Spanien Francos, Ferdinand Schöningh, Paderborn – München – Wien – Zürich 1984, S. 279 ff. (zit.: *Wende von 1959*)
Zitscher, Harriet Christiane: Probleme eines Wandels des innerstaatlichen Rechts zu einem europäischen Rechtssystem nach der Rechtsprechung des Europäischen Gerichtshofs, RabelsZ 1996, N° 60, S. 648 ff. (zit.: *Probleme*)
Zivier, Ernst R.: Das südkoreanische Arbeitsrecht und die Standortdebatte in Deutschland, Recht und Politik 1/197, S. 1 ff. (zit.: *Standortdebatte*)
Zmarzlik, Johannes/Anzinger, Rudolf: Kommentar zum Arbeitszeitgesetz, Verlag Recht und Wirtschaft, Heidelberg 1995 (zit.: *Kommentar AZG*)
Zöllner, Wolfgang: Die Zulässigkeit einzelvertraglicher Verlängerungen der tariflichen Wochenarbeitszeit, DB 1989, S. 2121 ff. (zit.: *Verlängerungen*)
ders.: Flexibilisierung des Arbeitsrechts, ZfA 1988, S. 265 ff. (zit.: *Flexibilisierung*)
ders.: Sind im Interesse einer gerechteren Verteilung der Arbeitsplätze Begründung und Beendigung der Arbeitsverhältnisse neu zu regeln?, Gutachen D zum 52. Deutschen Juristentag, Wiesbaden 1978, Verlag Beck, München 1978 (zit.: *Arbeitsplätze*)
ders.: Tarifvertragliche Differenzierungsklauseln, Verlag Handelsblatt GmbH, Düsseldorf 1976 (zit.: *DiffKl*)
Zöllner, Wolfgang/Loritz, Karl-Georg: Arbeitsrecht – Ein Studienbuch, 5., neubearbeitete Auflage, C.H. Beck'sche Verlagsbuchhandlung, München 1998 (zit.: *ArbR*)
Zufiaur, José María: Mercado único y acción sindical, REST 1990, N° 10, S. 53 ff. (zit.: *Mercado*)
Zwanziger, Bertram: Die Rechtsprechung des EuGH: Ein Sprengsatz für das nationale Arbeitsrechtssystem?, BB 1995, S. 1404 ff.

Schriften der Deutsch-Spanischen Juristenvereinigung

Band 1 Santiago Gonzáles-Varas: Die Verwaltung in Privatrechtsform in Spanien und Deutschland. 2002.

Band 2 Eva Romanski: Sozialstaatlichkeit und soziale Grundrechte im Grundgesetz der Bundesrepublik Deutschland und in der spanischen Verfassung. 2000.

Band 3 Alexander von Kuhlberg: Änderung und Revision der spanischen Verfassung vom 29. Dezember 1978. 2000.

Band 4 Kai Christian Fischer: Verbraucherschutz im spanischen Vertragsrecht im Lichte der europäischen Rechtsangleichung. Eine Studie mit rechtsvergleichenden Bezügen zum deutschen Recht. 2000.

Band 5 Miguel Félix Rodríguez y Rowinski: Die Haftung für Hilfspersonen im spanischen Recht. 2001.

Band 6 Ole Brühl: Immissionsschutzrechtliche Vorhabengenehmigung in Deutschland und Spanien. Eine rechtsvergleichende Untersuchung unter besonderer Berücksichtigung der Rechtslage in den Autonomen Gemeinschaften Spaniens. 2001.

Band 7 Florian Pagenkemper: Die Mängelhaftung des Bauunternehmers in Spanien nach der *Ley de Ordenación de la Edificación* und dem *Código civil*. Eine Untersuchung der vertraglichen und gesetzlichen Haftung mit rechtsvergleichenden Bemerkungen zum deutschen Recht. 2002.

Band 8 Daniel Friedrich Berg: Die Rückabwicklung gescheiterter Verträge im spanischen und deutschen Recht. Eine rechtsvergleichende Untersuchung unter besonderer Berücksichtigung des Einheitsrechts. 2002.

Band 9 Maria Isabel Haas: Der Durchgriff im deutschen und spanischen Gesellschaftsrecht. Eine rechtsvergleichende Analyse. 2003.

Band 10 Sonja Kohtes: Das Recht der vorformulierten Vertragsbedingungen in Spanien. Die Umsetzung der Richtlinie 93/13/EWG über missbräuchliche Klauseln in Verbraucherverträgen. 2004.

Band 11 Markus Artz: Kollisionsrecht und ausländisches Recht in spanischen und deutschen Zivilverfahren. Eine rechtsvergleichende Untersuchung. 2004.

Band 12 Johannes F.K. Rheinheimer: Arbeitsrechtliche Fragen nationaler und internationaler Telearbeit in der Europäischen Union an den Beispielen Deutschland und Spanien 2004.

Band 13 Julia B. Spaethe: Spaniens Abstammungsrecht in Geschichte und Gegenwart. Unter besonderer Berücksichtigung der Nichtehelichkeit. 2004.

Band 14 Thomas Reineke: Das Recht der Arbeitnehmerüberlassung in Spanien und Deutschland und sein Verhältnis zu der geplanten europäischen Regelung. 2004.

Band 15 Christian Gohm: Maßnahmen zur Beschleunigung und Konzentration im neuen spanischen und deutschen Zivilprozess.Eine rechtsvergleichende Analyse im Lichte der Europäisierung des Zivilprozessrechts. 2004.

Band 16 Till Pense: Das spanische Schwurgericht. Die Jury im Spannungsfeld von Rechtsstaat und Demokratie. 2006.

Band 17 Jan Hückel: Persönlichkeitsschutz und Geldersatz im deutschen und spanischen Zivilrecht. 2006.

Band 18 Ilja I. Selenkewitsch: Spanisches Tarifrecht. Mit spezieller Betrachtung der arbeitszeitrechtlichen Regelungen. 2006.

Grischa Kehr

Das Wahlrecht des Arbeitnehmers im Kontext des tarifrechtlichen Günstigkeitsprinzips (§ 4 Abs. III TVG)

Zum Verhältnis von Privatautonomie und Tarifautonomie einschließlich der Bezüge zur Regelungsbefugnis der Betriebsparteien insbesondere im Hinblick auf beschäftigungssichernde Vereinbarungen

Frankfurt am Main, Berlin, Bern, Bruxelles, New York, Oxford, Wien, 2005.
XVIII, 310 S.
Europäische Hochschulschriften: Reihe 2, Rechtswissenschaft. Bd. 4218
ISBN 3-631-53820-0 · br. € 56.50*

Abweichungen vom Tarifvertrag sind gemäß § 4 Abs. 3 TVG nur *zugunsten* des Arbeitnehmers zulässig. Nach überwiegender Auffassung darf bei beschäftigungssichernden Vereinbarungen der Fortbestand des Arbeitsverhältnisses nicht gegen eine befristete Lohnsenkung abgewogen werden. Ausgehend von dem in der Rechtsprechung für Arbeitszeitregelungen entwickelten Gedanken der Günstigkeit eines echten Wahlrechts des Arbeitnehmers wird nachgewiesen, dass entstehungsgeschichtlich und verfassungsrechtlich jede individualvertragliche Abweichung vom Tarifvertrag, die der Arbeitnehmer im Wege faktisch bestehender privatautonomer Selbstbestimmung auf der Grundlage eines Interessenausgleichs mit dem Arbeitgeber herbeiführt und inhaltlich ausfüllt, als eine Abweichung *zugunsten* des Arbeitnehmers anzusehen ist. Soweit individualvertragliche Gestaltungsformen in diesem Sinne faktische Selbstbestimmung der Arbeitnehmer gewährleisten, setzt sich diese gegenüber der Bindungswirkung von Tarifverträgen auch im Hinblick auf beschäftigungssichernde Vereinbarungen durch.

Kolibri 360 GmbH
Ferdinand-Jühlke-Straße 7
99095 Erfurt, Deutschland
produktsicherheit@kolibri360.de

Druck:
CPI Druckdienstleistungen GmbH
im Auftrag der
Kolibri 360 GmbH
Ferdinand-Jühlke-Str. 7
99095 Erfurt